Henning Hraban Ramm

Drucksachen gestalten
mit ConTeXt und LuaMetaTeX

lehmanns · édition fiëé · dante · 2026

Lizenz

Marken und Warenzeichen

Haftungsausschluss

ISBN 978-3-96543-604-6 (Druckversion)
ISBN 978-3-96543-637-4 (eBook)
Gestaltung nach dem Reihenlayout von Herbert Voß
Lektorat: Mischa Bach, Micha Ramm, Pablo Rodríguez
Fachlektorat: Wolfgang Schuster
Satz: ConTEXt LMTX (2026.02.19 11:49)
Verlag: Lehmanns Media GmbH, Berlin
Druck: Elanders, Waiblingen

Inhalt

1 Vorwort

1.1 Über dieses Buch

Dieses Buch hätte auch anders heißen können. Vielleicht „ConTEXt für Anfänger" oder „Das kleine ConTEXt-Buch", denn „Drucksachen gestalten" deckt längst nicht alle Einsatzbereiche von ConTEXt ab, und auch manches in diesem Buch geht darüber hinaus. „Drucksachen" sind aber das, wovon ich am meisten verstehe. Als gelernter Schriftsetzer habe ich mein Fachwissen zu Typographie, Layout und Drucktechnik mit eingebracht.

„ConTEXt für Anfänger" wäre für dieses Buch zu kurz gegriffen – seit ich 2017 damit angefangen habe, ist es mein wichtigstes Nachschlagewerk. Es kann aber kein umfassendes Kompendium oder eine Referenz sein, dafür sind TEX und ConTEXt einfach zu umfangreich: Die „Einführung in LATEX"[1] hat fast 1000 Seiten, „The LATEX Companion"[2] sogar fast 2000, und beide sind sicherlich auch nicht vollständig. Einerseits glaube ich, dass ConTEXt gar nicht so viele Seiten braucht, schließlich gibt es nicht so viele Pakete oder deren Aus- und Wechselwirkungen zu beschreiben, andererseits habe ich manche Themen nur angerissen, zu denen es bereits ausführliche und aktuelle Dokumentation auf Englisch gibt.

Ich bin kein Wissenschaftler, und vielleicht vermissen Sie wesentliche Informationen für Ihren Fachbereich, während es bei LATEX schon eine fertige Lösung gibt. Selbstverständlich ist ConTEXt für wissenschaftliche Arbeiten bestens geeignet, durch die geringere Verbreitung können Sie sich aber nicht so oft auf die Vorarbeit von anderen verlassen wie bei LATEX.

Das heißt aber auch: Wenn Sie Ihre eigenen Vorstellungen davon haben, wie Ihr Werk aussehen soll, oder wenn Sie bestimmte Gestaltungsvorgaben einzuhalten haben (Institutsrichtlinien, Corporate Design), kommen Sie mit ConTEXt wahrscheinlich schneller zum Ziel als mit LATEX. Die meisten Schritte auf einem solchen Weg soll dieses Buch erleichtern.

Die ersten Kapitel bauen aufeinander auf und sollen den Einstieg erleichtern. Spätestens ab Kapitel 7 hat das Buch mehr den Charakter einer Referenz, obwohl teilweise auch die Abschnitte innerhalb eines Kapitels aufeinander aufbauen. Statt Wiederholungen gibt es viele Querverweise. (TEX macht's möglich.)

1 Herbert Voß, Lehmanns/DANTE ^{2}2016.

2 Frank Mittelbach mit Ulrike Fischer, Addison-Wesley ^{3}2023.

Im Anhang finden Sie Tabellen und Listen zum Nachschlagen sowie einige Zusatzinformationen, die keine Voraussetzung für die Arbeit mit ConTeXt sind. Dazu kommen ein kurzes Fachwörterbuch und das in Befehle und Stichworte aufgeteilte Register. Ich habe mich sehr bemüht, das Sachregister als Arbeitshilfe zu gestalten, und daher auch die Stichworte der Überschriften aufgenommen.

1.2 Voraussetzungen

Sind Sie bereit, sich auf ein komplexes System mit einer steilen Lernkurve einzulassen? Ich bin davon überzeugt, dass es sich lohnt. Kenntnisse in irgendeiner Markup- oder Programmiersprache und Vertrautheit mit der Kommandozeile sind hilfreich. Ich versuche aber, möglichst wenig vorauszusetzen.
Obwohl Sie wahrscheinlich schon Erfahrung mit LaTeX haben, wenn Sie sich für ConTeXt interessieren, gehe ich nicht davon aus und weise auch nur selten auf die Unterschiede hin. Manchmal sind LaTeX-Kenntnisse bei der Arbeit mit ConTeXt eher hinderlich, weil Begriffe unterschiedlich verwendet werden – so wie die gleichen Wörter in verwandten Sprachen unterschiedliche Bedeutungen haben können.
Während TeX-Kenntnisse hilfreich sind, um das Verhalten von ConTeXt zu verstehen, sollten Sie sich eventuell von alten Gewohnheiten verabschieden, um die Vorzüge von ConTeXt ausnutzen zu können.

1.3 Konventionen und Symbole

Was bedeuten die Symbole usw.?

Handschriftliche Anwenderfragen leiten viele Abschnitte ein.
Code oder Dateinamen sind in `Schreibmaschinenschrift` dargestellt.
Symbole am Rand kennzeichnen Hinweise, die besonders wichtig oder nur für bestimmte Systeme zutreffend sind:

Dies ist eine Warnung, z. B. vor typischen Fehlern oder Missverständnissen.

Dies ist ein Tipp oder eine Empfehlung.

Verweise auf „Handbücher“ beziehen sich auf die PDF-Dokumente, die zur ConTeXt-Distribution gehören und unter `texmf-context/doc/context/documents/general/manuals` zu finden sind.
Hinweis zur vorigen ConTeXt-Version MkIV MkIV

Hinweis zu GNU/Linux und anderen UNIX-artigen Betriebssystemen

Hinweis zu Apple MacOS

Hinweis zu Microsoft Windows

1.3.1 Begrifflichkeiten

TEX Ich schreibe ‚TEX', wenn sich etwas ebensogut auf LATEX wie auf ConTEXt bezieht oder wenn es um das grundsätzliche Verhalten des Systems geht.
‚TEXen' oder ‚compilieren' bedeutet „aus dem Quellcode mit Hilfe von TEX (bzw. ConTEXt) ein PDF erzeugen".
Ein Steuerzeichen zu schützen (meist mit einem Backslash) wird auch ‚quoten' genannt.
Die Begriffe ‚Makro', ‚Befehl' und ‚Kommando' verwende ich synonym und unsystematisch. Genau genommen sind alle TEX-Befehle Makros, von ein paar ‚Primitiven' abgesehen. Für die Anwendung spielt es aber selten eine Rolle, ob ein Befehl nun in C, Lua oder TEX programmiert ist.
Satz- und drucktechnische Fachausdrücke sind im Glossar (ab S. 477) erklärt.

1.4 Das richtige Werkzeug

Ist ConTEXt das richtige Werkzeug für mich?

Sie *können* einen Nagel mit einem Stein einschlagen und es ist *möglich*, eine Tageszeitung mit TEX zu setzen, aber für beide Aufgaben gibt es bessere Werkzeuge.
Für wissenschaftliche Arbeiten, textlastige Bücher und einfache Zeitschriften (Vereinsmitteilungen, Journale) ist ConTEXt bestens geeignet.
Wenn die grafische Gestaltung und freie Platzierung von Bildern im Vordergrund steht, wie bei Werbematerial, verwenden Sie besser ein Layoutprogramm – es sei denn, Sie brauchen die gleiche Gestaltung mehrfach, sodass sich das Programmieren lohnt.

1.4.1 Korrekturworkflows

Solange Sie am Manuskript arbeiten, empfiehlt sich eine Textverarbeitung mit ihren Möglichkeiten für Rechtschreibkontrolle, Änderungsverfolgung und Anmerkungen.
Zur Konvertierung von verschiedenen Eingabeformaten nach ConTEXt können Sie Pandoc (S. 428) verwenden. Da ich die meisten Manuskripte als docx bekomme, habe ich mir dafür einen eigenen Konverter geschrieben[3].
Für die Schlusskorrektur sind Anmerkungen/Markierungen im PDF gut geeignet – auch wenn es noch kein Werkzeug gibt, um sie automatisch in die Quellen zu übertragen[4].
Wenn sich alle Beteiligten darauf einlassen können, bietet eine Sourcecode-Plattform wie Forgejo (selbst gehostet oder z. B. bei Codeberg) weitere Möglichkeiten zum Austausch.

---

3 codeberg.org/fiee/context-tools/docx2ctx (benötigt Python)

4 Eins meiner Projekte, wenn dieses Buch fertig ist…

1.4.2 Verschiedene Ausgabeformate

Wenn Sie außer PDF auch HTML oder ePub erzeugen möchten, fangen Sie besser nicht in TEX an, sondern verwenden Sie ein neutrales Eingabeformat wie Markdown oder HTML/XML und produzieren Sie nur das PDF mit ConTEXt.

1.4.3 Grafiken

Abgesehen von Grafiken, die Sie als PDF oder SVG einbinden können, stehen mehrere Grafikbeschreibungssprachen zur Verfügung:

- MetaPost (S. 358) ist eng mit ConTEXt verzahnt und damit bestens für Grafiken wie Diagramme und Funktionsgraphen geeignet.
- SVG kann als externe Grafik oder direkt im Quellcode verwendet werden (S. 221).
- GraphViz und ähnliche Programme lassen sich als externe Programme einbinden (Beispiel S. 429).
- PGF/TikZ ist als Modul verfügbar, aber deutlich langsamer als MetaPost. Es gibt Probleme mit TikZ-Modulen, die bestimmte Interna von LATEX voraussetzen.

1.4.4 Präsentationen

Wenn eine Präsentation für Sie auch nur ein PDF ist, finden Sie in Kapitel 19 Hinweise auf vorgefertigte Layouts und andere Möglichkeiten. Je nach Ihren Anforderungen ist ConTEXt nicht immer das beste Werkzeug – es könnte sinnvoller sein, LATEX mit dem `beamer`-Paket zu verwenden, auf Präsentationen spezialisierte Lösungen wie `reveal.js` oder eben doch etwas Grafisches.

1.4.5 Automatisierung und Database Publishing

Bei Automatisierungen spielt TEX seine Stärken aus.

- Für Serienbriefe darf es noch die Textverarbeitung sein – mit ConTEXt geht es aber auch (S. 354).
- Wenn Sie in einem Format wie Markdown schreiben und es mit Pandoc in PDF umwandeln, wird im Hintergrund LATEX aufgerufen. Schneller geht es mit dem ConTEXt-Backend (S. 428).
- Die Verarbeitung von XML ist ab Seite 442 beschrieben.
- Zur Verarbeitung von CSV-Daten gibt es verschiedene Möglichkeiten (S. 193, 194, 419).
- Das Bibliografie-Modul lässt sich auch als Datenbank für andere Zwecke einsetzen (Kap. 17).
- Wenn es mehr sein soll, müssen Sie selbst programmieren – in TEX (S. 381) oder in Lua (S. 407).

2 Installation

Wie installiere ich ConTeXt auf meinem Computer?

Es gibt verschiedene Möglichkeiten, ConTeXt zu installieren:
Wenn Sie auch mit LaTeX arbeiten wollen, dürfte die TeX Live-Distribution für Sie am bequemsten sein, die von den TeX-Benutzergruppen (S. 457) jährlich herausgegeben wird[1].

Ab MacOS 10.14 können Sie etwas bequemer MacTeX[2] installieren, worin TeX Live enthalten ist.

Unter Linux und anderen UNIX-ähnlichen Systemen können Sie TeX Live mit ConTeXt auch über Ihre Paketverwaltung installieren. Manche Distributionen enthalten aber veraltete Versionen von TeX Live oder teilen die Pakete so auf, dass ConTeXt nicht ohne Weiteres lauffähig ist.[3]

Für viele Projekte brauchen Sie nicht die neueste Version; wenn Sie allerdings neue Funktionen ausprobieren möchten oder kein LaTeX brauchen, empfiehlt sich die ConTeXt-LMTX-Distribution (siehe 2.3).
Wenn Sie gleichzeitig TeX Live und LMTX installiert haben, können Sie zwischen den Installationen wechseln, indem Sie `TEXROOT` und `PATH` ändern (2.3.2).

2.1 Ausprobieren ohne Installation

Wenn Sie ConTeXt erst einmal ausprobieren möchten oder nicht lokal installieren dürfen oder wollen, können Sie die Online-IDE COW („ConTeXt on web" von Zdeněk Svoboda)[4] verwenden. Sie enthält einen PDF-Viewer und unterstützt bei der Anlage von Layout und Tabellen.

Abb. 2.1 ConTeXt on Web

[1] tug.org/texlive/
[2] tug.org/mactex/
[3] Achten Sie darauf, dass `context`, `luametatex` und die `tex-gyre`-Schriften installiert sind.
[4] context-on-web.eu

2.2 Systemvoraussetzungen

ConTEXt existiert seit den 1990er Jahren; auch aktuelle Versionen haben bescheidene Ansprüche und laufen selbst auf Kleinstrechnern wie dem Raspberry Pi. Große Projekte auf langsamen Rechnern brauchen dann eben ihre Zeit, bei vielen Abbildungen oder anderen komplexen Anforderungen mag der Arbeitsspeicher knapp werden, aber was vor zehn Jahren für den üblichen Bürobedarf ausreichte, ist für ConTEXt gut genug. ConTEXt LMTX wurde größtenteils auf einem Windows-Laptop von 2013 entwickelt, dieses Buch auf einem Mac mini von 2013 und einem Linux-Laptop von 2010 geschrieben.

Wenn es auf Höchstleistung ankommt, helfen möglichst viel schneller Arbeitsspeicher und eine schnelle SSD. Beim Prozessor ist die Taktung wichtiger als die Anzahl der Kerne – da die Berechnung von Satz und Layout nicht parallelisierbar ist, verwendet TEX nur einen Prozessorkern. (Verschiedene Dokumente können natürlich parallel erzeugt werden.)

Die eigentlichen Makrodateien sind recht klein (etwa 50 MB), die Distribution enthält allerdings Dokumentation, den Quellcode und eine Auswahl von freien Schriften, was den Platzbedarf auf rund 350 MB erhöht, mit gefüllten Caches brauche ich etwa 600 MB.

Ihre eigenen Projekte werden nur dann signifikante Größen annehmen, wenn Sie viele oder große Bilder verwenden. Die Größe der erzeugten PDFs hängt auch stark von Schriften, Farbprofilen und Tagging ab.

System	Arch.	Bits	Kürzel	Anmerkungen
Windows	Intel	32	mswin	
Windows	Intel	64	win64	
Windows	ARM	64	windows-arm64	
Linux	Intel	32	linux	Debian 10
Linux	Intel	64	linux-64	Debian 12
Linux	ARM	64	linux-aarch64	Debian 10
Linux	musl	64	linuxmusl-64	Alpine 3.11
MacOS	Intel	64	osx-64	ab MacOS 10.6
MacOS	ARM	64	osx-arm64	ab MacOS 11
FreeBSD	Intel	64	freebsd-amd64	jeweils neueste Version
OpenBSD	Intel	64	openbsd#.#-amd64	jeweils neueste Version

Tab. 2.1 Unterstützte Plattformen (Stand bei Redaktionsschluss; weitere siehe 2.4)

2.3 ConTEXt LMTX installieren

1. Legen Sie ein Verzeichnis für ConTEXt an – in Ihrem Benutzerverzeichnis werden Sie am wenigsten Probleme mit Zugriffsrechten bekommen. Idealerweise enthält der Pfad keine Leerzeichen. In den Beispielen verwende ich `~/context`; unter Windows entspricht das `%USERPROFILE%/context`.
2. Laden Sie das Installationspaket für Ihre Plattform (Ihr Betriebssystem und Ihren Prozessor) von wiki.contextgarden.net/Introduction/Installation herunter und entpacken Sie es im Zielverzeichnis. Wenn Sie nicht wissen, ob Ihr System mit 32 oder 64 bit arbeitet, versuchen Sie es mit 64 bit.
   Wenn Ihre Plattform fehlt (z. B. NetBSD), installieren Sie etwas Ähnliches und compilieren Sie das eigentliche Programm selbst (2.4) – oder verwenden Sie TEX Live.
3. Führen Sie das Installationsskript aus:
   - Windows: `install.bat`
   - andere: `sh install.sh`
4. Ergänzen Sie das ConTEXt-Programmverzeichnis in Ihrem Systempfad:
   - Windows: Rufen Sie `setpath.bat` auf.
   - Andere: Verwenden Sie die Befehle, die `install.sh` zum Schluss ausgibt in Abhängigkeit von Ihrer Shell:
     * Bash: `echo 'export PATH=...Pfad...:$PATH' >> ~/.bashrc`
     * Zsh: `echo 'export PATH=...Pfad...:$PATH' >> ~/.zshenv`
     * Sh/Ksh: `echo 'export PATH=...Pfad...:$PATH' >> ~/.profile`
     * Tcsh/Csh: `echo 'set path = ($path ...Pfad...)' >> ~/.cshrc`

Verwenden Sie für Verzeichnisangaben auch unter Windows Vorwärts-Schrägstriche (/) statt Rückstriche (\)! Windows versteht beide, aber TEX nur erstere.

MacOS verwendet seit 10.15 (Catalina) Zsh, früher Bash.
In den MacOS-Systemeinstellungen müssen Sie unter „Sicherheit / Allgemein" die Installation von Programmen erlauben, die nicht von Apple stammen. Trotzdem müssen Sie die Ausführung von heruntergeladenen Programmen wahrscheinlich beim ersten Mal explizit genehmigen:
Öffnen Sie im Finder den Ordner, der die ConTEXt-Skripte enthält (z. B. `~/context/tex/texmf-osx-64/bin`), wählen Sie `mtxrun` aus, öffnen Sie es über das Kontextmenü (Rechtsklick/„Öffnen") und bestätigen Sie die Nachfrage. Danach müssten sich `context` & Co. auf der Kommandozeile aufrufen lassen.

Wenn der Aufruf von `context` nach der Installation mit der Fehlermeldung „mtxrun | unknown script 'context.lua' or 'mtx-context.lua'" fehlschlägt, schließen Sie das Terminalfenster und öffnen Sie ein neues. (Das Installationsskript verbiegt den Suchpfad auf das `bin`-Verzeichnis, und das `mtxrun`-Skript an dieser Stelle ist nicht das richtige.)

2.3.1 Benutzerrechte

Installieren Sie ConTEXt oder TEX Live möglichst mit normalen Benutzerrechten, nicht als „root“ (Administrator*in).

Bei der Installation werden Cache-Verzeichnisse für Lua(Meta)TEX angelegt. Diese Caches werden im laufenden Betrieb dynamisch ergänzt, z. B. durch die Daten von verwendeten Schriften. Wenn Lua(Meta)TEX dort nicht schreiben darf, legt es zusätzlich Cache-Verzeichnisse im Benutzerverzeichnis an. Durch Widersprüche in den beiden Cache-Versionen kann es zu schwer nachvollziehbaren Fehlern kommen.
Wenn Sie mit erweiterten Rechten installieren, löschen Sie nach der Installation die Cache-Verzeichnisse! Bei TEX Live liegen diese unter /usr/local/texlive/<jahr>/texmf-var/.

2.3.2 Konfigurationsdateien und Variablen

Im Normalfall müssen Sie nur dafür sorgen, dass das Binärverzeichnis (das mit den Programmen, z. B. ~/context/tex/texmf-win-64/bin) über Ihren Systempfad (Umgebungsvariable PATH) gefunden wird.

Das Binärverzeichnis der Installation (~/context/bin) darf *nicht* im PATH enthalten sein!

Hinweise zum Verzeichnisbaum der TEX-Installation (TDS) finden Sie auf Seite 455.

PATH	Hier sucht das Betriebssystem die ausführbaren Dateien.
TEXROOT	Hier werden die texmf-Verzeichnisbäume gesucht.
OSFONTDIR	Hier sucht ConTEXt die Systemschriften (außerhalb von TEXROOT, siehe S. 145).
ICCPROFILES	Hier werden Farbprofile gesucht (S. 205).

In diesen Variablen werden mehrere Verzeichnisse mit : getrennt (unter Windows mit ;). Bei Einträgen, die mit // enden, werden alle Unterverzeichnisse durchsucht. Eine Liste der möglichen Variablen gibt mtxrun --variables aus.

Wenn Sie TEX Live installiert haben: ConTEXt kümmert sich nicht um texmf.cnf, sondern liest Konfigurationen aus contextcnf.lua[5].

2.3.3 Updates und mehrere Instanzen

Um Ihre Installation zu aktualisieren, können Sie einfach install wieder aufrufen wie oben.

[5] in tex/texmf-context/web2c

Zur Sicherheit empfiehlt es sich jedoch, neue Versionen in ein eigenes Verzeichnis zu installieren und zu testen, ob die wesentlichen Projekte mit dieser Version noch funktionieren. Mit der LMTX-Distribution gibt es derzeit keine Möglichkeit, eine Aktualisierung rückgängig zu machen.
Es ist möglich und wird häufig empfohlen, für jedes Projekt eine eigene ConTeXt-Installation zu verwenden, die dann auch mit dem Projekt archiviert werden kann.

In meinem Benutzerverzeichnis liegen mehrere ConTeXt-Verzeichnisse mit Datum (z. B. `~/context_2025-12-31`), in denen jeweils eine Version installiert ist. Ein Symlink (Alias) `~/context` zeigt auf die neueste Version (oder die, mit der ich gerade arbeite), und im `PATH` ist das Binärverzeichnis unter `~/context` (also dem Symlink ohne Datum) angegeben. Alle persönlichen Module und Schriften liegen in `~/texmf` (S. 455), sodass sie von allen Versionen gefunden werden.

2.3.4 Installation für den Webserver

ConTeXt wird auch zur PDF-Erzeugung hinter Web-Anwendungen eingesetzt. Der Webserver-Prozess darf aber meist nur Programme aufrufen, die einem bestimmten Benutzer (bzw. einer Gruppe) zugeordnet sind, z. B. *www-data*. Außerdem muss die Umgebung (Environment) richtig eingerichtet sein, siehe 2.3.2.

Lassen Sie keine fremden/ungeprüften Quelltexte zu! ConTeXt hat im Normalfall weitgehende Schreibrechte und ist umfangreich programmierbar; mit einer öffentlich zugänglichen Installation öffnen Sie ein weites Tor für Angriffe! Mit den Optionen `--sandbox` `--paranoid` können Sie das Risiko zwar vermindern, aber verlassen Sie sich nicht darauf!

2.3.5 Installation mit Containern

Das Projekt „Island of TeX“[6] stellt Docker-Container für TeX Live und ConTeXt zur Verfügung. Als Quelle für einen ConTeXt-Container inkl. aller auf CTAN verfügbaren Module verwenden Sie dann:

```
FROM: registry.gitlab.com/islandoftex/images/texlive:latest-
  context
```

Die Container `context:*` sind veraltet!

Eine Anleitung, Ihren eigenen Container zu bauen, finden Sie im Wiki[7].

6 islandoftex.gitlab.io/
7 wiki.contextgarden.net/Installing_ConTeXt_LMTX_into_a_Docker_container

2.3.6 Module installieren

Für die Benutzung von ConTEXt sind grundsätzlich keine zusätzlichen Module nötig, sie erweitern aber die Möglichkeiten. Sie sind bei den jeweiligen Themen und im Anhang (S. 461) vorgestellt.
Manche Module haben externe Abhängigkeiten, d. h. sie funktionieren nur, wenn zusätzliche Programme installiert sind.

Einige Module sind bereits in der Distribution enthalten und müssen nicht extra installiert werden. Weitere sind unter modules.contextgarden.net veröffentlicht und können einheitlich installiert werden:

2.3.6.1 Installation mit `mtxrun`

Ein `mtxrun`-Skript kann die verfügbaren Module auflisten und installieren:

```
mtxrun --script install-modules --list
mtxrun --script install-modules --install letter simpleslides
mtxrun --script install-modules --install --all
```

Das Skript funktioniert nur im `tex`-Verzeichnis, das die `texmf`-Verzeichnisse enthält, wechseln Sie vor dem Aufruf also nach `~/context/tex`.

2.3.6.2 Manuelle Installation

Einzelne Module sind nicht in dem Sinne „verfügbar“, dass sie in der Distribution enthalten oder auf modules.contextgarden.net veröffentlicht wären. Diese müssen Sie „von Hand“ installieren.
Meist genügt es dazu, ein ZIP-Archiv in einem der `texmf`-Verzeichnisse (S. 455, z. B. `texmf-modules`) zu entpacken und `mtxrun --generate` aufzurufen, damit ConTEXt die Dateien findet. Achten Sie darauf, dass auf der obersten Ebene nicht der Name des Moduls oder der Archivdatei steht, sondern `tex` bzw. `doc`.

2.4 LuaMetaTeX selbst compilieren

In der LMTX-Distribution sind alle nötigen Quellen enthalten, Sie brauchen nur einen C-Compiler und CMake.
Wechseln Sie ins Verzeichnis `texmf-context/source/luametatex` und führen Sie `sh build.sh` bzw. `build.cmd` aus; nach der Compilation kopieren Sie `luametatex` aus `build/native` nach `texmf-<plattform>/bin`.
In `build.txt` stehen weitere Hinweise, z. B. zur Compilation für andere Plattformen.

2.5 Texteditor

Als befehlsbasiertes Satzsystem entspricht TeX dem Compiler einer Programmiersprache, und wie die meisten Programmiersprachen hat auch ConTeXt keinen „eingebauten" Texteditor. Die Wahl der Werkzeuge liegt also bei Ihnen – ob Sie einen einfachen Texteditor oder eine ausgewachsene Entwicklungsumgebung (IDE) verwenden, ist eine Sache Ihres Geschmacks und Ihrer Bequemlichkeit. Wichtig ist nur, dass Ihr Editor reine Textdateien in der Unicode-Codierung UTF-8 speichern kann.

⚠ Textverarbeitungsprogramme wie LibreOffice Writer oder MS Word sind als Texteditoren für TeX nicht geeignet!

Verlassen Sie sich nicht auf die Texteditoren, die Ihr Betriebssystem mitbringt, sondern installieren Sie sich einen, der wenigstens TeX-Befehle hervorheben kann (Syntax Highlighting). Suchfunktionen und das Verhalten in Bezug auf Klammern spielen für die tägliche Effizienz eine große Rolle, und je mehr Sie damit arbeiten, desto mehr werden Sie weitere Programmierhilfen zu schätzen wissen. Vieles ist aber einfach Geschmackssache (z. B. eine helle oder dunkle Oberfläche, ein oder mehrere Fenster) – probieren Sie mehrere Möglichkeiten aus. Wenn Sie nicht wissen, wo Sie anfangen sollen, versuchen Sie es mit TeXworks (S. 17).
Wenn Sie ohnehin einen Lieblingseditor haben, sind die Chancen groß, dass er auch TeX unterstützt – eine umfangreiche Unterstützung von LaTeX kann allerdings bei der Arbeit mit ConTeXt auch stören.
Die folgenden Abschnitte stellen in alphabetischer Reihenfolge einige Editoren vor, die bei ConTeXt-Anwender*innen beliebt sind. Sofern nicht anders angegeben, sind sie jeweils für Windows, MacOS und Linux verfügbar.

2.5.1 Emacs

Die Familie der Emacsen ist besonders bei Haecksen und Hackern auf freien Betriebssystemen beliebt (aber auf allen Systemen verfügbar). Sie hat den Ruf, alles zu können und daher das Betriebssystem zu ersetzen. Das ungewöhnliche Bedienkonzept sorgt für eine hohe Effizienz, aber auch für einen erheblichen Einarbeitungsaufwand.
Die Erweiterung AUCTeX enthält bereits Unterstützung für ConTeXt; im Wiki[8] gibt es weitere Hinweise für Anpassungen. Alternativ können Sie den ‚major mode' „context-lmtx-mode"[9] verwenden.
Für die Unterstützung von SyncTeX (S. 294) bearbeiten Sie AUCTeXs `context.el`, sodass ConTeXt mit `--synctex=repeat` aufgerufen wird, und tragen Sie `(setq ConTeXt-texexec-option-nonstop "")` in den ‚mode hook' ein. (Möglicherweise sind diese Änderungen inzwischen in AUCTeX enthalten.)

[8] wiki.contextgarden.net/Input_and_compilation/Text_editors
[9] github.com/seyalco/Emacs-for-ConTeXt

2.5.2 Pulsar

Pulsar ist der Nachfolger des abgekündigten Editors Atom. Der integrierte Git-Client ist sehr hilfreich. Ich weiß die umfangreichen und effizienten Suchfunktionen zu schätzen, der Editor verhält sich weitgehend so, wie ich mir das vorstelle und geht sparsam mit dem Bildschirmplatz um.
Installieren Sie folgende Plugins:

`language-context-lmtx`	ConTEXt Syntax-Highlighting
`language-latex`	PlainTEX/LATEX Syntax-Highlighting zur Ergänzung
`language-lua`	Lua Syntax-Highlighting
`pdf-viewer`	integrierter PDF-Viewer auf Basis von PDF.js
`x-terminal-reloaded`	integrierte Konsole (Shell)
`file-icons`	Dateityp-Icons im Verzeichnisbaum (eins der wenigen Pakete dieser Art mit einem TEX-Icon)

Mein ConTEXt-Plugin `language-context-lmtx`[10] ist nicht automatisch installierbar, weil Pulsar nur Erweiterungen von GitHub annimmt. Perfekt ist es nicht, und ein Aufruf von ConTEXt aus dem Editor ist bisher nicht vorgesehen.[11]
Es gibt diverse Varianten der Integration von PDF.js; die oben genannte hat bei mir eine Weile ordentlich funktioniert, sogar mit SyncTEX, dann wieder nicht mehr…
Stellen Sie die Sprache für die Dateiendung `.tex` und ein paar andere auf ConTEXt um:
Über „Edit / Config..." (Mac: Pulsar / Config...) öffnen Sie die Konfigurationsdatei `config.cson` und ergänzen unterhalb von `core`:

```
customFileTypes:
  "text.tex.context": [
    "tex"
    "ctx"
    "mkiv"
    "mkvi"
    "mkxl"
  ]
  "source.metafun": [
    "mp"
  ]
  "source.lua": [
    "cld"
    "lmt"
  ]
```

10 codeberg.org/fiee/language-context-lmtx

11 Falls Sie sich mit TypeScript auskennen und die ConTEXt-Funktionen in Pulsar verbessern möchten, freue ich mich über Unterstützung.

Wenn Sie Pulsar via Flatpak installiert haben, kann `context --autopdf` aus dem integrierten Terminal keinen PDF-Viewer aufrufen.

2.5.3 SciTE

SciTE ist mit Lua erweiterbar und wurde von den ConTeXt-Entwicklern jahrzehntelang benutzt, daher finden Sie eine umfangreiche Konfiguration in der Distribution[12].
Mit Version 3 des Editors wurden allerdings die Schnittstellen stark verändert, sodass die ConTeXt-Anpassung nicht mehr funktionierte. Die Entwickler sind bei Version 2.29 von 2011 geblieben.

Auf dem Mac ist SciTE schwer zu compilieren; eine kommerzielle Version gibt es im AppStore. Für die von ConTeXt verwendeten Lexer fehlt eine Lua-Bibliothek.

2.5.4 TeXshop

Auf dem Mac ist TeXshop eine gute Entwicklungsumgebung für den Einstieg, außerdem eines der wenigen Programme, in denen SyncTeX (S. 294) mit ConTeXt funktioniert.

Wenn Sie TeXshop über MacTeX installiert haben, müsste ConTeXt darin ohne weitere Konfiguration funktionieren.
Um eine aktuelle LMTX-Installation zu verwenden, kopieren Sie `~/Library/TeXshop/Engines/Inactive/ConTeXt-Sync/ConTeXt2023.engine` in den Ordner `Engines` und machen Sie die Datei ausführbar[13].
Tragen Sie dann unter „Voreinstellungen / Programme / Alternate Path" das `bin`-Verzeichnis Ihrer ConTeXt-Installation (`~/context/tex/texmf-osx-64/bin`) ein.
Beginnen Sie Ihre ConTeXt-Dokumente mit folgenden Zeilen, um diese Installation statt MacTeX zu verwenden und SyncTeX zu aktivieren:

```
% !TEX TS-program = ConTeXt2023
% !TEX useAlternatePath
% !TEX useConTeXtSyncParser
\setupsynctex[state=start,method=min]
```

2.5.5 TeXstudio

Diese umfangreiche LaTeX-Entwicklungsumgebung eignet sich schlecht für ConTeXt. Ihre Architektur ließe eine Anpassung zu, aber die Mühe hat sich noch niemand gemacht.

12 in `texmf-context/context/data/`
13 `chmod 755 ~/Library/TeXShop/Engines/ConTeXt2023.engine`

2.5.6 TEXworks

TEXworks ist eine gute Entwicklungsumgebung für den Einstieg, zudem für „alle“ Betriebssysteme verfügbar. Eine verbesserte Unterstützung für ConTEXt ist ab Version 0.6.10 enthalten.

Falls Sie das Programm nicht mit TEX Live installieren, laden Sie es von der GitHub-Seite[14] herunter.

Ändern Sie folgende Einstellungen:

- „Editor“:
  - Zeilennummern anzeigen: ja
  - Syntax-Hervorhebung: ‚ConTeXt TeX‘
  - Typografische Anführungszeichen: ‚ConTeXt commands‘
- „Textsatz“:
  - Pfade für TeX...: Ergänzen Sie das `bin`-Verzeichnis Ihrer ConTEXt-Installation (`~/context/tex/texmf-<arch>/bin/`) und schieben Sie es ggf. über die Pfade von TEX Live.
  - Verarbeitungsprogramme/Standard: ‚ConTeXt‘
  - Konsolenausgabe schließen: ‚nie‘
- „Skripte“:
  - Skripte dürfen alle Dateien lesen: ja
  - Skripte dürfen Dateien schreiben: ja

Damit haben Sie einen benutzbaren Editor mit PDF-Vorschau und SyncTEX (S. 294). Die Konfigurationsdaten unter `texmf-context/context/data/` bringen aus meiner Sicht keine Verbesserung.

Das Verzeichnis mit den Einstellungsdateien finden Sie über das Menü „Skripte / TeXworks skripten / Skriptordner anzeigen“.

Wenn Sie TEXworks via Flatpak installiert haben, sollte es mit TEX Live umgehen können, kann aber ein einzeln installiertes ConTEXt nur benutzen, wenn Sie TEXworks wie folgt starten:

```
flatpak --socket=session-bus --
persist=. run org.tug.texworks
```

Unter „Einstellungen / Textsatz“ müssen Sie ConTEXt wie in Abb. 2.2 starten, und zwar als

```
flatpak-spawn --host <
vollständiger Pfad zu context> -
-synctex=repeat $fullname
```

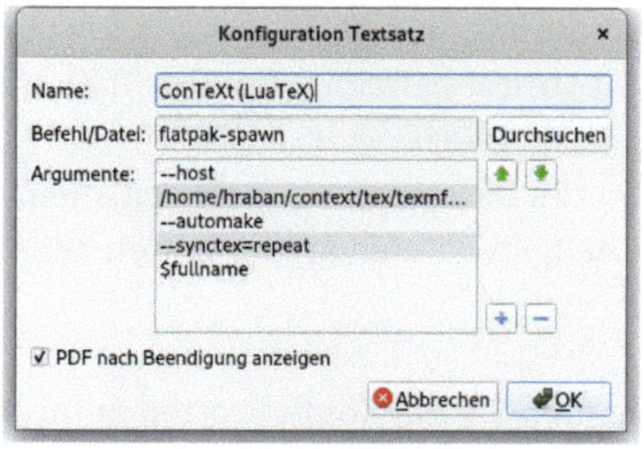

Abb. 2.2 ConTEXt in Flatpak-TEXworks starten

[14] github.com/TeXworks/texworks/releases

2.5.7 Textadept

Dies ist ein leichter benutzbarer, aber nicht ganz so flexibler Abkömmling von SciTE, ebenfalls mit Lua erweiterbar.
Ihre persönliche Textadept-Konfiguration steht in `~/.textadept/init.lua`; wenn Sie das Programm frisch installiert haben, ist diese Datei leer.
Um den Neustart von Textadept nach jeder Änderung zu vermeiden, tragen Sie ein:

```
-- Lua-Status speichern und zurücksetzen: F9
 keys[OSX and 'mf9' or 'f9'] = function()
   io.save_file()
   reset()
 end
```

Nach dieser Änderung müssen Sie Textadept zum letzten Mal neu starten. Sie können die folgenden Änderungen auch gleich eintragen:

```
-- "Tools/Run" soll ConTeXt aufrufen (und danach den PDF-Viewer)
  textadept.run.compile_commands.tex = 'mtxrun --autogenerate
    --script context --autopdf=auto --purge --synctex=repeat "%f"
    '

-- Endungen an ConTeXt binden
  textadept.file_types.extensions.tex = 'context'
  textadept.file_types.extensions.ctx = 'context'
  textadept.file_types.extensions.mkiv = 'context'
  textadept.file_types.extensions.mkxl = 'context'
```

2.5.8 Vim

Vim und seine modernisierten Nachfahren (z. B. NeoVim, Helix) sind, ähnlich wie Emacs, etwas für Spezialist*innen. Sie zeichnen sich durch eine minimalistische Effizienz und den hohen Einarbeitungsaufwand in die „altmodische" Tastatursteuerung aus.
Die Unterstützung für ConTEXt und MetaPost ist seit Vim 7 enthalten und wird gepflegt.
Da die Dateiendung `.tex` von allen TEX-Varianten verwendet wird, erkennt Vim ConTEXt-Dateien an der ersten Zeile:

```
%&context
```

Passen Sie die Konfiguration in Ihrer `.vimrc` an, z. B.:

```
let g:tex_flavor = "context"
let g:context_mtxrun = 'PATH=~/context/tex/texmf-<arch>/bin:\$
  PATH mtxrun'
let g:context_synctex = 1
let g:context_extra_options = '--purge --autopdf=auto'
```

Sie starten die Übersetzung des aktuellen Buffers mit `:ConTeXt`.
Die aktuellen Skripte sind für Vim 9 geschrieben und damit nicht mehr mit NeoVim kompatibel – der wäre dafür in Lua erweiterbar. Außerdem gibt es einen Tree-Sitter-Parser[15].
Weitere Hinweise finden Sie im Wiki[16].

2.5.9 Visual Studio Code

Diese Entwicklungsumgebung basiert wie Pulsar auf dem Electron-Framework. VS Code ist vielseitig erweiterbar und gehört zu den modernsten und am weitesten verbreiteten IDEs. Der Fork „VScodium"[17] verzichtet auf ‚Branding' und Telemetrie-Komponente des Microsoft-Originals.
Zur Installation der ConTeXt-Erweiterung verlinken Sie das Verzeichnis aus der Distribution im Extensions-Verzeichnis (Linux/MacOS):

```
ln -s $TEXROOT/texmf-context/context/data/vscode/extensions/
  context ~/.vscode-oss/extensions/
```

Das funktioniert nur, wenn noch keine anderen Erweiterungen installiert sind und es daher in `~/.vscode-oss/extensions` noch kein `extensions.json` gibt. Ansonsten müssen Sie den Eintrag in dieser Datei selbst ergänzen:

```
{
"identifier":{"id":"context development team.context"},
"version":"1.0.0",
"location":{"$mid":1,"path":"~/.vscode-oss/extensions/context","
  scheme":"file"},
"relativeLocation":"context"
}
```

In den Extension-Einstellungen können Sie das ConTeXt-Farbschema aktivieren.

Das versteckte Verzeichnis `.vscode-oss` gilt für VScodium; bei VS Code heißt es `.vscode`. Das Programm lässt sich auf der Kommandozeile mit `codium` bzw. code aufrufen.

Um ConTeXt vom Editor aus aufrufen zu können, legen Sie in jedem Projektorder die Datei `.vscode/tasks.json` an:

```
{
  "version": "2.0.0",
  "tasks": [
    {
      "label": "ConTeXt",
```

15 github.com/pmazaitis/tree-sitter-context_en
16 wiki.contextgarden.net/Input_and_compilation/Text_editors/Vim
17 github.com/VSCodium/vscodium/releases

```
      "type": "shell",
      "command": "context --autopdf=auto '${file}'",
      "args": [],
      "options": {
        "cwd": "${fileDirname}"
      },
      "group": {
        "kind": "build",
        "isDefault": true
      }
    },
    {
      "label": "check file",
      "type": "shell",
      "command": "mtxrun --script check '${file}'",
      "args": [],
      "options": {
        "cwd": "${fileDirname}"
      },
      "group": {
        "kind": "test",
        "isDefault": true
      }
    }
  ]
}
```

Dann können Sie ConTeXt im Menü „Terminal / Run Build Task“ (Ctrl-Shift-B bzw. Cmd-Shift-B) auswählen.
Eine ausführlichere Vorlage finden Sie in `texmf-context/context/data/`.

Der Aufruf eines PDF-Viewers mit `--autopdf` funktioniert (bei mir) nicht, auch nicht über einen eigenen Task. Geholfen hat der Aufruf via ‚Befehlsersetzung‘ (Backticks): `context '${file}' && echo `xdg-open '${fileBasenameNoExtension}.pdf'``

Es gibt mehrere Extensions zur Anzeige von PDFs in der IDE. „PDF Viewer“ von Mathematic Inc. funktioniert für mich am besten, unterstützt aber weder SyncTeX noch Anmerkungen.

2.6 PDF-Viewer

Für diesen Abschnitt habe ich mich Ende 2021 unter ConTeXt-Anwendern umgehört und so viele Programme wie möglich selbst ausprobiert, diesen Aufwand aber nicht wiederholt. Die Angaben können also teilweise veraltet sein.

Name	Systeme	Features	Lizenz
Acrobat (Reader)	🍎 ⊞	A, F, J	©
Acrobat Pro	🍎 ⊞	A, F, J	© €
epdftools	Emacs	U	OS
Evince/Atril/Papers	🐧 (⊞)	A, D, S, (U)	OS
Foxit PDF Editor	🍎 ⊞	A, F, J	© €
Foxit PDF Reader	🍎 ⊞ (🐧)	A, F, J	©
GNU GV	🐧	D, U	OS
Master PDF Editor	🐧 🍎 ⊞	A, F, J	© €
MuPDF	🐧 ⊞ 🤖 (🍎)	A, D, (J)[18]	OS/©
Nitro Pro	⊞	?	© €
Okular	🐧 🍎 ⊞	A, D, F, S	OS
PDF.js	Browser	(F), (J), (S), (U)	OS
PDF Studio Reader	🐧 🍎 ⊞	A, (F), (J)	©
PDF Studio (Std/Pro)	🐧 🍎 ⊞	A, (F), (J)	© €
Qpdfview	🐧	U	OS
Skim	🍎	(A), (F), S, U	OS
Sumatra PDF	⊞ (🐧)	D, S, U	OS
TeXshop	🍎	S, U	OS
TeXworks	🐧 🍎 ⊞	S	OS
Vorschau.app	🍎	(A), D, (U)	©
Zathura	🐧 (🍎)	(D), S, U	OS

Legende:

A	Anmerkungen
D	Weitere Dateiformate. (D) = mit Plugins
F	Unterstützung für Formulare
J	JavaScript-Interpreter für interaktive Formulare
S	SyncTeX-Unterstützung (theoretisch)
U	Update bei Dateiänderung. (U) = unzuverlässig
OS	Open Source
©	kommerziell, nicht frei
€	kostenpflichtig
(🐧)	Linux-Version veraltet oder via Wine
(🍎)	Mac-Version via MacPorts oder Homebrew

[18] MuPDF ist per JavaScript steuerbar, versteht aber kein JavaScript im PDF.

2.6.1 Empfehlungen?

PDF-Viewer sind ebenso von Geschmack, Arbeitsstil und Ansprüchen abhängig wie Editoren. Meine Viewer-Bedürfnisse wechseln je nach Projekt – mal brauche ich einen Präsentationsmodus, mal kommt es auf Formulare an, dann wieder auf Anmerkungen oder die korrekte Darstellung von Farben und Transparenzen. Systemübergreifend brauchbar sind Browser mit PDF.js, das auch gerne für Editor-Erweiterungen verwendet wird. Je nach Umgebung und Version hat PDF.js aber unterschiedliche Eigenschaften, und die Druckausgabe hat nur Bildschirmauflösung.

Die PDF-Anzeigeprogramme mit den meisten Funktionen sind Adobe Reader bzw. Acrobat Pro, sie sind damit für die meisten Aufgaben geeignet. Die Benutzeroberfläche wird aber von vielen für unbrauchbar und sinnlos überfrachtet gehalten. Sie sind zudem nur für Windows und MacOS verfügbar; die uralte Linux-Version ist nicht mehr benutzbar. Von den Open-Source-Programmen hat Okular die meisten Funktionen. Für anspruchsvolle Anwender*innen lohnt sich ein Blick auf PDF Studio Pro von Qoppa oder Master PDF Editor von Code Industry.
Im Gegensatz dazu haben einige PDF-Viewer keine besonderen Funktionen und sind dafür schlank und unkompliziert.

2.6.2 Häufige Probleme

Für die Arbeit mit TeX ist die automatische Aktualisierung geänderter Dateien wichtig. Bei manchen Viewern können Sie das in den Einstellungen aktivieren oder müssen das Neuladen explizit auslösen. Bei den Adobe-Programmen ist das nicht möglich, sie verhindern (je nach Version) sogar das Überschreiben. Geöffnete PDFs müssen also erst explizit geschlossen werden, bevor Sie ConTeXt wieder aufrufen.

Alle Programme, die sich auf Apples PDF-Bibliothek verlassen (Vorschau, Skim, TeXshop), haben die gleichen Probleme: Beim Kopieren von Text aus dem PDF entsteht ‚decomposed Unicode‘ (d. h. Umlaute werden in Vokal und Akzent aufgetrennt), das führt bei manchen Schriften und in manchen Programmen zu Anzeigefehlern; alternative Texte (gedacht für Screenreader) werden ignoriert; die Farbdarstellung von Bildern ist unzuverlässig (integrierte Profile werden ignoriert).

2.6.3 Spezielle Bedürfnisse

Die Adobe-Programme sind die einzigen, in denen Sie JavaScript zur Steuerung von Präsentationen oder Formularen einsetzen können (S. 322). Die JavaScript-Funktionalität von Foxit Reader und Master PDF Editor ist eingeschränkt, die von PDF Studio ist unbrauchbar.
Multimedia, d. h. die Einbindung von Video- oder Audio-Daten, funktioniert nur mit Acrobat unter Windows zuverlässig. (Sie können auf externe Mediendateien verlinken, und vielleicht gibt es weitere Lösungen für spezielle Kombinationen von Betriebssystem, PDF-Viewer und Datenformaten. Mit HTML kommen Sie aber wahrscheinlich leichter zum Ziel.)

Druckvorstufen-Funktionen wie die Prüfung auf bzw. Konvertierung nach PDF/X (S. 300) und die manuelle Korrektur von CropBox, TrimBox und BleedBox (S. 104) bieten nur Acrobat Pro und PDF Studio Pro, abgesehen von Speziallösungen für vier- bis fünfstellige Beträge.
In Korrektur-Workflows mit Anmerkungen im PDF habe ich unter MacOS die besten Erfahrungen mit Foxit Reader; Adobe Reader stürzt zu oft ab. Unter Linux kommen nur Master PDF Editor und Okular in Frage; ersterer ist bei Lehmanns erfolgreich im Einsatz, bei beiden ist der Umgang mit Kommentaren aber recht umständlich gelöst. Papers zeigt Anmerkungen bequem an, kann aber keine einfügen.

2.6.4 Lösungen für Linux

Unter Linux hat Okular bisher die meisten Möglichkeiten. Papers ist ein vielversprechender neuer Abkömmling von Evince.
Sie können Windows-Versionen verschiedener Viewer mit Hilfe von Wine (32 bit) installieren. Foxit Reader und Sumatra laufen bei mir trotz Fehlermeldungen bei der Installation, Adobe Reader habe ich nicht installiert bekommen. Möglicherweise funktioniert das auch unter MacOS mit Wine via Homebrew – via MacPorts geht es nicht. Mit ausschließlich-64-bit-Versionen von Wine bzw. Linux geht es auch nicht.

Wenn Sie PDF-Formulare unter Linux verwenden möchten, können Sie einen Browser (mit integriertem PDF.js), Okular oder Master PDF Editor ausprobieren. Der native Foxit Reader funktioniert auch einigermaßen, wird aber schon lange nicht mehr weiterentwickelt.

3 Erste Schritte

Wann geht es endlich los?

Fast jede Einführung in eine Programmiersprache beginnt mit einem „Hallo Welt"-Minimalbeispiel. Für ConTEXt sieht es so aus:

```
\starttext
Hallo, Welt!
\stoptext
```

Hieran erkennen Sie schon zwei wesentliche Merkmale von ConTEXt:

- Befehle (Makros) beginnen mit einem Rückstrich (Backslash), und
- Blöcke werden von einem start-stop-Paar begrenzt; in diesem Fall wird eben der gesamte „text" begrenzt.

Was nach dem \stoptext folgt, wird ignoriert. Vor dem \starttext dürfen allerdings Befehle zur Konfiguration stehen, wie hier:

```
\mainlanguage[de] % Hauptsprache ist deutsch
\starttext% Ende der Präambel
\title{Der Fordschritt}

\sans{(Der standardisierte Mensch.)} Henry Ford hat kürzlich hundert
  Millionen Dollar für die Errichtung einer Schule gestiftet, die
  er \quote{die Schule der Zukunft} nennt. \quotation{Ich habe
  so lange Autos fabriziert}, erklärte er, \quotation{bis ich den
  Wunsch bekam, nunmehr Menschen zu fabrizieren. Die Losung der Zeit
  ist Standardisierung.} - Die erste Musterschule Fords, die ihre
  Tätigkeit bereits begonnen hat, nimmt nur Knaben im Alter von 12
  bis 17 Jahren auf. Verpönt sind Sprachen, Literatur, Kunst, Musik
  und Geschichte. - Die Lebenskunst müssen die Schüler lernen, sie
  müssen verstehen, \emph{zu kaufen und zu verkaufen.} -

Endlich einmal tabula rasa mit Vorwänden, die dem einzigen und
  wahren Lebenszweck vielfach hinderlich waren!

\blank[line]
\color[red]{\bold{Karl Kraus}}\footnote{Quelle: \hyphenatedurl{%
https://projekt-gutenberg.org/authors/karl-kraus/books/glossen-bis-1
  936/chapter/5/}}
\stoptext
```

1

Der Fordschritt

(Der standardisierte Mensch.) Henry Ford hat kürzlich hundert Millionen Dollar für die Errichtung einer Schule gestiftet, die er ‚die Schule der Zukunft' nennt. „Ich habe so lange Autos fabriziert", erklärte er, „bis ich den Wunsch bekam, nunmehr Menschen zu fabrizieren. Die Losung der Zeit ist Standardisierung." – Die erste Musterschule Fords, die ihre Tätigkeit bereits begonnen hat, nimmt nur Knaben im Alter von 12 bis 17 Jahren auf. Verpönt sind Sprachen, Literatur, Kunst, Musik und Geschichte. – Die Lebenskunst müssen die Schüler lernen, sie müssen verstehen, *zu kaufen und zu verkaufen.* –
Endlich einmal tabula rasa mit Vorwänden, die dem einzigen und wahren Lebenszweck vielfach hinderlich waren!

Karl Kraus[1]

[1] Quelle: https://projekt-gutenberg.org/authors/karl-kraus/books/glossen-bis-1936/chapter/5/

Dieses Beispiel zeigt ein paar weitere Eigenheiten:

- Kommentare beginnen mit einem Prozentzeichen. Das heißt, alles, was in einer Zeile nach einem Prozentzeichen steht, wird von TEX ignoriert. Nutzen Sie diese Möglichkeit, Ihren Code zu kommentieren!
- Absätze werden mit Leerzeilen getrennt. TEX ignoriert normalerweise den Zeilenumbruch in Ihrem Quelltext. (Einzelne Zeilenumbrüche werden als Leerzeichen interpretiert.)
- Bei Befehlen stehen die Konfigurationen fast immer in eckigen Klammern, die Textinhalte dagegen in geschweiften Klammern (hier beim Einstellen der Sprache oder beim Umschalten der Textfarbe auf rot).

```
\kommando[parameter]{Inhalt}
```

- Runde oder spitze Klammern haben für ConTEXt keine spezielle Bedeutung.
- Überschriften werden als solche ausgezeichnet (und nicht z. B. als „groß und fett"). Das nennt man logisches Markup. Auf die Strukturbefehle kommt Kapitel 5 zurück.
- Eine Stelle wird hervorgehoben (`\emph` = *emphasized*) – auch hier logisches Markup. Wie diese Hervorhebung aussehen soll, können Sie in der Präambel definieren.
- Auch Zitate (bzw. wörtliche Rede) werden am besten logisch ausgezeichnet, das ermöglicht z. B. eine einfache Umstellung von deutschen auf französische Anführungszeichen und zwingt Sie automatisch dazu, alle Zitate zu beenden. Mehr dazu in 4.10 (S. 51).

Was fange ich nun damit an? Wo gebe ich den Text ein, und wie soll ConTEXt ihn verarbeiten?

3.1 Mein erstes ConTEXt-PDF

Legen Sie sich zuerst ein Verzeichnis für ConTEXt-Versuche in Ihrem Benutzerverzeichnis an; Sie werden es noch öfter brauchen.
Etwas zur Wahl des Texteditors stand bereits in 2.5 (S. 14).
Speichern Sie den Code in einer Textdatei mit der Endung `.tex`, z. B. `Versuch.tex`.[1]
Dann wechseln Sie auf der Kommandozeile[2] in dieses Verzeichnis und rufen ConTEXt auf:

```
context Versuch
```

Die Dateiendung `.tex` können Sie weglassen, andere Dateiendungen müssten Sie angeben.

[1] Manche naheliegenden Dateinamen wie `test.tex` stehen in Konflikt mit Dateien in der Distribution und können zu unverständlichen Fehlermeldungen führen. Mit deutschen Wörtern sind Sie auf der sicheren Seite.

[2] Auch „Terminal" oder „Shell" genannt.

ConTEXt gibt bei der Verarbeitung eine Menge Informationen aus, mit denen Sie noch nichts anfangen können, und viel mehr, als das kurze Beispiel zu rechtfertigen scheint. Wenn Sie sich nicht vertippt haben, werden drei Dateien erzeugt, mit den Endungen `.log` (Protokoll), `.tuc` (TEX utility content) und `.pdf`. Letzteres möchten Sie haben, die anderen können Sie nach Belieben löschen oder liegen lassen. Wenn Sie das PDF nun mit einem geeigneten Anzeigeprogramm (S. 21) öffnen, erkennen Sie, was ConTEXt in der Grundeinstellung, also ohne weitere Definitionen, mit Ihren Texten anstellt: Standard-Layout, Standard-Schriftart und Standard-Formatierungen. Das muss Ihnen nicht gefallen, aber man kann es lesen und sich beim Schreiben erst einmal auf den Inhalt konzentrieren.

3.2 ConTEXt aufrufen

Wenn Sie `context --help` aufrufen, bekommen Sie eine lange Liste von möglichen Aufrufparametern; die wichtigsten finden Sie in Tab. 3.1.

Parameter	Beschreibung
`--make`	ConTEXt-Format neu erzeugen (ohne TEX-Durchlauf)
`--automake`	ConTEXt-Format neu erzeugen, falls nötig (vor dem TEX-Durchlauf)
`--autopdf=`	Erzeugtes PDF im PDF-Viewer öffnen
`--purge`	Temporärdateien (`.log`, `.tuc`) löschen
`--mode=`	Modus bzw. Modi aktivieren (S. 374)
`--result=`	Namen der Ausgabedatei definieren
`--runpath=`	ConTEXt vom angegebenen Verzeichnis aus aufrufen
`--arrange`	Ausschießen (S. 302)
`--once`	Nur ein Durchlauf (es werden keine Querverweise oder Verzeichnisse erstellt, Umbruch von Tabellen oder Fußnoten kann unvollständig sein)
`--noconsole`	Protokollausgabe nur in die Logdatei
`--batchmode`	Bei Fehlern nicht anhalten, keine Ausgabe auf die Konsole
`--errors`	Zusätzliche Fehlerinformationen im Protokoll
`--nodummy`	Im Fehlerfall kein PDF erzeugen
`--luatex`	ConTEXt LMTX im MkIV-Modus aufrufen

Tab. 3.1 Kommandozeilenparameter von `context` (Auswahl). Optionen zur PDF-Verschlüsselung siehe S. 299

Ein typischer Aufruf sieht so aus:

```
context --autopdf=auto --result=MeineDatei_2025 meine_datei
```

Mit `--result` ändern Sie den Dateinamen für das erzeugte PDF.

Die Datei wird mit `--result` erst nachträglich umbenannt, das PDF mit dem Namen der Ursprungsdatei wird also auf jeden Fall überschrieben. Manche PDF-Viewer aktualisieren die Anzeige nicht automatisch.

Mit `--autopdf=auto` wird das erzeugte PDF in dem Programm geöffnet, das im Betriebssystem für PDF-Dateien eingestellt ist.

`--autopdf` allein versucht den PDF-Viewer Sumatra aufzurufen, den es nur für Windows gibt. Sie können die Direktive `pdfview.method` in `contextcnf.lua`[3] auf `auto` setzen, um sich diese Angabe zu sparen.

Ohne `--nodummy` wird im Fehlerfall ein PDF erzeugt, das nur das Wort „error" enthält.

3.2.1 Dateien unter Quarantäne

MacOS stellt neu erzeugte PDFs ebenso wie heruntergeladene Dateien manchmal unter Quarantäne, sodass Sie beim Öffnen zuerst eine Sicherheitswarnung bestätigen müssen. Die Verwendung von `--autopdf` wird damit verhindert.

Sie können sich die zusätzlichen MacOS-Attribute von Dateien mit dem Parameter `@` von `ls` anzeigen lassen; in der Ausgabe von `ls -l@ *.pdf` finden Sie dann `com.apple.quarantine`.
Mit `xattr` können Sie das Attribut entfernen:

```
xattr -d com.apple.quarantine *.pdf
```

3.2.2 mtxrun

Der Befehl `context` ist eigentlich nur ein Verweis auf `mtxrun --script context`. Das deutet darauf hin, dass es noch mehr Skripte gibt: `mtxrun --script` listet sie auf. Die meisten werden Sie nie brauchen, einige zeigt Tabelle 3.2.

Immer wenn es um Schriften geht, hilft `mtxrun --script font` (S. 142). `mtxrun --script check Datei.tex` prüft, ob alle Klammern und Umgebungen ordentlich geschlossen wurden.
Ein paar Hinweise, was `mtxrun` noch alles kann, bekommen Sie auch hier mit `--help`, oder sehen Sie im Handbuch `tools-mkiv`[4] nach.

[3] in `tex/texmf-context/web2c`
[4] `texmf-context/doc/context/documents/general/manuals/tools-mkiv.pdf`

Skript	Parameter	Beschreibung
pdf	info/metadata/fonts	Informationen zum angegebenen PDF
cache	erase	Lua(Meta)TEX-Cache leeren
check	Datei	Syntaxprüfung
epub	make	ePub erzeugen (S. 440)
font	reload	Schrift-Datenbank neu aufbauen (S. 158)
font	list	Schriftart suchen (S. 158)
install-modules	list/install	Module auflisten und installieren (S. 13)
grep	pattern	Dateien der ConTEXt-Distribution durchsuchen
server	auto	Lokaler Webserver für Befehlsreferenz (ohne Erklärungen) und Font-Test
scite	file/tree	Erzeugt eine HTML-Datei mit dem formatierten Sourcecode der angegebenen Datei bzw. die entsprechenden Dateien für einen ganzen Verzeichnisbaum (kein installiertes SciTE nötig)
synctex	...	Ersetzt das Programm synctex

Tab. 3.2 mtxrun-Skripte (Auswahl)

3.3 Blindtext

Wenn Sie sich die Texte für Ihre Versuche nicht aus den Fingern saugen wollen, können Sie auf die mitgelieferten Zitate als Blindtexte zurückgreifen:

```
\starttext
\samplefile{zapf}
\stoptext
```

Diese Beispieltexte können mit \samplefile geladen werden, ebenso mit \input, was auch für andere Dateien funktioniert. \samplefile ignoriert fehlende Dateien, \input bricht mit einem Fehler ab.
Die Dateien liegen unter texmf-context/tex/context/sample/common und sind in samples.tex erklärt.
Eigene Schnipsel können Sie unter texmf-local/tex/context/sample/third/ ablegen. Nach einem Aufruf von mtxrun --generate werden sie von ConTEXt gefunden.
Weitere Möglichkeiten für Blindtext bieten die Module visual (S. 462) und ipsum (S. 463).

3.4 Umgang mit Fehlern

Machen wir uns nichts vor: Die Fehlersuche in TEX-Dokumenten kann uns in den Wahnsinn treiben. Wir sollten aber nicht gleich „Bug!“ schreien, wenn etwas nicht so funktioniert, wie wir uns das vorstellen – obwohl der Code von ConTEXt beileibe nicht fehlerfrei ist, machen wir die meisten Fehler doch selbst.

3.4.1 Häufige Fehler

- Tippfehler wie `\startext`
- fehlende/überzählige/falsche Klammer
- fehlendes Komma am Ende einer Setup-Zeile
- fehlendes oder falsches `\stopEtwas`
- fehlende geschweifte Klammern um Listen von Parametern
- störender Weißraum (oft hilft ein `%` am Ende der vorigen Zeile)
- eckige Klammern verschwinden, weil sie zum vorherigen Befehl gehören könnten, z. B. nach `\startparagraph` oder `\item` – setzen Sie `{}` davor!
- Textausgabe in der Präambel

Hilfe zum Debugging:

```
mtxrun --script check Datei.tex
```

Dieses Skript überprüft, ob in der angegebenen Datei alle Klammern und `\start`-`\stop`-Umgebungen geschlossen sind. Mit Code-Abschnitten wie in diesem Buch ist es überfordert.

3.4.2 Protokollausgabe lesen

Das folgende Beispiel enthält einen Tippfehler und einen Verweis auf eine unbekannte Datei:

```
\startext
\input unbekannt
\stoptext
```

```
> context fehler.tex

resolvers        | formats | executing runner 'run luametatex
  format': .../bin/luametatex --jobname="./fehler.tex" --fmt=.../
  formats/luametatex/cont-en.fmt --lua=.../luametatex/cont-en.lui
  --c:currentrun=1 --c:fulljobname="./fehler.tex" --c:input="./
  fehler.tex" --c:kindofrun=1 --c:maxnofruns=9 --c:texmfbinpath="
  .../tex/texmf-osx-64/bin"
system          >
system          > ConTeXt  ver: 2022.04.20 19:18 LMTX  fmt: 2022.
  4.24  int: english/english
system          >
system          > 'cont-new.mkxl' loaded
```

```
open source      > level 1, order 1, name '.../tex/texmf-context/
  tex/context/base/mkxl/cont-new.mkxl'
system           > beware: some patches loaded from cont-new.mkiv
close source     > level 1, order 1, name '.../tex/texmf-context/
  tex/context/base/mkxl/cont-new.mkxl'
system           > files > jobname './fehler', input './fehler.tex
  ', result './fehler'
fonts            > latin modern fonts are not preloaded
languages        > language 'en' is active
open source      > level 1, order 2, name './fehler.tex'
tex error        > tex error on line 1 in file ./fehler.tex:
  Undefined control sequence \undefined

<line 3.1>
    \startext

1 >>  \startext
2     \input unbekannt
3     \stoptext
4
The control sequence at the end of the top line of your error
  message was never
\def'ed. You can just continue as I'll forget about whatever was
  undefined.
mtx-context      | fatal error: return code: 1
```

ConTEXt sagt Ihnen, welchen Befehl es nicht kennt („Undefined control sequence / <line 3.1> `\startext`“) und zeigt Ihnen zusätzlich mit >>, wo es den Fehler gefunden hat.
Wenn Sie den ersten Fehler korrigieren, bekommen Sie (verkürzt):

```
runtime error : input file 'unbekannt.tex' is not found, quitting
```

Im folgenden Beispiel fehlt eine Klammer:

```
\starttext
\quotation{\input{knuth}
\stoptext
```

Weil das Beispiel so einfach ist, beendet ConTEXt zwar den Durchlauf und erzeugt ein PDF, meldet aber trotzdem, dass etwas nicht stimmt:

```
...
(\end occurred inside a group at level 4)
4:0: simple group entered at line 2:
3:0: semisimple group entered at line 2: \begingroup
2:0: alsosimple group entered at line 2: \begingroup
1:0: alsosimple group entered at line 2: \begingroup
```

```
0:0: bottomlevel
...
```

„group entered" bezieht sich auf eine geöffnete geschweifte Klammer oder ein `\start`-Makro.
Leider ist es nicht immer so einfach.

```
! end of file encountered
tex error         > runaway error:
mtx-context       | fatal error: return code: 1
```

Wenn ConTEXt ohne Angabe einer Fehler-Stelle abbricht und „end of file encountered" meldet, ist eine Umgebung nicht geschlossen, d.h. zu einem `\start`... fehlt das `\stop`..., oder eine schließende Klammer fehlt. Haben Sie vielleicht statt einem `\stop`... noch ein `\start`... geschrieben? Nach so etwas habe ich im unübersichtlichen Code dieses Buchs immer wieder gesucht.

3.4.3 Warnungen

Auch wenn keine Fehler auftreten, ist das Protokoll (`.log`-Datei) meist voller `\hbox`-Warnungen:

```
9:8: [package: overfull \hbox (1.6671pt too wide) in paragraph at
  lines 67--67]
2:6: [package: underfull \hbox (badness 2435) in paragraph at
  lines 100--101]
```

Eine `\hbox` ist ein „horizontaler Kasten" (intern ‚sieht' TEX nur Rechtecke, mehr dazu in 24.1, S. 381), im Protokoll ist meist eine Zeile gemeint. Hier hat das Programm festgestellt, dass eine Zeile zu lang (overfull) und eine andere zu kurz (underfull) ist, sodass sich kein ordentlicher Zeilenumbruch erzeugen lässt. Ob das schlimm ist, hängt von den angezeigten Werten ab: Eine Zeile, die 1–2 pt überhängt, fällt niemandem auf. Bei größeren Werten sollten Sie sich überlegen einzugreifen, z. B. mit einer Trennausnahme (S. 174) oder Umbruchkorrekturen (S. 126). Welche Zeile gemeint ist, können Sie anhand der protokollierten Überschriften und der Zeilennummer des Quellcodes herausfinden.
Zu kurze Zeilen sind selten ein Problem – und wenn, dann fällt Ihnen ein löcheriger Absatz im PDF eher auf als eine Warnung im Protokoll. Wie schlimm TEX das Problem findet, sehen Sie am Badness-Wert, er kann maximal 10 000 betragen. Intern probiert TEX verschiedene Möglichkeiten zum Umbruch eines Absatzes aus und entscheidet anhand von Strafpunkten (Penalty, S. 123), welches die beste Möglichkeit ist.

Ernster nehmen müssen Sie Warnungen über fehlende Zeichen in bestimmten Schriften:

```
fonts             > checking > char ❶ (U+0278A) in font 'LMMono10-
Regular-4' with id 23: missing
```

Hier fehlt ‚nur' das Zeichen ‚❶' in der Schreibmaschinenschrift – bei fehlenden Zeichen für Texte in nichtlateinischen Schriften kann das grob sinnentstellend wirken. Wählen Sie eine Schrift, die alle benötigten Zeichen enthält oder definieren Sie eine Ersatzschrift (Fallback, S. 151).
Die fehlenden Zeichen sind am Ende des Protokolls noch einmal übersichtlich zusammengefasst.

3.4.4 Wenn TEX hängen bleibt

Dies betrifft nur noch LuaTEX (ConTEXt MkIV), denn aus LuaMetaTEX (ConTEXt LMTX) wurden die längst sinnlosen Funktionen zum Eingriff in den TEX-Lauf entfernt. **MkIV**

Bei vielen Fehlern wird die Verarbeitung abgebrochen, allerdings wird das Programm nicht beendet:
Wenn Sie an einem Fragezeichen hängen bleiben, tippen Sie `x<Return>` zum Abbruch. Mit `h` bekommen Sie eine nähere Beschreibung des Fehlers.
Sehen Sie vorher nach, wo der Fehler gefunden wurde – die Zeile ist wie im Beispiel oben mit >> markiert, darüber wird nach einem Ausrufezeichen der Befehl genannt, in dem ein Problem aufgetreten ist. Solange Sie nicht selber Makros definieren, handelt es sich fast immer um Tippfehler bzw. fehlende oder falsche Klammern.
Wenn die letzte Zeile mit einem Sternchen anfängt, ist TEX im Eingabemodus, weil irgendein Element nicht abgeschlossen wurde (geschweifte Klammer zu oder `\stop...`). Brechen Sie das Programm mit `^D` (Strg-D, 🐧/🍎) bzw. `^Z` (Strg-Z, ⊞) ab.

3.4.5 Fehlersuche (Debugging)

ConTEXt startet gar nicht erst!

- Nach einer Neuinstallation oder einem Update: Das Installationsskript verbiegt den Suchpfad; versuchen Sie es daher zuerst mit einem neuen Terminalfenster.
- Aus einem Editor: Versuchen Sie, ob es auf der Kommandozeile funktioniert. Oft sind beim Aufruf aus dem Editor nicht die gleichen Umgebungsvariablen gesetzt wie im Terminal.
- `context` und `mtxrun` werden nicht gefunden (Fehlermeldung des Betriebssystems): Wahrscheinlich ist Ihr Suchpfad nicht richtig gesetzt.
- `mtxrun` meldet „unknown script": Versuchen Sie, ob `mtxrun --generate` hilft. Prüfen Sie den Suchpfad.

Suchpfad: Die Umgebungsvariable `PATH` muss das richtige Binärverzeichnis enthalten (2.3.2), aber *nie* `~/context/bin`. ⚠

Es wird kein PDF erzeugt, und ich finde den Fehler nicht!

Findet `mtxrun --script check ihredatei.tex` Fehler?

Versuchen Sie, die fehlerhafte Stelle einzugrenzen:

- Wenn der Fehler im Text angezeigt wird, kommentieren Sie die betreffenden Zeilen aus, bis der Fehler verschwindet.
- In einer Kopie der fehlerhaften Datei können Sie nach und nach Abschnitte löschen, bis der Fehler verschwindet – oder Sie kopieren umgekehrt nur einzelne verdächtige Abschnitte in eine Testdatei.
- In den meisten Fällen ist eine Klammer falsch (zu viel, zu wenig oder falsche Art).

Meine Änderungen in einem `\setup`-Befehl haben keine Auswirkung oder führen zu Fehlern.

- Beenden Sie alle Schlüssel=Wert-Paare mit einem Komma, damit ConTEXt kein Leerzeichen ergänzt.
- Achten Sie darauf, dass Listen von Werten (z. B. `location={here,top}`) oder Texte mit Satzzeichen (z. B. `title={Eins, zwei, drei}`) in geschweiften Klammern stehen.
- Sind Sie sicher, dass Sie gültige Parameter verwenden und diese auch richtig geschrieben sind?
- Sind Sie sicher, dass Sie die richtigen Dateien bearbeiten und aufrufen? Gibt es vielleicht Dateien gleichen Namens in anderen Verzeichnissen? Suchen Sie im Protokoll nach dem Dateinamen – stimmt das Verzeichnis?

TEX läuft durch, aber im PDF stimmt etwas nicht.

- Versuchen Sie es mit einem anderen PDF-Viewer – manche haben Eigenheiten (oder Fehler) in Bezug auf ganz bestimmte Details (z. B. farbige Emojis, Transparenzen, Formularfelder).
- Wenn Linien oder Buchstaben zu dick, zu dünn oder unregelmäßig angezeigt werden, vergrößern Sie zur Kontrolle die Ansicht – die Abbildung von Details auf die Bildschirmpixel (Hinting, Subpixelrendering) kann zu Anzeigefehlern führen.
- Hinweise zu fehlenden, falschen oder gedrehten Bildern siehe S. 219.

3.4.6 Visuelles Debugging

Wenn sich ein Befehl nicht so verhält, wie Sie das erwarten, oder wenn Sie nicht wissen, mit welchen Werten Sie etwas einrichten sollen, helfen oft die Debugging-Befehle:

`\showlayout`	fügt vier Seiten mit den Maßen der Seitenbereiche ein (S. 92)
`\showmakeup`	zeigt Werte für viele Details, z. B. Abstände und Kerning, mit Hilfe von PDF-Layers
`\showgrid`	zeigt das Zeilenraster (S. 103)
`\showframe`	zeigt die Begrenzung der Layoutbereiche (S. 92)

`\showboxes`	zeigt die Begrenzung vieler Inhaltselemente (S. 135)
`\showsetups`	Liste aller definierten Größen (Variablen) und ihrer Werte
`\showbodyfont`	alle Varianten der eingestellten Schriftsippe
`\showfontstrip`	Sparversion von `\showbodyfont`
`\showbodyfontenvironment`	Welche Schriftgrößen sind den relativen Bezeichnungen zugeordnet?
`\showsymbolset[name]`	Liste der Symbole (S. 153)
`\showstruts`	`\struts` anzeigen (S. 121)
`\showcolor`	definierte Farben und ihre Graustufenumsetzung (S. 198)
`\showexternalfigures`	Bilder (S. 208)

Weitere Debugging-Befehle bietet das Modul `visual` (S. 462). Beachten Sie auch 24.19 „Fehlersuche", S. 404).

3.4.7 Hilfe finden

Wenn Sie bei einem Fehler nicht weiterkommen:

- Suchen Sie im ConTEXt-Wiki.
- Suchen Sie im Archiv der ConTEXt-Mailingliste.
- Suchen Sie im Internet – manchmal findet sich in einem Blog oder auf Stack Exchange eine Lösung.
- Bitten Sie auf einer Mailingliste oder in einem Forum um Hilfe.

(Die Adressen finden Sie auf S. 458.)
Bei Letzterem wird von Ihnen erwartet, ein Minimalbeispiel (alias MWE = „minimal working example") zu präsentieren, das den Fehler zeigt. Lassen Sie alles weg, was für das Problem nicht relevant ist. Oft stoßen Sie beim Reduzieren auf die Ursache des Problems.
Ein Minimalbeispiel ist

- möglichst kurz,
- für das Problem relevant,
- vollständig und lauffähig (bzw. erzeugt den Fehler).

Wenn es nicht auf den Inhalt ankommt, verwenden Sie Blindtext (S. 29 bzw. 462). Unter minimalbeispiel.de finden Sie viele weitere Hinweise dazu, die sich zwar auf LATEX beziehen, aber großenteils übertragbar sind.

Bei der Kommunikation auf Mailinglisten und in Foren gelten einige ungeschriebene Regeln:

- Sie haben keinen *Anspruch* auf Hilfe. Wir helfen gerne und freiwillig, solange wir Lust und Zeit dazu haben.
- Gehen Sie davon aus, dass der Fehler bei Ihnen liegt – bezeichnen Sie nichts als ‚Bug', solange Sie nicht ein Fehlverhalten von ConTEXt durch Code-Kenntnisse oder ein Minimalbeispiel nachweisen können.

- „Geht nicht" ist keine Fehlermeldung – beschreiben Sie, was Sie erreichen wollen, was Sie versucht haben und was dabei herausgekommen ist. Geben Sie auch Ihr Betriebssystem, die Art Ihrer Installation (TEX Live oder LMTX-Distribution) und Ihre ConTEXt-Version (Datum) an.
- Wenn Sie sich nicht auf ein Minimalbeispiel beschränken können, stellen Sie Dateien zum Download zur Verfügung – die Mailinglisten lassen nur sehr kleine Anhänge zu.
- Haben Sie Geduld. Wenn Sie Glück haben, bekommen Sie auf der Mailingliste innerhalb von Stunden eine Antwort. Wenn nicht, warten Sie zwei, drei Tage, bevor Sie nachfragen. Es gilt als unhöflich, die gleiche Frage parallel in verschiedenen Kanälen zu stellen; weisen Sie zumindest darauf hin, wenn Sie es tun, und verbreiten Sie die Lösung ebenso wie die Frage.
- Bleiben Sie freundlich. Gehen Sie von einem Missverständnis aus, wenn Sie sich angegriffen fühlen. Nach meiner Erfahrung ist der Umgangston in der ConTEXt-Szene freundlicher als in vielen anderen Bereichen des Internets – wobei ein kommentarloser Link zur Dokumentation als Antwort auf eine Frage nicht unfreundlich gemeint ist.
- Bleiben Sie dran und reagieren Sie. Wer sich die Mühe macht, ihnen zu helfen, freut sich über eine Rückmeldung: „Danke, das funktioniert", ist oft schon genug. Wenn etwas für Sie programmiert wird, sollten Sie es auch testen.
- Wenn Sie Informationen bekommen, die im Wiki fehlen, tragen Sie sie bitte dort ein. (Den Umgang mit einem Wiki muss man auch erst lernen und es ist verständlich, wenn Sie das überfordert, aber die Einstiegsschwelle ist niedriger als bei ConTEXt selbst, und wir sind auf diese Mitarbeit angewiesen.)
- Niemand nimmt Ihnen fehlerhaftes Englisch übel. Vermeiden Sie Slang und Abkürzungen, die andere Nicht-Muttersprachler nicht verstehen. Maschinen-Übersetzungen führen häufig zu Missverständnissen.
- Die wenigsten ConTEXt-Anwender*innen verwenden auch LATEX. „Wie erreiche ich, was Paket xyz tut?" kann also wahrscheinlich niemand beantworten. Wenn Sie erklären, was Paket xyz tut und was davon Sie erreichen möchten, kommen Sie vielleicht sogar selbst auf die Lösung.

Wenn Sie bereit sind, Geld für Support auszugeben, insbesondere bei kommerziellen Projekten, können Sie auf den Mailinglisten nach Dienstleistern bzw. Angeboten fragen.

3.4.8 Spurenleser

Manchmal hilft es, *mehr* Fehlermeldungen zu bekommen, z. B. aus bestimmten Bereichen oder statt Warnungen im Protokoll. Um bestimmte Probleme verfolgen zu können, bietet ConTEXt eine Vielzahl von „Trackern“, die Sie nach Bedarf ein- und ausschalten können:

```
\enabletrackers[figures.*]
\disabletrackers[fonts.*]
```

Eine Liste aller Tracker bekommen Sie mit `context --showtrackers`. Hier sind ein paar wichtige:

`figures.*`	Bilder (S. 219)
`floats.*`	Gleitobjekte (S. 245)
`fonts.*`	Schriften (S. 159)
`graphics.*`	Bilder (S. 219)
`math.*`	Formelsatz (S. 343)
`metapost.*`	MetaPost (S. 370)
`pagebuilder.injections`	Fußnoten u. ä.
`system.usage=summary`	Zusammenfassung der verwendeten Systemressourcen
`visualizers.*`	Sichtbarmachen von Details

Weitere Tracker sind in den entsprechenden Kapiteln genannt.

Ähnlich wie Tracker sind Direktiven, die das Laufzeitverhalten verändern. In diesem Buch wird an verschiedenen Stellen darauf hingewiesen; die komplette Liste bekommen Sie mit `context --showdirectives`.
Wenn ConTEXt bei jedem Problem abbrechen soll, verwenden Sie:

```
\enabledirectives[logs.errors=*]
```

Derzeit werden nur fehlende Zeichen, Referenzen oder Module beachtet. Das wird aber sicherlich im Laufe der Zeit erweitert.

4 Grundlegende Konzepte und Befehle

4.1 Gruppierung

Sie haben schon gesehen, dass bei ConTEXt manches mit `\startEtwas` ... `\stopEtwas` umgeben wird. Das Prinzip der Gruppe oder Umgebung begegnet Ihnen überall. Im einfachsten Fall wird ein zusammengehöriges Stück Text in geschweifte Klammern eingeschlossen. Schalter und Einstellungen innerhalb einer solchen Gruppe wirken sich nicht außerhalb aus.

```
\starttext
Probieren Sie aus, was passiert, wenn Sie die Klammern weglassen.

\startsection[title={Eins, zwei, drei},reference=sec:bsp]

\startparagraph % dazu kommen wir noch
{\en\samplefile{ward}}
\emph{Hervorgehoben}, {\bf fett} und {\it kursiv} und wieder
  normal.
Eine leere Gruppe{} grenzt in \CONTEXT{} einen Befehl ab.
\stopparagraph

\startquotation
{}[...] Eckige Klammern nach einem \tex{start}-Befehl werden nur
ausgegeben, wenn Sie davor eine leere Gruppe {} einfügen,
sonst versucht \CONTEXT, den Inhalt als Parameter zu
  interpretieren.
\stopquotation

\stopsection
\stoptext
```

Solche Gruppen halten nicht nur die Argumente von Befehlen zusammen (wie bei \emph), sondern begrenzen auch die Gültigkeit von Schaltern (wie \it) und Setup-Befehlen; im Beispiel wird für das Ward-Zitat auf die englische Sprache umgeschaltet (\en).
Synonym zu den geschweiften Klammern können Sie \start ... \stop oder \bgroup ... \egroup verwenden. Die Schreibweise mit ‚**b**egin' und ‚**e**nd' wird Ihnen bei den Tabellen wieder begegnen.

4.2 Geschützte Zeichen

Welche Zeichen muss ich ‚quoten'?

Zeichen, die für ConTEXt eine besondere Bedeutung haben, können Sie nur ausgeben, wenn Sie sie „schützen".
Die Makro-Schreibweise (\letterbackslash) sowie die direkte Ansprache von Zeichen über ihren Unicode-Wert (\safechar{0x5C} oder \Ux{5C}) sind die sichersten Methoden. Meist funktioniert aber auch das Quoten mit einem Backslash (\\).

Zeichen	Makro	Unicode
{	\letterleftbrace	7B
}	\letterrightbrace	7D
#	\letterhash	23
$	\letterdollar	24
%	\letterpercent	25
|	\letterbar	7C
~	\lettertilde	7E
\	\letterbackslash	5C

Eckige Klammern müssen geschützt werden, wenn sie auf ein Makro folgen, das Parameter akzeptiert. Das Kaufmannsund (Ampersand, &) hat für ConTEXt keine besondere Bedeutung, ^ und _ nur im Mathematikmodus, sie können also im Text ungeschützt verwenden werden.

4.3 Weißraum

Mehrere Leerzeichen hintereinander werden zusammengefasst (wie in HTML) – Sie können Leerzeichen zur Formatierung Ihres Quellcodes verwenden, aber nicht zur Gestaltung der Ausgabe!
Leerzeichen am Anfang der Zeile werden ignoriert.
Nähere Angaben zu verschiedenen Arten von Leerzeichen finden Sie ab Seite 121 sowie im Handbuch fonts-mkiv[1].

[1] texmf-context/doc/context/documents/general/manuals/fonts-mkiv.pdf

4.3.1 Absätze und Zeilenumbruch

Vielleicht ist es Ihnen schon aufgefallen: TEX schert sich nicht um den Zeilenumbruch in Ihrer tex-Datei. Dadurch können Sie Ihre Zeilen nach Belieben umbrechen – gar nicht, nach Länge oder nach Sinn.

```
Du musst verstehn!
Aus Eins mach Zehn,
Und Zwei lass gehn,

Und Drei mach gleich,\\
So bist Du reich.

Verlier' die Vier!

Aus Fünf und Sechs,\crlf
So sagt die Hex',

\startlines
Mach Sieben und Acht,
So ist's vollbracht:

Und Neun ist Eins,
Und Zehn ist keins.
Das ist das Hexen-Einmal-Eins!
\stoplines
```

Du musst verstehn! Aus Eins mach Zehn, Und Zwei lass gehn,
Und Drei mach gleich,
So bist Du reich.
Verlier' die Vier!
Aus Fünf und Sechs,
So sagt die Hex',

Mach Sieben und Acht,
So ist's vollbracht:

Und Neun ist Eins,
Und Zehn ist keins.
Das ist das Hexen-Einmal-Eins!

Abb. 4.1 Verschiedene Methoden für Zeilenumbrüche

Absätze werden durch Leerzeilen begrenzt. Auch ein `\par` beendet einen Absatz. Möglich ist auch die explizite Auszeichnung von Absätzen durch `\startparagraph` ... `\stopparagraph` (das ist sinnvoll, wenn Sie auch nach XML ausgeben wollen). Wenn Sie den Umbruch vorgeben wollen, wie z. B. bei Lyrik, umgeben Sie den Abschnitt mit `\startlines` ... `\stoplines`. Für Einzelfälle können Sie `\breakhere`, `\\` oder `\crlf` verwenden – wohlgemerkt nur für einen Zeilenumbruch, nicht für ein Absatzende! Für Programmcode verwenden Sie besser `\starttyping` ... `\stoptyping` (ab S. 421).

Mit `\blank` fügen Sie einen Abstand zwischen Absätzen ein. Um das allgemein einzustellen, verwenden Sie `\setupwhitespace`. Diese Befehle haben zahlreiche Optionen, welche die Größe des Abstands und die Regeln für seine Anwendung beeinflussen (S. 122).

4.3.2 Kommentare

```
% Das ist ein Kommentar. \Befehle werden hier nicht ausgeführt.
```

Alles, was nach einem Prozentzeichen folgt, wird von TEX bis zum Ende der Zeile ignoriert. Damit können Sie einerseits Kommentare zu Ihrer Vorgehensweise hinterlassen, andererseits Codeschnipsel behalten, die Sie gerade nicht brauchen. Mit Kommentarzeichen direkt nach Befehlen können Sie verhindern, dass unerwünschte Leerzeichen eingefügt werden.
Mehrzeilige Kommentare können Sie in `\starthiding` ... `\stophiding` einschließen oder einen Modus (S. 374) verwenden.
Um ein Prozentzeichen auszugeben, müssen Sie es schützen (*quoten*, 4.2)

4.4 Trennung von Inhalt und Form, logisches Markup

Bemühen Sie sich, in Ihren Texten nur semantische Formatierungen zu verwenden, keine optischen. Das heißt: Zeichnen Sie eine Überschrift als „Überschrift" aus und nicht als „groß und fett". Um die Überschrift groß und fett *darzustellen,* verwenden Sie die geeigneten `\setup`-Befehle.

Schlecht:

```
{\bfa Überschrift}
Das ist mir {\it besonders} wichtig!
```

Gut:

```
\title{Überschrift}
Das ist mir \emph{besonders} wichtig!
```

Individuell:

```
\Titel{Überschrift}
Das ist mir \Betont{besonders} wichtig!
% Solche individuellen Kommandos müssen
  vorher definiert werden!
```

Warum?

Beim Schreiben sollten Sie sich auf den Inhalt und dessen Struktur konzentrieren, nicht auf die Gestaltung. In einer Textverarbeitung oder einem Layoutprogramm verwenden Sie dazu passende Stilvorlagen wie „Textkörper" und „Überschrift 1", in HTML Tags wie `<p>` und `<h1>`. Die Gestaltung lässt sich dann zum Schluss global definieren oder ändern – in der Stilvorlage, im CSS oder bei ConTEXt eben mit den `\setup`-Befehlen.
Wenn Sie (oder Ihre Herausgeber) später beschließen, dass die Hervorhebungen nicht kursiv sein sollen, sondern blau oder unterstrichen, brauchen Sie nur eine Einstellung ändern und nicht nach hunderten von inkonsistenten Vorkommen suchen.
Diese Einstellungen lassen sich gut in einer eigenen Datei (Environment, S. 371) sammeln, die von mehreren Projekten verwendet werden kann. So können Sie leicht für die gestalterische Kohärenz Ihrer Werke sorgen oder sich dem Corporate Design einer Firma anpassen.

4.5 Ausrichtung

An vielen Stellen können Sie die Textausrichtung mit einem Parameter `align` angeben. Dabei sind die gleichen Werte möglich wie in `\setupalign` (für den gesamten Text) oder `\startalignment` (für einen Abschnitt). Zusätzlich gibt es Kurzbefehle für einfache Fälle:

```
\startalignment[flushright]
Dieser Text wird rechtsbündig gesetzt.
\stopalignment

\leftaligned{linksbündig}\par
\rightaligned{rechtsbündig}\par
\midaligned{zentriert}
```

Dieser Text wird rechtsbündig gesetzt.

linksbündig

rechtsbündig

zentriert

Zusammen mit der Textausrichtung werden auch andere Eigenschaften des Absatzumbruchs konfiguriert (Tab. 4.1), z. B. die Toleranz für die Silbentrennung. Bei Sprachen mit vielen langen Wörtern wie dem Deutschen ist `verytolerant,stretch` fast immer notwendig.

4.5.1 Lechts und rinks[2]

Leider ist in der Frühgeschichte von ConTEXt ein „Illtum" aufgetreten: `left` erzeugt rechtsbündigen Satz und `right` linksbündigen, die Ausrichtungen sind also vertauscht – TEX-intern ist die ‚ausgefranste' (*ragged*) Seite definiert statt der Kante, an welcher der Text ausgerichtet ist.

Um Ihren Code verständlicher zu machen, verwenden Sie besser `flushleft` für linksbündig und `flushright` für rechtsbündig.

In Konfigurationen, die sich nicht auf die Textausrichtung beziehen, verhalten sich `left` und `right` wie erwartet.

[2] Siehe das bekannte Gedicht von Ernst Jandl – auf den kostenpflichtigen Abdruck musste ich leider verzichten.

Option	Beschreibung
`right, flushleft`	linksbündig
`left, flushright`	rechtsbündig
`yes, normal, reset`	Blocksatz
`last`	Blocksatz, letzte Zeile zentriert
`middle`	zentriert
`center`	entspricht `middle,broad`
`inner, outer`	Ausrichtung zum inneren/äußeren Rand
`disable`	linksbündig, ohne Absatzausgleich
`broad`	Zusatz zu right/left/middle: breitere Flatterzone, keine Trennungen
`table`	entspricht `flushleft,broad,high`
`hangright`	linksbündig, letzte Zeile rechtsbündig (Lyrik)
`hanging, nothanging`	hängende Interpunktion ein-/ausschalten (S. 127)
`hz, nohz, fullhz`	Schriftdehnung erlauben/verbieten (S. 124)
`hyphenated, nothyphenated`	Silbentrennung ein-/ausschalten
`tolerant, verytolerant`	erlaubt suboptimalen Absatzumbruch
`stretch`	erlaubt eine größere Ausdehnung von Leerzeichen (*emergency stretch*) zur Verbesserung des Umbruchs, wird meist mit `verytolerant` kombiniert
`granular`	aktiviert das mehrstufige Umbruchverfahren (S. 125)
`profile`	Zeilenabstandskorrektur, wenn Ober- und Unterlängen kollidieren (bes. bei Formeln, S. 125)
`lefttoright, righttoleft`	Schreibrichtung von links nach rechts oder umgekehrt

Tab. 4.1 Horizontale Ausrichtung (`\setupalign`, `\startalignment` usw.)

4.6 Textformatierung

Bei der Anwendung der folgenden Formatierungen müssen Sie darauf achten, ob Sie es mit *Schaltern* oder *Befehlen* zu tun haben: Schalter wie `\bf` wirken sich auf die aktuelle Gruppe aus, Sie müssen sie also meistens mit geschweiften Klammern umgeben. Befehle wie `\emph` dagegen wirken sich auf den Text aus, der ihnen als Parameter übergeben wird:

```
{\rm Dieser Text hat Serifen und wird {\it kursiv.}}

{\ss Hier wird es grotesk und \emph{hervorgehoben.}
Oder auch \WORD{groß}.}
```

Dieser Text hat Serifen und wird *kursiv.*
Hier wird es grotesk und *hervorgehoben.* Oder auch GROSS.

Manche Makros sind so eingerichtet, dass sie auf beide Arten funktionieren.

Wie markiere ich Textstellen als kursiv oder fett?

Kurze, aber schlechte Antwort:

Kürzel	Bedeutung	Beispiel
\tf	aufrecht (normal)	\tf upright
\bf	halbfett	\bf **bold face**
\it	kursiv	\it *italic*
\bi	halbfett-kursiv	\bi ***bold italic***
\sl	schräg	\sl *slanted*

```
{\tf Aufrecht,} {\it Kursiv,} {\bf Halbfett}
und {\bi Halbfett-Kursiv.}
```

Aufrecht, *Kursiv,* **Halbfett** und ***Halbfett-Kursiv.***

Statt der Schalter können Sie Schriftstile auch wie setup-Befehle aktivieren:

```
normal /
\style[style=italic]{kursiv}
```

normal / *kursiv*

Diese Formatierungen brauchen Sie in Ihren Einstellungen. Im Text selbst verwenden Sie besser logisches Markup:

\emph	betont	\emph{emphasized}

Gute Typografie ist erstens lesbar und zweitens zurückhaltend. Eine Hervorhebung im Text muss nicht auf der Seite hervorstechen, sondern nur im Lesefluss auffallen. Dazu ist ein kursiver Schriftschnitt in den meisten Fällen am besten geeignet.

> „Gute Typografie sucht nicht nach allem, was noch möglich ist, sondern fragt nach dem, was nötig ist."
> (Kurt Weidemann)

\emph verwendet in der Grundeinstellung allerdings einen schrägen Schriftschnitt (slanted, siehe S. 150), falls dieser verfügbar ist (das betrifft die Standardschrift ‚Latin Modern'). Diese historische Fehlentscheidung in der Grundkonfiguration von ConTEXt lässt sich mit folgenden Zeilen korrigieren:

```
\definehighlight[emph][style=italicface] % \emph
\setupbodyfontenvironment[default][em=italic] % \em
```

Mit \definehighlight können Sie auch leicht Ihre eigenen logischen Hervorhebungen einrichten:

```
\definehighlight[Lecker][color=red]
\definehighlight[Gesund][style=boldface,color=green]
In der Speisekammer fand ich \Lecker{Kuchen},
\Gesund{Salat} und Mäusedreck.
```

In der Speisekammer fand ich Kuchen, **Salat** und Mäusedreck.

4.6.1 Die Schriftsippe

Typisch für TEX ist das Konzept einer Schriftsippe von zusammengehöriger Antiqua (mit Serifen), Grotesk (ohne Serifen) und Schreibmaschinenschrift (dicktengleich, d. h. gleich breite Buchstaben). Dazu kommt eine Mathematikschrift (üblicherweise mit Serifen), die Sie selten explizit aktivieren werden. Mehr dazu steht in Kapitel „Schriften" (S. 142).

Befehl	Code	Bedeutung
\rm	serif	Serifenschrift, Antiqua, *Roman*
\ss	sans	Serifenlose, Grotesk, *Sans-Serif*
\tt	mono	Schreibmaschinenschrift, *Teletype*
\mm	math	Mathematikschrift

Tab. 4.2 Die TEX-Schriftsippe

4.6.2 Kapitalisierung

Versalien (Großbuchstaben), echte oder falsche Kapitälchen? Sie haben die Wahl (Tab. 4.3). Mehr zu Kapitälchen steht im Kapitel „Schriften" (S. 150); mehr zu Ziffern auf Seite 162.
Beachten Sie, dass \uppercase das ß nicht umwandelt, während \WORD es richtig macht.

Befehl	Bedeutung	Beispiel
\sc	echte Kapitälchen, sofern vorhanden	{\sc Das Kapital} DAS KAPITAL
\oldstyle	Mediävalziffern (OpenType), sofern vorhanden	{\oldstyle0123456789} 0123456789
\os	Mediävalziffern (Einzelschnitt)	{\os0123456789} 0123456789
\cap	falsche Kapitälchen	\cap{Falschgeld} FALSCHGELD
\Cap	falsche Kapitälchen, erster Buchstabe versal	\Cap{wozu?} WOZU?
\Word	erster Buchstabe versal	\Word{the wizard} The wizard
\WORD	alles in Versalien	\WORD{immer größer} IMMER GRÖSSER
\word	alles in Gemeinen	\word{Wir mAchen ALLES kLeIn} wir machen alles klein
\camel	Titelstil	\camel{kamele KAMELEN} Kamele Kamelen
\lowercase	in Kleinbuchstaben umwandeln	\lowercase{KlEinÖr} kleinör
\uppercase	in Großbuchstaben umwandeln	\uppercase{Größer} GRÖßER

Tab. 4.3 Groß- und Kleinschreibung

4.6.3 Unterstreichungen

Grundsätzlich sollten Sie Unterstreichungen als Hervorhebungen im Text vermeiden – unterstrichener Text ist eine geeignete Hervorhebung, wenn Sie von Hand oder mit der Schreibmaschine schreiben, und hat in guter Typographie nichts zu suchen.
Bei der Gestaltung von Überschriften, Unterrichtsmaterial oder wenn es sonst in Ihr Konzept passt, können Sie sich mit den zahlreichen Optionen aus Tab. 4.4 austoben.

Die Formatierungen lassen sich auch schachteln:

```
\overbar{Über} \underbar{Unterstrich \underbar{steigt \overbar{
  auf} den \underdot{Unterberg}}}.
```

Über Unterstrich steigt auf den Unterberg.

Befehl	Bedeutung
\underbar	durchgehend unterstrichen
\underbars	an Leerzeichen unterbrochen unterstrichen
\underdot	durchgehend unterpunktiert
\underdots	an Leerzeichen unterbrochen unterpunktiert
\underdash	durchgehend unterstrichelt
\underdashes	unterbrochen unterstrichelt
\underrandom	durchgehend unregelmäßig unterstrichen
\underrandoms	unterbrochen unregelmäßig unterstrichen
\overbar	durchgehend überstrichen
\overbars	unterbrochen überstrichen
\overstrike	durchgehend durchgestrichen
\overstrikes	unterbrochen durchgestrichen
\understrike	durchgehend hervorgehoben
\understrikes	unterbrochen hervorgehoben

Tab. 4.4 Unterstreichungsvarianten

Dicke, Farbe und Lage der Striche beeinflussen Sie mit `\setupbar`:

```
\setupbar[color=red,rulethickness=1.4] % Maßeinheit ex
\setupbar[overstrike][color=red,rulethickness=0.5]
\setupbar[understrike][color=green]
\setupbar[underbar]
[color=yellow,rulethickness=2,offset=1,order=background]
Das hier ist \underbar{super wichtig.} \understrike{Das auch.}
  Und das ist \overstrike{falsch.}
```

Das hier ist super wichtig. Das auch. Und das ist falsch.

Viele Details zur Beeinflussung von Linien und zur Definition eigener Unterstreichungen finden Sie im Handbuch `rules-mkiv`[3].

4.6.4 Effekte

Verschiedene Texteffekte lassen sich mit `\starteffect` … `\stopeffect` bzw. `\effect` aufrufen:

Mit `inner` bekommen Sie eine etwas leichtere Schrift, mit `both` eine fettere, dabei wird die Konturbreite (wie bei `outer`) abgezogen bzw. hinzugefügt – das ist manchmal sinnvoll, wenn eine Schrift zu wenig Schnitte hat.

[3] `texmf-context/doc/context/documents/general/manuals/rules-mkiv.pdf`

Verwenden Sie hidden für Lückentexte oder Einzüge, die genau so breit sein sollen wie ein bestimmter Text.

```
\ss\tfa
\effect[inner]{leichter}.\\
\effect[outer]{Kontur}.\\
\effect[both]{fetter}.\\
\effect[normal]{normal}.\\
\effect[hidden]{unsichtbar}.\\
\effect[stretch]{gesperrt}.
```

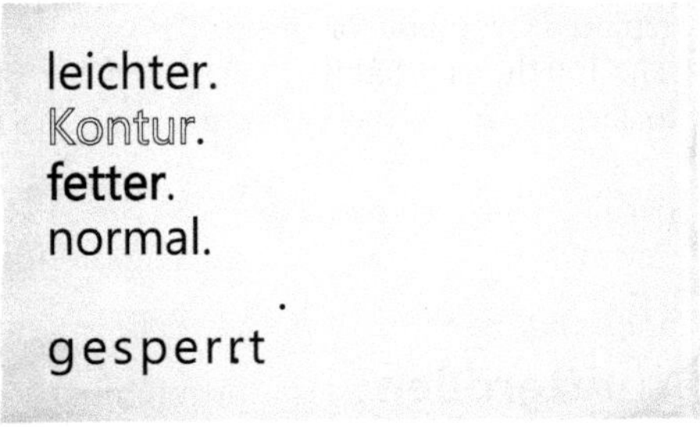

Die Sperrung mit stretch ist nicht für den Einsatz im Fließtext geeignet (stattdessen \kerncharacters, S. 133).
Mit \defineeffect können Sie Ihre eigenen Effekte definieren, dafür stehen Ihnen die Parameter alternative (Stichworte wie oben), stretch (Sperrung), rulethickness (Konturbreite) und method (eigener Befehl) zur Verfügung.

```
\defineeffect[Super][
  alternative=both,
  rulethickness=1pt,
  stretch=2,
]\ss\tfa
\effect[Super]{It was super
  effective.}
```

4.6.5 Schatten

Einfache Schatten aus einem andersfarbig hinterlegten Text bekommen Sie mit \startshadow ... \stopshadow bzw. \shadowed:

```
\startshadow[contrastcolor=red,weight=100]
  \blue\samplefile{knuthmath}
\stopshadow\space

\startshadow[contrastcolor=orange,weight=100,dx=0,dy=0]
\samplefile{ward}
\stopshadow

\setupshadows[shadowed][unit=pt,dx=.5,dy=-.5,weight=200]
\shadowed{\bfa\color[white]{Schattenkabinett}}
```

Diese Funktion gibt es nur in LMTX, die Schatten erinnern mich aber an die Typographie der 1990er; ich verwende lieber weich auslaufende Schatten (S. 364).

Many readers will skim over formulas on their first reading of your exposition. Therefore, your sentences should flow smoothly when all but the simplest formulas are replaced by „blah“ or some other grunting noise.
The Earth, as a habitat for animal life, is in old age and has a fatal illness. Several, in fact. It would be happening whether humans had ever evolved or not. But our presence is like the effect of an old-age patient who smokes many packs of cigarettes per day—and we humans are the cigarettes.
Schattenkabinett

4.7 Schriftgrößen

Wie definiere ich die Größe der Grundschrift und wie ändere ich sie?

```
\setupbodyfont[rm,12pt]
```

Hiermit setzen Sie die Standardschrift auf die Serifenschrift in 12 Punkt Größe. (Zu den Maßeinheiten siehe S. 54.)
Es gibt mehrere Schalter zur relativen Veränderung der Schriftgröße:

```
\switchtobodyfont[14pt]%
Ganz normaler Text {\tfx wird kleiner} {\tfxx und noch kleiner},
  wieder normal und {\tfa größer}. Und wieder normal.
```

Ganz normaler Text wird kleiner und noch kleiner, wieder normal und größer. Und wieder normal.

Mit dem Schalter `\tf` kehren Sie jederzeit zu dieser Standardschriftgröße zurück. Mit `\tfx` und `\tfxx` bekommen Sie kleinere Grade, mit `\tfa` bis `\tfd` größere.

Nur mit `\switchtobodyfont` wird auch der Zeilenabstand (S. 50) angepasst.

Wenn Ihnen diese relativen Größen nicht reichen, können Sie sich auch Schriftgrößen definieren:

```
\definefont[Titelfont][SerifBold*default at 36pt]
```

```
{\Titelfont Titel} % Vermeiden Sie die direkte Formatierung!
```

Wenn Sie eine Schriftdefinition (Kombination von Schnitt und Größe) nur einmal brauchen, geht es auch kürzer:

```
{\definedfont[SerifBold*default at 36pt]Titel}
```

Beachten Sie den Unterschied von `\definefont` und `\definedfont`!

`*default` sorgt dafür, dass die Zeichenabstände der Schrift ausgeglichen werden (Kerning). Mehr dazu beim Thema „Features“ auf S. 160.

Schriftgröße

Was ist eigentlich die Schriftgröße?

Die nominelle Schriftgröße, die auch als Kegelhöhe bezeichnet wird, ist ursprünglich die Höhe der Bleiletter (Abb. G.2, S. 479), auf der von den Akzenten (Diakritika) bis zur Unterlänge der gesamte Buchstabe Platz haben muss. Direkt am Buchstaben ist die Schriftgröße selten messbar. Daher bieten die meisten Typometer (Abb. 4.2) eine Möglichkeit, die Schriftgröße anhand der Höhe der Großbuchstaben (Versalien) zu bestimmen. Sie beträgt üblicherweise zwei Drittel der Schriftgröße, allerdings folgen verschiedene Schriftgestalter unterschiedlichen Konventionen beim Verhältnis der Versalhöhe zur Schriftgröße, die Schriftgrößenmessung mit Typometern ist daher selten exakt.
TEX unterscheidet zusätzlich Höhe (von der Grundlinie bis zum Scheitelpunkt) und Tiefe (Höhe der Unterlänge) der Schrift. Ihr Verhältnis wird mit 72:28 angenommen.

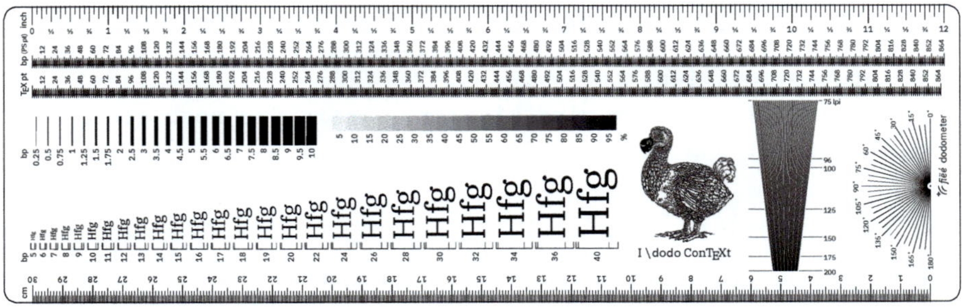

Abb. 4.2 Typometer[4]

4.8 Zeilenabstand

Der Zeilenabstand wird von Grundlinie zu Grundlinie gemessen und entspricht der Schriftgröße (TEX: `\bodyfontsize` bzw. `\baselineskip`) plus Durchschuss (TEX: `\lineskip`).
Mit `\setupinterlinespace` richten Sie den Zeilenabstand der Grundschrift ein; ohne Parameter wird er auf die Grundeinstellung von `2.8ex` zurückgesetzt, also knapp das Dreifache der Mittelhöhe. Da die Mittelhöhe ein Parameter der Schrift ist und stark variieren kann[5], hängt der Zeilenabstand von der Schriftart ab, und nicht nur von der Größe der Grundschrift.
Als Parameter können Sie ein Stichwort wie `big`, `medium` oder `small` angeben oder einen genauen Wert. Meist ist ein relativer Wert in einer Einheit, die von der Schriftgröße abhängt (`ex`, `em` oder `vh`, S. 54) sinnvoll. Wenn Sie einen absoluten Wert angeben, gilt er unabhängig von der Schriftgröße.

```
\setupinterlinespace[3.2ex]
```

4 Den Code für dieses Typometer finden Sie unter codeberg.org/fiee/context-examples.

5 z. B. 43 % bei Latin Modern und 53 % bei Lucida; mehr dazu in `ontarget`, Kap. „Profiles".

Auf diesen Wert bezieht sich `line` in verschiedenen Zusammenhängen, z. B. in `\blank[2*line]` (Leerzeilen einfügen) oder `\setuplayout[lines=20]` (Satzspiegelhöhe in Zeilen).

Um den Zeilenabstand nur innerhalb einer bestimmten Umgebung zu ändern, verwenden Sie `\setuplocalinterlinespace`.

Zeilenabstand und relative Schriftgrößen sind in der Grundschriftumgebung (*bodyfont environment*) definiert, und zwar nur für die Grundschriftgrößen 4 bis 12, 14.4, 17.3 und 20.7 pt.
Mit `\definebodyfontenvironment` können Sie den Zeilenabstand für eine bestimmte Schriftgröße definieren:

```
\definebodyfontenvironment[9pt][interlinespace=11pt]
```

4.9 Sprachauswahl

Jede Sprache hat etwas andere Regeln zur Silbentrennung, zur Zeichensetzung und zu manchen typografischen Feinheiten.
Solange Sie logisches Markup verwenden, kümmert sich ConTEXt für Sie um die Einzelheiten.

```
\mainlanguage[de] % Hauptsprache definieren
\language[fr] % auf eine andere Sprache umschalten
```

Die Hauptsprache bestimmt auch die Übersetzung von automatisch eingefügten Begriffen wie „Kapitel“, „Inhalt“ oder „Abbildung“.
Eine wesentliche Funktion der Sprachauswahl ist die richtige Silbentrennung. Mehr dazu in 10.4 (S. 174).
Zum lokalen Umschalten der Sprache sind viele Sprachkürzel auch als Makros definiert, z. B. `\de` und `\en`, manche Kürzel sind aber schon durch andere Funktionen belegt. Weitere Informationen und die Liste der unterstützten Sprachen finden Sie ab Seite 170.

4.10 Anführungszeichen und Zitate

Welches sind die richtigen Anführungszeichen und wie gibt man sie ein?

Überlassen Sie dieses Problem doch einfach ConTEXt:
Mit `\quotation` bekommen Sie doppelte, mit `\quote` einfache Anführungszeichen. Dieses logische Markup sorgt dafür, dass automatisch die richtigen Zeichen für die jeweilige Sprache verwendet werden.
Längere Zitate können Sie in `\startquotation` … `\stopquotation` einschließen, wobei sich auch eine Einrückung oder eine andere Formatierung einstellen lässt.

```
\startbuffer[Fremdsprache]
Schön ist das, in einem fremden Land zu reisen, und auf
\quote{fremdländisch} grade \quotation{Bitte!}, \quotation{Danke!
  } und \quotation{Einschreibepaket!} sagen zu können.%
\stopbuffer%
%
{\language[de]\getbuffer[Fremdsprache]}
\\\hfill{\it Kurt Tucholsky}\blank
{\language[fr]\getbuffer[Fremdsprache]}\blank
{\language[en]\getbuffer[Fremdsprache]}
```

Schön ist das, in einem fremden Land zu reisen, und auf ‚fremdländisch' grade „Bitte!", „Danke!" und „Einschreibepaket!" sagen zu können.

Kurt Tucholsky

Schön ist das, in einem fremden Land zu reisen, und auf «fremdländisch» grade « Bitte! », « Danke! » und « Einschreibepaket! » sagen zu können.

Schön ist das, in einem fremden Land zu reisen, und auf 'fremdländisch' grade "Bitte!", "Danke!" und "Einschreibepaket!" sagen zu können.

Wie Sie auf französische Anführungszeichen für die deutsche Sprache umstellen können, finden Sie in 10.3 (S. 174). Die Bezeichnung ist allerdings irreführend, weil die Anführungszeichen für die französische Sprache anders verwendet werden. Die im Beispiel verwendeten `buffer`-Befehle sind auf Seite 396 beschrieben.

4.11 Häufige Parameter

Bei vielen Befehlen kommen die gleichen Parameter vor, die sich auch weitgehend konsistent verhalten (Tab. 4.5). Sie werden bei den einzelnen Themen daher nur erwähnt, aber nicht weiter beschrieben.

- `state`
  steuert z. B. die Sichtbarkeit von Ebenen (`\setuplayer`, S. 247) und die Aktivität von Nummerierungen (`\setuppagenumbering`, S. 100).
- `width, height`
  und andere Größen (Dimensionen) können in diversen Maßeinheiten (S. 54) angegeben werden.

Option	Werte	Beschreibung
state	start stop	Aktivitätsstatus, Sichtbarkeit
width, height	Dimension	Größe
minwidth, minheight	Dimension	minimale Größe
maxwidth, maxheight	Dimension	maximale Größe
frame	on off	Rahmen darstellen?
offset, hoffset, voffset	Dimension	Verschiebung
align	Ausrichtung	Textausrichtung des Inhalts
blank	small big line … Dimension	Abstände
style	Stilangaben	Schriftstil des Inhalts
color	Farbname	Schriftfarbe des Inhalts
page	yes no right left …	Seitenumbruch vor dem Element
before, after, inbetween	Befehl	vorher/nachher/dazwischen einfügen
setups	Name	Setup für weitere Einstellungen verwenden
command	Befehl	ersetzt die vorgegebene Darstellung

Tab. 4.5 Häufige Parameter

- frame
  definiert, ob ein sichtbarer Rahmen verwendet wird; bei \framed (S. 135) ist er in der Grundeinstellung on, bei \externalfigure (S. 212) ist er off. Wo es diesen Parameter gibt, lässt sich die Linie mit rulecolor und rulethickness einstellen. Einzelne Linien des Rahmens lassen sich mit topframe, bottomframe, leftframe und rightframe ein- und ausschalten.
- offset
  ist bei Rahmen (S. 135) der Abstand vom Inhalt zum Rahmen, bei anderen Konstruktionen (z. B. Layer, S. 247) der Abstand vom Referenzpunkt. Der Wert overlay setzt den Abstand auf 0 und sorgt dafür, dass der Rahmen keinen Raum einnimmt – besonders wichtig bei verschachtelten Rahmen.
- align
  bestimmt die Textausrichtung wie \setupalign (S. 42).
- blank
  beeinflusst bei manchen Umgebungen die Abstände wie \blank (S. 122).

- `style`
  versteht Schlüsselwörter (z. B. `boldface`), Stil-Schalter (z. B. `\bfa`) oder Gruppen/Makros.
- `color`
  versteht definierte Farbnamen (S. 198); es ist nicht möglich, an dieser Stelle Farbwerte anzugeben.
- `page`
  definiert, ob das Element auf einer neuen Seite anfangen soll; meist sind alle Parameter von \page möglich (S. 131).
- `before, after, inbetween`
  und andere Befehlsparameter können Sie entweder direkt als Gruppe in geschweiften Klammern angeben oder als selbst definiertes Makro (S. 381).
- `setups`
  können Sie den Namen eines ‚Setups' (S. 401) zuweisen; damit sind umfangreichere Formatierungen als mit `style` und `color` möglich.
- `command`
  ersetzt die gesamte Darstellung (z. B. einer Überschrift) durch das Ergebnis des angegebenen Makros (S. 381); je nach Zusammenhang muss es unterschiedlich viele Argumente verarbeiten (z. B. Nummer und Text).

```
\setupIrgendwas[
  width=0.5tw,
  before={\blank[big]},after=,
  style={\bfa},color=green,
  align={flushleft,nothyphenated},
  setups=MeineEinstellungen,
]
```

4.12 Maßeinheiten

ConTEXt und MetaPost verstehen neben den metrischen Einheiten (cm, mm) und Zoll (Inch, in) auch verschiedene Versionen der typografischen Maßeinheiten:

4.12.1 Punkte

Der TEX-Punkt (pt) ist mit $1/_{72.27}$ Zoll (0,351 mm) minimal kleiner als der PostScript-Punkt (DTP-Punkt) mit $1/_{72}$ Zoll (0,353 mm), der in TEX „big point" (bp) genannt wird. Wenn Sie die Punkt-Angaben von Layoutprogrammen genau übernehmen wollen, verwenden Sie also bp.
Die TEX-Version des Didot-Punkts (dd) ist ca. 0,376 mm groß.
In Deutschland rechnet man traditionell mit einem Punkt von 0,375 mm, während Didot- und Berthold-Punkt bei 0,376 mm liegen. Der PostScript-Punkt ist durch Rundung des amerikanischen Pica-Point entstanden. 1 Pica (pc) sind in TEX jedoch 12 pt. 1 Cicero (cc) sind 12 bp.
Intern rechnet TEX in ganzzahligen „skalierten Punkt" (scaled point, sp) von $1/_{65536}$ pt. Daher bekommen Sie sehr große Werte, wenn Sie Maße abfragen.

Der Maximalwert für Längen ist 16384 pt, etwa 5,75 m.
Pixel (px) ist als Synonym für bp definiert.

Einheit	mm	pt	bp
1 mm	0,999995 mm	2,845261 pt	2,834631 bp
1 in	25,399996 mm	72,269989 pt	71,999989 bp
1 pt	0,35146 mm	1 pt	0,996264 bp
1 bp	0,352774 mm	1,003738 pt	0,999988 bp
1 dd	0,376065 mm	1,070007 pt	1,06601 bp
1 pc	4,217518 mm	12 pt	11,955168 bp
1 cc	4,51278 mm	12,840103 pt	12,792133 bp
1 sp	0,000005 mm	0,000015 pt	0,000015 bp
1 px	0,352774 mm	1,003738 pt	0,999988 bp

Die obigen Werte sind mit TEX-internen Befehlen umgerechnet. Wie Sie sehen, kommt es zu Rundungsfehlern im Nanometerbereich.

4.12.2 Relativ zur Schrift oder Zeile

In manchen Zusammenhängen sind Angaben relativ zur Schriftgröße sinnvoll: Ein Em („M-Breite“, em) entspricht der aktuellen Schriftgröße; nicht bei allen Schriften ist das tatsächlich die Breite des „M“. Die Mittellänge („x-Höhe“, ex) entspricht in Abhängigkeit von der Schrift etwa einem Drittel der Schriftgröße.
Die folgenden Einheiten sind in ConTEXt LMTX hinzugekommen und können manche Dimensionen (Größen-Makros) ersetzen:

In Bezug auf Details der aktuellen Schrift:

- fs Schriftgröße (\bodyfontsize)
- fa Oberlänge (ascender)
- fd Unterlänge (descender, depth)
- fc Großbuchstaben (caps)
- ch Breite der Null

In Bezug auf den \strut (S. 121), also die gesamte Zeilenhöhe:

- st Gesamthöhe
- sh Höhe über der Grundlinie
- sd Tiefe unter der Grundlinie

Einheit	mm	pt	bp
1 fs	3,514598 mm	10 pt	9,96264 bp
1 em	3,514598 mm	10 pt	9,96264 bp
1 ex	1,640603 mm	4,667969 pt	4,650529 bp
1 ch	1,946071 mm	5,537109 pt	5,516423 bp

Einheit	mm	pt	bp
1 fa	2,462621 mm	7,006836 pt	6,980658 bp
1 fd	0,746509 mm	2,124023 pt	2,116088 bp
1 fc	2,342493 mm	6,665039 pt	6,640139 bp
1 st	4,593689 mm	13,070312 pt	13,021482 bp
1 sh	3,307458 mm	9,410629 pt	9,375471 bp
1 sd	1,286232 mm	3,659683 pt	3,646011 bp

4.12.3 Relativ zum Layout

Die Maßeinheiten `pw` und `ph` beziehen sich auf Breite und Höhe der Seite, `tw` und `th` entsprechend beim Satzspiegel.
Beim Mehrspaltensatz beziehen sich `cw` und `cd` auf Breite und Abstand der Spalten und `cx` auf die kombinierte Zellbreite.
Relativ zum aktuellen Kasten (`\framed`) sind `fw` (Breite), `fh` (Höhe), `fo` (Offset, innerer Abstand) und `lw` (Linienstärke).
`hs` und `vs` entsprechen der aktuellen `\hsize` bzw. `\vsize`, d. h. der Größe der aktuellen Umgebung, z. B. Satzspiegel, Kasten oder (hier) Tabellenzelle.

Einheit	mm	pt	bp
1 pw	164,999995 mm	469,470459 pt	467,716522 bp
1 ph	238,999997 mm	680,020859 pt	677,480308 bp
1 tw	119,999996 mm	341,43306 pt	340,157469 bp
1 th	200,000004 mm	569,05513 pt	566,929146 bp
1 hs	33,471714 mm	86,745041 pt	87,773313 bp
1 vs	4,593689 mm	13,070312 pt	13,021482 bp

4.12.4 Spaßeinheiten

Weil es so einfach ist, neue Maßeinheiten in ConTEXt LMTX einzubauen, gibt es auch ein paar weniger ernst gemeinte – was nicht heißt, dass sie sich nicht sinnvoll einsetzen ließen: Donald Knuths „Jugendsünde“ *Potrzebie*[6] (`dk`), die nach den Angehörigen von aktiven ConTEXt-Anwendern benannten *Edith* (`es`) und *Tove* (`ts`) sowie die variable *European Unit* (`eu`) als Ersatz für die „unnötigen“ imperialen Einheiten[7].
Weil es eine TEX-Fehlermeldung mit Bezug auf amerikanische Fuß (`ft`) gibt, ohne dass diese Einheit definiert war, hat ConTEXt das nachgeholt.
Die variable *User Unit* (`uu`) spielt eine Rolle für MetaPost und ist standardmäßig auf 1 cm eingestellt.

6 www.tug.org/TUGboat/tb42-3/tb132hagen-dk.pdf
7 www.tug.org/TUGboat/tb44-2/tb137egger-edith.pdf

Einheit	mm	pt	bp
1 dk	2,263348 mm	6,43985 pt	6,415791 bp
1 es	24,99996 mm	71,131775 pt	70,866027 bp
1 ts	2,499995 mm	7,113174 pt	7,0866 bp
1 eu	24,99996 mm	71,131775 pt	70,866027 bp
1 ft	304,799997 mm	867,23999 pt	863,99999 bp
1 pi	1,104141 mm	3,141586 pt	3,129849 bp
1 uu	9,999996 mm	28,452744 pt	28,346444 bp

Weitere Einzelheiten finden Sie im Handbuch `lowlevel-registers`[8].

Eigene Maßeinheiten können Sie z. B. so anlegen:

```
\newdimension \bla \bla 7mm
\newuserunit \bla bl
\framed[width=1.5bl]{bla bla}
```

[8] `texmf-context/doc/context/documents/general/manuals/lowlevel-registers.pdf`

5 Strukturierung

5.1 Der ganze Text

Wie markiere ich Anfang und Ende meines Textes?

Bei einer einzelnen Datei begrenzen Sie den Inhaltsbereich mit `\starttext` ... `\stoptext`. Davor steht die Präambel mit den Einstellungen, und was danach kommt, wird ignoriert:

```
% Präambel (Einstellungen)
\starttext
% Inhalt
\stoptext
% Alles danach wird ignoriert.
```

Sie können `\starttext` ... `\stoptext` schachteln, ignoriert wird nur der Rest nach dem letzten `\stoptext`.

⚠ Vermeiden Sie Textinhalte oder Inhaltsmakros vor `\starttext`! Vor `\setupbodyfont` ist keine Standardschrift definiert, und Sie bekommen Fehlermeldungen über fehlende Zeichen. Auch andere Standardeinstellungen werden erst mit `\starttext` aktiviert.

5.2 Titel und Abschnitte

Wie gliedere ich meine Arbeit in Kapitel, Abschnitte usw.?

ConTEXt kennt bis zu zwölf Strukturebenen, jeweils in einer Version mit und ohne Nummerierung.

⚠ Die Titel ohne Nummer erscheinen normalerweise nicht im Inhaltsverzeichnis!

Oft ist es sinnvoll, die nummerierten Varianten zu verwenden und die Nummerierung abzuschalten, wenn man sie nicht braucht.

Ebene	nummeriert	unnummeriert
1	part	—
2	chapter	title
3	section	subject
4	subsection	subsubject
5	subsubsection	subsubsubject
…	…	…
12	subsubsub…section	subsubsub…subject

Tab. 5.1 Strukturebenen

Welche Ebenen Sie brauchen, hängt von Ihrem Projekt ab – Bücher lassen sich oft in Teile (`part`) und Kapitel (`chapter`) gliedern, für einen Artikel reichen Abschnitte (`section`). Eine Zeitschrift könnten Sie in Rubriken (`part`), Artikel (`chapter`) und Abschnitte (`section`) gliedern. Sie können aber auch grundsätzlich bei der Kapitel-Ebene anfangen und die Begriffe nach Bedarf ändern.

```
\chapter{Das Kapital}

\section{Mehrwert}
\input steuer

\section{Imperialismus}
\input bismarx
```

5.2.1 Anfang und Ende

Während die einfache Angabe der Überschrift als `\chapter{Beispiel}` bequem ist, reicht das nicht aus für eine saubere Strukturierung im Sinne von XML, wie sie für Tagged PDF (PDF/A, PDF/UA) und ePub benötigt wird, denn das Ende des Abschnitts ist nicht definiert. Sie brauchen dafür die start-/stop-Form:

```
\startchapter[title={20\,000 Meilen unter dem Text}]
\input jules_ferne
\stopchapter
```

Die Einstellungen und damit die Darstellung der beiden Formen sind identisch, im Prinzip können Sie auch beide mischen.
In der start-/stop-Form können Sie auf allen Ebenen eine Reihe von Parametern verwenden (Tab. 5.2), z. B. für Titelvarianten in Inhaltsverzeichnis und Kolumnentitel. In der „klassischen" Form ist so etwas nur schwer umsetzbar. Die explizite Beendigung eines Abschnitts ermöglicht es auch, etwas automatisch am Ende einzufügen, z. B. eine Zierlinie nach jedem Kapitel.

Parameter	Beschreibung
title	Überschrift
reference	Referenzanker, Verweis-Schlüssel
list	abweichende Überschrift im Inhaltsverzeichnis
bookmark	abweichende Überschrift im PDF-Strukturbaum
marking	abweichende Überschrift im Kolumnentitel (Kopfzeile)

Tab. 5.2 Parameter der Abschnittsbefehle

Sie können auf diese Parameter auch im Text zugreifen:

```
\startchapter[
        title={Mein Kapitel},
        reference=kap:meins,
        list={Meins!},
]

Unser Kapitel \quote{\structurevariable{title}}
wird im Inhaltsverzeichnis \quote{\structurevariable{list}}
genannt.
\stopchapter
```

1 Mein Kapitel

Unser Kapitel ‚Mein Kapitel‘ wird im Inhaltsverzeichnis ‚Meins!‘ genannt.

5.2.2 Zusätzliche Angaben

Wie kann ich die Autoren angeben?

Zusätzliche Daten zu einem Abschnitt können Sie in einer zweiten eckigen Klammer (optionales Argument) angeben.

```
\startchapter[
        title={Mein Kapitel},
][ % Achtung, neue Klammer!
        autor={A. Utor},
        weg=Ziel,
]

Im Kapitel \quote{\structurevariable{title}}
von \structureuservariable{autor}
ist \type{weg} = \quote{\structureuservariable{weg}}.

\stopchapter
```

1 Mein Kapitel

Im Kapitel ‚Mein Kapitel' von A. Utor ist `weg` = ‚Ziel'.

Auf die Standardparameter greifen Sie also mit `\structurevariable` zu, auf die selbst definierten mit `\structureuservariable`.
Wenn Sie nicht auf die Werte der aktuellen Strukturstufe zugreifen möchten, sondern z. B. in einem Abschnitt auf den Autor eines Kapitels, brauchen Sie `\namedstructureuservariable`:

```
\startchapter[title=Kapitel][autor=Jedermann]

Hier ist \structureuservariable{autor} definiert.

\startsection[title=Abschnitt]

Hier ist \structureuservariable{autor} leer!
Der Autor steckt in \namedstructureuservariable{chapter}{autor}.

\stopsection
\stopchapter
```

Wie Sie diese Angaben im Inhaltsverzeichnis einsetzen, steht auf Seite 270.

5.2.3 Titel gestalten

Mit `\setuphead[ebene][parameter]` können Sie die Darstellung Ihrer Überschriften beeinflussen:

```
% Kapitel-Überschrift fett-kursiv, blau,
% linksbündig, ohne Trennungen
\setuphead[chapter][
        align={flushleft,nothyphenated,verytolerant},
        style=bolditalic,
        color=blue,]

\chapter{Herr K. macht blau und geht spazieren}
```

1 Herr K. macht blau und geht spazieren

Sie können auch Einstellungen für mehrere Ebenen auf einmal vornehmen:

```
\setuphead[section,subsection,subsubsection][page=no]
```

Parameter	Werte	Beschreibung
style	z. B. bold, italic, {Kommandos}	Schriftstil
color	Farbname	Schriftfarbe
page	yes no left right	Soll der Abschnitt auf einer neuen (rechten, linken) Seite beginnen?
number	yes no	Soll die Abschnittsnummer angezeigt werden?
ownnumber	Zahl	Erzwungene Nummer (im Abschnittsbefehl, nicht in \setuphead)
continue	yes no	Wenn der Abschnitt unmittelbar auf eine übergeordnete Überschrift folgt (z. B. section direkt nach chapter), soll page=yes beachtet werden?
prefix	Text	Präfix für die Überschrift, z. B. „Kapitel"
alternative	normal paragraph inmargin margin middle top bottom	Platzierung der Überschrift
sectionsegments	z. B. section:subsection	Welche Stufen sollen in der Nummerierung (S. 78) verwendet werden?
conversion	z. B. A R	Darstellung der Nummer (z. B. Buchstaben, römische Zahlen; S. 78)
sectionconversionset	Name	Setup für verschachtelte Nummerierung (S. 80)
distance	Maßangabe	Abstand zwischen Nummer und Text
align	flushleft flushright middle inner outer …	Textausrichtung (S. 42)
indentnext	yes no auto	Soll die folgende Zeile eingezogen werden?

Tab. 5.3a Parameter von \setuphead (Auszug)

Parameter	Werte	Beschreibung
width, numberwidth, textwidth	Maßangabe	Breite (einzeln für Nummer und Text)
header, footer	none empty high nomarking	Darstellung von Kopf- und Fußzeile auf der Seite des Abschnitt-Anfangs (S. 100)
before, after	{Befehle}	Auszuführende Kommandos vor und nach der Überschrift
beforesection, aftersection	{Befehle}	Auszuführende Kommandos am Anfang/Ende des Kapitels, funktioniert nur mit \start/stop...
expansion	yes no xml	yes: Ausführung von Makros vor dem Einsetzen als PDF-Bookmarks usw.; xml: bei der Verarbeitung von XML-Quellcode

Tab. 5.3b Parameter von \setuphead (Auszug)

In vielen Fällen reichen die Optionen von \setuphead (Tab. 5.3) nicht aus, aber ein \framed bzw. \framedtext (Kap. 8) in einem eigens definierten Makro (S. 385) führt zum Ziel:

```
% Kapitel-Überschrift zentriert, Text unter Nummer
\define[2]\KapitelTitel{\framedtext[
        align=center,width=broad,
        frame=off,
        topframe=on,bottomframe=on,
        style=boldface,
]{- #1 -\\#2}}

\setuphead[chapter][command=\KapitelTitel,]

\chapter{Ab durch die Mitte}
```

– 1 –

Ab durch die Mitte

Die Gestaltung in Abb. 5.1 (S. 64) stammt aus einem Roman, der ähnlich wie ein Tagebuch aufgebaut ist. Die Kapitel-Ebene (chapter) entspricht den Tagen, die als Kalenderblätter dargestellt sind. Die einzelnen Szenen (section) sind durch Uhrzeit, Ort und ein Emoji gekennzeichnet. Das hier nur auszugsweise wiedergegebene Markup wird automatisch aus dem sorgfältig strukturierten Manuskript konvertiert. Der eigentliche Titel wird nicht verwendet, die `list`-Einträge werden für die Bookmarks des PDF-eBooks benötigt, alles Weitere wird aus den zusätzlich übergebenen Metadaten erzeugt.

```
\startchapter[title=,list={Dienstag, 30.11.}]%
[wtag=Dienstag,tag=30,monat=11]

\startsection[title=,list={3 Uhr. Mein Bett}]%
[zeit=03:00,ort={Mein Bett},emoji=,]
...
\stopsection

\startsection[title=,list={8.30 Uhr. Im Bus}]%
[zeit=08:30,ort={Im Bus},emoji=,]
...
\stopsection
\stopchapter
```

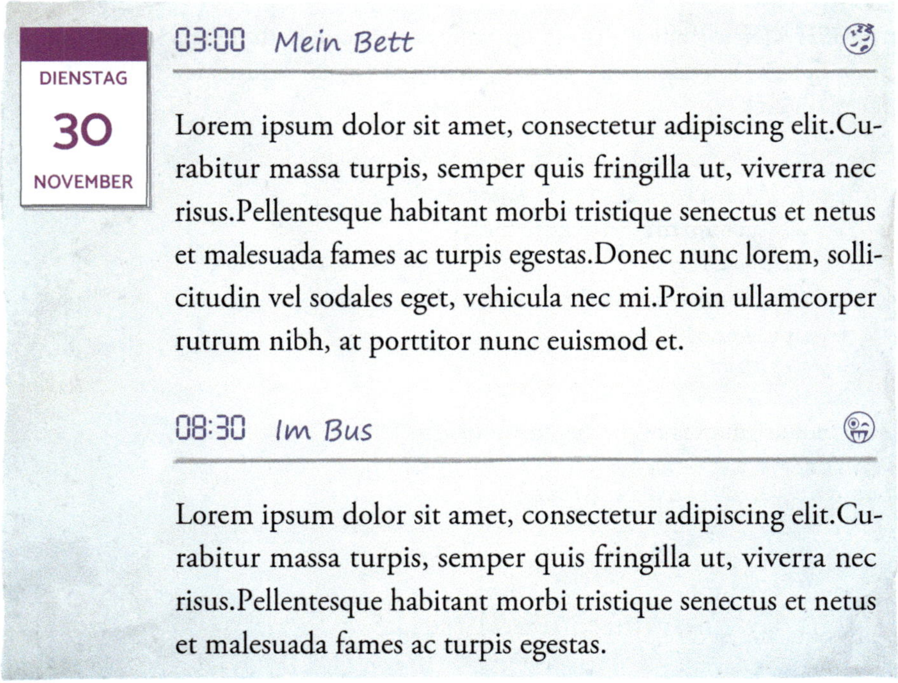

Abb. 5.1 Beispiel für eine Gestaltung von Überschriften

Für die Gestaltung wird wieder jeweils ein \framedtext verwendet, diesmal mit MetaPost-Hintergrund.

```
\define[2]\ChapterCmd{%
\ininner[voffset=24mm]{%
\framedtext[
  frame=off,background=kalender,
  width=\innermarginwidth,height=1.25\innermarginwidth,
  align={middle,center},
      offset=overlay,
  toffset=0.5em,roffset=0.25em,
  color=ChapterColor,style={\bfx\ss}]{%
  {\WORD{\structureuservariable{wtag}}}
  \blank[5pt]
{\ChapterFont\strut\structureuservariable{tag}}
{\WORD{\convertnumber{month}{\structureuservariable{monat}}}}
}}}

\define[2]\SectionCmd{%
\framedtext[
  frame=off,background=sketchyline,
  width=1tw,height=2em,
      offset=overlay,
  color=SectionColor,style={\SectionFont}]{%
  {\SevenSegmentFont\structureuservariable{zeit}}\quad%
  {\strut\structureuservariable{ort}}\hfill%
  {\EmojiFont\structureuservariable{emoji}}
}}

\setuphead[chapter][ % Tage
  page=no,
  before={\blank[line]\testpage[10]},
  command=\ChapterCmd,
]

\setuphead[section][ % Szenen mit Zeitangabe
  before={\blank[line]\testpage[4]},
  command=\SectionCmd,
]
```

5.2.4 Referenzen auf Titel

Den Anker für Referenzen können Sie bei Ihren Titeln ganz einfach angeben:

```
\chapter[kapitel1]{Mein Kapitel}
```

oder in der start-/stop-Version:

```
\startchapter[reference=kapitel1,title={Mein Kapitel}]
...
\stopchapter
```

Alles Weitere über Referenzen steht in Kapitel 16 ab Seite 255.

5.2.5 Eigene Abschnittsebenen

Sie sind nicht auf die vordefinierten Ebenen wie `chapter` und `section` festgelegt. Bei der Definition Ihrer eigenen Begriffe müssen Sie sich aber auf eine davon beziehen; alle Einstellungen werden von der Bezugsebene geerbt und können dann überschrieben werden:

```
\definehead[BaseKap][chapter] % BaseKap erbt von chapter
\setuphead[BaseKap][color=red,style=bold,page=no]

\startBaseKap[reference=bk:bsp,title=Acid Base]
\samplefile{jojomayer}
\stopBaseKap
```

Einerseits können Sie mit eigenen Titelebenen die Semantik Ihres Codes verbessern, andererseits braucht man oft verschiedene Darstellungsvarianten der gleichen Abschnittsebene, z. B. wenn Abschnitte nicht in allen Fällen auf einer neuen Seite beginnen sollen:

```
\definehead[sectionP][section] % sectionP erbt von section
\setuphead[sectionP][page=yes] % sectionP beginnt auf neuer Seite

\section{Normaler Abschnitt}
...

\sectionP{Dieser Abschnitt beginnt auf einer neuen Seite}
...
```

5.2.6 Abstrakte Abschnittsebenen

Wenn es vom Kontext abhängt, auf welcher Hierarchiestufe ein Abschnitt steht, können Sie statt der benannten Strukturebenen (`chapter`, `section` usw.) auch abstrakte Abschnitte verwenden, bei denen die Verschachtelungstiefe automatisch berechnet wird. Das kann sinnvoll sein, wenn Textbausteine auf verschiedenen Ebenen eingebaut werden können, wenn Artikel aus einer Zeitschrift oder einem Sammelband auch einzeln erscheinen können oder bei der automatischen Konvertierung von Textdaten.

```
\startsectionlevel[title=Ich könnte ein Kapitel sein]
...
\stopsectionlevel
```

Dabei ersetzt `\startsectionlevel` alle `\startchapter`, `\startsection` usw. und hat die gleichen Parameter. Mit `\definesectionlevels` legen Sie die Ebenen fest, die tatsächlich verwendet werden sollen. Die Standarddefinition entspricht:

```
\definesectionlevels[default][
  {chapter,title},
  {section,subject},
  {subsection,subsubject},
  {subsubsection,subsubsubject},
  {subsubsubsection,subsubsubject},
  {subsubsubsubsection,subsubsubject}]
```

Die Abschnittsebenen auf der gleichen Stufe sind dabei in geschweiften Klammern zusammengefasst.
Statt `default` können Sie auch einen eigenen Namen einsetzen, um verschiedene Strukturen zu unterscheiden. Dieser Name kann auch beim Abschnitt angegeben werden:

```
\startsectionlevel[eigene][title={Überschrift}]
...
\stopsectionlevel
```

5.3 Vor- und Abspann (Abschnittsgruppen)

Viele Werke haben Abschnittsgruppen, die unterschiedlich dargestellt werden sollen, z. B. sind im Vorspann mit Vorwort und Inhaltsverzeichnis römische Seitenzahlen gewünscht, und die Abschnitte des Anhangs sollen mit Buchstaben oder gar nicht nummeriert werden.
ConTEXt bietet Ihnen dafür die „Matters“:

`frontmatter`	Titelei, Vorspann
`bodymatter`	Hauptteil
`appendices`	Anhänge
`backmatter`	Nach-/Abspann

Schließen Sie die zugehörigen Textteile mit den entsprechenden start-/stop-Befehlen ein:

```
\startfrontmatter
    \title{Titelei}
\stopfrontmatter

\startbodymatter
    \chapter{Das Matterhorn}
\stopbodymatter
```

Die „Matters“ sind Instanzen von `sectionblock`, darauf beziehen sich deshalb die zugehörigen Einstellungsbefehle, `sectionblockenvironment` ist eine Variante von `setups` (S. 401). Achtung, die Bezeichnungen weichen ab (`frontmatter` vs. `frontpart`)!:

```
% Beispiele für unterschiedliche Einstellungen der Textteile:
\setupsectionblock[frontpart][page=no,number=no]
\setupsectionblock[bodypart][page=right,number=yes]
\setupsectionblock[appendix][page=no]
\setupsectionblock[backpart][page=no,number=no]

% Einstellungen für frontmatter, wie \startsetup
\startsectionblockenvironment[frontpart]
  \setupwhitespace[none]
  \setupindenting[no]
  \setuppagenumbering[location=,]
  \switchtobodyfont[rm,11pt]
\stopsectionblockenvironment
```

Die page-Einstellung (S. 131) bezieht sich auf den Anfang des Abschnitts, innerhalb gelten die Einstellungen von `\setuphead`.

Seiten mit abweichendem Layout, wie z. B. die Titelei, sind ab S. 96 besprochen.

5.4 Listen

5.4.1 Aufzählungen

Mit der `itemize`-Umgebung können Sie nummerierte Aufzählungen und solche mit Aufzählungspunkten (Bullets) umsetzen.

```
\startitemize[n]
\item eins
\item zwei
\item drei
\stopitemize
```

1. eins
2. zwei
3. drei

oder deutlicher strukturiert:

```
\startitemize[n]
\startitem eins \stopitem
\startitem zwei \stopitem
\startitem drei \stopitem
\stopitemize
```

1. eins
2. zwei
3. drei

Der erste Parameter von `\startitemize` kann eine Liste von Schlüsselwörtern (Tab. 5.4) bzw. Nummerierungsoptionen (Tab. 5.8, S. 78) oder eine Liste von Wertzuweisungen (Tab. 5.5) sein; wenn Sie beides brauchen, verwenden Sie zwei Parameter. Den Setup-Befehl müssen Sie aber für Schlüsselwörter und Wertzuweisungen zweimal aufrufen (Beispiel S. 72).

```
\startitemize[or,nowhite]
      [color=red]
\startitem as libralis \stopitem
\startitem denarius \stopitem
\startitem sestertius \stopitem
\startitem quadrigatus \stopitem
\startitem victoriatus \stopitem
\stopitemize
```

I. as libralis
II. denarius
III. sestertius
IV. quadrigatus
V. victoriatus

In der Grundeinstellung fügt ConTEXt Weißraum vor und nach der Aufzählung sowie zwischen den Aufzählungspunkten ein.

Option	Beschreibung
`n`	Arabische Zahlen (1, 2, 3)
`a` / `A` / `AK`	Lateinische Buchstaben (a, b, c / A, B, C / A, B, C)
`r` / `R` / `KR` / `or`	Römische Zahlen (i, ii, iii / I, II, III / I, II, III / I, II, III)
`1` … `8`	Verschiedene Aufzählungssymbole (S. 72); alle Punkte bekommen das gleiche Symbol
`columns` & `one-nine`	Aufzählungspunkte mehrspaltig setzen (nur mit `\startitem` … `\stopitem`), Anzahl der Spalten (1–9)
`continue`	Nummerierung der letzten Aufzählung fortsetzen
`inmargin`	Aufzählungszeichen in den Rand setzen
`intro`	kein Umbruch vor der Aufzählung
`joinedup`	kein Abstand vor und nach der Aufzählung
`packed`	kein Abstand zwischen den Punkten
`nowhite`	kein Abstand vor und nach der Aufzählung sowie zwischen den Punkten
`before, after`	bei `nowhite` Abstand vor/nach der Aufzählung einfügen
`text`	Aufzählungspunkte als Fließtext setzen
`random`	Aufzählungspunkte zufällig sortieren (nur „normale" Aufzählungspunkte)
`repeat`	Bei verschachtelten Nummerierungen in den Unterpunkten die Nummern der übergeordneten Punkte wiederholen

Tab. 5.4 Schlüsselwort-Parameter von `\startitemize` bzw. `\setupitemgroup` (Auswahl; weitere Nummerierungsoptionen siehe S. 78)

Option	Werte	Beschreibung
before, after	Befehl	wird vor/nach der Aufzählung eingefügt
inbetween	Befehl	wird zwischen den Aufzählungspunkten eingefügt
beforehead, afterhead	Befehl	vor/nach \head (5.4.2.4)
left, right	Befehl	vor/nach der Nummer
step	Zahl	Schrittgröße der Nummerierung
width, maxwidth	Dimension	Raum für das Aufzählungssymbol
distance	Dimension	Abstand von Aufzählungssymbol und Text
margin, leftmargin, rightmargin	yes no standard Dimension	
leftmargindistance, rightmargindistance	Dimension	
align	Ausrichtung	siehe \setupalign (S. 43)
indenting		Texteinzug, siehe \setupindenting (S. 128)
indentnext	yes no auto	Einzug der Folgezeile
start	Zahl	Anfangszahl der Nummerierung
symalign/itemalign	Ausrichtung	Ausrichtung des Aufzählungssymbols/Inhalts
style, color, symstyle, symcolor	Stil, Farbe	Gestaltung des Aufzählungssymbols
headstyle, headcolor	Stil, Farbe	Gestaltung von \head (5.4.2.4)
marstyle, marcolor	Stil, Farbe	Gestaltung von \mar (Tab. 5.6)
symbol	Name	definierter Symbolname (5.4.2.2)

Tab. 5.5a Wertzuweisung-Parameter von \setupitemgroup bzw. \startitemize (Auswahl). Außerdem sind die Schlüsselwort-Parameter aus Tab. 5.4 anwendbar.

Option	Werte	Beschreibung
n	Zahl	Anzahl Spalten (wenn columns)
items	Zahl	Anzahl Auswahlpunkte (5.4.2.6)
alignsymbol	yes no	

Tab. 5.5b Wertzuweisung-Parameter von \setupitemgroup bzw. \startitemize (Auswahl). Außerdem sind die Schlüsselwort-Parameter aus Tab. 5.4 anwendbar.

Befehl	Beschreibung
\txt{...}	Nummerierung mit eigenem Eintrag unterbrechen, Breite passt sich dem Text an (5.4.2.3)
\sym{...}	anderes Symbol als Aufzählungszeichen, Breite bleibt gleich (5.4.2.2)
\mar{...}	Marginalie: Aufzählungspunkt mit Randbemerkung, Aufzählungszeichen bleibt erhalten
\noitem	Kein Aufzählungseintrag, aber Nummerierung weiterzählen (5.4.2.5)
\sub	Fortsetzung: Wiederholt das vorige Aufzählungszeichen mit einem vorangestellten + (5.4.2.5)
\its[ref,ref,...]	für Fragebogen (5.4.2.6)
\ran{...}	Überschrift für \its, z. B. \ran{dafür \hss dagegen} (5.4.2.6)
\head{...}	Eintrag mit Überschrift (5.4.2.4)
\but	Button: Aufzählungszeichen durch interaktiven Button ersetzen (erfordert \setupinteraction[state=start])

Tab. 5.6 Alternativen zu \item. Diese Befehle funktionieren zum Teil auch auch in der Start-Stop-Form, z. B. \starthead{Titel}\par Text\stophead.

5.4.2 Referenzen auf Aufzählungspunkte

Jeder Aufzählungspunkt kann einen Referenzanker haben, um darauf verweisen zu können:

```
Bitte unbedingt mitbringen:
\startitemize
\startitem[wichtig-\currentitemnumber] Katzenohren\stopitem
\startitem[wichtig-\currentitemnumber] Blåhaj\stopitem
\startitem[wichtig-\currentitemnumber] WLAN-Kabel\stopitem
\stopitemize

Wesen ohne \in{Punkt}[wichtig-1] dürfen nicht mitmachen.
```

5.4.2.1 Eigene Aufzählungen

Wenn Ihnen diese Optionen nicht ausreichen oder wenn Sie mehrfach die gleichen Optionen benötigen, definieren Sie sich mit \defineitemgroup Ihre eigene Aufzählungs-Umgebung:

```
\defineitemgroup[AufzEng]
\setupitemgroup[AufzEng][each][3,nowhite] % Schlüsselwörter
\setupitemgroup[AufzEng][each][ % Wertzuweisungen
  before=,
  inbetween=,
  after=,
]

\startAufzEng
\startitem Beispiel\stopitem
\stopAufzEng
```

Statt „each“ können Sie auch eine Zahl angeben und damit nur die Aufzählungspunkte einer Ebene konfigurieren.

5.4.2.2 Alternative Symbole

Mit dem Parameter symbol können Sie das Aufzählungszeichen ändern; die Standardsymbole sind in Tabelle 5.7 dargestellt. Die Symbole 1–9 werden für die entsprechenden Aufzählungsebenen verwendet und der aktiven Mathematikschrift entnommen (die hier kein checkmark enthält). Mehr zu Symbolen finden Sie in 9.9 (S. 153).

1	•	bullet	•
2	–	dash	–
3	★	star	★
		asterisk	∗
4	▷	triangle	▷
		blacktriangle	▶
5	∘	circle	∘
6	○		
7	◯		
8	□	square	□
		blacksquare	■
		diamond	⋄
		blackdiamond	◆
9	?	checkmark	?

Tab. 5.7 Aufzählungssymbole

\sym ersetzt das Aufzählungszeichen für den aktuellen Stichpunkt, behält aber dessen Breite bei. Es kann mit symcolor und symstyle gestaltet werden.

```
\startitemize[nowhite]%
  [symcolor=red,symbol=6]
\item hier
\sym{→} rechts
\sym{←} links
\sym{↑} rauf
\sym{↓} runter
\stopitemize
```

○ hier
→ rechts
← links
↑ rauf
↓ runter

5.4.2.3 Stichwortlisten

\txt ersetzt das Aufzählungszeichen durch einen Text. Wenn kein Abstand konfiguriert ist, klebt der Inhalt des Aufzählungspunktes direkt am Stichwort.

```
\startitemize[nowhite]%
  [symstyle=italic]
\txt{deutsch} ein Pferd
\txt{französisch} un cheval
\txt{italienisch} un cavallo
\txt{englisch} …, of course
\stopitemize
```

*deutsch*ein Pferd
*französisch*un cheval
*italienisch*un cavallo
englisch…, of course

Innerhalb von \txt ist kein Zeilenumbruch möglich:

```
\startnarrower
\startitemize[nowhite]% Friedensnobelpreisträger
  [symstyle=italic,distance=.5em]
\txt{\fr Quartet du dialogue national} (2015) für seinen
  entscheidenden Beitrag zum Aufbau einer pluralistischen
  Demokratie in Tunesien infolge der Jasminrevolution des Jahres
  2011.
\txt{\es Juan Manuel Santos} (2016) für seine entschlossenen
  Anstrengungen, den mehr als 50 Jahre andauernden Bürgerkrieg in
  Kolumbien zu beenden.
\txt{Internationale Kampagne zur Abschaffung von Atomwaffen} (
  2017) für ihre Arbeit, Aufmerksamkeit auf die katastrophalen
  humanitären Konsequenzen von Atomwaffen zu lenken und für ihre
  bahnbrechenden Bemühungen, ein vertragliches Verbot solcher
  Waffen zu erreichen.
\stopitemize
\stopnarrower
```

Quartet du dialogue national (2015) für seinen entscheidenden Beitrag zum Aufbau einer pluralistischen Demokratie in Tunesien infolge der Jasminrevolution des Jahres 2011.
Juan Manuel Santos (2016) für seine entschlossenen Anstrengungen, den mehr als 50 Jahre andauernden Bürgerkrieg in Kolumbien zu beenden.
Internationale Kampagne zur Abschaffung von Atomwaffen (2017) für ihre Arbeit, Aufmerksamkeit auf die katastrophalen humanitären Konsequenzen von Atomwaffen zu lenken und für ihre bahnbrechenden Bemühungen, ein vertragliches Verbot solcher Waffen zu erreichen.

Die \start-\stop-Form von \txt sieht so aus:

```
\startitemize[width=3em,symstyle=bold]
\startspecialitem[txt]{2015} Quartet du dialogue national
  \stopspecialitem
\startspecialitem[txt]{2016} Juan Manuel Santos \stopspecialitem
\startspecialitem[txt]{2017} Internationale Kampagne …
  \stopspecialitem
\stopitemize
```

5.4.2.4 Überschriften

Eine Alternative zur Stichwortliste sind Listeneinträge mit Überschrift (\starthead). Der Stil wird mit headstyle festgelegt. Das Aufzählungszeichen bleibt erhalten.

```
\startitemize[n,nowhite]
  [headstyle=bold]
\starthead{deutsch}
  ein Pferd\stophead
\starthead{französisch}
  un cheval\stophead
\starthead{italienisch}
  un cavallo\stophead
\starthead{englisch}
  …, of course\stophead
\stopitemize
```

1. **deutsch**
   ein Pferd
2. **französisch**
   un cheval
3. **italienisch**
   un cavallo
4. **englisch**
   …, of course

```
\startnarrower
\startitemize[nowhite]% Friedensnobelpreisträger
[headstyle=italic]
\starthead{\fr Quartet du dialogue national} (2015) für seinen
  entscheidenden Beitrag zum Aufbau einer pluralistischen
  Demokratie in Tunesien infolge der Jasminrevolution des Jahres
  2011.\stophead
\starthead{\es Juan Manuel Santos} (2016) für seine
  entschlossenen Anstrengungen, den mehr als 50 Jahre andauernden
  Bürgerkrieg in Kolumbien zu beenden.\stophead
\starthead{Internationale Kampagne zur Abschaffung von Atomwaffen
  } (2017) für ihre Arbeit, Aufmerksamkeit auf die katastrophalen
  humanitären Konsequenzen von Atomwaffen zu lenken …\stophead
\stopitemize
\stopnarrower
```

- *Quartet du dialogue national*
  (2015) für seinen entscheidenden Beitrag zum Aufbau einer pluralistischen Demokratie in Tunesien infolge der Jasminrevolution des Jahres 2011.
- *Juan Manuel Santos*
  (2016) für seine entschlossenen Anstrengungen, den mehr als 50 Jahre andauernden Bürgerkrieg in Kolumbien zu beenden.
- *Internationale Kampagne zur Abschaffung von Atomwaffen*
  (2017) für ihre Arbeit, Aufmerksamkeit auf die katastrophalen humanitären Konsequenzen von Atomwaffen zu lenken ...

5.4.2.5 Fortsetzungen

- Nummerierte Aufzählung nach einer Unterbrechung fortsetzen: `\startitemize[n,continue]`
- Aufzählungspunkt fortsetzen: `\sub`
- Nummerierung weiterzählen, aber nicht ausgeben: `\noitem`

```
\startitemize[n,nowhite]
\startitem oins \stopitem
\noitem zwoi
\startitem droi \stopitem
\sub droi ond ebbes
\stopitemize
\blank

\startitemize[repeat,n]
  [width=0pt]
\noitem
  \startitemize[a,broad]
  \item Erschdens
  \item Zwoitens
  \stopitemize
\noitem
  \startitemize[a,broad]
  \item Nommol oins
  \item Nommol zwoi
  \stopitemize
\stopitemize
```

1. oins
   zwoi
3. droi

\+ 3. droi ond ebbes

1.a. Erschdens

1.b. Zwoitens

2.a. Nommol oins

2.b. Nommol zwoi

5.4.2.6 Fragebogen mit \ran und \its

Das Aufzählungszeichen wird durch mehrere Ankreuzfelder ersetzt (z. B. mit Symbol 6); deren Anzahl wird mit items=Anzahl definiert.

```
\startitemize[6,nowhite]%
[items=7,width=5em,distance=1em]
\ran{\ss\tfx 1 \hss 7}
\its \CONTEXT\ oder \LATEX?
\its Wurst oder Tofu?
\its Freiheit oder Sicherheit?
\stopitemize
```

1 7
○○○○○○○ ConTEXt oder LATEX?
○○○○○○○ Wurst oder Tofu?
○○○○○○○ Freiheit oder Sicherheit?

5.4.3 Definitionslisten

Definitionslisten funktionieren ein wenig anders als Aufzählungen: Die einzelnen Punkte werden nicht in einer Umgebung zusammengefasst, und es gibt keine vordefinierten Instanzen von description. Sie müssen also zuerst Ihre eigene Liste definieren:

```
\definedescription[Mascot]
[headstyle=bold,width=3em]

\Mascot{Tux}   Linux-Pinguin\par
\Mascot{Puffy} OpenBSD-Igelfisch

\Mascot{\TEX} \TEX-Löwe\par
\Mascot{Meta} \METAPOST-Löwin
  \par
```

Tux	Linux-Pinguin
Puffy	OpenBSD-Igelfisch
TEX	TEX-Löwe
Meta	MetaPost-Löwin

Die einzelnen Punkte müssen bei der Kurzform eigene Absätze sein, also mit \par oder einer Leerzeile beendet werden, sonst wird die erste Überschrift wiederholt! In der start-/stop-Form (s. u.) können die einzelnen Einträge länger als ein Absatz werden.

Häufig sind itemize-Umgebungen mit \txt die bessere Wahl.

Wenn Überschriften länger werden als eine Zeile, kommt der Umbruch durcheinander, wie das folgende Beispiel zeigt:

```
\definedescription[Desc][
  headstyle=bold,
  style=normal,
  align=flushleft,
  headalign=flushleft,
  alternative=hanging,
  width=.33tw]
```

```
\starttext % Friedensnobelpreisträger
\startDesc[title={\fr Quartet du dialogue national}] (2015) für
  seinen entscheidenden Beitrag zum Aufbau einer pluralistischen
  Demokratie in Tunesien infolge der Jasminrevolution des Jahres
  2011.\stopDesc

\startDesc[title={\es Juan Manuel Santos}] (2016) für seine
  entschlossenen Anstrengungen, den mehr als 50 Jahre andauernden
  Bürgerkrieg in Kolumbien zu beenden.\stopDesc

\startDesc[title={Internationale Kampagne zur Abschaffung von
  Atomwaffen}] (2017) für ihre Arbeit, Aufmerksamkeit auf
  die katastrophalen humanitären Konsequenzen von Atomwaffen
  zu lenken und für ihre bahnbrechenden Bemühungen, ein
  vertragliches Verbot solcher Waffen zu erreichen.\stopDesc

\stoptext
```

Quartet du dialogue national (2015) für seinen entscheidenden Beitrag zum Aufbau einer pluralistischen Demokratie in Tunesien infolge der Jasminrevolution des Jahres 2011.

Juan Manuel Santos (2016) für seine entschlossenen Anstrengungen, den mehr als 50 Jahre andauernden Bürgerkrieg in Kolumbien zu beenden.

Internationale Kampagne zur Abschaffung von Atomwaffen (2017) für ihre Arbeit, Aufmerksamkeit auf die katastrophalen humanitären Konsequenzen von Atomwaffen zu lenken und für ihre bahnbrechenden Bemühungen, ein vertragliches Verbot solcher Waffen zu erreichen.

Ein weiteres Beispiel für eine Definitionsliste finden Sie in 17.1 auf Seite 281.

5.4.4 Nummerierte Umgebungen

Wenn Sie etwas nummeriert haben möchten, das nicht zu einer Strukturebene passt, also kein Abschnitt ist, sondern z. B. ein Theorem oder eine Übung, können Sie sich mit `\defineenumeration` und `\setupenumeration` Ihre eigenen nummerierten Umgebungen einrichten.
Ein Theorem als Beispiel und die Optionen finden Sie in 20.11 (S. 336).
Alles über Nummerierungen steht im folgenden Abschnitt.

5.5 Nummerierung

Wie bekomme ich römische Zahlen oder Buchstaben?

Die hier dargestellten Optionen funktionieren überall, wo etwas nummeriert oder aufgezählt wird. Der Parameter heißt `conversion` oder `numberconversion`.

In Ihren eigenen Makros können Sie Zahlen mit `\convertnumber` umwandeln:

```
\convertnumber{R}{13}\par
\convertnumber{Greek}{8}\par
\convertnumber{set 0}{3}\par
\convertnumber{month}{3}\par
```

XIII
Θ
★
März

Kurz	Lang	Beschreibung
	`default`	abhängig von der Umgebung, meist arabische Zahlen
	`zero`	arabische Zahlen ab 0
`o`		Mediävalziffern
`a, A`	`alphabetic`	lateinische Buchstaben (klein/groß)
`AK`		lateinische Kapitälchen
`i, I, r, R`	`romannumerals`	römische Zahlen (klein/groß)
`RK`		römische Zahlen in Kapitälchen (ɪ, ɪɪ, ɪɪɪ)
`or`		römische Zahlen mit durchgehenden Linien (Ⅰ, Ⅱ, Ⅲ)
`g, G`	`greeknumerals`	griechische Buchstaben (klein/groß)
	`mathgreek`	griechische Kleinbuchstaben aus dem Mathe-Zeichensatz
	`month, month:mnem`	Monatsnamen (ausgeschrieben/abgekürzt)
	`set 0`	Symbolsatz für Aufzählungen
	`set 1 ... set 3`	Symbolsätze für Fußnoten (S. 257)
	`empty, none`	
`n`	`numbers`	arabische Zahlen
	`words`	Zahlwörter (groß/klein), bisher nicht auf Deutsch

Tab. 5.8 Nummerierungsoptionen (Auszug)

- Viele der Optionen haben zusätzliche Synonyme, z. B. `characters` für `alphabetic` oder `KA` für `AK`.
- Von allen Buchstabenvarianten gibt es Versionen in Groß- und Kleinbuchstaben, z. B. `alphabetic` und `Alphabetic`, sofern das Schriftsystem diese Unterscheidung macht, denn bei nicht-lateinischen Schriften ist die Zeichenfolge an die Schrift angepasst.
- Die Zahlwörter und Monatsnamen hängen von der eingestellten Hauptsprache ab; in manchen Sprachen weicht auch die Buchstabensortierung ab, so enthält Slowenisch ein č und Spanisch ein ñ.

Ich verwende hier die gängige Bezeichnung arabische Zahlen für die aus Indien stammenden Zahlzeichen, die in der lateinischen Schrift verwendet werden. Echte arabische Zahlen laufen bei ConTeXt unter `arabicnumerals` bzw. `abjadnumerals`. Auch für andere nichtlateinische Schriften gibt es zahlreiche Optionen, auf die ich hier nicht eingehe.

5.5.1 Eigene Nummerierungsoptionen

Ihre eigenen Vorstellungen von einer Aufzählung oder Nummerierung können Sie auch leicht umsetzen:

`\defineconversion[Sprache][Name][Makro oder Liste]`

Die Sprache brauchen Sie nur anzugeben, wenn die Nummerierung tatsächlich davon abhängen soll.

```
\defineconversion[de][bla]
  [bla,blub,bleu,blu]
\defineconversion[en][bla]
  [foo,bar,baz,bla]
\startitemize[packed,bla]
[width=3em]
  \item ene
  \item mene
  \item muh
\stopitemize
```

bla. ene
blub. mene
bleu. muh

```
\define[1]\DopRom{%
  \convertnumber{R}{%
  \numexpr #1*2\relax}}
\defineconversion[DR][\DopRom]
\startitemize[packed,DR]
  \item ene
  \item mene
  \item muh
\stopitemize
```

II. ene
IV. mene
VI. muh

Erweiterte Möglichkeiten eröffnet die Definition der Konvertierungsfunktion in Lua:

```
\startluacode
  interfaces.implement{
  name = "VierStellen",
  public = true,
  arguments = "string",
  actions = function(s)
    context("%04d",
    tonumber(s)) end
  }
\stopluacode
\defineconversion[VierStellen]
  [\VierStellen]
\startitemize[packed,VierStellen
  ][
  width=4em,stopper=,
  left=\[,right=\],]
  \item use
  \item study
  \item share
  \item improve
\stopitemize
```

[0001] use
[0002] study
[0003] share
[0004] improve

5.5.2 Verschachtelte Nummerierung

Angenommen, Sie möchten Abschnitte mit Großbuchstaben (A) und Unterabschnitte zusätzlich mit arabischen Zahlen (A.1) nummerieren. Wenn Sie in `\setuphead[subsection]` nur den Parameter `conversion=n` verwenden, werden die Unterabschnitte als „1.1“ nummeriert. Sie müssen sich ihre eigene Nummerierungsfolge definieren:

```
\defineconversionset[meineNum][n,I,A,n][n]
% startet bei part!
\setuphead[section,subsection][sectionconversionset=meineNum]
\setuphead[subsection][sectionsegments=section:subsection,
  stopper={.}]
```

Sie können statt des Namens (`meineNum`) auch `default` verwenden und sich die Angabe in `\setuphead` sparen.
Mit dem Parameter `sectionsegments` geben Sie an, welche Stufen in der Nummerierung vorkommen sollen. Diese müssen immer in der hierarchischen Reihenfolge stehen, „`subsection:section`“ funktioniert nicht (im folgenden Abschnitt finden Sie ein Beispiel, wie Sie die Reihenfolge ändern können).

Das Trennzeichen wird mit stopper definiert. Wenn Sie verschiedene Trennzeichen brauchen, setzen Sie den Parameter sectionseparatorset auf den Namen eines selbst definierten Sets bzw. verwenden Sie default, wenn Sie nur eines benötigen:

```
\defineseparatorset [default] [.,-,+]
% part.chapter-section+subsection
```

5.5.3 Beispiel: Nummerierung als Datum

Angenommen, Sie möchten ein Dokument nach Datum strukturieren, vielleicht die Messdaten einer Wetterstation oder ein Tagebuch. Sie können Kapitel, Abschnitt und Unterabschnitt für Jahr, Monat und Tag verwenden. Ob es sinnvoll ist, das Datum erst nach dem Erzeugen des PDFs sehen zu können, sei jetzt mal dahingestellt. Die Darstellung nach ISO 8601 („2023-01-01") wäre relativ einfach – bis auf die führende Null. Mit einer Prise Lua funktioniert es:

```
% Beispiel von Wolfgang Schuster
\startluacode
interfaces.implement {
    name      = "FNull",
    public    = true,
    arguments = "string",
    actions   = function(s) context("%02d",tonumber(s)) end
}
\stopluacode
\defineconversion [FNull] [\FNull]
\defineseparatorset[default][-,-,-]
\definehead[Jahr][chapter]
\definehead[Monat][section]
\definehead[Tag][subsection]
\setuphead[Monat,Tag][conversion=FNull]
\setupheadnumber[Jahr][2022] % beginnt bei 2023

\startJahr
...
```

Für die deutsche Konvention „1. Januar 2023" muss die Reihenfolge der Elemente verändert werden, dafür verwenden Sie \defineprefixset. Den Monatsnamen kann ConTEXt für Sie ausschreiben.

```
\mainlanguage[de]
\defineprefixset[Datum-Monat][Monat,Jahr]  []
\defineprefixset[Datum-Tag]   [Tag,Monat,Jahr]  []
\defineconversionset[default][n,n,month,n][n]
\defineseparatorset [default][,,\space,. ]
\definehead[Jahr] [chapter]
```

```
\definehead[Monat][section]
\definehead[Tag]   [subsection]
%\setuphead[Jahr][]
\setuphead[Monat][sectionset=Datum-Monat]
\setuphead[Tag]   [sectionset=Datum-Tag]
\setupheadnumber[Jahr][2022] % beginnt bei 2023

\startJahr
Neues Jahr.

\startMonat

\startTag
Heute ist ein schöner Tag.
\stopTag

\stopMonat

\stopJahr
```

Mehr zur Darstellung von Daten in 21.6 (S. 357).

5.5.4 Durchgehende Nummerierung

In manchen Fällen sollen Abschnittsnummern unabhängig von der übergeordneten Ebene weiterlaufen, z. B. könnte Ihr Buch übergeordnete Teile (*parts*) haben, aber die Kapitel sollen von vorn bis hinten durchnummeriert werden, das heißt, die Kapitelnummer soll bei einem neuen Teil nicht auf 1 zurückgesetzt werden. Entweder deklarieren Sie das Rücksetz-Verhalten für alle Ebenen auf einmal:

```
\defineresetset[default][1,1,0][1]
% part/chapter zurücksetzen, aber nicht section
\setuphead[sectionresetset=default]
```

... oder nur für eine:

```
\defineresetset[meinbuch][][0]
% aktuelle Ebene nicht zurücksetzen
\setuphead[chapter][sectionresetset=meinbuch]
```

Der zweite Parameter von `\defineresetset` ist eine Liste von 1 (ja) und 0 (nein) für die Abschnittsebenen, ausgehend von `part`. Wenn er leer ist, bezieht sich das „reset set“ auf die aktuell konfigurierte Ebene.
Der dritte Parameter schaltet das Verhalten (Zurücksetzen: ja oder nein) um.

5.5.5 Nummerierte Zeilen und Absätze

Zwischen \startlinenumbering und \stoplinenumbering werden die Zeilen nummeriert. Die Schachtelung weiterer Umgebungen (z. B. \startlines) scheint keine Rolle zu spielen.
Nummerierte Absätze werden mit \setupparagraphnumbering[state=start] aktiviert und entsprechend mit [state=stop] wieder abgeschaltet.
Während sich die Nummerierung von Zeilen umfangreich konfigurieren lässt, sind die Möglichkeiten bei der Absatznummerierung sehr eingeschränkt.

Option	Werte	Beschreibung
start	Zahl	Anfang der Nummerierung
step	Zahl	Schrittweite der Nummerierung
method	first page next	Nummerierung durchgehend / je Seite / erste Nummer auslassen
conversion	Name	siehe Tab. 5.8
continue	yes no	Vorige Nummerierung fortsetzen?
location	text begin end default left right inner outer inleft inright margin inmargin	Platzierung der Zahlen
distance	Dimension	Abstand der Zahlen vom Text
width	margin Dimension	Breite des Zahlenbereichs
align	inner outer flushleft flushright left right middle auto	Ausrichtung
command	Befehl (1)	
left, right	Befehle	
style, color	Stil, Farbe	Gestaltung der Zahlen

Tab. 5.9 Optionen von \setuplinenumbering

Option	Werte	Beschreibung
state	start stop line reset	Ein-/Ausschalten der Nummerierung
distance	Dimension	Abstand der Zahlen vom Text
style, color	Stil, Farbe	Gestaltung der Zahlen

Tab. 5.10 Optionen von \setupparagraphnumbering

Die Zeilennummerierung bezieht sich immer auf die angezeigten Zeilen und nicht auf die Eingabezeilen (siehe z. B. S. 261). In manchen Fällen lässt sich das durch den Einsatz der Absatznummerierung umgehen, aber nicht, wenn die Platzierungsmöglichkeiten der Zeilennummerierung benötigt werden, und auch nicht bei Quellcode (`\starttyping`, S. 421).

```
\section{Nummerierte Zeilen}

\startlinenumbering
\samplefile{knuth}
\stoplinenumbering

\samplefile{weisman} % nicht nummeriert

\startlinenumbering[continue]
\samplefile{jojomayer}
\stoplinenumbering

\section{Nummerierte Absätze}

\setupparagraphnumbering[state=start]
Nummeriert!\par
\samplefile{zapf}\par
\samplefile{ward}\par
Und noch einer.\par
\setupparagraphnumbering[state=stop]

Wieder unnummeriert.
```

1 Nummerierte Zeilen

1 Thus, I came to the conclusion that the designer of a new system must not only be the implementer
2 and first large-scale user; the designer should also write the first user manual.

3 The separation of any of these four components would have hurt TEX significantly. If I had not
4 participated fully in all these activities, literally hundreds of improvements would never have been
5 made, because I would never have thought of them or perceived why they were important.

6 But a system cannot be successful if it is too strongly influenced by a single person. Once the initial
7 design is complete and fairly robust, the real test begins as people with many different viewpoints
8 undertake their own experiments.

Since the mid-1990s, humans have taken an unprecedented step in Earthly annals by introducing not just exotic flora or fauna from one ecosystem into another, but actually inserting exotic genes into the operating systems of individual plants and animals, where they're intended to do exactly the same thing: copy themselves, over and over.

9 If we surrender the thing that separates us from machines, we will be replaced by machines. The
10 more advanced machines will be, the more human we will have to become.

2 Nummerierte Absätze

1 Nummeriert!

2 Coming back to the use of typefaces in electronic publishing: many of the new typographers receive their knowledge and information about the rules of typography from books, from computer magazines or the instruction manuals which they get with the purchase of a PC or software. There is not so much basic instruction, as of now, as there was in the old days, showing the differences between good and bad typographic design. Many people are just fascinated by their PC's tricks, and think that a widely-praised program, called up on the screen, will make everything automatic from now on.

3 The Earth, as a habitat for animal life, is in old age and has a fatal illness. Several, in fact. It would be happening whether humans had ever evolved or not. But our presence is like the effect of an old-age patient who smokes many packs of cigarettes per day—and we humans are the cigarettes.

4 Und noch einer.

Wieder unnummeriert.

Abb. 5.2 Nummerierte Zeilen und Absätze (zu 5.5.5)

5.6 Dokumenttypen

Es gibt weitere Alternativen zu `\starttext`: `\startdocument` ist geeignet, um Dokumenten Metadaten wie Autor und Titel zuzuweisen, die dann als Variablen verfügbar werden und z. B. für eine Titelseite verwendet werden können.

```
\startdocument[
       author={Karlchen Marx},
       title={Das Kapitälchen},
]
% Text ...
\stopdocument
```

Um die Beispiele zu verstehen, informieren Sie sich über Setups (S. 401) und Variablen (S. 394).

Die Setups `document:start` und `document:stop` werden automatisch am Anfang und Ende des Dokuments eingesetzt und eignen sich damit für Titelei und Abspann.
Die `metadata`-Angaben werden als Metadaten des PDFs verwendet (siehe auch `\setupinteraction` im Beispiel zum XML-Export, S. 437).

```
\startsetups document:start
  \startstandardmakeup
  % Titelseite
  \documentvariable{author}
  \blank[3*line]
  {\definedfont[SansBold*default at 36pt]%
  \documentvariable{title}}
  \vfill
  \documentvariable{publisher}
  \stopstandardmakeup
\stopsetups

\startsetups document:stop
  \startstandardmakeup[page=last]
  % z.B. Impressum
  \dontleavehmode\vfill
       \startlines
  \copyright\ \currentdate[year] \documentvariable{publisher}
  ...
  ISBN \documentvariable{isbn}
       \stoplines
  \stopstandardmakeup
\stopsetups
```

```
\setupdocument[
  % Standardwerte als Fehlerhinweis
  author={\bf Wer sind die Autoren?},
  title={\bf Wie heißt das Dokument?},
  metadata:author=\documentvariable{author},
  metadata:title=\documentvariable{title},
  publisher={Edition Eichstaben},
  isbn={3-879-00000-00-0},
]

\startdocument[
  author={Donald E. Knuth},
  title={Das Tao von \TEX},
  isbn={3-879-123456-YY-X},
]

\samplefile{knuth}

\stopdocument
```

Parameter	Werte	Beschreibung
`before, after`	Befehl	wird am Anfang bzw. am Ende des Dokuments eingefügt
`metadata:author`	Text	Autorenangaben
`metadata:title`	Text	Titel des Dokuments
`metadata:subject`	Text	Untertitel oder Thema
`metadata:keywords`	Liste	Stichwörter zum Inhalt
(Schlüsselwort)	Wert	eigene Zuweisungen

Tab. 5.11 Parameter von `\startdocument` bzw. `\setupdocument`

Zu Problemen mit Weißraum und Zeilenumbrüchen in Setups beachten Sie bitte S. 402.
Ganz ähnlich funktioniert `\startletter` für Briefe (siehe 21 ab S. 348).
Alles vor `\startdocument` würde sinnvollerweise zusammen mit den Einstellungen zur Gestaltung in einem Environment (S. 372) stehen.
Bei umfangreicheren Werken werden Sie auch die anderen Teile der Projektstruktur mit `\startproduct`, `\startcomponent` usw. verwenden, siehe 23.1 ab S. 371. Es spricht nichts dagegen, `\startdocument` innerhalb eines Produkts zu verwenden.

5.6.1 Eigener Dokumententyp

Sie können zum Beispiel eine Dissertation als eigenen Dokumententyp definieren. Während die Setups `start` und `stop` bei einem Standard-`document` automatisch eingesetzt werden, müssen Sie das hier selbst definieren.

```
\definedocument[thesis] % neuer Dokumententyp

% Irgendwelche Variablen setzen
\setupdocument[a=b,e=f] % gilt für alle
\setupdocument[thesis][  % gilt nur für thesis
        a=x,c=d,
        before=\setup{thesis:start},
        after=\setup{thesis:stop},
]

\startsetups[thesis:start]
   Vorspann
\stopsetups

\startsetups[thesis:stop]
   Nachspann
\stopsetups

\startthesis % = \startdocument[thesis]

   (\currentdocument/a): \documentvariable{a}\par
   (\currentdocument/c): \documentvariable{c}\par
   (\currentdocument/e): \documentvariable{e}\par

\stopthesis % = \stopdocument
```

Dabei wird auch ein Modus (S. 374) mit dem Namen des Dokumententyps (`thesis`) aktiviert. Damit können Sie die Einstellungen für verschiedene Dokumententypen in einem Environment definieren und die Unterschiede vom Dokumententyp abhängig machen.

5.7 Der Aufbau eines Buches

Was gehört in einem Buch wohin? Wozu gibt es einen Schmutztitel? Was muss ins Impressum?

5.7.1 Titelei und Vorspann

Der Schmutztitel ist die erste Seite des Buchblocks und enthält traditionell nur minimale Angaben in unauffälliger Gestaltung; er heißt so, weil bis ins 19. Jahrhundert Bücher ohne Einband gehandelt wurden und erst für die Kunden gebunden wurden, sodass die Außenseiten des Buchblocks häufig Schaden nahmen. Beim Festeinband (Hardcover) ist der Schmutztitel ans Vorsatz angeklebt und steht daher nur zum Teil für die Gestaltung zur Verfügung.
Die Rückseite des Schmutztitels ist meist unbedruckt (vakat). Bei Broschuren (Softcover) können Sie auf diese zwei Seiten ganz verzichten.
Das Buch beginnt mit dem Innentitel, der gerne ähnlich wie der Außentitel (Cover) gestaltet ist. Auf seiner Rückseite ist ein guter Platz für das Impressum, wenn Sie es nicht lieber nach hinten verbannen.
Auf der nächsten rechten Seite kann eine Widmung stehen, deren Rückseite ist dann gerne wieder vakat.
Bei Sachbüchern folgt üblicherweise das Inhaltsverzeichnis; bei Belletristik steht es eher am Ende des Buches, wenn es überhaupt sinnvoll ist (bei Kurzgeschichten sicherlich, bei Romankapiteln ohne Titel weniger).

5.7.2 Anhänge und Abspann

Ans Ende des Buches gehören auch jegliche Verzeichnisse (Bibliographie, Register, Abbildungsverzeichnis usw.). Wenn noch Platz ist, können Sie ihn mit Werbung für weitere Bücher füllen.
Sie sehen schon, hier ist wenig festgeschrieben. Orientieren Sie sich an Büchern, die Ihnen gefallen, und daran, ob Sie lieber mehr oder weniger Seiten produzieren möchten.

5.7.3 Das Impressum

„Das Impressum bietet die vom Urheberrecht geforderten und von Bibliotheken gewünschten Informationen zum Buch“, steht in der Wikipedia. Rechtlich geregelt ist die Impressumspflicht in Deutschland nur für Zeitungen und Zeitschriften, und zwar in Landesgesetzen. Verschiedene EU-Vorschriften zur Rückverfolgbarkeit und Produkthaftung (vorgeschrieben seit 2025) wirken sich allerdings auch auf Bücher aus, sofern sie irgendwie zum Verkauf oder zur öffentlichen Verbreitung bestimmt sind.

- Pflicht: ISBN oder andere eindeutige Seriennummer
- Pflicht: Verlag/Hersteller mit Postanschrift und Email-Adresse
- Pflicht: Informationen zur verantwortlichen (juristischen) Person, sofern der Hersteller nicht in der EU niedergelassen ist

- Urheberrechtliche Angaben: Bei wem liegen die Nutzungsrechte, z. B. für Abdruck und Übersetzungen? Viel juristisches Blabla[1] ist im deutschsprachigen Raum überflüssig, da die gesetzlichen Regelungen ausreichen. Vom Standard-Copyright abweichende Lizenzen (z. B. Creative Commons) müssen jedoch angegeben werden.
- Üblich: Erscheinungsort, Jahr, Auflage, ggf. Erscheinungsjahr der 1. Auflage
- Üblich/vertragsabhängig: Angaben zu einer Originalausgabe: Originaltitel, Erscheinungsjahr, Originalverlag, Erscheinungsort
- Üblich: Herausgeber und Autoren (falls nicht auf dem Titel angegeben)
- Üblich: Weitere Beteiligte: Übersetzung, Lektorat, Korrektorat, Satz, Illustrationen, Umschlaggestaltung, Druckerei, Buchbinderei (evtl. mit Ort oder Website)
- Nach Belieben: Weitere gestalterische Angaben, z. B. verwendete Schriften oder „gesetzt mit ConTEXt“
- Weitere Angaben zu Normen und Zertifikaten (Umweltlabel)
- Vertragsabhängig: Angaben zu Förderungen/Sponsoren

Häufig ist es sinnvoll, die urheberrechtlichen Angaben zu verwendeten Bildern in einem eigenen Abbildungsverzeichnis aufzuführen.

Der Barcode (S. 465) auf Büchern ist übrigens meist EAN 13+5 – der große Code enthält die ISBN, der kleine den Preis. Er ist nur dann sinnvoll, wenn beim Verkauf Ihres Buches ein Barcodescanner zum Einsatz kommen könnte.

1 „Alle Rechte vorbehalten…“

6 Layout

Wie definiere ich Seitengröße, Satzspiegel und Ränder?

6.1 Seitengröße

Die Standardseitengröße ist A4. Andere Größen können Sie mit `\setuppapersize` einrichten. Der Befehl hat einen zweiten Parameter, um eine oder mehrere[1] Seiten auf einem größeren Bogen auszugeben:

```
\setuppapersize[A5][A4]
```

Die üblichen, standardisierten Papiergrößen sind bereits vordefiniert, so die ISO-/EN-/DIN-Serien A–C 0–10 (z. B. A4, B5), diverse US-amerikanische Papiergrößen und mehrere Bildschirmformate. Sie finden die Listen mit Größenangaben im Anhang F ab Seite 473.

Die Normformate (A4, C6 usw.) werden groß geschrieben, a4 funktioniert nicht!

Wenn Ihnen die vorgegebenen Größen nicht ausreichen, definieren Sie Ihre eigene:

```
\definepapersize[filius][width=92mm,height=172mm]
\setuppapersize[filius][A4]
```

[1] Mehrere Seiten auf einem Bogen zu platzieren heißt *ausschießen*, siehe S. 302.

6.2 Benannte Bereiche

Die ConTEXt-Seite hat 25 benannte Bereiche, deren Größe und Inhalt Sie definieren können, gegliedert in je fünf Zeilen und Spalten; ihre Namen stehen in Abb. 6.1 blau am Rand. Schwarz gedruckt sind die Parameter von `\setuplayout`.

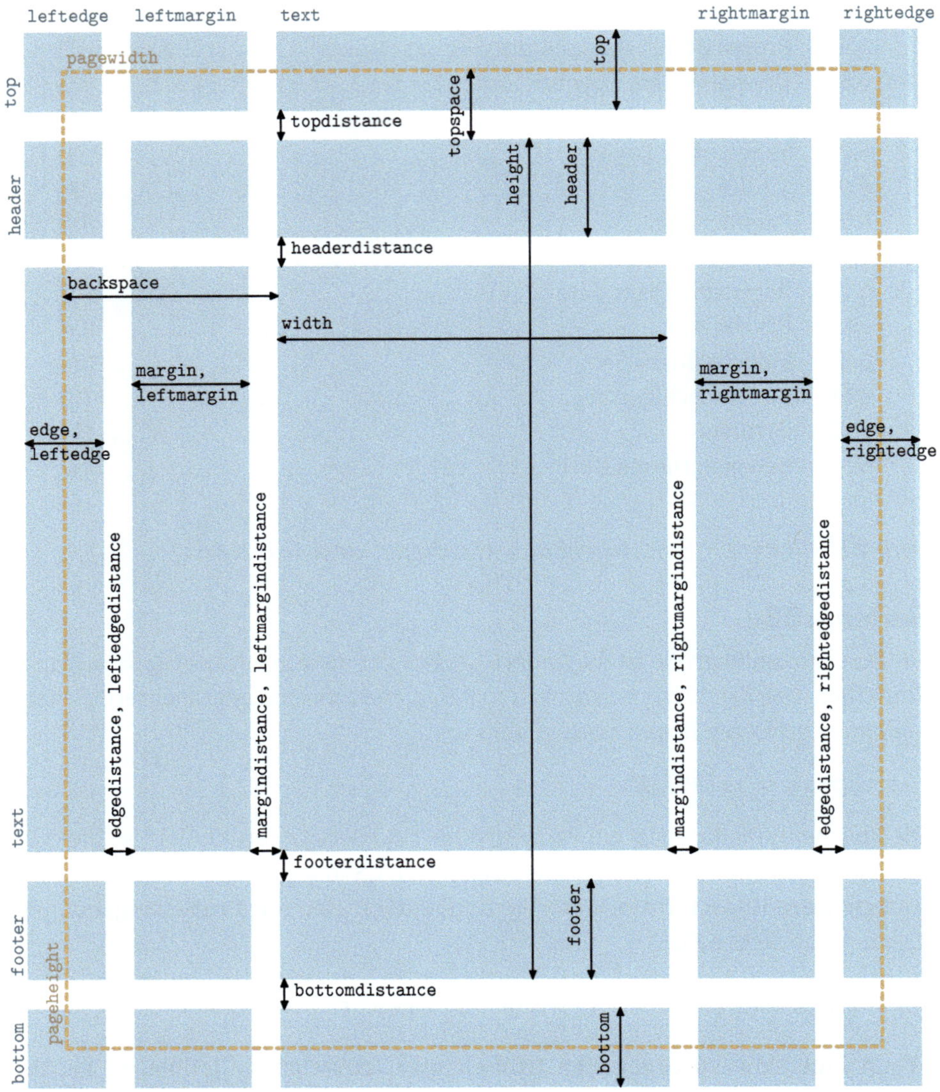

Abb. 6.1 Layoutbereiche und -parameter

6.3 Ein Layout definieren

Sie sollten in dieser Reihenfolge vorgehen:

1. Setzen Sie zuerst `backspace` (Bundsteg, vom Bund bis zum Anfang des Textbereichs) und `width` (Breite des Satzspiegels), `topspace` (Kopfsteg, vom Seitenrand bis zum Kolumnentitel) und `height` (Höhe des Satzspiegels inkl. Ko-

lumnentitel und Fußzeile). Als Maßangabe für `height` können Sie auch die Anzahl der Zeilen (`lines`) angeben, diese bleibt allerdings konstant, wenn Sie die Schriftgröße ändern.

2. Setzen Sie die Höhe der Bereiche für Kolumnentitel und Fußzeile und ihre Abstände vom Textbereich: `header` und `headerdistance`, `footer` und `footerdistance`. Sie können die Höhe des Textbereichs (`textheight`) nicht direkt definieren.

3. Die Bereiche `top` (oberhalb des Kolumnentitels) und `bottom` (unterhalb der Fußzeile) brauchen Sie nur im Ausnahmefall.

4. Wenn Sie Marginalien verwenden möchten, definieren Sie `margin` und `margindistance` (also die Breite der Marginalspalte und ihren Abstand vom Text), oder `leftmargin` und `rightmargin` getrennt.

5. Auch die edge-Bereiche und -Abstände brauchen Sie nur im Ausnahmefall.

Sie müssen nur die Bereiche definieren, die Sie brauchen. Wenn Sie allerdings auf `header` oder `footer` verzichten möchten, müssen Sie diese und ihre Abstände auf null setzen, da sonst deren Standardwerte die Texthöhe verfälschen.

Alternativ zum oben dargestellten Vorgehen können Sie zuerst die Ränder einrichten und dann `width` und `height` auf `fit` setzen.

Mit dem Befehl `\showlayout` können Sie die Maße Ihres Layouts überprüfen, er erzeugt vier Seiten mit eingerahmten Bereichen und Maßangaben.

Mehr zum Thema Seitenlayout steht im Kapitel „Page Design“ des alten ConTEXt-Handbuchs[2]. Interessant ist auch die Präsentation „step by step“[3] von Mikael Sundqvist, in der er den Aufbau eines anspruchsvollen Buchlayouts Schritt für Schritt darstellt.

6.4 Proportionen des Layouts

Jetzt weiß ich zwar, wie ich die Werte definiere, aber woher soll ich sie nehmen?

Wenn das Endformat nicht vorgegeben ist, können Sie sich an Büchern orientieren, die Ihnen passend vorkommen. Schließlich müssen Sie das Format mit Ihrer Druckerei abklären – es ist oft sinnvoll, knapp unter einem Schwellenwert zu bleiben, ab dem die Druckerei ein größeres Rohbogenformat verwendet. Damit vermeiden Sie höhere Kosten und Papierverschwendung durch einen großen Beschnitt.

[2] www.pragma-ade.com/general/manuals/cont-enp.pdf, gehört nicht mehr zur Distribution, trifft hierfür aber noch zu.

[3] www.gust.org.pl/bachotex/2023-pl/presentations/msundqvist-1-2023.pdf

Überlegen Sie sich, wie Ihr Werk voraussichtlich produziert und benutzt werden wird.
Die traditionellen Regeln zur Satzspiegelberechnung (6.4.1f.) sind nur für fadengeheftete Bücher sinnvoll. Dabei ist der Bundsteg (in der Mitte) nur halb so breit wie der äußere Rand – das bewirkt eine harmonische Platzverteilung auf der Doppelseite, allerdings nur, wenn man das Buch auch ganz öffnen kann.
Bei klebegebundenen Büchern geht das nicht, hier sollte der Bundsteg mindestens gleich groß sein wie der Außensteg und groß genug, dass man den Text lesen kann, ohne dem Buch den Rücken brechen zu müssen.
Bei Heften (Produkten mit Klammerheftung) können Sie sich an den Regeln für (fadengeheftete) Bücher orientieren, bei denen der Buchblock ja auch aus mehreren Heften (mit Fadenheftung) zusammengesetzt ist. Bei sehr dicken Heften (über ca. 50 Seiten, z. B. Magazine) ist es einerseits schwierig, sie ganz aufzuschlagen – daher muss der Bundsteg breit genug sein –, andererseits werden die inneren Seiten an der Vorderkante stark beschnitten, also müssen Sie dafür genug Platz einplanen.
Bei spiralgebundenen oder abzuheftenden Drucksachen muss der Bundsteg breit genug sein, dass die Stanzlöcher den Text nicht beschädigen.
Die seitlichen Stege sollten groß genug sein, dass man das Buch halten kann, ohne dass die Daumen Text verdecken – entweder innen (gerade bei kleinen Büchern) oder mit beiden Händen außen.
Die Seite wirkt harmonischer, wenn der Fußsteg größer ist als der Kopfsteg. Der Fußsteg sollte groß genug sein, um das Buch unten festzuhalten, z. B. auch auf einem Ständer oder Kissen, ohne Text zu verdecken.

Die Proportionen des Satzspiegels sollten denen der Seite entsprechen. Seine Höhe wird zweckmäßigerweise nach ganzen Zeilen gerundet.
Die Zeilenlänge – und damit die Breite des Satzspiegels bzw. der Spalte – sollte 36 bis 60 Zeichen der Grundschrift entsprechen. Bei zu schmalen Zeilen müssen zu viele Wörter getrennt werden, lange Zeilen erschweren das Lesen. (Ein größerer Zeilenabstand verbessert die Zeilenführung, aber der Sprung vom Ende einer Zeile zum Anfang der nächsten ist für das Auge anstrengend.)
Da ein Zeichen im Durchschnitt ein Halbgeviert breit ist, ist die maximale Breite des Satzspiegels (bzw. der Spalte) Schriftgröße × 30. Bei besonders schmal oder breit laufenden Schriften müssen Sie den Wert anpassen. Am besten zählen Sie einen Probesatz aus.

Heute verwendet man im Normalfall viel kleinere Ränder, als die traditionellen Regeln vorgeben – ein größerer Satzspiegel ergibt weniger Seiten und spart damit Kosten in der Produktion und im Versand.

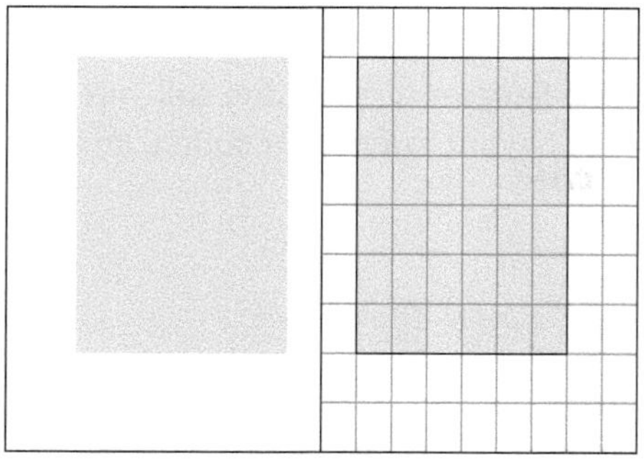

Abb. 6.2 9er-Teilung

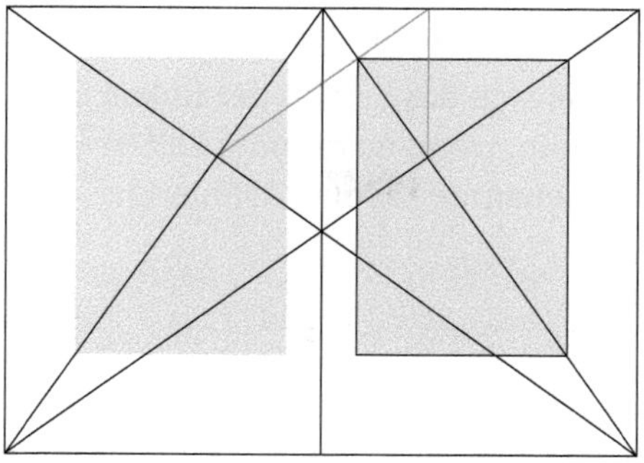

Abb. 6.3 Diagonalverfahren / Goldener Schnitt

6.4.1 *n*-Teilung / 9er-Teilung

Höhe und Breite der Seite werden einzeln durch eine frei gewählte ungerade Zahl n geteilt, dabei muss n mindestens 5 betragen, üblich ist 9.
Je größer n, desto größer der Satzspiegel und desto kleiner die Ränder.
Der Bundsteg ist $1/n$ der Breite, der äußere Rand das Doppelte.
Der Kopfsteg ist $1/n$ der Höhe, der Fuß das Doppelte.

6.4.2 Diagonalverfahren / Goldener Schnitt

Der Satzspiegel hat das gleiche Größenverhältnis wie die Seite. Die Stellung des Satzspiegels kann zeichnerisch bestimmt werden (Abb. 6.3):
Zeichnen Sie Diagonalen über die Einzelseiten sowie über die Doppelseite. Zeichnen Sie eine Senkrechte vom Schnittpunkt der Diagonalen nach oben bis zum Papierrand. Verbinden Sie diesen Punkt mit dem Schnittpunkt der Diagonalen auf der gegenüberliegenden Seite. Wo diese Linie die Einzelseiten-Diagonale kreuzt, beginnt der Satzspiegel. Seine Unterkante ist durch die gleiche Diagonale bestimmt. Sie können die Breite des Satzspiegels im Rahmen der Konstruktion auch frei festlegen.

6.5 Doppelseitiges Layout

Sie definieren in ConTEXt immer eine rechte Seite; bei einem doppelseitigen Layout wird die rechte auf die linke Seite gespiegelt.
Die Doppelseiten-Option versteckt sich bei den Einstellungen zur Paginierung:

```
\setuppagenumbering[alternative=doublesided]
```

Ein Kapitel beginnt in der Grundeinstellung immer auf einer rechten Seite, das entspricht:

```
\setuphead[chapter][page=right]
```

Wenn das vorige Kapitel auf der rechten Seite endet, wird also eine leere Seite eingefügt. Um den Kapitelanfang auf einer linken Seite zuzulassen, verwenden Sie `page=yes`.

6.6 Verschiedene Layouts

Wenn sich das Layout der linken und rechten Seite unterscheiden soll, oder allgemein, wenn bestimmte Seiten ein anderes Layout aufweisen sollen, können Sie benannte Layouts definieren:

```
\setuplayout[...]  % allgemein
\definelayout[links][...]  % Layout für die linke Seite

\setuplayout[links]  % auf das „linke" Layout umschalten
\setuplayout[reset]  % zum allgemeinen Layout zurück

% einer bestimmten Seite ein Layout zuweisen:
\definelayout[2][links]

% allen ungeraden Seiten ein Layout zuweisen:
\definelayout[odd][rechts]

% allen geraden Seiten ein Layout zuweisen:
\definelayout[even][links]
```

Zusätzliche Layouts erben alle Parameter vom Standardlayout, Sie müssen also nur die abweichenden Werte angeben. Wenn Sie in einem doppelseitigen Layout eine linke (gerade) Seite definieren, müssen Sie allerdings spiegelbildlich denken, z. B. definieren Sie mit `leftmargin` den rechten Randbereich und mit `backspace` den Abstand vom Papierrand bis zum rechten Rand des Satzspiegels.
`\definelayout` akzeptiert als Seitenangabe Seitenzahlen (auch relative mit +/-) oder die Stichworte `odd` (ungerade/rechte Seiten), `even` (gerade/linke Seiten), `first` und `last` (erste bzw. letzte Seite). Als zweiten Parameter können Sie den Namen eines Layouts oder direkt die abweichenden Parameter angeben.

6.7 Seiten ohne Layout

Mit `\startTEXpage` ... `\stopTEXpage` statt `\starttext` ... `\stoptext` können Sie Einzelseiten ohne Ränder setzen. Die Seite wird genau so groß wie ihr Inhalt. Das ist sinnvoll, wenn die Inhalte eher Abbildungen darstellen, die Sie in einem anderen Dokument platzieren oder anderweitig verarbeiten möchten.
Wenn Sie mehrere TEXpage-Umgebungen in einem Dokument verwenden möchten, müssen Sie sie mit `\starttext` ... `\stoptext` umgeben, sonst erzeugt ConTEXt nur die erste Seite.

6.8 Titelei

Es wird Zeit, Makeup aufzutragen. Auch wenn Sie die ungeschminkte Wahrheit schreiben, gereicht eine gut gestaltete Titelei jedem Werk zur Zierde.

Ein „Makeup" ist bei ConTEXt eine Seite mit abweichendem Layout. Ohne weitere Einstellungen hat sie weder Kopf- noch Fußzeile, der Text ist linksbündig, und der Inhalt ist vertikal zentriert.

```
\starttext
\startstandardmakeup
\switchtobodyfont[16pt]
{\definedfont[Sans*default at 24pt]Bertha von Suttner}
\blank[24pt]
{\definedfont[SerifBoldItalic*default at 48pt]Die Waffen nieder!}
\blank[2*big]
Roman
\vfill
\hfill\externalfigure[Bertha_von_Suttner][width=.75tw]
% Bild: Martin Maack, Wikimedia Commons, gemeinfrei
\vfill

Verlag Edgar Pierson · Dresden · 1889
\stopstandardmakeup
\stoptext
```

Die Ausrichtung können Sie direkt beeinflussen; die Syntax ist hier leider unbefriedigend:

```
\startstandardmakeup[top=,align=center]
Auf dieser Seite steht der Text oben und zentriert.
\stopstandardmakeup

\startstandardmakeup[bottom=,align=flushright]
Auf dieser Seite steht der Text unten rechts.
\stopstandardmakeup
```

Wenn es ein `standardmakeup` gibt, ist es naheliegend, dass Sie auch anderes Make-up verwenden können:

```
\definemakeup[Titelei][align=middle]
\starttext

\startmakeup[Titelei]
Titelseite
\stopmakeup
oder
\startTiteleimakeup
Titelseite
\stopTiteleimakeup

Haupttext...
\stoptext
```

Bertha von Suttner

Die Waffen nieder!

Roman

Verlag Edgar Pierson · Dresden · 1889

Während diese Spezialseiten keine Rücksicht auf das Standardlayout nehmen, das Sie mit `\setuplayout` festgelegt haben, verwenden sie automatisch Layouteinstellungen unter dem gleichen Namen:

```
\definemakeup[Titelei][align=middle]
% Makeup „Titelei" definiert das Layout „Titelei"
% und verwendet dann dessen Einstellungen
\setuplayout[Titelei][width=7cm,grid=no]
\setuplayout[grid=yes]

\starttext

\startmakeup[Titelei][top=,]
Titelseite

\externalfigure[cow]
\stopmakeup

\input dodo
\stoptext
```

Option	Werte	Beschreibung
`width, height`	Maßangabe	Breite, Höhe des Satzspiegels
`hoffset, voffset`	Maßangabe	horizontale und vertikale Verschiebung
`page`	`yes` `no` `left` `right`	neue (linke/rechte) Seite?
`doublesided`	`empty` `yes` `no`	doppelseitiges Layout (`empty` = einseitig, folgende Seite ohne Kopf- und Fußzeile)
`pagestate`	`start` `stop`	Soll die Paginierung weitergezählt werden? (Standard: nein)
`headerstate, footerstate, topstate, bottomstate, textstate`	`start` `stop` `high` `empty` `none` `normal`	Anzeige des jeweiligen Bereichs (Standard: kein Kopf/Fuß)
`color`	Farbe	Textfarbe
`style`	Stil	Textstil

Tab. 6.1 Parameter von `\setupmakeup`

6.9 Paginierung

Die Platzierung und das Aussehen der Seitenzahl definieren Sie mit \setuppagenumbering. Andere Zahlenarten, z. B. römische, werden mit \setuppagenumber[numberconversion=...] (S. 78) eingestellt.

Option	Werte	Beschreibung
alternative	singlesided, doublesided	ein-/doppelseitiges Layout
location	none, header, footer, margin...	siehe Layoutbereiche
style, color	wie üblich	Textstil/-farbe

Tab. 6.2 Parameter von \setuppagenumbering

6.10 Kopf- und Fußzeilen

Insbesondere bei wissenschaftlichen Werken sollen die Kopf- und Fußzeilen wichtige Informationen zur Orientierung enthalten – nicht nur die Seitenzahl, sondern auch den Titel des aktuellen Abschnitts.
Stellen Sie zuerst ein doppelseitiges Layout ein und schalten Sie die üblicherweise zentriert im Kopf platzierte Seitenzahl ab:

```
\setuppagenumbering[
  alternative=doublesided,
  location=none,
]
```

Was mit \setupheadertexts funktioniert, geht ebenso mit \setupfootertexts.

\setupheadertexts akzeptiert jeweils zwei Parameter für die linke und rechte Hälfte der rechten(!) und linken Seite. Verwirrend?
Bei einem einseitigen Layout setzen Sie mit

```
\setupheadertexts[pagenumber][section]
```

die Seitenzahl nach links und den Abschnittstitel nach rechts in die Kopfzeile.
Bei einem doppelseitigen Layout kommen zwei Parameter dazu, aber die ersten beiden gelten für rechte (ungerade) Seiten:

```
\setuppagenumbering[alternative=doublesided]
\setupheadertexts[rechts innen][rechts außen]
                 [links außen] [links innen]
```

Für die Gestaltung dieser Texte ist \setupheader zuständig, der Befehl versteht die üblichen Stil-Parameter. Für die Seitenzahl funktioniert auch \setuppagenumbering.
Was tun Sie aber, wenn Sie noch mehr Informationen in die Kopfzeile bringen wollen oder eine bestimmte Formatierung brauchen?

6.10.1 Kopfzeile mit zentriertem Inhalt

Der hier gezeigte Code greift ein wenig voraus. Der Mechanismus `setups` (S. 401) erlaubt es, komplexe Einstellungen oder Textbausteine an Stellen unterzubringen, wo sie sonst keinen Platz hätten, ohne Makros definieren zu müssen.

```
\startsetups[text rechts]
  \rlap{\pagenumber}
  \hfill % horizontal füllen
  \getmarking[chapter] % Kapitel-Titel abrufen
  \hfill
  \llap{Un Nom}
\stopsetups

\startsetups[text links]
  \rlap{Una Person}
  \hfill
  \getmarking[section]
  \hfill
  \llap{\pagenumber}
\stopsetups

\setuppagenumbering[alternative=doublesided] % doppelseitig
\setupheadertexts[] % leeren
\setupheadertexts[\setups{text rechts}][][][\setups{text links}]
```

Die Low-Level-TEX-Makros `\rlap` und `\llap` („nach rechts/links überlappen") ermöglichen hier, dass die Texte „keinen Raum einnehmen" (negativer *Glue*, S. 382), sodass sie sich notfalls überschneiden. `\hfill` ist ein *horizontaler Keil*, der so viel Platz einnimmt wie möglich.
Der Aufbau ist hier also ein Kasten ohne Breite, der den linken Text enthält, dann ein Ausgleichs-Weißraum, ein Text in der Mitte, wieder ein Ausgleichs-Weißraum und ein weiterer Kasten ohne Breite für den rechten Text.

`\pagenumber` enthält die unformatierte Seitenzahl. Wenn Sie umgewandelte Zahlen (z. B. römische, S. 78) haben möchten, brauchen Sie `\userpagenumber`!

6.10.2 Text formatieren

Im vorigen Beispiel wurden die Überschriften mit `\getmarking` bezogen, damit ist der Text allerdings schon formatiert. Wenn Sie die Formatierung in der Kopfzeile ändern möchten, wird es ein wenig komplizierter.

```
\startsetups[text rechts]
  \rlap{\pagenumber}\hfill
  \expanded{\WORD{\fetchmark[chapter][first]}}
  \hfill\llap{rechtsextrem}
\stopsetups
```

```
\startsetups[text links]
  \rlap{linksextrem}\hfill
  \expanded{\WORD{\fetchmark[section][first]}}
  \hfill\llap{\pagenumber}
\stopsetups

\setuppagenumbering[alternative=doublesided] % doppelseitig
\setupheadertexts[] % leeren
\setupheadertexts[\setups{text rechts}][][][\setups{text links}]
```

Selbstverständlich können Sie \WORD (Umwandlung in Versalien) durch andere Befehle ersetzen.

6.10.3 Linie unter der Kopfzeile

Um eine Linie unter die Kopfzeile zu bekommen, setzen Sie sie in einen Rahmen (Kap. 8) und lassen davon nur die untere Linie sichtbar:

```
\setupheader[text][
before={\startframed[frame=off,bottomframe=on,framecolor=red,]},
after={\stopframed},
]
```

6.10.4 Seitenzahl im Rand

Wenn die Seitenzahl im Rand statt im Textbereich der Kopf- oder Fußzeile stehen soll, so wie in diesem Buch, können Sie die Optionen von \setuppagenumbering verwenden:

```
\setuppagenumbering[location={footer,margin},
  alternative=doublesided,]
```

Dabei ist die Seitenzahl innen ausgerichtet. Wenn Sie sie lieber außen hätten, müssen Sie einen Umweg gehen, denn \setuppagenumbering hat keine align-Option. Eine Möglichkeit ist eine eigene Instanz von \framed:

```
\defineframed [Pagina]
  [width=max,frame=off,offset=overlay,align=outer]

\setuppagenumbering[location={footer,margin},
  alternative=doublesided, command=\Pagina,]
```

6.10.5 Kopf- und Fußzeilen weglassen

Oft möchten Sie auf der Seite eines Kapitelanfangs auf die Kopfzeile verzichten. Mit der Titel-Einstellung header=high wird der Textbereich der Seite in den Raum der Kopfzeile erweitert, sodass diese verschwindet.

```
\setuphead[chapter][header=high,footer=none]
```

Die Titel-Einstellung header=empty erhält die Größe der Textbereiche, lässt aber den Kopf leer.

Wenn bei einem doppelseitigen Layout jedes Kapitel auf einer rechten Seite beginnt und das vorige Kapitel auf einer rechten Seite endet, wird eine leere Seite eingefügt, die aber Kopf- und Fußzeilen enthält. Wenn diese Leerseite völlig leer (‚vakat') sein soll, müssen Sie eine eigene Seitenumbruchsvariante definieren:

```
\definepagebreak[linksleer][yes,header,footer,right]
\setuphead[chapter][page=linksleer]
```

Auf einzelnen Seiten funktioniert auch \noheaderandfooterlines.

6.10.6 Unterschiedliche Kopf- und Fußzeilen

Für eine abweichende Kopfzeile auf der Anfangsseite eines Abschnitts brauchen Sie eine zusätzliche Definition:

```
\definetext[Kapitelkopf][header][Neues Kapitel]
\setuphead[chapter][header=Kapitelkopf]
```

Für die letzte Seite eines Abschnitts können Sie die Kopfzeile am Ende des Abschnitts neu definieren und am Anfang des nächsten zurücksetzen:

```
\setuphead[chapter][
  before={\setupheadertexts[chapter][pagenumber][pagenumber][?]},
  aftersection={\setupheadertexts[ENDE][pagenumber][pagenumber][
    ENDE]},]
```

Sie können diese Lösung mit den leeren linken Seiten aus 6.10.5 kombinieren.

6.11 Registerhaltiger Satz

Registerhaltiger Satz ist ein Qualitätsmerkmal für gut gestaltete Bücher. Dabei stehen die Zeilen der Grundschrift durchgehend auf dem gleichen Raster. Das erzeugt ein ruhiges Schriftbild auf Doppelseiten und bei mehrspaltigem Satz; auch das Durchscheinen der rückseitigen Zeilen durch das Papier erzeugt keine Unruhe, wenn die Zeilen im Raster stehen.
Den registerhaltigen Satz aktivieren Sie mit einem einfachen Befehl:

```
\setuplayout[grid=yes]
```

Im Hintergrund ändert das allerdings vieles am Umbruchverhalten. Die Gestaltung von Zwischentiteln wird ebenso schwieriger wie die Platzierung von Elementen, die nicht dem Raster entsprechen, wie Formeln, Tabellen und Abbildungen. Der vertikale Zeilenausgleich (VZ, S. 124) wird unmöglich.
Mit \showgrid können Sie sich das Zeilenraster anzeigen lassen.

Verwenden Sie für abgesetzte Formeln, Zwischenüberschriften, HTML-Tabellen, Bilder und alles, was auf \framed basiert, die linecorrection-Umgebung, damit der darauf folgende Text wieder ins Register fällt:

```
\startlinecorrection\externalfigure[dummy]\stoplinecorrection
```

6.11.1 Eingeschnappte Köpfe

Am besten wählen Sie als Zeilenabstand für größere Schriftgrade ein Vielfaches des Zeilenabstands der Grundschrift (`\setupbodyfontenvironment`), ansonsten kann `\startlinecorrection` helfen.
Sie können aber auch das lokale Einrasten von Überschriften konfigurieren:
Statt `grid=yes` gibt es in `\setuplayout` und `\setuphead` auch andere Register-Optionen[4], die mit `\definegridsnapping` definiert wurden. Sie unterscheiden sich in der Art, wie (Zeilen-)Abstände von abweichenden Elementen an das Zeilenraster angepasst werden.
Die Einzelheiten und Beispiele finden Sie im Handbuch `details`[5] und die neuesten Entwicklungen in `beyond-snapping` – ich habe aufgegeben, die Optionen beschreiben zu wollen. Sie müssen ausprobieren, was für Ihre Anwendung am besten passt.
Einzelne Elemente können Sie mit `\snaptogrid[option]{Inhalt}` einrasten lassen.

6.12 Beschnitt

Wenn Elemente bis zum Rand der Seite gedruckt werden sollen (randabfallende Bilder), müssen Sie dafür sorgen, dass sie darüber hinaus reichen, um Ungenauigkeiten beim Zuschneiden der fertigen Seite auszugleichen – sonst kann es zu weißen „Blitzern" kommen (Abb. 6.4).
Diesen zusätzlichen Rand nennt man Beschnitt (engl. *bleed*). Die PDF-Spezifikation sieht dafür mehrere Ebenen der Begrenzung vor, in absteigender Größe:

Abb. 6.4 Blitzer: Unter der dunklen Fläche „blitzt" das weiße Papier hervor.

MediaBox	Größe des Druckbogens
CropBox	Anzeigegröße der Seite (meist gleich MediaBox)
BleedBox	Seite mit Beschnitt
TrimBox	Seite im zugeschnittenen Endformat
ArtBox	Seiteninhalt (z. B. Grafiken auf einer ganzen Seite)

Sehen können Sie diese Boxen nur in Acrobat (auch Reader), wenn die entsprechende Option[6] aktiviert ist. In PDF Studio Pro werden die Boxen bei ihrer Bearbeitung mit absurden Bezeichnungen angezeigt. Andere grafische Programme, die damit umgehen können, habe ich nicht gefunden.
Der PDF-Standard setzt mindestens die Definition der MediaBox voraus; angezeigt wird allerdings die CropBox. Die Platzierung mehrerer Seiten auf einem Bogen ist im PDF-Standard nicht berücksichtigt, obwohl man gerade zum Ausschießen auf die richtig definierten Boxen angewiesen ist.

4 `snapping, normal, strict, tolerant, bottom, top, both, broad, fit, first, last, high, one, low, none, line, strut, box, min, max …`
5 `texmf-context/doc/context/documents/general/manuals/details.pdf`
6 Voreinstellungen / Seitenanzeige / Objekt-, Endformat- und Anschnitt-Rahmen einblenden

In automatischen Druckerei-Workflows sind BleedBox und TrimBox nötig, um Seiten mit Beschnitt richtig verarbeiten zu können. Leider sind richtig angelieferte Daten so selten, dass Druckerei-Mitarbeiter oder Prüftools gar nicht damit rechnen und von Ihnen Schneidzeichen oder eine CropBox in der Größe der Seite mit Beschnitt verlangen.
Aus historischen Gründen geht auch ConTEXt etwas merkwürdig mit den PDF-Boxen um:

```
% Druckbogen muss größer als die Seite sein
% „oversized" fügt 7,5 mm auf allen Seiten hinzu
\setuppapersize[A6][A6,oversized]
\setuplayout[
  location=middle, % sonst hängt die Seite links oben
  marking=on, % Schneidzeichen einschalten
  cropoffset=0mm, % am besten auf 0 lassen
  trimoffset=-7.5mm, % Seite minus Bogen
  bleedoffset=3mm, % Beschnitt
  %artoffset=0mm, % eher sinnlos
]
\setupinteractionscreen[width=max,height=max]
```

- Ein positiver Wert von `cropoffset` verkleinert die angezeigte Fläche und wirkt sich auch auf die anderen beiden Werte aus.
- Ein negativer Wert von `trimoffset` gibt den Versatz der TrimBox von der CropBox an.
- Ein positiver Wert von `bleedoffset` gibt den Beschnitt als Versatz der BleedBox von der TrimBox an.
- Die ArtBox interessiert nur beim Platzieren von PDF-Bildern (`\externalfigure[bild][size=art]`). Ich sehe keinen Sinn darin, sie im Layout zu definieren.
- Ohne `\setupinteractionscreen` passiert nichts. (Weitere Optionen des Befehls auf S. 316.)
- Unterschiedliche Versatzwerte (z. B. kein Beschnitt innen) sind mit ConTEXt nicht möglich.
- Schneidzeichen werden mit `marking=on` aktiviert; `marking=color` fügt Farbmessstreifen hinzu.

Die Größe und Abstände der Schneidzeichen können Sie durch Neudefinition der Parameter verändern:

```
\def\pagecutmarklength {5mm}
\def\pagecutmarkoffset {3mm}
\def\pagecutmarkmargin{10cm}
```

Eine MetaPost-Lösung für Falzmarken finden Sie auf Seite 362.

Wie Sie Bilder mit Hilfe von `\setupbleeding` und `\movesidefloat` in den Beschnitt erweitern bzw. verschieben, steht im Handbuch `details`[7].

6.13 Mehrspaltiger Satz

Wie kann ich meinen Text in zwei oder mehr Spalten setzen?

ConTEXt bringt mehrere Spalten-Mechanismen mit, die verschiedene Anwendungsbereiche und Einschränkungen haben. In manchen Fällen ist eine Tabelle die beste Lösung, meistens aber nicht.

6.13.1 Columns

Dieser einfache Spaltenmodus hat den Vorteil, dass sich mitten auf einer Seite zwischen ein- und mehrspaltigem Satz wechseln lässt, deshalb heißt er intern *mixed columns*. Er wird auch für mehrspaltige Aufzählungen eingesetzt.

Der Text wird immer registerhaltig gesetzt. Gleitobjekte funktionieren nur innerhalb einer Spalte; größere Gleitobjekte und Fußnoten werden erst am Ende des Mehrspaltenmodus ausgegeben.

```
\startcolumns[n=2] % Anzahl der Spalten
\samplefile{lorem}
\stopcolumns
```

Option	Werte	Beschreibung
`n`	Zahl	Anzahl der Spalten
`distance`	Dimension	Spaltenabstand (Standard: 1,5 em)
`separator`	`rule`	Trennlinie
`balance`	`yes no`	Ausgleich der Spaltenhöhe auf der letzten Seite
`align`	...	siehe `\setupalign` (S. 42)
`internalgrid`	`line halfline`	Register-Methode
`grid`	...	siehe S. 103
`blank`	Dimension	Größe des Weißraums zwischen den Absätzen (S. 122)
`direction`	`normal reverse`	Leserichtung der Spalten
`maxheight`	Dimension	max. Höhe der Spalten
`maxwidth`	Dimension	max. Gesamtbreite der Spalten
`notes`	`yes no`	Fußnoten innerhalb der Spalten?

Tab. 6.3 Parameter von `\setupcolumns` oder `\startcolumns` (Auswahl), außerdem sind Parameter von `\setupframed` (S. 135) anwendbar.

[7] `texmf-context/doc/context/documents/general/manuals/details.pdf`

- Mit `\column` können Sie manuell in die nächste Spalte springen. Das funktioniert aber nicht immer, z. B. nicht im Inhaltsverzeichnis.
- Der Ausgleich der Spaltenhöhen (`balance`) funktioniert nicht im Zeilenmodus (`\startlines`), z. B. bei Lyrik.
- Die Trennlinie lässt sich wie üblich mit `rulecolor` und `rulethickness` beeinflussen.
- Die Platzierung von Gleitobjekten (S. 232) funktioniert nur eingeschränkt: Es sind nur die Platzierungen `here`, `force`, `top` und `bottom` zulässig. Gleitobjekte, die mehr als eine Spalte breit sind, landen am Kopf der folgenden Seite. Einspaltige Objekte können im Text oder am Kopf der Folgeseite stehen.
- Bei der Fehlersuche kann der Tracker `mixedcolumns.boxes` helfen.

6.13.2 Paragraphs

Wenn Sie einzelne Textabschnitte nebeneinander platzieren möchten, sind Sie hier richtig.

Innerhalb von *Paragraphs* ist kein Seitenumbruch möglich!

```
\defineparagraphs[ZweiDrittel][n=2] % 2 Spalten
\setupparagraphs[ZweiDrittel][1][
  width=.66tw, distance=3em,
  align={verytolerant,stretch}]
% 1. Spalte nimmt 2/3 der Breite ein
% Die Breite der zweiten Spalte wird automatisch berechnet
{\bf Desperanto zur Beethoven-Feier:}

\startZweiDrittel % Original
Dem Manne maßlos wütender Wortgewitter, dessen Liebe den Nächsten
  mit der Peitsche Reinheit heischender Virtus striemte, wälzt
  Schicksalsfinsternis undurchdringliche Nebelschwaden vor des
  Hörganges Pforte.\par
\nextZweiDrittel % Übersetzung
Beethoven wird taub.\par
\stopZweiDrittel

Das kann dem Leser, dem solch undurchdringliche Nebelschwaden vor
  des Hörganges Pforte gewälzt werden, auch passieren. Denn, wie
  sich der Erfinder dieser Sprache einst kürzer ausgedrückt hat:
  \quotation{Schälle täuben}.

\rightaligned{\emph{Karl Kraus}}
% https://projekt-gutenberg.org/authors/karl-kraus/books/glossen-
  bis-1936/chapter/3/
```

Desperanto zur Beethoven-Feier:

Dem Manne maßlos wütender Wortgewitter, dessen Liebe den Nächsten mit der Peitsche Reinheit heischender Virtus striemte, wälzt Schicksalsfinsternis undurchdringliche Nebelschwaden vor des Hörganges Pforte.

Beethoven wird taub.

Das kann dem Leser, dem solch undurchdringliche Nebelschwaden vor des Hörganges Pforte gewälzt werden, auch passieren. Denn, wie sich der Erfinder dieser Sprache einst kürzer ausgedrückt hat: „Schälle täuben“.

Karl Kraus

6.13.3 Column Sets

Column Sets sind in erster Linie für Magazin-Layouts gedacht und können nicht mit dem normalen einspaltigen Satz gemischt werden. Sie unterstützen eingeschobene Blöcke mit abweichender Spaltenzahl (*column set spans*) und Gleitobjekte beliebiger Breite mit der Platzierung `here` oder `top`, aber keine Sidefloats. Auch Texte im Zeilenmodus (wie Lyrik) funktionieren, wenn Sie selbst für den richtigen Umbruch sorgen.

Column Sets wurden 2025 neu implementiert. Diese Version ermöglicht auch unabhängige Textströme und basiert auf einem neu implementierten, „ausbalancierenden“ Mechanismus zum Seitenumbruch, der sich evtl. auch für einspaltige Layouts anbietet. Die Überarbeitung des Handbuchs `columnsets`[8] war bei Redaktionsschluss noch nicht fertig, aber bereits als Quellcode[9] in der Distribution enhalten.

Abb. 6.5 Beispiel für ein komplexes Layout mit Column Sets

Aktivieren Sie den registerhaltigen Satz mit `\setuplayout[grid=yes]`, sonst werden Zeilen wild verschoben.

8 `texmf-context/doc/context/documents/general/manuals/columnsets.pdf`
9 `texmf-context/doc/context/sources/general/manuals/mvlcolumnsets/`

```
\definecolumnset[Zwei][n=2]

\startcolumnset[Zwei]

\startlines % Zeilenmodus
Starlight, star bright,
first star I see tonight;
\stoplines

\column

\startlines
I wish I may, I wish I might
have the wish I wish tonight.
\stoplines

\stopcolumnset
```

```
\usemodule[visual]
\definecolumnset[Beispiel][n=3]
\definecolumnsetspan[Zwei][n=2,color=blue]
\definecolumnsetspan[Vier][n=4,color=red]
\starttext
\startcolumnset[Beispiel]
\startcolumnsetspan[Vier]
Vier: \dorecurse{2}{#1: \fakewords{25}{50}\par}
\stopcolumnsetspan
Zwischen: \fakewords{25}{50}\par
\startcolumnsetspan[Zwei]
Zwei: \dorecurse{2}{#1: \fakewords{25}{50}\par}
\stopcolumnsetspan
Nach: \dorecurse{15}{#1: \fakewords{100}{200}\par}
\stopcolumnset
\stoptext
```

6.13.4 Page Columns

Page columns behandeln jede Spalte wie eine einzelne Seite und unterstützen daher Gleitobjekte (innerhalb einer Spalte oder am Kopf der Seite) und Fußnoten (innerhalb einer Spalte), aber keine Textelemente, die Spalten überspannen. Sie beginnen und enden immer auf einer neuen Seite, lassen sich also nicht mit dem Einspaltenmodus kombinieren.
Mehr dazu in pagecolumns[10].

[10] `texmf-context/doc/context/documents/general/manuals/pagecolumns.pdf`

6.14 Buchumschläge

Wie bekomme ich einen Umschlag mit Rücken in der richtigen Breite?

Klären wir zunächst ein paar Begriffe:

- Bei der Broschur (Softcover) besteht der Umschlag (die Buchdecke) aus einem Stück Karton und wird direkt bedruckt, oft nur außen. Der Buchblock wird in den Umschlag geklebt und beides zusammen beschnitten. Es sind verschiedene Varianten möglich, z. B. mit Klappen.
- Beim Pappband (Hardcover, Festeinband) besteht die Buchdecke aus mehreren Teilen: In den Bezug (Außenseite) werden für Deckel und Rücken drei Pappstücke eingeklebt. Mit Hilfe des Vorsatzes (Innenseite, oft einfarbiges oder mit einem Muster bedrucktes Papier) wird der beschnittene Buchblock in die Decke „eingehängt". Beim „integrierten Vorsatz" werden die erste und letzte Seite des Buchblocks vollflächig angeklebt (sie werden damit unsichtbar).
- Auch spiralgebundene Bücher können in einen Umschlag mit Rücken eingeklebt werden, dieser ist meist wie bei der Broschur ausgeführt, nur ist der Durchmesser der Spirale für den Rücken maßgebend.
- Im Englischen bezeichnet *cover* den gesamten Einband, es muss ggf. zwischen *frontcover, backcover* usw. unterschieden werden. Im Deutschen ist mit „Cover" meist nur die Titelseite gemeint.

Die Vorgehensweise bei den verschiedenen Umschlägen unterscheidet sich kaum – beim Festeinband ist das Format größer als der Inhalt, und es wird mehr Beschnitt benötigt, da der Bezug um die innenliegende Pappe herumgeklebt wird. Im Folgenden gehe ich von einer Broschur aus.

6.14.1 Entwurf

In den meisten Fällen ist es einfacher, den Umschlag in einem grafischen Programm zu entwerfen – wenn nicht sogar von Hand.

Während für die Werbung nur die Titelseite relevant ist, müssen Sie auch an Rückseite und Rücken denken, insbesondere wenn es umlaufende Elemente (Grafiken, Bilder) gibt.

Da Sie in dieser Phase den Umfang des Buches und damit die Breite des Rückens meist noch nicht abschätzen können, müssen Sie sich überlegen, welche Elemente sich bei einer Änderung der Rückenbreite wie verhalten sollen: Kann das Motiv gestreckt oder verschoben werden? Soll die Größe von Rückentext und Verlagslogo angepasst werden?

Grundsätzlich ist es ungünstig, wenn Elemente wie Farbflächen genau den Rücken abdecken sollen. Die Bindeverfahren haben oft Toleranzen im Millimeterbereich, sodass zumindest eine Absprache mit der Druckerei/Buchbinderei nötig ist. Weich auslaufende Kanten von Farbflächen vertuschen die Ungenauigkeit.

Auf der Rückseite muss genug Platz für den Klappentext bleiben und für weitere Elemente wie Barcode, Autorenfoto und Verlagsangaben.

Legen Sie den gesamten Umschlag im Grafikprogramm als Dokument mit einer geschätzten Rückenbreite und Beschnitt an und platzieren Sie dieses in einem weiteren Dokument, das nur das Titelbild zeigt, als aktualisierbare Verknüpfung – sonst sind Sie bei jeder Entwurfsvariante mit dem Zuschnitt beschäftigt.

6.14.2 Vorbereitung zur Umsetzung

Legen Sie sich ein Layout mit der richtigen Seitengröße an – das ist leichter gesagt als getan.
Ich empfehle, das Environment (S. 372) des Buchprojekts aufzuteilen, sodass alle Einstellungen, die den Inhalt ebenso betreffen wie den Umschlag, in einer Datei stehen, die Sie einzeln laden können. Legen Sie darin Maße (S. 397) wie die Seitengröße und Variablen (S. 394) wie Titel und Autor ab.

```
\definemeasure[Seitenbreite][165mm]
\definemeasure[Seitenhöhe][240mm]
\definemeasure[Trim][7.5mm] % Anschnitt inkl. Schneidzeichen
\definemeasure[Bleed][3mm] % Beschnitt
\definemeasure[SeitenbreitePlus][
  \measured{Seitenbreite}+\measured{Bleed}]
\definemeasure[SeitenhöhePlus][
  \measured{Seitenhöhe}+2\measured{Bleed}]

\setvariables[buch][
  autor={Donald E. Knuth},
  titel={Das \TeX-Buch},
% ...
]
```

Für längere Texte wie den Klappentext empfehlen sich Puffer (S. 396).
Im Environment für den Umschlag (oder direkt im Umschlagsdokument, wenn Ihnen das nicht zu unübersichtlich wird) können Sie nun darauf Bezug nehmen:

```
\definemeasure[Rückenbreite][10mm]
\definemeasure[Coverbreite][
  2\measured{Seitenbreite}+\measured{Rückenbreite}]
\definemeasure[CoverbreitePlus][
  2\measured{SeitenbreitePlus}+\measured{Rückenbreite}]
\definemeasure[Coverhöhe][Seitenhöhe]
\definemeasure[CoverhöhePlus][SeitenhöhePlus]
\definepapersize[Cover][
  width=\measure{Coverbreite},height=\measure{Coverhöhe}]
\setuppapersize[Cover][Cover,oversized]
```

6.14.3 Berechnung der Rückenbreite

Woher weiß ich die Rückenbreite?

Am einfachsten fragen Sie Ihre Druckerei danach. Häufig geben Formulare auf deren Webseiten den Wert aus. Sie können sie aber auch berechnen, wenn Sie die Eigenschaften des Papiers kennen:
Bei ungestrichenem Papier ist die Papierstärke aus dem Flächengewicht (Grammatur) ablesbar, bei 90 g/m² ist ein Blatt 0,09 mm dick. Bei Werkdruckpapier kommt ein Volumen-Faktor hinzu; ein 90 g-Blatt mit 1,5-fachem Volumen ist 0,09 mm × 1,5 = 0,135 mm dick.
Für die Dicke des gesamten Buchblocks multiplizieren Sie diesen Wert mit der Hälfte des Seitenumfangs. (Papier hat zwei Seiten!)
Für die beiden Falze des Umschlags addieren Sie geschätzte 2 mm (genau genommen müssten Sie die Stärke des Umschlagmaterials berücksichtigen):

```
\definemeasure[Rückenbreite][2mm + (0.09mm * 1.5 * Seitenzahl/2)]
```

Das funktioniert so allerdings nicht – einerseits wissen Sie die Seitenzahl noch nicht, andererseits schlägt die Multiplikation mit 1,5 fehl – ein Problem des intern verwendeten Dimensionsausdrucks (`\dimexpr`).
Sie können das PDF des Buchblocks mit `\useexternalfigure` als Bild laden und mit `\getfiguredimensions` dessen Dimensionen ermitteln. Dann steht die Anzahl der Seiten in `\noffigurepages`. Dieser Wert ändert sich, sobald ein anderes Bild geladen wird. Die Berechnung in `\definemeasure` wird aber erst ausgeführt, wenn sie gebraucht wird. Sie müssen sie also sofort expandieren (S. 383):

```
\useexternalfigure[inhalt][buch.pdf] % PDF des Inhalts
\getfiguredimensions[inhalt]
\expanded{\definemeasure[Seitenzahl][2mm + (0.135mm *
  \noffigurepages/2)]}
```

Bei gestrichenem Papier ist die Dicke nicht immer direkt ablesbar – es kann bei gleicher Grammatur dünner sein, weil der Strich (die Streichmasse) sehr schwer ist.

6.14.4 Platzierung auf Ebenen

Im Vorgriff auf 15.2 (S. 247) ist es sinnvoll, die Elemente des Umschlags auf Ebenen zu platzieren. Einerseits brauchen Sie eine Ebene für die gesamte Fläche, um z. B. ein Hintergrundbild oder eine Farbfläche zu platzieren. Andererseits tun Sie sich leichter, wenn Sie für Vorder- und Rückseite sowie den Rücken eigene Ebenen definieren, sodass Sie die Positionsberechnung nicht für jedes Element wiederholen müssen.

```
\definelayer[Cover][x=0mm,y=0mm,
  width=\paperwidth,height=\paperheight]
\definelayer[U4][
  hoffset=0mm,y=0mm,
```

```
  width=\measure{Seitenbreite},
  height=\measure{Seitenhöhe}]
\definelayer[Rücken][
  hoffset=\measure{Seitenbreite},y=0mm,
  width=\measure{Rückenbreite},
  height=\measure{Seitenhöhe}]
]
\definemeasure[StartVorne][
  \measured{Seitenbreite}+\measured{Rückenbreite}]
\definelayer[U1][
  hoffset=\measure{StartVorne},y=0mm,
  width=\measure{Rückenbreite},
  height=\measure{Seitenhöhe}]
]
\setupbackgrounds[page][
  background={Cover,U4,U1,Rücken},state=start]
```

Die Ebenen sind ohne Beschnitt definiert, angeschnittene Elemente müssen also jeweils mit negativem Versatz platziert werden. Die Größe der Ebene spielt hierbei keine Rolle, ConTEXt schneidet am Rand der Ebene nichts ab.

```
% Farbfläche als Hintergrund
\setlayerframed[Cover][
  x=-\measure{Bleed},
  y=-\measure{Bleed},
  width=\measure{CoverWidthPlus},
  height=\measure{CoverHeightPlus},
  frame=off,
  background=color,
  backgroundcolor=cyan,
]{}
```

Auf den Teil-Ebenen können die Elemente relativ zu diesen platziert werden. `\setlayerframed` hat gegenüber `\setlayer` den Vorteil, dass Text umbrochen werden kann, außerdem sind die Optionen von `\framed` (Kap. 8) verfügbar.

```
\setlayer[U1][
  x=20mm,y=35mm,
]{\definedfont[Sans*default at 24pt]\getvariable{buch}{autor}}
\setlayerframed[Rücken][
  y=12mm,
  frame=off,
  align=flushleft,
  width=\measure{Rückenbreite},
  height=90mm,
```

```
  ]{%
    \rotate[rotation=90,
    height=\measure{Rückenbreite},
    width=90mm,
    align={lohi,flushright},
  ]{\definedfont[SansBold*default at 12pt]%
    \getvariable{buch}{autor}\quad\quad%
    \getvariable{buch}{titel}%
  }%
}
```

6.14.5 Feinschliff

Wie in 6.12 (S. 104) erklärt, aktivieren Sie die Schneidmarken und definieren die Crop-, Trim- und Bleedbox.

```
\setuplayout[
  location=middle,marking=on,
  cropoffset=0mm,
  trimoffset=-\measure{Trim},
  bleedoffset=\measure{Bleed},
]
\setupinteractionscreen[width=max,height=max]
```

Ein Rezept für die Falzmarken des Rückens finden Sie auf Seite 362.

6.15 Falzflyer

Wie mache ich einen DIN-lang-Flyer?

Für einen 6-seitigen Prospekt im DIN-lang-Format kann eine DIN-A4-Seite auf zwei verschiedene Arten gefaltet werden. Beim Zickzackfalz sind alle Teile gleich breit (99 mm), beim Wickelfalz ist die innere Seite kürzer (100 + 100 + 97 mm).
Für die Platzierung der Elemente könnten Sie Ebenen verwenden wie beim Buchumschlag (6.14). Alternativ geht es sogar beim Wickelfalz mit Seiten, wie Jan-Ulrich Hasecke (juh) auf seiner Website[11] dokumentiert hat:

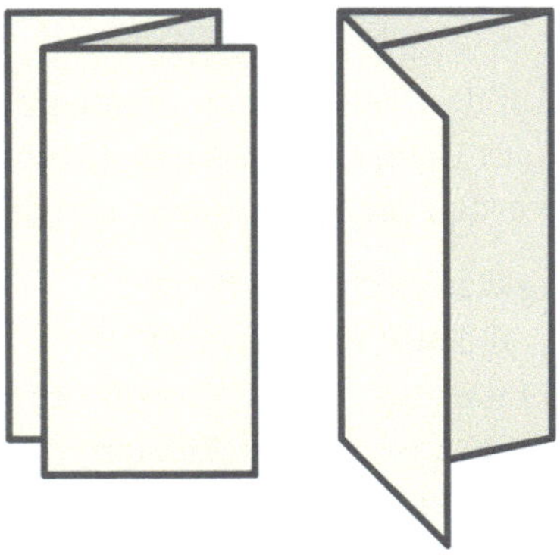

Abb. 6.6 Zickzack- und Wickelfalz

Grafik: Dontpanic, Wikimedia Commons, gemeinfrei

11 www.hasecke.eu/post/6seiter-din-lang/

6.15.1 Seiten definieren und anordnen

Zunächst definieren Sie zwei verschiedene Seitengrößen:

```
\definemeasure[Bleed][3mm]
\definemeasure[kürzer][3mm]
\definepapersize[flyer-page][
  width=100mm,height=210mm]
\definepapersize[flyer-page-small][
  width=\dimexpr 100mm-\measured{kürzer}\relax,
  height=210mm]
```

Den Beschnitt in das Seitenformat mit aufzunehmen (wie juh es vorschlägt) halte ich nicht für sinnvoll.
Die Seiten werden nicht einzeln auf dem Bogen platziert, sondern mit \setuparranging (S. 302) ausgeschossen.

```
\setuppapersize[flyer-page][A4,landscape,oversized]
\setuparranging[TRYPTICHON]
```

Wegen der ungleichen Seitenbreite müssen die Seiten auf dem Bogen horizontal verschoben werden. Zum Schluss wird die Verschiebung aktiviert.

```
\definepageshift[flyer][horizontal][
  -\measured{kürzer},
  0mm, 0mm,
  \dimexpr 2\measured{kürzer}\relax,
  0mm,
  -\measured{kürzer}]
\setuppageshift[paper][flyer]
```

Auf diese Weise werden die Seiten in einer logischen Reihenfolge gefüllt, ohne dass Sie bei der Gestaltung darauf achten müssten, wie das Produkt gefaltet wird.

6.15.2 Individuelle Seitenlayouts

„Bei einem werblichen Faltblatt ist nicht jede Seite gleich gestaltet. Mal möchte man oben mit einem formatfüllenden Bild beginnen, mal wird der Textfluss durch eine Grafik mitten auf der Seite unterbrochen. So ist das auch bei unseren Faltblättern. In ConTEXt kann man mit dem Befehl \definelayout benannte Layouts erstellen, die dann später den entsprechenden Seiten zugeordnet werden.“ (juh[11])

```
\definelayout[first][page][
  page=flyer-page,
  topspace=2\measured{big},
  backspace=2\measured{small},
  width=\dimexpr 1pw-4\measured{small}\relax,
  height=\dimexpr 1ph-4\measured{big}\relax,
  grid=no]
```

```
\definelayout[second][first][
  topspace=10\measured{big},
  backspace=2\measured{big},
  width=\dimexpr 1pw-3\measured{big}\relax,
  height=\dimexpr 1ph-10\measured{big}-2\measured{big}\relax,
  grid=yes]
\definelayout[third][second][
  backspace=1.5\measured{big},]
\definelayout[fourth][second][
  backspace=\measure{big},]
\definelayout[fifthandsixth][first][
  backspace=1.5\measured{big},
  width=\dimexpr 1pw-3\measured{big}\relax,
  grid=yes]
\definelayout [1] [first]
\definelayout [2] [second]
\definelayout [3] [third]
\definelayout [4] [fourth]
\definelayout [5] [fifthandsixth]
\definelayout [6] [fifthandsixth]
```

Die verschiedenen Layouts erben jeweils Einstellungen: das erste von ‚page', das zweite von ‚first' und die anderen von ‚second'. So müssen jeweils nur die abweichenden Werte eingestellt werden.
Die oberen Ränder sind auf den inneren Seiten sehr groß, weil dort Bilder platziert werden sollen. Dafür werden Ebenen verwendet, wie bereits dargestellt. Die Bilder werden manuell in den Anschnitt verschoben.

6.16 Beispiel: Dieses Buch

Das Layout dieses Buches ist ziemlich unspektakulär. Alle Einstellungen zusammen sind etwa 1100 Zeilen lang, ein großer Teil davon betrifft Schriften und Codebeispiele. Es folgen die wesentlichen Einstellungen zum Layout:

Dimensionen, S. 397

```
\definemeasure[PageWidth][165mm]
\definemeasure[PageHeight][239mm]
\definemeasure[Bleed][3mm]
\definemeasure[Trim][7.5mm]
\definemeasure[maxWidth][\measured{PageWidth} + \measured{Bleed}]
\definemeasure[maxHeight][\measured{PageHeight} + 2\measured{
  Bleed}]
```

Papiergröße, S. 91

```
\definepapersize[DANTE][
  width=\measure{PageWidth},
  height=\measure{PageHeight},]
\setuppapersize[DANTE]
```

Modi, S. 374

```
\startmode[print]
\setuppapersize[DANTE][DANTE,oversized]
\stopmode
```

Seitenbereiche, S. 92

```
\setuplayout[
  marking=on,location=middle,
  backspace=18mm,width=120mm,
  topspace=5mm,height=215mm,
  header=5mm,headerdistance=10mm,
  footer=0mm,footerdistance=0mm,
  rightmargin=10mm,rightmargindistance=3mm,
  leftmargin=10mm,leftmargindistance=3mm,]
```

Beschnitt, S. 104

```
\startmode[print]
\setuplayout[
  bleedoffset=\measure{Bleed},
  trimoffset=-\measured{Trim},]
\stopmode
```

Ebenen, S. 247

```
\definelayer[papier][
  x=0mm,y=0mm,
  width=\measure{PageWidth},
  height=\measure{PageHeight},]
```

Doppelseitiges Layout, S. 95

```
\setuppagenumbering[
  alternative=doublesided,
  location=none,state=start,]
```

Kopfzeilen, S. 100

```
\setupheadertexts
[][{\strut\getmarking[sectionnumber]~\getmarking[section]}]
[{\strut\hskip0.5em\getmarking[chapter]}][]
\setupheader[text][after={\hrule height 0.25pt},style={\ss\bfx}]
```

Marginalien, S. 262

```
% Marginalien (betrifft auch Abschnittsnummern)
\setupmargindata[inmargin][location=outer,stack=yes]
```

Überschriften, S. 58
\testpage, S. 131

```
% Überschriften
\define[1]\SecNum{\ss\bf\color[ColSecnum]{#1}}
\setuphead[
  numbercommand=\SecNum,
  distance=0mm,
  alternative=inmargin, % Nummern als Marginalien
]
\setuphead[chapter][
  style={\ss\bfc},
  before={\testpage[4]},
  after={\blank[big]%
  \startnarrow[right=2em] % Inhaltsverzeichnis des Kapitels
  \placecombinedlist[chaptoc][criterium=local]
  \stopnarrow\blank[2*big]},
  page=yes,]
\setuphead[section][
  style={\ss\bfa},
  before={\placefloats\blank[big]\testpage[4]},
  after={\blank[small]}]
\setuphead[subsection,subsubsection][
  style={\ss\bf},
  before={\blank[halfline]\testpage[4]},
  after={\blank[small]}]
\setuphead[subsubsection][
  color={ColSecnum}]
```

Inhaltsverzeichnis, S. 266

```
% Inhaltsverzeichnisse
\setuplist[chapter][before=,after=,]
\setuplist[section][margin=2em,alternative=c,]
\setupcombinedlist[content][list={chapter}]
\definecombinedlist[chaptoc][chapter,section][level=section]
```

Layers, S. 247

```
% Layers
\definelayer[hintergrund][
    x=0mm,y=-\measure{Bleed},
    width=\measure{maxWidth},
```

```
    height=\measure{maxHeight},]
\definelayer[PagBackL][
    x=-\measure{Bleed},y=-\measure{Bleed},
    width=\measure{maxWidth},
    height=\measure{maxHeight},
    state=repeat,]
\definelayer[PagBackR][
    x=0mm,y=-\measure{Bleed},
    width=\measure{maxWidth},
    height=\measure{maxHeight},
    state=repeat,]
\definelayer[satzspiegel][
    x=0mm,y=0mm,
  width=1tw,height=1th,]
\setupbackgrounds[page][background={hintergrund},state=repeat]

% Kapitelnummer auf farbigem Hintergrund
\startsetups[PagBackL] % Setup ist nötig wg. dynamischem Inhalt
\doifelse{\somenamedheadnumber{chapter}{current}}{0}{}{
\definecolor[ColPaginaBack][h={\the\numexpr 360*
  \somenamedheadnumber{chapter}{current}/\somenamedheadnumber{
  chapter}{last}\relax},s=1,v=.75]
}
\resetlayer[PagBackL] % sonst bleiben die alten Seitenzahlen usw.
  stehen
\setlayerframed[PagBackL][
  x=-\measure{Bleed},
  y=-\measure{Bleed},
  width=\dimexpr\measure{Bleed} + \backspace + \leftmarginwidth -
    2.5pt\relax,
  height=\dimexpr\topspace + \headerheight + \measure{Bleed} +
    \topheight + \topdistance - 1pt\relax,
  background=color,backgroundcolor=ColPaginaBack,
  foregroundcolor=white,
  align={flushright,low},
  frame=off,
]{\ss\bfc\getmarking[chapternumber]}
% Paginierung links
\setlayerframed[PagBackL][
  frame=off,rightframe=on,
  x=-\measure{Bleed},
  y=\dimexpr 1th + \topspace + \headerheight + \headerdistance +
    \lineheight\relax,
```

```
  width=\dimexpr\backspace + \leftmarginwidth +
    \leftmargindistance - 2.25pt\relax,
  height=\dimexpr 1ph - 1th - \topspace - \headerheight -
    \headerdistance - \lineheight + \measure{Bleed}\relax,
  align={flushright,top},
]{\ss\bfx\pagenumber\,}
\stopsetups % PagBackL

\startsetups[PagBackR]
\resetlayer[PagBackR]
% Paginierung rechts
\setlayerframed[PagBackR][
  frame=off,leftframe=on,
  x=\dimexpr\measure{Bleed} + \makeupwidth + \backspace -
    \rightmargindistance\relax,
  y=\dimexpr 1th + \topspace + \headerheight + \headerdistance +
    \lineheight\relax,
  width=\dimexpr\backspace + \leftmarginwidth +
    \leftmargindistance - 2.25pt\relax,
  height=\dimexpr 1ph - 1th - \topspace - \headerheight -
    \headerdistance - \lineheight + \measure{Bleed}\relax,
  align={flushleft,top},
]{\ss\bfx\,\pagenumber}
\stopsetups % PagBackR

\setupbackgrounds[leftpage][
  setups=PagBackL,background=PagBackL,]
\setupbackgrounds[rightpage][
  setups=PagBackR,background=PagBackR,]
\setuplayer[leftpage,rightpage][state=start]
```

Der Code ließe sich sicherlich verbessern, aber er funktioniert.

7 Satztechnische Feinheiten

7.1 Weißraum

In Erweiterung von 4.3 (S. 39) finden Sie hier genauere Angaben zu Leerzeichen, Abständen und Zeilenumbruch.

7.1.1 Leerzeichen und horizontaler Weißraum

Es gibt ein paar Sonderzeichen und Befehle für Leerräume innerhalb der Zeile:

- ~ (Tilde): festes, nicht dehnbares Leerzeichen
- `\ `: Leerzeichen (oft zur Abgrenzung von Befehlen, z. B. `\TEX\`)
- `\nbsp`: Nicht umbrechendes Leerzeichen
- `\,`: Spatium, kleiner Abstand, z. B. vor Maßeinheiten (3 €) oder zur Zahlengliederung (Telefon 030-90 23 45).
- `\quad`: Geviert, Leerzeichen in der Breite der Schriftgröße
- `\zerowidthspace`: Leerzeichen ohne Breite
- `\strut`: Unsichtbares Zeichen ohne Breite, aber mit voller Zeilenhöhe
- `\hskip0.5em`: Weißraum definierter Breite (Glue, S. 382)
- `\hfill`: horizontaler Keil (Zeile füllen)
- `\wordright{...}`: Ende der Zeile nach rechts rücken, ggf. in die nächste Zeile (z. B. bei Autorenangaben von Zitaten)

Der `\strut` ist ein praktisches unsichtbares Zeichen. Sie können ihn an Stellen benutzen, wo TEX „etwas“ erwartet, Sie aber „nichts“ haben wollen, und vor allem, wenn Sie sicherstellen möchten, dass eine (Kopf- oder Fuß-)Zeile auch ohne Ober- und Unterlängen die volle Höhe bekommt.

```
\ruledvbox{xxx\par yyy} % ohne
  strut - abgeschnitten
\blank
\ruledvbox{\strut xxx\par yyy
  \strut} % mit strut - volle
  Zeilenhöhe
```

Viele weitere Leerzeichen sind in `spac-chr.mkxl` definiert.

7.1.2 Leerzeilen und vertikaler Weißraum

Da TEX Leerzeilen im Quellcode als Absatztrennung interpretiert, müssen Sie erwünschte Leerzeilen mit `\blank` explizit einfügen. Einen grundsätzlichen Absatzabstand konfigurieren Sie mit `\setupwhitespace`.

Option	Beschreibung
`none`, `small`, `medium`, `big`	Größe von 0 bis 1 Zeilenabstand
`quarterline`, `halfline`, `line`	Größe von $^{1}/_{4}$ bis 1 Zeilenabstand
`yes`, `standard`	Größe $^{3}/_{4}$ Zeilenabstand
`max`	wenn mehrere Weißräume zusammentreffen, den größten verwenden (Achten Sie darauf, dass keine anderen Befehle dazwischen stehen!)
`overlay`	Wie CR ohne LF: Zurück an den Anfang der Zeile, ohne Abstand, um das Gesetzte zu überlagern
`force`	Abstand erzwingen, auch wenn andere Regeln ihn entfernen würden
`disable`	folgenden Abstand ignorieren
`nowhite`	jeglichen Abstand entfernen
`back`	vorigen Abstand entfernen

Tab. 7.1 Parameter von `\blank` und `\setupwhitespace`

Die Parameter von `\blank` (Tab. 7.1) können Sie auch multiplizieren:

```
\blank[3*line]
```

Um den vertikalen Weißraum einer Seite gleichmäßig zu verteilen, können Sie den vertikalen Keil (`\vfill`) verwenden. Er funktioniert allerdings nicht am Anfang einer Seite; um einen Textblock ans untere Ende einer ansonsten leeren Seite zu schieben, können Sie `\strut` davor verwenden, aber `\dontleavehmode` ist besser:

```
\page
\dontleavehmode\vfill

Impressum ...
```

Wenn es mit `\blank` nicht geht, können Sie mit `\vskip` vertikale Abstände erzwingen – oder mit negativen Werten sogar „rückwärts gehen“ (mehr dazu auf S. 382). Damit kann die Platzberechnung von ConTEXt allerdings durcheinanderkommen.

7.2 Zeilenumbruch

7.2.1 Toleranz

Mit `\setuptolerance` beeinflussen Sie, wie flexibel TEX mit dem horizontalen Weißraum umgeht, was den Zeilenumbruch beeinflusst. In der Horizontalen sind die Parameter auch in `\setupalign` (S. 42) zu verwenden. Die „sehr tolerante" Einstellung ist bei Sprachen mit langen Wörtern wie dem Deutschen sinnvoll; die zusätzliche Dehnung des Weißraums (`stretch`) setzt TEX nur im Notfall ein, sie ist aber auch Voraussetzung für die optionale Zeichendehnung (`hz`, S. 124). Sie können `\emergencystretch` erhöhen, dann hat TEX mehr Spielraum beim Umbruch, produziert aber manchmal „Löcher".

```
\setuptolerance[horizontal,verytolerant,stretch]
\setuptolerance[vertical,verystrict]
```

Die vertikale Toleranz hat relativ wenig Einfluss, am ehesten noch beim mehrspaltigen Satz mit `\startcolumns`. Sie müssen die horizontale und vertikale Toleranz getrennt angeben.

Die zulässigen Schlüsselwörter und ihre Auswirkungen:

Schlüssel	horizontal	vertical
stretch	\emergencystretch = \bodyfontsize (Schriftgröße der Grundschrift); Vorgabe ist 0 pt.	
space	\spaceskip = 0,5 em ± 0,25 em	
verystrict	\tolerance = 200	\bottomtolerance = 0
strict	\tolerance = 1500	\bottomtolerance = 0,05
tolerant	\tolerance = 3000	\bottomtolerance = 0,075
verytolerant	\tolerance = 4500	\bottomtolerance = 0,1

Die einzige horizontale Option, die Sie nicht auch über `\setupalign` einstellen können, ist `space`.

7.2.2 Allein stehende Zeilen

Ein ordentlicher Umbruch vermeidet einzelne Zeilen am Ende oder am Anfang einer Seite (bzw. Spalte), da sie den Lesefluss behindern.
Die traditionellen deutschen Begriffe *Schusterjunge* und *Hurenkind* sind diskriminierend und auch nicht so leicht verständlich wie die englischen *Witwen und Waisen*: „Eine Waise beginnt allein, eine Witwe endet allein." Deutsche Setzer gingen wohl davon aus, dass ‚Schusterjungen' einsam im Keller wohnen und ‚Hurenkinder' in den oberen Etagen allein gelassen werden.

TEX versucht diese Fehler zu vermeiden und vergibt Strafpunkte (Penalty) für ihr Vorkommen. `\widowpenalties` und `\clubpenalties` haben im klassischen TEX den moderaten Wert von 150, was einer freundlichen Ermahnung entspricht, ConTEXt ist strikter mit 2000 Strafpunkten.
Um einzelne Zeilen zu vermeiden, ist 10 000 (nach TEX-Maßstäben „unendlich") ein sinnvoller Wert:

```
\startsetups[*default]
\widowpenalties 3 10000 1000 0
\clubpenalties 3 10000 1000 0
\orphanpenalties 2 7000 1000
\stopsetups
```

Nach dem Makro ist die Anzahl der Argumente angegeben, dann folgen die Strafpunkte für eine einzelne Zeile, zwei Zeilen und sonstige.
Haben Sie's gemerkt? Waisen sind *orphans*, aber TEX bestraft *clubs* („Bengel"); die `\orphanpenalties` gibt es nur in ConTEXt, sie sollen einzelne Wörter in der letzten Zeile eines Absatzes verhindern.
Außerdem mag ConTEXt keine Zwillinge und Kleinkinder: `\twinpenalties` bestrafen gleiche Wörter untereinander; `\toddlerpenalties` sollen Ein-Buchstaben-Wörter am Zeilenende verhindern, im Englischen z. B. *I* und *a*.
Wenn Sie über den Begriff *Demerits* stolpern: Das ist der zusammengefasste Wert von Badness (Satzqualität, S. 32) und Penaltys in einer Zeile bzw. in einem Absatz.

⚠ Im Notfall passt TEX den Zeilenabstand an, um einzelne Zeilen zu verschieben. Im registerhaltigen Satz ist das nicht erlaubt, und da ConTEXt nicht von sich aus den Satzspiegel verkleinert oder vergrößert, schützt auch der größte Penalty-Wert nicht vor allein stehenden Zeilen.

Die beste Lösung ist, die betroffenen Absätze umzuformulieren oder ihre Aufteilung zu verändern. Weitere Lösungen folgen:

7.2.3 Zeilendehnung

Wenn Ihr Layout nicht registerhaltig ist, können Sie mit `\setuplayout[vz=2]` den vertikalen Ausgleich aktivieren – die angegebene Anzahl Zeilenabstände kann als „Verfügungsmasse" über alle Zeilen verteilt werden, um allein stehende Zeilen zu vermeiden und die letzten Zeilen am unteren Rand des Satzspiegels auszurichten. Das funktioniert nur im Zusammenspiel mit `\setupalign[depth,stretch]`.

7.2.4 Zeichendehnung

Gutenberg verwendete Textur-Lettern in verschiedenen Breiten, um einen harmonischen Blocksatz zu erreichen. Die heutige Layouterin passt die Schriftbreite um ein paar Prozent an, wenn ein Absatz partout nicht passen will.

Bei ConTEXt heißt der Mechanismus „HZ" nach dem Typographen Hermann Zapf, der Gutenbergs Verfahren in den Fotosatz übertrug. Dabei werden nicht alle Zeichen gleichmäßig gedehnt oder komprimiert, sondern bevorzugt die, bei denen es weniger auffällt.
Obwohl es um einen verbesserten Absatzumbruch geht, handelt es sich um einen Eingriff auf Ebene der Schrift und wird im Rahmen der OpenType-Features konfiguriert (S. 160). Ein- und ausgeschaltet wird das Verfahren aber mit der Ausrichtung (S. 42):

```
\setupalign[hz] % und überall, wo es "align" gibt
```

Neben `hz` ist auch `fullhz` möglich, dabei darf auch der Zeichenausgleich (Kerning) gedehnt werden. Beides funktioniert nur, wenn für die Toleranz (S. 123) `stretch` gesetzt ist.

Die Zeichendehnung erhöht die Laufzeit von ConTEXt nur geringfügig, kann aber die PDF-Datei spürbar vergrößern, da jede Variante der „Verzerrung" als eigene Schrift eingebettet werden muss.

Weitere Hinweise finden Sie im Handbuch `fonts-mkiv`[1].

7.2.5 Zeilenprofilkorrektur

Im Kapitel „Profiling" von `ontarget`[2] ist das Verfahren beschrieben, wie ConTEXt automatisch Konflikte zwischen Ober- und Unterlängen (`height/depth`) ausgleichen kann, insbesondere bei Formeln innerhalb der Zeile.

```
\setuplineprofile[
  factor=0.125,       % default
  paragraph=yes,      % default: no
  step=0.5\emwidth]   % default
\setupalign[profile] % aktivieren
```

Der Parameter `step` beschreibt die Genauigkeit, mit der die Positionen in der Zeile verglichen werden; `factor` setzt die Schwelle für den Durchschuss (`\interlineskip`).
Das Verfahren ist experimentell und kann die Laufzeit verlängern, aber weniger als Zeichendehnung und hängende Interpunktion.

7.2.6 Mehrstufiger Absatzumbruch

Dieses Umbruchverfahren empfiehlt sich besonders für textlastige Werke wie Belletristik.

[1] `texmf-context/doc/context/documents/general/manuals/fonts-mkiv.pdf`
[2] `texmf-context/doc/context/documents/general/manuals/ontarget.pdf`

Statt der bis zu drei Durchgänge des Absatzumbruchs im traditionellen Verfahren werden zusätzliche Durchgänge mit veränderten Parametern möglich. Dadurch entsteht eine etwas gleichmäßigere Weißraumverteilung zwischen benachbarten Zeilen. Zeichendehnung (7.2.4) wird nur eingesetzt, wenn sie wirklich nötig ist; das beschleunigt die Berechnung und verringert die Dateigröße des PDF.
Auch dieses Verfahren wird über die Ausrichtung aktiviert:
`\setupalign[granular]`
Mit `\setupalignpass` können Sie zwischen verschiedenen Konfigurationen wählen, derzeit `decent`, `quality` und `test1` bis `test5`.
Die Hintergründe und Stellschrauben sind in `lowlevel-lines`[3] beschrieben.

7.2.7 Umbruchkorrekturen

Fangen Sie mit Umbruchkorrekturen erst an, wenn der Inhalt Ihres Werkes fertig ist!

7.2.7.1 Laufweite

Bei einem Layoutprogramm könnten Sie die Laufweite des Textes verändern, um Zeilen ein- oder auszubringen. TEX können Sie anweisen, einen Absatz lockerer zu behandeln:

```
\startparagraph%
\looseness=+1\updateparagraphproperties
...
\stopparagraph
```

Das Programm versucht dann, den Absatz durch Veränderung der Trennungen und des Weißraums um eine Zeile zu verlängern oder zu verkürzen. Andere Werte als +1 oder -1 sind nicht sinnvoll. (Don Knuth verwendet ausschließlich negative ‚Looseness'.)
In LMTX muss `\looseness` vor dem Anfang des Absatzes stehen, weil die Eigenschaften des Absatzes am Anfang desselben eingefroren werden! Vor `\startparagraph` funktioniert es aber nicht, und danach ist es zu spät. Mit `\updateparagraphproperties` können Sie das umgehen. In MkIV gab es diese Beschränkung nicht.
Eine erhöhte ‚Looseness' führt vor allem bei kurzen Absätzen zu unschönen Trennungen und sichtbaren Löchern im Text. Durch höhere Werte in der Zeichendehnung (`hz`, s. o.) lässt sich das ausgleichen, es handelt sich aber um einen Notfall-Eingriff.

[3] `texmf-context/doc/context/documents/general/manuals/lowlevel-lines.pdf`

.2.7.2 Satzspiegel anpassen

Mit \adaptlayout lässt sich die Höhe des Satzspiegels auf einzelnen Seiten anpassen:

```
\adaptlayout[lines=+1] % Verlängerung d. akt. Seite um 1 Zeile
\adaptlayout[23,42,99][lines=-1] % Verkürzung d. ang. Seiten
\adaptlayout[+1][height=1em] % Verlängerung d. folg. Seite um 1em
```

Sie können den Satzspiegel auch in der Breite anzupassen – wenn die Breite auf verschiedenen Seiten um einen Millimeter abweicht, fällt das beim Lesen nicht auf, kann aber den Umbruch deutlich verändern. Definieren Sie sich dazu verschiedene benannte Layouts:

```
\setuplayout[width=100mm]
\setuplayout[breit][width=101mm]
\setuplayout[schmal][width=99mm]
% ...
\setuplayout[breit]
```

Der Trick funktioniert nur, wenn Sie das Layout vor Absätzen am Beginn einer neuen Seite ändern, sonst ändert sich die Zeilenlänge mitten auf der Seite. Mit \setuplayout[reset] kommen Sie wieder zurück zum Standardlayout.

7.3 Hängende Interpunktion

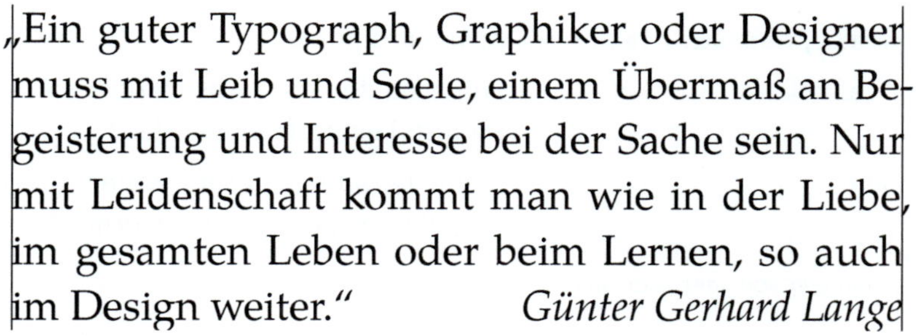

Abb. 7.1 Hängende Interpunktion

Die Kanten eines Absatzes wirken harmonischer, wenn Satzzeichen und hervorstehende Zeichendetails über den Rand hinaus ragen. Während der deutsche Fachausdruck sich nur auf die Interpunktion bezieht, ist das Verfahren im Englischen als *Protrusion* (Überstand) bekannt, bei ConTEXt als Option hanging:

```
\setupalign[hanging]
% auch auf Anführungszeichen anwenden:
\setupdelimitedtext[quotation][method=font]
```

Die Einstellung wirkt sich nur aus, wenn das Font-Feature protrusion aktiviert ist:

```
\definefontfeature[default][
  mode=node,liga=yes,kern=yes,tlig=yes,
  ccmp=yes,language=dflt,
  protrusion=quality, % !
  expansion=quality]
```

Diese Einstellungen müssen *vor* dem Aktivieren der Schrift (z. B. \setupbody-font) stehen!

Natürlich wirkt sich diese Einstellung nicht nur auf die Ästhetik aus, sondern auch auf den Umbruch. Mehr zur Ausrichtung finden Sie auf Seite 42 und im Handbuch fonts-mkiv[4], mehr zu Font-Features auf Seite 160.

7.4 Einzüge

7.4.1 Erste Zeile

Um die Lesbarkeit zu erhöhen, wird bei textlastigen Werken oft der Anfang eines Absatzes eingezogen (d. h. Weißraum eingefügt). Dabei stellen sich die Fragen „wann?“ und „wieviel?“. Beides definieren Sie mit \setupindenting.

In der Grundeinstellung ist der Einzug ausgeschaltet und auf null gesetzt.

Die Vorgabe wurde in LMTX von next auf first geändert. Es empfiehlt sich also eine explizite Einstellung.

Option	Beschreibung
yes, no	Einzug allgemein ein-/ausschalten
none, small, medium, big, (Maß)	Größe des Einzugs
first, next	Soll auch der erste Absatz (eines Abschnitts) eingezogen werden?
even, odd	Sollen gerade/ungerade Zeilen in lines-Umgebungen eingezogen werden?

Tab. 7.2 Parameter von \setupindenting

Was Sie mit \setupindenting einstellen, wirkt sich *nicht* auf den Einzug nach Überschriften, Gleitobjekten, Listen, Formeln, Tabellen oder anderen Umgebungen aus. Die \setup-Befehle dieser Elemente kennen das Schlüsselwort indentnext, z. B. \setupheads[indentnext=yes]. Mit dem Wert auto wird der folgende Absatz eingezogen, wenn ihm eine Leerzeile vorausgeht.

In Umgebungen wie Aufzählungen, die mehrere Absätze enthalten können, können Sie den Einzug folgender Absätze mit dem Schlüsselwort indenting definieren. Es gelten die Werte aus Tabelle 7.2.

Sie können einzelne Absätze mit \indentation bzw. \noindentation einleiten, um das definierte Verhalten zu übersteuern.

[4] texmf-context/doc/context/documents/general/manuals/fonts-mkiv.pdf

Die Befehle \indent, \noindent, \indenting und \noindenting sind aus historischen Gründen vorhanden, sollten aber nicht verwendet werden.

7.4.2 Ganze Absätze

Um ganze Absätze auf einer oder beiden Seiten einzuziehen, können Sie \startnarrow ... \stopnarrow verwenden:

```
\startnarrow[left=2cm,right=2cm]
...
\stopnarrow
```

\startnarrow ist eine Art Abkürzung für \setupnarrower[] \startnarrower. Diese Umgebung gehört zu den ältesten Befehlen von ConTEXt und verhält sich daher etwas ungewöhnlich:

```
\setupnarrower[middle=1cm, left=2cm, right=2cm]

\startnarrower % verwendet auf beiden Seiten den Wert von
  "middle"
...
\stopnarrower

\startnarrower[left] % nur links um den Wert von "left" einziehen
...
\stopnarrower

\startnarrower[left,right] % auf beiden Seiten einziehen
...
\stopnarrower
```

7.4.3 Folgezeilen

Wie kann ich z. B. bei Gedichten nicht die erste, sondern alle folgenden Zeilen einziehen?

Verwenden Sie negative Werte für den Einzug.
Für Lyrik brauchen Sie die lines-Umgebung:

```
\setuplines[
  before={\blank\startnarrow[
    default=left,left=1cm]},
  after={\stopnarrow\blank},
  indenting={yes,-1cm},
]
\startlines
Manche Gedichte
haben unheimlich lange Zeilen,
  die umbrochen werden müssen.
\stoplines
```

Manche Gedichte
haben unheimlich lange Zeilen, die
umbrochen werden müssen.

Oder etwas sauberer definiert:

```
\definemeasure[Einzug][1cm]

\definenarrower[GedichtEinzug][
  before=\blank,
  after=\blank,
  default=left,
  left=\measure{Einzug},
]

\definelines[Gedicht][
  before=\startGedichtEinzug,
  after=\stopGedichtEinzug,
  indenting={yes,-\measure{
    Einzug}},
]

\startGedicht
\WORD{geister in wismar}

die stadttore zu, niemand mehr
  raus und keiner kommt
rein. verhangene woche, belagerun
  bei aldi.
wir brauchen noch rauchfleisch
  und fisch. ein fahrrad
am hafen. ein mann begrüßt seine
  frau, und die taue halten,
was seit wettereinbruch vermutet
  : \emph{\en initiation
  sequence starts.}
\stopGedicht
% aus: Crauss. Alles über Ruth
  - und seitdem. Dreiviertelhaus
  2024.
```

GEISTER IN WISMAR

die stadttore zu, niemand mehr raus
    und keiner kommt
rein. verhangene woche, belagerungs-
    zustand bei aldi.
wir brauchen noch rauchfleisch und
    fisch. ein fahrrad
am hafen. ein mann begrüßt seine
    frau, und die taue halten,
was seit wettereinbruch vermutet:
    initiation sequence starts.

7.5 Seitenumbruch

Um einen Seitenumbruch einzufügen, verwenden Sie den Befehl \page. Wenn Ihnen die zahlreichen Optionen in Tab. 7.3 nicht ausreichen, können Sie mit \definepagebreak eigene Varianten definieren; ein Beispiel finden Sie in 6.10.5 (S. 102).

Option	Beschreibung
default, yes	Seitenumbruch erzwingen (Standard)
no	hier kein Seitenumbruch, wenn möglich (funktioniert nur im vertikalen Modus, d. h. nach einem Absatzende)
makeup	Seitenumbruch (mit \vfill, ohne Gleitobjekte zu platzieren)
preference	hier bevorzugt umbrechen
bigpreference	hier noch bevorzugter umbrechen
left, right, even, odd	linke/rechte/gerade/ungerade Seite erzwingen (ggf. Leerseite einfügen)
disable	nächsten \page-Befehl ignorieren
last, lastpage	springe zur letzten Seite
quadruple	füge Seiten ein, bis die Seitenzahl durch vier teilbar wird
blank	füge eine völlig leere Seite ein
empty	füge vorher eine leere Seite (ohne Kopf-/Fußzeile) ein
header, footer	Kopf-/Fußzeile auf der folgenden Seite ausblenden
dummy	füge vorher eine Leerseite ein
frame	füge nachher eine Leerseite ein, auf der die Layout-Rahmen angezeigt werden
+*n*	füge vorher *n* Leerseiten ein
(Name)	mit \setuppagebreak definierten Seitenumbruch aufrufen

Tab. 7.3 Parameter von \page. Die Option page der Strukturbefehle (\setuphead) unterstützt die gleichen Werte.

Mit \testpage[n] oder \testpage[][Maß] fügen Sie einen Seitenumbruch ein, wenn nur noch weniger als n Zeilen auf der Seite Platz finden bzw. nur noch weniger als ‚Maß' Platz ist (sinnvoll z. B. in \setuphead[section][before={\testpage[5]}]). Ein sinnvoller Wert ist meist höher, als logisch erscheint. \testpage versagt, wenn Sie \vfill oder \vskip einsetzen.

7.6 Ligaturen

Ligaturen in lateinischen Schriften werden über folgende OpenType-Features[5] gesteuert:

`liga`	Standard-Ligaturen
`clig`	kontextabhängige
`dlig`	optionale
`hlig`	historische
`tlig`	TEX-spezifische

Die Features `liga` und `tlig` sind im `default`-Featureset aktiviert.
Ligaturen dürfen aber nur gesetzt werden, wenn die Buchstaben zur gleichen Silbe gehören – außer in Abkürzungen (Auf-lage, aber Aufl.) –, ansonsten lassen sie sich manuell mit `\noligature` oder `|*|` auftrennen:

```
\noligature{Auflage} oder Auf|*|lage
```

Im traditionellen TEX trennt man Ligaturen mit `\/` auf: `Auf\/lage`. Damit werden aber auch Trennung und Kerning verhindert. In ConTEXt MkII war `Auf{}lage` möglich, das funktioniert nicht mehr.

In ConTEXt LMTX kann eine erweiterte Ligaturbehandlung aktiviert werden, sodass sich manuelle Korrekturen erübrigen:

```
\setuplanguage[de][goodies={lang-de.llg}]
```

Bisher sind diese Goodies nur für Deutsch, Englisch und Altgriechisch verfügbar.

Sie können auch Wortersetzungen zu diesem Zweck verwenden:

```
% Ersetzungen definieren
\replaceword[zB][Auflage][Au{fl}age]
\replaceword[zB][Zupfinstrument][Zup{fi}nstrument]

% Ersetzungen sind noch nicht aktiv
Auflage Zupfinstrument

\setreplacements[zB] % Ersetzungen aktivieren
Auflage Zupfinstrument
```

[5] siehe S. 160 und `context/base/mkiv/font-ott.lua`

7.7 Fraktursatz

Der Begriff „Fraktur“ steht einerseits allgemein für die gebrochenen Schriften, andererseits für eine bestimmte stilistische Gruppe (Abb. 7.2).

Für den Satz gebrochener Schriften gelten besondere Regeln:

- Gebrochene Schriften brauchen meist einen größeren Schriftgrad und mehr Zeilenabstand als Antiqua-Schriften, um lesbar zu sein.
- Das lange ſ (Binnen-s, Unicode x017F) wird am Anfang und im Inneren von Wörtern bzw. Wortteilen verwendet, das runde s (End-s) am Ende: ſch n h ſſlich Baſis Ausſatz Ratsſtube Reisſuppe.
- Ausnahmen: Bei ausgelassenen Vokalen kann ein ſ am Ende einer Silbe stehen, z. B. ich preiſ’, Verwechſlung, Wechſler (von wechseln). Bei Auslauten auf ‚sk‘ wird ein rundes s gesetzt: grotesk. (Beispiele aus dem Duden)
- Falls Sie Texte in moderner Rechtschreibung aus gebrochenen Schriften setzen, wird für ‚ss‘ am Wortende nicht die ß-Ligatur, sondern ‚ſs‘ verwendet: Nuſs, nicht Nuß
- Gebrochene Schriften enthalten historisch keine Diakritika außer Umlauten. Daher werden Fremdwörter in Antiqua gesetzt, sofern sie nicht eingedeutscht erscheinen (z. B. gebeugt oder mit deutschen Wörtern zusammengeschrieben), ggf. wird der Bindestrich aus der gebrochenen Schrift gesetzt: Ich hatte ein déjà vu. Sie spielte das Adagio *con sforza* aus der Adagio-Kompoſition.
- Ligaturen werden nicht getrennt – daher das Trennverbot von ‚ſt‘ und die Trennung von ‚ck‘ als ‚k-k‘ in der alten Rechtschreibung.
- Die wenigsten gebrochenen Schriften haben mehr als einen Schnitt. Die einzige Hervorhebung ist dann Sperrung. Satzzeichen werden mitgesperrt, Ligaturen nicht. Historisch waren auch Schriftwechsel üblich, z. B. Schwabacher in einem Fraktur-Text (brrr).
- Keine VERSALIEN – es sei denn, Sie wollen es unlesbar. (Besonders peinlich sind Fraktur-Versalien als Tätowierung.)
- Verwenden Sie die Sprache `deo` (Rechtschreibung 1901) für historische deutsche Texte; für ältere Rechtschreibregeln bringt ConTEXt keine Trennmuster mit.

Es gibt keinen Automatismus zur Verwendung des ſ, Sie müssen es selbst setzen! – Ausnahme: Die LOV-Schriften von *ligafaktur.de* haben die Fraktursatzregeln im `liga`-Feature (S. 160) implementiert.

So erzeugen Sie eine Sperrung:

```
Die Straße iſt heute \kerncharacters[0.125]{geſperrt!}

\definehighlight[sperr][style={\kerncharacters[0.125]}]
Die Straße iſt heute \sperr{geſperrt!}
```

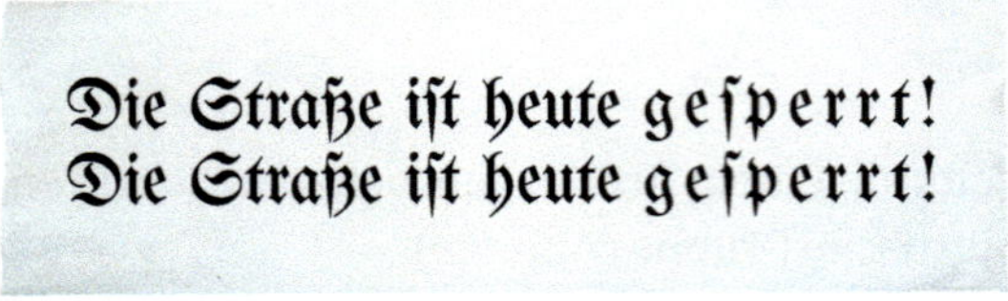

Statt `\kerncharacters` können Sie auch `\letterspacing` verwenden, beide haben den Standardwert 0,125 em, den Sie daher auch weglassen können.

7.7.1 Schriftwahl

Nur wenige der verfügbaren gebrochenen Schriftarten sind für den Mengensatz geeignet, weil die meisten nur als Zierschriften gedacht sind und schlechtes Kerning, keine Ligaturen, kein ſ und teilweise noch nicht einmal Umlaute enthalten. Die Unifraktur Maguntia[6] ist sehr sorgfältig gestaltet, und auf *ligafaktur.de* finden Sie eine breite Auswahl brauchbarer gebrochener Schriften. Wie Sie bei anderen Schriften „verstreute" Ligaturen nutzbar machen, finden Sie auf S. 165.

Wenn Sie historisch korrekt arbeiten wollen, kennen Sie sich wahrscheinlich bereits mit der Schriftklassifikation aus. Andernfalls gehen Sie nach Gefühl vor: Die fette Schwabacher assoziiert man mit „altdeutscher" Gemütlichkeit, daher ist sie oft in der Gastronomie zu finden, die Rundgotisch passt auch ganz gut dazu, während Fraktur (im engeren Sinne) mit Seriosität verbunden wird und daher für die Titel „ernsthafter" Zeitungen eingesetzt wird.

Gutenbergs Gotisch (auch „Textura", nicht abgebildet) ist sehr schwer lesbar.

Abb. 7.2 Beispiele für gebrochene Schriften, halbherzig von Hand ausgeglichen

Sehen Sie davon ab, Grotesk-Frakturen („Schaftstiefelgrotesk", am bekanntesten ist die „Tannenberg") einzusetzen, wenn Sie *nicht* auf den Nationalsozialismus Bezug nehmen wollen.

Wenn es mittelalterlich aussehen soll, verwenden Sie besser eine Unziale.

[6] Auf der Website unifraktur.sourceforge.net/de/maguntia.html sind die zahlreichen OpenType-Features der Maguntia beschrieben.

8 Kästen

Dieses Kapitel behandelt ein einzelnes Gestaltungselement, das auf den ersten Blick nicht so wichtig erscheinen mag: den Kasten (`\framed`). Es ist aber ein grundlegender Baustein für viele andere Funktionen, sodass Sie die Eigenschaften und Konfigurationsmöglichkeiten frühzeitig kennenlernen sollten.

Ein Kasten ist im einfachsten Fall ein Rahmen um einen Text. Sie können Höhe und Breite und die Art des Rahmens festlegen. Wenn Sie den Rahmen abschalten, haben Sie eine einfache Möglichkeit, die Größe eines Textblocks zu kontrollieren. Mit den Optionen für Rahmen und Hintergründe erhalten Sie de facto mehrfach verschachtelte Rahmen.

Wenn Sie die Möglichkeiten von `\framed` brauchen, aber keinen Rahmen anzeigen lassen wollen, können Sie `\unframed` verwenden.

Option	Werte	Beschreibung
`height`	`fit broad` Dimension	Höhe (inkl. Tiefe)
`width`	`fit broad fixed local` Dimension	Breite
`autowidth`	`yes no force`	wenn die Breite angegeben ist, diese nur als Maximalbreite verwenden, ansonsten an den Inhalt anpassen
`offset, loffset, roffset, toffset, boffset`	`none overlay default` Dimension	innerer Abstand des Inhalts vom Kasten
`location`	`normal depth hanging high lohi low top middle bottom` …	vertikale Positionierung (8.1)
`strut`	`yes no global local`	Mindestgröße Zeilenhöhe

Tab. 8.1a Parameter von `\framed` bzw. `\setupframed`

Option	Werte	Beschreibung
align	no flushleft flushright middle normal high low lohi nothyphenated …	Textausrichtung, siehe \setupalign (S. 43)
top, bottom	Befehl	wird vorher/nachher eingefügt
frame	on off none overlay dash	Rahmen anzeigen
topframe, bottomframe, leftframe, rightframe	(unset) on off dash	einzelne Rahmenlinien ein- oder ausschalten
frameoffset	Dimension	Abstand des Rahmens vom Kasten nach außen
corner, framecorner, backgroundcorner	rectangular round Nr. 01–33	Eckenrundung (8.5)
radius, frameradius, backgroundradius	Dimension	Größe der Eckenrundung
framecolor	Farbname	Farbe des Rahmens
background	none color Liste von Overlays	Art des Hintergrundes (Overlays: S. 246)
backgroundcolor	Farbname	Hintergrundfarbe, wenn background=color
backgroundoffset	frame Dimension	Abstand des Hintergrunds vom Kasten
empty	no yes	Inhalt des Kastens verbergen?
foregroundcolor	Farbname	Farbe des Inhalts
foregroundstyle	Stil	Stil des Inhalts
rulethickness	Dimension	Linienstärke des Rahmens
adaptive	Ganzzahl (-1000 bis 1000)	horiz. Weißraumanpassung (glue stretch)[1]

Tab. 8.1b Parameter von \framed bzw. \setupframed

- `width=broad`: Breite=`\textwidth`
- `width=local`: aktuelle lokale Breite (vom übergeordneten Kasten geerbt)
- `width=fit`: Breite dem Inhalt anpassen
- `offset` wirkt sich auf alle vier Seiten aus, mit den anderen Optionen können Sie den linken/rechten/oberen/unteren Abstand einzeln einstellen
- `offset=none`: kein Abstand; bei geschachtelten Rahmen wird die Linie verdoppelt
- `offset=overlay`: kein Abstand; bei geschachtelten Rahmen fallen die Linien zusammen
- `offset=default`: 1/4 ex Abstand
- `frame=dash`: gestrichelte Linien (8.3)

8.1 Vertikale Position

Der Parameter `location` beeinflusst die Positionierung des Kastens in Bezug auf die Grundlinie des umgebenden Textes und die Größe der umgebenden Box:

`location=depth` verschiebt den Kasten um `strutdp` (Höhe der Unterlängen) nach unten.

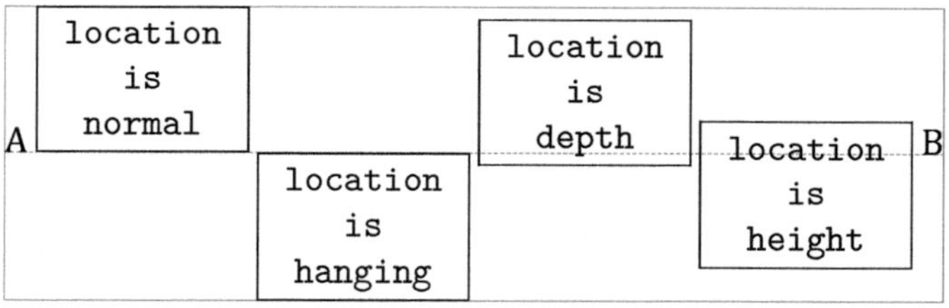

`location=low` verschiebt den Kasten um `strutdp+offset+framelinewidth` nach unten, das entspricht `\inframed` (8.2).

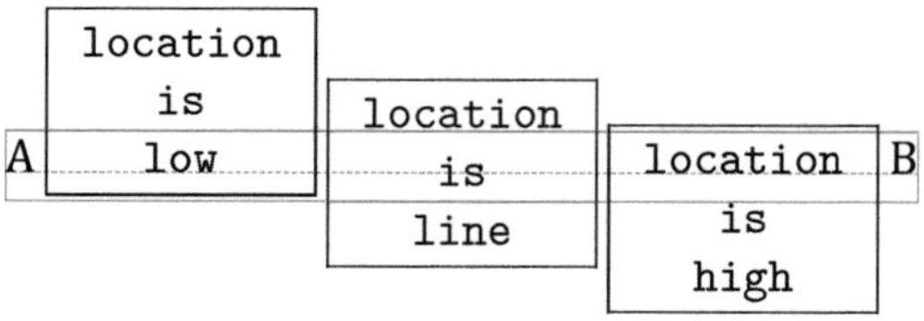

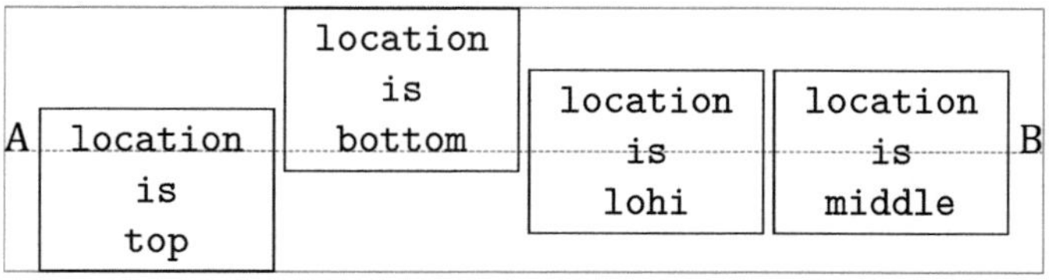

8.2 Rahmen und Text

\framed hat eine Variante namens \inframed, die sich nur in der Platzierung unterscheidet. Der „normale“ Kasten \framed steht mit der unteren Linie auf der Grundlinie der Schrift, vergrößert den Zeilenabstand und sprengt damit den Absatz; \inframed ordnet sich dagegen in den Textfluss ein. Ansonsten verhalten sich die beiden Befehle gleich.
Diese beiden Befehle sind ohne Tricks nur für einzelne Textzeilen geeignet. Wenn Sie einen mehrzeiligen Text in einem Rahmen brauchen, verwenden Sie \framedtext bzw. \startframedtext. Die Parameter sind wiederum größtenteils die gleichen wie bei \framed.

8.3 Linienstil

Mit den Optionen framecolor und rulethickness können Sie Farbe und Stärke des Rahmens einstellen.
Wenn Sie frame auf dash setzen, wird die Linie gestrichelt, den Abstand können Sie mit dashstep bestimmen.

```
\framed[
  frame=off,bottomframe=dash,
]{Ene mene mu, und raus bist du!
  }
\blank

\framed[
  align=middle,
  frame=dash,dashstep=.01hs,
  framecolor=green,
  rulethickness=1pt,
]{Auf der Wiese steht 'ne Kuh,
  halleluja!}
\blank

\framed[
  align=middle,
  frame=dash,dashstep=10pt,
  rulethickness=2pt,
  background=color,
  backgroundcolor=yellow,
  offset=0.25em,
]{\WORD{Vorsicht Stufe!}}
```

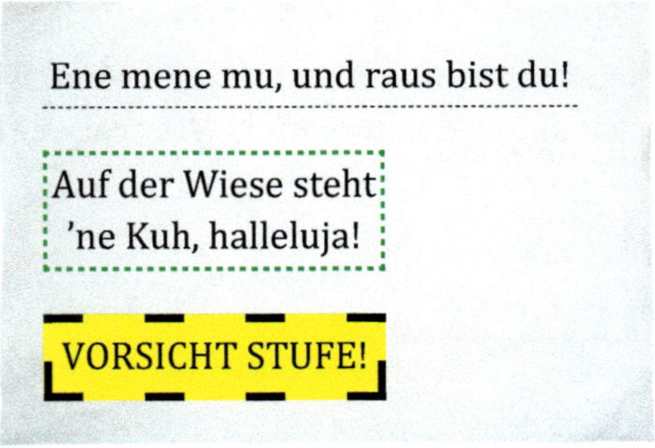

Details zur Beeinflussung von Linien finden Sie in rules-mkiv[3].

[3] texmf-context/doc/context/documents/general/manuals/rules-mkiv.pdf

8.4 Selektive Rahmen

Wenn Sie nicht alle Linien des Rahmens sehen möchten, schalten Sie den Rahmen aus und die gewünschten Linien wieder an:

```
\framed[
  frame=off,
  bottomframe=on,
  rightframe=on,
]{Sowas wie ein Schatten}
```

Sowas wie ein Schatten

```
\framed[
  frame=off,
  leftframe=on,
  rulethickness=1em,
  framecolor=blue,
]{Klotz am Bein}
```

Klotz am Bein

8.5 Runde Ecken

corner=01 corner=02 corner=03 corner=04 corner=05

corner=06 corner=07 corner=08 corner=09 corner=10

corner=11 corner=12 corner=13 corner=14 corner=15

corner=16 corner=17 corner=18 corner=19 corner=20

corner=21 corner=22 corner=23 corner=24 corner=25

corner=26 corner=27 corner=28 corner=29 corner=30

corner=31 corner=32 corner=33

Mit `corner` setzen Sie die Rundung für Rahmen und Hintergrund gemeinsam; mit `framecorner` und `backgroundcorner` lassen sie sich auch unterschiedlich definieren. Hintergrundfarben funktionieren nur bei geschlossenem Rahmen. Andere Hintergründe (z. B. Overlays, S. 246, S. 362) werden nicht am Rahmen abgeschnitten.

```
\framed[
  rulethickness=1pt,
  offset=0.5em,
  background=color,
  backgroundcolor=yellow,
  framecorner=13,
  backgroundcorner=07,
  backgroundoffset=0.5em,
]{Das Runde muss ins Eckige}
```

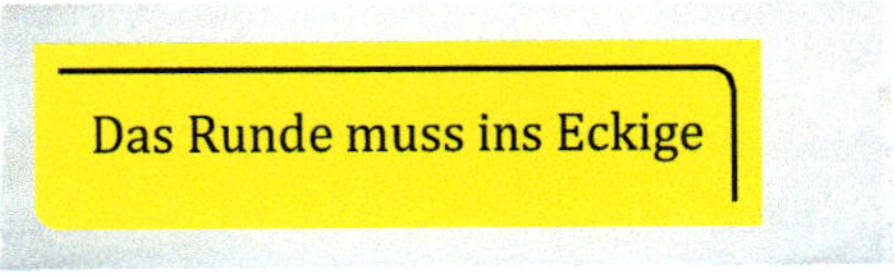

8.6 Farbe im Hintergrund

Um Hintergrundfarben zu verwenden, müssen Sie den Hintergrund zunächst auf `color` setzen, dann definieren Sie die Hintergrundfarbe mit `backgroundcolor`.

```
\framed[
  frame=off,
  background=color,
  backgroundcolor=yellow,
]{Textmarker}
```

Für solche Textmarkierungen können Sie auch die Unterstreichungs-Optionen (S. 46) verwenden. Im Gegensatz zu `\framed` funktionieren sie im laufenden Text.

```
\framed[
  background=color,
  backgroundcolor=red,
  foregroundcolor=white,
]{Pommes Rot-Weiß}
```

```
\framed[
  frame=on,
  corner=round,
  frameoffset=0.5em,
  framecolor=black,
  background=color,
  backgroundcolor=darkgreen,
  backgroundoffset=1em,
  foregroundcolor=white,
  foregroundstyle={\ss\bf},
]{Komm ins Grüne!}
```

Nachfolgender Text beginnt an der `frame`-Linie, nicht am Rand des Hintergrunds! Mehr über Farben finden Sie ab Seite 198.

Wenn Sie Texthintergründe für Absätze brauchen, die auch einen Seitenumbruch mitmachen, definieren Sie mit `\definetextbackground` Ihre eigene Umgebung. Sie können dabei die Optionen von `\framed` zusätzlich zu denen aus Tab. 8.2 verwenden.

Option	Werte	Beschreibung
location	text paragraph always none	Hintergrund auf Text- oder Absatzebene
leftoffset, rightoffset	yes no standard Dimension	innerer Abstand
topoffset, bottomoffset	small medium big line Dimension	innerer Abstand
voffset	Dimension	Äußerer Abstand?

Tab. 8.2 Parameter von `\definetextbackground` bzw. `\setuptextbackground` (Auswahl)

- `location=text`: Hintergrund folgt dem Text innerhalb eines Absatzes (wie ein Textmarker).
- `location=paragraph`: Hintergrund wird ein Kasten um den ganzen Absatz.
- Die `offset`-Parameter aus Tab. 8.2 sorgen dafür, dass umgebender Text außerhalb des Hintergrunds bleibt, im Gegensatz zu `backgroundoffset`.

```
\definetextbackground[Marker][location=text,backgroundcolor=
  yellow,framecolor=orange]
\definetextbackground[Truckli][location=paragraph,backgroundcolor
  =lightgreen,framecolor=green,]

Dieser Hintergrund \startMarker beginnt mitten im Text und folgt
  dem \stopMarker\ Zeilenumbruch.\blank

\startTruckli
Dieser Hintergrund ist so breit wie der aktuelle Textbereich.
\stopTruckli
```

Dieser Hintergrund beginnt mitten im Text und folgt dem Zeilenumbruch.

Dieser Hintergrund ist so breit wie der aktuelle Textbereich.

Mehr dazu finden Sie im Handbuch `details`[4].

[4] `texmf-context/doc/context/documents/general/manuals/details.pdf`

9 Schriften

Wie kann ich verschiedene Schriften verwenden?

Die einfachste Antwort finden Sie auf Seite 146. Aber lassen Sie mich ein wenig ausholen ...
Der Font-Renderer von ConTEXt ist wahrscheinlich der komplexeste Teil des ganzen Systems und unterstützt sogar OpenType-Erweiterungen wie Farbinformationen (z. B. in Emoji-Fonts) und Achsenvariablen.
Grundsätzlich kann ConTEXt Schriften in den Formaten TrueType (`.ttf`, `.ttc`), OpenType (`.otf`), PostScript Type 1 (`.pfb`/`.afm`) und Type 3 sowie MetaFont verwenden.

9.1 Das Modell der Schriftsippe

Klären wir zunächst einige Grundbegriffe: Eine Schrift*familie* besteht aus mehreren zusammengehörigen Schrift*schnitten*, oft sind das die *Standardschnitte* aufrecht (roman), kursiv (italic), halbfett[1] (bold) und halbfett-kursiv (bold italic). Eine Schrift*sippe* (‚super family') besteht aus Familien verschiedener Stile, die zur gemeinsamen Verwendung vorgesehen sind. In der Tradition des ursprünglichen TEX besteht eine Schriftsippe bei ConTEXt immer aus Antiqua (mit Serifen), Grotesk (serifenlos) und Schreibmaschinenschrift (dicktengleich) sowie Mathematikschrift. Von letzterer abgesehen, ist es TEX egal, welche Schriften Sie diesen Vorgaben zuweisen – wenn Sie statt eines kursiven Schnittes einen extrafetten verwenden möchten oder statt einer Grotesk eine Fraktur, dann ist das von der Kunstfreiheit gedeckt.

[1] Das deutsche ‚fett' entspricht dem englischen ‚heavy'.

Außerhalb der TeX-Welt sind Schriftsippen ganz unterschiedlich zusammengesetzt – mal gibt es nur Antiqua und Grotesk (z. B. bei Droid und Alegreya), drei Familien wie bei TeX (z. B. Roboto mit Slab Serif und Mono; PT Serif, Sans und Mono) oder ganz andere (z. B. Rotis Sans, Semi Sans, Semi Serif und Serif; Lucida Sans, Bright, Typewriter, Casual, Handwriting, Blackletter...).

9.2 Schriftwahl

Welche Schriften soll ich verwenden?

Über die Wahl der richtigen Schrift gibt es ganze Bücher[2]. Die Schriftklassifikation nach DIN 16518 ist für moderne Satzschriften kaum hilfreich. Die Ansichten von Herrn Tschichold sind zwar bedenkenswert, aber nicht maßgeblich.

- Typografie erfüllt einen Zweck: Lesbarkeit ist im Normalfall wichtiger als künstlerischer Ausdruck.
- Gut ausgeglichene Schriften erzeugen ein gleichmäßiges Schriftbild – betrachten Sie die Seite „unscharf" mit einigem Abstand.
- Achten Sie darauf, dass Ihre Schriften alle Zeichen enthalten, die Sie brauchen[3] – wenn nicht, gibt es passende Kombinationen?
- Wenn Sie Formeln setzen wollen, wird die Schriftauswahl sehr klein, denn die Matheschrift (S. 339) soll ja zum restlichen Schriftbild passen.
- Wählen Sie Schriften, die vom Stil her zum Inhalt passen, die z. B. technisch, seriös, neutral, gemütlich oder verspielt wirken – oder wählen Sie bewusst eine „unpassende" Schrift, wenn das einen Sinn ergibt.
- Weniger ist mehr: Verwenden Sie möglichst wenige Schriftarten in einem Werk.
- Ein Schriftwechsel sollte einen inhaltlichen Sinn haben.
- Kombinieren Sie Schriften, die sich deutlich unterscheiden, z. B. mit und ohne Serifen.
- Wenn verschiedene Schriften in der gleichen Zeile vorkommen, sollten sie in Strichstärke und Mittelhöhe zusammenpassen.
- Viele Schriften sind nur für Überschriften geeignet, aber nicht für Fließtext. Andererseits wirken manche gut lesbaren Textschriften in größeren Graden merkwürdig.

Sind Schriften mit Serifen oder ohne Serifen besser lesbar?

Das lässt sich nicht grundsätzlich beantworten. Die Lesbarkeit hängt vor allem von Sehgewohnheiten und von der gestalterischen Qualität der Schriften ab. Schriften mit feinen Details werden bei niedrigen Auflösungen schlechter lesbar, deshalb empfehlen sich Serifenlose als Grundschrift für Präsentationen.

[2] Empfehlenswert: Hans Peter Willberg, *Wegweiser Schrift.* Verlag Hermann Schmidt, Mainz 2001.

[3] Lateinisch: Umlaute und osteuropäische Akzente? Kyrillisch: ukrainische und zentralasiatische Buchstaben? Griechisch: mono- oder polytonische Akzente?

Nach meiner begrenzten Erfahrung mit Leseanfänger*innen sind die unterschiedlichen Formen von Antiqua- und Grotesk-Buchstaben selten ein Lesehindernis – Schreibschriftformen können allerdings verwirren[4].

9.3 Schriften in der Distribution

Bevor Sie selber Schriftfamilien und -sippen konfigurieren, lohnt sich ein Blick auf die mitgelieferten[5] und vorkonfigurierten Schriften (Tab. 9.1).
Laden Sie eine dieser Schriften bzw. Schriftsippen mit `\setupbodyfont[name,stil,größe]`, also z. B. `\setupbodyfont[dejavu,ss,10pt]`.

Kürzel	**Stile**	**Name**	**Kommentar**
`modern`	`rm, ss, tt, mm`	Latin Modern	TeX-Standard-Schriftsippe (überarb. *Computer Modern*)
`termes`	`rm, mm`	TeX Gyre Termes	Ersatz für Times
`heros`	`ss`	TeX Gyre Heros	Ersatz für Helvetica
`schola`	`rm, mm`	TeX Gyre Schola	Ersatz für Century Schoolbook
`adventor`	`ss`	TeX Gyre Adventor	Ersatz für Avant Garde
`pagella`	`rm, mm`	TeX Gyre Pagella	Ersatz für Palatino
`bonum`	`rm, mm`	TeX Gyre Bonum	Ersatz für Bookman
`chorus`	`hw`	TeX Gyre Chorus	Ersatz für Zapf Chancery
`cursor`	`tt`	TeX Gyre Cursor	Ersatz für Courier
`dejavu`	`rm, ss, tt, mm`	DejaVu	Erweiterung von Charter und Vera
`ebgaramond`	`rm, mm`	EB Garamond	
`erewhon`	`rm, mm`	Erewhon	Ersatz für Utopia
`gentium`	`rm`	SIL Gentium Plus	moderne Antiqua
`plex`	`rm, ss, tt, mm`	IBM Plex	Hausschrift von IBM und der context group
`poltawski`	`rm`	Antykwa Półtawskiego	
`antykwa`	`rm, mm`	Antykwa Toruńska	
`iwona`	`ss, mm`	Iwona	
`kurier`	`ss, mm`	Kurier	Schablonenschrift
`libertinus`	`rm, ss, tt, mm`	Libertinus	Ersatz für Times und Optima

Tab. 9.1 Schriften in der Distribution (Auswahl)

[4] Das galt für mich als Russisch-Anfänger ebenso wie für meine Kinder in der Grundschule und Menschen, die mit kyrillischer Schrift aufgewachsen sind und Deutsch oder Englisch lesen lernten.

[5] in `texmf/fonts/data`

TEX Gyre

Die in der Distribution enthaltenen „TEX Gyre“-Schriften ersetzen die 35 PostScript-Standardschriften, deren Originale von Adobe geschützt sind. Die Grundlagen stammen von der Schriftschmiede URW, die ihre Ersatzschriften (z. B. URW Nimbus Sans für Helvetica) für das GhostScript-Projekt freigegeben hat. Darin waren, wie in den Originalen, nur lateinische Zeichen enthalten.
Mitglieder der polnischen TEX-Usergruppe GUST[6] haben diese Schriften überarbeitet, erweitert und nach OpenType konvertiert. Die Schriften enthalten nun neben lateinischen Erweiterungen, z. B. für Vietnamesisch und IPA, auch griechische Zeichen. Zwischenzeitlich enthaltene kyrillische Zeichen mussten aus lizenzrechtlichen Gründen wieder entfernt werden.
Von den gleichen Entwicklern (Bogusław Jackowski, Janusz M. Nowacki und Piotr Strzelczyk) stammen auch die beiden polnischen Antiquas, Kurier, Iwona und DejaVu Math.

Eine Übersicht der Mathematikschriften finden Sie in 20.14 ab S. 339.

9.4 Systemschriften verwenden

ConTEXt kann ohne weitere Installation neben den eigenen die Schriften des Betriebssystems verwenden. Auch Schriften an anderen Orten, wie dem Verzeichnisbaum einer Schriftverwaltung, können gefunden werden, wenn Sie die Umgebungsvariable OSFONTDIR entsprechend einrichten.

Diese Variable müssen Sie *nur dann* setzen, wenn Sie *zusätzliche* Schriftverzeichnisse verwenden, außer denen von TEX.

Hier ist ein Beispiel von Linux:

```
export OSFONTDIR="~/.fonts//:~/.local/share/fonts//:\
  /usr/share/fonts//:/usr/share/texmf/fonts//"
```

Ganz ähnlich unter MacOS:

```
export OSFONTDIR="/System/Library/Fonts//:/Library/Fonts//:\
  ~/Library/Fonts//:~/Library/texmf/fonts//:\
  /Library/Application Support/Adobe/Fonts//"
```

Diese Zeile gehört jeweils in eine der Einstellungsdateien der Shell in Ihrem Benutzerverzeichnis[7]. Die doppelten Schrägstriche bedeuten „alle Unterverzeichnisse“.

So kann es in einer Batchdatei unter Windows aussehen:

```
set OSFONTDIR=c:/windows/fonts
```

6 www.gust.org.pl/projects/e-foundry/tex-gyre

7 z. B. .bashrc, .zshrc, .bash_profile, .login oder .profile

Damit ConTEXt nicht bei jedem Aufruf nach Schriften suchen muss, führt es eine Datenbank. Diese muss neu aufgebaut werden, wenn Sie Schriften hinzufügen (siehe auch 9.11.1):

```
mtxrun --script fonts --reload
```

Wenn Sie sehr große Schriftsammlungen mit tausenden von Schriften haben, nehmen Sie sie besser nicht in `OSFONTDIR` auf, sonst könnte ConTEXt bei der Suche nach Schriften zu langsam werden. Wenn mehrere Versionen der gleichen Schrift gefunden werden, ist das Ergebnis unvorhersehbar.

Schriften, die Sie nur für TEX-Projekte verwenden und daher nicht im System-Schriftenverzeichnis installieren möchten, sollten Sie in `~/texmf/fonts/data` ablegen, damit sie für verschiedene Installationen von TEX (TEX Live, LMTX-Versionen) zur Verfügung stehen.

9.5 Einfacher Schriftaufruf

Probieren Sie zunächst aus, ob Ihre gewünschte Schrift sich auf diese Weise nutzen lässt:

```
\definefontfamily[brotschrift][rm][Garamond]
\definefontfamily[brotschrift][ss][Optima]

\setupbodyfont[brotschrift,rm,10pt]
```

Viele Schriftfamilien werden automatisch erkannt, sodass die kursiven und halbfetten Schnitte ohne weitere Einstellungen funktionieren.
Wenn nur ein Schnitt erkannt wird oder eine Zuordnung falsch ist, suchen Sie mit `mtxrun` nach den richtigen Schriftnamen und ordnen Sie diese zu:

```
> mtxrun --script fonts --list --all --pattern=Optima

identifier          familyname   fontname            filename
  subfont   instances

optimablack         optima       optimaextrablack    Optima.ttc    5
optimabold          optima       optimabold          Optima.ttc    2
optimabolditalic    optima       optimabolditalic    Optima.ttc    4
optimaextrablack    optima       optimaextrablack    Optima.ttc    5
optimaitalic        optima       optimaitalic        Optima.ttc    3
optimanormal        optima       optimaregular       Optima.ttc    1
optimaregular       optima       optimaregular       Optima.ttc    1
```

Die Optima im Beispiel liegt im TTC-Format vor (TrueType Collection, S. 158); alle Schnitte sind in einer Datei enthalten.

```
\definefontfamily [brotschrift][ss][Optima][
  %tf=optimaregular,
  it=optimaitalic,
  bf=optimabold,
  bi=optimabolditalic,
  %sc=optimasc
]
\setupbodyfont[brotschrift,ss,10pt]
```

In manchen Schriften sind die internen Fontnamen falsch definiert, dann müssen Sie den Dateinamen verwenden.

Diese Befehle erzeugen intern ein virtuelles Typescript. Wenn Sie die gleiche Schrift für verschiedene Projekte verwenden oder wenn Sie andere, komplexere Anforderungen haben, ist es sinnvoll, selbst ein Typescript anzulegen:

9.6 Typescripts

Ein Typescript ist eine Sammlung von Zuweisungen von symbolischen Namen wie „SansBold" zu den Namen von Schriftschnitten wie „Helvetica Bold" und Dateinamen wie „HelveticaBold.ttf". Durch den mehrstufigen Aufbau der Zuweisungen erreicht ConTEXt eine große Flexibilität auf Kosten der Einfachheit.
So sieht ein Typescript für eine Schrift mit mehreren Schnitten aus:

```
% Zuweisung von internen Namen zu den "PostScript"-Namen der
  Schriftschnitte
\starttypescript [sans] [delicious]
  \definefontsynonym [DeliciousR] [name:Delicious-Roman]
    [features=default]
  \definefontsynonym [DeliciousI] [name:Delicious-Italic]
    [features=default]
  \definefontsynonym [DeliciousB] [name:Delicious-Bold]
    [features=default]
  \definefontsynonym [DeliciousZ] [name:Delicious-BoldItalic]
    [features=default]
  \definefontsynonym [DeliciousC] [name:Delicious-SmallCaps]
    [features=default]
  \definefontsynonym [DeliciousH] [name:Delicious-Heavy]
    [features=default]
\stoptypescript

% Zuweisung der abstrakten zu den internen Schnitt-Namen
\starttypescript [sans] [delicious] [name]
  \setups[font:fallback:sans]
  \definefontsynonym [Sans]           [DeliciousR]
  \definefontsynonym [SansItalic]     [DeliciousI]
```

```
  \definefontsynonym [SansBold]        [DeliciousB]
  \definefontsynonym [SansBoldItalic] [DeliciousZ]
  \definefontsynonym [SansCaps]        [DeliciousC]
\stoptypescript

% unvollständige Definition der Schriftsippe
\starttypescript [delicious]
  \definetypeface [delicious] [ss] [sans] [delicious] [default]
\stoptypescript
```

Speichern Sie solche Definitionen in Dateien mit dem Präfix `type-imp-` und der Endung `.tex` oder `.mkiv`, hier also `type-imp-delicious.tex`.
Dann können Sie die Schrift aktivieren:

```
% Name der Typescript-Datei ohne Präfix und Endung:
\usetypescriptfile[delicious]
% Name des Sippen-Typescripts, falls es mehrere gibt:
\usetypescript[delicious]
% Name der Schriftsippe laut geladenem Typescript:
\setupbodyfont[delicious,ss,10pt]
```

Beachten Sie, dass der Schnitt „Heavy" nicht weiter verwendet wird. Sie könnten „DeliciousH" aber mit `\definedfont` verwenden:

```
{\definedfont[DeliciousH*default at 24pt]Fett und lecker}
```

9.6.1 Schriften wechseln

Um zwischen verschiedenen Grundschriften zu wechseln, rufen Sie nicht `\setupbodyfont` auf, sondern `\switchtobodyfont`.
Am besten teilen Sie ConTEXt mit `\usebodyfont` in der Präambel bzw. im Environment mit, dass Sie das vorhaben, dann geht das Laden etwas schneller, und Sie vermeiden unerwünschte Leerzeichen, die beim Laden von Typescript-Dateien mitten im Dokument auftreten können.

```
\usebodyfont[termes] \usebodyfont[heros] \usebodyfont[cursor]
```

9.6.2 Zusätzliche Schnitte

Wenn Sie zusätzliche Varianten einer Schrift verwenden möchten, z. B. Light und Semibold zusätzlich zu Normal und Bold, können Sie diese ebenfalls im ersten Abschnitt des Typescripts definieren. Danach stellen Sie die Varianten unter verschiedenen Namen zusammen:

```
\starttypescript [serif] [jenson,jenson-light]
\definefontsynonym[Jenson-Light] [file:AJensonPro-Lt.otf]
\definefontsynonym[Jenson-LightItalic] [file:AJensonPro-LtIt.otf]
\definefontsynonym[Jenson-Roman] [file:AJensonPro-Regular.otf]
\definefontsynonym[Jenson-Italic] [file:AJensonPro-It.otf]
```

```
\definefontsynonym[Jenson-Semibold][file:AJensonPro-Semibold.otf]
\definefontsynonym[Jenson-SemiboldItalic][file:AJensonPro-
  SemiboldIt.otf]
\definefontsynonym[Jenson-Bold][file:AJensonPro-Bold.otf]
\definefontsynonym[Jenson-BoldItalic][file:AJensonPro-BoldIt.otf]
\stoptypescript

\starttypescript [serif] [jenson] [name]
\definefontsynonym[Serif]            [Jenson-Roman]
\definefontsynonym[SerifItalic]      [Jenson-Italic]
\definefontsynonym[SerifBold]        [Jenson-Bold]
\definefontsynonym[SerifBoldItalic]  [Jenson-BoldItalic]
\definefontsynonym[SerifSlanted]     [Jenson-Italic]
\definefontsynonym[SerifBoldSlanted] [Jenson-BoldItalic]
\definefontsynonym[SerifCaps]        [Jenson-Roman] [features=
  smallcaps]
\stoptypescript

\starttypescript [serif] [jenson-light] [name]
\definefontsynonym[Serif]            [Jenson-Light]
\definefontsynonym[SerifItalic]      [Jenson-LightItalic]
\definefontsynonym[SerifBold]        [Jenson-Semibold]
\definefontsynonym[SerifBoldItalic]  [Jenson-SemiboldItalic]
\definefontsynonym[SerifSlanted]     [Jenson-LightItalic]
\definefontsynonym[SerifBoldSlanted] [Jenson-SemiboldItalic]
\definefontsynonym[SerifCaps]        [Jenson-Light] [features=
  smallcaps]
\stoptypescript

\starttypescript [projekt]
\definetypeface[projekt][rm][serif][jenson][default]
\definetypeface[projekt][ss][sans] [modern][default]
\definetypeface[projekt][tt][mono] [modern][default][rscale=0.9]
\definetypeface[projekt][mm][math] [modern][default][rscale=0.1]
\stoptypescript

\starttypescript [projekt-light]
\definetypeface[projekt][rm][serif][jenson-light] [default]
\definetypeface[projekt][ss][sans] [modern][default]
\definetypeface[projekt][tt][mono] [modern][default][rscale=0.9]
\definetypeface[projekt][mm][math] [modern][default][rscale=0.1]
\stoptypescript
```

So können Sie mit `\switchtobodyfont[projekt-light]` auf die leichtere Version umschalten.

Schräge Schnitte

Was sind eigentlich die Unterschiede zwischen kursiv, italics, slanted, schräg, geschrägt und oblique?

Bei Serifenschriften (Antiqua) ist der „schräge“ Schnitt ein eigener Entwurf, der von handschriftlichen Formen abgeleitet ist. Typische Unterschiede finden sich bei a und f.

Als Ersatz für eine echte Kursive wird manchmal ein schräger Schriftschnitt erzeugt, für den nur die aufrechten Formen geneigt werden, dies nennt man „geschrägt“ (engl. *slanted*). Nur bei wenigen Schriften wird diese Variante als eigener Schnitt mitgeliefert, zu diesen gehört die TEX-Standard-Schriftsippe *Computer Modern* (heute *Latin Modern*), und daher unterscheidet auch ConTEXt zwischen *italic* und *slanted*.

Noch seltener ist eine aufrechte Form, die von der kursiven abgeleitet ist, hier vertreten durch die *Latin Modern Unslanted*.

Bei Serifenlosen (Grotesk) ist die schräge Form dagegen üblicherweise direkt von der aufrechten abgeleitet und wird dann oft „oblique“ genannt.

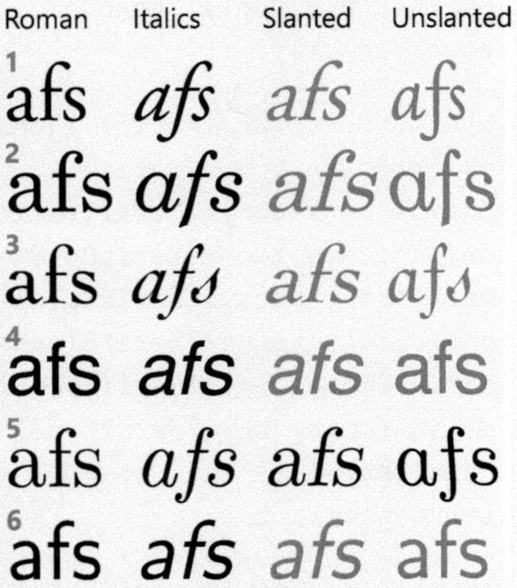

Abb. 9.1 Vergleich von schrägen Formen bei verschiedenen Schriften:

1. Adobe Garamond
2. Century Schoolbook
3. Cochin
4. Helvetica
5. Latin Modern
6. Latin Modern Sans

Die grauen Formen sind künstlich erzeugt.

9.7 Kapitälchen und Ziffernarten

Kapitälchen (engl. *small caps*, `\sc`) sind Großbuchstaben (Versalien) in der Größe der Kleinbuchstaben (Gemeinen), d. h. in Höhe der Mittellänge. In wissenschaftlichen Werken werden sie gerne zur Auszeichnung von Autorennamen verwendet, bei Belletristik für Abkürzungen im Fließtext und manchmal am Kapitelanfang nach einem Initial (S. 168).

Echte Kapitälchen wurden von den Schriftdesignern entworfen und sind in der Schrift enthalten (evtl. in einem eigenen Schnitt). *Falsche* Kapitälchen sind verkleinerte Großbuchstaben; ihre Strichstärke ist daher zu dünn, und die Proportionen passen nicht.

Traditionell gibt es nur aufrechte Kapitälchen, das heißt, sie werden als eigenständige Auszeichnung angesehen und als einzelner Schriftschnitt ausgeliefert. Nur für diesen Fall ist `\sc` geeignet, ansonsten verwenden Sie z. B. `\setsmallcaps`.

Manche OpenType-Schriften enthalten Kapitälchen für alle Schnitte und verschiedene Arten von Ziffern, diese lassen sich über Font-Features (S. 160, evtl. in Typescripts, S. 147) ansteuern. Dann gibt es verschiedene Wege zum Ziel:

```
\def\Beispiel{\tf Aufrecht
  {\it Kursiv}
  {\bf H'fett}
  {\bi Kursiv}\par}

\Beispiel
{\setfontfeature{smallcaps}
  \Beispiel}
\style[style=smallcaps]{%
  \Beispiel}
{\setsmallcaps\Beispiel}
```

Aufrecht *Kursiv* **H'fett** ***Kursiv***
Aufrecht *Kursiv* **H'fett** ***Kursiv***
Aufrecht *Kursiv* **H'fett** ***Kursiv***
Aufrecht *Kursiv* **H'fett** ***Kursiv***

Die Kapitälchen-Formatierung wirkt sich nur auf Kleinbuchstaben aus. Wenn ich Abkürzungen in Kapitälchen schreiben möchte, ohne sie alle neu zu tippen, wandle ich sie zuerst mit `\word` in Kleinbuchstaben um:

```
\define[1]\SC{\style[style=
  smallcaps]{\word{#1}}}

In der \SC{HO}-Gaststätte im \SC
  {VZ} Südring hingen Kugelboxen
  vom \SC{RFT}-Gerätewerk, die
  besten der \SC{DDR}.
```

In der ho-Gaststätte im vz Südring hingen Kugelboxen vom rft-Gerätewerk, die besten der ddr.

Verwandt mit den Kapitälchen sind die Mediävalziffern (engl. *old style numbers*, `\os`, S. 162) – es handelt sich um proportionale Ziffern in Höhe der Mittellänge, teilweise mit Ober- und Unterlängen. Sie gliedern sich gut in den Fließtext ein. „Normale" Ziffern sind dagegen Tabellenziffern mit gleicher Höhe und der einheitlichen Breite von einem Halbgeviert. Es gibt auch proportionale Versalziffern (dabei ist meist nur die 1 schmaler) und (seltener) mediävale Tabellenziffern.

9.8 Zeichen aus anderen Schriften

Enthält Ihre Hauptschrift nicht alle benötigten Zeichen, z. B. kyrillische, griechische oder irgendwelche Sonderzeichen? Haben Sie eine passende Schrift gefunden, aus der Sie diese Zeichen nehmen möchten? Dann setzen Sie sie als Fallbackschrift ein:

```
\definefallbackfamily[MeineFamilie][sans][Arial Hebrew]
  [range={0x0591-0x05F4,0xFB1D-0xFB4F}]
  % Unicode-Abschnitte als Hexadezimalzahlen
```

`\definefallbackfamily` muss vor dem zugehörigen `\definefontfamily` stehen!

Eine andere Möglichkeit ist ein benannter Fallback, den Sie verschiedenen Schriften zuweisen können:

```
\definefontfallback [gentium-fallback] [name:gentium]
  [greekandcoptic,greekextended]
  % benannte Unicode-Abschnitte

\definefontsynonym [Serif][MeineSerif-Regular]
  [features=default,fallbacks=gentium-fallback]

% Alle fehlenden Zeichen aus einer Symbolschrift:
\definefontfallback[symbolfallback]
  [name:SymbolFont][0x00000-0xFFFFF][check=yes,force=no]
```

Bei beiden Varianten können Sie die Unicode-Bereiche entweder hexadezimal oder nach benannten Gruppen[8] angeben.

`\definefontsynonym` und `\definetypeface` verstehen beim Parameter `fallbacks` nur *einen* Eintrag, keine Liste! Sie können `\definefontfallback` aber mehrfach mit dem gleichen Namen aufrufen, um Zeichen aus verschiedenen Schriften zu einer Ersetzungsregel zusammenzufassen.

Am Ende der `.log`-Datei finden Sie eine Übersicht, welche Zeichen in Ihren Schriften fehlen:

```
fonts > start missing characters:
  .../opentype/public/lm/lmmono10-regular.otf
fonts >    7  U+00327  ̧  COMBINING CEDILLA
fonts >    7  U+00335  -  COMBINING SHORT STROKE OVERLAY
fonts >   14  U+003B7  η  GREEK SMALL LETTER ETA
fonts >    7  U+021A9  ↩  LEFTWARDS ARROW WITH HOOK
fonts >   14  U+0278A  ➊  DINGBAT NEGATIVE CIRCLED SANS-SERIF
  DIGIT ONE
fonts > stop missing characters
fonts > start missing characters: .../cambria/cambriai.ttf
fonts >  266  U+0276C  ❬  MEDIUM LEFT-POINTING ANGLE BRACKET
  ORNAMENT
fonts >  266  U+0276D  ❭  MEDIUM RIGHT-POINTING ANGLE BRACKET
  ORNAMENT
fonts > stop missing characters
```

8 definiert in `tex/context/base/mkiv/char-ini.lua`

9.9 Symbole (Symbolsets und Unicode-Glyphen)

Symbole in diesem Sinne sind benannte grafische Elemente aus Schriftarten wie z. B. Zapf Dingbats oder Webdings. Symbole sind in Sammlungen zusammengefasst, die wiederum in Symbol-Dateien stecken können.

```
% Creative-Commons-Logos aus
  symb-cc.mkiv laden
\usesymbols[cc]

\symbol[cc][cc-by-sa-nc]
oder
\setupsymbolset[cc]
\symbol[cc-by-sa-nc]
```

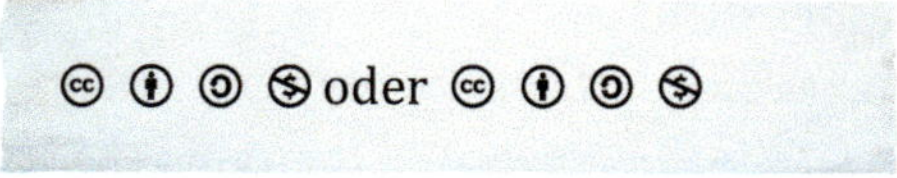

9.9.1 Mitgelieferte Symbolsätze

Folgende Symbolsätze sind in der Distribution enthalten:

- `cc`: Logos der Creative-Commons-Lizenzen, Set `cc`
- `cow`: TEX-Logos aus der Kuh-Schrift (siehe Rückseite dieses Buchs), Sets `cownormal` und `cowcontour`
- `jmn`: Janusz M. Nowackis Navigationszeichen (Sets `navigation 1-4`)
- `mis`: Aufzählungspunkte, keine Sets, Standarddefinition für Aufzählungen
- `mvs`: Martin Vogels Symbole (Sets `astronomic, zodiac, europe, martinvogel 1-2`), entspricht `marvosym` aus LATEX
- `nav`: Hans Hagens Navigationszeichen für Präsentationen (Sets `navigation 1-3`)
- `was`: Roland Waldis Symbole (Sets `wasy general, music, astronomy, astrology, geometry`), entspricht `wasysym` aus LATEX

Welche Sets in einer Symboldatei enthalten sind, finden Sie nur heraus, indem Sie die Datei ansehen.
Erkunden Sie die Symbolsätze mit `\showsymbolset[Set]`:

```
\usesymbols[was]
\showsymbolset[wasy music]
```

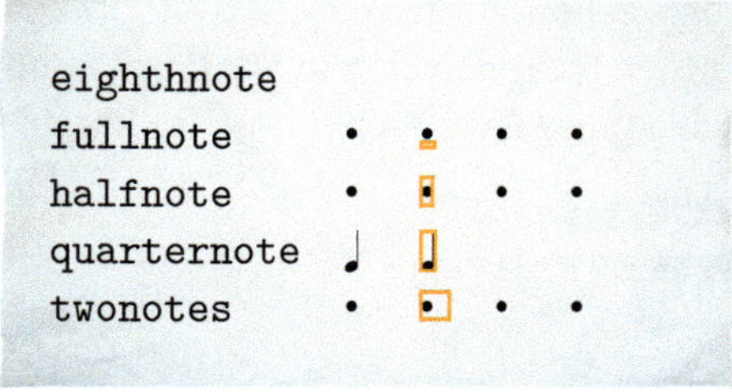

Die erste Spalte gibt den Namen des Symbols an, in der dritten Spalte wird zusätzlich die Größe des Zeichens (Bounding Box) angezeigt.

9.9.2 Eigene Symbolsätze definieren

Sie können auf die Symbole (Glyphen) einer Schrift entweder über ihre Namen oder über ihre Nummer zugreifen. Bei manchen Schriften funktioniert nur eines davon.[9]

```
\definefontsynonym [MeinSym] [file:MeinSym.ttf]
\def\MeinSymbolNr#1{\getglyphstyled{MeinSym}{\tochar{x:#1}}} %
  hexadezimal
\def\MeinSymbolName{\getnamedglyphdirect{MeinSym}}
\startsymbolset[meinsym]
    \definesymbol [logo1] [\MeinSymbolNr{0021}]
    \definesymbol [logo2] [\MeinSymbolName{logo}]
    % ...
\stopsymbolset

% Speichern Sie diese Sammlung als symb-meinsym.mkiv

\showsymbolset[meinsym]
\symbol[meinsym][logo1]
```

Wie komme ich an die internen Nummern oder Namen der Zeichen?

Lassen Sie sie sich von ConTEXt anzeigen:

```
\usemodule[fnt-10]
\setupbodyfont[tt,8pt]
\setuppapersize[A4,landscape]
\starttext
\ShowCompleteFont{file:Webdings.ttf}{20pt}{1}
\stoptext
```

Achtung, das funktioniert nicht mit Leerzeichen im Dateinamen!

Bequemer ist es eventuell mit einer Schriftverwaltung oder einem Fonteditor wie FontForge:
Öffnen Sie die Schrift in FontForge und exportieren Sie die Namensliste (Menü Encoding / Save NameList). Das Ergebnis sieht so aus:

```
0x0021 pencil
0x0022 scissors
...
```

Es könnte einfacher sein, die Symbole aus einer Sonderzeichenpalette zu kopieren und einen allgemeinen Fontfallback mit einem Symbolzeichensatz wie Apple Symbols, Segoe UI Symbol oder Symbola anzulegen:

9 Bei den Webdings geht es z. B. nur mit Namen.

```
\definefontfallback[symbolfallback]
  [name:SymbolFont][0x00000-0xFFFFF][check=yes,force=no]
\definetypeface [MeineFamilie] [rm] [serif] [palatino]
  [default][fallbacks=symbolfallback]
\definesymbol[circledone][❶]

\symbol[circledone]
```

9.9.3 Symbole für Aufzählungen

Tabelle 5.7 (S. 72) zeigt, welche Aufzählungssymbole in ConTEXt vordefiniert sind. Sie lassen sich aber leicht umdefinieren.

```
\usesymbols[mvs]
\definesymbol[1][{
 \symbol[martinvogel 2][Deleatur
   ]}]
\definesymbol[2][{
 \symbol[martinvogel 2][YinYang]
   }]
\definesymbol[3][{
 \symbol[martinvogel 2][Heart]}]

\startitemize[packed,joinedup]
\startitem eins
  \startitemize[packed]
    \startitem one \stopitem
    \startitem two
    \startitemize[packed]
      \startitem uno \stopitem
    \stopitemize
    \stopitem
  \stopitemize
\stopitem
\startitem zwei \stopitem
\stopitemize
```

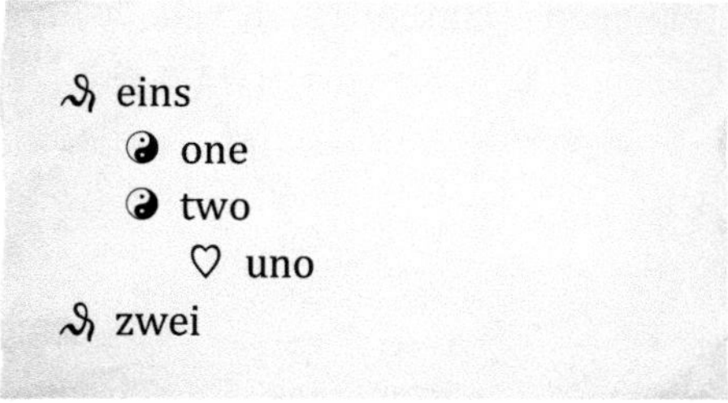

Die Symbole von nummerierten Elementen wie Überschriften und Fußnoten können Sie über „conversions" ändern, siehe S. 78.

9.9.4 Symbole aus Type-1-Schriften

Als Schriftdatei müssen Sie die afm-Datei angeben; darin finden Sie auch die Namen der Zeichen.

```
\definefontsynonym [bends] [file:manfnt.afm]

\startsymbolset [Dangerous Bends]
 \definesymbol [dbend]    [\resolvedglyphdirect{bends}{n:char_7e}]
```

```
 \definesymbol [lhdbend] [\resolvedglyphdirect{bends}{n:char_7f}]
\stopsymbolset

\setupsymbolset [Dangerous Bends]

\starttext
 \symbol{dbend}\quad \symbol{lhdbend}
\stoptext
```

9.9.5 Emojis

ConTEXt unterstützt auch Schriften mit Farbinformationen und kann diese (via MetaFun) sogar ändern.
Details dazu finden Sie in der Artikelsammlung `on and on`[10].
Das Modul `unnamed-emoji`[11] von Max Chernoff gibt Zugriff auf die Symbole diverser Emoji-Schriften nach Name oder Nummer.

9.10 Die Grundschrift-Umgebung

Mit `\setupbodyfontenvironment` können Sie die Zuordnung von relativen zu absoluten Schriftgrößen und ihre Zeilenabstände einrichten. Die aktuellen Einstellungen erfahren Sie mit `\showbodyfontenvironment`:

[contextstart] [10.0pt]

text	script	scriptscript	x	xx	small	big
10pt	7pt	5pt	8pt	6pt	8pt	12pt
11pt	8pt	6pt	9pt	7pt	9pt	12pt
12pt	9pt	7pt	10pt	8pt	10pt	14.4pt
14.4pt	11pt	9pt	12pt	10pt	12pt	17.3pt
17.3pt	12pt	10pt	14.4pt	12pt	14.4pt	20.7pt
20.7pt	14.4pt	12pt	17.3pt	14.4pt	17.3pt	20.7pt
4pt	4pt	4pt	4pt	4pt	4pt	6pt
5pt	5pt	5pt	5pt	5pt	5pt	7pt
6pt	5pt	5pt	5pt	5pt	5pt	8pt
7pt	6pt	5pt	6pt	5pt	5pt	9pt
8pt	6pt	5pt	6pt	5pt	6pt	10pt
9pt	7pt	5pt	7pt	5pt	7pt	11pt

In der ersten Zeile steht der Name der aktuellen Schriftklasse (`\fontclass`) und die aktuelle Grundschriftgröße (`\the\globalbodyfontsize`). Letztere ist die `text`-Größe; für Fußnoten und dergleichen wird die Größe `x` (`\tfx`) verwendet; `script` und `scriptscript` werden für mathematische Anwendungen benötigt. Aus der ersten Spalte können Sie ersehen, für welche Grundschriftgrößen diese relativen Schriftgrößen definiert sind. Sie sehen, dass die Definition je nach Grundschriftgröße unterschiedlich ist.

[10] `texmf-context/doc/context/documents/general/manuals/on and on.pdf`
[11] github.com/gucci-on-fleek/unnamed-emoji, muss manuell installiert werden.

Eine optische Darstellung der relativen Schriftgrößen mit der aktuellen Schriftsippe bekommen Sie mit `\showbodyfont`:

[contextstart] [10.0pt]

	\tf	\tf	\bf	\sl	\it	\bs	\bi	\tfx	\tfxx	\tfa	\tfb	\tfc	\tfd
\rm	Ag	Ag	**Ag**	*Ag*	*Ag*	***Ag***	***Ag***	Ag	Ag	Ag	Ag	Ag	Ag
\ss	Ag	Ag	**Ag**	*Ag*	*Ag*	***Ag***	***Ag***	Ag	Ag	Ag	Ag	Ag	Ag
\tt	Ag	Ag	**Ag**	*Ag*	*Ag*	***Ag***	***Ag***	Ag	Ag	Ag	Ag	Ag	Ag
\mr	Ag	Ag	**Ag**	*Ag*	*Ag*	***Ag***	***Ag***	*Ag*	*Ag*	*Ag*	*Ag*	*Ag*	*Ag*

Mit `\setupbodyfontenvironment` können Sie die Einstellungen für einzelne Größen verändern oder mit `\definebodyfontenvironment` eine ganz eigene Grundschriftgröße definieren:

```
\setupbodyfontenvironment[default][em=italic]
\setupbodyfontenvironment[11pt][
  text=11pt,
  small=8pt,big=12pt,
  x=8pt,% xx=..., a=..., b=...
  interlinespace=14.5pt,
]
\setupbodyfontenvironment[8pt][interlinespace=10pt]
```

Die Anpassung des Zeilenabstands (`interlinespace`) ist vor allem beim registerhaltigen Satz wichtig, damit verschiedene Schriftgrößen das gleiche Zeilenraster verwenden.

Mit `\showfontstrip` können Sie die x- und m-Größen der aktuellen Schriftsippe vergleichen:

\rm	\ss	\tt	\mathematics	
xxxx	xxxx	xxxx	*xxxx*	
12345	12345	12345	12345	
(Agw)	(Agw)	(Agw)	(*Agw*)	
4.66797pt	5.0pt	4.30763pt	4.75098pt	(x height)
8.32031pt	8.61328pt	5.24712pt	8.55469pt	(m width)

9.11 Probleme und Fehler

9.11.1 Schrift wird nicht gefunden

Das häufigste Problem mit Schriften ist, dass ConTEXt sie nicht finden kann. Finden Sie zunächst heraus, ob und unter welchem Namen die Schrift in der Datenbank ist:

```
mtxrun --script fonts --list --all --pattern=Schriftname
```

Ohne `--all` wird nur ein Schriftschnitt gelistet, auch wenn mehrere gefunden wurden.
Taucht Ihre Schrift gar nicht in der Liste auf, regenerieren Sie die Datenbank:

```
mtxrun --generate
mtxrun --script fonts --reload --force
```

Versuchen Sie das ruhig zweimal oder dreimal – gerade die Einzelschriften in TrueType Collections (`.ttc`, s. u.) werden nicht immer zuverlässig gefunden.

Immer noch nicht gefunden?

- Ist Ihr Schriftenverzeichnis in `OSFONTDIR` enthalten?
- Versuchen Sie, die Schrift in Ihr Arbeitsverzeichnis oder ein System-Schriftenverzeichnis zu kopieren.
- Ist eventuell die Datei beschädigt? Funktioniert sie mit anderen Programmen?

9.11.2 Dateinamen von Schriften

Es kommt vor, dass Schriften nicht richtig funktionieren, wenn ihre Dateinamen Leerzeichen oder Zeichen über 7-bit-ASCII hinaus enthalten, z. B. chinesische Zeichen.
Versuchen Sie es mit vereinfachten Dateinamen (nur lateinische Buchstaben ohne Akzente) und berichten Sie das Problem bitte auf der Mailingliste.

9.11.3 TrueType Collections

Bei TrueType Collections (`.ttc`) stecken mehrere Schriftschnitte in einer Datei. In der Ausgabe von `mtxrun --script fonts --list` (s. o.) finden Sie in der vorletzten Spalte den „Subfont-Index", den können Sie beim Schrift-Setup in spitzen Klammern angeben.

```
> mtxrun --script fonts --list --all --pattern=cambria

identifier           familyname    fontname            filename      subfont   ins-
  tances

cambria              cambria       cambria             cambria.ttc   1
cambriabold          cambria       cambriabold         cambriab.ttf
cambriabolditalic    cambria       cambriabolditalic   cambriaz.ttf
cambriaitalic        cambria       cambriaitalic       cambriai.ttf
cambriamathnormal    cambriamath   cambriamath         cambria.ttc   2
cambriamathregular   cambriamath   cambriamath         cambria.ttc   2
cambrianormal        cambria       cambriaitalic       cambriai.ttf
cambriaregular       cambria       cambria             cambria.ttc   1
```

```
\definefontsynonym [CambriaSerif][file:Cambria.ttc<1>]
\definefontsynonym [CambriaMath] [file:Cambria.ttc<2>]
% oder mit dem Namen:
\definefontsynonym [CambriaSerif][file:Cambria.ttc(Cambria)]
\definefontsynonym [CambriaMath] [file:Cambria.ttc(Cambria Math)]
```

Manchmal findet `mtxrun` nur einen Schnitt, das Verhalten war zumindest in der Vergangenheit unzuverlässig. Versuchen Sie die Font-Datenbank zu regenerieren. Manchmal funktionieren die Schnitte auch, wenn sie scheinbar nicht gefunden werden.

9.11.4 Type-1-Schriften

Versuchen Sie, alte PostScript-Schriften zu vermeiden, insbesondere da ihr Zeichenvorrat stark eingeschränkt ist. Ansonsten sollten sie einfach funktionieren, wenn ConTEXt sowohl die grafischen Daten (`.pfb` oder `.pfa`) als auch die Metriken (`.afm`) finden kann.
Da ConTEXt die Zeichen der Type-1-Schrift auf Unicode projiziert, können Sie auf alle enthaltenen Zeichen zugreifen, auch wenn diese außerhalb der vorgesehenen Codierung liegen.

9.11.5 Zeichen fehlen bzw. aus falscher Schrift

Bei fehlenden Zeichen erscheint eine Warnung im Protokoll; wenn ConTEXt lieber mit einem Fehler abbrechen soll, aktivieren Sie:

```
\enabledirectives[logs.errors=missing characters]
```

Sie können den Zeichenvorrat einer Schrift überprüfen, wie im Abschnitt „Eigene Symbolsätze definieren“ (S. 154) angegeben.
Achten Sie bei fehlenden Zeichen darauf, ob ConTEXt sich im Mathe-Modus befindet und die Zeichen daher in der Mathe-Schrift sucht.

9.11.6 Mitgelieferte Typescripts übersteuern

ConTEXt enthält bereits ein Typescript für eine Schrift, die Sie benutzen möchten, verweist aber auf andere Dateinamen, als Sie haben? Sie können die Zuordnung der Dateien „verbiegen“, bevor Sie `\setupbodyfont` aufrufen:

```
\definefontfile[file:SourceSerifPro-Regular]
  [file:SourceSerif4-Regular]
```

9.11.7 Fehlersuche mit Trackern

Folgende Tracker helfen bei der Fehlersuche im Zusammenhang mit Schriften:

```
cjk.analyzing
fonts.collecting
fonts.composing.visualize
fonts.defining
fonts.goodies
fonts.mapping.forceligatures
fonts.missing
fonts.missing=decompose
fonts.missing=remove
fonts.missing=replace
```

```
fonts.plugins.hb.colors
fonts.plugins.hb.details
fonts.protrusion
fonts.reorderlookups
fonts.usage
math.families
math.italics
modules.fonts.variables.glyphs
modules.fonts.variables.kerns
otf.analyzing
otf.keepnames
otf.kerns
otf.loading
otf.lookups
otf.math
otf.sample.silent
```

9.12 OpenType-Features

OpenType-Schriften enthalten Tabellen von Funktionen, die Sie ein- und ausschalten können. Dazu gehören alternative Buchstabenformen (Kapitälchen, geschweifte Varianten), alternative Zahlenformen (Mediävalziffern, Tabellenziffern, gestrichene Null) und Ligaturen, aber auch Varianten in der Spationierung und Verbindungen von Zeichen bei Schreibschriften. Es gibt keinen Standard dafür, daher müssen Sie oft erst einmal herausfinden, welche Möglichkeiten eine Schrift bietet.

Was steckt in einer Schrift?

```
> mtxrun --script fonts --list --info cambriaregular

mtx-fonts       |
mtx-fonts       | mapping    : cambriaregular
mtx-fonts       | fontname   : cambria
mtx-fonts       | fullname   : cambria
mtx-fonts       | filename   : cambria.ttc
mtx-fonts       | family     : cambria
mtx-fonts       | weight     : normal
mtx-fonts       | style      : normal
mtx-fonts       | width      : normal
mtx-fonts       | variant    : normal
mtx-fonts       | subfont    : 1
...
otf reader      | loading of table 'ebdt' skipped
otf reader      | loading of table 'eblc' skipped
otf reader      | ignoring global kern table, using gpos kern
  feature
...
mtx-fonts       |
mtx-fonts       | gpos features:
mtx-fonts       |
mtx-fonts       | feature  script   languages
mtx-fonts       |
mtx-fonts       | kern     cyrl     dflt srb
```

```
mtx-fonts       |          grek     dflt
mtx-fonts       |          latn     dflt ipph rom trk
mtx-fonts       | mark     cyrl     dflt srb
mtx-fonts       |          grek     dflt
mtx-fonts       |          latn     dflt ipph rom trk
mtx-fonts       | mkmk     cyrl     dflt srb
mtx-fonts       |          grek     dflt
mtx-fonts       |          latn     dflt ipph rom trk
mtx-fonts       |
mtx-fonts       | gsub features:
mtx-fonts       |
mtx-fonts       | feature  script   languages
mtx-fonts       |
mtx-fonts       | c2sc     cyrl     dflt srb
mtx-fonts       |          grek     dflt
mtx-fonts       |          latn     dflt rom trk
mtx-fonts       | calt     cyrl     dflt srb
mtx-fonts       |          grek     dflt
mtx-fonts       |          latn     dflt rom trk
…
mtx-fonts       | frac     cyrl     dflt srb
mtx-fonts       |          grek     dflt
mtx-fonts       |          latn     dflt ipph rom trk
mtx-fonts       | liga     latn     dflt ipph rom trk
mtx-fonts       | lnum     cyrl     dflt srb
mtx-fonts       |          grek     dflt
mtx-fonts       |          latn     dflt ipph rom trk
mtx-fonts       | locl     cyrl     dflt srb
mtx-fonts       |          grek     dflt
mtx-fonts       |          latn     rom
mtx-fonts       | numr     cyrl     dflt srb
mtx-fonts       |          grek     dflt
mtx-fonts       |          latn     dflt ipph rom trk
mtx-fonts       | onum     cyrl     dflt srb
mtx-fonts       |          grek     dflt
mtx-fonts       |          latn     dflt ipph rom trk
mtx-fonts       | ordn     latn     dflt rom trk
mtx-fonts       | pnum     cyrl     dflt srb
…
mtx-fonts       | ss01     cyrl     dflt srb
mtx-fonts       |          grek     dflt
mtx-fonts       |          latn     dflt rom trk
…
```

```
mtx-fonts        | tnum     cyrl     dflt srb
mtx-fonts        |          grek     dflt
mtx-fonts        |          latn     dflt ipph rom trk
```

Das zeigt Ihnen, dass es drei Positionierungs-Features (`gpos`) gibt: Kerning (`kern`), Akzentplatzierung auf Grundzeichen (`mark`) sowie relativ zu anderen Akzenten (`mkmk`). Daran möchten Sie normalerweise nichts ändern.
Außerdem gibt es einige Zeichenersetzungs-Features (`gsub`).
Die Schrift definiert drei Schriftsysteme (Scripts): Lateinisch (`latn`), Griechisch (`grek`) und Kyrillisch (`cyrl`). Die Features werden für die Standardsprache (`dflt`) angewendet oder für eine der angegebenen Sprachen (z. B. Serbisch mit Kyrillisch, Türkisch mit Lateinisch).
Manche Zeichenersetzungen sind nur für bestimmte Kombinationen von Schriftsystemen und Sprachen aktiv, hier z. B. die Standardligaturen (`liga`) und Ordinalzahlen (`ordn`) nur für die lateinische Schrift.
Eine ausführliche Liste mit Erklärung der Features finden Sie in der englischsprachigen Wikipedia[12]; auch die Listen, die ConTEXt intern verwendet[13], sind manchmal hilfreich.
Welche Zeichen von den jeweiligen Features betroffen sind, finden Sie nur durch Experimentieren heraus.

```
\feature[+]{smcp}    % aktivieren
\feature[-]{smcp}    % deaktivieren
\feature[=]{default} % ersetzen
```

In ConTEXt können Sie sogar eigene virtuelle Features definieren, womit sich z. B. einzelne Zeichen oder Ligaturen ersetzen lassen – siehe S. 165.

9.12.1 Ziffernarten

Wenn Ihre Schrift verschiedene Ziffernvarianten anbietet, sollten Sie im laufenden Text proportionale Ziffern verwenden. Während sich Mediävalziffern wie Kleinbuchstaben in den Text einfügen und somit das Schriftbild am wenigsten stören, ist man Versalziffern gewöhnt – allerdings in der nichtproportionalen (dicktengleichen) Version, sodass die 1 genauso breit ist wie die anderen Ziffern, nämlich ein Halbgeviert. Die proportionale 1 mag zunächst ungewohnt wirken, führt aber zu einem ausgeglichenerem Schriftbild.
In Überschriften, Listen und Tabellen wirken Mediävalziffern eher merkwürdig. Nichtproportionale Mediävalziffern sind möglich, aber kaum sinnvoll, daher sollten Sie vorsichtshalber `onum` und `pnum` zusammen aktivieren.
Für Fußnoten lassen sich fertige hochgestellte Zahlen (`sups` oder `numr`) verwenden.

12 en.wikipedia.org/wiki/List_of_typographic_features
13 `context/base/mkiv/font-ott.lua`

Kürzel	Bedeutung
`calt`	Kontextuelle Alternativen (Contextual Alternatives)
`dnom`	Bruchziffern, Nenner (Denominators), wird von `frac` verwendet
`frac`	Brüche (Fractions)
`hist`	Historische Formen
`ital`	Kursive (Italics)
`liga`	Standardligaturen (S. 132)
`tlig`	Traditionelle TeX-Ligaturen (S. 132)
`trep`	Traditionelle TeX-Ersetzungen
`numr`	Bruchziffern, Zähler (Numerators), wird von `frac` verwendet
`onum`	Mediävalziffern (Oldstyle numbers)
`ordn`	Ordinalzeichen (z. B. für th, nd, rd im Englischen)
`pnum`	Proportionale Ziffern
`rand`	Zufallsformen (Random)
`salt`	Stilistische Alternativen
`sinf`	Indexzahlen (Scientific Inferiors)
`smcp`	Kapitälchen (Small Caps)
`ss01`	Stilistische Gruppe 01
`subs`	Tiefgestellte Zeichen (Subscript)
`sups`	Hochgestellte Zeichen (Superscript)
`swsh`	Geschweifte Formen (Swash)
`tnum`	Nichtproportionale Ziffern
`zero`	Null mit Schrägstrich

Tab. 9.2 Häufige OpenType-Features

Feature	Ziffernart	Verwendung
`onum`	Mediävalziffern	Fließtext
`pnum`	Proportionale Versalziffern	Überschriften, Fließtext, Paginierung
`tnum`	Tabellenziffern	Tabellen, Inhaltsverzeichnis, Fußnoten
`zero`	Null mit Schrägstrich	Code, Unterscheidung von O und 0

Tab. 9.3 Ziffernarten

Mediävalziffern:

Im Jahre 1872 betrug die Friedenspräsenzstärke 359 000 Mann. Seither nimmt die Steigerung kein Ende. Jetzt stehen rund 700 000 Mann im Frieden unter den Waffen, wenn wir die Unteroffiziere, diese Zierde der Menschheit, zurechnen, von denen wir 82 000 Mann haben.
aus einer Rede von Rosa Luxemburg am 7. Oktober 1911 in Stuttgart

Proportionale Versalziffern:

Im Jahre 1872 betrug die Friedenspräsenzstärke 359 000 Mann. Seither nimmt die Steigerung kein Ende. Jetzt stehen rund 700 000 Mann im Frieden unter den Waffen, wenn wir die Unteroffiziere, diese Zierde der Menschheit, zurechnen, von denen wir 82 000 Mann haben.
aus einer Rede von Rosa Luxemburg am 7. Oktober 1911 in Stuttgart

Tabellenziffern:

Im Jahre 1872 betrug die Friedenspräsenzstärke 359 000 Mann. Seither nimmt die Steigerung kein Ende. Jetzt stehen rund 700 000 Mann im Frieden unter den Waffen, wenn wir die Unteroffiziere, diese Zierde der Menschheit, zurechnen, von denen wir 82 000 Mann haben.
aus einer Rede von Rosa Luxemburg am 7. Oktober 1911 in Stuttgart

Quelle: https://projekt-gutenberg.org/authors/rosa-luxemburg/books/reden/chapter/38/

Abb. 9.2 Wirkung verschiedener Ziffernarten (Adobe Garamond)

Wie kann ich das nun in ConTEXt umsetzen?

```
\definefontfeature[default][default][
  % Mediävalziffern aktivieren
  onum=yes,pnum=yes,
]

\definefontfeature[Kaps][default][
  % Kapitälchen mit Mediävalziffern
  onum=yes,pnum=yes,lnum=no,
  smcp=yes,script=latn,
]
\definefontfeature[VerZ][default][
  % proportionale Versalziffern
  onum=no,pnum=yes,tnum=no,
]
\definefontfeature[TabZ][default][
  % Tabellenziffern
  onum=no,pnum=no,tnum=yes,
]
\definefontfeature[TNZ][TabZ][
  % Fußnotenziffern im Text
  sups=yes,
]
```

```
\definefontfeature[FNZ][VerZ][
  % Fußnotenziffern an der Fußnote
  sups=yes,
]

\setuplist[chapter,section,subsection][
  % Inhaltsverzeichnis
  numberstyle={\feature[+]{TabZ}},
  pagestyle={\feature[+]{TabZ}},
]

\setupheader[style={\feature[+]{VerZ}}]
% oder z.B.:
% \setupheadertexts
%    [{\getmarking[section]}]
%    [{\feature[+]{VerZ}\pagenumber}]
%    [{\feature[+]{VerZ}\pagenumber}]
%    [{\feature[+]{VerZ}\getmarking[chapternumber]\space
%    \getmarking[chapter]}]

% Fußnoten
\define[1]\TNN{\feature[+]{TNZ}#1}
\setupnotes[
  textcommand=\TNN, % Nummer im Text
]
\define[1]\FNN{\feature[+]{FNZ}#1}
\setupnotation[
  numbercommand=\FNN, % an der Fußnote
]
```

9.12.2 Virtuelle Features

Fehlende OpenType-Features lassen sich in Lua nachbauen.
So enthalten manche Schriften, die halbherzig aus dem Type-1-Format konvertiert wurden, einzelne Ligatur-Glyphen, die nicht über OpenType-Features ansprechbar sind.
Als Beispiel führte Bruce Horrocks die „Venetian 301 BT" vor; sie enthält die Ligaturen fi und fl, je nach Schnitt auch noch an verschiedenen Positionen, außerdem wollte Bruce die Ligaturen für Gedankenstriche zurückhaben, die aus ConTEXt entfernt wurden:

```
\startluacode
fonts.handlers.otf.addfeature {
  name = "v1",  -- Zeichenersetzungen für venetian-301-demi-bt
  type = "ligature",
  data = {
```

```
      [0xF001] = { "f", "i" },
      [0xF002] = { "f", "l" },
    }
}
fonts.handlers.otf.addfeature {
      name = "v2",  -- Zeichenersetzungen für Venetian301BT
      type = "ligature",
      data = {
        [0xFB01] = { "f", "i" },
        [0xFB02] = { "f", "l" },
      }
}
fonts.handlers.otf.addfeature {
    name = "v3",  -- Zeichenersetzungen für beide Schnitte
    type = "ligature",
    data = {
      [0x2013] = { "-", "-" },        -- Halbgeviertstrich
      [0x2014] = { "-", "-", "-" }, -- Geviertstrich
    }
}
\stopluacode
\definefontfeature [ven301-demi-ligatures][default][v1=yes,v3=yes
    ]
\definefontfeature [ven301-std-ligatures][default][v2=yes,v3=yes]

\starttypescript [serif] [myBookFont]
    \definefontsynonym [Serif]        [file:venetian-301-demi-bt] [
      features=ven301-demi-ligatures]
    \definefontsynonym [SerifBold]    [file:Venetian301BT-Bold]    [
      features=ven301-std-ligatures]
    \definefontsynonym [SerifItalic] [file:Venetian301BT-Italic] [
      features=ven301-std-ligatures]
\stoptypescript
```

Bruce hat also Features mit den völlig willkürlichen Namen `v1`, `v2` und `v3` in Lua definiert, diese mit `\definefontfeature` zusammengefasst und schließlich in `\definefontsynonym` der Schrift zugewiesen.

Mit dem Namen `liga` wären die Features automatisch von `default` aufgegriffen worden, dann wäre aber die unterschiedliche Behandlung der beiden Schriftschnitte nicht möglich gewesen.

Mehr dazu finden Sie im Handbuch `fonts-mkiv`[14].

[14] `texmf-context/doc/context/documents/general/manuals/fonts-mkiv.pdf`

9.13 Variable Schriften

Variable Schriften lassen sich entlang verschiedener „Designachsen" einstellen, je nach Schrift kann das die Breite/Laufweite, das Gewicht („Fette"), die Neigung oder die Größe der Serifen sein.

Analysieren Sie zunächst die Möglichkeiten mit Hilfe des Moduls `fonts-variable` – Sie erhalten ein mehrseitiges PDF, in dem die vordefinierten Instanzen und ihre Parameter dargestellt sind:

```
\usemodule[fonts-variable]
\starttext
\showfontvariations[font=segoeuivariable]
\stoptext
```

Sie können die vordefinierten Instanzen wie andere Schriftschnitte in Ihren Typescripts ansprechen, oder Ihre eigenen Instanzen definieren. Dazu müssen Sie die Achsen-Einstellungen jeweils als Feature deklarieren.

Die *Segoe UI Variable* hat die Achsen `wght` (Gewicht) und `opsz` (optische Größe):

```
\definefontfeature[VersionA][axis={wght=750,opsz=8}]
\definefontfeature[VersionB][axis={wght=500,opsz=10.5}]
\definefontfeature[VersionC][axis={wght=300,opsz=36}]

\definefontfamily[SchriftA][rm][segoeuivariable]
  [features={default, VersionA}]
\definefontfamily[SchriftB][rm][segoeuivariable]
  [features={default, VersionB}]
\definefontfamily[SchriftC][rm][segoeuivariable]
  [features={default, VersionC}]

\tfa
{\SchriftA Schrift A}
{\SchriftB Schrift B}
{\SchriftC Schrift C}
```

Schrift A Schrift B Schrift C

9.14 Initiale

Wenn Sie den Absatz mit `\placeinitial` einleiten, wird das folgende Zeichen als Initial gesetzt. Wie üblich haben Sie umfangreiche Konfigurationsmöglichkeiten mit `\setupinitial`.

⚠ `\placeinitial` akzeptiert keine Parameter. Wenn Sie die Einstellungen für einzelne Initiale ändern möchten, müssen Sie `\setupinitial` innerhalb einer Gruppe verwenden.

Option	Werte	Beschreibung
`n`	Zahl	Höhe des Initials in Zeilen (Standard: 3)
`m`	Zahl	Länge des Initials in Zeichen (Leerzeichen werden ignoriert)
`before`	Befehle	Befehle, die vor dem Initial ausgeführt werden sollen
`distance`	Größe	Abstand vom Initial zum Text (Standard: `.125\emwidth`), kann negativ sein
`hoffset`	Größe	Horizontale Verschiebung des Initials
`voffset`	`line` Größe	Vertikale Verschiebung des Initials
`style`	Stil	Stil des Initials, höhere Priorität als `font`
`color`	Farbe	Farbe des Initials
`font`	Schrift	Schriftangabe wie in `\definedfont`
`text`	Text	Text, der statt den Zeichen nach `\placeinitial` verwendet werden soll (ignoriert `m`)
`location`	`text margin`	Platzierung im Text oder im Rand

Tab. 9.4 Parameter von `\setupinitial`

```
\placeinitial Nationalökonomie
  ist, wenn die Leute sich
  wundern, warum sie kein Geld
  haben.
\wordright{Kurt Tucholsky}
```

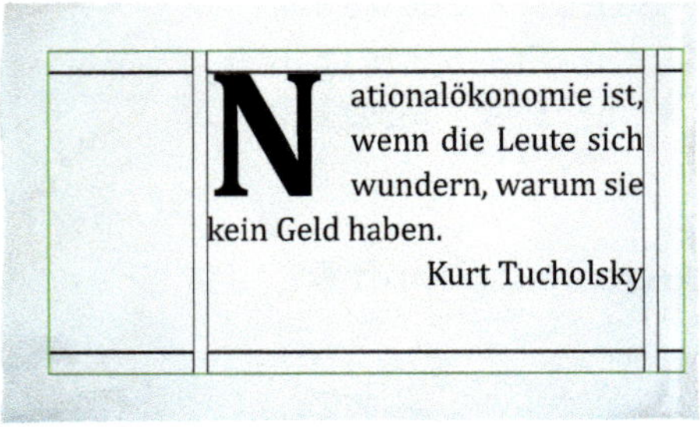
Nationalökonomie ist, wenn die Leute sich wundern, warum sie kein Geld haben.
Kurt Tucholsky

```
\setupinitial[m=2,
  hoffset=0.45em,distance=-0.4em
    ]
```

„Keine andere Kunst hat mehr Berechtigung, ihren Blick auf die zukünftigen Jahrhunderte zu richten als die Typographie.“
Giambattista Bodoni

```
\setupinitial[n=2,text={»»}]
```

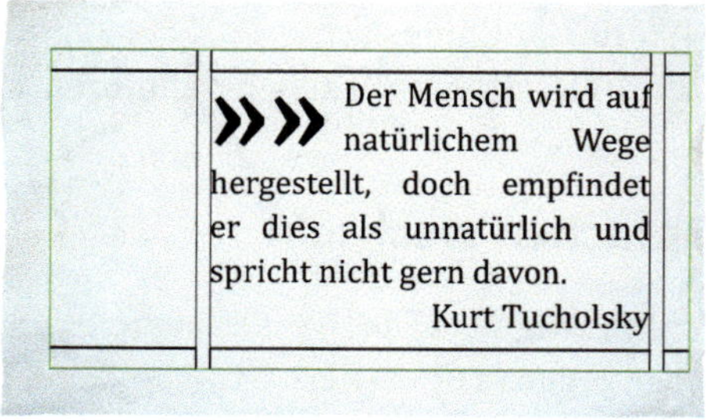

»»Der Mensch wird auf natürlichem Wege hergestellt, doch empfindet er dies als unnatürlich und spricht nicht gern davon.
Kurt Tucholsky

```
\setupinitial[location=margin,
  color=orange,]
```

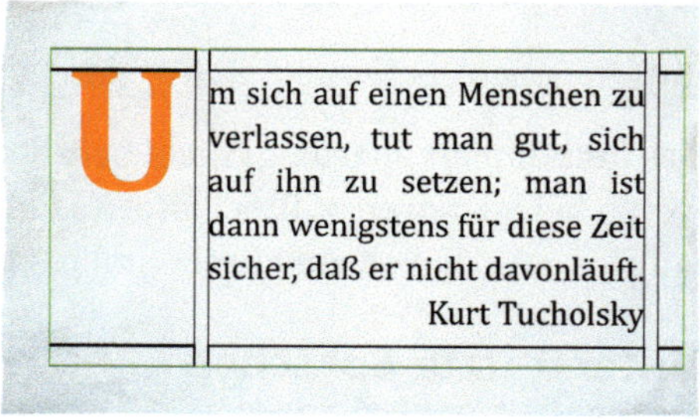

Um sich auf einen Menschen zu verlassen, tut man gut, sich auf ihn zu setzen; man ist dann wenigstens für diese Zeit sicher, daß er nicht davonläuft.
Kurt Tucholsky

Initiale funktionieren nicht innerhalb von \framed-Umgebungen.

10 Sprachen

10.1 Sprachen wechseln

```
\mainlanguage[de] % Hauptsprache definieren
\language[fr] % auf eine andere Sprache umschalten
```

Viele Sprachen können Sie auch direkt mit ihrem Kürzel aufrufen:

```
Rotkäppchen ist auch als {\en Little Red Ridinghood} bekannt.
```

Das funktioniert allerdings nicht bei allen Sprachen, weil die Kürzel bereits anderweitig belegt waren, z. B. schaltet `\sl` auf schräge Schrift (slanted) um und nicht auf Slowenisch, `\it` auf kursiv (italics) und nicht auf Italienisch.

10.2 Unterstützte Sprachen

Die folgende Tabelle enthält die Sprachen, die in ConTEXt konfiguriert sind. Manche davon werden nur provisorisch unterstützt – wenn Sie Fehler finden, melden Sie sie bitte auf der Mailingliste.

Code	Sprache	Gruppe	Schriftsystem
af	Afrikaans	germanisch	lateinisch
ar	Arabisch	semitisch	arabisch
hy	Armenisch	armenisch	armenisch
as	Assamesisch	indoarisch	bengalisch
mul-ethi	Äthiopisch (diverse)	semitisch	äthiopisch
eu	Baskisch	—	lateinisch
be	Belarussisch	slawisch	kyrillisch
bn	Bengali	indoarisch	bengalisch
bg	Bulgarisch	slawisch	kyrillisch
cn	Chinesisch (vereinfacht)	sinitisch	chinesisch

Code	Sprache	Gruppe	Schriftsystem
zh-latn-pinyin (zh)	Chinesisch (Pinyin)	sinitisch	lateinisch
da	Dänisch	germanisch	lateinisch
de	Deutsch (aktuell)	germanisch	lateinisch
de-1996 (de)	Deutsch (Rechtschreibung 1996/2006)	germanisch	lateinisch
de-1901 (deo)	Deutsch (Rechtschreibung 1901)	germanisch	lateinisch
en	Englisch	germanisch	lateinisch
en-GB (gb)	Englisch (GB)	germanisch	lateinisch
en-US (us)	Englisch (USA)	germanisch	lateinisch
eo	Esperanto	Plansprache	lateinisch
et	Estnisch	uralisch	lateinisch
fi	Finnisch	uralisch	lateinisch
fr	Französisch	romanisch	lateinisch
fur	Friaulisch (Furlanisch)	romanisch	lateinisch
ga	Galicisch (Galegisch)	romanisch	lateinisch
ka	Georgisch	südkaukasisch	georgisch
el-monoton (gr, el)	Griechisch	griechisch	griechisch, monotonisch
el-polyton (agr, grc)	Altgriechisch	griechisch	griechisch, polytonisch
gu	Gujarati	indoarisch	Gujarati
hi	Hindi	indoarisch	Devanagari
id	Indonesisch (Bahasa Indonesia)	austronesisch	malaisch
ia	Interlingua	Plansprache	lateinisch
ga	Irisches Gälisch	keltisch	lateinisch
is	Isländisch	germanisch	lateinisch
it	Italienisch	romanisch	lateinisch
ja	Japanisch	japanisch	japanisch
kn	Kannada	dravidisch	Kannada

Code	Sprache	Gruppe	Schriftsystem
`ca`	Katalanisch	romanisch	lateinisch
`cu`	Kirchenslawonisch	slawisch	kyrillisch
`cop`	Koptisch	ägyptisch	griechisch
`kr`	Koreanisch	–	koreanisch (Hangul)
`hr`	Kroatisch	slawisch	lateinisch
`kmr`	Kurmandschi (Nordkurdisch)	kurdisch	lateinisch
`la-x-classic` (`ala`)	Latein (klassisch)	romanisch	lateinisch
`la-x-liturgic`	Latein (liturgisch)	romanisch	lateinisch
`la`	Latein (modernes und Mittellatein)	romanisch	lateinisch
`lv`	Lettisch	baltisch	lateinisch
`lt`	Litauisch	baltisch	lateinisch
`mk`	Mazedonisch	slawisch	kyrillisch
`ml`	Malayalam	dravidisch	Malayalam
`mr`	Marathi	indoarisch	Devanagari
`mn-cyrl` (`mn`)	Mongolisch	mongolisch	kyrillisch
`mn-cyrl-x-lmc`	Mongolisch (Chalcha)	mongolisch	kyrillisch
`nl`	Niederländisch	germanisch	lateinisch
`nb`	Norwegisch (Bokmål)	germanisch	lateinisch
`nn`	Norwegisch (Nynorsk)	germanisch	lateinisch
`hsb`	Obersorbisch	slawisch	lateinisch
`oc`	Okzitanisch	romanisch	lateinisch
`or`	Oriya (Odia)	indoarisch	Oriya
`pi`	Pali	indoarisch	lateinisch
`pa`	Panjabi	indoarisch	Gurmukhi? (oder Devanagari?)
`pms`	Piemontesisch	romanisch	lateinisch
`fa` (`pe`)	Persisch (Farsi)	iranisch	arabisch
`pl`	Polnisch	slawisch	lateinisch

Code	Sprache	Gruppe	Schriftsystem
`pt`	Portugiesisch	romanisch	lateinisch
`ro`	Rumänisch	romanisch	lateinisch
`rm`	Rumantsch (Rätoromanisch, Bündnerromanisch)	romanisch	lateinisch
`ru`	Russisch	slawisch	kyrillisch
`sa`	Sanskrit	indoarisch	versch. (lateinisch, Devanagari usw.)
`sr`	Serbisch	slawisch	kyrillisch & lateinisch
`sh`	Serbokroatisch	slawisch	kyrillisch & lateinisch
`sv`	Schwedisch	germanisch	lateinisch
`sk`	Slowakisch	slawisch	lateinisch
`sl`	Slowenisch	slawisch	lateinisch
`es`	Spanisch (Kastilisch)	romanisch	lateinisch
`ta`	Tamil	dravidisch	tamilisch
`te`	Telugu	dravidisch	Telugu
`th`	Thai	tai	thai
`cs`	Tschechisch	slawisch	lateinisch
`tk`	Turkmenisch	turkisch	lateinisch
`tr`	Türkisch	turkisch	lateinisch
`uk (ua)`	Ukrainisch	slawisch	kyrillisch
`hu`	Ungarisch	uralisch	lateinisch
`ur`	Urdu	indoarisch	arabisch
`vn (vi)`	Vietnamesisch	austroasiatisch	lateinisch
`cy`	Walisisch	keltisch	lateinisch

Die Sprachgruppe ist nur aus eigenem Interesse aufgeführt, wenn Sie aber eine Sprache brauchen, die noch nicht unterstützt wird, können Sie mit den Einstellungen einer verwandten Sprache beginnen.
Sie finden die Trennmuster unter `texmf-context/tex/context/patterns/mkiv`.
Weitere Informationen in `languages-mkiv`[1].

[1] `texmf-context/doc/context/documents/general/manuals/languages-mkiv.pdf`

10.3 Sprachabhängige Interpunktion

Wenn Sie in deutschen Texten lieber französische Anführungszeichen (Chevrons oder Möwchen, »so«) verwenden möchten, definieren Sie:

```
\setuplanguage[de][
  leftsentence=\rightguillemot,
  rightsentence=\leftguillemot,
  leftquotation=\rightguillemot,
  rightquotation=\leftguillemot,
  leftquote=\guilsingleright,
  rightquote=\guilsingleleft,
]
```

Sie können die Zeichen auch direkt eingeben, z. B. `leftquotation=»`.
Diese Anführungszeichen werden bei `\startquotation` (left-/rightsentence), `\quotation` (left-/rightquotation) bzw. `\quote` (left-/rightquote) eingesetzt.
Die Umschaltung auf französisch wäre dagegen nicht hilfreich, denn im Französischen, in anderen romanischen Sprachen und in der Schweiz zeigen die Winkel nach innen (Guillemets[2]) und werden in Frankreich meist zusätzlich spationiert; mit `\setcharacterspacing[frenchpunctuation]` aktivieren Sie die großzügigere Version.
Einfache Anführungszeichen sind im Französischen nicht üblich (außer evtl. in der Schweiz) – nach Aussage von ConTEXt-Benutzern aus Frankreich und Kanada, entgegen den Angaben z. B. im *Duden Satz und Korrektur* und in der deutschsprachigen Wikipedia.

10.4 Trennungen beeinflussen

Um die Trennstellen anzuzeigen, können Sie `\hyphenatedword` verwenden:

```
\hyphenatedword{Blumentopferde}
  \par
\hyphenatedword{Urinstinkt}\par
\hyphenatedword{Brotaufstrich}
```

Blu-men-topf-er-de
Ur-instinkt
Brot-auf-strich

ConTEXt ist so eingestellt, dass Vor- und Nachsilben im Deutschen erst ab drei Zeichen getrennt werden (im Englischen: zwei/drei). Sie können das ändern:

```
\setuplanguage[de][
  lefthyphenmin=2,
  righthyphenmin=2,
]
```

Wenn die mitgelieferten Trennmuster versagen, können Sie im Einzelfall eingreifen:

[2] Guillemots sind Lummen (Meeresvögel), keine Anführungszeichen. Die falsche Schreibweise hat sich leider durch Adobe und TEX verbreitet. Allerdings passen Lummen zu Möwchen.

```
Auf\-lage % einzelne Trennausnahme
Trenn||Strich % trennbarer Bindestrich, auch ohne \setbreakpoints

\unhyphenated{Sollsobleim} % Trennung verhindern
{\nohyphens Sollsobleim}
```

Sinnvoller ist es meist, am Anfang Ihres Dokuments allgemeine Trennausnahmen zu definieren:

```
\setbreakpoints[compound] % erlaubt Trennung an Binde- und
  Schrägstrichen

\startexceptions[de]  % sprachabhängige Trennausnahmen
He-cken-ecke
\stopexceptions

\hyphenation{ % allgemeine Trennausnahmen
        Blu-men-to-pfer-de
        Hrzl-brmft
        nichttrennbar
}
```

Die Erklärung von breakpoints sprengt den Rahmen dieses Buches, aber der dargestellte Befehl ist in den meisten Sprachen sinnvoll.
Wenn Sie \startexceptions (sprachabhängig) verwenden, muss es vor \hyphenation (sprachunabhängig) stehen.

Eine weitere Möglichkeit, Trennungen in einem größeren Bereich zu verhindern, ist das Ausschalten von sprachspezifischen Einstellungen mit \language[zero]. Die Parameter hyphenated, nothyphenated, lesshyphenation und morehyphenation von \setupalign (und überall, wo es align gibt) erlauben die Veränderung des Trennverhaltens.

In der alten deutschen Rechtschreibung (deo) musste ck als k-k getrennt werden. Diese Regel fehlt offenbar. Entweder geben Sie Trennausnahmen für die betreffenden Wörter an, oder Sie schalten auf die traditionelle Trennmethode um, der Sie eine allgemeine Regel mitgeben können:

```
\startexceptions[deo]  % Trennausnahmen
He{k-}{k}{ck}en-e{k-}{k}{ck}e
\stopexceptions

\registerhyphenationpattern[deo][c1k/k=k]
\setuphyphenation[method=traditional]
```

10.5 Sprachabhängige Bezeichnungen

Wie kann ich automatisch eingesetzte Begriffe von der Sprache abhängig machen?

Die Begriffe, die ConTEXt automatisch einsetzt, können Sie mit `\setuplabeltext` verändern:

```
\setuplabeltext[de][
  figure={Bild },
  table={Übersicht },
  chapter={Paragraph }]
```

Das Leerzeichen am Ende ist nötig, weil sonst die Nummer am Wort klebt.
Sie können den Mechanismus aber auch für eigene Zwecke verwenden und den Begriff mit `\labeltext` abrufen:

```
\setuplabeltext [de] [anrede=Hallo]
\setuplabeltext [en] [anrede=Hello]
\setuplabeltext [fr] [anrede=Salut]
\labeltext{anrede}
```

Weitere Varianten lassen sich auch umsetzen:

```
\def\anredeform{du}
\setuplabeltext [de] [du:anrede=Hallo, Sie:anrede={Guten Tag}]
\setuplabeltext [en] [du:anrede=Hello, Sie:anrede={Good Morning}]
\setuplabeltext [fr] [du:anrede=Salut, Sie:anrede=Bonjour]
\labeltext{\anredeform:anrede}
```

Auch mit den Modus-Verzweigungen (S. 374) können Sie sprachabhängige Texte realisieren – zu jeder Sprache ist auch ein Modus definiert, der mit einem Sternchen eingeleitet wird:

```
\startmode[*en] English \stopmode
\startmode[*nl] Nederlands \stopmode
```

10.6 Von rechts nach links

Einige Hinweise finden sich im Handbuch `bidi`[3] und im Wiki[4].
Wesentlich ist die Aktivierung der passenden Font-Features (S. 160); `script` muss auf `arab` bzw. `hebr` gesetzt werden, das ist bereits von den virtuellen Features für die betreffenden Sprachen abgedeckt.
Für Hebräisch muss evtl. zusätzlich `ccmp=yes` und `lang=heb` gesetzt werden, das hängt von der Schrift ab. Auch, ob `language` auf etwas anderes als `dflt` gesetzt werden muss, hängt von der Schrift ab.

[3] `texmf-context/doc/context/documents/general/manuals/bidi.pdf`
[4] wiki.contextgarden.net/Input_and_compilation/Languages/Arabic_and_Hebrew

Folgendes Beispiel stammt aus einem jiddischen Environment[5]:

```
\mainlanguage[yiddish]
\setupdirections[bidi=global,method=one]
\setupalign[r2l,hz,hanging]
\setuplayout[direction=reverse]
\setupinteractionscreen[option=righttoleft]
```

Im laufenden Text können Sie mit `\righttoleft` und `\lefttoright` die Schreibrichtung wechseln. Achten Sie darauf, Zitate mit den richtigen Sprachen auszuzeichnen, ein Schriftwechsel oder Font-Fallback allein reicht nicht.

10.7 Chinesisch

Der Zeilenumbruch für Chinesisch wird mit `\setscript[hanzi]` aktiviert, sonst werden Zeilen in chinesischer Schrift nicht umbrochen. Bei mehrsprachigen Texten möchten Sie das aber nicht für den ganzen Text aktivieren, sonst kann der Weißraum in der lateinischen Schrift durcheinandergeraten. So aktivieren Sie den richtigen Umbruch mit der Sprachumschaltung:

```
\startsetups [chinese]
  \setscript[hanzi]
\stopsetups

\setuplanguage [cn] [setups=chinese]
```

10.8 Neue Sprachen definieren

Längst nicht alle Sprachen werden von ConTEXt schon unterstützt. Während es bei manchen exotischen Sprachen (z. B. nepalesisch) noch an der grundsätzlichen Unterstützung des Schriftsystems mangelt, können Sie zusätzliche indoeuropäische Sprachen mit vertretbarem Aufwand selbst hinzufügen – und Ihre Arbeit dann gerne der ConTEXt-Gemeinschaft zur Verfügung stellen.
Folgende Dateien müssen bearbeitet werden:

`lang-def.mkiv/.mkxl`	Grunddefinition, Anführungszeichen, Datumsformat, Trenneinstellungen
`lang-txt.lua`	Labels (automatisch eingesetzte Texte, S. 176)
`tex/context/patterns/mkiv/lang-NEU.lua`	Trennmuster

Wenn es bereits ein LaTEX-Trennmuster gibt, kann es mit `mtxrun --script pattern --convert` konvertiert werden. Weitere Dokumentation gibt es auf hyphenation.org.

5 github.com/alter-kaker/yiddish-reader

11 Tabellen

Wie kann ich Tabellen setzen?

ConTEXt hat im Laufe seiner Entwicklung mehrere Syntaxvarianten zum Tabellensatz bekommen. Jede Variante hat ihre eigenen Vor- und Nachteile.

Verwenden Sie die Tabulator-Umgebung, solange sie Ihren Anforderungen genügt.

Die Tabulator-Umgebung ist für den Einsatz im Fließtext gedacht, alle anderen Tabellen für den Einsatz als Gleitobjekte (`\startplacetable` ... `\stopplacetable`; siehe 14). Andere Anwendungen funktionieren meistens, haben aber Einschränkungen, z. B. lässt sich der Abstand vom Fließtext zur Tabelle nicht konfigurieren, sodass Sie mit `\blank` hantieren müssen.

11.1 Tabulatoren

Die Umgebung `tabulate` ist eine einfache Tabelle im Textfluss, die problemlos über Seitengrenzen hinweg laufen kann und bei der die Spaltenbreiten automatisch nach Bedarf eingerichtet werden.
Die Syntax ist etwas kryptisch, da `tabulate` (bzw. `table`) zu den ältesten Teilen von ConTEXt gehört und sich eng an Konstrukte von älteren TEX-Paketen anlehnt.

```
\starttabulate[|l|l|r|]
\HL
\NC eins \NC erster Punkt \NN 1 \NC\NR
\NC je länger je lieber \NC zweiter Punkt \NN 3456 \NC\NR
\HL
\stoptabulate
```

eins	erster Punkt	1
je länger je lieber	zweiter Punkt	3456

Befehl	Bedeutung
\starttabulate	Tabelle Anfang
\stoptabulate	Tabelle Ende
\NR	Ende der Zeile
\NB	Ende der Zeile (hier kein Seitenumbruch)
\NC	neue Zelle
\HC	neue Zelle mit ‚hook'
\RC	neue Zelle, ‚roh'
\NS[][]	neue Mehrspalten-Zelle (Anzahl zus. Spalten, Formatierung)
\VL[]	neue Zelle mit senkrechter Linie (optional mit Farbangabe)
\EQ	Zelle mit Symbol (z. B. =)
\NI	Zelle mit Aufzählungszeichen (s. u.)
\NN	neue Zelle für Zahlen (wie \digits)
\NL[farbe]	Zeile mit Hintergrundfarbe
\TB[]	Abstand zwischen zwei Zeilen (Parameter wie \blank)
\HL	horizontale Linie (allgemein)
\FL	horizontale Linie (erste Zeile)
\ML	horizontale Linie (zwischen zwei gleichberechtigten Zeilen)
\BL	horizontale Linie (Ende eines Abschnitts)
\LL	horizontale Linie (Tabellenende)
\CM[]	Zelle mit Hintergrundfarbe (ganze Zelle)
\CC[]	Zelle mit Hintergrundfarbe (nur Text)
\CR[]	Zelle mit Hintergrundfarbe (Text und Platz rechts)
\CL[]	Zelle mit Hintergrundfarbe (Text und Platz links)
\CT[]	Zelle mit farbigem Text

Tab. 11.1 Befehle von tabulate

Geben Sie bei \NS nur die Anzahl der *zusätzlichen* Spalten an!

1.1.1 Spaltenformate

Die Anzahl und Formatierung der Spalten wird als Parameter von \starttabulate angegeben (Tab. 11.2), getrennt durch |. Dieses Trennzeichen erzeugt keine Linie!
Hinweise zu Hintergrundfarben und Linien finden Sie in rules-mkiv[1].

- Beachten Sie die *runden* Klammern bei der Angabe der Spaltenbreite!
- p ohne Größenangabe verwendet die maximal verfügbare Breite, mehrere p-Spalten teilen sich den Platz auf.
- Es gibt auch P() als Alternative zu p() mit einem anderen Verhalten bei Seitenumbrüchen.

[1] texmf-context/doc/context/documents/general/manuals/rules-mkiv.pdf

<table>
<tr><th>Code</th><th>Bedeutung</th><th>Beispiel</th></tr>
<tr><td>c</td><td>zentriert</td><td>|c|</td></tr>
<tr><td>l</td><td>linksbündig</td><td>|l|</td></tr>
<tr><td>r</td><td>rechtsbündig</td><td>|r|</td></tr>
<tr><td>m</td><td>Mathematik-Modus (inline)</td><td>|m|</td></tr>
<tr><td>M</td><td>Mathematik-Modus (display)</td><td>|M|</td></tr>
<tr><td>w()</td><td>einzelne Zeile mit fester Breite</td><td>|mw(2cm)|</td></tr>
<tr><td>p()</td><td>Absatz mit Zeilenumbruch auf feste Breite</td><td>|p(2cm)|</td></tr>
<tr><td>g{}</td><td>Ausrichtung an einem Zeichen</td><td>|cg{,}|</td></tr>
<tr><td>b{}</td><td>Präfix (before)</td><td>|lb{\star}|</td></tr>
<tr><td>a{}</td><td>Suffix (after)</td><td>|ra{\,°C}|</td></tr>
<tr><td>s()</td><td>Spaltenabstand</td><td>|p(3cm)s(5mm)|</td></tr>
<tr><td>i()</td><td>Einzug, Abstand links (indent)</td><td>|li(1dk)|</td></tr>
<tr><td>j()</td><td>Abstand rechts</td><td>|rj(0pt)|</td></tr>
<tr><td>B</td><td>fett (bold)</td><td>|lB|</td></tr>
<tr><td>I</td><td>kursiv (italics)</td><td>|lI|</td></tr>
<tr><td>S</td><td>schräg (slanted)</td><td>|lS|</td></tr>
<tr><td>T</td><td>Schreibmaschinenschrift (typewriter)</td><td>|lT|</td></tr>
<tr><td>f{}</td><td>Schriftart (font)</td><td>|lf{ss}|?</td></tr>
<tr><td>h{}</td><td>Kommando (hook), wird auf jede Zelle angewendet</td><td>|lh{\WORD}|</td></tr>
<tr><td>CM{}</td><td>Hintergrundfarbe (ganze Zelle)</td><td>|CM{yellow}c|</td></tr>
<tr><td>CC{}</td><td>Hintergrundfarbe (nur Text)</td><td>|CC{yellow}c|</td></tr>
<tr><td>CR{}</td><td>Hintergrundfarbe (Text und Raum rechts)</td><td>|CR{yellow}l|</td></tr>
<tr><td>CL{}</td><td>Hintergrundfarbe (Text und Raum links)</td><td>|CL{yellow}r|</td></tr>
<tr><td>CT{}</td><td>Textfarbe</td><td>|CT{blue}l|</td></tr>
</table>

Tab. 11.2 Spaltenformate von `tabulate`

11.1.1.1 Linien

Die verschiedenen Linien sehen fast gleich aus, unterscheiden sich aber im Umbruchverhalten und in der vertikalen Lage.

`\HL` und `\LL` können zu unerwünschten Seitenumbrüchen führen!

Solange Ihre Tabelle auf einer Seite bzw. in einer Spalte bleibt oder Sie mit dem Umbruch zufrieden sind, können Sie `\HL` verwenden.

Vermeiden Sie vertikale Linien – einerseits sind sie gestalterisch meist unnötig, andererseits werden die vertikalen Linien von `tabulate` durch horizontale Linien unschön unterbrochen (siehe folgendes Beispiel), und Sie müssen den Abstand vom Text manuell angeben.

Die Linienbefehle akzeptieren einen numerischen Parameter, der den Faktor für die Basis-Linienstärke angibt:

```
\setuptabulate[
  rulethickness=0.5pt,
  rulecolor=darkgreen]
\starttabulate[|ic|lj|]
\FL[4]
  \VL Code\VL Ausrichtung\VL\NR
\ML[2]
  \VL c \VL zentriert     \VL\NR
  \VL l \VL linksbündig   \VL\NR
  \VL r \VL rechtsbündig \VL\NR
\LL[4]
\stoptabulate
```

Code	Ausrichtung
c	zentriert
l	linksbündig
r	rechtsbündig

Ein zweiter numerischer Parameter gibt den Strichel-Faktor an:

```
\starttabulate
\FL[1,2]
  \NC Kopf   \NC Noch eine Spalte
    \NC\NR
\ML[1,1]
  \NC Zeile \NC Ein bisschen
    Inhalt \NC\NR
  \NC Zeile \NC Mehr Inhalt \NC
    \NR
  \NC Zeile \NC Noch mehr Inhalt
    \NC\NR
\LL[1,10]
\stoptabulate
```

Kopf	Noch eine Spalte
Zeile	Ein bisschen Inhalt
Zeile	Mehr Inhalt
Zeile	Noch mehr Inhalt

Weitere Hinweise zu Hintergrundfarben und Linien finden Sie in `rules-mkiv`[2].

11.1.2 Zahlen und Formeln

Wenn Zellen nur Zahlen enthalten, können Sie `\NN` verwenden, die Zahlen werden dann wie mit `\digits` (S. 344) formatiert. Wie genau, hängt von `\setdigitorder` und `\setdigitmode` ab. Im folgenden Beispiel wird der Dezimalpunkt in ein Komma umgewandelt, das deshalb als Ausrichtungszeichen `g{,}` angegeben ist.
Für Formeln versetzen Sie die ganze Spalte in den Mathe-Modus (`|m|`) oder verwenden die üblichen Mathe-Befehle wie `\im` (S. 323).
Für Gleichheits- oder andere Zeichen zwischen zwei Spalten verwenden Sie `\EQ`; das verwendete Zeichen können Sie mit `\setuptabulate[EQ=Zeichen]` festlegen.

2 `texmf-context/doc/context/documents/general/manuals/rules-mkiv.pdf`

```
\setdigitmode{3} % Dezimalkomma
\setuptabulate[EQ={\m{\times}}]

\starttabulate[|lg{,}|r|]
\NC\bf Breite \NC\bf Höhe \NC\NR
  \ML
\NN 112,348.80  \EQ 1240\NC\NR
\NN    7,700.099 \EQ 1000\NC\NR
\NN 63.0         \EQ 880\NC\NR\LL
\stoptabulate
```

Breite		**Höhe**
112 348,80	×	1240
7 700,099	×	1000
63,0	×	880

Die Optionen von `\setuptabulate` können Sie auch direkt an `\starttabulate` übergeben:

```
\starttabulate[|m|m|][EQ={=}]
\NC e \EQ mc^2 \NC\NR
\NC A \EQ \pi r^2 \NC\NR
\stoptabulate
```

$e = mc^2$
$A = \pi r^2$

11.1.3 Kombination mit Aufzählungen

Zur Nummerierung von Tabellenzeilen bietet sich die `itemize`-Umgebung an. Den Zähler können Sie auf zwei Arten abrufen: `\NI` nimmt eine eigene Spalte in Anspruch, `\itemtag` kann beliebig eingefügt werden. Jeder Einsatz zählt allerdings weiter – deshalb kommt die Nummerierung im folgenden Beispiel etwas durcheinander.

```
\startitemize[n]
\starttabulate[|r|r|l|l|]\FL
\NC Nr.  \NC Zahl \NC Futter        \NC Rest       \NC\NR\ML
\NI           ein  \NC Bein          \NC \itemtag?  \NC\NR
\NI           zwei \NC Zuckerstücke  \NC Bla        \NC\NR
\NI           drei \NC Brei          \NC -\itemtag  \NC\NR
\NI           vier \NC Bier          \NC Fasel      \NC\NR\LL
\stoptabulate
\stopitemize
```

Nr.	Zahl	Futter	Rest
1.	ein	Bein	2.?
3.	zwei	Zuckerstücke	Bla
4.	drei	Brei	—5.
6.	vier	Bier	Fasel

1.1.4 Eigene Versionen

Wenn Sie immer wieder die gleichen Einstellungen brauchen, können Sie sich Ihre eigenen tabulate-Umgebungen definieren:

```
\definetabulate[Beispiel][|r|c|l|l|]
\define[3]\BspEintrag{\NC #1 \NC \rightarrow \NC #2 \NC #3 \NC\NR
  }

\startBeispiel
  \BspEintrag{vorher}{nachher}{Prozess}\ML
  \BspEintrag{Stroh}{Gold}{Spinnrad}
\stopBeispiel
```

vorher	→	nachher	Prozess
Stroh	→	Gold	Spinnrad

Es funktioniert nicht, \starttabulate[...] in ein Makro zu verpacken!

11.2 TABLE

Die Befehle dieses ältesten Tabellenmoduls entsprechen denen der Tabulator-Umgebung, nur heißt die Umgebung table statt tabulate.
Wenn Sie eine Tabelle neu anlegen, verwenden Sie besser HTML-Tabellen (S. 184).
Tabellen mit der table-Umgebung lassen sich nicht auf mehrere Seiten umbrechen, dafür gibt es aber tables mit der gleichen Syntax, also \starttables[] usw., wie im folgenden Beispiel.

1.2.1 Kopfzeilen

Bei Tabellen, die auf mehrere Seiten umbrochen werden, können Sie die Kopfzeile(n) automatisch wiederholen lassen:

```
\setuptables[split=yes,header=repeat]
\starttableshead
  \FL
  \NC\bf Code \NC\bf Bedeutung \NC\NR
  \BL
\stoptableshead

\starttables[|r|l|]
    \NC c \NC zentriert     \NC\NR
    \NC l \NC linksbündig   \NC\NR
    \NC r \NC rechtsbündig  \NC\NR
\stoptables
```

11.3 HTML-Tabellen

Dieser Modus ist für die meisten Anforderungen geeignet, heißt offiziell *natural tables*, wird aber meistens „HTML-Tabellen“ genannt, denn er verwendet die gleichen Strukturbezeichnungen wie HTML. Abweichend von den üblichen ConTEXt-Konventionen beginnen alle Befehle mit `\b` ... `\e` (begin ... end) statt `\start` ... `\stop`.

Natural Tables sind grundsätzlich für die Platzierung mit `\placetable` gedacht (siehe Kapitel „Gleitobjekte“ ab S. 232). Da die Zellen auf `\framed` basieren, haben Sie weitreichende Gestaltungsmöglichkeiten. Beispiele finden Sie in `enattab`.

Befehle (Anfang ... Ende)	Bedeutung
`\bTABLE` ... `\eTABLE`	Tabelle
`\bTABLEhead` ... `\eTABLEhead`	Tabellenkopf
`\bTABLEnext` ... `\eTABLEnext`	Tabellenkopf ab der 2. Seite
`\bTABLEsection` ... `\eTABLEsection`	Abschnittskopf
`\bTABLEfoot` ... `\eTABLEfoot`	Tabellenfuß
`\bTABLEbody` ... `\eTABLEbody`	Tabellenkörper (Inhalt)
`\bTR` ... `\eTR`	Zeile
`\bTH` ... `\eTH`	Kopfzelle
`\bTD` ... `\eTD`	Zelle

Tab. 11.3 Strukturbefehle der „natural tables“

Option	Werte	Beschreibung
`color`, `headcolor`, `style`, `headstyle`	Farbe/Textstil	Textfarbe/-stil des Inhalts/des Kopfes
`leftmargindistance`, `rightmargindistance`	Dimension	Abstand der ersten/letzten Spalte vom Rand
`columndistance`	Dimension	Abstand der Spalten
`height`	Dimension	Höhe einer Zelle/Zeile
`width`	Dimension	Breite einer Zelle/Spalte, nötig für Zeilenumbruch
`offset`, `toffset`, `roffset`, `boffset`, `loffset`	Dimension	Abstand des Zelleninhalts zum Rahmen (allseitig, oben, rechts, unten, links)
`option`	`stretch tight`	Tabelle auf ganze Breite austreiben oder eng setzen

Tab. 11.4a Optionen von `\setupTABLE` (Auswahl). Die Optionen funktionieren auch bei `\bTABLE`, `\bTR` und `\bTD`, soweit sinnvoll. Die meisten Optionen von `\setupframed` (8) sind anwendbar.

Option	Werte	Beschreibung
textwidth	Dimension local	Gesamtbreite der Tabelle (wenn option=stretch)
split	yes no repeat auto	Aufteilung der Tabelle auf mehrere Seiten
header	repeat	Tabellenkopf wiederholen
left, right	Befehl	Vor und nach dem Inhalt einer Zelle
samepage	before after both	

Tab. 11.4b Optionen von \setupTABLE (Auswahl). Die Optionen funktionieren auch bei \bTABLE, \bTR und \bTD, soweit sinnvoll. Die meisten Optionen von \setupframed (8) sind anwendbar.

11.3.1 Adressierung

`\setupTABLE[Modus] [Adresse] [Optionen]`

Der Befehl \setupTABLE hat bis zu drei Parameter. Die ersten beiden dienen zur Adressierung. Üblicherweise enthält der erste c oder r für Spalte oder Zeile, der zweite eine Adressierung wie first (erste), odd (ungerade) oder eine Liste von Zahlen.

- Kopf- und Fußzeilen werden mitgezählt, Zeile 1 ist also die erste Zeile im Kopf und gleichzeitig die erste ungerade Zeile.
- Die Formatierung von Spalten bezieht sich auf alle TD-Zellen, nicht auf TH-Zellen. (Damit können Sie beeinflussen, ob die Spalten im Kopf mitformatiert werden.)
- Bei umbrochenen Tabellen beginnt die Zählung am Anfang der Tabelle, nicht am Anfang der Seite.

(keine Adresse)	ganze Tabelle
[header]	Zeilen im Kopf
[r] [first]	erste Zeile (ggf. im Kopf)
[r] [last]	letzte Zeile (ggf. im Fuß)
[r] [3,-2]	3. Zeile von oben und 2. Zeile von unten
[r] [odd]	ungerade Zeilen
[c] [each]	alle Spalten
[c] [even]	geradzahlige Spalten
[c] [first]	erste Spalte
[c] [1,5,7]	1., 5. und 7. Spalte

11.3.2 Umbruch

Um Tabellen über mehrere Seiten oder Spalten laufen zu lassen, müssen Sie die Aufteilung mit `split=yes` aktivieren. Ein Tabellenkopf (`\bTABLEhead`) wird trotzdem nur einmal am Anfang ausgegeben; um ihn zu wiederholen, setzen Sie `split=repeat`.
Für die Zellen im Kopf sollten Sie, wie in HTML, statt `\bTD` ... `\eTD` die Kopf-Befehle `\bTH` ... `\eTH` verwenden.
Wenn auf Folgeseiten ein anderer Kopf ausgegeben werden soll, definieren Sie diesen mit `\bTABLEnext` ... `\eTABLEnext` direkt nach `TABLEhead`.
Auch Abschnittsköpfe (`\bTABLEsection` ... `\eTABLEsection`) werden bei Bedarf wiederholt.
Die Fußzeile mit `\bTABLEfoot` ... `\eTABLEfoot` lässt sich leider nicht wiederholen.

Der Umbruch erfolgt immer nach ganzen Zeilen, ein Umbruch innerhalb von mehrzeiligen Zellen ist nur mit `tabulate` möglich!

Wenn Sie die Tabelle mit `\placetable` als Gleitobjekte umbrechen lassen, werden die Teile mit ‚a, b, c' nummeriert.

Die Gleitobjekt-Platzierung `{split}` kann nicht mit anderen Platzierungen wie `{top}` oder `{page}` kombiniert werden! Für eine `{page}`-Platzierung verwenden Sie *Postponing*:

```
\startpostponing
\startplacetable[location=split,title=Umbrochene Tabelle]
\bTABLE
...
\eTABLE
\stopplacetable
\stoppostponing
```

11.3.3 Zellen zusammenfassen oder überspringen

Um Zellen mehrere Spalten oder Zeilen überspannen zu lassen, verwenden Sie die Parameter `nc` (Anzahl der Spalten) oder `nr` (Anzahl der Zeilen):

```
\bTD[nc=2]Diese Zelle ist zwei Spalten breit\eTD
```

Wenn Sie nicht alle Zellen füllen möchten, können Sie die Spalten auch direkt anspringen:

```
\bTR\bTD erste \eTD\bTD[n=3] dritte \eTD\bTD[n=6] sechste \eTD
  \eTR
```

Mit dem Parameter `n` werden die leeren Zellen zusammengefasst. Wenn Sie einzelne leere Zellen brauchen, verwenden Sie `m`.
Die Adresse einer solchen Zelle ist die ihrer linken oberen Ecke.

Bei mehrzeiligen Zellen werden die „verdeckten“ Zellen in den folgenden Zeilen ausgelassen. Diese Zelle existiert nicht und kann daher z. B. auch keinen Rahmen haben. Das betrifft hier z. B. die Zelle r2c1, die von r1c1 verdeckt wird.

```
\bTABLE[frame=on,option=tight,width=3em]
\bTR \bTD[nc=2,nr=2] r1c1 \eTD \bTD r1c3 \eTD \bTD[nr=2] r1c4
  \eTD \bTD[nc=2,nr=2] r1c5 \eTD \eTR
\bTR \bTD[nr=2] r2c3 \eTD \eTR
\bTR \bTD[nc=2] r3c1 \eTD \bTD[nc=2] r3c4 \eTD \bTD r3c6 \eTD
  \eTR
\bTR \bTD r4c1 \eTD \bTD[nc=2] r4c2 \eTD \bTD[nr=2] r4c4 \eTD
  \bTD[nc=2] r4c5 \eTD \eTR
\bTR \bTD[nr=2,nc=2] r5c1 \eTD \bTD[nr=2] r5c3 \eTD \bTD[nr=2,nc=
  2] r5c5 \eTD \eTR
\bTR \bTD r6c4 \eTD \eTR
\eTABLE
```

<table>
<tr><td colspan="2" rowspan="2">r1c1</td><td>r1c3</td><td rowspan="2">r1c4</td><td colspan="2" rowspan="2">r1c5</td></tr>
<tr><td rowspan="2">r2c3</td></tr>
<tr><td colspan="2">r3c1</td><td colspan="2">r3c4</td><td>r3c6</td></tr>
<tr><td>r4c1</td><td colspan="2">r4c2</td><td rowspan="2">r4c4</td><td colspan="2">r4c5</td></tr>
<tr><td colspan="2" rowspan="2">r5c1</td><td rowspan="2">r5c3</td><td colspan="2" rowspan="2">r5c5</td></tr>
<tr><td>r6c4</td></tr>
</table>

Es sind nur rechteckige Zellen möglich.

1.3.4 Text drehen

Sie können die Option `orientation` für Tabellenzellen verwenden, dabei kommen aber leicht die Abstände durcheinander. `\rotate` in Verbindung mit `align=lohi` ist zuverlässiger.

```
\setupTABLE[r][each][align={lohi,middle},height=50mm]
\bTD \dontleavehmode\rotate[rotation=45]{Schräger Text} \eTD
```

Um den Text in Kopf-Zellen unten auszurichten, eignet sich folgende Lösung:

```
\define[1]{\RtH}{\vfill\rotate[rotation=60]{#1}}
\setupTABLE[r][first][align=bottom]
\bTABLE[frame=on,option=tight]
\bTR \bTH\RtH{Projekt}\eTH \bTH\RtH{Maskottchen}\eTH \bTH\RtH{
  Tierart}\eTH \eTR
\bTR \bTD \TeX \eTD \bTD \TeX\ und Meta \eTD \bTD Löwen \eTD \eTR
\bTR \bTD Linux \eTD \bTD Tux \eTD \bTD Pinguin \eTD \eTR
\eTABLE
```

Projekt	Maskottchen	Tierart
TeX	TeX und Meta	Löwen
Linux	Tux	Pinguin

Hier ist eine Lösung für sich überlappende, rotierte Kopfzeilen:

```
\define[1]\gedreht{\dontleavehmode\kern2em\llap{%
  \rotate[rotation=320]{\strut #1}}}
\bTABLE[option=,width=3em]
  \bTR[align={middle,low}]
     \bTH \eTH
     \bTH\gedreht{Niederländische Kuh}\eTH
     \bTH\gedreht{Badezimmerspinne}\eTH
     \bTH\gedreht{Afrikanische Schwalbe}\eTH
  \eTR
  \bTR[topframe=on,align=flushright]
    \bTD[width=8em,align=flushleft] Anzahl Beine \eTD
    \bTD 4 \eTD \bTD 8 \eTD \bTD 2 \eTD
  \eTR
\eTABLE
```

	Niederländische Kuh	Badezimmerspinne	Afrikanische Schwalbe
Anzahl Beine	4	8	2

- `\dontleavehmode` sorgt dafür, dass ConTeXt für die Zelle im horizontalen Modus (S. 381) bleibt.
- `\kern` fügt einen nicht umbrechbaren horizontalen Weißraum ein, dieser definiert hier die Zellenbreite.
- `\llap` setzt seinen Inhalt nach links und lässt dessen Breite mit 0 berechnen.
- `\strut` sorgt auch hier dafür, dass alle Zeilen gleich hoch sind.

11.3.5 Zellen fett umranden

Mit dem Parameter `rulethickness` können Sie die Linienstärke verändern, auch an einzelnen Zellen.
Die dickere Linie verschiebt aber den Text, daher müssen Sie den Versatz (`offset`) anpassen.

```
\setupTABLE[row][each][rulethickness=.25pt,offset=\dimexpr 1mm +
  1.75pt\relax]
\bTABLE[frame=on,option=tight]
\bTR \bTD 2 \eTD \bTD 2 \eTD \bTD 3 \eTD \eTR
\bTR \bTD 2 \eTD \bTD[rulethickness=2pt,offset=1mm] 2 \eTD \bTD 3
  \eTD \eTR
\bTR \bTD 1 \eTD \bTD 1 \eTD \bTD 4 \eTD \eTR
\eTABLE
```

2	2	3
2	2	3
1	1	4

11.3.6 Diagonale

Mit Hilfe von MetaPost lassen sich individuelle Gestaltungen der Tabellenzellen einrichten.

```
\startuseMPgraphic{DiagonalRule}
  rulethickness := \frameddimension{rulethickness};

  drawoptions(
    withpen pencircle scaled rulethickness
    withcolor \MPcolor{\framedparameter{framecolor}});

  pair leftcorner, rightcorner;
  leftcorner  := (rulethickness, \overlayheight-rulethickness);
  rightcorner := (\overlaywidth-rulethickness, rulethickness);

  draw leftcorner -- rightcorner;
\stopuseMPgraphic

\defineoverlay[DiagonalRule][\useMPgraphic{DiagonalRule}]

\define[2]\DiagonalLabel{%
  \setuptabulate [after={\blank[\frameddimension{offset}]}]
  \starttabulate [|p|r|]
```

```
    \NC     \NC #2 \NC\NR
    \NC #1 \NC     \NC\NR
  \stoptabulate
}

\setupTABLE[c][2,3][align=flushright]
\bTABLE[frame=on,option=tight,width=2cm]
\bTR
  \bTD[background=DiagonalRule]
    \DiagonalLabel{Start}{Ziel}
  \eTD
  \bTD Praha \eTD \bTD Ljubljana \eTD
\eTR
\bTR
  \bTD Berlin \eTD \bTD 330 \eTD \bTD 900 \eTD
\eTR
\bTR
  \bTD Hasselt \eTD \bTD 750 \eTD \bTD 1160 \eTD
\eTR
\eTABLE
```

Ziel / Start	Praha	Ljubljana
Berlin	330	900
Hasselt	750	1160

11.3.7 Tabellenstile

Im Gegensatz zu vielen anderen Umgebungen können Sie keine eigenen Versionen von TABLE definieren. Sie können aber Setups (S. 401) verwenden, um Einstellungssätze aufzurufen.

Referenz ohne Einstellungen:

```
\bTABLE
\bTR\bTD A \eTD\bTD B \eTD\eTR
\bTR\bTD C \eTD\bTD D \eTD\eTR
\eTABLE
```

A	B
C	D

```
\startsetups[table:a]
  \setupTABLE [each] [frame=off,
    width=1cm,height=1cm,align={
    middle,lohi}]
  \setupTABLE [each] [background
    =color,backgroundcolor=
    lightgray]
\stopsetups

\startsetups[table:b]
  \setupTABLE [each] [frame=
    off,width=2cm,height=1.2
    \lineheight,align=middle]
  \setupTABLE [each] [topframe=
    on,bottomframe=on]
\stopsetups

\starttext

\bTABLE[setups=table:a]
\bTR\bTD A \eTD\bTD B \eTD\eTR
\bTR\bTD C \eTD\bTD D \eTD\eTR
\eTABLE

\blank

\bTABLE[setups=table:b]
\bTR\bTD A \eTD\bTD B \eTD\eTR
\bTR\bTD C \eTD\bTD D \eTD\eTR
\eTABLE
\stoptext
```

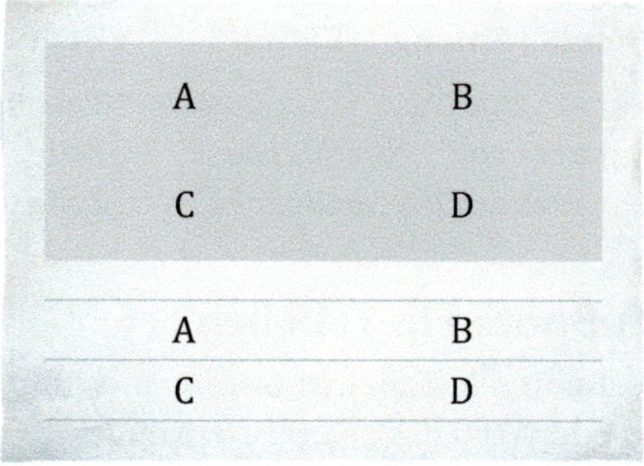

Es ist nicht möglich, die Tabellen-Befehle `\bTD` / `\eTD` einzeln in Makros zu verwenden, da ConTEXt nach einem `\bTD` bis zum nächsten `\eTD` liest.

1.3.8 Alternative Syntax

Sie können sich einen Teil der Schreibarbeit ersparen, indem Sie „natural tables" mit der „tabulate"-Syntax verwenden. Ersetzen Sie dafür `\bTABLE` … `\eTABLE` durch `\startTABLE` … `\stopTABLE` und `\bTR\bTD` … `\eTD\eTR` durch `\NC` … `\NC\NR`.

11.4 extreme tables (xtable)

Dieser Tabellenmodus ist für große Tabellen vorgesehen, die sich über viele Seiten (vertikal und horizontal) erstrecken. In der Distribution finden Sie dazu die Anleitung `xtables-mkiv`[3].

Es gibt keine Vordefinition der Gestaltung, da der Code üblicherweise automatisch generiert wird; Zeilen, Spalten oder Zellen müssen jeweils einzeln formatiert werden. Dazu verwenden Sie wiederum die Optionen von `\framed`.

Die nativen Befehle in diesem Modus lauten:

Befehl (Anfang … Ende)	**Bedeutung**
`\startxtable` … `\stopxtable`	Tabelle
`\startxrow` … `\stopxrow`	Zeile
`\startxcell` … `\stopxcell`	Zelle

11.5 Fußnoten in Tabellen

Fußnoten in Tabellen werden nicht automatisch in die übrigen Fußnoten eingegliedert. Um das zu erreichen, müssen Sie sie zurückstellen (*Postponing*):

```
\startpostponingnotes
\startplacetable
% Tabelle mit Fußnoten
\stopplacetable
\stoppostponingnotes
```

Wenn die Tabelle ihre eigenen, lokalen Fußnoten bekommen soll, müssen diese explizit ausgegeben werden:

```
% \automigrateinserts % war in MkIV nötig
\startlocalfootnotes
% Tabelle mit Fußnoten
\placelocalfootnotes % Fußnoten hier ausgeben
\stoplocalfootnotes
```

Ein ausführlicheres Beispiel finden Sie in 16.4.2 (S. 259).

Außerdem werden Fußnoten aus Tabellen in der Breite der betreffenden Spalte gesetzt. Um das zu verhindern, muss die Breite des Fußnotenbereichs definiert werden:

```
\setupfootnotes[width=1tw]
```

Siehe auch 16.4.7, S. 263.

[3] `texmf-context/doc/context/documents/general/manuals/xtables-mkiv.pdf`

11.6 Tabellen aus externen Dateien

11.6.1 CSV mit `database`

Mit Hilfe des database-Moduls können Sie die Daten von einfach strukturierten Tabellen direkt aus CSV-Dateien einlesen oder sich zumindest eine Menge Schreibarbeit ersparen.
Die Dokumentation bestand aus einem „MyWay“-Magazin, das verloren gegangen zu sein scheint. Funktionsumfang und Einstellmöglichkeiten sind allerdings überschaubar.

```
%\usemodule[database]
\defineseparatedlist[Kuhmilch][%
  separator={;},
  before=\bTABLE,
  after=\eTABLE,
  left=\bTD,right=\eTD,
  first=\bTR,last=\eTR,
]
\setupTABLE[c][2,3][
  align=flushright]
\setupTABLE[r][1][
  background=color,
  backgroundcolor=gray]

Die größten Kuhmilch-Produzenten
  (2007):\blank

\startKuhmilch
Land;Menge\\[kt];Anteil\\[\%]
USA;84189;15
Indien;42890;8
VR China;35574;6
Russland;31915;6
Deutschland;28403;5
Brasilien;26944;5
Frankreich;24374;4
Neuseeland;15842;3
UK;14023;2
Polen;12096;2
\stopKuhmilch
```

Die größten Kuhmilch-Produzenten (2007):

Land	Menge [kt]	Anteil [%]
USA	84189	15
Indien	42890	8
VR China	35574	6
Russland	31915	6
Deutschland	28403	5
Brasilien	26944	5
Frankreich	24374	4
Neuseeland	15842	3
UK	14023	2
Polen	12096	2

```
%\usemodule[database]
\defineseparatedlist[CSV][
  separator=space, % oder tab
  before={\bTABLE[frame=on]},
  after=\eTABLE,
  first=\bTR,last=\eTR,
  left=\bTD,right=\eTD,
]
\startCSV
1 2 3
3 5 6
7 8 9
\stopCSV
```

1	2	3
3	5	6
7	8	9

Statt die Daten direkt im Quelltext zu halten, können Sie sie auch aus einer Datei oder einem Puffer laden:

```
\processdatabasebuffer[Einstellungen][Puffername]
\processdatabasefile[Einstellungen][Dateiname]
```

11.6.2 CSV mit Lua verarbeiten

Das database-Modul ist sehr beschränkt, z. B. lässt sich kein wiederholter Tabellenkopf definieren. Vielseitiger geht es mit Lua-Code:

```
% Wolfgang Schuster, 2024-10-03
\setuppapersize[A8,landscape]
\setuplayout[tight]

\starttext
\startbuffer[cattle]
"Jahr","Rinder","Milchkühe"
2011,3885,1470
2012,3879,1484
2013,4000,1553
2014,4068,1572
2015,4134,1622
2016,4251,1745
2017,4096,1694
\stopbuffer

% CSV aus Puffer in Datei speichern:
% \savebuffer [list=cattle,prefix=no,file=cattle.csv]

\startluacode
local csvsplitter = utilities.parsers.rfc4180splitter()
```

```
-- Daten aus Puffer laden:
local tablecontent, tableheader = csvsplitter(buffers.getcontent(
  "cattle"),true)
-- Daten aus Datei laden:
-- local tablecontent, tableheader
-- = csvsplitter(io.loaddata("cattle.csv"),true)

context.bTABLE{ split = "repeat" }
  context.bTABLEhead()
    context.bTR()
      for _, tablecell in next, tableheader do
        context.bTH() context(tablecell) context.eTH()
      end
    context.eTR()
  context.eTABLEhead()
  context.bTABLEbody()
    for _, tablerow in next, tablecontent do
      context.bTR()
        for _, tablecell in next, tablerow do
          context.bTD() context(tablecell) context.eTD()
        end
      context.eTR()
    end
  context.eTABLEbody()
context.eTABLE()

\stopluacode
\stoptext
```

Die Anführungszeichen um die Werte sind optional. Um Semikola als Trennzeichen zu verwenden, ändern Sie den Aufruf der Aufteilungsfunktion (*Splitter*):

```
local csvsplitter =
  utilities.parsers.rfc4180splitter{ separator = ";" }
```

Ein weiteres Beispiel finden Sie auf S. 419.

11.6.3 Daten aus XML, SQL und JSON

Datenbankzugriffe auf SQLite, MySQL/MariaDB und PostgreSQL ermöglicht das Modul `sql` (Teil eines Webframeworks in LuaTEX), dokumentiert in `sql-mkiv`[4].

In einem Artikel in der MAPS[5] hat Thomas A. Schmitz den Zugriff auf Daten aus XML-Dateien und SQL-Datenbanken beschrieben.

[4] `texmf-context/doc/context/documents/general/manuals/sql-mkiv.pdf`

[5] MAPS 42 (2011), www.ntg.nl/maps/42/12.pdf

Mit dem Modul json können Sie Dateien im JSON-Format oder Lua-Tabellen einlesen und dann einzelne Werte abfragen.

```
\usemodule[json]
\loadtable[Namensraum][Dateiname]
\tablefield{Namensraum}{Feldname}
\tablefielddefault{Namensraum}{Feldname}{Standardwert}
\tablelength{Namensraum}{Feldname}
\tableformatted{Namensraum}{Feldname}{Format}
```

„Format" bezieht sich dabei auf ein Muster für die Lua-Funktion string.format. Mit etwas Lua-Code ist es einfacher, auf JSON-Daten zuzugreifen:

```
local daten = utilities.json.load("meinedatei.json")
```

Die Variable daten enthält dann die JSON-Struktur als Lua-Tabelle. Natürlich können Sie diese auch wieder speichern:

```
io.savedata("meinedatei.json", utilities.json.tojson(daten))
```

11.7 Berechnungen in Tabellen

Das Modul spreadsheet erlaubt einfache Berechnungen in Tabellen; besonders nützlich ist das in Rechnungen (in Kombination mit dem letter-Modul, S. 348).

```
\usemodule[spreadsheet]
\setupspreadsheet[rechnung][
  period={,}, comma={\,}, split=yes]

\startspreadsheettable[rechnung][frame=off]
\startrow[bottomframe=on]
  \startcell[align=flushright,width=1em] "Anz." \stopcell
  \startcell[align=flushleft,width=3cm]  "Bezeichnung" \stopcell
  \startcell[align=flushright,width=4em] "Einzelbetrag" \stopcell
  \startcell[align=flushright,width=4em] "Summe" \stopcell
\stoprow
\startrow
  \startcell[align=flushright] 1 \stopcell
  \startcell[align=flushleft] "Dodo" \stopcell
  \startcell[align=flushright] @ "0.2f €" 101.99 \stopcell
  \startcell[align=flushright] @ "0.2f €" A[2] * C[2] \stopcell
\stoprow
\startrow
  \startcell[align=flushright] 107 \stopcell
  \startcell[align=flushleft] "Kühe" \stopcell
  \startcell[align=flushright] @ "0.2f €" 17.99 \stopcell
  \startcell[align=flushright] @ "0.2f €" A[3] * C[3] \stopcell
\stoprow
```

```
\startrow[topframe=on]
  \startcell[align=flushright]  \stopcell
  \startcell[align=flushleft] "zzgl.  19\percent\ MwSt."
    \stopcell
  \startcell[align=flushright]  \stopcell
  \startcell[align=flushright] @ "0.2f €" 0.19 * sum(D,2,3)
    \stopcell
\stoprow
\startrow[topframe=on]
  \startcell[align=flushright] \stopcell
  \startcell[align=flushleft] "\bf Summe" \stopcell
  \startcell[align=flushright] \stopcell
  \startcell[align=flushright] @ "0.2f €" sum(D) \stopcell
\stoprow
\stopspreadsheettable
```

Anz,	Bezeichnung	Einzelbetrag	Summe
1	Dodo	101,99 €	101,99 €
107	Kühe	17,99 €	1 924,93 €
	zzgl, 19% MwSt,		385,11 €
	Summe		2 412,03 €

Die Werte einzelner Zellen können Sie wie `A[2]` ansprechen.
Der Inhalt der Zellen wird von Lua interpretiert, daher können beliebige Formeln oder Funktionen vorkommen, aber Text muss in Anführungszeichen gesetzt werden.

Problem: Durch die Umstellung auf Dezimalkomma werden auch Punkte im Text durch Kommas ersetzt. Außerdem ist die Syntax recht umständlich.

Sie können die Berechnungsfunktionen auch in anderen Tabellen nutzen: `\getspr` definiert den Wert einer Zelle und gibt ihn gleichzeitig aus, `\setspr` setzt den Wert, ohne ihn auszugeben. Als Parameter können Sie wiederum Zahlen oder Lua-Funktionen verwenden.
Weitere Hinweise, auch zur Verwendung im Lua-Code, finden Sie in der Dokumentation `spreadsheets-mkiv`[6].

[6] `texmf-context/doc/context/documents/general/manuals/spreadsheets-mkiv.pdf`

12 Farbe

Wie kann ich Text einfärben?

```
\color[red]{Text}
```

Text

oder

```
\startcolor[red]
Text
\stopcolor
```

Text

oder

```
\style[color=red]{Text}
```

Text

Um die Textfarbe für ein ganzes Dokument zu ändern, setzen Sie `textcolor` in `\setupcolors`:

```
\setupcolors[textcolor=white]
```

Welche Farbnamen sind vordefiniert, und wie kann ich selbst Farben definieren?

Folgende Farben sind vordefiniert (Ausgabe von `\showcolorcomponents[liste,von,farbnamen]`):

color	name	transparency	specification
white	black		s=0.0000
black	white		s=1.0000
white black	gray		s=0.9000
white black	lightgray		s=0.8500
white black	middlegray		s=0.6250
white black	darkgray		s=0.4000
white black	red		r=1.0000,g=0.0000,b=0.0000
white black	lightred		r=1.0000,g=0.5000,b=0.5000

white black	middlered	r=0.8000,g=0.0000,b=0.0000
white black	darkred	r=0.6000,g=0.0000,b=0.0000
white black	green	r=0.0000,g=1.0000,b=0.0000
white black	lightgreen	r=0.5000,g=1.0000,b=0.5000
white black	middlegreen	r=0.0000,g=0.8000,b=0.0000
white black	darkgreen	r=0.0000,g=0.6000,b=0.0000
white black	blue	r=0.0000,g=0.0000,b=1.0000
white black	lightblue	r=0.5000,g=0.5000,b=1.0000
white black	middleblue	r=0.0000,g=0.0000,b=0.8000
white black	darkblue	r=0.0000,g=0.0000,b=0.6000
white black	cyan	r=0.0000,g=1.0000,b=1.0000
white black	middlecyan	r=0.0000,g=0.6000,b=0.6000
white black	darkcyan	r=0.0000,g=0.4000,b=0.4000
white black	magenta	r=1.0000,g=0.0000,b=1.0000
white black	middlemagenta	r=0.6000,g=0.0000,b=0.6000
white black	darkmagenta	r=0.4000,g=0.0000,b=0.4000
white black	yellow	r=1.0000,g=1.0000,b=0.0000
white black	middleyellow	r=0.6000,g=0.6000,b=0.0000
white black	darkyellow	r=0.4000,g=0.4000,b=0.0000

Weitere Listen von Farben können Sie aktivieren (12.4).
Wenn Sie bestimmte Farben verwenden möchten, können Sie diese nach verschiedenen Modellen selbst definieren.

12.1 Farbmodelle

Grundsätzlich gibt es folgende unterschiedlichen Farbmodelle:

Name	Bedeutung	Einsatz
Graustufen	einfarbig	Körperfarben (Druck)
RGB	Rot-Grün-Blau	Lichtfarben, z. B. am Bildschirm
CMYK	Cyan-Magenta-Yellow-BlacK	Körperfarben im Druck
HSV, HSB	Hue-Saturation-Value/Brightness	Wissenschaft, Farbmanagement

Tab. 12.1 Farbmodelle

Zusätzlich zu den Farben im jeweiligen Modell gibt es Paletten- und Sonderfarben, die jedoch in einem dieser Farbmodelle definiert sein müssen.

```
\definecolor[farbname][werte]
```

Sie können Ihre Farben auch in mehreren Modellen gleichzeitig definieren, das ist z. B. sinnvoll, wenn Sie aus den gleichen Quellen eine Präsentation (RGB-Farben) und eine gedruckte Broschüre (CMYK-Farben) erzeugen möchten oder wenn Sie eine farbige und eine schwarzweiße Variante brauchen. (ConTEXt rechnet die Farbwerte auch selbst um, aber vielleicht nicht so, wie Sie das möchten.)
Farbwerte, die 0 sind, können in der Definition ausgelassen werden.
Definierte Farben können Sie an vielen Stellen über den Parameter `color` aufrufen.

Farbmodell	Beispiel	Werte
RGB	`\definecolor[Mai-Grün][r=.5,g=1,b=0]`	zwischen 0 und 1
CMYK	`\definecolor[Ferrari-Rot][c=0,m=1,y=1,k=0]`	zwischen 0 und 1
HSV	`\definecolor[MattOrange][h=15,s=.85,v=.75]`	h zwischen 0 und 360, s und v zwischen 0 und 1
RGB Hex	`\definecolor[Hellgrün][x=BFFF00]`	wie bei HTML: drei zweistellige Hexadezimalwerte für RGB
Graustufen	`\definecolor[Mittelgrau][s=.5]`	zwischen 0 und 1

Tab. 12.2 Definition von Farben in verschiedenen Farbmodellen

Wenn Sie eine Farbe nur an einer Stelle benötigen, müssen Sie sie nicht vordefinieren, sondern können `\colored` verwenden:

```
\ss\bf Ist der Himmel
\colored[r=0.1,g=0.8,b=0.8]%
      {blau}?
```

Ist der Himmel blau?

12.2 Sonderfarben

Sonderfarben (*spot colors*) werden im Offsetdruck (selten auch im Digitaldruck) dann eingesetzt, wenn bestimmte Farbtöne wie Firmen- und Metallfarben nur schwer im CMYK-Vierfarbdruck darstellbar sind, oder wenn mit weniger als vier Farben gedruckt werden soll.
International sind verschiedene Kollektionen von Sonderfarben verbreitet, die jeweils dem Urheberrecht der Herausgeber unterliegen und daher leider nicht mit ConTEXt ausgeliefert werden können.

Name	Herausgeber	Verbreitung, Einsatz
Pantone	Pantone Inc.	weltweit, Druck- und Lackfarben
HKS	HKS Warenzeichenverband e.V.	Deutschland, Druckfarben (verschiedene Systeme)
Toyo	Toyo Ink	Japan, Druckfarben
DIC	Dainippon Ink and Chemicals	Japan, Druckfarben
RAL	RAL gGmbH	Europa, Lack- u. Kunststofffarben
ANPA	American Newspaper Publishers Association	USA, Zeitungsdruckfarben
GCMI	Glass Packaging Institute	USA, Druckfarben f. Verpackungen

Tab. 12.3 Sonderfarbensysteme

Die Farben sind einerseits durch den Musterfächer, andererseits zum Teil auch durch einen Farbort im CIELab-Farbraum definiert. Für die meisten HKS- und RAL-Farben gibt es auch CMYK-Näherungswerte.
Wenn Sie die RGB- oder CMYK-Annäherung von Sonderfarben erfahren möchten, fragen Sie am besten Ihre Druckerei oder eine Anwenderin von gängiger Layoutsoftware – bei manchen Programmen werden entsprechende Farbbibliotheken mitgeliefert. (Adobe hat die Pantone-Lizensierung allerdings 2022 gestoppt, sodass Adobe-CC-Kunden plötzlich nur noch schwarz sahen.)
Sonderfarben können am Bildschirm durch eine RGB-Definition angenähert werden. Ausgegeben werden die Werte jeder Separation (C, M, Y, K, Sonderfarbe) wie Graustufen. Letztendlich dient die Definition nur der Vorschau, denn im Druck entsteht die Farbe erst dadurch, dass die Druckerin sie in ihre Maschine füllt und aufs Papier bringt.

Hier sind endlich die nötigen Definitionen:

```
% RGB verbieten, CMYK und Sonderfarben erlauben
\setupcolors[rgb=no,cmyk=yes,spot=yes,overprint=yes]

% Farbdefinition mit Näherung in CMYK
\definecolor[PantoZweiNeunVier][c=1,m=.56,y=0,k=.18]

% Deklaration als Sonderfarbe, p ist die Dichte
\definespotcolor[FirmenBlau][PantoZweiNeunVier][p=1]

% 20% Farbton
\definespotcolor[FirmenBlauHell][PantoZweiNeunVier][p=.2]
```

ConTEXt erlaubt keine Leerzeichen oder Zahlen in Farbnamen. Wenn Sie aber Grafiken mit Sonderfarben aus einem Grafikprogramm einbinden, muss ConTEXt deren Farbnamen mit den eigenen zusammenführen können, damit in der Druckerei nur ein Farbauszug erzeugt wird. So geht es:

```
\definespotcolor[PBlau][PantoZweiNeunVier][p=1,e=PANTONE 294 CV]
```

12.3 Mehrkanalfarben

Wie kann ich Farben definieren, die sich aus CMYK- und Sonderfarben zusammensetzen, oder aus mehreren Sonderfarben?

Das ist ein bisschen umständlich: Sie müssen die beteiligten Farben zunächst als Sonderfarben deklarieren, um sie dann mit einem Anteilswert einsetzen zu können.
Im folgenden Beispiel werden sinnloserweise die Prozessfarben als Sonderfarben deklariert:

```
\definecolor          [xcyan]    [c=1]
\definecolor          [xmagenta] [m=1]
\definecolor          [xyellow]  [y=1]
\definespotcolor      [scyan]    [xcyan]    [p=1]
\definespotcolor      [smagenta] [xmagenta] [p=1]
\definespotcolor      [syellow]  [xyellow]  [p=1]
\definemultitonecolor [scombi]
                [scyan=.2,smagenta=.4,syellow=.6]
                [c=.2,m=.4,y=.6]
```

In der dritten Klammer von `\definemultitonecolor` steht die Näherung zur Simulation auf einem Gerät, das keine Sonderfarben ausgeben kann (Bildschirm oder Bürodrucker).

12.4 Farbsammlungen

ConTEXt bringt mehrere Musterbücher von Farben mit. Die urheberrechtlich geschützten Listen (Tab. 12.3) gehören leider nicht dazu (außer RAL ☹).

`crayola`	US-amerikanische Buntstifte
`ema`	Emacs-Farben
`ral`	inoffizielle Annäherung der RAL-Farben
`solarized`	Palette für Benutzeroberflächen von Ethan Schoonover
`svg`	in SVG definierte Farben
`x11`	Farben der Unix-Benutzeroberfläche
`xwi`	Untermenge von `x11`

Aktivieren Sie eine Liste mit `\usecolors[name]` und lassen Sie sich die Farben mit `\showcolor[name]` anzeigen. Der erste Wert und das linke Farbfeld zeigen die Graustufen-Umsetzung, dann folgen die RGB-Werte, zum Schluss der Name der Farbe.

```
\usecolors[solarized]
\showcolor[solarized]
```

		0.561	0.514 0.580 0.588	base0
		0.460	0.396 0.482 0.514	base00
		0.409	0.345 0.431 0.459	base01
		0.162	0.027 0.212 0.259	base02
		0.123	0.000 0.169 0.212	base03
		0.615	0.576 0.631 0.631	base1
		0.909	0.933 0.910 0.835	base2
		0.965	0.992 0.965 0.890	base3
		0.457	0.149 0.545 0.824	blue
		0.487	0.165 0.631 0.596	cyan

		0.510	0.522 0.600 0.000	green
		0.429	0.827 0.212 0.510	magenta
		0.422	0.796 0.294 0.086	orange
		0.395	0.863 0.196 0.184	red
		0.473	0.424 0.443 0.769	violet
		0.530	0.710 0.537 0.000	yellow

(Die anderen Listen sind mehrere Seiten lang.)

12.5 Paletten

Sie können sich Paletten aus benannten Farben für Ihr Design zusammenstellen. Mit \showpalet werden alle Farben mit ihrer Graustufen-Umsetzung dargestellt. Mit \comparepalet erhalten Sie einen Kontrast-Vergleich.

```
% Mikael Sundqvist 2023-05
\usecolors[crayola]
\definepalet[Buntstifte][
        1=CosmicCobalt,
        2=MysticPearl,
        3=YellowOrange,
        4=LemonYellow,
]
\showpalet[Buntstifte]\blank

\comparepalet[Buntstifte]

\color[Buntstifte:3]{\ss\bf
  Gelborange}
```

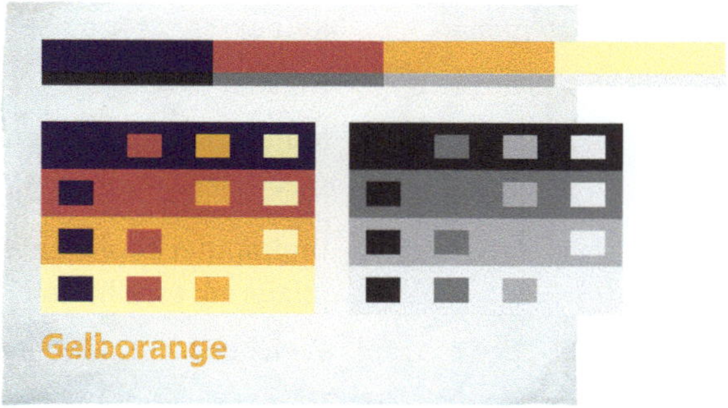

Bei den Schlüsselbegriffen sind Sie nicht auf Zahlen beschränkt. Wenn Sie die Palette ausdrücklich aktivieren, brauchen Sie ihren Namen auch nicht anzugeben:

```
\definepalet[bunt]  [Warn=red]
\definepalet[blass] [Warn=
  darkgray]

\setuppalet[bunt] Bunt:
\color[Warn]{Achtung, Achtung!}

\setuppalet[blass] Blass:
\color[Warn]{Achtung, Achtung!}
```

Bunt: Achtung, Achtung!
Blass: Achtung, Achtung!

12.6 Transparenz

Eigentlich ist die Transparenz (bzw. Opazität) nicht von Farben abhängig, kann in ConTEXt aber in diesem Zusammenhang definiert werden:

```
\definecolor[TransparentRot][r=1,t=.5,a=1]
```

Dabei gibt t die Opazität von 0 bis 1 an: 0 ist vollkommen durchsichtig, 1 entspricht einer „normalen" opaken Farbe.
Der Parameter a steht für den Umrechnungsmodus, der beeinflusst, wie transparente Objekte mit anderen Farben verrechnet werden, also welche Farbe dabei herauskommt, wenn ein transparentes Objekt über einem anderen liegt.
Diese Modi (Tab. 12.4) sind nur schwer erklärbar; vielleicht kennen Sie sie von den Ebeneneinstellungen in einem Grafikprogramm. Probieren Sie einfach aus, was passiert. Statt der Nummer können Sie auch den englischen Namen verwenden. Die Bezeichnungen stammen übrigens direkt aus der PDF-Spezifikation.

Nr.	Name	Beschreibung
0	none	Keiner
1	normal	Normal
2	multiply	Multiplizieren: Farben werden dunkler
3	screen	Negativ multiplizieren: Farben werden heller
4	overlay	Ineinanderkopieren: Mischung aus positiv und negativ multiplizieren; erhöht den Kontrast
5	softlight	Weiches Licht: Mildere Version von Ineinanderkopieren
6	hardlight	Hartes Licht: Intensivere Version von Ineinanderkopieren
7	colordodge	Wie neg. multipl., hellt Lichter auf u. erhöht Kontrast
8	colorburn	Wie multiplizieren, aber Intensität u. Kontrast erhöht
9	darken	Abdunkeln: dunklere Farbe gewinnt
10	lighten	Aufhellen: hellere Farbe gewinnt
11	difference	Differenz: Gleiche Werte → schwarz, andere Farben invertiert
12	exclusion	Ausschluss: wie Differenz, aber matter
13	hue	Farbton: obere Ebene bestimmt den Farbton, Sättigung und Helligkeit bleiben
14	saturation	Sättigung: obere Ebene bestimmt die Sättigung, Farbton und Helligkeit bleiben
15	color	Farbe: obere Ebene bestimmt den Farbton, Luminanz bleibt; ideal zum Einfärben
16	luminosity	Luminanz: obere Ebene bestimmt Luminanz, Farbton bleibt

Tab. 12.4 Transparenzmodi

Wenn Sie Transparenzen nicht im direkten Zusammenhang mit farbigen Objekten einsetzen wollen, sondern z. B. für Bilder, können Sie sie auch direkt definieren:

```
\definetransparency[Tmultiply]  [a=multiply,t=.5]

\startoverlay
      {\framed[width=10cm,align=normal,foregroundcolor=red]{
        \input tufte }}
      {\starttransparent[Tmultiply]\externalfigure[Kuh][width=9
        cm]\stoptransparent}
\stopoverlay
```

Die Kurzform `\transparent` (zu verwenden wie `\color`) existiert ebenfalls.

Um eine bereits definierte Farbe mit Transparenzoptionen zu erweitern, können Sie `\defineprocesscolor` verwenden:

```
\definecolor[Lila][c=.4,m=.6]
\defineprocesscolor[BlassLila][Lila][a=1,t=.5]
\color[Lila]{Lilas blanches, lilas bleues,}
\color[BlassLila]{o mon cœr, o mon dieu!}
```

Lilas blanches, lilas bleues, o mon cœr, o mon dieu!

12.7 Farbprofile, Farbmanagement

Ein Farbprofil definiert, wie Farbinformationen zu interpretieren sind, z. B. auf welche Bildschirmkalibrierung sich RGB-Werte beziehen oder auf welche Ausgabebedingung (Druckmaschine, Papier) sich CMYK-Werte beziehen. Ohne Profil haben RGB- oder CMYK-Werte keinen definierten Farbort im Farbraum (CIE-L*a*b) und sind damit vom Ausgabegerät abhängig. Weil die Vielfalt an Geräten und Bedruckstoffen gegen unendlich tendiert, gibt es einige Standards, auf die Geräte und Prozesse kalibriert werden können, z. B. sRGB für Bildschirme oder die FOGRA-Standards für die Druckindustrie.

Wenn Sie Ihre Publikationen drucken lassen wollen, empfiehlt es sich, sie als PDF/X-4 anzulegen (S. 300), dazu müssen alle verwendeten Bilder profiliert sein (d. h. ein Farbprofil enthalten oder auf ein Standardprofil verweisen), und das gesamte Dokument muss einen Ausgabe-„Intent" deklarieren. Ein falsch eingestelltes Profil kann kräftige Farbstiche hervorrufen.

```
\setupbackend[
  format=pdf/x-4,
  intent={Coated FOGRA39 (ISO 12647-2:2004)},]
```

PDF/X-3 erlaubt keine Transparenzen, deshalb schaltet ConTEXt diese ab, wenn Sie dieses Format anfordern, sogar Alphakanäle in Bildern. Verwenden Sie PDF/X-4, wenn Ihre Druckerei damit umgehen kann.

ConTEXt bringt zwar Konfigurationen für die wichtigsten internationalen Farbprofile mit, allerdings nicht die Profile selbst, die recht groß sein können. Laden Sie die passende Sammlung aus dem Wiki herunter[1] und entpacken Sie das ZIP in `texmf-local/colors/icc/profiles`. Dort können Sie auch eigene Farbprofile installieren – oder setzen Sie die Umgebungsvariable `ICCPROFILES`, um die im Betriebssystem oder von anderen Programmen installierten Profile zu verwenden. Eine Liste der Farbprofile, die ConTEXt kennt, bekommen Sie mit `mtxrun --script color --table`.
Die Zuordnung von „Intents" und Profilen steht in `colors/icc/context/colorprofiles.xml`. Die vordefinierten Intents[2] sind:

- Coated FOGRA39 (ISO 12647-2:2004)
- GRACoL2006_Coated1v2
- ISO Coated v2 300% (ECI)
- ISO Coated v2 (ECI)
- ISOnewspaper26v4
- ISOnewspaper26v4_gr
- ISO Uncoated
- ISO Uncoated Yellowish
- ISO Web Coated
- Japan Color 2001 Coated
- Japan Color 2002 Newspaper
- Japan Web Coated (Ad)
- SNAP 2007
- SWOP2006_Coated3v2
- SWOP2006_Coated5v2
- Uncoated FOGRA29 (ISO 12647-2:2004)
- Web Coated FOGRA28 (ISO 12647-2:2004)
- PSR_LWC_PLUS_V2_PT
- PSR_LWC_STD_V2_PT
- PSR_SC_PLUS_V2_PT
- PSR_SC_STD_V2_PT
- PSRgravureMF

Bei Druckereien in Europa liegen Sie mit den FOGRA-Profilen richtig (Euroscale sind ältere Versionen); in den USA sind SWOP-Farben üblich.

[1] wiki.contextgarden.net/Input_and_compilation/PDF/PDFX, ICC Profiles, z. B. „Europe".
[2] in `tex/context/interface/mkiv/i-backend.xml`

Coated steht dabei für gestrichene Papiere (Bilderdruckpapier). Für ungestrichene Papiere (Offset, Werkdruck) wählen Sie ein *Uncoated*-Profil. *Web* hat in diesem Zusammenhang nichts mit dem Internet zu tun, sondern bezeichnet den Rollenoffsetdruck.

Für die Profilierung Ihrer Bilder sind Sie selbst verantwortlich, ConTEXt kann nichts daran ändern!

Für die Validierung der PDF/X-Standards brauchen Sie kommerzielle Tools wie Acrobat Pro oder Qoppa PDF Studio Pro. (Sprechen Sie ggf. mit Ihrer Druckerei; wenn Sie Glück haben, kennt sich dort jemand aus.)

Farben können Sie mit Hilfe des Kommandozeilenprogramms `transicc` umrechnen, das zu LittleCMS[3] gehört.
Beispiel für die Umwandlung einer Farbe im sRGB-Farbraum nach L*a*b:

```
transicc  -i*sRGB -o*Lab
LittleCMS ColorSpace conversion calculator - 5.1 [LittleCMS 2.18]
Copyright (c) 1998-2026 Marti Maria Saguer. …

Enter values, 'q' to quit
R? 128
G? 255
B? 0

L*=90.0878 a*=-61.2118 b*=83.9027
```

Sie können auch direkt mehrere Farben auf einmal umrechnen lassen:

```
echo 1 2 3 255 255 255 | transicc  -i*sRGB -o*Lab -n > werte.txt
```

Weitere Informationen zu Farbmodellen und Color Management finden Sie z. B. beim Verein Freie Farbe[4]. Beim Bundesverband Druck+Medien finden Sie den „Medienstandard Druck“[5], nach dem sich Druckereien in Deutschland richten (sollten).

3 www.littlecms.com, verfügbar für diverse Unix- und Linux-Varianten unter `lcms2` (bzw. `liblcms2-utils`), für Windows über CygWin, für MacOS via MacPorts oder Homebrew.
4 freiefarbe.de
5 www.bvdm-online.de/bvdm/branchenportal/technik-innovation/normen-und-standards/richtlinien-und-handreichungen

13 Bilder

13.1 Dateiformate

Welche Bildformate kann ich mit ConTEXt verwenden, und wofür sind sie geeignet?

Endung	Abkürzung	Art	Farbräume	Eignung
jpg	JPEG/JFIF	Pixel	RGB, CMYK, Graustufen	Fotos und Ähnliches
jp2	JPEG 2000	Pixel	versch., auch gemischt; Alpha	Fotos und Ähnliches
jb2	JBIG2	Pixel	meist Strich	Scans von Textseiten
bmp	BMP	Pixel	RGB, Graustufen, Strich, Palette	Screenshots
png	PNG	Pixel	RGB, Graustufen, Palette; Alpha	einfache Grafiken
gif	GIF	Pixel	Palette	einfache Grafiken
tif	TIFF	Pixel	RGB, CMYK, Graustufen, Strich; Alpha	Fotos, Zeichnungen, Textscans
pdf	PDF	versch.	alle	alles
eps	EPS	versch.	RGB, CMYK, Graustufen, Strich	alles
mp, mps	MetaPost	Vektor	wie ConTEXt	Vektorgrafiken, bes. Diagramme
svg	SVG	Vektor	RGB (CMYK, Schmuckfarben)	Vektorgrafiken

Tab. 13.1 Bildformate

In Tabelle 13.1 steht „Strich“ für Schwarzweiß-Strichzeichnungen (ohne Graustufen) und „Alpha“ für die Unterstützung von Transparenzen mit Alphakanälen[1].

Die Pixelformate unterscheiden sich nicht nur in den unterstützten Farbräumen (Kap. 12), sondern auch in ihrer Komprimierung. Während PNG, GIF und BMP *verlustfrei* komprimieren, verwenden die J-Formate (JPEG usw.) eine verlustbehaftete Komprimierung, die sich in mehreren Stufen einstellen lässt: von verlustfrei bei geringer Kompression bis zu groben Verpixelungen bei minimaler Dateigröße. Diese Kompression funktioniert durch das Weglassen „unwichtiger“ Details.

Vektorgrafiken sind besonders gut für Logos und technische Zeichnungen geeignet. Sie sind größenunabhängig, lassen sich also ohne Qualitätsverlust beliebig vergrößern. Deshalb sind die Dateiformate PDF und SVG zu bevorzugen (EPS ist veraltet). Auch in diese können aber Pixelbilder eingebettet sein, die selbstverständlich *nicht* größenunabhängig sind, deren Auflösung sich aber nur schwer herausfinden lässt.

Die veralteten Dateiformate EPS, GIF, BMP und TIFF werden von ConTEXt nicht direkt unterstützt und können nur verarbeitet werden, wenn ein geeignetes Programm zur Konvertierung installiert und auf der Kommandozeile aufrufbar ist (Tab. 13.2).
Bilder in diesen Formaten werden nach PDF konvertiert und mit einem Präfix wie `m_k_i_v_` gespeichert. Wenn diese Dateien gelöscht werden, erzeugt ConTEXt sie beim nächsten Aufruf wieder neu.
In MkIV gilt das auch für SVG. MkIV

Wenn Sie viele (hunderte) PNG-Bilder verwenden, wandeln Sie sie vorher in PDF um – PNGs müssen von ConTEXt erst interpretiert werden, während PDFs und JPEGs direkt ins PDF eingebettet werden können.

Format	Programm	Kommando
EPS	Ghostscript	`gs`
BMP, GIF, TIFF	GraphicsMagick	`gm convert`
SVG	Inkscape	`inkscape`

Tab. 13.2 Bildformate, für die externe Programme aufgerufen werden

13.2 Bildauflösung und Rasterung

Ausgabegeräte haben eine spezifische Auflösung, das heißt Pixelanzahl pro Längeneinheit. Sie wird meistens in dpi (*dots per inch,* Punkte pro Zoll) angegeben. Bei Pixelbildern entsteht die Auflösung genau genommen erst dadurch, dass sie in einer bestimmten Größe in einem Dokument platziert werden, ihre Metadaten enthalten aber oft einen Wert für die Auflösung.

[1] Ein Alphakanal ist eine Graufstufen-Ebene, bei der die Helligkeit die Transparenz an dieser Stelle angibt.

Fotos, die am Bildschirm gut aussehen, sind für den Druck oft zu gering aufgelöst und kommen verpixelt heraus.
Das heißt noch lange nicht, dass Fotos für den Druck 1200 dpi und mehr haben sollten. Profis gehen meist von 300 dpi aus, und das ist großzügig; für Fotos und Gemälde sind 200 dpi ausreichend.

Wie kann ich das ausrechnen?

Dazu ist ein Grundverständnis der Drucktechnik nötig:
Gedruckte Farben werden aus wenigen Grundfarben zusammengesetzt, meist Hellblau, Pink, Gelb und Schwarz – kurz CMYK (Cyan, Magenta, Yellow, blacK). Jeder dieser Farbauszüge entspricht einem Graustufenbild.
Fast alle Druckverfahren[2] können keine echten Graustufen abbilden, sondern müssen sie durch eine Rasterung simulieren. Die Tonwerte werden dabei entweder durch unterschiedlich große Punkte in einem festen Raster (autotypische Rasterung, im Offsetdruck üblich) oder durch unterschiedlich viele, gleich große Punkte (frequenzmodulierte Rasterung, „FM" bzw. Streuraster/Diffusionsraster) dargestellt. Letzteres ist beim Tintenstrahldruck (Inkjet)[3] üblich. Im Offsetdruck kommt FM-Rasterung für hochwertige Kunstdrucke zum Einsatz, ist aber schwer zu beherrschen.[4]
Die minimale Größe der Rasterpunkte hängt von der Auflösung des Ausgabegerätes (Drucker/Druckmaschine oder Druckplattenbelichter) ab. Bürodrucker und Digitaldruckmaschinen haben bis zu 1200 mal 4800 dpi (oft unterschiedlich in Länge und Breite), im Offsetdruck sind 2540 dpi üblich.
Um 256 Graustufen (8 bit Farbtiefe, PostScript-Standard) abzubilden, braucht ein Rasterpunkt eine Kantenlänge von $\sqrt{256} = 16$ Pixeln. Die maximale Rasterweite eines Ausgabegeräts entspricht also dessen Auflösung geteilt durch 16. Im Offsetdruck wird daher meist mit 150 lpi (Linien pro Zoll) gearbeitet. Im Zeitungsdruck waren lange nur 60 lpi üblich[5].
Da die Rasterlinien diagonal verlaufen (jede Farbe unterschiedlich um Vielfache von 15° gedreht), können Bildpixel und Rasterpunkt nicht gleichgesetzt werden, man verwendet einen „Qualitätsfaktor" von $\sqrt{2}$ bis 2. Bei 150 lpi wären also 150 lpi × 1,4 = 210 dpi ausreichend und 150 lpi × 2 = 300 dpi großzügig. Eine größere Auflösung ist technisch unsinnig. Erfahrungsgemäß fallen etwas geringere Auflösungen nicht auf, unter 150 dpi sollten Sie aber nicht gehen.

2 außer Lichtdruck und Tiefdruck

3 Der industrielle Tintenstrahldruck, der von manchen Digitaldruckereien angeboten wird, ist nicht mit „Tintenspritzern" im Privatbereich zu vergleichen. Ich habe gute Erfahrungen mit der Druckqualität gemacht, Details werden besser wiedergegeben als bei der autotypischen Rasterung, allerdings sind die Farben matter, da die Tinte ins Papier einzieht. Das ist häufig immer noch besser als das glänzende Druckbild des Toner-Digitaldrucks.

4 Der Tonwertzuwachs, das ist die Abdunklung durch Vergrößerung der Druckpunkte im Druckprozess, ist stärker von der Anzahl der Rasterpunkte abhängig als von ihrer Größe.

5 Die grobere Rasterung ergibt auf schlechtem Papier eine bessere Wiedergabe der Graustufen auf Kosten der Detailgenauigkeit.

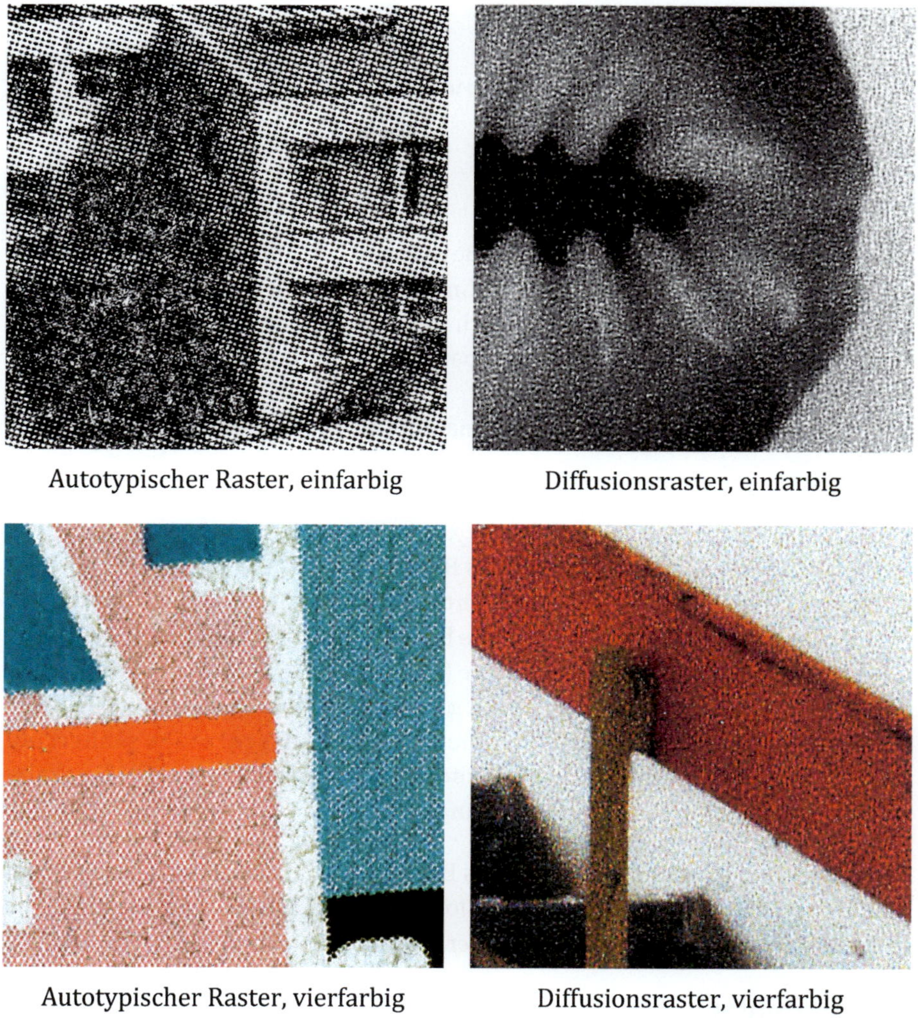

Abb. 13.1 Verschiedene Rasterformen

Bilder, die nicht gerastert werden müssen, also schwarzweiße Strichzeichnungen, die auch im entsprechenden Farbmodus gespeichert wurden, sollten je nach Linienstärke und Detailreichtum 600 bis 1200 dpi aufweisen.

Hier ist jeweils die *Ausgabe*auflösung gemeint, also ggf. nach einer Skalierung! Während der Gestaltung sind höhere Auflösungen durchaus sinnvoll, um noch Größenveränderungen und Ausschnitte zu ermöglichen.

Wie groß muss mein Bild in Pixeln sein?

Ein Bild, das 10 cm breit in einem Buch erscheint, sollte 1181 Pixel breit sein:

$$\frac{10\,\text{cm} \times 300\,\text{px/inch}}{2{,}54\,\text{cm/inch}} = 1181\,\text{px}$$

13.3 Bilder in ConTeXt

Wie verwende ich nun Bilder in meinem ConTeXt-Dokument?

Im einfachsten Falle so:

```
\externalfigure[dateiname]
```

Damit sucht ConTeXt nach einem Bild `dateiname.pdf` im aktuellen Verzeichnis und im TeX-Verzeichnisbaum (je nach Einstellungen auch woanders). Wenn kein PDF gefunden wird, schaut ConTeXt nach weiteren möglichen Dateien[6]. Natürlich dürfen Sie die Endung auch direkt angeben – wenn der Dateiname einen weiteren Punkt enthält, müssen Sie das sogar.
Nach dem Dateinamen können Sie Parameter (Tab. 13.3) wie die Größe übergeben:

```
\externalfigure[dateiname][width=5cm]
```

- Ohne Größenangabe versucht ConTeXt die „richtige" Größe anhand der Auflösungs-Angabe in den Metadaten des Bildes zu ermitteln.
- Wenn Sie entweder die Höhe (`height`) *oder* die Breite (`width`) angeben, skaliert ConTeXt proportional. Wenn Sie beides vorgeben, kann das Bild verzerrt werden, in Abhängigkeit von `factor` (Tab. 13.5, S. 218).
- Die maximale Größe können Sie mit `maxwidth` bzw. `maxheight` vorgeben.
- Sie können auch eine relative Skalierung angeben: `scale=500` skaliert auf 50 % (1000 entspricht 100 %). Mit `xscale` und `yscale` können Sie die Skalierung für Breite und Höhe getrennt angeben.

Statt eines Dateinamens können Sie als Bildquelle auch eine URL angeben; http funktioniert ebenso wie https, ConTeXt folgt aber keinen Umleitungen. Wenn die URL keine Dateiendung enthält, muss der Bildtyp mit `method` angegeben werden.

13.4 Beispielbilder

Als Beispielbilder stellt ConTeXt `cow.mp` (schwarz-weiße Vektorgrafik), `mill.png` (Graustufen-Foto) und `hacker.jpg` (farbige Grafik) zur Verfügung (Abb. 13.2).

Die Platzhalterbilder aus bunten Kreisen (Abb. 13.3), die oft in der Dokumentation auftauchen, sind eine MetaPost-Grafik. So kommen Sie daran:

```
\useMPlibrary[dum]
\externalfigure[bildfehlt][width=...,height=...]
```

Diese Bilder in zufälligen Farben werden an allen Stellen eingesetzt, wo ConTeXt das angeforderte Bild nicht findet. Ihre Anpassung ist in `luametafun`[7] beschrieben.

---

6 Die Suchreihenfolge für Bilddateien ist PDF, MetaPost, JPEG, PNG, JP2, JBIG, SVG, EPS, GIF, TIF, Filme, benannter Puffer, TeX, CLD.

7 `texmf-context/doc/context/documents/general/manuals/luametafun.pdf`

Option	Werte	Beschreibung
`width`, `height`	Dimension	Breite, Höhe
`maxwidth`, `maxheight`	Dimension	maximale Breite, Höhe
`lines`	Ganzzahl	Höhe in Zeilen
`scale`, `xscale`, `yscale`	Ganzzahl (1000 ist 100%)	Skalierung
`s`, `sx`, `sy`	Zahl (1 ist 100%)	Skalierung
`page`	Ganzzahl	Seite bei mehrseitigen PDFs
`orientation`	Ganzzahl (Grad)	Rotation
`frame`	`on off`	Rahmen-Optionen
`factor`	`max min fit broad`	beeinflusst die Skalierung, wenn Breite und Höhe gesetzt sind
`wfactor`, `hfactor`	Ganzzahl `max min fit broad`	Faktor für Höhe und Breite einzeln
`size`	`art crop bleed trim media none`	PDF-Box (S. 104)
`alternativetext`	Text	Alternativtext (S. 297)
`userpassword`, `ownerpassword`	Passwort	Zugriff auf verschlüsselte PDFs (S. 299)
`resolution`	Ganzzahl (dpi)	Auflösung (S. 209) zur Umrechnung von EPS
`conversion`	`mp gray.pdf recolor.png` …	Bildkonvertierung (S. 220)
`method`	`pdf mps jpg png jp2 jbig svg eps gif tif mov buffer tex cld auto`	Dateityp festlegen
`compact`	`yes no merge`	Schriften von eingebundenen PDFs zusammenlegen, Strukturen bereinigen (yes: nur ConTEXt-PDFs, sicher; merge: alle, unsicher; no: bei Problemen)

Tab. 13.3 Parameter von `\externalfigure` bzw. `\setupexternalfigure` (Auszug). Außerdem sind die Parameter von `\framed` (S. 135) verwendbar.

Die verwendeten Grundfarben namens 1–6 werden einer Palette (S. 203) `placeholder` entnommen, die Sie ggf. überschreiben können.

cow mill hacker

Abb. 13.2 Mitgelieferte Beispielbilder

Abb. 13.3 Beispiel-Platzhalter

13.5 Transformationen

Die Befehle zur Transformation lassen sich nicht nur auf Bilder, sondern auch auf andere Objekte anwenden.

13.5.1 Drehen

MkIV In MkIV erlaubt der Parameter `orientation` nur Vielfache von 90°.
Für Rotationen um beliebige Winkel können Sie das allgemeine Kommando `\rotate` verwenden:

```
\rotate[rotation=45]{\externalfigure[logo.pdf]}
```

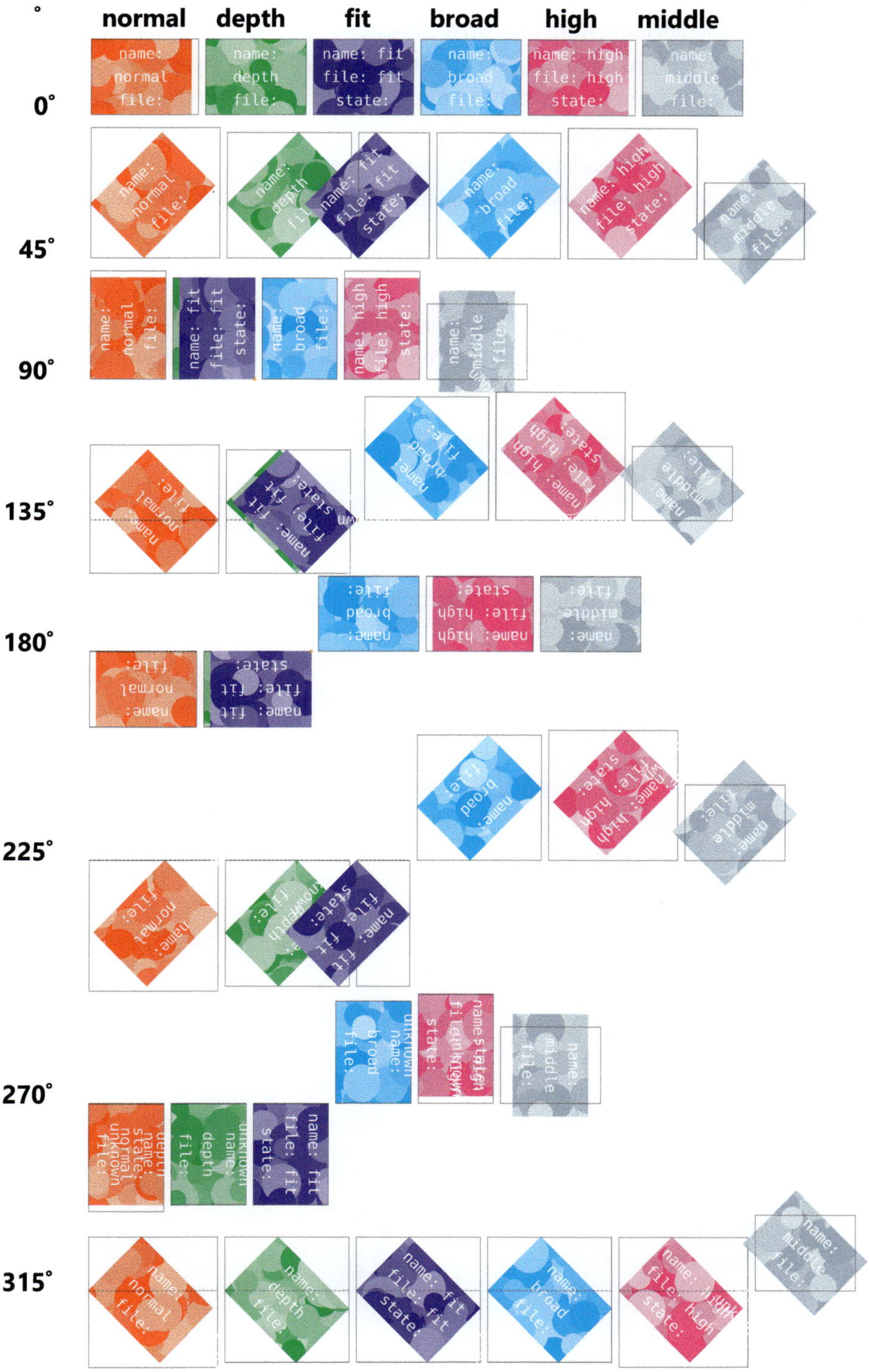

Abb. 13.4 Auswirkung des Parameters `location` von `\rotate`

Der Parameter `location` bestimmt, wie sich ein gedrehtes Element im Verhältnis zur Umgebung verhält (Abb. 13.4 auf S. 215).

- `middle` dreht um die Mitte, alle anderen um die linke untere Ecke.
- `normal`, `depth` und `fit` beachten die Grundlinie von Text (wie `\inframed`), `broad` und `high` beginnen oberhalb der Grundlinie (wie `\framed`) und bleiben bis 270° dort, während die anderen nach unten drehen.
- `fit` nimmt im Textfluss minimalen Raum ein und kann andere Elemente überlagern.

13.5.2 Beschneiden

Mit dem Befehl `\clip` können Sie Bilder und andere Inhalte zuschneiden.
Im folgenden Beispiel wird ein 2 × 1 cm großes Rechteck ausgeschnitten, 3 mm vom linken Rand und 5 mm von oben:

```
\clip[width=2cm, height=1cm,
  hoffset=3mm, voffset=5mm]{%
\externalfigure[mill][width=4cm]
  %
}
```

Im zweiten Beispiel wird das Bild gleichmäßig in 3×4 Teile zerschnitten und das Teil an Position 2,2 dargestellt:

```
\clip[nx=3, ny=4, x=2, y=2]{%
\externalfigure[mill][width=6cm]
  %
}
```

Es ist auch möglich, Beschneidungspfade in MetaPost zu definieren:

```
% Wolfgang Schuster, 2022-08-12
\startMPclip{Runde Ecken}
clip currentpicture to (
  roundedsquare(
OverlayWidth,OverlayHeight,
  EmWidth));
\stopMPclip

\clip[nx=1,ny=1,mp=Runde Ecken]{
  \externalfigure[mill]}
```

Die abgeschnittenen Inhalte sind trotzdem im PDF enthalten! Manche PDF-Viewer finden auch Text, der nicht sichtbar ist, und mit den richtigen Werkzeugen lassen sich Bilder unbeschnitten extrahieren.

13.5.3 Spiegeln

Der Befehl `\mirror` dient zum horizontalen Spiegeln. Zum vertikalen Spiegeln müssen Sie zusätzlich `\rotate` (13.5.1) einsetzen.

```
Alice \mirror{Alice}\blank
\dontleavehmode
\externalfigure[cow][width=2cm]%
\mirror{\externalfigure[cow][
  width=2cm]}
```

13.5.4 Skalieren

Bei Bildern lässt sich zwar die Skalierung direkt angeben, `\scale` hat jedoch mehr Parameter zur Größenanpassung (Tab. 13.4). Der Skalierungsfaktor (Tab. 13.5) kommt ins Spiel, wenn Sie Breite und Höhe vorgeben. Das Verhalten hängt davon ab, ob der vorgegebene Platz und das Bild Hoch- oder Querformat haben. Die Optionen sind m. E. aber unverständlich und verhalten sich wahrscheinlich nicht so, wie sie mal gedacht waren.

Option	Werte	Beschreibung
`scale, xscale, yscale`	Ganzzahl	Skalierung auf Prozentwert (1000 = 100 %)
`s, sx, sy`	Zahl	Skalierung als Faktor (1 = 100 %)
`width, height`	Dimension	Skalierung auf die angegebene Größe
`maxwidth, maxheight`	Dimension	maximale Breite/Höhe
`lines`	Ganzzahl	Höhe in Zeilen
`factor, hfactor, wfactor`	`fit broad max min auto default`	siehe Tab. 13.5
`depth`	`yes no`	Berücksichtigung der Unterlängen
`grid`	`yes fit height depth halfline`	Verhalten in Bezug auf das Zeilenraster

Tab. 13.4 Parameter von `\scale`

Option	Beschreibung
default	Breite und Höhe werden beachtet, Inhalt wird verzerrt
fit, auto	Inhalt wird proportional eingepasst
max	Inhalt wird so skaliert, dass die größere Dimension erhalten bleibt
min	Inhalt wird so skaliert, dass die kleinere Dimension passt; mit \clip kombinieren!
broad	wie fit, aber die Größe wird um 4× Schriftgröße verringert

Tab. 13.5 Skalierungsfaktor (factor, hfactor, wfactor)

Beim Skalieren werden Bilder nie beschnitten, das Einpassen eines Bildes in den verfügbaren Platz funktioniert also nur mit \clip.

Wenn Sie ein Symbol (hier: a) auf die Höhe eines Großbuchstabens einstellen wollen, können Sie diese mit \heightofstring ermitteln:

```
M\scale[
  height=\heightofstring{M}]{a}M
```

MaM

Ebenso gibt es \widthofstring für die Breite einer Zeichenkette.

13.6 Wo ConTEXt nach Bildern sucht

Ohne weitere Einstellungen werden Bilder nur im aktuellen Verzeichnis gefunden. Eigene Bildverzeichnisse können Sie mit directory definieren:

```
\setupexternalfigures[
  directory={images,/home/user/images},
  location={local,global,default},]
```

Es werden jeweils auch die Unterverzeichnisse durchsucht.
Der Parameter location definiert das Suchgebiet bzw. die Reihenfolge:

global	Suche in den Verzeichnissen, die mit directory definiert wurden.
local	Suche im aktuellen Verzeichnis.
default	Suche in den texmf-Verzeichnisbäumen.
none	Suche nirgendwo (Pfade müssen explizit angegeben werden).

13.7 Bilder vordefinieren

Im Sinne des semantischen Markup lassen sich Bilder mit einem Alias-Namen vordefinieren:

```
\useexternalfigure[Code][Dateiname][Parameter]
```

Danach kann das Bild einfach per `\externalfigure[Code]` aufgerufen werden. Dies erleichtert die Arbeit insbesondere bei mehrfacher Verwendung von Bildern – der Dateiname muss nur noch an einer zentralen Stelle geändert werden. Es mag auch sinnvoll sein, die gleiche Datei in unterschiedlicher Größe (Skalierung) unter verschiedenen Codes abrufbar zu machen.

Wenn Sie die gleichen Einstellungen für verschiedene Bilder benötigen, können Sie Bildtypen vordefinieren:

```
\defineexternalfigure[quadrat][width=3cm,height=3cm]
\externalfigure[DSC_0815][quadrat]
\externalfigure[DSC_4711][quadrat]
```

Auf diese Weise sind die Bildtypen `inline` (Höhe = Zeilenhöhe) und `combination` (13.10.2) vordefiniert.

13.8 Fehlersuche

Der häufigste Fehler ist, dass ConTEXt Ihre Bilder nicht findet.

- Überprüfen Sie die Pfad-Konfiguration in `\setupexternalfigures` (13.6).
- Prüfen Sie genau die Schreibweise von Dateiname und Pfad in `\externalfigure`.
- Wird ein falsches Bild verwendet? Verwenden Sie eindeutige Dateinamen. Versuchen Sie, die Dateiendung anzugeben.
- Enthält der Dateiname einen weiteren Punkt? Dann müssen Sie die Dateiendung angeben.

Wenn ein Bild auf einem System richtig eingebunden wird, auf einem anderen aber nicht, prüfen Sie genau die Groß- und Kleinschreibung in Datei- und Verzeichnisnamen im Dateisystem und im Makro-Aufruf. Unter Linux sind üblicherweise `Bild.PNG` und `bild.png` zwei verschiedene Dateien, unter MacOS und Windows aber die gleiche. Verwenden Sie möglichst einheitliche Konventionen.

In seltenen Fällen werden Bilder in einzelnen PDF-Viewern gedreht angezeigt. Das scheint ein Problem von `pdf.js` (z. B. in Firefox) in Zusammenhang mit EXIF-Daten zu sein. Sie können diese Metadaten z. B. mit GraphicsMagick entfernen: `gm convert quelle.jpg -strip ziel.jpg`

Wenn ein Bild mit einem simplen `\externalfigure` funktioniert, aber nicht unter realistischen Umständen (z. B. auf einer Ebene oder irgendwie über Makros), versuchen Sie es vor dem eigentlichen Einsatz unsichtbar zu platzieren, z. B. außerhalb des Druckformats in winziger Skalierung, dann funktioniert es auch später. Die Deklaration mit `\useexternalfigure` hilft nicht.

Wenn Bilder mit Alphakanälen (Transparenzinformationen) nicht oder falsch angezeigt werden – das betrifft besonders PNGs – haben Sie eventuell einen PDF-Standard wie X-1 oder X-3 (S. 300) aktiviert, der keine Transparenzen erlaubt.

Folgende Tracker helfen bei der Fehlersuche im Zusammenhang mit Bildern:

```
figures.conversion
graphics.runfile
graphics.locating
graphics.lognames
graphics.usage
```

13.9 Automatische Bildkonvertierung

Die in 13.1 angesprochene automatische Konvertierung lässt sich erweitern und z. B. auch zum Herunterrechnen von Bildern verwenden.

13.9.1 Farbkonvertierung

ConTEXt kann Pixelbilder mit Hilfe von GraphicsMagick automatisch in Graustufen oder CMYK umrechnen, dabei werden die eingestellten Farbprofile berücksichtigt:

```
\externalfigure[farbfilm][conversion=gray.pdf]
\externalfigure[farbfilm][conversion=cmyk.pdf]
```

Die Umrechnung lässt sich auch global aktivieren – hier mit einem Modus (S. 374), um das Verhalten auf der Kommandozeile steuern zu können:

```
\startmode[gray]
\setfigureconversion[jpg][gray.pdf]
\setfigureconversion[png][gray.pdf]
\stopmode
```

13.9.2 Kompression

Mit ein paar Zeilen Lua-Code können Sie auch andere Konvertierungen umsetzen, z. B. die JPEG-Kompression bei der Verarbeitung von TIFFs aktivieren:

```
-- \startluacode -- Denis Maier, 2023-07-24
local function compress(oldname, newname, compression)
    if not compression or compression == "" then
        compression = "jpeg"
    end
    os.execute(string.format(
        [[gm convert -compress %s "%s" "%s"]],
        compression, oldname, newname)
    )
end

figures.converters.tif.pdf = compress
figures.converters.tif.default = compress
-- \stopluacode
```

13.9.3 Auflösung reduzieren

Ganz ähnlich funktioniert auch das Herunterrechnen der Auflösung. Ich habe das alte degrade-Modul von Peter Münster aktualisiert und auf Codeberg[8] bereitgestellt.
Legen Sie die Datei grph-downsample.lua z. B. in ~/texmf/tex/context oder an einen anderen Ort, wo sie gefunden wird und aktivieren Sie das Herunterrechnen mit der Angabe der Auflösung (resolution) in \setupexternalfigures:

```
\loadluafile[grph-downsample.lua]

\setupexternalfigure[resolution=72,]
```

Sinnvollerweise verwenden Sie Modi (S. 374), um zwischen Druck- und Online- bzw. Konzeptversion zu unterscheiden.
Möglicherweise hat ConTeXt inzwischen eine eingebaute Möglichkeit[9].

13.9.4 Interne SVG-Verarbeitung

LuaMetaTeX kann SVG-Grafiken direkt interpretieren und sie intern nach MetaPost konvertieren:

```
\externalfigure[something.svg][conversion=mp]
```

Sie können die Option auch allgemein aktivieren:

```
\setfigureconversion[svg][mp]
```

Über einen Puffer können Sie den SVG-Code direkt in die ConTeXt-Datei aufnehmen:

```
\startbuffer[svgtest]
  <svg>
    ...
  </svg>
\stopbuffer

\includesvgbuffer[svgtest][offset=1bp]
```

Der Befehl \includesvgbuffer hat bisher nur den Parameter offset (Abstand vom Rand, um angeschnittene Linien zu vermeiden). Für Größenänderungen können Sie \scale (13.5.4) einsetzen.
Es ist auch möglich, eine SVG-Grafik in MetaPost-Code zu laden und zu verändern. Einzelheiten dazu finden Sie im Handbuch svg-lmtx[10].

ConTeXt unterstützt nicht alle Eigenschaften, die in SVG vorkommen können, z. B. gibt es Schwierigkeiten mit Verläufen, die transparente Farben verwenden. Zur Sicherheit sollten Sie komplexe Grafiken aus Inkscape als PDF exportieren.

8 codeberg.org/fiee/context-examples/src/branch/master/downsample
9 Die steht dann in tex/context/base/mkiv/grph-con.lua.
10 texmf-context/doc/context/documents/general/manuals/svg-lmtx.pdf

13.9.5 Bildverarbeitung in Abhängigkeit von der Dateiendung

Für einen automatisierten Workflow sollten Bilder verschiedener Dateitypen unterschiedlich behandelt werden. Auf der Mailingliste entwickelte sich folgende Lösung:

```
% Thangalin, 2022-08-01
\setupexternalfigures[
  location={local,global,default},
  width=1tw,
]
% Bildtypen mit sichtbar unterschiedlichen Größen als Beispiel
\defineexternalfigure[svg][width=1cm]
\defineexternalfigure[jpg][width=2cm]
\defineexternalfigure[png][width=4cm]

% Dies greift nicht, weil PDFs nicht per
% "processaction" verarbeitet werden:
\defineexternalfigure[pdf][width=6cm]

\starttexdefinition includegraphics #1
  \splitfilename{#1}

  \processaction[\splitofftype][
    jpg=>{\externalfigure[#1][jpg]},
    png=>{\externalfigure[#1][png]},
    svg=>{\externalfigure[#1][svg][conversion=mp]},
    default=>{\externalfigure[#1]},
    unknown=>{\externalfigure[#1]}
  ]
\stoptexdefinition

\starttext
  \includegraphics{kitten.jpg}
  \includegraphics{mill.png}
  \includegraphics{cow.pdf}
  \includegraphics{tiger.svg}
\stoptext
```

13.9.6 Filme

Im Prinzip können Sie auch Filme (MOV, FLV und MP4) einbinden, die Multimedia-Unterstützung in PDF (nicht in ConTEXt) ist aber so kaputt, dass ich nur davon abraten kann.[11]

[11] Die Hintergründe dazu können Sie im Artikel von Michal Vlásak nachlesen: articles.contextgarden.net/journal/2020/89-96.pdf

Folgende Parameter von `\externalfigure` beziehen sich auf Videos:

method	mov	Muss für Filme gesetzt werden.
controls	yes no	Kontrollelemente anzeigen?
preview	yes no	Vorschaubild anzeigen?

3.10 Platzierung

Die Möglichkeiten zur automatischen Platzierung von Abbildungen finden Sie im Kapitel „Gleitobjekte“ ab Seite 232; zur absoluten Platzierung auf der Seite können Sie Ebenen (Layer, S. 247) verwenden.

.10.1 Bilder im Textfluss

Sie können die Weißraumverteilung um Bilder im Text verbessern, indem Sie sie in eine `textdisplay`-Umgebung stellen:

```
\starttextdisplay\externalfigure[dummy]\stoptextdisplay
```

Eine ältere Methode dafür ist `linecorrection`: MkIV

```
\startlinecorrection\externalfigure[dummy]\stoplinecorrection
```

.10.2 Bilder im Raster

„Kombinationen“ sind eine einfache Möglichkeit, mehrere Bilder in einem gleichmäßigen Raster darzustellen, ob im Textfluss oder in einem Gleitobjekt.

```
\startcombination[3*1] % Anzahl Zellen x mal y
  {\externalfigure[links] [width=\measure{combination}]}
  {Bildunterschrift 1}
  {\externalfigure[mitte] [width=\measure{combination}]}
  {Bildunterschrift 2}
  {\externalfigure[rechts][width=\measure{combination}]}
  {Bildunterschrift 3}
\stopcombination
```

Bildunterschrift 1 Bildunterschrift 2 Bildunterschrift 3

Jeweils zwei Gruppen (Bild und Bildunterschrift) gehören zusammen. Die Bilder werden im angegebenen Raster von links nach rechts und von oben nach unten eingesetzt.

Option	Werte	Beschreibung
nx	Anzahl	Anzahl der Spalten (Vorgabe: 2)
ny	Anzahl	Anzahl der Zeilen (Vorgabe: so viele wie nötig)
before, after	Befehl	Befehl, der vor/nach jedem Element ausgeführt wird
inbetween	Befehl	Befehl, der zwischen Bild und Bildunterschrift ausgeführt wird
distance	Dimension	Abstand zwischen Spalten
location	top middle bottom left right	
alternative	text label	Interpretiere jeden zweiten Block als Bildunterschrift oder setze Bildunterschriften automatisch
continue	yes no	Wenn alternative=label, fahre mit der Nummerierung fort oder nicht
height, width	Länge fit	Höhe/Breite eines Bildes
align, style, color	wie üblich	Ausrichtung, Textstil/-farbe der Bildunterschrift

Tab. 13.6 Parameter von \setupcombinations

Statt \externalfigure könnten hier auch andere Inhalte stehen.
Die Größe der Bilder wird nicht automatisch berechnet, aber \measure{combination} enthält die richtige Breite. Zudem ist ein Bild combination mit diesem Parameter vordefiniert, von dem Sie die Einstellung erben können:

```
\startcombination[nx=3,ny=1] % äquivalent zu 3*1
  {\externalfigure[links] [combination]} {1}
  {\externalfigure[mitte] [combination]} {2}
  {\externalfigure[rechts][combination]} {3}
\stopcombination
```

Mit \definecombination lassen sich eigene Kombinationsvarianten definieren:

```
\definecombination[MeineKombi]
\setupcombinations[MeineKombi][nx=2,ny=2]
\startcombination[MeineKombi][2*2] % Optionen lassen sich
  übersteuern
...
\stopcombination
```

Es ist auch möglich, die Bildunterschriften automatisch zu erzeugen:

```
\definecombination[AutoKombi][alternative=label]
\defineexternalfigure[Beispiel][width=4cm,height=1cm]

\setuplabel[combination:AutoKombi][
  text={Beispiel },
  numberconversion=character, % Nummerierung a, b, c
  stopper={()},
]

Vier Bilder:\blank

\startcombination[AutoKombi][2*2]
  {\externalfigure[dummy][Beispiel]} % Keine BU!
  {\externalfigure[dummy][Beispiel]}
  {\externalfigure[dummy][Beispiel]}
  {\externalfigure[dummy][Beispiel]}
\stopcombination

\blank[2*big]

Noch zwei Bilder (die Nummerierung wird fortgesetzt):\blank

\startcombination[AutoKombi][nx=2,ny=1,continue=yes]
  {\externalfigure[dummy][Beispiel]}
  {\externalfigure[dummy][Beispiel]}
\stopcombination
```

Wenn Sie Kombinationen innerhalb von Gleitobjekten (Kap. 14) verwenden, wird die ganze Kombination nummeriert, aber nicht die einzelnen Elemente.
Es gibt aber auch „Gleitkombinationen“, in denen sich unabhängig nummerierte Gleitobjekte zusammenstellen lassen:

```
\startplacefigure[location=none] % Äußere Nummerierung abschalten
  \startfloatcombination[2*1] % zwei Spalten, eine Zeile
    \startplacefigure[title={Bild links}] % Bild mit Beschriftung
      \externalfigure[dummy]
    \stopplacefigure
```

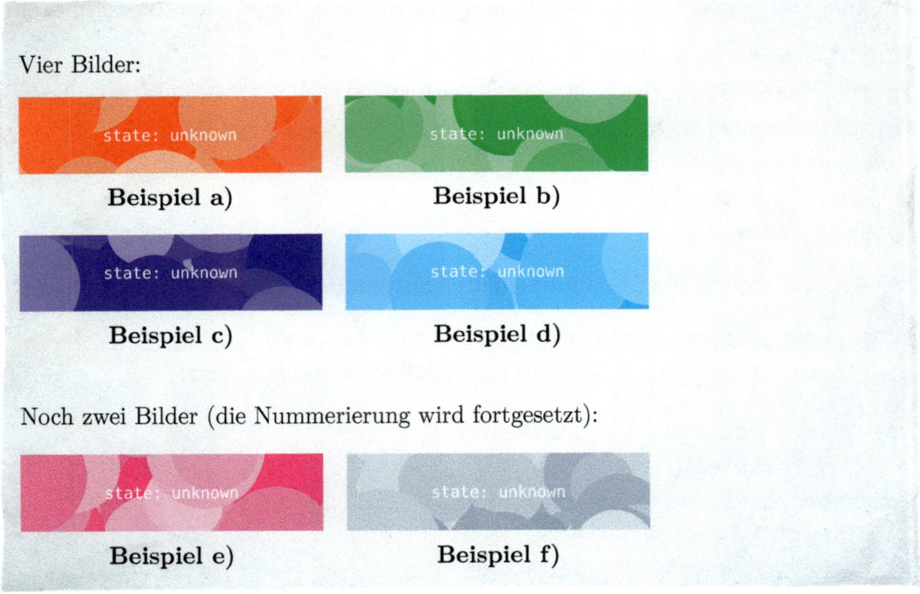


```
    \startplacefigure[title={Bild rechts}]
      \externalfigure[dummy]
    \stopplacefigure
  \stopfloatcombination
\stopplacefigure
```

13.10.3 Ganz- und doppelseitige Bilder

Zunächst brauchen Sie ein Makeup (S. 96) für eine leere Seite:

```
\definemakeup[fullpage][
  page=no,
  doublesided=no,
  headerstate=empty,
  footerstate=empty,
  pagestate=start,
]
```

Diese leere Seite können Sie auf eine bestimmte Seite im PDF verschieben:

```
\startpostponing[13] % Seitenzahl
\startfullpagemakeup
% Bild
\stopfullpagemakeup
\stoppostponing
```

Statt absoluten Seitenzahlen sind auch relative wie +1 möglich.
Zur absoluten Platzierung des Bildes verwenden Sie am einfachsten eine Ebene (S. 247). Beachten Sie die Beschnittzugabe (S. 104).

```
\setlayer[Seite][x=0mm,y=-3mm]{%
\externalfigure[Bildname][height=\dimexpr 1ph + 6mm\relax]}
```

Ob Sie das Bild anhand der Höhe oder der Breite skalieren, kommt auf dessen Proportionen an. Mit Hilfe von `\clip` (S. 216) können Sie auch einen Ausschnitt wählen.

Doppelseitige Bilder können Sie als zwei Hälften platzieren, auch dafür verwenden Sie `\clip`. Für mich haben sich zwei einzelne, ganzseitige Makeups in einer gemeinsamen Postponing-Umgebung bewährt.

Die folgende Lösung verwendet stattdessen `\startspread`, das einem doppelseitigen Makeup entspricht und für die Aufteilung sorgt.

```
\startpostponing
    \setuppagenumbering[state=stop]
    \startspread
        \externalfigure[cow][height=1th]%
    \stopspread
    \setuppagenumbering[state=start]
\stoppostponing
```

Einfache Bildunterschriften können Sie ebenfalls mit `\setlayer` platzieren. Zur Verbesserung der Lesbarkeit hinterlege ich sie gerne mit einem Schatten (S. 364). Wenn Sie die Möglichkeiten von Gleitobjekten wie Nummerierung und Referenz benötigen, verwenden Sie `\placefloatcaption` (S. 239).

.10.4 Bilder umfließen

Grundsätzlich ist alles, was die Zeilenlänge innerhalb eines Absatzes verändert, für TEX schwierig; um so mehr, wenn mehrere Absätze und Seitenumbrüche ins Spiel kommen. Dafür funktioniert erstaunlich viel. Die Berechnungen gehen immer von einem Absatzanfang aus.

Bis vor kurzem gab es für Bilder am Textrand nur Gleitobjekte (Sidefloats, 14.1), inzwischen empfehlen sich *Inserts* für manche Anwendungen; sie beginnen immer in der Zeile, wo der Befehl steht.

```
\samplefile{lange-de} (Günter Gerhard Lange)\space%
\rightparinsert[color=red,lines=1,style={\rm\bf}]{Einspruch!}%
\leftparinsert[lines=5]{%
\externalfigure[cow][height=5lh,location=top]}%
\samplefile{franke-de} (Carl August Franke)%
```

Ein guter Typograph, Graphiker oder Designer muss mit Leib und Seele, einem Übermaß an Begeisterung und Interesse bei der Sache sein. Nur mit Leidenschaft kommt man wie in der Liebe, im gesamten Leben oder beim Lernen, so auch im Design weiter. (Günter

Gerhard Lange) Der Schriftsetzer soll außer den technischen Kenntnissen, welche er während seiner Lehrzeit sich aneignet, zuvörderst mit seiner Muttersprache vertraut sein, außerdem die Umgangs- und alten Sprachen, wenigstens französisch, englisch, lateinisch, griechisch und hebräisch, so weit pflegen, um die grammatikalischen Grundregeln zu verstehen; ein hoher Grad von Vollkommenheit ist nicht erforderlich, und er kann das Nöthige durch Selbstunterricht lernen. **Einspruch!**
Ebenso wird ihm eine lexikalische und tagesgeschichtliche Belesenheit stets ein sicherer Führer sein bei der so großen Mannichfaltigkeit des literarischen Stoffes, welcher ihm unter Hand und Auge kommt ... (Carl August Franke)

Einzelheiten zu `\leftparinsert` und `\rightparinsert` finden Sie in beyond[12] – der betreffende Artikel kam erst während der Schlusskorrektur dazu.

Option	**Werte**	**Beschreibung**
`lines`	Ganzzahl	Höhe in Zeilen
`xoffset, yoffset`	Dimension	Versatz des Inhalts nach innen/oben
`style, color`	wie üblich	Textstil/-farbe

Tab. 13.7 Parameter von `\leftparinsert` und `\rightparinsert`

Formsatz um Bilder herum erreichen Sie mit `\parshape` – entweder manuell oder mit Hilfe eines MetaPost-Pfades.
Die Syntax sieht nicht nach ConTeXt aus, da `\parshape` ein alter TeX-Befehl ist:

12 `texmf-context/doc/context/documents/general/manuals/beyond.pdf`

```
\parshape 8
0mm 70mm
2mm 67mm
4mm 72mm
6mm 73mm
6mm 74mm
4mm 76mm
2mm \dimexpr 1tw-2mm\relax
0mm 1tw
\samplefile{zapf}
```

Coming back to the use of typefaces in electronic publishing: many of the new typographers receive their knowledge and information about the rules of typography from books, from computer magazines or the instruction manuals which they get with the purchase of a PC or software. There is not so much basic instruction, as of now, as there was in the old days, showing the differences between good and bad typographic design. Many people are just fascinated by their PC's tricks, and think that a widely-praised program, called up on the

`\parshape` steht am Anfang eines Absatzes. Der erste Parameter gibt die Anzahl der folgenden Wertepaare an, die jeweils den linken Einzug und die Länge einer Zeile deklarieren. Wenn der Absatz mehr Zeilen hat als Sie Werte angegeben haben, wird das letzte Wertepaar für die restlichen Zeilen verwendet. Gibt es mehr Wertepaare als Zeilen im Absatz, wird der Rest ignoriert (also nicht auf den nächsten Absatz übertragen).
Sie können feste oder relative Werte verwenden; manchmal ist es hilfreich, die Zeilenlänge mit `\dimexpr` (S. 397) zu berechnen.
So können Sie mit viel Ausmessen und Herumprobieren Text um ein Bild fließen lassen, das Sie mit `\setlayer` im Hintergrund platziert haben (Beispiel: Abb. 13.5). Wenn sich der Umbruch ändert oder Sie etwas am Bild verändern, dürfen Sie von vorne anfangen.

Lässt sich so etwas mit einem programmierbaren System nicht automatisieren? Im Handbuch `metafun-p`[13] ist in den Abschnitten „Talking to TEX“ und „Libraries“[14] dokumentiert, wie sich Text innerhalb von MetaPost-Pfaden setzen lässt.

[13] `texmf-context/doc/context/documents/general/manuals/metafun-p.pdf`
[14] Derzeit 10.5f., S. 256 ff.

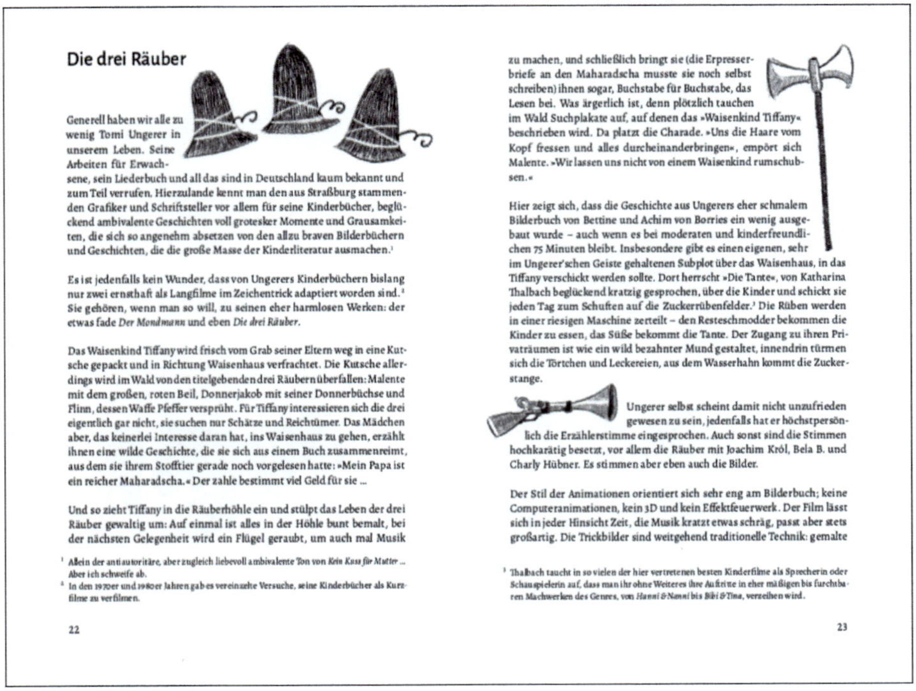

Die drei Räuber

Generell haben wir alle zu wenig Tomi Ungerer in unserem Leben. Seine Arbeiten für Erwachsene, sein Liederbuch und all das sind in Deutschland kaum bekannt und zum Teil verrufen. Hierzulande kennt man den aus Straßburg stammenden Grafiker und Schriftsteller vor allem für seine Kinderbücher, beglückend ambivalente Geschichten voll grotesker Momente und Grausamkeiten, die sich so angenehm absetzen von den allzu braven Bilderbüchern und Geschichten, die die große Masse der Kinderliteratur ausmachen.[1]

Es ist jedenfalls kein Wunder, dass von Ungerers Kinderbüchern bislang nur zwei ernsthaft als Langfilme im Zeichentrick adaptiert worden sind.[2] Sie gehören, wenn man so will, zu seinen eher harmlosen Werken: der etwas fade *Der Mondmann* und eben *Die drei Räuber*.

Das Waisenkind Tiffany wird frisch vom Grab seiner Eltern weg in eine Kutsche gepackt und in Richtung Waisenhaus verfrachtet. Die Kutsche allerdings wird im Wald von den titelgebenden drei Räubern überfallen: Malente mit dem großen, roten Beil, Donnerjakob mit seiner Donnerbüchse und Flinn, dessen Waffe Pfeffer versprüht. Für Tiffany interessieren sich die drei eigentlich gar nicht, sie suchen nur Schätze und Reichtümer. Das Mädchen aber, das keinerlei Interesse daran hat, ins Waisenhaus zu gehen, erzählt ihnen eine wilde Geschichte, die sie sich aus einem Buch zusammenreimt, aus dem sie ihrem Stofftier gerade noch vorgelesen hatte: »Mein Papa ist ein reicher Maharadscha.« Der zahle bestimmt viel Geld für sie ...

Und so zieht Tiffany in die Räuberhöhle ein und stülpt das Leben der drei Räuber gewaltig um: Auf einmal ist alles in der Höhle bunt bemalt, bei der nächsten Gelegenheit wird ein Flügel geraubt, um auch mal Musik

[1] Allein der antiautoritäre, aber zugleich liebevoll ambivalente Ton von *Kein Kuss für Mutter* ... Aber ich schweife ab.

[2] In den 1970er und 1980er Jahren gab es vereinzelte Versuche, seine Kinderbücher als Kurzfilme zu verfilmen.

22

zu machen, und schließlich bringt sie (die Erpresserbriefe an den Maharadscha musste sie noch selbst schreiben) ihnen sogar, Buchstabe für Buchstabe, das Lesen bei. Was ärgerlich ist, denn plötzlich tauchen im Wald Suchplakate auf, auf denen das »Waisenkind Tiffany« beschrieben wird. Da platzt die Charade. »Uns die Haare vom Kopf fressen und alles durcheinanderbringen«, empört sich Malente. »Wir lassen uns nicht von einem Waisenkind rumschubsen.«

Hier zeigt sich, dass die Geschichte aus Ungerers eher schmalem Bilderbuch von Bettine und Achim von Borries ein wenig ausgebaut wurde – auch wenn es bei moderaten und kinderfreundlichen 75 Minuten bleibt. Insbesondere gibt es einen eigenen, sehr im Ungerer'schen Geiste gehaltenen Subplot über das Waisenhaus, in das Tiffany verschickt werden sollte. Dort herrscht »Die Tante«, von Katharina Thalbach beglückend kratzig gesprochen, über die Kinder und schickt sie jeden Tag zum Schuften auf die Zuckerrübenfelder.[3] Die Rüben werden in einer riesigen Maschine zerteilt – den Resteschmodder bekommen die Kinder zu essen, das Süße bekommt die Tante. Der Zugang zu ihren Privaträumen ist wie ein wild bezahnter Mund gestaltet, innendrin türmen sich die Törtchen und Leckereien, aus dem Wasserhahn kommt die Zuckerstange.

Ungerer selbst scheint damit nicht unzufrieden gewesen zu sein, jedenfalls hat er höchstpersönlich die Erzählerstimme eingesprochen. Auch sonst sind die Stimmen hochkarätig besetzt, vor allem die Räuber mit Joachim Król, Bela B. und Charly Hübner. Es stimmen aber eben auch die Bilder.

Der Stil der Animationen orientiert sich sehr eng am Bilderbuch; keine Computeranimationen, kein 3D und kein Effektfeuerwerk. Der Film lässt sich in jeder Hinsicht Zeit, die Musik kratzt etwas schräg, passt aber stets großartig. Die Trickbilder sind weitgehend traditionelle Technik: gemalte

[3] Thalbach taucht in so vielen der hier vertretenen besten Kinderfilme als Sprecherin oder Schauspielerin auf, dass man ihr ohne Weiteres ihre Auftritte in eher mäßigen bis furchtbaren Machwerken des Genres, von *Hanni & Nanni* bis *Bibi & Tina*, verzeihen wird.

23

Abb. 13.5 Doppelseite aus: Rochus Wolff, *33 beste Kinderfilme*. Verlag Dreiviertelhaus 2019.

In `lowlevel-paragraphs`[15] ist unter „Shapes" eine modernere Implementierung von `\parshape` (`\startparagraphshape` und `\startshapedparagraph`) beschrieben, die auch absatzübergreifend funktioniert.

Nun brauchen Sie einen Pfad, der Ihrer Textspalte entspricht, minus der „Umgehung" des Bildes. Dieser müsste sich mit Hilfe von `lmt_potrace` (in `luametafun`[16]) aus dem (heruntergerechneten) Bild berechnen lassen. Ich war damit bisher überfordert.

13.11 Seiten aus PDFs

Einzelne Seiten aus mehrseitigen PDFs können Sie mit `\externalfigure` und dem Parameter page wie andere Bilder behandeln:

```
\externalfigure[mehrseitig.pdf][page=5]
```

Auf diese Weise können Sie auch eine große Anzahl von Bildern (z. B. Logos oder Piktogramme) in einem Sammel-PDF zusammenfassen.

Um mehrere Seiten aus anderen PDFs zu übernehmen, verwenden Sie `\copypages`. Der Befehl im Beispiel übernimmt die ersten `n` Seiten und skaliert sie auf 72 %:

```
\copypages[buch.pdf][n=10][scale=720]
```

[15] `texmf-context/doc/context/documents/general/manuals/lowlevel-paragraphs.pdf`

[16] `texmf-context/doc/context/documents/general/manuals/luametafun.pdf`

Die Kopf- und Fußzeilen Ihres Layouts werden dabei auf jeder Seite *hinter* den PDF-Inhalten eingefügt. Die Größe können Sie auch mit `width` und `height` definieren. Zum Einfügen bestimmter Seiten verwenden Sie `\filterpages`:

```
\filterpages[buch.pdf][1,3,4:8][scale=1210]
```

Die Liste der Seitenzahlen kann dabei Abschnitte enthalten, hier ‚Seite 4 bis 8'. Sie können auch alle geraden (`even`) oder ungeraden Seiten (`odd`) platzieren.

14 Gleitobjekte

Wie sorge ich dafür, dass meine Bilder oder Tabellen an eine geeignete Stelle platziert werden?

ConTEXt kann Objekte wie Abbildungen, Tabellen oder Textkästen automatisch auf eine eigene Seite, an den Kopf der nächsten Seite oder eine ähnlich geeignete Stelle schieben. So etwas heißt dann „Gleitobjekt" (engl. *float*). Mit der Platzierung ist auch die Nummerierung der Objekte verbunden.
Der Einfachheit halber sind hier meist nur Abbildungen erwähnt.

```
\placefigure[ort][referenz]{Bildunterschrift}{Inhalt}
```

z. B.

```
\placefigure[here][fig:bild1]{Eine Kuh}{%
  \externalfigure[cow][width=.25tw]}
```

Abb. 14.1 Eine Kuh

Die Referenz können Sie weglassen, wenn Sie ohnehin nicht auf die Abbildung verweisen wollen (Verweise siehe Kapitel 16).
Wenn Ihnen der eingesetzte Begriff „Abbildung" in der Bildunterschrift nicht gefällt, ändern Sie ihn mit `\setuplabeltext` (S. 176). Wenn Sie keine Bildunterschrift brauchen, verwenden Sie das Platzierungs-Stichwort `none`.
Was Sie tatsächlich als „Bild" verwenden, ist Ihre Entscheidung – üblicherweise ein Bild (`\externalfigure`), es könnte aber auch eine MetaPost-Grafik sein oder ein anderer Inhalt, der zu Ihrem Konzept von „Abbildung" passt.

Auch hierbei empfiehlt sich wieder die Start-Stop-Form, da die benannten Parameter leichter zu verstehen sind:

```
\startplacefigure[title={Eine Kuh}, list={Kuh im Verzeichnis},
  reference={fig:kuh}, location={page,90}]
\externalfigure[cow][width=1tw]
\stopplacefigure
```

Option	**Werte**	**Beschreibung**
title, reference, bookmark, marking, list		Bildunterschriften, Referenz, wie Tab. 5.2 (S. 60), nicht bei \setup...
location	Tab. 14.2	Platzierung
width, height, minwidth, maxwidth	Dimension	Größe
indentnext	yes no auto	Folgenden Absatz einziehen? (\setupindenting)
spacebefore, spaceafter	none, wie \blank	Weißraum vorher/ nachher
sidespacebefore, sidespaceafter, spacebeforeside, spaceafterside	none, wie \blank	Weißraum vor/ nach Sidefloats
sidethreshold	Dimension	Weißraumverhalten unter Sidefloats (siehe details)
sidealign	normal line halfline height depth grid	Ausrichtung des Sidefloats zu den Zeilen (S. 239)
criterium	Dimension	Breite, ab der ein Side-/ Margin-/Edgefloat in die Mitte gesetzt wird

Tab. 14.1 Optionen von \setupfloat bzw. \startplacefloat (Auswahl). Außerdem sind Parameter von \framed (S. 135) verwendbar.

14.1 Platzierung

Für manche Platzierungsoptionen (Tab. 14.2) sind englische Kurzbezeichnungen üblich, die sich nur umständlich übersetzen lassen:

Sidefloat	Gleitobjekt am Rand des Satzspiegels, das vom Haupttext umflossen wird
Pagefloat	Gleitobjekt auf einer eigenen Seite
Marginfloat	Gleitobjekt in der Marginalspalte
Edgefloat	Gleitobjekt im Randsteg (evtl. im Anschnitt)

Mehrere Optionen aus Tab. 14.2 können mit Kommata getrennt angegeben werden und werden dann zusammen interpretiert (z. B. `{bottom,always}`) oder als Reihenfolge der Präferenz (z. B. `{here,top}`).

- `{here,top}` ist die Standard-Einstellung.
- `{here,force}` funktioniert nicht! Verwenden Sie stattdessen nur `force`.
- `bottom` funktioniert nicht zuverlässig; mit `{bottom,always}` verhindern Sie eine `top`-Platzierung. Wenn die Seite nicht voll ist, wird das Gleitobjekt nicht an den Fuß der Seite, sondern nur ans Ende des Textes platziert.
- `left` und `right` funktionieren nicht in Spalten.
- Mit `line` können Sie ein Sidefloat um eine Anzahl Zeilen nach oben (negativ) oder unten (positiv) bewegen. Die Zeilen über der Abbildung werden aber auch eingezogen. Verwenden Sie `hang`, um das zu vermeiden.
- `opposite` funktioniert nur mit `page` und ist innen ausgerichtet.
- `split` gilt nur für `\bTABLE`-Tabellen (S. 184) und kann nicht mit anderen Stichworten kombiniert werden.

Wenn gleitende Abbildungen am Ende des Dokuments/Abschnitts landen, obwohl sie vorher Platz fänden, kann es daran liegen, dass ConTEXt sie durch Rundungsfehler in den Dimensionen für zu groß hält. Das betrifft besonders Abbildungen in voller Textbreite. Versuchen Sie sie minimal zu verkleinern.
Wenn Abbildungen manchmal in den folgenden Abschnitt rutschen, können Sie `\placefloats` direkt oder in den Abschnitts-Einstellungen verwenden, um alle noch ausstehenden Gleitobjekte auszugeben.

Wenn Sie mehrere Abbildungen neben- oder untereinander platzieren möchten, können Sie „Gleitkombinationen" (S. 225) verwenden.
Wenn Sie Bilder oder andere Objekte genau (absolut) platzieren möchten, sind Gleitobjekte der falsche Ansatz. Sie sollten sich stattdessen den Ebenen-Mechanismus ansehen (15.2 ab S. 247).

Option	Beschreibung
here	möglichst hier
force	unbedingt hier
left, right, inner, outer	links/rechts vom Text (Sidefloat)
top, bottom	am Kopf/Fuß der Seite (dieser oder nächster)
always	unbedingt am Fuß der Seite (mit bottom)
inmargin, leftmargin, rightmargin	in der linken/rechten Marginalspalte
innermargin, outermargin	in der inneren/äußeren Marginalspalte
leftedge, rightedge	im linken/rechten Randsteg
inneredge, outeredge	im inneren/äußeren Randsteg
high, low	Sidefloat höher/tiefer schieben. Pagefloat oben/unten ausrichten.
height, line, depth	Ausrichtung von Sidefloats, Abstand oben aus; wie sidealign=...
±*n**line, *n**hang	Sidefloat *n* Zeilen nach oben/unten schieben
fit	ohne Abstand zwischen Sidefloat und Text
reset	Sidefloat wird vom Text überschrieben (nicht umflossen)
page	auf einer neuen (leeren) Seite
opposite	Pagefloat auf der gegenüberliegenden Seite
nonumber, none	keine Nummerierung / weder Nummerierung noch Beschriftung
header	Kopfzeilen auf Seiten mit Pagefloats ausschalten
90, 180, 270	Orientierung (Rotationswinkel) für Inhalt und Beschriftung bei Pagefloats
split	Tabelle aufteilen
paragraph	Sidefloats sollen Konflikte mit anderen Objekten vermeiden, die die Form des Absatzes verändern, z. B. Initialen

Tab. 14.2 Platzierungsoptionen

Abb. 14.2 Platzierungsoptionen, Beispiele

Abb. 14.3 Platzierungsoptionen von Sidefloats, Beispiele

14.2 Sidefloats

Einige Hinweise zu Sidefloats finden Sie in `details`[1]. Die Beispielbilder darin sind allerdings immer zwei Zeilen hoch, verzichten weitgehend auf Bildunterschriften und umgehen damit typische Platzierungsprobleme.

```
\setupfloat[figure][
  sidealign=halfline,
  sidespaceafter=depth,
  sidespacebefore=none,
]
\setupcaptions[
  headstyle={\tfx},style=bold,
  sidespaceafter=depth,
  sidespacebefore=none,
]
\startplacefigure[title=Windkraft,location=right]
\externalfigure[mill][height=7.25lh]
\stopplacefigure
\dorecurse{3}{\samplefile{loos-de}\par}\rightaligned{Adolf Loos}
```

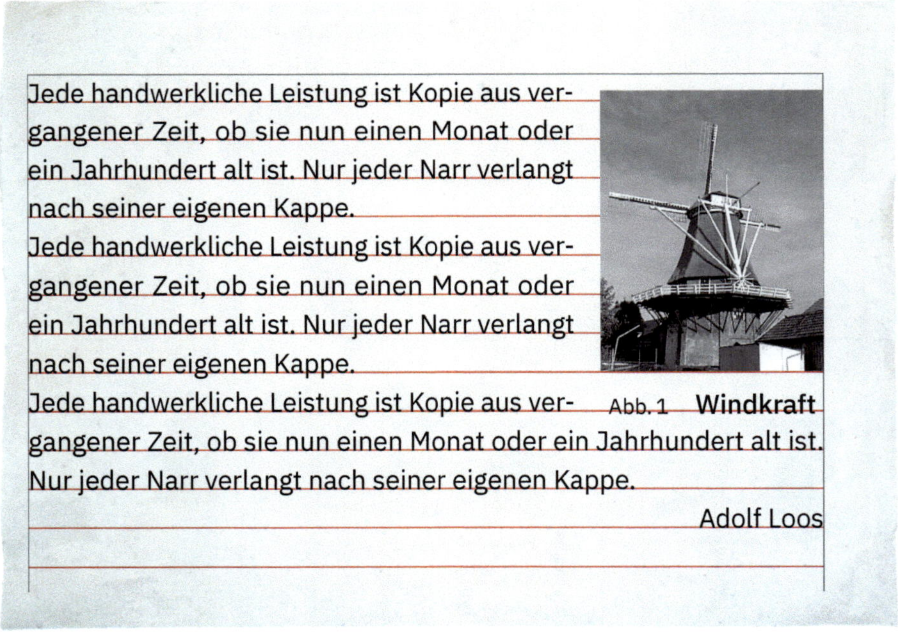

Die Sidefloat-Optionen aus Tab. 14.1 (S. 233) funktionieren nur mit `\setupfloat`, nicht mit `\startplacefigure`.

[1] `texmf-context/doc/context/documents/general/manuals/details.pdf`

Sidefloats hängen an einer Grundlinie. Zumindest laut deutschen Layoutregeln sollten Bilder immer auf einer Grundlinie stehen und oben an einer Mittelhöhe enden (sofern sie nicht oben oder unten randabfallend platziert sind). Das funktioniert bei ConTEXt nur unter sehr speziellen Bedingungen.

Abb. 14.4 Auswirkung von `sidealign`

14.3 Bildunterschriften

Bildunterschriften sind eng mit den Gleitobjekten verbunden. Mit `\setupcaptions` können Sie die Eigenschaften aller Beschriftungen oder die spezifischer Gleitobjekt-Klassen einstellen. (Optionen siehe Tab. 14.3, Beispiele Abb. 14.5)

- Die `location`-Werte `high`, `middle`, `low` definieren die vertikale Lage seitlicher Bildunterschriften.
- Die `margin`-Werte wirken nur bei Beschriftungen über und unter dem Gleitobjekt (`top`/`bottom`).

Mehr dazu finden Sie wiederum in `details`[2].
Wenn Sie Bildunterschriften unabhängig von Abbildungen platzieren möchten, z. B. wenn Sie die Bilder auf Ebenen absolut platziert haben, können Sie `\placefloatcaption` verwenden:

```
\placefloatcaption[figure][
        title=Meine Bildunterschrift,
        reference=fig:Bild,
]
```

2 `texmf-context/doc/context/documents/general/manuals/details.pdf`

Option	Werte	Beschreibung
`style`, `headstyle`, `color`, `headcolor`	wie üblich	Textstil/-farbe des Inhalts/ der Nummerierung
`align`	wie `\setupalign`	Textausrichtung
`hang`	`no yes`	Soll der Text ab der 2. Zeile unter der Nummer anfangen?
`width`, `minwidth`, `maxwidth`	Dimension `fit max`	Breite der Beschriftung (inkl. Nummerierung)
`leftmargin`, `rightmargin`, `innermargin`, `outermargin`	Dimension	Versatz der Beschriftung bei top/bottom.
`number`	`yes no`	Abbildung nummerieren?
`location`	`left right middle low high grid lines overlay inner outer innermargin outermargin leftmargin rightmargin lefthanging righthanging hang top bottom none default`	Platzierung und Ausrichtung
`width`, `minwidth`, `maxwidth`	Dimension (`fit max`)	Breite der Beschriftung
`spacebefore`, `spaceafter`, `spaceinbetween`	wie `\blank`	Weißraum vor/nach der Beschriftung bzw. zwischen Nummer und Text
`inbetween`	Befehl	wird zwischen Gleitobjekt und Beschriftung eingefügt
`headseparator`	Text	wird nach der Nummerierung eingefügt
`distance`	Dimension	Abstand zwischen Nummer und Text
`command`, `textcommand`, `numbercommand`	Befehl (1)	Formatierung der gesamten Beschriftung / des Textes / nur der Nummer (ohne Label)

Tab. 14.3 Optionen von `\setupcaptions` (Auswahl).
Außerdem sind Parameter von `\framed` (S. 135) und `\counter` (S. 400) verwendbar.

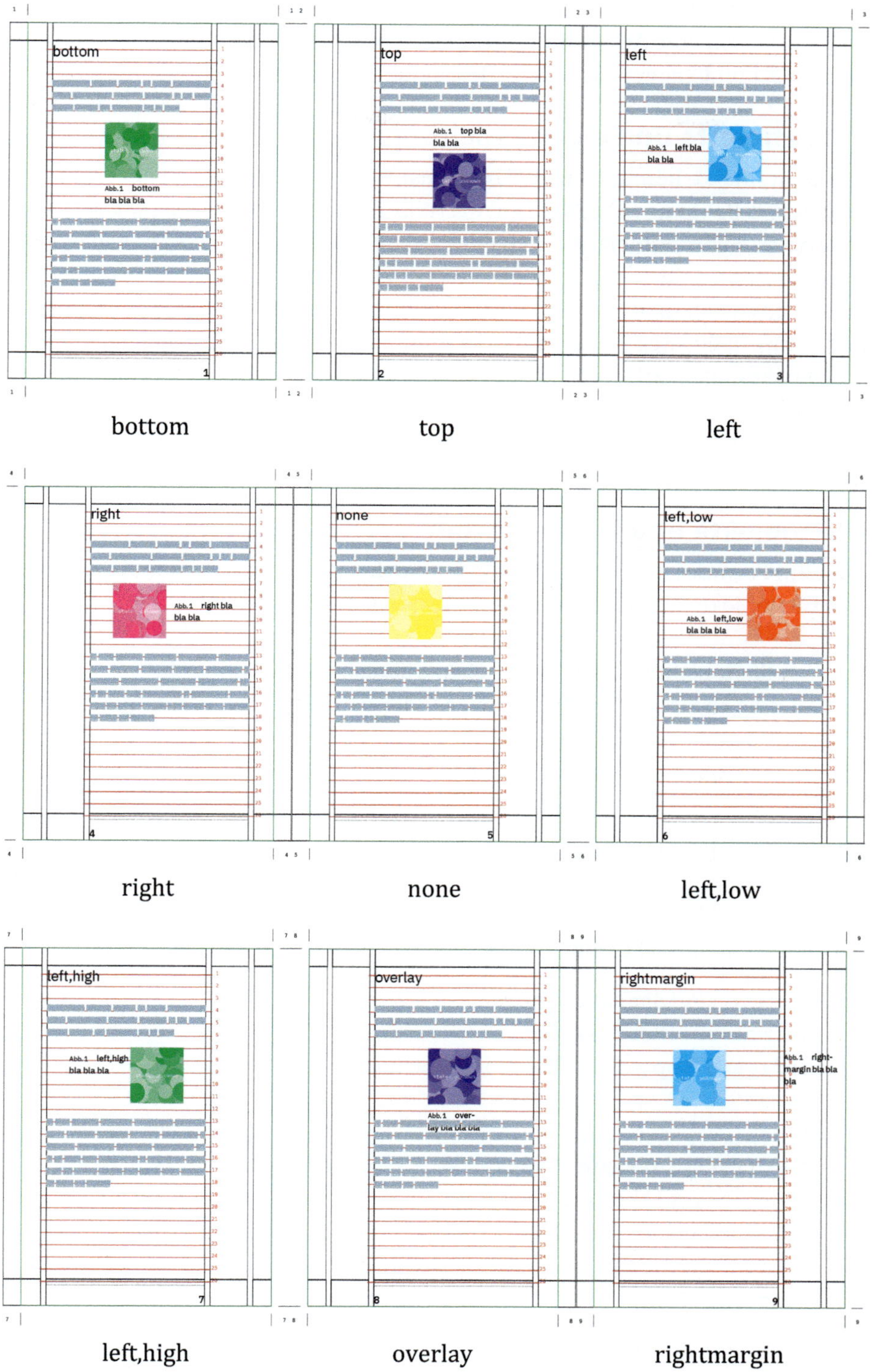

Abb. 14.5 Platzierungsoptionen für Bildunterschriften, Beispiele

Ausführlichere Bildlegenden sind mit \placelegend möglich (Beispiel siehe S. 259). Sie sind eine Anwendung von *paired boxes* und lassen sich mit \definepairedbox und \setuppairedbox bearbeiten.

14.4 Vordefinierte und eigene Gleitobjekte

Alle Gleitobjekte können Sie als float ansprechen, müssen dann aber den Typ angeben, z. B. \placefloat[figure]. Außer figure sind graphic, table und intermezzo vordefiniert, die sich entsprechend mit \placegraphic usw. platzieren lassen.

Jede Gruppe von Gleitobjekten wird unabhängig von den anderen nummeriert und kann ein eigenes Verzeichnis (Abbildungsverzeichnis, Tabellenverzeichnis usw.) bekommen, z. B. \completelistoffigures. Diese Listen funktionieren wie Inhaltsverzeichnisse (S. 266).

Eigene Gruppen von Gleitobjekten können Sie einfach mit \definefloat deklarieren.

14.5 Gleitobjekte und Überschriften

Mit dem Parameter aligntitle von \setuphead können Sie beeinflussen, wie sich Gleitobjekte bei Abschnittsüberschriften verhalten sollen:

no	Gleitobjekte stehen nicht neben Überschriften (Standard)
yes	wie no, aber alle aufgelaufenen Gleitobjekte werden vorher platziert (\placefloat)
float	Gleitobjekte stehen auch neben Überschriften

14.6 Gleitobjekte verschieben

14.6.1 Bild am Kopf der Seite

Sie können Gleitobjekte mit \offset verschieben, z. B. in den Beschnitt:

```
\definemeasure[Beschnitt][3mm]
\definemeasure[Rand][7.5mm] % oversized
\placefigure[top,high]{Bild im Beschnitt}{%
  % verschieben in den oberen und seitlichen Beschnitt:
  \offset[
    topoffset=\dimexpr-\topspace -\headerheight -\measure{
      Beschnitt}\relax,
    x=\dimexpr\measure{Rand} + \measure{Beschnitt}\relax,
  ]{% Bild auf volle Seitenbreite plus Beschnitt
    \externalfigure[Kopfbild][width=\dimexpr1pw + \measure{
      Beschnitt}\relax,height=.5th]
  }}
\fakenwords{40}
```

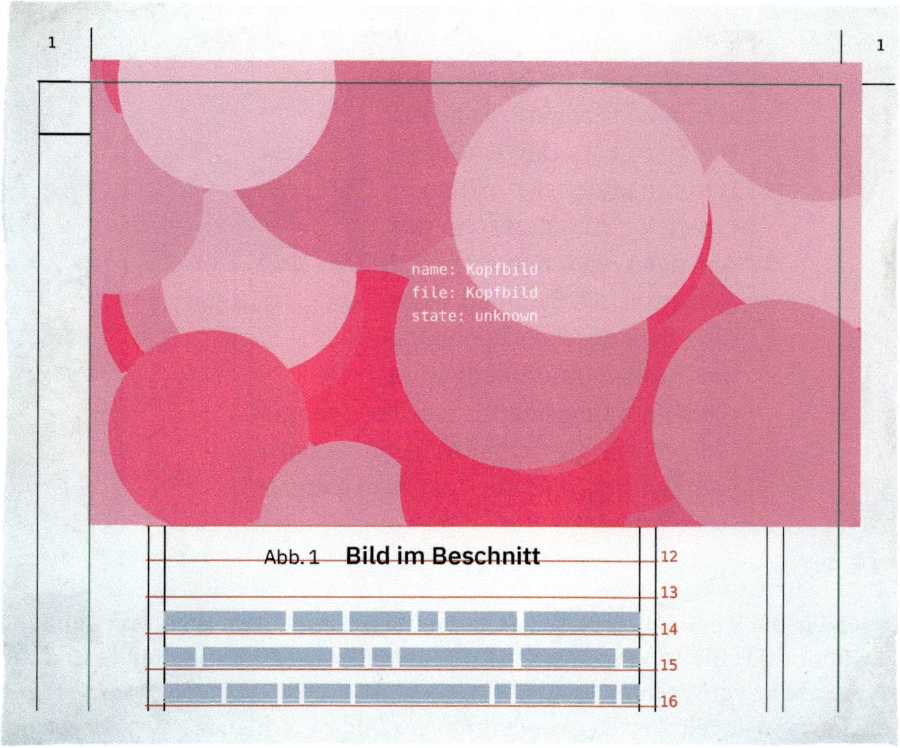

Üblicherweise verwenden Sie für Verschiebungen die Parameter `leftoffset`, `rightoffset`, `topoffset` und `bottomoffset`. Dabei wird die *Bounding Box*, nach der die Größe der Abbildung berechnet wird, an der angegebenen Seite erweitert, vergleichbar mit ‚padding' in CSS.
Sie können x und y verwenden (ggf. mit negativen Werten), dann wird die sichtbare Grafik verschoben, aber für Platzberechnungen die originale Bounding Box verwendet.

4.6.2 Sidefloat im Rand

```
\dimensiondef\Breite.5tw
\define[1]\MoveIt{\offset[rightoffset=-\rightmargintotal]{#1}}
\setupcaption[figure][
  width=\Breite,
  command=\MoveIt,
]

\startplacefigure[title=Beispiel,location=right]
\MoveIt{\externalfigure[dummy][width=\Breite,height=5lh]}
\stopplacefigure
\samplefile{zapf-de}
```

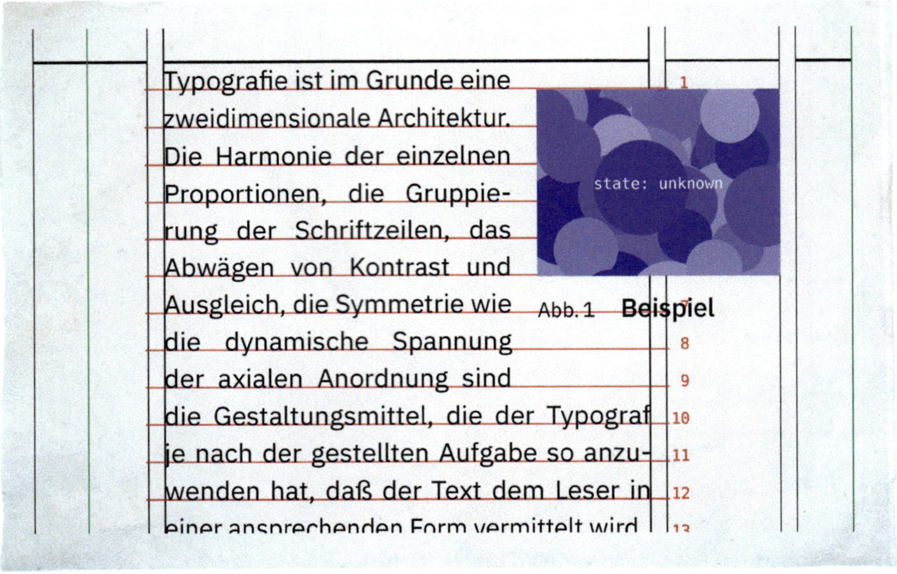

Geben Sie bei Sidefloats in `\offset` immer einen negativen Wert von der Seite an, auf der das Gleitobjekt steht, z. B. müssen Sie das rechts stehende Bild mit `rightoffset` vom rechten Rand her „ziehen“. Wenn Sie im Beispiel `leftoffset` mit einem positiven Wert verwenden, um das Bild zu „schieben“, verhält sich der Text so, als sei das Bild nicht verschoben worden.

Die Bildunterschrift macht die Verschiebung des Bildes nicht mit und muss daher per `command` und `\offset` gezwungen werden.

Sie können auch ein eigenes Gleitobjekt definieren, um ohne `\offset` auszukommen:

```
\dimensiondef\Breite.5tw
\definefloat[marginfigure][figure]
\setupfloat[marginfigure][
  % location muss beim Bild angegeben werden
  rightmargindistance=-\rightmargintotal,]

\startplacemarginfigure[title=Beispiel,location=outer]
\externalfigure[dummy][width=\Breite,height=5lh]
\stopplacemarginfigure
\samplefile{zapf-de}
```

Das Ergebnis sieht fast genauso aus wie beim vorigen Beispiel (finden Sie den Unterschied?), ist aber aus dem obigen Code erzeugt, Ehrenwort!

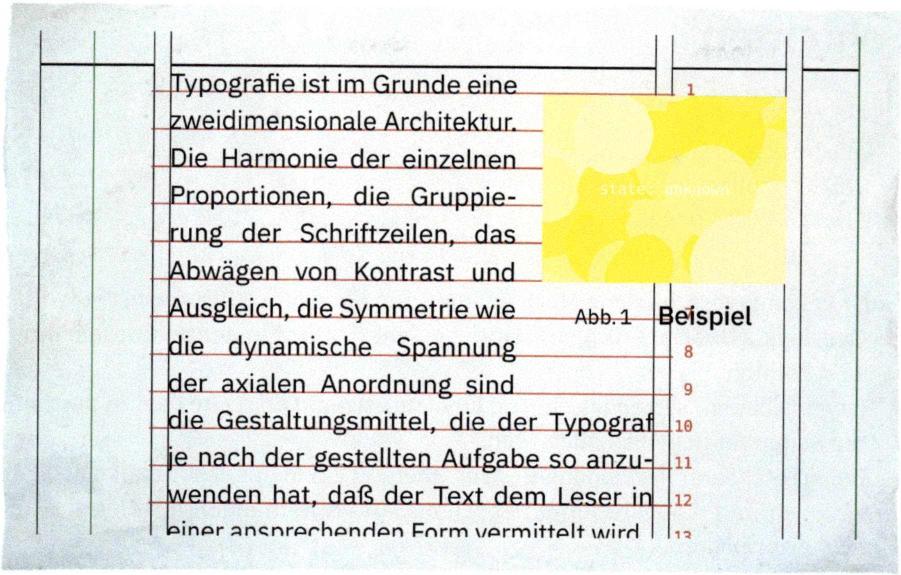

14.7 Gestaltungsmöglichkeiten

Das Gleitobjekt steht zusammen mit seiner Beschriftung in einem normalerweise unsichtbaren Rahmen, den Sie mit `\setupfloatframed` wie jeden anderen Rahmen (Kap. 8) einrichten können, z. B. als Hintergrundfläche.

14.8 Fehlersuche

Folgende Tracker helfen bei der Fehlersuche im Zusammenhang mit Gleitobjekten:

```
floats.anchoring
floats.caching
floats.collecting
floats.freeregion
structures.sidefloats.pageflush
```

Mehr dazu finden Sie wiederum in `details`[3].

[3] texmf-context/doc/context/documents/general/manuals/details.pdf

15 Schichten

ConTEXt kennt verschiedene Mechanismen, um Elemente zu „stapeln“:

- Overlays (Überlagerungen) sind geeignet, um Elemente übereinander zu schichten.
- Layer (Ebenen) setzen Sie ein, um Elemente frei auf der Seite oder in bestimmten Seitenbereichen zu platzieren.
- Collectors (Sammler) sind wie Layer, aber auf ein Element statt auf eine Seite bezogen und daher besonders geeignet, um Abbildungen mit Beschriftungen anzureichern.
- PDF-Ebenen (Optional Content Groups) lassen sich im PDF-Viewer ein- und ausblenden und können mit den anderen Mechanismen kombiniert werden.

15.1 Overlays

Overlays können überall verwendet werden, wo es eine `background`-Option gibt. Sie werden üblicherweise zuerst definiert und dann als Hintergrund gesetzt:

```
\defineoverlay[Tee][%
  {\color[green]{\ss\bf GRÜNER
    TEE}}]

\framed[
  background=Tee,
  align={middle,hilo},
  width=8em,
  style=italicface,
]{
  heute
  \blank[small]
  im Angebot
}
```

Die Größe eines Overlays ist in den Variablen `\overlaywidth` und `\overlayheight` abgelegt, die sich z. B. in MetaPost-Grafiken (S. 362) verwenden lassen.

`background` akzeptiert eine Liste von Hintergrundelementen. Mit Hilfe der System-Ebenen `foreground` (Inhalt des Rahmens) und `color` (Hintergrundfläche aus `backgroundcolor`) können Sie die Schichtung beeinflussen.

Alternativ können Sie Elemente auch ohne Deklaration überlagern:

```
\bfa
\startoverlay
  {\color[red]  {rot}}
  {\color[green]{grün}}
  {\color[blue] {blau}}
\stopoverlay
```

Wenn solche Textelemente auf der gleichen Schriftlinie stehen sollen, müssen Sie evtl. einen `\strut` einfügen.

15.2 Layers

Wie kann ich Elemente auf der Seite frei platzieren?
Wie bekomme ich Hintergrundbilder und Logos auf alle Seiten?

Sie können Elemente wie z. B. Bilder frei auf der Seite platzieren, dazu müssen Sie allerdings zuerst eine Ebene (Layer) definieren. Oft ist es sinnvoll, wenn diese die ganze Seite abdeckt.

15.2.1 Layer definieren

Zuerst wird die Ebene und ihre Größe deklariert:

```
\definelayer[Name][Optionen]
```

Die Ebene muss der Seite bzw. einem Seitenbereich mit `\setupbackgrounds` als Hintergrund zugewiesen werden:

```
\setupbackgrounds[Bereich][background=Ebenenname]
```

Der Bereich gibt an, worauf sich die Platzierung bezieht – meist auf die Größe der Seite (page) bzw. des Druckbogens (paper), die benannten Seitenbereiche (S. 92) sind aber ebenso möglich:

page	Seitengröße (1. Parameter von \setuppaper)
leftpage/rightpage	nur auf linken/rechten Seiten
paper	Bogengröße (2. Parameter von \setuppaper)
header/footer	Kopfzeile/Fußzeile
...margin	Marginalspalte
...edge	Außensteg

Option	Werte	Beschreibung
state	start stop continue next repeat	Sichtbarkeit (15.2.2)
page	Zahl	Platzierung nur auf dieser Seite
column, line	Zahl	Platzierung im Gestaltungsraster (15.2.4)
corner, location, preset	Name	Platzierung (15.2.5)
width, height	Maß	Größe
hoffset, voffset	Maß	Verschiebung (vom Preset aus, 15.2.5)
x, y	Maß	Startpunkt
dx, dy	Maß	Versatz
sx, sy	Zahl	Skalierung
rotation	left right inner outer Zahl	Drehung
position	no yes overlay	
doublesided	yes no	
option	test	zeichnet einen Rahmen um den Layer-Inhalt

Tab. 15.1 Parameter von \definelayer und \setlayer (Auswahl)

Das Beispiel platziert Elemente eines Briefbogens:

```
\definelayer[Hintergrund][
  x=0mm, y=0mm, % Startpunkt von links/oben
  width=\paperwidth,height=\paperheight,
]
\setlayer[Hintergrund][ % Anschriftenfeld
  x=20mm, y=27mm,
]{\framed[width=85mm, height=45mm,
    offset=5mm, foregroundstyle=\tfx,
  ]{\CONTEXT\ group · Boulevard 78 · 4511 AD Breskens}}

\setlayer[Hintergrund][ % Faltmarken
  x=-3mm, y=87mm,
]{\framed[width=8mm, height=105mm,
    frame=off, bottomframe=on, topframe=on]{}}

\setupbackgrounds[page][background=Hintergrund]
```

Mehrere Hintergründe können Sie mit Kommata getrennt in geschweiften Klammern angeben, die Reihenfolge gilt von oben nach unten. Die eigentliche Textebene ist dabei als `foreground` definiert, dadurch lassen sich auch Vordergrundebenen realisieren:

```
\setupbackgrounds[page][
  background={Vordergrund,foreground,Hintergrund}]
```

15.2.2 Layer wiederholen, ein- und ausschalten

Elemente, die auf allen Seiten erscheinen sollen, setzen Sie in einen Layer, der mit `repeat=yes` definiert wurde. Allerdings müssen Sie dann auch den `state` in `\setupbackgrounds` auf `repeat` setzen, ansonsten können Sie Layer mit `state=on/off` ein- und ausschalten.
Zusätzliche Elemente können Sie jederzeit mit `\setlayer` hinzufügen. Um einen Layer zu leeren, rufen Sie `\resetlayer[Name]` auf.
Statuswerte (`state`) eines Layers:

`start`	Layer erscheint auf der aktuellen Seite
`stop`	Layer wird nicht angezeigt
`repeat`	Layer erscheint auf allen Seiten
`next`	Layer erscheint nur auf der folgenden Seite
`continue`	Layer erscheint auf allen Seiten außer der ersten

15.2.3 Kästen und Textblöcke

Für die häufige Kombination von `\setlayer` und `\framed` ist der Befehl `\setlayerframed` vordefiniert. Benutzen Sie diesen auch für mehrzeiligen Text – dieser ist mit `\setlayer` allein nicht möglich.

```
\setlayerframed[Hintergrund][
  hoffset=20mm,
  voffset=27mm,
  width=85mm,
  height=45mm,
  offset=5mm,
  align={flushleft,center}, % mehrere Zeilen nur mit align!
]{%
  Kim Namenlos\crlf
  Straßenweg 13\crlf
  12345 Dawostadt
}
```

15.2.4 Positionierung nach Spalten und Zeilen

Wenn Sie ein Gestaltungsraster definieren, können Sie Layer-Elemente daran ausrichten:

```
\setuplayout[
  columns=3,
  columndistance=5mm,
]
\setlayer[Name][line=2,column=3,location=grid]{…}
```

Das hat nichts mit dem echten Mehrspaltensatz zu tun und ist daher in `details`[1] unter „Pseudo columns“ beschrieben.

15.2.5 Positionierung mit Presets

Mit den „Presets“ lassen sich Elemente leicht in eine Ecke des Layers platzieren. Die Positionen `lefttop`, `righttop`, `leftbottom` und `rightbottom` sind vordefiniert, weitere lassen sich bei Bedarf selbst anlegen:

```
\definelayerpreset[lefttop]
  [corner={left,top}, location={right,bottom}]
\definelayerpreset[righttop]
  [corner={right,top}, location={left,bottom}]
\definelayerpreset[leftbottom]
  [corner={left,bottom}, location={right,top}]
\definelayerpreset[rightbottom]
  [corner={right,bottom}, location={left,top}]
```

Dabei ist `corner` der Referenzpunkt des Layers, und `location` bestimmt, aus welcher Richtung das Element „einrastet“ (umgekehrt wäre es vielleicht verständlicher gewesen). Bei `lefttop` wird das Element also von rechts unten in die linke obere Ecke geschoben. Möglich ist auch `location=center`, dann wird die Mitte des Elements an der Ecke des Layers ausgerichtet.

```
\definelayerpreset[mlb][corner={left,bottom},location=center]
\definelayerpreset[mrb][corner={right,bottom},location=center]
\definelayerpreset[mlt][corner={left,top},location=center]
\definelayerpreset[rtrt][corner={right,top},location={right,top}]

\setlayerframed[Demo][preset=mlb,align={middle,low}]{mlb}
\setlayerframed[Demo][preset=mrb,align={middle,low}]{mrb}
\setlayerframed[Demo][preset=mlt]{mlt}
\setlayerframed[Demo][preset=rtrt]{rtrt}
```

[1] `texmf-context/doc/context/documents/general/manuals/details.pdf`

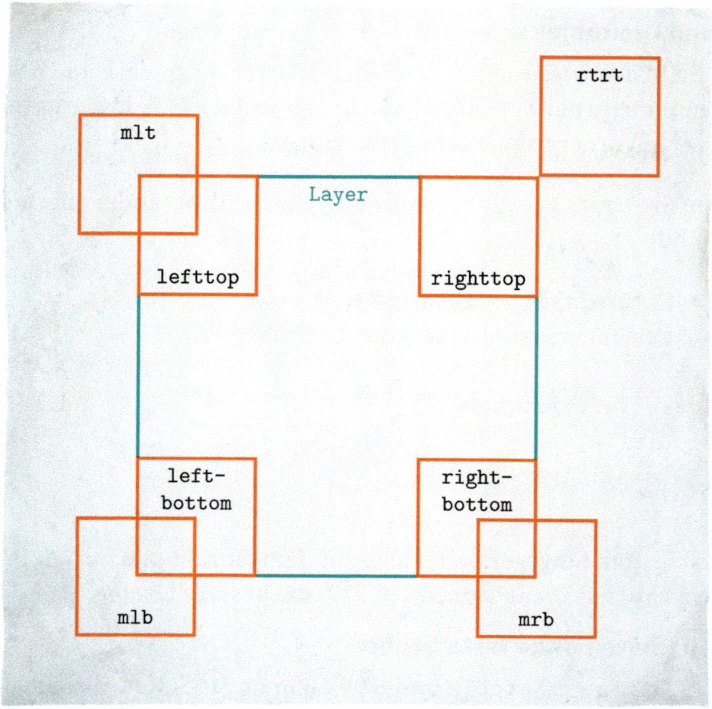

Abb. 15.1 Presets

15.2.6 Dynamische Inhalte

Der Inhalt eines Layers ist festgelegt, nachdem Sie ihn gesetzt haben. Wenn Sie veränderliche Inhalte wie z. B. die aktuelle Seitenzahl platzieren möchten, müssen Sie mit setups (S. 401) arbeiten:

```
\definelayer[Pagina][
  width=\paperwidth,
  height=\paperheight,
  preset=middle]

\startsetups layer
\setlayer[Pagina]{Seite \pagenumber}
\stopsetups

\setupbackgrounds[page][setups=layer,background=Pagina]

\starttext
\dorecurse{4}{\page[empty]}
% vier leere Seiten erzeugen mit dem Inhalt des Layers
\stoptext
```

15.2.7 Ebenen und Gleitobjekte

Wenn Sie ein Bild teilweise hinter den Text platzieren möchten, können Sie Gleitobjekte in den Hintergrund verschieben. In Kombination mit Transparenzen (S. 204) wäre auch eine Vordergrundebene denkbar.

Verwenden Sie `\setlayer` innerhalb von `\placefloat`, anders herum funktioniert es nicht!

```
\definelayer[Grafik][position=yes]
\setupbackgrounds[page][background=Grafik]
% ...
\placefigure[left,fit,none]{%
\setlayer[Grafik]{%
% z.B. \externalfigure[]
}}
```

Bildunterschriften bewegen sich nicht mit dem einzeln platzierten Bild. Wahrscheinlich ist `\placefloatcaption` (S. 239) die bessere Lösung.

15.2.8 Ebenen auf Seiten ohne feste Größe

Mit `\startTEXpage` ... `\stopTEXpage` bekommen Sie Seiten, die genau so groß werden wie ihr Inhalt. Wenn Sie darin Elemente stapeln möchten, haben Sie zwei Möglichkeiten – entweder mit einer Ebene und einigen Lowlevel-Befehlen:

```
\definelayer[Eb]

\startTEXpage[background=Eb]
\setbox\scratchbox\hbox%
\unframed[offset=none,align=middle]{\samplefile{tufte}}%
\setuplayer[Eb][width=\wd\scratchbox,height=\htdp\scratchbox]
\setlayer[Eb][preset=middle]{\color[green]{Grün!}}
\box\scratchbox
\stopTEXpage
```

... oder mit einem Overlay:

```
\defineoverlay[Ov]

\startTEXpage[background=Ov]
\defineoverlay[Ov][{%
\framed[frame=off,offset=overlay,width=\overlaywidth,height=
  \overlayheight]{%
  \color[red]{Rot!}}}]
\framed[frame=off,offset=none,align=middle,background=Ov]{
  \samplefile{tufte}}%
\stopTEXpage
```

15.3 Collectors

Mit Hilfe eines Collectors („Sammlers") lassen sich Abbildungen und ähnliches aus mehreren Schichten zusammensetzen.

```
\definecollector[Kuh]
\setcollector [Kuh] {\externalfigure[cow][width=4cm,frame=on]}
\setcollector [Kuh] [corner=middle,location=middle] {%
  \color[green]{\bfa KUH}}
\setcollector [Kuh] [corner={left,top},location={right,bottom},
  hoffset=4mm,voffset=3mm, % entspricht x=4mm,y=3mm
]{\color[white]{\bf Kopf}}
\setcollector [Kuh] [corner={right,bottom},location={left,top},
  hoffset=4mm,voffset=2mm,
]{{\bf Beine}}

\composedcollector{Kuh}
```

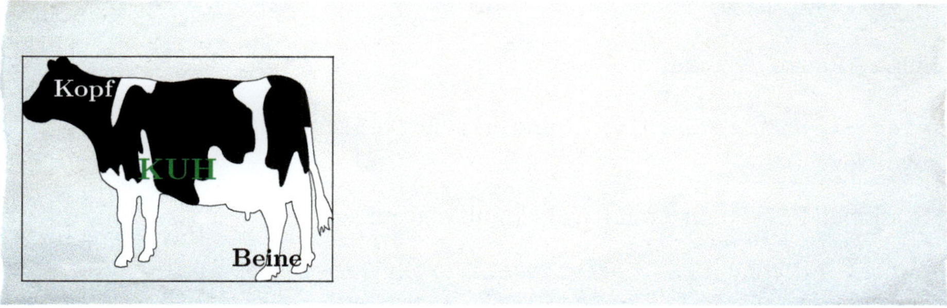

\setcollector versteht einen Teil der Optionen von \setlayer, aber z. B. keine Presets.

Option	Werte	Beschreibung
x, y	Dimension	Versatz von der oberen linken Ecke aus
hoffset, voffset	Dimension	Versatz von der definierten Ecke aus
corner	left right top bottom middle	Referenzpunkt
location	left right top bottom middle	Ausrichtung des Elements relativ zum Referenzpunkt
rotation	left right inner outer Gradzahl	Drehung

Tab. 15.2 Parameter von \setcollector

15.4 PDF-Ebenen

Die Ebenen, die man in manchen PDF-Viewern ein- und ausblenden kann, heißen in ConTEXt entsprechend „viewer layers" und haben erst einmal nichts mit den vorher besprochenen Layers zu tun. Ihre offizielle Bezeichnung ist „Optional Content Groups" (OCG).

PDF-Ebenen sind praktisch für interaktive PDFs (Präsentationen). Da nur Adobe Acrobat (Reader) sowohl diese Ebenen als auch JavaScript unterstützt und einen Präsentationsmodus bietet, ist die Funktionalität nur mit diesen Programmen unter Windows oder MacOS verwendbar.

```
\defineviewerlayer[Gebuesch][state=stop]
\starttext
Hier fängt der Wald an.

\startviewerlayer[Gebuesch]
Hier versteckt sich ein Wolf...
\stopviewerlayer

Bäume, Bäume, Bäume...

\viewerlayer[Gebuesch]{... und ein Rotkehlchen}
\stoptext
```

Sie können PDF-Ebenen mit Layers kombinieren:

```
\setlayer[MyLayer][...]{\viewerlayer[MyVLayer]{Inhalt}}
```

Bei interaktiven Dokumenten (ab S. 305) kann es sinnvoll sein, Schaltflächen zum Ein- und Ausschalten der Ebenen anzubieten, die entsprechenden JavaScript-Funktionen heißen `HideLayer` und `VideLayer`:

```
\setupinteraction[state=start]
\defineviewerlayer[Versteck][state=stop]

\startviewerlayer[Versteck]Rumpelwicht\stopviewerlayer

\defineoverlay[MitVersteck][% mouseover button
{\overlayrollbutton[VideLayer{Versteck}][HideLayer{Versteck}]}%
]

\framed[background=MitVersteck]{Kummst du mul kuckn?}
```

16 Referenzen

16.1 Referenzanker

Wie definiere ich die Stellen, auf die ich verweisen will?

Die Verweisziele werden „Anker" genannt. An vielen Stellen können Sie Anker für Referenzen angeben, z. B. bei Textabschnitten:

```
\chapter[kap:oma]{Die Großmutter}
...

\startchapter[reference=kap:wolf,title=Der Wolf]
...
\stopchapter
```

Unabhängig von Befehlen, die eine Referenzierung vorsehen, können Sie an beliebigen Stellen Anker setzen:

```
\samplefile{zapf}\pagereference[zapfzitat]
\samplefile{knuth}\textreference[knuthzitat]{Donald Knuth}
```

Sie können auch mehrere Codes an einer Stelle anbringen:

```
\pagereference[eins,zwei]
```

6.1.1 Namensräume

Es ist üblich, die Referenz-Codes mit Doppelpunkten in „Namensräume" zu gruppieren, z. B. `fig:` für Abbildungen, `kap:` für Kapitel, `sec:` für Abschnitte, `tab:` für Tabellen. Ob und wie Sie das machen, ist Ihnen aber freigestellt. Die Bezeichnungen müssen nur für Sie (bzw. Ihre Kollegen) Sinn ergeben, sodass Sie möglichst wenig nachschauen müssen, wenn Sie darauf verweisen wollen.
Auch für die Eindeutigkeit der Referenzen sind Sie selbst verantwortlich. Wenn Sie die Namensräume bei umfangreicheren Werken als Kapitel- oder Autorenkürzel verwenden, fällt es leichter, die Übersicht zu behalten.
Beispielsweise könnten mehrere Kapitel einen Abschnitt über Kühe enthalten, dann wäre `sec:kuh` nicht mehr eindeutig, aber vielleicht `kap:wiese:kuh`.

16.2 Querverweise

Wie verweise ich auf bestimmte Seiten oder Abschnitte?

Die Befehle \in und \at geben die Abschnitts- bzw. Seitennummer aus; den Namen des referenzierten Abschnitts bekommen Sie mit \about:

```
Wie Sie schon in \in{Kapitel}[kap:wiese]
auf \at{Seite}[kap:wiese] gesehen haben …

Mehr zu diesem Thema finden Sie im Kapitel \about[kap:wald].
```

\pagereference-Anker funktionieren nur mit \at, \textreference-Anker auch mit \about. Die Anführungszeichen bei \about können Sie mit \setupreferencing[left=,right=,] abschalten.
Wenn Sie auf vorige Stellen anders verweisen möchten als auf folgende, also „siehe oben" oder „siehe unten" in Abhängigkeit davon, wo die referenzierte Stelle steht, verwenden Sie \somewhere:

```
Siehe \somewhere{oben}{unten}[Referenz].
```

Wie kann ich diese Verweise im PDF anklickbar machen?

Alle Referenzen werden automatisch verlinkt, wenn Sie „Interaktionen" aktivieren:

```
\setupinteraction[state=start]
```

An dieser Stelle können Sie auch Farbe und Stil der Referenzen beeinflussen:

```
\setupinteraction[
  state=start,
  style=,color=,contrastcolor=,
  focus=standard,prefix=target-,
]
```

Das Beispiel setzt alle Hervorhebungen zurück, sodass Links gar nicht hervorgehoben werden; ansonsten setzen Sie Farb- oder Stilbezeichnungen wie gewohnt ein. Die allgemeine Textfarbe für Links können Sie mit color definieren; contrastcolor wird verwendet, wenn sich das Ziel auf der gleichen Seite befindet. Die letzte Zeile verbessert das Verhalten bei Klick-Sprüngen.

16.2.1 Darstellung der Abschnittsnummer

In manchen Fällen möchten Sie bei einer Referenz auf eine Abschnittsnummer die Kapitelnummer auslassen:

```
\setupreferencestructureprefix[default][prefixsegments=2:4]
```

16.3 Fehlersuche

Wenn Referenzanker oder -ziele fehlen, bekommen Sie eine Warnung im Protokoll. Wenn ConTEXt lieber mit einer Fehlermeldung abbrechen soll, aktivieren Sie:

```
\enabledirectives[logs.errors=missing references]
```

Sie können sich auch auf jeder Seite die dort enthaltenen Referenzen auflisten lassen:

```
\usemodule[references-show]
```

Dieses Modul verwendet die folgenden Tracker, die Sie auch einzeln aktivieren können:

```
\enabletrackers[nodes.destinations]
\enabletrackers[nodes.references]
```

Es gibt zahlreiche weitere Tracker für Referenzen unter `references.*`, `structures.referencing.*`, `nodes.references.*` und `nodes.destinations.*`.

16.4 Fußnoten

Wie kann ich Fußnoten einsetzen?

Nichts leichter als das:

```
Beziehungen zu schaffen, ist das Ziel
aller Typographie.\footnote{Zitat: Kurt Schwitters}
```

ConTEXt nimmt Ihnen die Nummerierung und den Umbruch ab. Verschachtelungen (Fußnoten in Fußnoten in Fußnoten) sind möglich.
Für die Konfiguration verwenden Sie `\setupnotation[footnote]` (Tab. 16.1) – das deutet schon darauf hin, dass es verschiedene „Noten" geben kann. Die Fußnotenzeichen im Text werden mit `\setupnote` (Tab. 16.2) eingestellt. Allerdings scheinen manche Optionen im falschen Setup gelandet zu sein.

`\setupnotation[alternative=]`:
- `left/right`: Nummern im Textbereich, links/rechts vom Text
- `serried`: Fußnoten als Fließtext

Wann die Nummerierung zurückgesetzt wird, beeinflusst der Parameter `way`. Die Grundeinstellung `bytext` ist die durchlaufende Nummerierung; möglich sind auch `bypage` (je Seite), `bychapter` (je Kapitel), `bysection` (je Abschnitt) usw.

```
\setupnotation[footnote][numberconversion=characters,way=bypage]
\setupnotation[endnote] [numberconversion=set 2,way=bychapter]
```

Option	Werte	Beschreibung
title	no yes	sollen Noten einen Titel haben?
number	yes no	sollen Noten nummeriert werden?
left, right, starter, stopper	Text, Befehl	links und rechts der Nummer
before, after	Text, Befehl	vor und nach dem Eintrag
alternative	left right margin … serried hanging top command note	Layout, Platzierung der Nummer
width	fit broad line Dimension	Breite des Fußnotenbereichs
style, color, align	wie üblich	für den gesamten Eintrag

Tab. 16.1 Parameter von \setupnotation (Auszug) zur Formatierung der Fußnote, siehe auch \setupcounter (S. 400)

Option	Werte	Beschreibung
alternative	grid fixed columns note none	Layout
n	Zahl	Anzahl der Spalten, wenn alternative=columns
split	tolerant strict verystrict	Seitenumbruch in Fußnoten vermeiden
interaction	yes no number text all	Verlinkung zwischen Zeichen und Text
rule	on off normal left right command paragraph	Trennlinie
rulecommand	Befehl (1)	Gestaltung der Trennlinie, wenn rule=command
rulecolor, rulethickness		Gestaltung der Trennlinie
textstyle, textcolor		Gestaltung des Zeichens
textcommand	Befehl (1)	Gestaltung des Zeichens (Standard: \high)

Tab. 16.2 Parameter von \setupnote (Auszug) zur Formatierung des Fußnotenzeichens

16.4.1 Endnoten

Während Sie Fußnoten so konfigurieren können, dass sie am Ende ausgegeben werden, gibt es auch einen vordefinierten Befehl für Endnoten. Sie müssen nur selbst die Stelle angeben, an denen sie angezeigt werden sollen:

```
\samplefile{knuth}\endnote{Zitat von Donald Knuth}
...
\placenotes[endnote]
```

Alles, was im Folgenden über Fußnoten gesagt wird, gilt ebenso für Endnoten oder weitere, selbst definierte Anmerkungstypen.

16.4.2 Lokale Fußnoten

Fußnoten in Gleitobjekten wie Tabellen verschwinden manchmal oder werden nicht an der Stelle in die Nummerierung einsortiert, wo Sie es erwarten würden. Dann ist es sinnvoll, die Anmerkungen direkt an Ort und Stelle auszugeben. Dazu müssen Sie das Gleitobjekt in `\startlocalfootnotes` … `\stoplocalfootnotes` einschließen und die Anmerkungen mit `\placelocalfootnotes` platzieren. Der Befehl `\placelegend` ist dafür gedacht, ein Bild mit einer Beschreibung (Legende) zu verbinden, passt aber gut zu dieser Anwendung.

```
Niemand liest Blindtext\footnote{Dies ist Blindtext.}.

Odysseus ist Niemand\footnote{Laut eigener Aussage.}, also liest
  Odysseus Blindtext.

\placetable
{Legendäre Tabelle\footnote{Tabellen-Unterschrift.}}
{\startlocalfootnotes
   \placelegend
     {\starttable[|l|l|]
      \HL
      \NC Epos \NC Inhalt \NC \FR
      \HL
      \NC Ilias \NC Der Trojanische Krieg%
      \footnote{Die Geschichte mit dem Pferd} \NC \FR
      \NC Odyssee \NC Die Heimreise des Odysseus%
      \footnote{Nicht hin, aber wieder zurück} \NC \LR
      \HL
      \stoptable}
     {\placelocalfootnotes}
\stoplocalfootnotes}
```

Niemand liest Blindtext[1].
Odysseus ist Niemand[2], also liest Odysseus Blindtext.

Epos	Inhalt
Ilias	Der Trojanische Krieg[1]
Odyssee	Die Heimreise des Odysseus[2]

[1] Die Geschichte mit dem Pferd
[2] Nicht hin, aber wieder zurück

Tabelle 1 Legendäre Tabelle[3]

[1] Dies ist Blindtext.
[2] Laut eigener Aussage.
[3] Tabellen-Unterschrift.

16.4.3 Abweichende Fußnotenzeichen oder -nummerierung

Die Art der Fußnotenzeichen beeinflussen Sie über den Parameter `numberconversion` (siehe auch S. 78). Standard sind arabische Zahlen.
Die vordefinierten Fußnotenzeichen-Sätze sind nur bei einer geringen Anzahl von Fußnoten (max. 15) geeignet:

set 1	9	★ ★★ ★★★ ‡ ‡‡ ‡‡‡ * ** ***
set 2	12	* † ‡ ** †† ‡‡ *** ††† ‡‡‡ **** †††† ‡‡‡‡
set 3	15	★ ★★ ★★★ ‡ ‡‡ ‡‡‡ ¶ ¶¶ ¶¶¶ § §§ §§§ * ** ***

16.4.4 Verweise auf Fußnoten

Wenn Sie einen Referenzanker angeben, können Sie die üblichen Referenzbefehle verwenden sowie mit `\note` mehrfach auf die gleiche Fußnote verweisen:

```
Nationalökonomie\footnote[fn:noek]{nach Kurt Tucholsky} ist,
  wenn die Leute sich wundern, warum sie kein Geld haben. Das hat
  mehrere Gründe, die feinsten sind die wissenschaftlichen Gründe
  , doch können solche durch Notverordnungen aufgehoben werden.
  Über die ältere Nationalökonomie\note[fn:noek] kann man ja nur
  lachen und dürfen wir selbe daher mit Stillschweigen übergehn
  . Sie regierte von 715 vor Christo bis zum Jahre 1 nach Marx
  \footnote[fn:marx]{mit dem der Autor (siehe \in{Fußnote}[fn:
  noek] auf \at{Seite}[fn:noek] vertraut war)}.
```

`\footnote[anker]` setzt also einen Referenzanker, den Sie mit `\note[anker]` aufgreifen können, um die gleiche Fußnotennummer zu verwenden, oder auf den Sie mit `\in` und `\at` verweisen können.

16.4.5 Zeilenverweise

Wie kann ich auf Zeilennummern von Versen verweisen?

Diese häufige Anforderung in sprach- und religionswissenschaftlichen Werken erfüllt ConTEXt mit `\linenote`:

```
\startlinenumbering
\startlines
Und doch, wie viel wahnsinniger, einen Freund,
weil ers in einer Kleinigkeit versah,\linenote{Ich zweifle, ob
  es möglich wäre etwas zu ersinnen, das zu gleicher Zeit die
  Macht allgemeiner National-Vorurteile, selbst über die besten
  Menschen, und die entsetzliche Abschätzigkeit eines Sklaven bei
  den alten Römern, auffallender zu fühlen gäbe, als diese Stelle
  …}
die nur ein Mensch, mit dem gar nicht zu leben ist,
ihm nicht verzeihen konnte, gleich dafür
zu hassen und zu fliehen, wie den Ruso …
\stoplines
\stoplinenumbering
% aus: C. M. Wieland, Horazens Satiren. Weimar 1786 (2. Aufl.
  1804)
```

1 Und doch, wie viel wahnsinniger, einen Freund,
2 weil ers in einer Kleinigkeit versah,
3 die nur ein Mensch, mit dem gar nicht zu leben ist,
4 ihm nicht verzeihen konnte, gleich dafür
5 zu hassen und zu fliehen, wie den Ruso ...

2 Ich zweifle, ob es möglich wäre etwas zu ersinnen, das zu gle cher Zeit die Macht allgemeiner National-Vorurteile, selbst üb die besten Menschen, und die entsetzliche Abschätzigkeit ein Sklaven bei den alten Römern, auffallender zu fühlen gäbe, a diese Stelle ...

Die Einstellungen für die Zeilennummerierung sind auf Seite 83 besprochen.

16.4.6 Marginalnoten

Einfache Marginalien (ohne Nummerierung und Fußnotenzeichen) platzieren Sie mit `\inmargin` bzw. `\ininner` oder `\inouter`. Achten Sie darauf, dass in Ihrem Layout `rightmargin` definiert ist (S. 92).
Es ist aber auch möglich, Fußnoten in den Randbereich zu platzieren.

```
\setupnote[footnote][location=none]
% normale Platzierung abschalten
\setupnotation[footnote][
    align=flushleft,
    location=serried,
    width=broad,
]
\setuptexttexts[margin][]
    [{\unframed[%
    align={right,bottom},
    height=1th,
    width=\rightmarginwidth,
    ]{\placenotes[footnote]}}]
```

Damit entsteht am Fuß der Marginalspalte ein Fußnotenblock.
Wenn die Anmerkungen in Höhe der referenzierten Zeilen erscheinen sollen, ist etwas höhere ConTEXt-Magie erforderlich:

```
\define\PlaceFootnote
    {\inrightmargin{\vtop{%
    \placelocalnotes[footnote][before=,after=]}}}

\setupnote[footnote]
    [location=text,
     bodyfont=,
     next=\PlaceFootnote]

\setupnotation[footnote]
    [alternative=serried]
```

Dieses Verfahren versagt bei vielen oder langen Fußnoten, ein automatischer Umbruch wie bei den „normalen“ Fußnoten ist nicht möglich.

16.4.7 Probleme mit Fußnoten

.4.7.1 Verschwinden

Fußnoten in Gleitobjekten und Tabellen neigen zum Verschwinden. Eine Lösung sind lokale Fußnoten (16.4.2). Wenn diese nicht in Frage kommen, setzen Sie das Gleitobjekt zusätzlich in `\startpostponing` … `\stoppostponing`.
Weitere Hinweise finden Sie in 11.5 (S. 192).
In ConTEXt MkIV war `\automigrateinserts` nötig, um Fußnoten aus solchen Umgebungen herauszuholen. In LMTX ist der Befehl unnötig und ohne Funktion. **MkIV**

Hintergrund: Warum verschwinden Fußnoten?

TEX muss Fußnoten beim Seitenumbruch berücksichtigen, dort zählen sie als *Inserts*. Wenn Gleitobjekte nicht an Ort und Stelle platziert werden können, werden sie ebenfalls zu Inserts. Inserts innerhalb von Inserts (also Fußnoten in Gleitobjekten) machen das Problem komplexer.
In ConTEXt LMTX verschwinden so tief „vergrabene" Inserts schon viel seltener als in anderen TEX-Versionen, aber es kommt immer noch vor und lässt sich nicht automatisch lösen.
Mit *Postponing* wandern die Inserts, bis sie ausgespielt werden können, allerdings kann dabei die Reihenfolge der Fußnoten durcheinander kommen. Eine Neunummerierung wäre theoretisch möglich, könnte allerdings zu Oszillationen führen, das heißt, in jedem TEX-Lauf änderte sich eine Nummer, sodass der Prozess nie fertig würde.

.4.7.2 Zu geringe Breite

Fußnoten in Spalten, Bildunterschriften, Tabellen und dergleichen verwenden die lokale Breite (die der Spalte usw.), solange Sie das nicht umkonfigurieren:

```
\setupnote[footnote][width=1tw]
```

.4.7.3 Seitenumbruch

TEX versucht den Umbruch von Haupttext und Fußnoten bestmöglich hinzubekommen, manchmal gibt es aber keine gute Lösung, z. B. wenn eine Fußnote so weit unten auf einer Seite angefordert wird, dass der Fußnotentext keinen Platz mehr hat.
Wenn Fußnoten offenbar unnötig auf zwei Seiten umbrochen werden, versuchen Sie:

```
\setupnote[footnote][split=verystrict,scope=page]
```

16.5 Verweise auf andere Dokumente

Wie kann ich auf Stellen in anderen PDF-Dokumenten verweisen?

Sie können einer Referenz den Dateinamen ohne Endung mit zwei Doppelpunkten voranstellen, also `Dateiname::Referenz`. ConTEXt versucht dann `Dateiname.tuc` zu laden, um die Referenz aufzulösen.
Sie können sich Schreibarbeit ersparen und leichter mit wechselnden Dateinamen umgehen, wenn Sie ein Alias für die andere Datei definieren:

```
\useexternaldocument[Alias][Dateiname]
```

ConTEXt versteht dann Referenzen der Form `Alias::Referenz`. Wenn die tuc-Datei in einem anderen Verzeichnis liegt, können Sie den Dateinamen mit Pfad angeben.
Wenn Sie das andere Dokument nicht selbst bzw. nicht mit ConTEXt erstellt haben, sodass es keine tuc-Datei gibt, müssen Sie den internen Namen der Referenzen durch Analyse des PDFs herausfinden, `mtxrun --script pdf` hilft dabei.

Nicht alle PDF-Viewer unterstützen Links auf andere Dokumente bzw. Ziele darin.

Wenn Sie nur das Dokument öffnen wollen, dürfte der Weg über `\goto` (S. 265) sinnvoller sein.
Siehe auch `documents/general/magazines/mag-1103-mkiv.pdf`.

16.6 URLs

Wie kann ich auf Websites verweisen?

```
\setupinteraction[state=start]
\useURL[dante][https://dante.de]
\useURL[fiee][https://fiee.net]
  [][meine Homepage]
\useURL[email]
  [mailto:hraban@fiee.net]
  [][E-Mail]

Besuchen Sie DANTE (\from[dante]
  ) oder \from[fiee]!
Oder schreiben Sie mir eine
  \from[email].
```

Besuchen Sie DANTE (https://dante.de) oder meine Homepage! Oder schreiben Sie mir eine E-Mail.

Wie Sie sicherlich erkennen, bedeuten die ersten beiden Parameter von `\useURL` die Referenz und die Zieladresse. Ohne weitere Angaben wird letztere auch als Text verwendet, ansonsten der vierte Parameter. Der dritte Parameter ist nur noch aus historischen Gründen vorhanden.

Wenn in Ihren Adressen die Zeichen % oder # vorkommen, müssen Sie sie mit einem Backslash schützen (‚escapen'):

```
\useURL[test][http://www.example.com/Meine\%20Seite\#Irgendwo]
```

16.6.1 \goto

Es geht auch ohne die vorherige Definition der URL:

```
Senden Sie Ihren Spam an
\goto{autor@verlag.de}[url(mailto:nobody@example.com)].
```

`\goto` wird in der Definition verschiedener Sprungbefehle verwendet. Neben `url` gibt es auch `page` (springt zu einer Seite) und `program` (öffnet eine Datei mit dem Standardprogramm). Sie können auch eine interne Referenz verwenden.

```
\goto{Anhang}[kap:anhang]
\goto{Seite 3}[page(3)]
\goto{Andere Datei}[program(../Documents/Anleitung.pdf)]
```

Letzteres funktioniert nicht mit allen PDF-Viewern. Die Adobe-Programme fragen nach, öffnen dann aber Dateien in beliebigen Verzeichnissen, auch versteckte. Ursprünglich war es möglich, auf diesem Weg auch Befehle auszuführen oder Programme zu starten. Dieses erhebliche Sicherheitsrisiko wurde in den meisten Viewern beseitigt.

16.6.2 Umbruch von URLs

URLs enthalten oft keine Zeichen, an denen TeX einen Zeilenumbruch zulässt, sie müssen daher nach besonderen Regeln umbrochen werden. Verwenden Sie dafür `\hyphenatedurl` – sei es unverlinkt im Text oder im vierten Parameter von `\useURL`.
Die Zeichen, an denen die URL getrennt wird, können Sie beeinflussen:

```
\sethyphenatedurlnormal{:=?&}
\sethyphenatedurlbefore{?&}
\sethyphenatedurlafter {:=}
\def\hyphenatedurlseparator{↩}
  % Zeichen wird am Umbruch eingefügt
```

Das Schützen von % und # funktioniert innerhalb von `\hyphenatedurl` nicht, Sie müssen die Zeichen durch Kommandos ersetzen:

%	`\letterpercent`
#	`\letterhash`
\	`\letterescape` oder `\letterbackslash`

16.7 Inhaltsverzeichnis

Wie bekomme ich ein Inhaltsverzeichnis?

Alle Überschriften der nummerierten Hierarchie (Seite 58) werden automatisch ins Inhaltsverzeichnis aufgenommen, `\completecontent` gibt es aus.
Wenn Ihr Inhaltsverzeichnis nicht am Anfang des Dokuments steht, müssen Sie den Aufruf erweitern:

```
\completecontent[criterium=all]
```

Mit Hilfe des Parameters `criterium` können Sie das Inhaltsverzeichnis auf einen Teil oder ein Kapitel einschränken (S. 268).

16.7.1 Inhaltsverzeichnis formatieren

Die einzelnen Einträge beeinflussen Sie mit `\setuplist[content]` – `\placecontent` entspricht `\placelist[content]`.
Wenn Ihnen die Überschrift von `\completecontent` nicht gefällt, können Sie entweder Überschrift und Inhalt trennen:

```
\title{Inhaltsverzeichnis}
\placecontent
```

... oder Sie definieren die Überschrift um:

```
\setupheadtext[content=Übersicht]
```

Option	Werte	Beschreibung
`state`	start, stop	
`alternative`	a, b, c, d, e, f, g, none, interactive, command	Grundgestaltung
`criterium`	local, all, text, intro, here, current, previous, reference, section, component	Inhaltsverzeichnis für welchen Bereich (Kapitel usw.); bei neu definierten Listen `local`.
`style`, `numberstyle`, `textstyle`, `pagestyle`	normal, bold ...	Stil von ganzer Zeile, Abschnittsnummer, Überschrift und Seitenzahl
`align`, `numberalign`, `textalign`, `pagealign`	siehe `\setupalign` (S. 43)	Ausrichtung
`color`, `numbercolor`, `textcolor`, `pagecolor`	Farbname	Farbe für die ganze Zeile bzw. Abschnittsnummer, Überschrift und Seitenzahl

Tab. 16.3a Parameter von `\setuplist` und `\placelist` (Auswahl); zusätzlich alle Parameter von `\framed` (S. 135) und `\setupcounter` (S. 399)

Option	Werte	Beschreibung
`command`	Befehl (3 Parameter)	eigenes Makro für die ganze Zeile
`numbercommand`, `textcommand`, `pagecommand`	Befehl (1 Parameter)	eigenes Makro für Abschnittsnummer, Überschrift und Seitenzahl
`interaction`	yes, no, all, number, text, title, page, sectionnumber, pagenumber	Welche Teile sollen verlinkt werden?[1]
`before`, `after`, `inbetween`	Befehl	wird vor/nach dem Inhaltsverzeichnis und zwischen den Einträgen eingefügt
`left`, `right`	Befehl	wird vor/nach der Überschrift eingefügt
`label`	yes, no, none, Name	sprachabhängige Bezeichnung (z. B. „Kapitel") vor der Abschnittsnummer verwenden? (`\setuplabeltext`, S. 176)
`pageprefix`…		Präfix der Seitenzahl, wie `prefix`… bei `\setupcounter` (S. 399)
`pagenumber`, `headnumber` `sectionnumber`	yes, no, always	Seitenzahl bzw. Abschnittsnummer anzeigen?
`aligntitle`	yes, no	Sollen nicht nummerierte Abschnitte unter der Nummer statt unter dem Titel der nummerierten Abschnitte ausgerichtet werden?
`margin`	Länge, none	Abstand links
`distance`	Länge, none	Abstand zwischen Abschnittsnummer und Überschrift
`maxwidth`	Länge, none	maximale Breite der Überschrift
`width`, `height`, `depth`	Länge, fit, broad	Breite… der Nummer

Tab. 16.3b Parameter von `\setuplist` und `\placelist` (Auswahl); zusätzlich alle Parameter von `\framed` (S. 135) und `\setupcounter` (S. 399)

Option	Werte	Beschreibung
starter, stopper, pagestarter, pagestopper	Befehl	wird vor/nach der Abschnitts- bzw. Seitennummer eingefügt
symbol	one, two, three, none, default	
extras	name	Trick zum Einfügen, z. B. von Umbrüchen
order	command, all, title	Sortierung

Tab. 16.3c Parameter von `\setuplist` und `\placelist` (Auswahl); zusätzlich alle Parameter von `\framed` (S. 135) und `\setupcounter` (S. 399)

Mit der Option `style` definieren Sie das Verhalten der ganzen Zeile im Inhaltsverzeichnis. Wenn Sie `numberstyle`, `textstyle` und `pagestyle` einzeln deklarieren, sollten Sie trotzdem auch `style` verwenden. Wenn Sie den Zeilenabstand angepasst haben, sollten Sie `\setupinterlinespace` auch in `before` aufnehmen.

16.7.2 Lokale Inhaltsverzeichnisse

Um nur die Abschnitte eines Kapitels anzuzeigen, so wie in diesem Buch, verwenden Sie:

```
\placelist[section][criterium=local]
```

Wenn diese Liste am Ende des Kapitels stehen soll, brauchen Sie `criterium=previous`.

16.7.3 Inhalt des Inhalts

In der Grundeinstellung enthält das Inhaltsverzeichnis die Überschriften von `chapter` und `section`; um das zu ändern, verwenden Sie `\setupcombinedlist` (möglich sind alle Optionen von `\setuplist`):

```
\setupcombinedlist[content][list={part,chapter,MeinKapitel}]
% ist synonym zu
\setupcontent[list={part,chapter,MeinKapitel}]
```

16.7.4 Seitenumbruch einfügen

Um den Umbruch Ihres Inhaltsverzeichnisses zu beeinflussen, können Sie die Seite mit `\adaptlayout` (S. 127) verkürzen, oder ein Listen-Extra definieren:

```
\definelistextra[page][before=\page]
% Seitenumbruch vor dem Eintrag für Kapitel 6:
\setupcontent[extras={6=page}]
```

16.7.5 Zusätzliche Einträge

Mit `\writetolist` können Sie zusätzliche Einträge in ein Inhaltsverzeichnis (oder eine andere Liste) eintragen:

```
\writetolist[chapter]{9a.}{Kapitel \im{9 \frac{3}{4}}}%
```

Das Inhaltsverzeichnis ist eine kombinierte Liste (`content`, siehe 16.7.3) aus Kapiteln, Abschnitten usw. Sie können Ihren Eintrag aber nicht `content` zuordnen, sondern müssen sich für eine der Teil-Listen entscheiden (hier `chapter`). Nummer und Text müssen Sie getrennt angeben, wobei beides auch leer sein kann. Die Nummer erscheint nicht in der Ausgabe.

Für Zwischentitel, Trennlinien oder Seitenumbrüche, also alles, was keinen Textabschnitt darstellt und keine Seitenzahl braucht, verwenden Sie `\writebetweenlist`. Die Zuordnung zu einer Liste muss trotzdem sein:

```
\writebetweenlist[chapter][location=here]{\hrule}% Linie einfügen
```

Der Inhalt von `\writebetweenlist` landet zwar direkt in der Liste, es wird aber trotzdem etwas in den Textstrom eingefügt, das kann zu zusätzlichem Weißraum und Veränderungen des Umbruchs führen. „Verankern" Sie den Eintrag an einem Absatz, d. h. lassen Sie ihn nicht als einzelne Zeile stehen, und beenden Sie ihn mit einem Kommentarzeichen.

Die Reihenfolge derart manipulierter Listen kann durcheinander geraten. Um die Reihenfolge des Vorkommens zu erhalten, verwenden Sie `\placelist` mit `[order=all]` oder `\writebetweenlist` mit `[location=here]`.
Mit `[order=title]` lassen sich die Überschriften im Inhaltsverzeichnis alphabetisch sortieren. Das funktioniert aber nicht mit eingeschobenen Einträgen oder anderen Listen.

16.7.6 Tabellenziffern

Wenn Ihre Textschrift Mediävalziffern verwendet, sollten Sie für das Inhaltsverzeichnis und andere Listen auf Tabellenziffern umschalten:

```
\setuplist[chapter,section]
  [pagestyle={\feature[+][tabularnumbers]}]
```

16.7.7 Mehrspaltiges Layout

Sie können `\placecontent` und dergleichen in `\startcolumns` ... `\stopcolumns` (S. 106) setzen. Dabei gelten die Einschränkungen für den Zeilenmodus, d. h. `\column` funktioniert nicht mit der in 16.7.4 genannten Lösung. Dagegen können Sie `\writebetweenlist` (S. 269) verwenden.
Wenn Sie dabei am Ende einer Spalte Leerzeilen mit `\blank` einfügen, wird auch die andere Spalte entsprechend gekürzt, denn die Option `balance=no` bezieht sich nur auf die letzte Seite. Sie müssen die Zeilen „füllen", z. B. so:

```
\writebetweenlist[chapter]{\strut\par}
```

16.7.8 Zusätzliche Angaben im Inhaltsverzeichnis

Wie kann ich Autoren im Inhaltsverzeichnis angeben?

Auf Seite 60 haben Sie gesehen, wie Sie Abschnitten zusätzliche Informationen mitgeben können:

```
\startchapter[title={Über Typographie}][author={Donald Knuth}]
\samplefile{knuth}
\wordright{\structureuservariable{author}}
\stopchapter
```

So kommt der Autor ins Inhaltsverzeichnis:

```
\define[1]\MeinKapText{\structurelistuservariable{author}: #1}
\setuplist[chapter][textcommand=\MeinKapText]
```

`#1` ist dabei der Text der Überschrift; `\structurevariable{title}` würde auch funktionieren.

Wenn Sie solche Werte nicht für alle Kapitel setzen möchten und die Darstellung im Inhaltsverzeichnis in Abhängigkeit davon unterschiedlich gestalten wollen, müssen Sie auf `\rawstructurelistuservariable` prüfen:

```
\define[1]\MeinKapitelText{%
\doifnothingelse{\rawstructurelistuservariable{author}}%
{#1}% kein Autor
{\structurelistuservariable{author}: #1}}
```

16.7.9 Alternativen

Die Struktur des Inhaltsverzeichnisses wird mit dem Parameter `alternative` von `\setuplist` festgelegt. Vier typische Alternativen für Druckprodukte (a–d) sind vordefiniert, für die Verwendung in interaktiven Dokumenten weitere drei (e–g):

a	Nummer Titel Seitenzahl	
b	Nummer Titel	Seitenzahl
c	Nummer Titel	Seitenzahl
d	Nummer Titel Seitenzahl (fortlaufend)	
e	Titel (als Button)	
f	Titel (links- oder rechtsbündig)	
g	Titel (zentriert)	

Wenn Sie Ihr eigenes Makro für den Listeneintrag definiert haben, sollten Sie `alternative` auf `interactive` oder `command` setzen:

```
\define[3]\MeinEintrag{#3: #2 (#1)} % Seite: Titel (Nummer)
\setuplist[alternative=interactive,command=\MeinEintrag]
```

command	keine Interaktion, keine Bookmarks
interactive	Interaktion und Bookmarks

Solange Ihre gewünschte Struktur in eines der vorgegebenen Schemata passt, können Sie die Gestaltung mit \setuplist anpassen. Für eine abweichende Struktur definieren Sie sich eine eigene Alternative unter Verwendung folgender Variablen:

\currentlistentrylocation	Laufende Nummer des Listeneintrags
\namedstructureheadlocation{section}	Abschnittsnummer der angegebenen Hierarchiestufe (chapter, section usw.)
\currentlistentrynumber	Abschnittsnummer des aktuellen Listeneintrags
\currentlistentrytitle	Überschrift des aktuellen Listeneintrags
\currentlistentrypagenumber	Seitenzahl des aktuellen Listeneintrags

Das Beispiel gibt auf jeder Seite eine Inhaltstabelle im Fuß aus (\setups siehe S. 401, Ergebnis siehe Abb. 16.1, S. 273):

```
\startsetups[fussliste]
\framed[align=normal, frame=off, topframe=on, offset=overlay]{%
    \placelist[chapter][alternative=fl, criterium=all]}
\stopsetups

\setupfootertexts[\setups{fussliste}]
% ruft die oben definierte Struktur ab

\definelistalternative[fl][renderingsetup=list:mfl]

\startsetups[list:mfl]
% Diese Tabelle dient als *ein* Listeneintrag
\starttabulate[|lT|p|]
\NC location              \EQ \currentlistentrylocation
  \NC\NR
\NC headlocation\{chapter\} \EQ \namedstructureheadlocation{
  chapter} \NC\NR
\NC entrynumber           \EQ \currentlistentrynumber
  \NC\NR
\NC title                 \EQ
    \doifelse\currentlistentrylocation{\namedstructureheadlocation
      {chapter}}
        {\bold{\currentlistentrytitle}} % aktuelles Kapitel
          hervorheben
```

```
        {      \currentlistentrytitle}\NC\NR
\NC page                     \EQ \currentlistentrypagenumber
  \NC\NR
\HL
\stoptabulate
\stopsetups

\starttext
  \startchapter[title=Alpha] A\stopchapter
  \startchapter[title=Beta]  B\stopchapter
  \startchapter[title=Gamma] C\stopchapter
\stoptext
```

16.7.10 Inhaltsverzeichnis als Tabelle

Es ist leider nicht möglich, eine der Tabellen-Umgebungen für ein Inhaltsverzeichnis zu verwenden. Sie können mit Hilfe von `\framed` aber etwas Ähnliches simulieren (Ergebnis siehe Abb. 16.2, S. 274):

```
\definelistalternative[tabtoc][renderingsetup=tabtocsetup]
\setuplist[chapter][alternative=tabtoc]

\startsetups tabtocsetup
\framed [offset=overlay,frame=off,bottomframe=on] {
  \unframed [width=15mm,align=flushleft,offset=0pt] {
    Nr.: \currentlistentrynumber}
  \unframed [width=4cm,align=normal,offset=0pt] {
    Titel: \currentlistentrytitle}
  \unframed [width=4cm,align=normal,offset=0pt] {
    Autor: \structurelistuservariable{author}}
  \unframed [width=1cm,align=flushright,offset=0pt] {
    S.: \currentlistentrypagenumber}
}
\stopsetups

\starttext
\starttitle[title={Tabuliertes Inhaltsverzeichnis}]
  \placelist[chapter]
\stoptitle

\dorecurse{5} {
\startchapter[title={Kapitel \recurselevel}][author=Cuomo]
    \samplefile{cuomo}
  \stopchapter
}
\stoptext
```

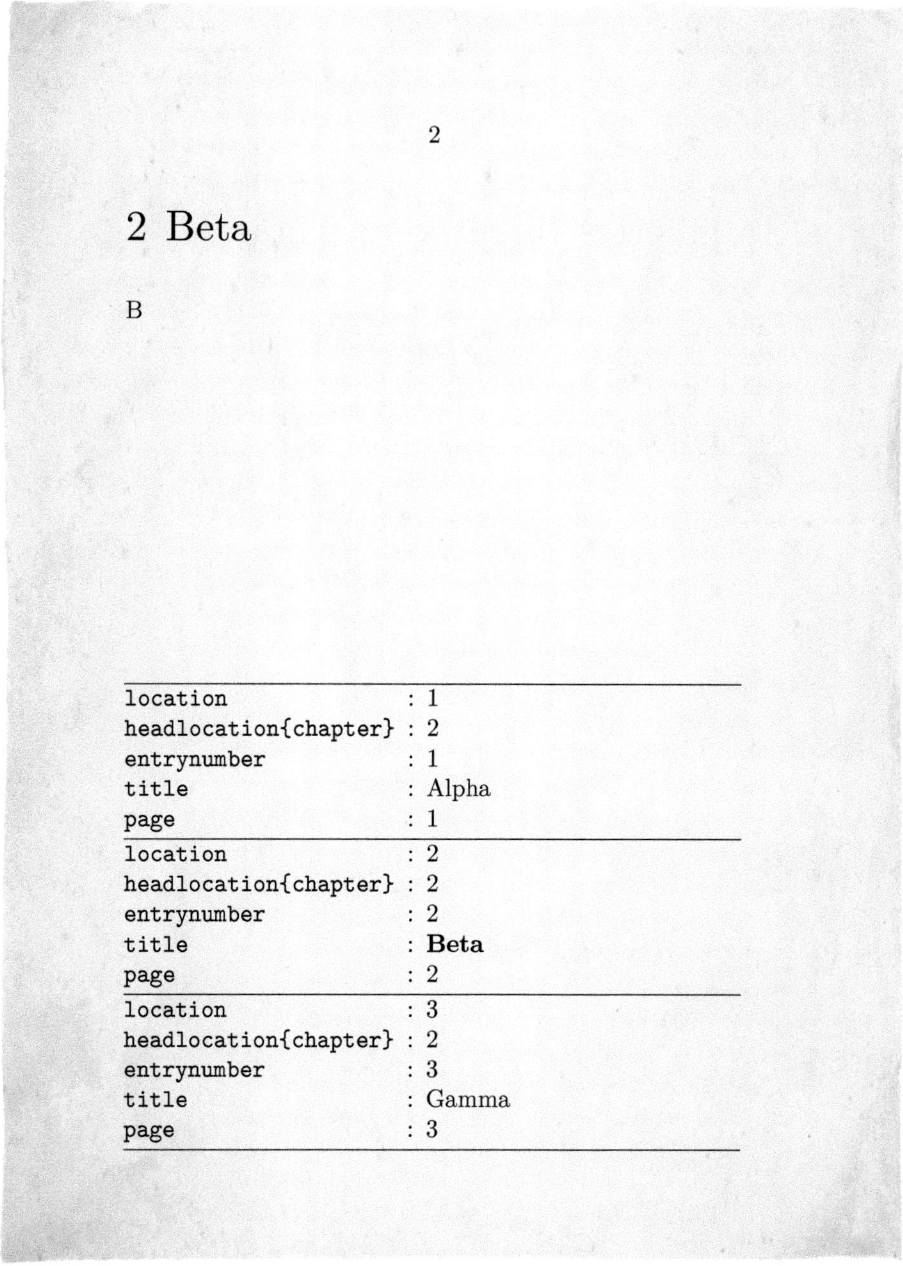

2

2 Beta

B

location	:	1
headlocation{chapter}	:	2
entrynumber	:	1
title	:	Alpha
page	:	1
location	:	2
headlocation{chapter}	:	2
entrynumber	:	2
title	:	**Beta**
page	:	2
location	:	3
headlocation{chapter}	:	2
entrynumber	:	3
title	:	Gamma
page	:	3

Abb. 16.1 Inhaltsverzeichnis im Fuß

1

Tabuliertes Inhaltsverzeichnis

Abb. 16.2 Inhaltsverzeichnis als Tabelle

16.8 Register

Alle mit \index erstellten Registereinträge stehen im Hauptregister: \completeindex entspricht \title{Index} \placeindex.

```
\index{Text} % Haupteintrag
\index{Text+laufender} % Unter-Eintrag
\index[tex]{\TEX} % Eintrag mit abweichender Sortierung
```

Achten Sie darauf, dass \index immer an etwas „verankert“ sein muss, es darf nicht alleine in einer Zeile oder nach einem \blank stehen, sonst kann „[entry not flushed]“ im Register erscheinen.

Für die Einstellungen gibt es \setupregister[index] bzw. \setupindex.

Zur Vermeidung von Redundanz definiere ich mir immer:

```
\define[1]\Tindex{#1\index{#1}}
```

So kann ich \Tindex{Eintrag} im laufenden Text verwenden, ohne den Begriff zu verdoppeln. Das deckt die meisten Anwendungsfälle ab.

16.8.1 Querverweise

Verwenden Sie \seeindex, um im Register auf einen anderen Eintrag zu verweisen:

```
\seeindex{Kolkrabe}{Rabe} % Kolkrabe: siehe Rabe
\seeindex{corvus+corax}{Rabe} % corvus/corax: siehe Rabe
\seeindex{Rabe}{Vögel+Rabe} % Rabe: siehe Vögel/Rabe
\seeindex[context]{\CONTEXT}{\TEX} % abweichende Sortierung!
```

16.8.2 Formatierung des Registers

Mit \setupregister können Sie die Darstellung des Stichwortverzeichnisses weitreichend beeinflussen.
In der Standardeinstellung werden kleingeschriebene Anfangsbuchstaben als Zwischenüberschriften eingefügt. Mit indicator=no schalten Sie sie ab. Großbuchstaben bekommen Sie mit textcommand=\Word.

Option	Werte	Beschreibung
criterium	local text current previous all section	Register für welchen Bereich (Kapitel usw.)
style, textstyle, pagestyle, color, textcolor, pagecolor	wie üblich	Stil/Farbe von ganzem Eintrag, Stichwort und Seitenzahl
align	siehe \setupalign	Ausrichtung

Tab. 16.4a Parameter von \setupregister (Auswahl)

Option	Werte	Beschreibung
textcommand, command, pagecommand	Befehl (1)	eigenes Makro für Zwischenüberschrift, Stichwort und Seitenzahl
interaction	text pagenumber	Verlinkung
before, after	Befehl	wird vor/nach dem Register eingefügt.
pageleft, pageright	Befehl	wird vor/nach jeder Seitenzahl eingefügt.
pageprefix…	wie \setupcounter[prefix=] (S. 399)	Präfix der Seitenzahl
pagenumber	yes no	Seitenzahl anzeigen?
distance	Länge none	Abstand zwischen Stichwort und Seitenzahl, ebenso Einzug bei Untereinträgen
maxwidth	Dimension	maximale Breite des Stichworts (verwendet \limitatetext)
pagestarter, pagestopper	Befehl	wird vor/nach der Seitenzahl eingefügt.
symbol	a n none 1 2 Befehl	Darstellung der Seitenzahlen (a=a,b,c; n=1,2,3; 1=Punkte; 2=Rechtecke)
language	Sprache	Sortiersprache (16.8.3)
method	default before after first last …	Sortiermethode (16.8.3)
compress	yes no all packed text	Seitenbereiche zusammenfassen? (16.8.5)
n	Zahl	Anzahl Spalten
balance	yes no	Spalten ausgleichen?
check	yes no	Verweise (\seeindex) nur eintragen, wenn das Ziel existiert?
indicator	yes no	Zwischenüberschriften anlegen?

Tab. 16.4b Parameter von \setupregister (Auswahl)

16.8.3 Sortierung des Registers

ConTEXt enthält eine Reihe von Sortieralgorithmen, die Sie als Parameter `method` von `\setupregister` und `\setuplist` einsetzen können.

`default`	groß wie klein, Diakritika separat
`before`	groß vor klein, Diakritika ignoriert
`after`	klein vor groß, Diakritika ignoriert
`first`	klein vor groß, Diakritika separat
`last`	groß vor klein, Diakritika separat

Wenn keine Sortiermethode festgelegt ist, gilt `before` (und nicht `default`), d h. groß geschriebene Wörter werden vor klein geschriebenen einsortiert und Buchstaben mit Akzenten sind denen ohne gleichgestellt.
Die Einstellungen sind zusätzlich sprachabhängig, z. B. werden im Deutschen Umlaute und andere Vokale mit Diakritika unterschiedlich behandelt. Da im Deutschen und im lateinisch transkribierten Russischen mehrere Sortierungen möglich sind, müssen Sie die gewünschte Version über den Parameter `language` einstellen, der hierfür einige Pseudo-Sprachen akzeptiert (Tab. 16.5).
Die deutsche Standardsortierung („groß wie klein, Diakritika ignoriert") erreichen Sie auch mit der etwas obskuren Einstellung `method={zm,pm,zc,zm,uc}`.

Code	Sprache	Beschreibung
`DIN 5007-1`	Deutsch	Normalsortierung mit ß = ss
`DIN 5007-2`	Deutsch	Telefonbuchsortierung mit ä = ae usw.
`Duden`	Deutsch	Sortierung nach Duden mit ß = s
`de-AT`	Deutsch	Österreichische Telefonbuchsortierung mit Nachstellung der Umlaute (a, ä, o, ö, u, ü)
`ocs-scn`	Altslawonisch	Wissenschaftliche lateinische Transkription
`ru-iso9`	Russisch	Lateinische Transkription nach ISO 9

Tab. 16.5 Pseudosprachen zur Sortierung

Beispiel:

```
\setupregister[index][n=1,language={DIN 5007-1}]
% oder method={zm,pm,zc,zm,uc}]
```

Einzelne Einträge können Sie mit dem optionalen ersten Parameter einsortieren. Das ist besonders dann nötig, wenn Sie Makros verwenden, denn `\index{\Makro{Inhalt}}` wird unter ‚Makro' einsortiert.

```
\index[s gravenhage]{'s Gravenhage}
\index[emc]{\m{e = mc^2}}% würde unter m statt e einsortiert
```

16.8.4 Einträge hervorheben

Für Hervorhebungen in Verzeichnissen verwendet ConTEXt sogenannte ‚Prozessoren‘:

```
\defineprocessor[wichtig][style=bold]
\index{wichtig->Kaiser Karl} % ganzen Eintrag hervorheben
\index[wichtig->]{King Kong} % Seitenzahl hervorheben
```

Für die Formatierung von Untereinträgen müssen Sie auf `\setregisterentry` ausweichen:

```
\setregisterentry[index][entries:1=Haupteintrag,
  entries:2=Untereintrag,processors:2=wichtig]
```

Verwenden Sie die Option `keys`, um die Sortierung zu verändern. Außerdem können Sie darüber einen Prozessor auf die Seitenzahl anwenden:

```
\setregisterentry[index][keys=wichtig->tex,entries=wichtig->\TeX]
```

16.8.5 Seitenbereiche

Mehrere Einträge auf folgenden Seiten lassen sich automatisch zusammenfassen:

```
\setupregister[index][compress=yes] % aus 14, 15, 16 wird 14-16
\setupregister[index][compress=text] % aus 14, 15 wird 14f.
```

Die Vorgabe für die `text`-Variante ist „f.“ und „ff.“. Wenn Sie etwas anderes verwenden möchten, können Sie den Text ändern:

```
\setuplabeltext[de][following:singular=sq.,following:plural=sqq.]
```

Wenn bestimmte Stichwörter in größeren Abschnitten behandelt werden, können Sie auch selbst Bereiche angeben:

```
\startregister[index][tufte]{Tufte}
\samplefile{tufte}
\stopregister[index][tufte]
```

Der zweite Parameter von `\startregister` ist ein Referenzcode, den Sie frei festlegen können.
Wenn Sie zusätzlich eine abweichende Sortierung benötigen, heißt es:

```
\startregister[index][tufte][Tufte]{Tüftel}
\samplefile{tufte}
\stopregister[index][tufte]
```

Die Kurzform `\startindex` existiert nicht.

16.8.6 Vereinheitlichte Register

Insbesondere bei Orts- und Personenregistern gilt es oft, verschiedene Schreibungen zusammenzufassen, z. B. möchte ich „Mœbius" unter „Giraud, Jean (Mœbius)" erscheinen lassen oder „Limburg" unter „Limburg/Lahn". Natürlich können Sie überall die gewünschte Schreibweise mit \index eintragen, das ist allerdings eine Menge Schreibarbeit und macht den Text unübersichtlich.
Eine einfache Lösung ist eine Zuordnungtabelle zum Nachschlagen:

```
-- lookups.lua
userdata = userdata or { }

userdata.Zuordnungen = {
  ["Albano"] = "Albano (Provinz Rom)",
  ["Altona"] = "Altona (Hamburg)",
  ["Aurich"] = "Aurich (Ostfriesland)",
-- …
  ["Limburg"] = "Limburg/Lahn",
-- …
}

function userdata.Lookup(name)
  context(userdata.Zuordnungen[name] or name)
end
```

```
\loadluafile[lookups.lua]
\defineregister[Ort][]

% normalisierter Eintrag
\define[1]\nOrt{\expanded{\Ort{%
  \ctxlua{userdata.Lookup("#1")}}}}

% normalisierter Eintrag mit Textausgabe
\define[1]\TOrt{\expanded{#1\Ort{%
  \ctxlua{userdata.Lookup("#1")}}}}
```

So bekomme ich mit `\Ort{Altona}` den direkten Eintrag ins Ortsregister, mit `\nOrt{Altona}` wird „Altona (Hamburg)" daraus, und mit `\TOrt{Altona}` wird zusätzlich „Altona" im Text ausgegeben.

16.8.7 Verschiedene Register

Wahrscheinlich kennen Sie ConTEXt inzwischen gut genug, um das Muster selbst abzuleiten:

```
\defineregister[Person]
\setupregister[Person][ … ]

\starttext
Es war einmal...\Person{Rumpelstilzchen}

\title{Personenregister}
\placeregister[Person]
\stoptext
```

Der Befehl für Querverweise heißt dann `\seePerson`.

17 Bibliografie

Wie kann ich meine Quellen verwalten und referenzieren?

Das Bibliografie-Modul ist in `mkiv-publications`[1] ausführlich beschrieben. Die umfangreichen Möglichkeiten sollen hier nur angerissen werden.

Der Bibliografie-Mechanismus lässt sich über den vorgesehenen Zweck hinaus als Datenbank für beliebige Inhalte einsetzen; die Dokumentation zeigt Bilder und Chemikalien als Beispiele; ich habe auf diese Weise auch schon ein Personenverzeichnis mit biografischen Daten umgesetzt.

Auch das Eingabeformat ist flexibel – neben dem traditionellen BibTEX-Format sind auch XML-Dateien und Lua-Tabellen möglich. Viele andere Datenquellen (YAML, JSON, SQL-Datenbanken) lassen sich in Lua-Tabellen umwandeln und über diesen Umweg nutzen.

17.1 Einfache manuelle Bibliografie

Wenn Sie keine bibliografische Datenbank verwenden können oder möchten, genügt Ihnen vielleicht der folgende Ansatz. Hier können Sie die Literatureinträge frei formatieren und auch das Format der Referenzen nach Belieben angeben.

```
\tolerant\def\startbibitem[#1]#*[#2]% LMTX!
      {\doifsomethingelse{#2}%
   {\startBibItem[reference={#1},title={#2}]}%
   {\startBibItem[reference={#1},title={#1}]}%
}
\def\stopbibitem{\stopBibItem}
```

[1] `texmf-context/doc/context/documents/general/manuals/mkiv-publications.pdf`

```
\definedescription[BibItem][
        width=broad,
        margin=1em,
        indenting=no,
        indentnext=no,
        alternative=hanging,
        hang=1,
        headcommand=\gobbleoneargument,
        align=flushleft
]

% Wiederholungen von Autorennamen können durch diese Linie
  ersetzt werden:
\def\bibitemrule{\noindentation\vrule height0.5pt width4em depth0
  pt\thinspace}

\definereferenceformat [cite]  [type=title,left=,right=]
\definereferenceformat [bibpage]   [type=page]

\starttext
\section{Inhalt}

Während wir auf das perfekte Buch über \CONTEXT\ warten\footnote
  {eventuell \cite[Hagen 2050]}, können wir einen netten Roman
  lesen (\cite[Hagen 2014]).

\section{Bibliografie}

\startbibitem[Hagen 2014]
Hagen, Hans: \emph{Die Kuh in der Ridderstraat.} Hasselt 2014.
\stopbibitem

\startbibitem[Hagen 2050]
\bibitemrule \emph{\CONTEXT\ complete compendium.} Hasselt 2050.
\stopbibitem

\startbibitem[Hagen 2060][The Wizard 1899]
% der erste Parameter ist die Referenz, der zweite wird bei \cite
  angezeigt.
\bibitemrule \emph{Buch mit abweichendem Referenztitel.} Hasselt
  2060
\stopbibitem

\stoptext
```

17.2 BibTEX-Format

So sieht ein Datensatz im BibTEX-Format aus:

```
@Article {sigle,
      author = "An Author and Another One",
      title = "A hopefully meaningful title",
      journal = maps,
      volume = "25",
      number = "2",
      pages = "5--9",
      month = mar,
      year = "2013",
      ISSN = "1234-5678",
}
```

Datensätze haben also die Form `@Kategorie{...}`. Alles außerhalb von Datensätzen wird als Kommentar ignoriert. Innerhalb der Datensätze gibt es keine Kommentare – Sie können allerdings Felder verwenden, die nicht ausgegeben werden. Um einen Datensatz auszukommentieren, entfernen Sie am einfachsten das @-Zeichen.

Nach der Kategorie (17.6) folgt die (interne) Sigle, sie darf keine Leerzeichen enthalten und wird mit einem Komma beendet.

Grundsätzlich können Sie die Felder Ihrer Datenbank frei erfinden – dann müssen Sie allerdings auch Ihre eigene Stilvorlage schreiben; die vorhandenen Stilvorlagen beziehen sich auf die de-facto-Standardfelder (Tab. 17.2, S. 288). Die Groß- und Kleinschreibung der Felder wird ignoriert, und die Verwendung von Leerzeichen und Zeilenumbrüchen bleibt Ihnen überlassen.

Werte stehen normalerweise in geraden Anführungszeichen oder in geschweiften Klammern. Einzelne Wörter können auch „nackt" angegeben werden.

Wenn Sie altmodische `bib`-Datenbanken verwenden, in denen Sonderzeichen in traditioneller TEX-Schreibweise codiert sind, werden diese von ConTEXt automatisch in Unicode umgewandelt. Oft enthalten solche Dateien auch Formatierungen mit TEX- oder LATEX-Befehlen. Ein paar häufige versteht ConTEXt, andere müssen Sie entfernen oder selbst deklarieren (S. 286).

Die Felder `author` und `editor` werden als Namen geparst, dabei sind viele unterschiedliche Schreibweisen möglich, die Sie bitte der Dokumentation entnehmen. Mehrere Namen werden unabhängig von der Sprache mit and verbunden. Organisationen gehören nicht in diese Felder, sondern z. B. in `organization`.

Andere Felder werden ohne Veränderung übernommen – im Gegensatz zum klassischen BibTEX versucht ConTEXt nicht, die Groß-/Kleinschreibung zu korrigieren. Fehler wie doppelte Felder oder fehlende Kommas werden stillschweigend übergangen. Bei doppelten Einträgen wird eine Zahl an die Sigle angehängt. `@Preamble`-Direktiven werden ignoriert.

17.3 XML-Format

Die folgende XML-Struktur wird ebenso als Eingabeformat akzeptiert:

```
<?xml version="2.0" standalone="yes" ?>
<bibtex>
	<entry tag="Hagen:First" category="article">
		<field name="author">Hans Hagen</field>
		<field name="category">article</field>
		<field name="issn">1234-5678</field>
		<field name="issue">3</field>
		<field name="journal">MyJournal</field>
		<field name="month">8</field>
		<field name="pages">123--126</field>
		<field name="tag">Hagen:First</field>
		<field name="title">Who knows nothing?</field>
		<field name="volume">1</field>
		<field name="year">2013</field>
	</entry>
</bibtex>
```

Beachten Sie, dass die Sigle (`tag`) redundant deklariert ist, um auf sie zugreifen zu können, ohne sie im Voraus zu kennen.

17.4 Lua-Tabellen

Intern werden alle Formate in Lua-Tabellen konvertiert, Sie können solche auch direkt verwenden:

```
return {
	["Hagen:First"] = {
		author = "Hans Hagen",
		category = "article",
		issn = "1234-5678",
		issue = "3",
		journal = "MyJournal",
		month = "8",
		pages = "123--126",
		tag = "Hagen:First",
		title = "Who knows nothing?",
		volume = "1",
		year = "2013",
	},
}
```

Ich bleibe hier bei den BibTEX-bib-Dateien als Referenzformat. XML oder Lua-Tabellen sind aber ebensogut geeignet – für Ihre Bedürfnisse oder für zukünftige Erweiterungen eventuell sogar besser.

17.5 Übersetzte Felder

Das Feld `language` dient zur Angabe der Sprache, in der ein Werk veröffentlicht wurde, diese wird als englisches Wort angegeben (also z. B. `"english"` und nicht `en`). Zur Angabe eines fremdsprachigen Originaltitels oder einer Übersetzung in die Hauptsprache kann die Sprache eines übersetzten Feldes als Kürzel nach einem Doppelpunkt angegeben werden:

```
@Book {kgdz,
      author = "Stephen Hawking and Leonard Mlodinow",
      title = "Die kürzeste Geschichte der Zeit",
      title:en = "A Briefer History of Time",
      publisher = "Rowohlt",
      address = "Reinbek",
      year = "2005",
      language = "german",
}
```

Bisher werden übersetzte Titel nur im APA-Stil berücksichtigt.

17.6 Kategorien

Die Kategorien der Datensätze bezeichnen den Publikationstyp. Die Zuordnung ist nicht immer eindeutig.

Kategorie	Eignung
`article`	Artikel in Zeitschriften/Zeitungen
`book`	Bücher (Einzelbände) mit wenigen Autoren
`booklet`	Heft, gebundenes Druckwerk
`conference`	wie `inproceedings`
`electronic`	Web-Dokument
`film`	Film
`inbook`	Teil eines Buches
`incollection`	Teil eines Sammelbandes
`inproceedings`	Teil eines Konferenzberichts
`literal`	vorformatierter Eintrag
`magazine`	wie `periodical`
`manual`	Technische Dokumentation
`mastersthesis`	wie `thesis`
`misc`	Sonstiges
`music`	Musikstück
`newspaper`	wie `periodical`
`other`	wie `misc`
`patent`	Patentschrift
`periodical`	Periodikum, Zeitschrift
`phdthesis`	wie `thesis`

proceedings	Konferenzbericht
standard	wie patent?
techreport	(technischer) Bericht
thesis	Akademische Arbeit
unpublished	unveröffentlichte Arbeiten, Vorträge

Die Groß- und Kleinschreibung ist unwichtig – intern wird alles in Kleinschreibung verarbeitet.

17.7 Befehle in Einträgen

BibTEX-Datenbanken enthalten oft Befehle – dafür gibt es keinen Standard, und da die Datenbanken mit verschiedenen TEX-Formaten funktionieren sollten, ist auch nicht definiert, was bestimmte Befehle bedeuten. Zum Glück handelt es sich meistens um bekannte Abkürzungen und Schrift-Umschalter.
ConTEXt gibt die unbekannten Befehle im Protokoll aus. Wenn man z. B. `tugboat.bib` aus TEX Live lädt, sind die fünf häufigsten:

```
publications > tugboat  tt     134 known
publications > tugboat  Dash   136 unknown
publications > tugboat  acro   137 known
publications > tugboat  LaTeX  209 known
publications > tugboat  TeX    856 known
```

Manche davon kennt ConTEXt schon („known"), die anderen können Sie selbst deklarieren:

```
\definebtxcommand\Dash{-}
\definebtxcommand\Spezialfall{Meine Abkürzung}
```

Die mit `\definebtxcommand` deklarierten Makros sind dann nur innerhalb der Bibliografie bekannt. Außerhalb können Sie sie mit `\btxcommand` aufrufen: `\btxcommand{Spezialfall}`
Allgemeine Definitionen mit `\def` bzw. `\define` (Kap. 24) funktionieren natürlich auch.
Grundsätzlich wird empfohlen, die bibliografischen Daten von unnötigen Makros zu reinigen.

17.8 Datenbanken

Sie können mit mehreren unabhängigen Datenbanken (Datasets) arbeiten, die sich wiederum aus mehreren Quellen speisen lassen.
Die Datenbank wird zuerst deklariert und dann geladen:

```
\definebtxdataset[default]

\usebtxdataset[default][bibdaten.bib]
\usebtxdataset[default][bibdaten.xml]
```

```
\usebtxdataset[default][bibdaten.lua]
\usebtxdataset[default][Puffername.buffer]
```

Solange der gleiche Dataset-Name (hier: `default`) angegeben ist, werden die Datenbanken zusammengefasst.
Die letzte Zeile ist ein Hinweis darauf, dass Daten im BibTEX-Format auch aus einem Puffer (S. 396) geladen werden können. Meist ist aber eine Datei sinnvoller. Die gleichen Daten können auch in unterschiedliche Datenbanken geladen werden.

17.9 Datenbank-Spezifikation

Welche Felder in welcher Kategorie einer (bibliografischen oder anderweitigen) Datenbank vorkommen können und wie sie verarbeitet werden, ist in der Spezifikation definiert. Das rudimentäre Standardformat (`default`) kennt nur die Kategorien `article` und `book`.
Sehr viel umfangreicher sind die Stile nach den Vorgaben der APA (Amerikanische Psychologische Vereinigung), APS (Amerikanische Physikalische Gesellschaft), SBL[2] (Gesellschaft für biblische Literatur) oder dem Stilhandbuch der Uni Chicago[3] (Darstellung siehe 17.12, S. 290). Die Autoren der Dokumentation merken an, dass viele Verlage sich auf die APA beziehen, aber in Details davon abweichen.
Eine Datenbankspezifikation wird mit `\usebtxdefinitions` aktiviert:

```
\usebtxdefinitions[apa]
```

Kürzel	**Referenz-Stil**	**Beispiel**
`default`	Nummer	[12]
`apa`	Autor Jahr	(Knuth 1996)
`aps`	Nummer	[12]
`chicago`	Autor, Jahr	(Knuth, 1996)

Entsprechend der Zitierweise zeigt APS eine nummerierte Liste, während APA eine Liste mit hängenden Einzügen ohne Nummerierung verwendet.

Tab. 17.1 Datenbank-Spezifikationen

Welche Spezifikation versteht welche Kategorien und Felder?

Der Befehl `\showbtxdatasetfields[datenbank]` gibt Ihnen die Kategorien und Felder aus, die von einer Spezifikation unterstützt werden; da so eine Liste mehrere Seiten lang ist, sei für ein Beispiel auf Anhang A der Dokumentation verwiesen. Eine platzsparendere Übersicht, welche Felder in welcher Kategorie möglich oder erforderlich sind, bekommen Sie mit `\showbtxfields` (Tab. 17.2). Die Pflichtfelder sind darin grün dargestellt.

[2] github.com/jjmccollum/context-sbl; nicht in der Distribution
[3] www.chicagomanualofstyle.org

	year	volume	title	subtitle	publisher	pages	organization	number	note	keywords	journal	institution	editor	edition	author	address
article	*	*	*			*		*	*	*	*		*		*	
book	*	*	*	*	*			*	*	*			*	*	*	*
demo-a	*		*	*			*					*			*	
demo-b	*		*	*			*					*			*	

Tab. 17.2 Ausgabe von `\showbtxfields` für die Spezifikation `default`

17.10 Datenbank-Diagnose

Wie kann ich prüfen, ob meine Datenbank alle nötigen Angaben enthält?

Der Befehl **`\showbtxdatasetcompleteness`**`[datenbank]` ergibt eine ausführliche Analyse Ihrer Datenbank unter Berücksichtigung der aktiven Spezifikation. Ein Beispiel finden Sie in Anhang B der Dokumentation.

17.11 Darstellung der Bibliografie

Am deutlichsten wirkt sich die aktive Spezifikation auf die Darstellung der Bibliografie-Liste und die Zitierweise aus.
Zunächst ein Beispiel für die Ausgabe der Bibliografie:

```
\definebtxdataset[beispiel]
\usebtxdataset[beispiel][bibliografie.bib]
\setupbtx[dataset=beispiel]
\definebtxrendering[rendering][apa][
        dataset=beispiel,
        group=beispiele] % folgt...
\placelistofpublications[rendering][method=dataset]
```

Zuerst wird die Datenbank (Dataset) geladen, wie in 17.8 ausgeführt.
Danach wird ein *Rendering*, also eine Darstellung, definiert. Diese erbt die Einstellungen des Renderings apa[4], das von der Spezifikation apa bereitgestellt wird. Schließlich werden alle Einträge (`method=dataset`) in der definierten Darstellung (`beispiel`) von `\placelistofpublications` ausgegeben (ein Synonym für `\placebtxrendering`).

[4] Damit sind die Parameter `specification=apa, sorttype=authoryear, numbering=no` gesetzt.

Diese Liste kann im Prinzip wie jede andere Liste formatiert werden, allerdings sind Anpassungen der Makros durch die vielen möglichen Felder sehr komplex. Die Parameter von `\setupbtxrendering` (Tab. 17.3) gelten wie üblich auch für `\definebtxrendering` und `\placebtxrendering`.

Option	Werte	Beschreibung
`specification`	Name	Name der Spezifikation
`title`	Text	Überschrift
`before`, `after`	Makro	Element vor und nach der Bibliografie
`separator`	Makro	Trennelement zwischen den Einträgen
`dataset`	Name	Name der Datenbank
`method`	`dataset force local global none`	Auswahl der Einträge (Tab. 17.4)
`criterium`	`previous cite here all none`	Bezug bei eingeschränkter `method`
`filter`	Text	Filter-Funktion (Lua)
`sorttype`	`short dataset list reference used default cite index …`	Sortierung der Liste (Tab. 17.5)
`repeat`	`yes no`	Einträge wiederholen (z. B. bei kapitelweiser und kompletter Bibliografie)
`group`	Name	Name der Gruppe
`numbering`	`yes no`	Nummerierung der Liste

Tab. 17.3 Parameter von `\setupbtxrendering`

Wert	Beschreibung
`dataset`	ganze Datenbank ausgeben
`local`	nur die im Abschnitt laut `criterium` verwendeten Einträge
`global`	alle im gesamten Dokument verwendeten Einträge
`none`	nichts

Tab. 17.4 Werte für `method`

Wert	Beschreibung
`default none cite list`	in der Reihenfolge der Verwendung, d. h. so wie die Einträge aus der Datenbank abgerufen wurden
`dataset index`	in der Reihenfolge der Datenbank
`reference`	in alphabetischer Reihenfolge der Siglen
`key`	in alphabetischer Reihenfolge des Feldes `key`
`short`	in alphabetischer Reihenfolge des Feldes `short` (erste drei Buchstaben des Autorennamen bzw. die ersten Buchstaben der ersten drei Autoren, gefolgt von den letzten zwei Ziffern der Jahresangabe)
`authoryear`	in alphabetischer Reihenfolge der Autoren (bzw. Herausgeber oder Verleger), gefolgt von Publikationsjahr, Titel (bzw. Zeitschrift und Ausgabe) und Seite

Tab. 17.5 Werte für `sorttype`. Die Sortierung hängt außerdem von der Sprache ab.

17.12 Bibliografische Referenzen

Im Folgenden ist anhand von drei Beispiel-Büchern dargestellt, wie die mitgelieferten Stile bibliografische Referenzen mit `\cite` umsetzen.

17.12.1 Bibliografie-Stil `default`

Befehl	Ergebnis
`\cite[WiFo2010]`	[1]
`\cite[num][WiFo2010]`	[1]
`\cite[textnum][WiFo2010]`	1
`\cite[authornum][WiFo2010]`	(Willberg und Forssman [1])
`\cite[authoryear][WiFo2010]`	(Willberg und Forssman, 2010)
`\cite[authoryears][WiFo2010]`	Willberg und Forssman (2010)
`\cite[short][WiFo2010]`	[WF10]
`\cite[tag][WiFo2010]`	[WiFo2010]
`\cite[index][WiFo2010]`	[<empty>]
`\cite[category][WiFo2010]`	book
`\cite[author][WiFo2010]`	Willberg und Forssman
`\cite[year][WiFo2010]`	2010
`\cite[title][WiFo2010]`	*Lesetypografie*
`\cite[keywords][WiFo2010]`	(typography)
`\cite[none][WiFo2010]`	
`\cite[X]`	[<X>]
`\cite[template::Chen:1988:IPP]`	[<`template::Chen:1988:IPP`>]
`\cite[entry][WiFo2010]`	(H.P. Willberg und F. Forssman, *Lesetypografie*, Hermann Schmidt, Mainz, 2010.)

Bibliografie:

1 H.P. Willberg und F. Forssman, *Lesetypografie*, Hermann Schmidt, Mainz, 2010.

2 S. Hawking und L. Mlodinow, *Die kürzeste Geschichte der Zeit*, Rowohlt, Reinbek, 2005.

3 B. von Arnim und G. von Arnim, *Das Leben der Hochgräfin Gritta von Rattenzuhausbeiuns*, S. Martin Fraenkel, Berlin, 1926.

7.12.2 Bibliografie-Stil apa

Befehl	Ergebnis
`\cite[WiFo2010]`	(Willberg & Forssman, 2010)
`\cite[num][WiFo2010]`	[1]
`\cite[textnum][WiFo2010]`	Ref. 1
`\cite[authornum][WiFo2010]`	(Willberg & Forssman [1])
`\cite[authoryear][WiFo2010]`	(Willberg & Forssman, 2010)
`\cite[authoryears][WiFo2010]`	Willberg und Forssman (2010)
`\cite[short][WiFo2010]`	[WF10]
`\cite[tag][WiFo2010]`	[WiFo2010]
`\cite[index][WiFo2010]`	[<empty>]
`\cite[category][WiFo2010]`	book
`\cite[author][WiFo2010]`	Willberg und Forssman
`\cite[year][WiFo2010]`	2010
`\cite[title][WiFo2010]`	*Lesetypografie*
`\cite[keywords][WiFo2010]`	typography
`\cite[none][WiFo2010]`	
`\cite[X]`	(<X>)
`\cite[template::Chen:1988:IPP]`	(<template::Chen:1988:IPP>)
`\cite[entry][WiFo2010]`	Willberg, H. P. & Forssman, F. (2010). *Lesetypografie*. Mainz: Hermann Schmidt.

Bibliografie:

Hawking, S. & Mlodinow, L. (2005). *Die kürzeste Geschichte der Zeit*. Reinbek: Rowohlt.

von Arnim, B. & von Arnim, G. (1926). *Das Leben der Hochgräfin Gritta von Rattenzuhausbeiuns* (O. Mallon, Herausgeber). Berlin: S. Martin Fraenkel.

Willberg, H. P. & Forssman, F. (2010). *Lesetypografie*. Mainz: Hermann Schmidt.

17.12.3 Bibliografie-Stil `aps`

Befehl	Ergebnis
`\cite[WiFo2010]`	[1]
`\cite[num][WiFo2010]`	[1]
`\cite[textnum][WiFo2010]`	Ref. 1]
`\cite[authornum][WiFo2010]`	(Willberg und Forssman [1])
`\cite[authoryear][WiFo2010]`	(Willberg und Forssman, 2010)
`\cite[authoryears][WiFo2010]`	Willberg und Forssman (2010)
`\cite[short][WiFo2010]`	[WF10]
`\cite[tag][WiFo2010]`	[WiFo2010]
`\cite[index][WiFo2010]`	[<empty>]
`\cite[category][WiFo2010]`	book
`\cite[author][WiFo2010]`	Willberg und Forssman
`\cite[year][WiFo2010]`	2010
`\cite[title][WiFo2010]`	*Lesetypografie*
`\cite[keywords][WiFo2010]`	(typography)
`\cite[none][WiFo2010]`	
`\cite[X]`	[<X>]
`\cite[template::Chen:1988:IPP]`	[<`template::Chen:1988:IPP`>]
`\cite[entry][WiFo2010]`	H.P. Willberg und F. Forssman, *Lesetypografie* (Hermann Schmidt, Mainz, 2010).

Bibliografie:

[1] H.P. Willberg und F. Forssman, *Lesetypografie* (Hermann Schmidt, Mainz, 2010).

[2] S. Hawking und L. Mlodinow, *Die kürzeste Geschichte der Zeit* (Rowohlt, Reinbek, 2005).

[3] B. von Arnim und G. von Arnim, *Das Leben der Hochgräfin Gritta von Rattenzuhausbeiuns* (S. Martin Fraenkel, Berlin, 1926).

17.12.4 Bibliografie-Stil `chicago`

Befehl	Ergebnis
`\cite[WiFo2010]`	(Willberg, et al. 2010)
`\cite[num][WiFo2010]`	[1]
`\cite[textnum][WiFo2010]`	Ref. 1
`\cite[authornum][WiFo2010]`	(Willberg, et al. [1])
`\cite[authoryear][WiFo2010]`	(Willberg, et al. 2010)
`\cite[authoryears][WiFo2010]`	Willberg, et al. (2010)
`\cite[short][WiFo2010]`	[WF10]

`\cite[tag][WiFo2010]`	[WiFo2010]
`\cite[index][WiFo2010]`	[<empty>]
`\cite[category][WiFo2010]`	book
`\cite[author][WiFo2010]`	Willberg, et al.
`\cite[year][WiFo2010]`	2010
`\cite[title][WiFo2010]`	*Lesetypografie*
`\cite[keywords][WiFo2010]`	typography
`\cite[none][WiFo2010]`	
`\cite[X]`	(<X>)
`\cite[template::Chen:1988:IPP]`	(<template::Chen:1988:IPP>)
`\cite[entry][WiFo2010]`	Willberg, Hans Peter und Forssman, Friedrich 2010. *Lesetypografie*. Mainz: Hermann Schmidt.

Bibliografie:

Hawking, Stephen und Mlodinow, Leonard 2005. *Die kürzeste Geschichte der Zeit.* Reinbek: Rowohlt.

von Arnim, Bettina und von Arnim, Gisela 1926. *Das Leben der Hochgräfin Gritta von Rattenzuhausbeiuns* (O. Mallon, Herausgeber). Berlin: S. Martin Fraenkel.

Willberg, Hans Peter und Forssman, Friedrich 2010. *Lesetypografie*. Mainz: Hermann Schmidt.

18 PDF-Spezialitäten und Druckvorbereitung

18.1 SyncTeX

Wollten Sie nicht immer schon auf einen Fehler im PDF klicken können und direkt an die richtige Stelle im TeX-Code gelangen? Oder aus dem Quellcode direkt an die entsprechende Stelle im PDF? Das bietet SyncTeX – theoretisch.

Wenn Sie ConTeXt mit dem Parameter `--synctex` aufrufen, wird zusätzlich eine Textdatei (`<jobname>.synctex`) geschrieben, in der festgehalten ist, welche Position im PDF aus welcher Quelldatei (TeX oder XML) stammt. Dieses Verhalten können Sie auch mit `\setupsynctex[state=start]` aktivieren.

Option	Werte	Beschreibung
`state`	`stop start repeat`	aus-/ein-/umschalten
`method`	`max min`	größere Bereiche oder einzelne Wörter markieren

Tab. 18.1 Parameter von `\setupsynctex`

Es gibt verschiedene Versionen des SyncTeX-Formats. Statt `state=start` brauchen manche Programme `state=repeat` bzw. `--synctex=repeat` beim Aufruf.

Die Interpretation dieser Datei obliegt dem Skript `mtxrun --script synctex`, dem ConTeXt-Ersatz für das in TeX Live enthaltene Programm `synctex`. Manche Editoren interpretieren das Dateiformat auch selbst und rufen kein externes Programm auf. Konfigurationen für verschiedene Kombinationen von Editoren und Viewern sind im Wiki[1] gesammelt.

Eine Vorschau der markierten Bereiche bekommen Sie mit

```
\enabletrackers[system.synctex.visualize]
```

18.2 Anmerkungen und Anhänge

Kommentare, die Sie im PDF hinterlassen können, und Dateien, die Sie als Anhang im PDF speichern können, sind intern ähnlich umgesetzt. Beachten Sie zu diesen Themen auch das Handbuch `interaction`[2].

[1] wiki.contextgarden.net/Input_and_compilation/Text_editors/SyncTeX

[2] `texmf-context/doc/context/documents/general/manuals/interaction.pdf`

18.2.1 Anmerkungen

```
\setupcomment[symbol=Note,location=inmargin,]

\startcomment[author=Lektorat]
Dieser Absatz sollte noch überarbeitet werden!
\stopcomment
```

Sie können auch `\comment[…]{…}` verwenden.

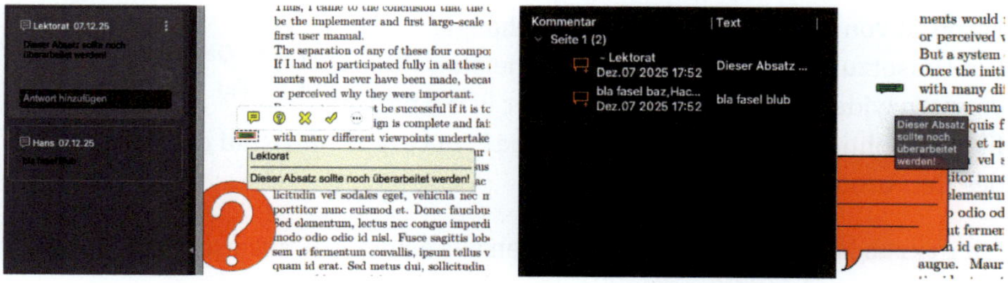

Foxit PDF Reader | Master PDF Editor

Abb. 18.1 Der Umgang mit Anmerkungen und die Unterstützung für Einstellungen hängt stark vom PDF-Viewer ab – die Screenshots zeigen die gleiche Textstelle, das Symbol unten ist mit `symbol=Help,color=red` definiert.

Schieben Sie diese Anmerkungen in den Rand (`location=inmargin`), sonst nehmen sie Raum im Text ein!

Option	Werte	Beschreibung
`buffer`	Name	Name eines Puffers für den Inhalt
`title, subtitle`	Text	Stichwörter
`author`	Text	Urheber der Anmerkung
`symbol`	`Comment Help Insert Key Newparagraph Note Paragraph Default`	Symbol für die Darstellung der Anmerkung
`location`	`leftedge rightedge inmargin leftmargin rightmargin text high none`	Platzierung des Symbols
`textlayer`	Name	Ebene für die Platzierung des Symbols
`color`	Name	Farbe des Symbols
`method`	`normal hidden`	Anmerkung darstellen?

Tab. 18.2 Parameter für `\setupcomment`, `\startcomment` und `\comment`

Texthervorhebungen als PDF-Anmerkungen sind mit \PDFhighlight möglich:

```
\enabledirectives[backend.pdf.fixhighlight]
\definecolor[pdfhighlight:Lektorat][r=.8,g=1,b=1]

Hier steht \PDFhighlight[Lektorat][Kürzen!]{zu viel} Text.
```

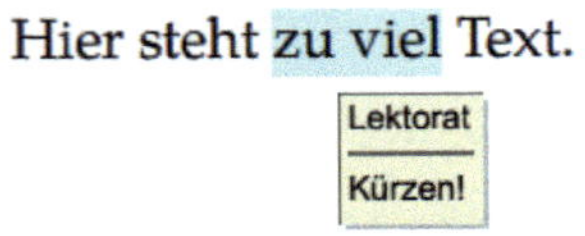

Abb. 18.2 Darstellung in Foxit PDF Reader

Das erste optionale Parameter bezeichnet den Autor, der zweite einen Kommentar, während der obligatorische Parameter als Text ausgegeben wird. Die Farbe ist von der Angabe des Autors abhängig.
Die Umsetzung der Funktion in den meisten PDF-Viewern widerspricht in diesem Fall der PDF-Spezifikation; ohne die Direktive backend.pdf.fixhighlight sind die Koordinaten der Hervorhebung vertauscht.

Mit mtxrun können Sie die Anmerkungen aus einem PDF auslesen:

```
mtxrun --script pdf --comments dateiname.pdf
mtxrun --script pdf --highlights dateiname.pdf
```

ConTEXt unterstützt keine Multimedia-Anmerkungen.

18.2.2 Datei-Anhänge

Datei-Anhänge sind eine spezielle Form der Anmerkung, daher hat die Syntax große Überschneidungen. Der Befehl \attachment hat jedoch nur ein (optionales) Argument.

```
\setupattachments[color=red,symbol=Pushpin,]
\attachment[
  file=Unbenannt.odt,
  title={Meine Datei},
]
```

⚠ Datei-Anhänge (in Acrobat „Anlagen") funktionieren nicht in allen PDF-Viewern.

Option	Werte	Beschreibung
file	Dateiname	Name/Pfad der anzuhängenden Datei
buffer	Name	Name eines Puffers (statt einer externen Datei)
name	Dateiname	Ausgabe-Dateiname
title	Text	Symbolischer Name des Anhangs

Tab. 18.3a Parameter für \setupattachment bzw. \attachment

Option	Werte	Beschreibung
`subtitle`	Text	Untertitel/Stichwörter zum Anhang
`author`	Text	Urheber des Anhangs
`symbol`	`Graph Paperclip Pushpin Default`	Symbol für die Darstellung des Anhangs
`location`	`leftedge rightedge inmargin leftmargin rightmargin text high none`	Platzierung des Anhang-Symbols
`textlayer`	Name	Ebene für die Platzierung des Symbols
`width, height, depth`	Dimension `fit`	Größe des Symbols
`color`	Name	Farbe des Symbols
`method`	`normal hidden`	Anhang darstellen?

Tab. 18.3b Parameter für `\setupattachment` bzw. `\attachment`

Wenn Sie Anhänge mit `location=none` eingefügt haben, können Sie sie gesammelt mit `\placeattachments` ausgeben.

18.3 Barrierefreiheit

PDF ist ein denkbar ungünstiges Format für barrierearme Inhalte. Mit HTML können Sie mit geringerem Aufwand deutlich mehr erreichen.

„Barrierefreiheit“ bezieht sich beim PDF nahezu ausschließlich auf die Nutzung mit Screenreadern. Einfache Sprache, leicht lesbare Schriften oder kontrastreiche Farbkombinationen benötigen nur Ihre Aufmerksamkeit und keine besondere technische Unterstützung.
Die semantische Auszeichnung von Inhaltselementen ist recht aufwändig und beim XML-Export (S. 436, TaggedPDF) ausgeführt.

18.3.1 Alternativtext

In HTML gibt es das `alt`-Attribut zur Beschreibung von Bildinhalten. Das Gegenstück im PDF-Standard heißt ActualText und ist auf beliebige Inhalte anwendbar. Damit kann beim Suchen, Vorlesen oder Kopieren statt Bildern, Symbolen und Abkürzungen ein verständlicher Text verwendet werden.

```
\pdfbackendactualtext{sichtbarer Inhalt}{alternativer Text}
```

Bei Bildern können Sie den Alternativtext als Parameter angeben:

```
\externalfigure[mill][alternativetext={Foto einer Windmühle}]
```

Für andere Formen von Abbildungen oder zu beschreibende Elemente gibt es die Umgebung \startPDFalternativetext:

```
\startPDFalternativetext{Foto einer Windmühle}
\externalfigure[mill]
\stopPDFalternativetext
```

Seit Juni 2025 ist die Verwendung von Alternativtext für Bilder in offiziellen Publikationen in der EU vorgeschrieben[3], trotzdem ist ActualText nicht in allen PDF-Bibliotheken implementiert.

18.3.2 Tagged PDF

„Tagging" soll die inhaltliche Struktur eines PDF-Dokuments maschinenlesbar und damit auch für Screenreader zugänglich machen. Der tatsächliche Nutzen ist fragwürdig, da Spezifikation und Validierung schwer nachvollziehbare Beschränkungen auferlegen, welche Tags in welchem Zusammenhang erlaubt sind und andererseits bestimmte Verschachtelungen vorschreiben, die nicht unbedingt zum Inhalt passen. Zudem wurden die Vorgaben mehrfach geändert.
Die ConTEXt-Entwickler haben verschiedene Zuordnungen von Inhaltselementen zu Tags zusammengestellt, die sich zwischen „normal" (wahrscheinlich sinnvoll) und „normgerecht" (nach der Vorstellung von Validatoren) bewegen.
\setuptagging[state=start] aktiviert das „normale" Tagging. Interaktive Elemente (Links) werden nur getaggt, wenn Sie option=interaction aktivieren. Hier schlägt die Validierung häufig fehl.

Tagging vergrößert nicht nur die Ausgabedatei, sondern führt auch zu deutlich längeren Laufzeiten!

Für PDF/UA-2 wird ein ‚rolemapping' eingeführt:

```
\setupbackend[format=pdf/ua-2]
\setuptagging[state=start]
```

Das Mapping lässt sich weiter anpassen, z. B.

```
\setuptagging[state=start,
  preset=basic,comment={Nur ein Test}]
```

Via imp-Dateien können Sie Ihre eigenen Mappings einfügen. Das Vorgehen ist in tagging-basic[4] beschrieben.
Die mitgelieferten Tagging-Presets uac (für PDF/UA-2), basic und mkiv (altes Verhalten von ConTEXt, passt nicht zu PDF 2) stecken in Dateien namens lpdf-tag-imp-*.lmt.
Die Struktur lässt sich mit mtxrun überprüfen:

[3] „Barrierefreiheitsstärkungsgesetz" nach der EU-Direktive 2019/882
[4] texmf-context/doc/context/examples/tagging/tagging-basic.pdf

```
mtxrun --script pdf --structure [--detail --save]  Dateiname
mtxrun --script pdf --check Dateiname
mtxrun --script pdf --validate  [--interaction]   Dateiname
```

Die Option `--validate` ruft VeraPDF[5] auf, wenn es installiert ist. (Verschiedene Versionen des Programms führen zu unterschiedlichen Ergebnissen.)
Mehr dazu in `tagging`[6].

18.4 Unzugänglicher Text

Das Gegenteil von Barrierefreiheit erreichen Sie mit folgender Direktive:

```
\enabledirectives[backend.pdf.nounicode=X]
```

Damit verhindern Sie, dass Text aus einem PDF kopiert, extrahiert oder vorgelesen werden kann, indem die sichtbaren Zeichen der Schrift intern alle als das angegebene Zeichen codiert werden. Wenn Sie mehrere Zeichen angeben, bekommen Sie zufällige Zuordnungen.

18.5 PDF-Verschlüsselung

ConTEXt kann das erzeugte PDF direkt verschlüsseln, wenn Sie Passwort und Berechtigungen beim Aufruf mitgeben:

```
context --ownerpassword=geheim ...
```

Alternativ können Sie die Optionen in die erste Zeile des Dokuments schreiben:

```
% ownerpassword="geheim" userpassword="" permissions="print"
```

Ohne `ownerpassword` funktioniert es nicht!

Die Berechtigungen lassen sich mit einem vorangestellten `-` negieren.

Parameter	Beschreibung
`--ownerpassword`	Besitzer-Passwort (erlaubt die Änderung von Berechtigungen).
`--userpassword`	Benutzer-Passwort (erlaubt das Öffnen und die definierten Aktionen).
`--permissions`	Bearbeitungsrechte (`print, modify, extract, add, fillin, assemble, quality`)

Tab. 18.4 Kommandozeilenparameter von `context` zur Verschlüsselung

Nicht alle PDF-Viewer können mit verschlüsselten PDFs umgehen! ConTEXt verwendet zudem die modernere Methode.

5 github.com/veraPDF/veraPDF-apps
6 `texmf-context/doc/context/documents/general/manuals/tagging.pdf`

18.6 PDF/X, PDF/A und PDF/UA

Es ist möglich, mit TEX PDFs zu erzeugen, die Standards wie PDF/X und PDF/A genügen. Einfach ist es jedoch nicht, und automatisch geht es auch nicht.

```
\setupbackend[
  format={pdf/a-1b:2005}, % oder pdf/a-1a:2005
  profile={default_cmyk.icc,default_rgb.icc,default_gray.icc},
  % echte Namen verwenden!
  intent={Coated FOGRA39 (ISO 12647-2:2004)},
% intent={ISO coated v2 300\letterpercent\space (ECI)},
  % falls ein Prozentzeichen im Namen vorkommt
]

% Tagged PDF
\setupbackend[export=yes]
% method=auto => Standard-Tags nach Adobe
\setupstructure[state=start,method=auto]
```

Lesen Sie auch die Angaben zu Farbmanagement und Farbprofilen auf S. 205 sowie die Dokumentation `standards`[7].

Parameter	Werte	Beschreibung
`export`	`yes no`	XML-Export ein-/ausschalten
`format`	s. u.	gewünschter Format-Standard
`profile`	Liste von ICC-Profilen	Ein Profil für jeden Farbraum
`intent`	ICC-Profil	Farbprofil für die Ausgabe (Druck)

Tab. 18.5 Parameter von `\setupbackend`

`pdf/x-1a:2001`	Druck: geräteabhängige Farben (CMYK, Graustufen, Sonderfarben); PDF 1.3
`pdf/x-1a:2003`	Druck: geräteabhängige Farben (CMYK, Graustufen, Sonderfarben); PDF 1.4
`pdf/x-3:2002`	Druck: geräteunabhängige Farben (mit Profil); PDF 1.3
`pdf/x-3:2003`	Druck: geräteunabhängige Farben (mit Profil); PDF 1.4
`pdf/x-4`	Druck: wie PDF/X-3, aber PDF 1.6 (Transparenzen, Layers)
`pdf/x-4p`	Druck: wie PDF/X-4, Profile nicht eingebettet
`pdf/x-5`	Druck: wie PDF/X-4, Mehrkanal-Profile möglich
`pdf/a-1b:2005`	Langzeitarchivierung „basic": PDF 1.4
`pdf/a-1a:2005`	Langzeitarchivierung & Barrierefreiheit: PDF 1.4, tagged
`pdf/a-2b`	Langzeitarchivierung „basic": PDF 1.7 (Transparenzen, Layers, Signaturen)

Tab. 18.6a Vordefinierte Formate

[7] `texmf-context/doc/context/documents/general/manuals/standards.pdf`

pdf/a-2u	(bei ConTEXt ist 2b = 2u)
pdf/a-2a	Langzeitarchivierung & Barrierefreiheit: PDF 1.7, tagged
pdf/a-3b	Langzeitarchivierung „basic“: wie 2b, mit Anhängen
pdf/a-3u	(bei ConTEXt ist 3b = 3u)
pdf/a-3a	Langzeitarchivierung & Barrierefreiheit: wie 2a, mit Anhängen
pdf/ua-1	Barrierefreiheit: tagged

Tab. 18.6b Vordefinierte Formate

18.6.1 PDF/UA

PDF/UA (UA = *Universal Accessibility*) soll besonders barrierefrei sein, insbesondere für Screenreader. Es ist eine Form von Tagged PDF, wobei also der gesamte Textinhalt auch noch als XML eingebettet ist.
Durch die Integration der Anforderungen zur Barrierefreiheit in PDF/A-2a bzw. PDF/A-3a ist es um PDF/UA ziemlich still geworden.

18.6.2 PDF/A

PDF/A ist für die Langzeitarchivierung (A = Archiv) gedacht und inzwischen bei vielen Behörden vorgeschrieben. Die Nummerierung entspricht dem Fortschritt im PDF-Format; ‚b‘ steht für *basic*, ‚u‘ für Unicode-Kompatibilität und ‚a‘ für *accessibe*.
Mit VeraPDF[5] gibt es ein freies Werkzeug, um PDFs nach dem PDF/A-Standard zu prüfen, mit oder ohne Benutzeroberfläche.
PDF/A-3 ermöglicht ZUGFeRD-Rechnungen (alias Factur-X) mit eingebetteter XML-Rechnung, bisher hat sie noch niemand in ConTEXt umgesetzt.
PDF/A-4(f/e) basiert auf PDF 2.0, die Varianten erlauben verschiedene Dateitypen als Anhang (‚e‘ auch 3D-Daten); die Definition dafür fehlt in ConTEXt noch.

18.6.3 PDF/X

PDF/X ist eine Reihe von Standards für die Druckindustrie, die eine zuverlässige Ausgabe gewährleisten sollen. Relevant sind eigentlich nur PDF/X-1a, PDF/X-3 und PDF/X-4. PDF/X-6 (PDF 2.0) ist mit PDF/A-4 kompatibel, aber in ConTEXt noch nicht definiert – Druckereien können erfahrungsgemäß ohnehin nicht mit Versionen neuer als X-3 umgehen.
Meines Wissens gibt es keine freien Werkzeuge zur PDF/X-Prüfung oder -Konvertierung – außer Adobe Acrobat Pro gibt es noch Qoppa PDF Studio Pro und ein paar sehr teure Spezialwerkzeuge.
Bei allen relevanten PDF/X-Versionen müssen die verwendeten Schriften eingebettet sein (das macht ConTEXt sowieso), und es müssen mindestens Anschnitt und Endformat (TrimBox und BleedBox) definiert sein (S. 104).
Bei Dateien nach PDF/X-1 dürfen Farben (in Bildern, Vektorgrafiken und Schriften) nur als geräte*ab*hängige CMYK- und Graustufenwerte vorkommen, d. h. ohne Farbprofile.
Bei PDF/X-3(+) müssen alle Farbwerte sich auf ein Farbprofil beziehen, um den Farbort im CIE-L*a*b-Farbraum zu definieren. Sie sind damit geräte*un*abhängig.

In PDF/X-1 und -3 dürfen keine Transparenzen vorkommen, ConTEXt schaltet sie daher aus und ignoriert transparente Elemente – sie werden *nicht* umgerechnet („flattened")! Das gilt auch für Bilder mit Alphakanal (häufig in PNGs). In PDF/X-4 und -5 sind Transparenzen erlaubt.

Ohne PDF/X-Konformität können Sie Transparenzen mit Ghostscript „plätten", indem Sie nach PDF 1.3 „drucken":

```
gs -o ausgabe.pdf -sDEVICE=pdfwrite -dCompatibilityLevel=1.3
  eingabe.pdf
```

18.7 Ausschießen

Ausschießen bedeutet, mehrere Seiten auf einem Druckbogen so anzuordnen, dass sie nach dem Falzen in der richtigen Reihenfolge erscheinen. Für einen Druck*bogen* werden dabei zwei Druck*formen* (für Vorder- und Rückseite) benötigt. Voraussetzung ist, dass die Seite auf einen größeren Bogen platziert wird.
So drucken Sie ein A5-Heft auf A4-Papier:

```
\setuppapersize[A5][A4,landscape]
\setuparranging[2UP]
```

Im Normalfall wird Ihre Druckerei größere Bögen für Sie ausschießen. Ansonsten müssen Sie absprechen, auf welche Bogengröße Sie ausschießen sollen und ob zum Umschlagen oder zum Umstülpen (Wenderichtung des Bogens).
Um das Ausschießen zu aktivieren, müssen Sie ConTEXt mit der Option `--arrange` aufrufen. Sie können auch auf `\setuparranging` verzichten und das Schema (Tab. 18.7) mit `--pdfarrange=` auf der Kommandozeile angeben.

18.7.1 XY (Etiketten und Ähnliches)

Das Beispiel platziert acht A7-Kärtchen auf einem A4-Bogen, jedes Kärtchen ist dabei eine Seite:

```
\setuppapersize[A7][A4,landscape]
\setuppaper[nx=4, ny=2] % muss vor \setuparranging stehen!
\setuplayout[page][location=middle, marking=on]
\setuparranging[XY]
```

Mit den Parametern `nx` und `ny` von `\setuppaper` geben Sie die Anzahl Spalten und Zeilen an. Mit den Parametern `dx` und `dy` können Sie ihren Abstand definieren (z. B. bei Etiketten).

18.7.2 Schneidzeichen

Wenn Sie Seiten auf größeren Bögen platzieren, möchten Sie wahrscheinlich auch Schneidzeichen sehen. Diese aktivieren Sie mit dem Parameter `marking` von `\setuplayout`.

Schema	Beschreibung
2UP	2 Seiten nebeneinander, Bögen für ein einzelnes Heft
2DOWN	2 Seiten übereinander, Bögen für ein einzelnes Heft
2SIDE	2 Seiten nebeneinander in Seitenreihenfolge, einseitig (zum Papiersparen, kein wirkliches Ausschießen)
3SIDE	3 Seiten nebeneinander (zum Papiersparen für kleine hochformatige Seiten oder Falzflyer)
2TOP	Wie 2SIDE, aber Seiten übereinander
2TOPSIDE	Zwei ungerade Seite auf der einen, zwei gerade Seiten auf der anderen Seite, übereinander
2*2	Bogen von 2 mal 2 = 4 Seiten (2 Seiten pro Form)
2**2	Bogen von 2 mal 2 = 4 Seiten (2 Seiten pro Form, in Buch-Reihenfolge)
2*4	Bogen von 2 mal 4 = 8 Seiten (4 Seiten pro Form, 2 mal 2 Seiten Kopf an Kopf)
2*8	Bogen mit 2 mal 8 = 16 Seiten
2*16	Bogen mit 2 mal 16 = 32 Seiten
2*2*2	Bogen zu 8 Seiten, 2 Formen, 2 Seiten
2*2*3	Bogen zu 12 Seiten, 2 Formen, 3 Seiten
2*2*4	Bogen zu 16 Seiten, 4 Formen, 2 Seiten
2*4*2	Bogen zu 16 Seiten, 2 Formen, 4 Seiten
2*8*Z	Bogen zu 16 Seiten, 2 Formen, Leporello + Kreuzfalz
2*6*Z	Bogen zu 12 Seiten, 2 Formen, Leporello + Kreuzfalz
TRYPTICHON	Falzflyer mit 6 Seiten, Leporello + Kreuzfalz
ZFLYER-8	Falzflyer mit 8 Seiten, Leporello + Kreuzfalz
ZFLYER-10	Falzflyer mit 10 Seiten, Leporello + Kreuzfalz
ZFLYER-12	Falzflyer mit 12 Seiten, Leporello + Kreuzfalz
MAPFLYER-12	Bogen zu 6 Seiten, 2 Formen, Landkartenfaltung
DOUBLEWINDOW	Bogen zu 4 Seiten, 2 Formen, Fensterfalz
1*8	Spezialfaltung à la Pocketmod (S. 466), 1 Form, 8 Seiten
1*4	1 Form, 4 Seiten
1*2-Conference	Bogen zu 2 Seiten, 2 Formen, Seiten unterschiedlich gedreht
1*4-Conference	entsprechend mit 4 Seiten pro Bogen
XY	Ein Bogen mit x Spalten und y Zeilen (z. B. für Etiketten)

Tab. 18.7 Ausschießschemata für `\setuparranging`

`on`	Schneidzeichen und Seitenzahl
`screen`	mit Graukeil
`color`	mit Farbkeil
`text`	mit Text (standardmäßig leer)

Tab. 18.8 Werte für `\setuplayout[marking]`

Wenn Sie die Größe der Schneidzeichen oder den Text ändern möchten, müssen Sie die entsprechenden Makros umdefinieren:

```
\def\pagecutmarksymbol        {\the\realpageno}
\def\pagecutmarklength        {.5cm}
\let\pagecutmarktoptext       \empty
\let\pagecutmarkbottomtext \empty
```

Lesen Sie in diesem Zusammenhang den Abschnitt „Beschnitt“ auf Seite 104. Ein Beispiel für Falzmarken finden Sie auf Seite 362.

18.7.3 Bindekorrektur

Wenn mehrere gefalzte Blätter ineinander stecken, wie bei einem Heft oder der Lage eines fadengehefteten Buches, wandert der Satzspiegel von den äußeren zu den inneren Seiten immer weiter nach außen, weil das Papier im Falz Raum einnimmt. Bei größeren Falzbogen, die kreuzweise gefalzt werden, gibt es nicht nur einen horizontalen, sondern auch einen vertikalen Versatz. Dies soll die Bindekorrektur kompensieren, sodass der Satzspiegel auf allen Seiten genau aufeinander liegt.

Im Normalfall ist das Ausschießen und damit auch die Bindekorrektur Aufgabe der Druckerei, denn um sie richtig einrichten zu können, brauchen Sie ein Papiermuster und das Ausschießschema (bzw. das zugrundeliegende Falzschema).

Zuerst müssen Sie mit `\definepageshift` ein Verschiebungsschema definieren, und zwar getrennt für den horizontalen und vertikalen Versatz. Dann können Sie dieses Schema mit `\setuppageshift` dem Papier oder dem Bogen zuweisen. Ein Beispiel finden Sie im Wiki[8].

[8] wiki.contextgarden.net/Command/setuppageshift

19 Interaktion und Präsentationen

Wie kann ich mit ConTEXt Präsentationen gestalten?

Obwohl dieses Buch sich auf Drucksachen bezieht, sollen die interaktiven Fähigkeiten von PDF und ihre Ansteuerung durch ConTEXt nicht verschwiegen werden. Im Prinzip können Sie jedes (PDF-)Dokument für Präsentationen benutzen; die vordefinierten Bildschirmgrößen (S. 476) sind dabei hilfreich.

19.1 Mitgelieferte Module für Präsentationen

In der Distribution finden sich einige Präsentationsstile, die Hans Hagen im Laufe der Zeit entwickelt hat. Sie finden diese unter `texmf-context/tex/context/modules/mkiv/s-present-*.tex`. Die Module wurden für unterschiedliche Arten von Präsentationen entwickelt, einige sind nur für kurze Ideen oder Zitate geeignet. Die Strukturbefehle sind nicht konsistent; die genaue Anwendung ist dem Quellcode bzw. den Beispielen unter `texmf-context/doc/context/presentations/examples` zu entnehmen. Ein Beispiel:

```
\usemodule[present-funny]

\starttext

\TitlePage{Titelseite\\A. Utor}

\Topics{Inhalt}

\Topic{Ein paar Zitate}

\Subject{Knuth} \samplefile{knuth}
\Subject{Tufte} \samplefile{tufte}

\stoptext
```

Abb. 19.1 Präsentationsstil „balls"

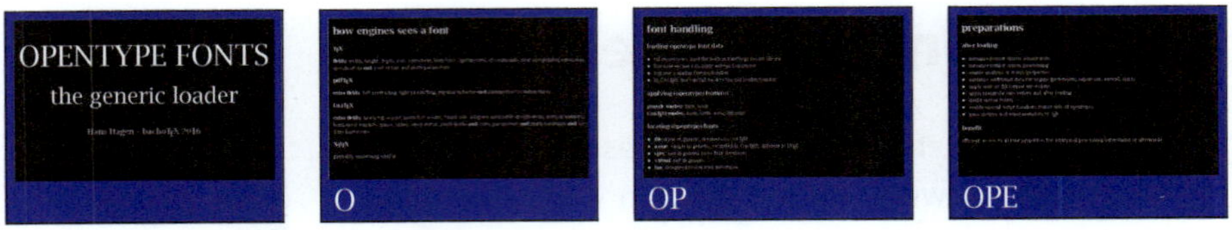

Abb. 19.2 Präsentationsstil „banner“

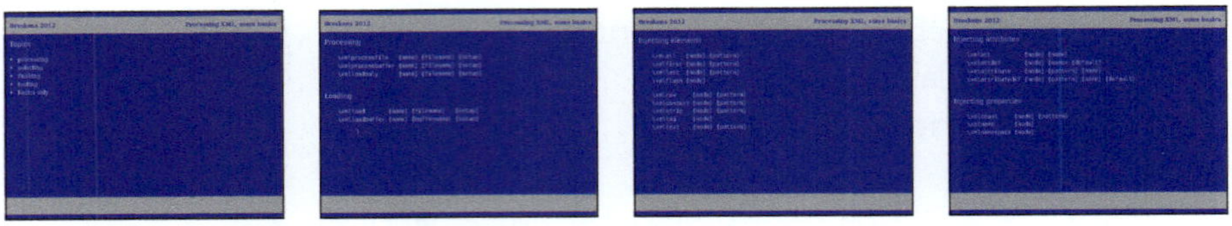

Abb. 19.3 Präsentationsstil „bars“

Abb. 19.4 Präsentationsstil „boring“

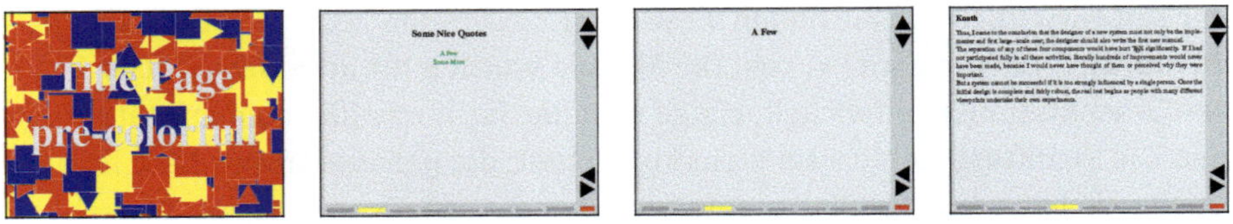

Abb. 19.5 Präsentationsstil „colorful“

Abb. 19.6 Präsentationsstil „dark“

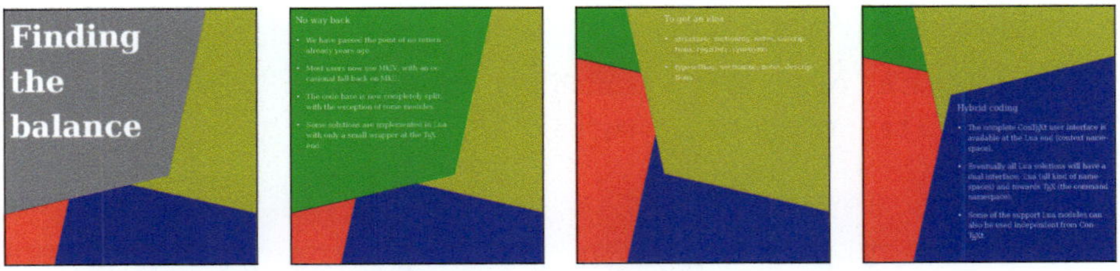

Abb. 19.7 Präsentationsstil „four“

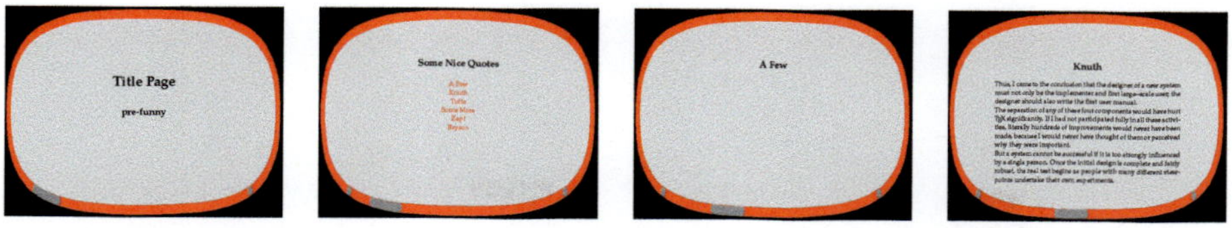

Abb. 19.8 Präsentationsstil „funny“

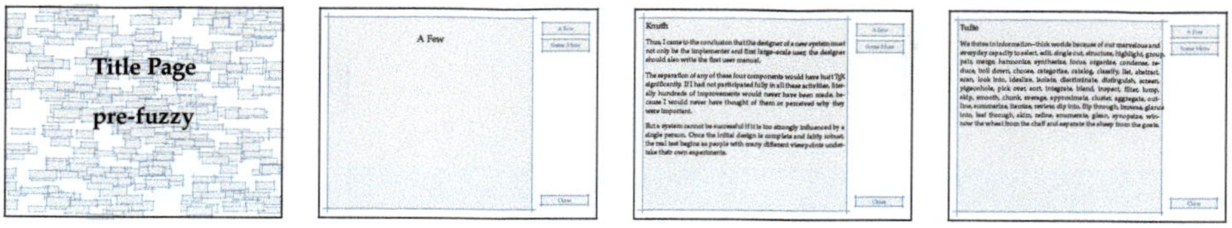

Abb. 19.9 Präsentationsstil „fuzzy“

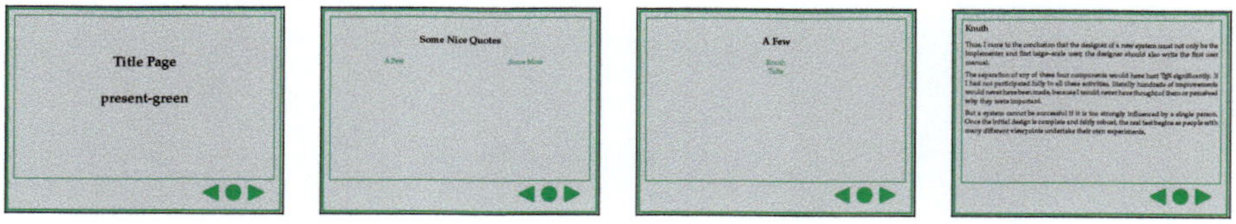

Abb. 19.10 Präsentationsstil „green“

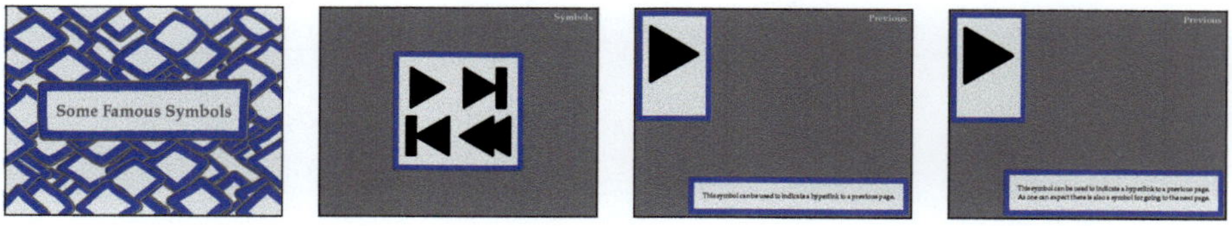

Abb. 19.11 Präsentationsstil „grow“

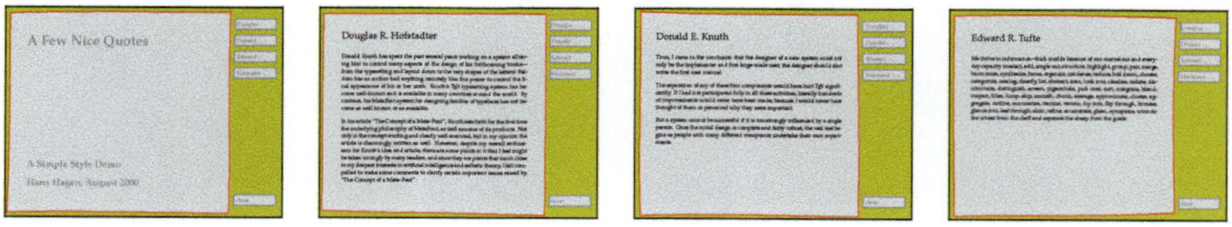

Abb. 19.12 Präsentationsstil „organic“

Abb. 19.13 Präsentationsstil „original“

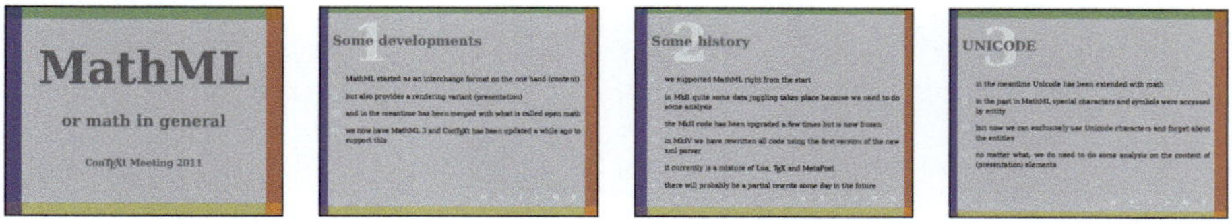

Abb. 19.14 Präsentationsstil „overlap“

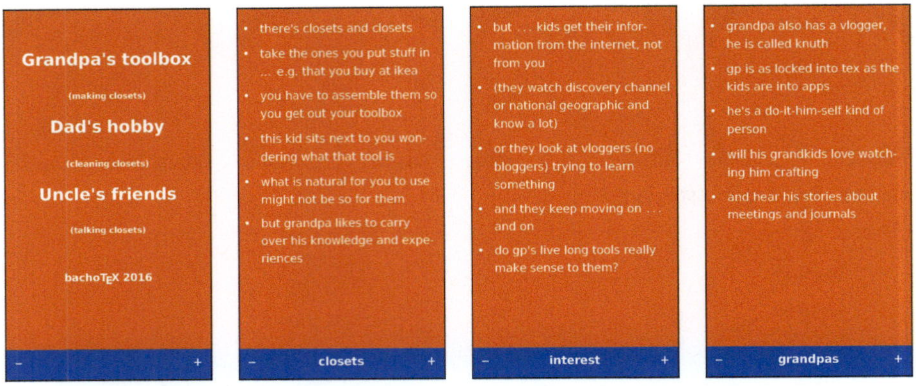

Abb. 19.15 Präsentationsstil „phone"

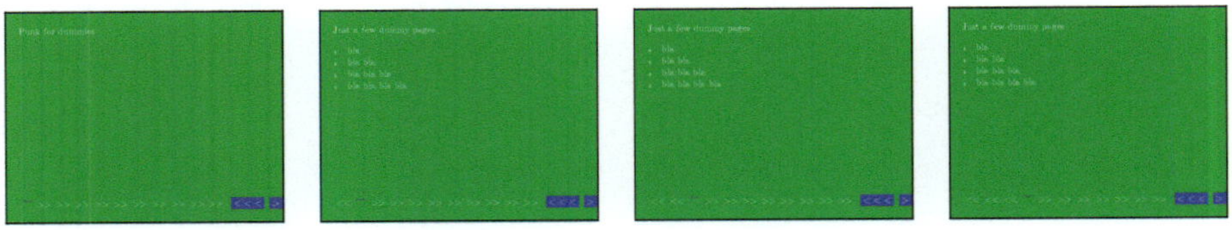

Abb. 19.16 Präsentationsstil „punk"

Abb. 19.17 Präsentationsstil „random"

Abb. 19.18 Präsentationsstil „shaded"

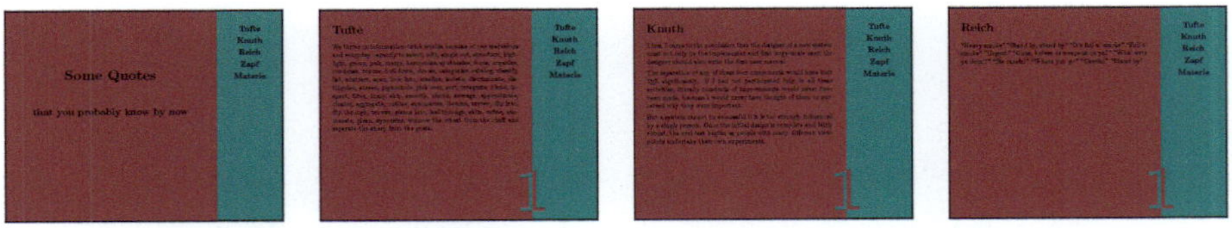

Abb. 19.19 Präsentationsstil „split"

Abb. 19.20 Präsentationsstil „stepper"

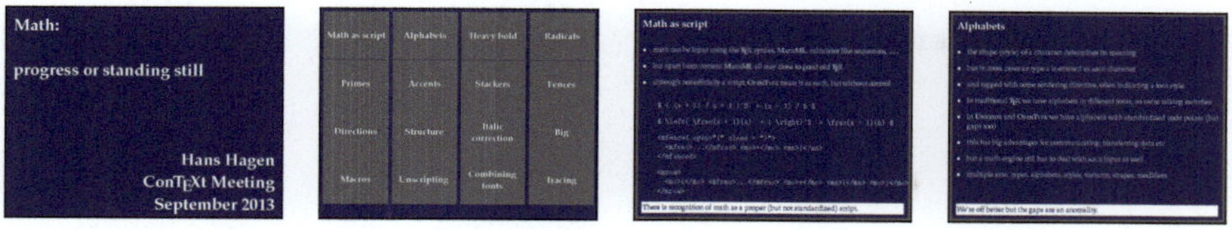

Abb. 19.21 Präsentationsstil „tiles"

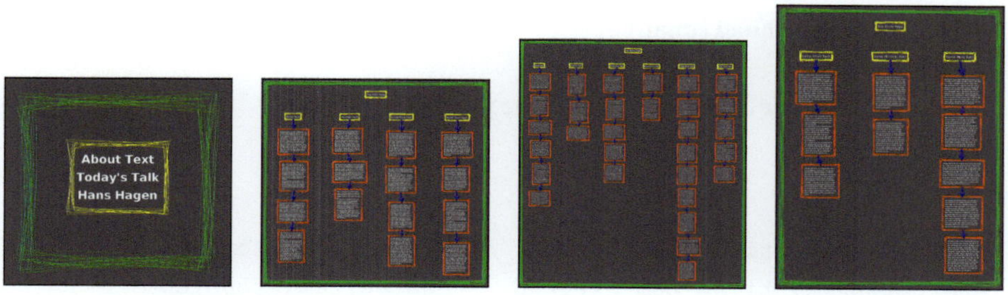

Abb. 19.22 Präsentationsstil „weird"

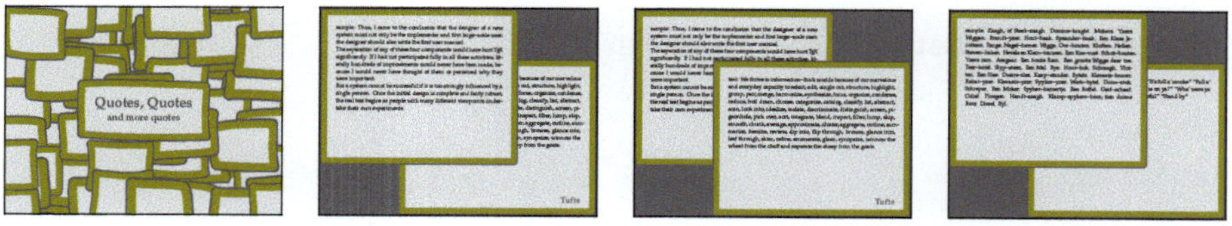

Abb. 19.23 Präsentationsstil „windows"

Abb. 19.24 Präsentationsstil „wobbling"

19.2 Schrittweise Präsentationen

Das bekannte LaTeX-Paket `beamer` hat umfangreiche Funktionen, um Folien für den schrittweisen Aufbau in mehrere Seiten aufzuteilen.

Bei ConTEXt waren ähnliche Funktionen auf Basis von PDF-Ebenen (S. 254) und JavaScript implementiert, sodass die Folie wirklich nur aus einer Seite und mehreren Ebenen bestand. Aufgrund der schlechten und wechselnden Unterstützung in PDF-Viewern wurden diese Möglichkeiten nicht mehr gepflegt und schließlich entfernt. Die Methode der Seiten-Aufteilung ist im Modul `present-steps` implementiert, das zusätzlich zu anderen Präsentationsmodulen geladen werden kann. Mit jedem `\startstep` … `\stopstep` wird eine neue Seite begonnen.

```
\usemodule[present-steps]

\starttext
\startsteps

\startstep
    \ifnum\currentstep > 1
        \repeathead[chapter]
    \else
        \chapter{Schritt für Schritt?}
    \fi
\stopstep

\startstep\startitem Zum Ersten      \stopitem\stopstep
\startstep\startitem Zum Zweiten     \stopitem\stopstep
\startstep\startitem Und zum Dritten \stopitem\stopstep

\startstep Verkauft!    \stopstep

\stopsteps
\stoptext
```

19.3 Präsentationen mit „ConTEXt for president"

Meine eigenen Präsentationsstile habe ich unter dem Namen „ConTEXt for president"[1] veröffentlicht bzw. als Modul `president`, dabei leitet `\chapter` eine neue Folie ein.

Derzeit sind vier Stile enthalten, die ich vor allem als Anregung sehe, selbst etwas zu entwerfen:

- `contextgroup`: blau auf weiß mit blauem Kopfbalken und CG-Logo
- `fisty`: nach den Stilvorgaben des Chaos Communication Camp 2023; Neonfarben auf schwarz; „glühende" Überschriften; Rakete auf Wellen als Fortschrittsanzeige; keine Unterstützung für Mathe
- `skyline`: schwarz auf weiß mit schwarzem Kopfbalken; erleuchtete Fenster in Häusern als Fortschrittsanzeige
- `waves`: schwarz auf weiß mit schwarzem Kopfbalken; Segelboot auf Wellen als Fortschrittsanzeige

Diese Stile lassen sich via Pandoc auch für Markdown-Quellen einsetzen.

[1] codeberg.org/fiee/context-for-president

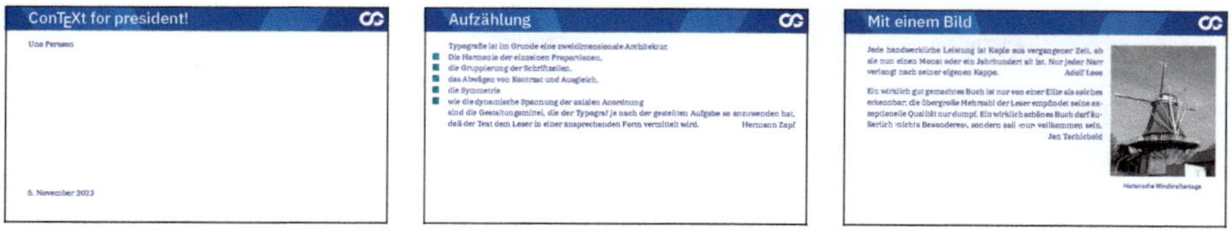

Abb. 19.25 Präsentationsstil „contextgroup"

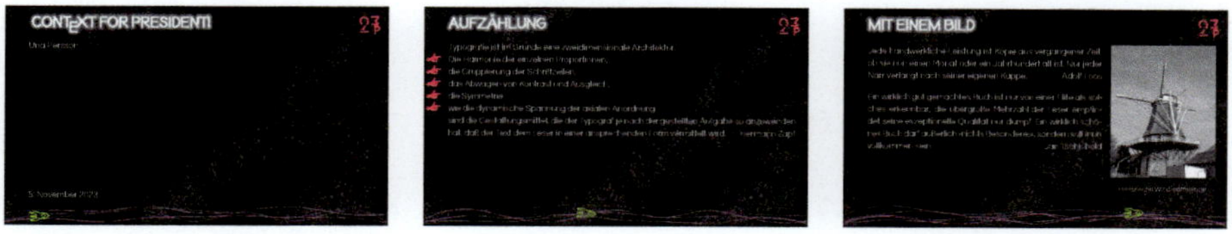

Abb. 19.26 Präsentationsstil „fisty"

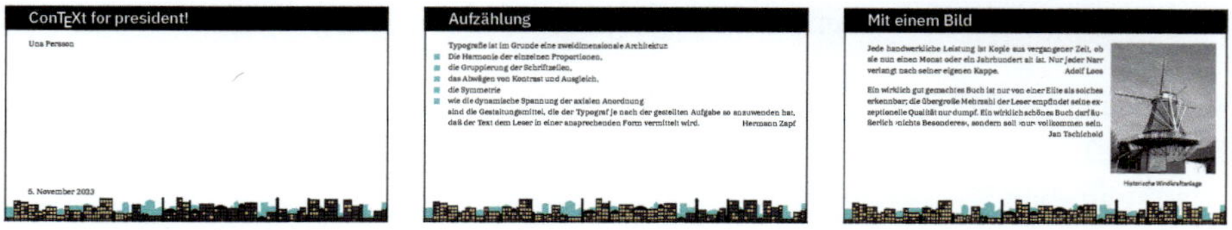

Abb. 19.27 Präsentationsstil „skyline"

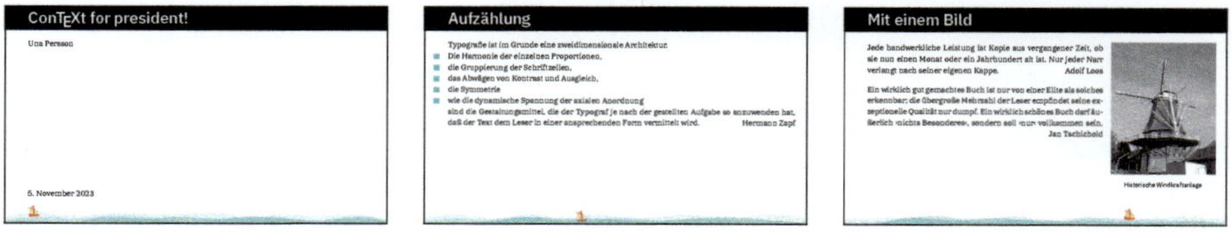

Abb. 19.28 Präsentationsstil „waves"

19.4 Präsentationen mit SimpleSlides

Das Modul `simpleslides` von Aditya Mahajan und Thomas A. Schmitz ist ursprünglich für die Vorlesungen von Prof. Schmitz entstanden. Sie finden die Dokumentation unter `texmf-modules/doc/context/third/simpleslides` (englisch, aber leicht verständlich).

Es bietet nicht viel Schnickschnack, aber mehrere Stile mit zusätzlichen Farboptionen. Natürlich können Sie das Modul auch zur Hilfe nehmen, um Ihre eigenen Stile umzusetzen.

```
\mainlanguage[de]
\usemodule[simpleslides][
  style=BigNumber, % siehe unten
  color=red, % nur bei manchen Stilen
  %alternative=square, % nur bei "Framed"
  font=Helvetica, % Schriftart
  size=18pt, % Grundschriftgröße
]
```

```
\starttext

\setupTitle[
  title={Meine Präsentation},
  author={Una Persson},
  date={\currentdate}
]
\placeTitle

\SlideTitle{Überschrift}

Jede Folie beginnt mit \tex{SlideTitle} und kann im Prinzip
  beliebige Konstrukte enthalten.

Meistens verwendet man Aufzählungen.

\SlideTitle{Bild}
% SlideTitle vor IncludePicture wird je nach Stil nicht
  ausgegeben

\IncludePicture[vertical][cow][height=0.4th]{
  Text zum Bild
}

\stoptext
```

Ein weiteres Beispiel zum Einsatz des Moduls finden Sie ab S. 442; es beschreibt die Verwaltung der Inhalte mehrerer Präsentationen in einer XML-Datei.

19.4.1 SimpleSlides-Stile

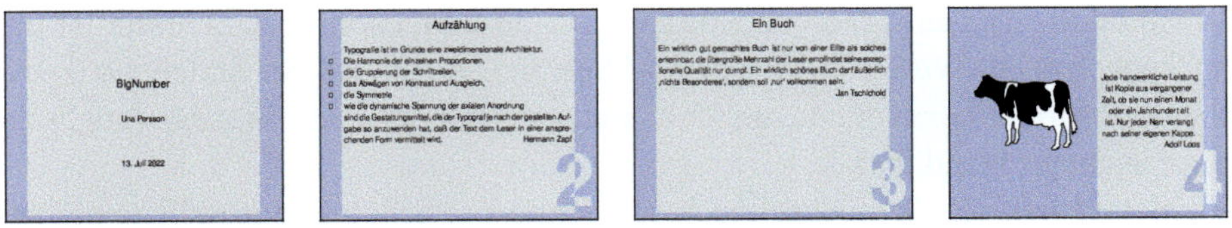

Optionen: `color=blue/red`

Abb. 19.29 Präsentationsstil „BigNumber"

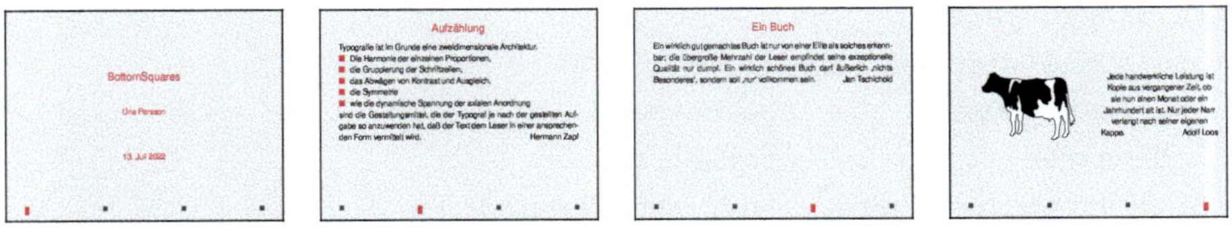

Abb. 19.30 Präsentationsstil „BottomSquares"

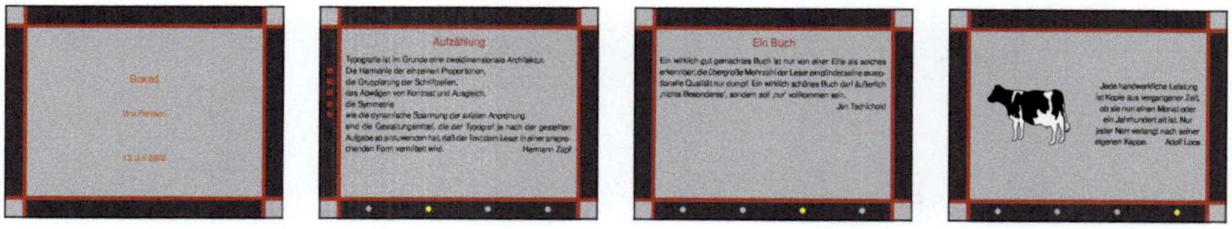

Abb. 19.31 Präsentationsstil „Boxed"

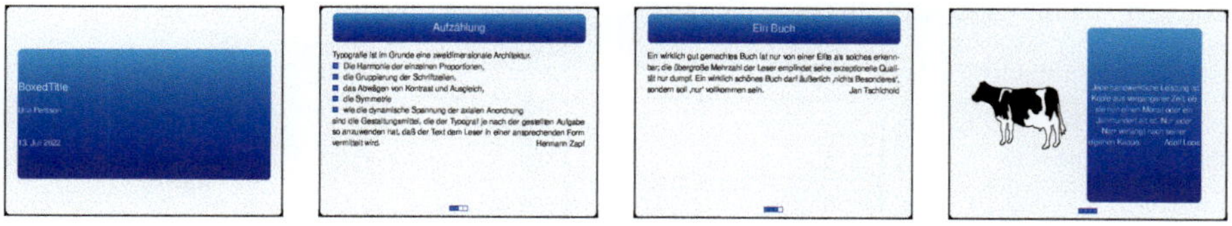

Abb. 19.32 Präsentationsstil „BoxedTitle"

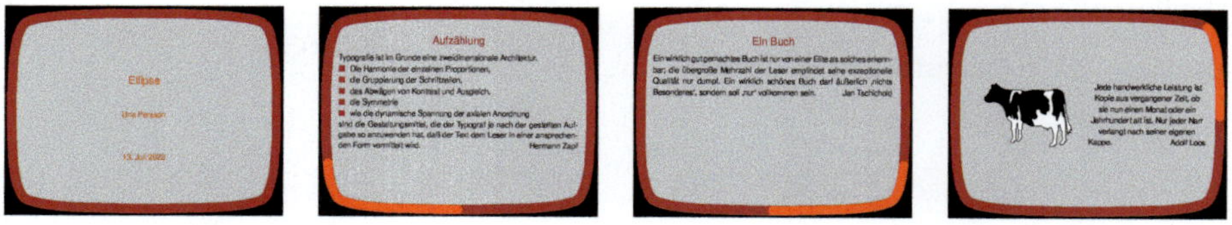

Abb. 19.33 Präsentationsstil „Ellipse"

Abb. 19.34 Präsentationsstil „Embossed"

Optionen: `alternative=square/stripe`

Abb. 19.35 Präsentationsstil „Framed"

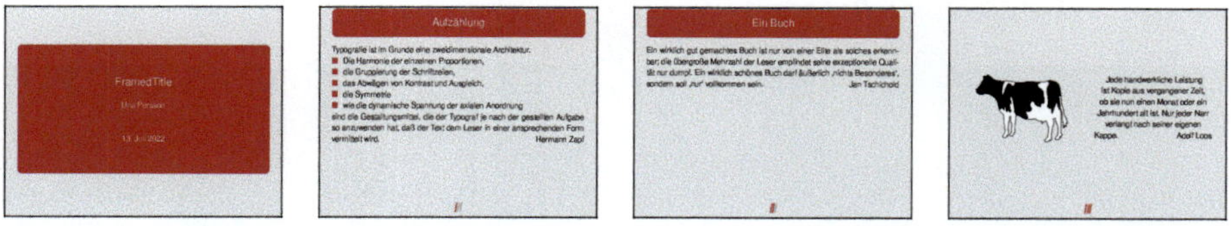

Abb. 19.36 Präsentationsstil „FramedTitle"

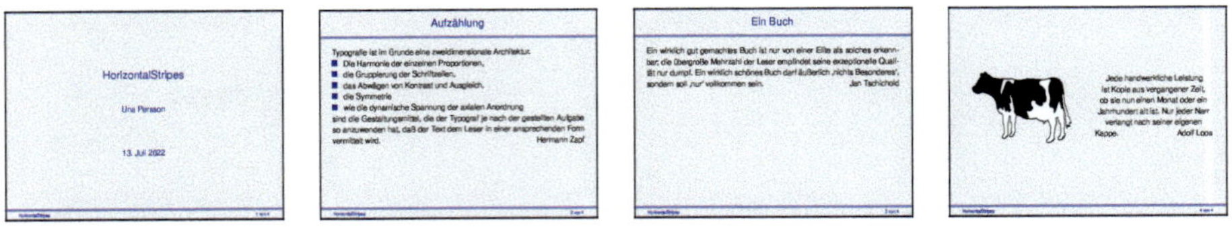

Optionen: `color=blue/green/red`

Abb. 19.37 Präsentationsstil „HorizontalStripes"

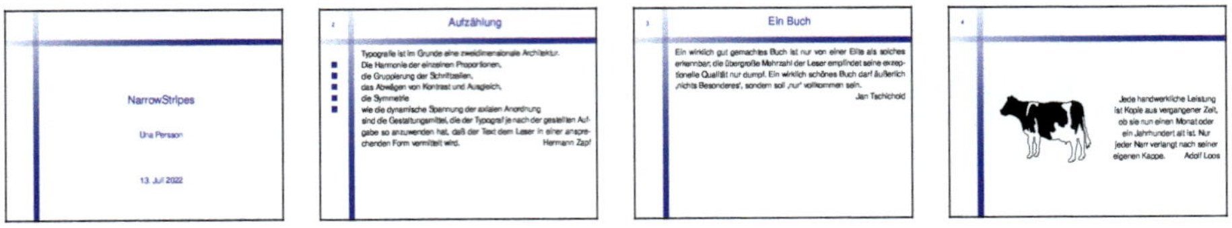

Optionen: `color=blue/green/red`

Abb. 19.38 Präsentationsstil „NarrowStripes"

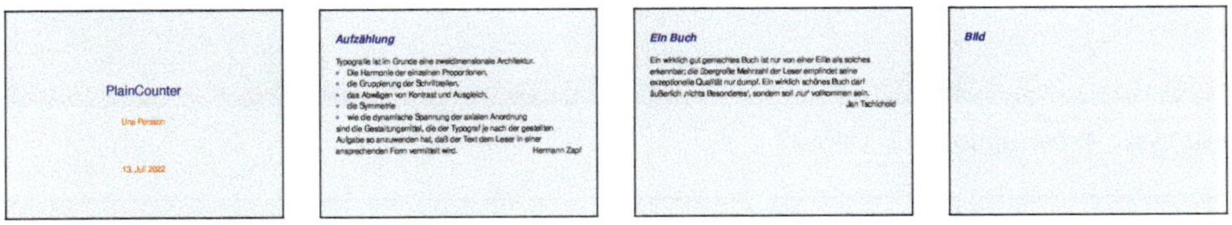

Abb. 19.39 Präsentationsstil „PlainCounter"

Abb. 19.40 Präsentationsstil „RainbowStripe"

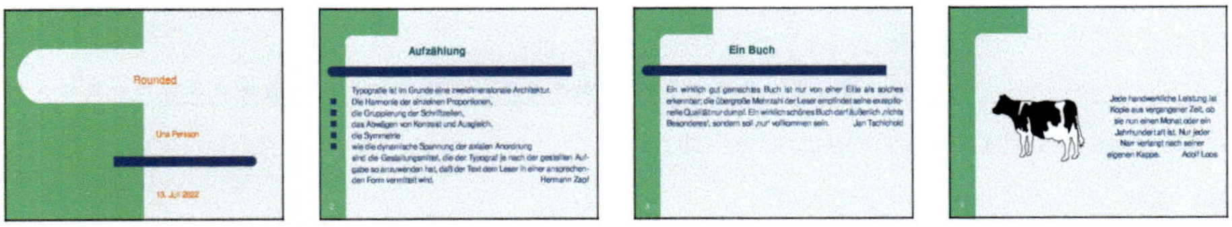

Abb. 19.41 Präsentationsstil „Rounded"

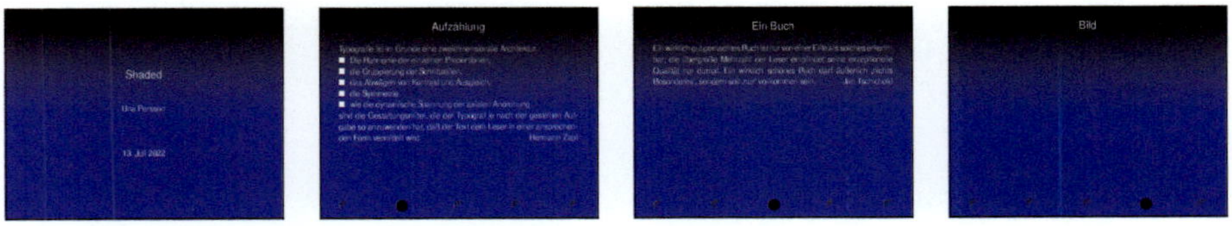

Optionen: `color=blue/green/red`

Abb. 19.42 Präsentationsstil „Shaded"

Abb. 19.43 Präsentationsstil „SideSquares"

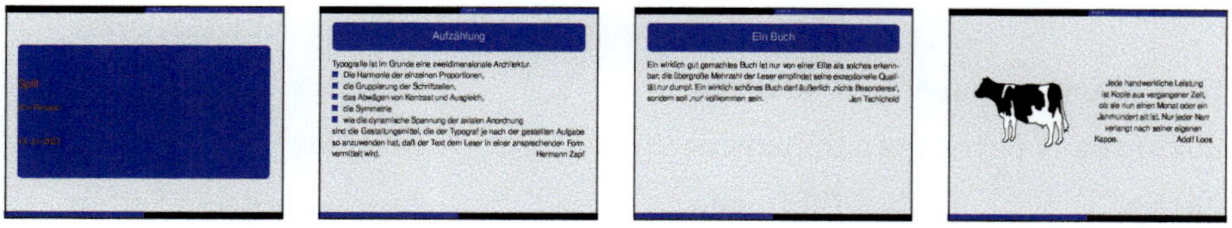

Abb. 19.44 Präsentationsstil „Split"

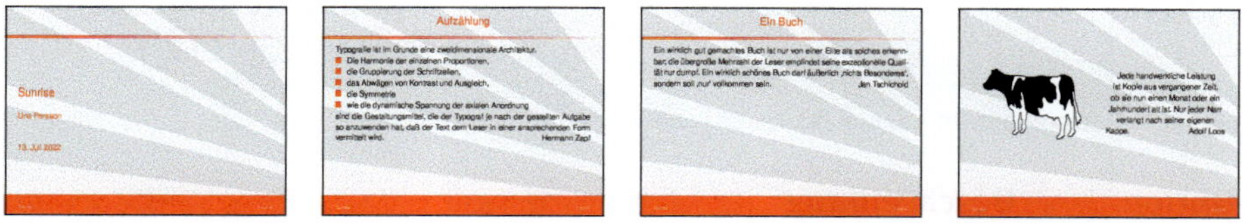

Abb. 19.45 Präsentationsstil „Sunrise"

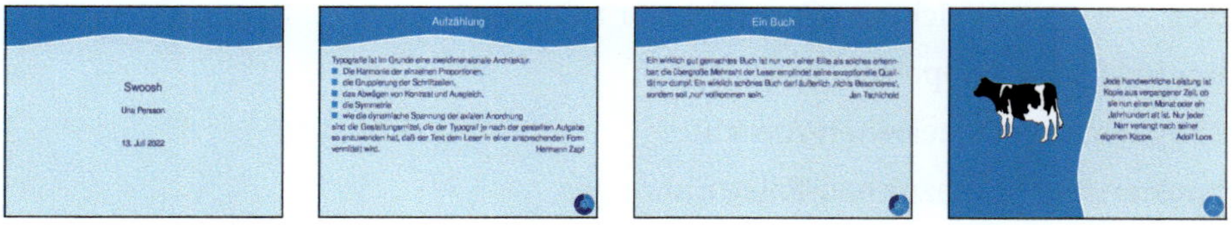

Abb. 19.46 Präsentationsstil „Swoosh"

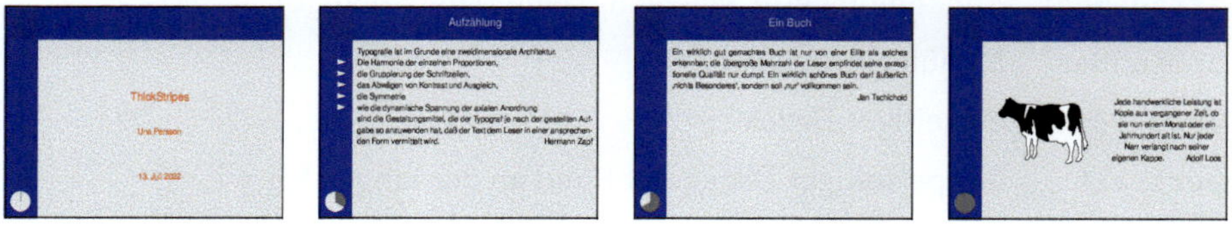

Abb. 19.47 Präsentationsstil „ThickStripes"

19.5 Optionen für Ansicht und Druck

Die Anfangsansicht im PDF-Viewer sowie die Optionen des Druckdialogs werden mit `\setupinteractionscreen` eingestellt:

Option	Werte	Beschreibung
`width, height`	Dimension, `fit, max, tight`	Definiert den sichtbaren Teil der Seite (CropBox)
`backspace, topspace`	Dimension	CropBox
`horoffset, veroffset`	Dimension	CropBox
`delay`	Zahl, `none`	Anzeigezeit von Seiten im Präsentationsmodus
`option`	`max fit ....`	Optionen für den PDF-Viewer (Tab. 19.2])

Tab. 19.1 Parameter von `\setupinteractionscreen`

Option	Beschreibung
`max`	Präsentations-Ansicht
`fit`	Ansichtsgröße an Fenster angepasst
`doublesided`	Doppelseiten-Ansicht
`singlesided`	Einzelseiten-Ansicht
`bookmark`	Lesezeichen-Palette anzeigen
`layer`	Ebenen-Palette anzeigen
`attachment`	Anhänge-Palette anzeigen (siehe Dateianhänge)
`nomenubar`	Menüleiste ausblenden
`page`	einseitiger Druck
`portrait`	doppelseitiger Druck mit Bund an der langen Seite
`landscape`	doppelseitiger Druck mit Bund an der kurzen Seite
`paper`	Druck-Papiergröße wird der Dokumentengröße entnommen (ansonsten Standardgröße); impliziert page
`fixed`	Druck in 100 % Größe (keine Seitenanpassung), impliziert durch `page`, `portrait` und `landscape`
`copies`	Anzahl Exemplare beim Druck (max. 5)
`print`	Definition der zu druckenden Seiten
`none`	nötig, um implizierte Parameter (s. o.) zu übersteuern

Tab. 19.2 Werte für `\setupinteractionscreen[option=]`

Die Paletten werden nur angezeigt, wenn das Dokument überhaupt entsprechende Elemente enthält.

Die Druck-Optionen sollen die Standardeinstellungen des Druckdialogs übersteuern. Die Optionen werden jedoch noch nicht einmal von den Adobe-Programmen vollständig umgesetzt, erwarten Sie also nicht zuviel.
Weitere Informationen zur CropBox und den anderen „Boxen" finden Sie auf Seite 104.

19.5.1 Druck-Seitenauswahl

Die Auswahl der zu druckenden Seiten mit `print` ist etwas kompliziert:

```
\setupinteractionscreen[print={Druckmich}]
\markpage[Druckmich][1,2,3,4]
% oder
\markpage[Druckmich] % auf den entsprechenden Seiten
% oder
\startmarkpages[Druckmich] ... \stopmarkpages
```

19.5.2 Lesezeichen

Mit Hilfe des `\bookmark`-Befehls können Sie PDF-Lesezeichen (Bookmarks) für die Strukturansicht des PDF-Viewers setzen.
Meistens möchten Sie alle Überschriften Ihres Dokuments dafür verwenden. Dazu listen Sie in `\placebookmarks` die Überschriften-Ebenen auf, die dafür verwendet werden sollen. Eine zweite Liste nimmt die Ebenen auf, die im Strukturbaum ausgeklappt sein sollen.
Mit dem Schlüsselwort `bookmark` der Überschriften-Befehle können Sie eine abweichende Überschrift für das Lesezeichen angeben.

```
\setupinteractionscreen[option={bookmarks}]
\placebookmarks[chapter,section,subsection][chapter,section]
% Die Überschriften der ersten Liste werden als PDF-Bookmarks
  eingefügt,
% die Überschriften der zweiten Liste werden ausgeklappt.

\bookmark[section]{Mein Lesezeichen}

\startsection[title={Überschrift},bookmark={abweichender Text}]
\stopsection
```

19.6 Formulare

ConTEXt hat Formularfelder wie fast alle PDF-Features von Anfang an unterstützt. Leider waren sie immer nur in einzelnen Viewern benutzbar. Adobe hat in der Implementierung immer wieder gegen Spezifikation und Dokumentation verstoßen und Fehler nie behoben. Deshalb haben auch die ConTEXt-Entwickler das Thema frustriert liegengelassen.

Das Handbuch `mwidget-s`[3] ist noch für MkII geschrieben und damit teilweise veraltet; es sollte schon längst in das Kapitel „Widgets" im Handbuch `interaction` überführt werden.

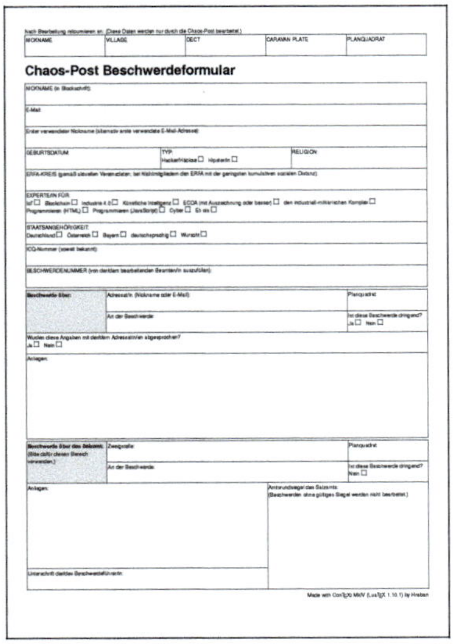
NICKNAME | VILLAGE | DECT | CARAVAN PLATE | PLANQUADRAT

Chaos-Post Beschwerdeformular

NICKNAME
E-Mail
GEBURTSDATUM | TYP | RELIGION
EXPERTE/IN FÜR
STAATSANGEHÖRIGKEIT
ICQ-Nummer
BESCHWERDENUMMER
Adressat/in (Nickname oder E-Mail) | Planquadrat
An der Beschwerde | Ist diese Beschwerde dringend? Ja Nein
Wurden diese Angaben mit der/dem Adressat/in abgesprochen? Ja Nein
Anlagen
Zweigstelle | Planquadrat
An der Beschwerde | Ist diese Beschwerde dringend? Nein
Anlagen
Unterschrift der/des Beschwerdeführer/in

Abb. 19.48 Beispiel-Formular[2]

Druckbare Formulare mit Text- und Ankreuzfeldern anzureichern, funktioniert gut. Von allem Weiteren rate ich ab.

Voraussetzung für die Verwendung von Formularfeldern ist `\setupinteraction[state=start]`, ansonsten werden sie einfach ausgelassen.

Grundsätzlich müssen Sie für jede Feld-Art zunächst mit `\setupfield` eine „Klasse" deklarieren und dann einzelne Instanzen mit `\definefield` anlegen. Diese werden schließlich mit `\field` gesetzt.

Das mag kompliziert erscheinen, aber Sie können das gleiche Feld mehrfach verwenden, sodass seine Inhalte automatisch wiederholt werden, z. B. Name, Ort und Datum bei einem Satz Formulare.

```
\setupfield[Klasse][Optionen] % mehr...
\definefield[Name][Typ][Klasse][Inhaltswerte][Standardwert]
\field[Name] % ggf. [Standardwert]
```

`\setupfield` versteht bis zu fünf Optionsgruppen:

1. Name der Feldklasse
2. Feldtyp-Schlüsselwort: `reset label frame horizontal vertical`
3. Optionen für das gesamte Feld (wie `\setupframed`, S. 135)
4. Optionen für die Beschriftung (wenn `label`, wie `\setupframed`)
5. Optionen für den Feldinhalt (wie `\setupframed`)

Eigentlich sollten Sie mit `\setupfields` die Standardwerte für alle Felder setzen können, das funktioniert aber nur zum Teil – mit dem Textstil geht es, mit den Rahmenoptionen nicht.

---

[2] codeberg.org/fiee/context-examples

[3] Nicht Teil der LMTX-Distribution, laden Sie es von der Pragma-Website: www.pragma-ade.nl/general/manuals/mwidget-s.pdf; `-s` bezeichnet die Bildschirm-Version, es gibt auch `-p` in A4.

Typ	Beschreibung
line	einzeiliges Textfeld
text	mehrzeiliges Textfeld
check	Ankreuzfeld, „Checkbox“
radio	Radiobutton (nur ein Element einer Gruppe kann aktiviert sein)
choice	Auswahl-Liste (mehrzeilig)
popup	Auswahlmenü (einzeilig) als Pop-up
combo	wie popup, mit Freitexteingabe
signature	Elektronische Signatur (S. 321)

Tab. 19.3 Feldtypen

`\definefield` hat ebenfalls fünf Optionen:

1. Feldname
2. Feldtyp
3. Feldklasse (`\setupfield`)
4. Liste der möglichen Werte
5. Name der Vorgabe bei `check` und `radio`

19.6.1 Textfelder

Beispiel für ein einfaches Textfeld:

```
\setupfield[Kurz][horizontal][width=2cm,height=2em]
\definefield [Email] [line] [Kurz] [] [noreply@example.com]
\field [Email] [context@contextgarden.net]
```

Abkürzung für Felder, die man nur einmal braucht:

```
\setupfield[EinWeitesFeld][reset,horizontal][... Optionen ...]
\define[1]\Einfeld{\definefield[#1][line][EinWeitesFeld]\field[#1
  ]}

\Einfeld{Vorname} \Einfeld{Nachname} ...
```

19.6.2 Ankreuzfelder

Das Beispiel zeigt die Verwendung eigener Symbole für die beiden Zustände:

```
\setupfield[Ankreuzfeld][
  width=2cm, height=2cm,
  rulethickness=3pt, corner=round, framecolor=red,
]
\definesymbol [ja] [{J}]
\definesymbol [nein] [{N}]
\definefield [Auswahl] [check] [Ankreuzfeld] [ja,nein] [nein]
\field[Auswahl]
```

Wenn Sie die letzten beiden Parameter von `\definefield` weglassen, bekommen Sie die Standardsymbole Ihres PDF-Viewers, meist ein Häkchen oder Kreuz. Statt Textzeichen können Sie auch `\externalfigure` verwenden, um eine Grafik zu laden.

Eigene Symbole für Ankreuzfelder und Radiobuttons werden nicht von allen PDF-Viewern unterstützt. Acrobat Reader DC zeigt sie z. B. nur noch beim Klicken an.

19.6.3 Radiobuttons

„Radioknöpfe" sind Ein-/Aus-Schalter in einer Gruppe, von denen jeweils nur einer aktiv sein kann. Durch die nötige Gruppierung ist ihre Definition etwas aufwändiger.
Das Beispiel stammt aus dem Formular für eine Vereinsmitgliedschaft:

```
\setupfield[eVradio][frame=on, height=0.75em, width=0.75em, align
  =bottom, offset=-0.5mm, frameoffset=0mm]
\definefield[VereinMitglArt][radio][eVradio][VereinEinzel,
  VereinFamilie,VereinFirma][VereinEinzel]
\definesubfield[VereinEinzel][][E]
\definesubfield[VereinFamilie][][F]
\definesubfield[VereinFirma][][C]

Ich/wir möchte(n) \field[VereinEinzel]\ als Einzelne* / \field
  [VereinFamilie]\ als Familie / \field[VereinFirma]\ als
  juristische Person beitreten.
```

Zunächst definieren Sie wie üblich das allgemeine Aussehen der Felder. Dann legen Sie die (unsichtbare) Gruppe der Radiobuttons mit der Liste der Auswahlmöglichkeiten an und schließlich die einzelnen Knöpfe mit `\definesubfield`, die Sie dann wie jedes andere Feld mit `\field` platzieren können.
`\definesubfield` hat drei Optionen:

1. Feldname
2. Feldklasse (falls abweichend)
3. Wert/Symbol (`\definesymbol`)

Der dritte Parameter muss für jeden Eintrag unterschiedlich sein, sonst funktionieren Radiobuttons nicht. Das Symbol bzw. der Wert werden von Viewern aber unzuverlässig angezeigt. Es ist nicht möglich, einfach die Standardsymbole zu verwenden.

19.6.4 Auswahlfelder

Die Feldtypen `choice`, `popup` und `combo` verhalten sich sehr ähnlich, sie ermöglichen die Auswahl aus einer Liste vorgegebener Texte; dabei zeigt `choice` die Liste in einem scrollbaren Rahmen an, die beiden anderen sind einzeilig mit einem Popup zu Auswahl; `combo` lässt zusätzlich eigene Einträge zu, wenn der Viewer das unterstützt.

```
\setupfield[eVliste][reset][width=0.2tw,height=4em,frame=off,]
\setupfield[eVpopup][reset][width=0.2tw,height=1em,frame=off,]

\definefield[Geschmack][choice][eVliste][Vanille,Schoko,Gurke]
\definefield[Anreise][popup][eVpopup][Fahrrad,Bahn,Internet]
\definefield[Gender][combo][eVpopup][divers,egal,k.A.]

Geschmack: \field[Geschmack]\par
Gender:    \field[Gender]\par
Anreise:   \field[Anreise]
```

Die Einstellung der Höhe scheint nur für `choice` zu funktionieren.

19.6.5 Signaturfelder

ConTeXts Signaturfelder funktionieren nur mit Acrobat. Dessen Implementierung widerspricht dem PDF-Standard. (Es geht dabei um die Verschachtelung von `field`- und `widget`-Objekten.) Deshalb bleiben PDF-Signaturen von anderen Programmen in Acrobat unsichtbar (Stand 12/2025). Pablo Rodriguez als unser Spezialist für das Thema bemüht sich um eine gemeinsame Lösung mit den Open-Source-Projekten Poppler und MuPDF.
Dann fehlt in Deutschland aber immer noch eine öffentliche Signatur-Infrastruktur, um die EU-Vorschriften für digitale Signaturen umsetzen zu können.

```
\definefield[Signatur][signed]
\defineoverlay[Signatur][Meine Unterschrift]

signieren:
\inframed[background=Signatur,framecolor=darkred]
{\fieldbody[Signatur][width=3cm,option=hidden]}
```

Ein so angelegtes Signaturfeld ist die Voraussetzung für das Signieren des PDFs mit Hilfe von `mtxrun`.
Nachher können Sie das PDF mit einem Zertifikat signieren bzw. ein signiertes PDF validieren:

```
mtxrun --script pdf --sign --certificate=sign-001.pem
  --password=test sign-001
mtxrun --script pdf --validate --certificate=sign-001.pem
  --password=test sign-001
```

19.7 JavaScript im PDF

Auch die JavaScript-Unterstützung gehört zu den alten PDF-Features, die ConTEXt von Anfang an unterstützt hat (siehe `mwidget-s`[3]), die Adobe aber nach und nach eingeschränkt hat – nicht zuletzt aus Sicherheitsgründen.
Ein paar Funktionen wären aber doch sinnvoll und weitgehend harmlos, wie Berechnungen in Formularen und die Steuerung von Präsentationen. Acrobat Pro und Master PDF Editor haben einen JavaScript-Debugger, Foxit Reader[4] kann immerhin JavaScript in Formularen ausführen, wie z. B. die Taschenrechner-Demo[5].

JavaScript im PDF ist nicht mit JavaScript im Browser zu vergleichen! Vor allem fehlt ein *Document Object Model* (DOM), über das sich strukturiert auf die Eigenschaften des PDFs oder des Programms zugreifen ließe.

In der Präambel (`\startJSpreamble`) deklarieren Sie globale Variablen. Funktionen stehen in einzelnen, benannten Blöcken (`\startJScode`) und werden mit `JS()` in einem Link ausgeführt.

```
\startJSpreamble {name}
Zaehler = 0 ;
\stopJSpreamble

\startJScode {addiere}
Zaehler = Zaehler + 1 ; // oder: ++Zaehler ;
\stopJScode

\goto {plus eins} [JS(addiere)]
```

19.7.1 Werte übergeben

```
\startJScode {addiere}
Zaehler = Zaehler + JS_V_1 ;
\stopJScode

\goto {plus fünf} [JS(addiere{V{5}})]
```

Die Parameter werden auf eine von drei Arten übergeben:

`V{}`	„verbose", normalerweise String
`S{}`	als String
`R{}`	als Referenz

Die Parameter werden dann automatisch benannt als `JS_V_1`, `JS_S_3` usw. Die Anzahl der Parameter ist als `JS_N` verfügbar.

4 Foxit Editor habe ich nicht getestet; auf der Website gibt es keine Hinweise auf die JavaScript-Fähigkeiten, oder ich habe sie vor lauter „KI" nicht gefunden.

5 `texmf-context/doc/context/examples/calculator`

20 Formelsatz

Wie funktioniert der Mathematiksatz in ConTeXt?

Der Formelsatz ist eine der bekanntesten Stärken von TeX. Die Syntax in ConTeXt ist weitgehend noch die gleiche wie in PlainTeX und LaTeX, allerdings gibt es einige Verbesserungen in Bezug auf Ausrichtung, Mikrotypographie und Schrift-Unterstützung.
Das Mathe-Handbuch von Mikael Sundqvist (`mathincontext`[1], in Versionen für Bildschirm und Ausdruck) enthält neben einer ausführlichen Darstellung der Syntax-Elemente Beispiele für die Darstellung in verschiedenen Schriftarten und eine umfangreiche Liste der Symbole. In diesem Kapitel finden Sie nur Grundlagen und eine Auswahl von Themen, die mir wichtig erschienen.

20.1 Grundlagen

Formelsatz folgt etwas anderen Regeln als der allgemeine Textsatz, daher muss TeX bei Bedarf in einen „Mathe-Modus“ versetzt werden, und davon gibt es zwei: Zeilenmodus (*inline math*) und Darstellungsmodus (*display math*, abgesetzter Modus). Ersteren verwenden Sie für Symbole und einfache Formeln im laufenden Text, letzteren für umfangreichere Formeln, die vom umgebenden Text abgesetzt dargestellt werden und bei Bedarf nummeriert und referenziert werden können.

[1] `texmf-context/doc/context/documents/general/manuals/mathincontext.pdf`

„Inline"-Mathe wird in TeX traditionell mit Dollarzeichen umgeben (`$A = \pi r^2$`), das funktioniert auch in ConTeXt, aber die Schreibweise mit `\im` wird empfohlen: `\im{A = π r^2}`.

„Display"-Mathe wird in TeX traditionell mit doppelten Dollarzeichen (`$$ ... $$`) umgeben; in ConTeXt müssen Sie `\dm` oder `\startformula ... \stopformula` verwenden.

```
In einem rechtwinkligen Dreieck
  mit den Katheten \im{a} und
  \im{b} und der Hypotenuse \im
  {c} gilt:
\startformula
a^2 + b^2 = c^2
\stopformula
```

In einem rechtwinkligen Dreieck mit den Katheten *a* und *b* und der Hypotenuse *c* gilt:

$$a^2 + b^2 = c^2$$

20.1.1 Satzregeln

Der Formelsatz folgt typografischen Konventionen, die in DIN EN ISO 80000-2[2] festgelegt sind.

- Mathematische Variablen oder physikalische Größen werden durch ein Symbol dargestellt, das aus einem einzelnen lateinischen oder griechischen Buchstaben besteht. Diese werden grundsätzlich kursiv gesetzt. Das gilt auch für Indizes, die Variablen oder Konstanten entsprechen.
- Aufrecht gesetzt werden Konstanten, Ziffern, Operatoren, bestimmte mathematische Funktionen, Maßeinheiten, bestimmte Indizes und chemische Moleküle.

Üblicherweise sorgt ConTeXt für die richtige Schreibweise und Spationierung. Einige Fachbereiche haben allerdings abweichende Konventionen.

20.1.2 Inkompatibilitäten

Wie am Anfang des Abschnitts bereits erwähnt, sollten Sie die traditionelle „Dollar-Notation" nicht mehr einsetzen. Es gibt weitere Einzelheiten, die in ConTeXt anders gelöst sind als in PlainTeX oder LaTeX:

- Vergessen Sie bitte Konstrukte, die mit vorangestellten Argumenten arbeiten (`\over`, `\atop`, `\above`)! Statt `a \over b` verwenden Sie `\frac{a}{b}` (S. 327) oder `\binom{a}{b}`.
- Die Weißraum-Korrektur mit `\,` `\!` usw. sollte nicht mehr nötig sein. Für Differentiale verwenden Sie z. B. besser `\dd x` statt `d\,x`.
- Erwarten Sie nicht, dass die Ausgabe exakt gleich aussieht. In den meisten Fällen ist sie ohne manuelle Korrekturen besser. Ansonsten können Sie vieles konfigurieren.
- Machen Sie sich mit `\alignhere`, `\breakhere` und `\numberhere` vertraut.
- Lesen Sie das Mathe-Handbuch.

2 de.wikipedia.org/wiki/Internationales_Größensystem

20.2 Formatierung von abgesetzten Formeln

Einige Beispiele finden Sie im Mathe-Handbuch.

Parameter	Werte	Beschreibung
`align`	`middle flushleft flushright normal slanted`	Ausrichtung
`margin, leftmargin, rightmargin`	`yes no standard` Dimension	(Mindest-)Einzug links & rechts
`split`	`yes no page line`	Umbruchverhalten
`textdistance`	Dimension	Einzug links ab 2. Zeile
`color`	Farbname	Textfarbe
`numberstyle, numbercolor`	wie üblich	Stil/Farbe für Zahlen
`location`	`left right atleftmargin atrightmargin`	Platzierung der Nummerierung
`left, right`	Befehl	vor/nach der Nummer
`numberdistance`	Dimension	(Mindest-)Abstand zwischen Formel und Nummer (Standard: 2 em)

Tab. 20.1 Optionen für `\setupformula`/`\defineformula`/`\startformula` (Auswahl); zusätzlich gelten die Optionen für den Zähler laut Tab. 24.2 (S. 400).

- `align=slanted`: bei mehrzeiligen Formeln wird die erste Zeile links, die letzte rechts ausgerichtet.
- `split=line`: Formel nicht umbrechen (kann zu *overfull hbox* führen)
- `location`: Bei `atleftmargin`/`atrightmargin` steht die Nummer innerhalb von `margin`.

20.3 Symbole

Eine große Anzahl von Symbolen ist als Makro verfügbar, ConTEXt wandelt sie intern in die Unicode-Zeichen um, die Sie auch direkt eingeben können: `\im{\gamma\pm \infty}` führt zum gleichen Ergebnis wie `\im{γ ± ∞}`.
Die Liste der möglichen Symbole ist sehr lang, neben dem Mathe-Handbuch bietet die Wikipedia[3] eine gute Übersicht.

[3] de.wikipedia.org/wiki/Liste_mathematischer_Symbole

20.3.1 Griechische Buchstaben

Normalerweise werden griechische Kleinbuchstaben kursiv und Großbuchstaben aufrecht gesetzt. Mit `\mathgreekupright` und `\mathgreekitalic` können Sie das übersteuern. ConTEXt sorgt auch dafür, dass alle Zeichen mit `\mathbf` fett darstellbar sind – bis auf die alternative Darstellung des Theta (ϑ) und Rho (ϱ). Das Omikron fehlt im Alphabet, da es nicht vom O zu unterscheiden ist.
Serifenlose griechische Buchstaben sind meist nur ‚fett' verfügbar.

\alpha	α *α* **α** ***α***	\Alpha	Α *Α* **Α** ***Α***
\beta	β *β* **β** ***β***	\Beta	Β *Β* **Β** ***Β***
\gamma	γ *γ* **γ** ***γ***	\Gamma	Γ *Γ* **Γ** ***Γ***
\delta	δ *δ* **δ** ***δ***	\Delta	Δ *Δ* **Δ** ***Δ***
\epsilon	ϵ *ϵ* **ϵ** ***ϵ***	\Epsilon	Ε *Ε* **Ε** ***Ε***
\varepsilon	ε *ε* **ε** ***ε***		
\zeta	ζ *ζ* **ζ** ***ζ***	\Zeta	Ζ *Ζ* **Ζ** ***Ζ***
\eta	η *η* **η** ***η***	\Eta	Η *Η* **Η** ***Η***
\theta	θ *θ* **θ** ***θ***	\Theta	Θ *Θ* **Θ** ***Θ***
\vartheta	ϑ *ϑ* ϑ *ϑ*		
\iota	ι *ι* **ι** ***ι***	\Iota	Ι *Ι* **Ι** ***Ι***
\kappa	κ *κ* **κ** ***κ***	\Kappa	Κ *Κ* **Κ** ***Κ***
\lambda	λ *λ* **λ** ***λ***	\Lambda	Λ *Λ* **Λ** ***Λ***
\mu	μ *μ* **μ** ***μ***	\Mu	Μ *Μ* **Μ** ***Μ***
\nu	ν *ν* **ν** ***ν***	\Nu	Ν *Ν* **Ν** ***Ν***
\xi	ξ *ξ* **ξ** ***ξ***	\Xi	Ξ *Ξ* **Ξ** ***Ξ***
~~\omikron~~		~~\Omikron~~	
\pi	π *π* **π** ***π***	\Pi	Π *Π* **Π** ***Π***
\varpi	ϖ *ϖ* **ϖ** ***ϖ***		
\rho	ρ *ρ* **ρ** ***ρ***	\Rho	Ρ *Ρ* **Ρ** ***Ρ***
\varrho	ϱ *ϱ* ϱ *ϱ*		
\sigma	σ *σ* **σ** ***σ***	\Sigma	Σ *Σ* **Σ** ***Σ***
\varsigma	ς *ς* **ς** ***ς***		
\tau	τ *τ* **τ** ***τ***	\Tau	Τ *Τ* **Τ** ***Τ***
\upsilon	υ *υ* **υ** ***υ***	\Upsilon	ϒ *ϒ* **ϒ** ***ϒ***
\phi	ϕ *ϕ* **ϕ** ***ϕ***	\Phi	Φ *Φ* **Φ** ***Φ***
\varphi	φ *φ* **φ** ***φ***		
\chi	χ *χ* **χ** ***χ***	\Chi	Χ *Χ* **Χ** ***Χ***
\psi	ψ *ψ* **ψ** ***ψ***	\Psi	Ψ *Ψ* **Ψ** ***Ψ***
\omega	ω *ω* **ω** ***ω***	\Omega	Ω *Ω* **Ω** ***Ω***

20.4 Brüche

Der Bruch-Befehl \frac erwartet Zähler und Nenner als einzelne Argumente und passt sich seiner Umgebung an; „vulgäre" Brüche mit Schrägstrich erhalten Sie mit \vfrac. Für den Einsatz im Fließtext (ohne Mathe-Umgebung) ist \vulgarfraction vorgesehen, \vfrac sieht aber meist besser aus.

```
\startformula
\frac{7}{16} = \vfrac{7}{16}
\stopformula
```

$$\frac{7}{16} = {}^{7}\!/_{16}$$

```
Ein Bruch \im{\frac{1}{n}},
\im{\vfrac{1}{n}},
\vulgarfraction{1}{n} im Text
```

Ein Bruch $\frac{1}{n}$, ${}^{1}\!/_{n}$, ${}^{1}\!/_{\mathrm{n}}$ im Text

20.5 Wurzeln

Die beiden Wurzel-Befehle \sqrt und \root sind synonym und verstehen einen optionalen Wurzelexponenten.

```
\startformula
i = \sqrt{-1} \quad
z = \root[3]{x+y}
\stopformula
```

$$i = \sqrt{-1} \quad z = \sqrt[3]{x+y}$$

20.6 Funktionen und Text

Die häufigsten Funktionen, die namentlich verwendet werden, sind vordefiniert; sie werden üblicherweise aufrecht gesetzt.

\acos	arccos	\cos	cos	\ker	ker
\arccos	arccos	\cosh	cosh	\lg	log
\arccosh	arccosh	\cot	cot	\ln	ln
\arcsin	arcsin	\coth	coth	\log	log
\arcsinh	arcsinh	\csc	cosec	\sec	sec
\arctan	arctan	\deg	deg	\sin	sin
\arctanh	arctanh	\diff	d	\sinh	sinh
\arg	arg	\dim	dim	\tan	tan
\asin	arcsin	\exp	exp	\tanh	tanh
\atan	arctan	\hom	hom		

Weitere Funktionen können Sie mit \definemathfunction[beispiel] selbst definieren. Die Ausgabe kann von der aktivierten Sprache abhängen (hier bei \diff).

Im Mathemodus werden ‚Wörter' als Produkt von Variablen interpretiert. Verwenden Sie für Funktionen daher Makros und \mtext für sonstige Texte bzw. einen der Textstile aus Tabelle 20.4 (S. 342).

```
\dm{ \tan \alpha =
  \frac{\sin \alpha}
    {\cos \alpha} }

\dm { tan \alpha ≠
  \frac{sin \alpha}
    {cos \alpha} }

\dm { t_{\mtext{Ablauf}} =
  \frac{\pi}{v_{\mtext{Bahn}}
  \cdot d_{\mtext{Blatt}}}
  ( r^2_{\mtext{außen}}
  - r^2_{\mtext{Hülse}}) }
```

$$\tan\alpha = \frac{\sin\alpha}{\cos\alpha}$$

$$tan\alpha \neq \frac{sin\alpha}{cos\alpha}$$

$$t_{\text{Ablauf}} = \frac{\pi}{v_{\text{Bahn}} \cdot d_{\text{Blatt}}} (r^2_{\text{außen}} - r^2_{\text{Hülse}})$$

20.6.1 Funktionen mit Limits

Angaben von Grenzen an manchen Funktionen werden je nach Modus unterschiedlich platziert:

```
In der Zeile sieht \im{\lim_{x
  \to+\infty} f(x)} besser aus,
  wenn die Formel aber für sich
  steht...

\startformula
  \lim_{x\to+\infty} f(x)
\stopformula
```

In der Zeile sieht $\lim_{x\to+\infty} f(x)$ besser aus, wenn die Formel aber für sich steht...

$$\lim_{x\to+\infty} f(x)$$

Solche Funktionen werden mit der Option `mathlimits` definiert:

```
\definemathfunction[lim][mathlimits=auto]
```

`mathlimits` kann die Werte yes (Limits immer unterhalb), no (Limits immer als Index) oder auto (wechselnd, wie im Beispiel) annehmen.
Folgende Funktionen sind auf diese Weise vordefiniert:

\det	Det	\lim	lim	\min	min
\gcd	ggT	\liminf	lim inf	\mod	Mod
\inf	inf	\limsup	lim sup	\Pr	Pr
\injlim	inj lim	\max	max	\projlim	proj lim
\inv	inv	\median	Median	\sup	sup

Die Ausgabe kann von der aktivierten Sprache abhängen (hier bei \gcd).

20.7 Hoch- und Tiefstellung

Indizes (tiefgestellte Zeichen) werden mit einem Unterstrich eingeleitet, Exponenten (hochgestellte Zeichen) mit einem Zirkumflex (Caret). Wie üblich müssen Sie geschweifte Klammern zur Gruppierung einsetzen, wenn mehr als ein Zeichen betroffen sein soll:

```
a^\pi r^2 ≠ a^{\pi r^2} \quad
a_int     ≠ a_{int} ≠
a_{\mathit{int}}
```

$$a^\pi r^2 \neq a^{\pi r^2} \quad a_int \neq a_{int} \neq a_{int}$$

Vorausgestellte Zeichen leiten Sie mit dreifachen Unterstrichen bzw. Zirkumflexen ein:

```
\startformula
  a^2b + 3F_1___2(a,b;c;z) - X_1
    ^2___3^^^4
\stopformula
```

$$a^2b + 3\,{}_2F_1(a,b;c;z) - {}^4_3X^2_1$$

```
\startformula
  \mathbf{T}___{b}^^^{a} \otimes
    \mathbf{W}___{d}^^^{c}
  \in \mathscr{T}___{b+d}^^^{a+c
    }(\mathscr{V})
\stopformula
```

$${}^a_b\mathbf{T} \otimes {}^c_d\mathbf{W} \in {}^{a+c}_{b+d}\mathscr{T}(\mathscr{V})$$

In LaTeX scheint `1 - {}^nC_2` üblich zu sein; in ConTeXt sollten Sie `1 - C_2^^^n` schreiben. Die geschweiften Klammern dürfen nur zur Gruppierung eingesetzt werden, leere Klammern sind in ConTeXt LMTX kein „leeres Atom“.

20.7.1 Ableitungsstriche

Ableitungsstriche werden ähnlich wie hochgestellte Symbole behandelt, haben aber ihren eigenen Raum. Sie können `'` und `\prime` synonym verwenden. Die Verwendung und Darstellung scheint selbstverständlich zu sein, ist in anderen TeX-Varianten aber je nach Schrift uneinheitlich.

```
f' + f'' + f''' + f'''' =
f\prime + f\prime\prime + f
  \prime\prime\prime
+ f\prime\prime\prime\prime
```

$$f' + f'' + f''' + f'''' =$$
$$f' + f'' + f''' + f''''$$

20.8 Drunter und drüber

Mathematik wäre wahrscheinlich langweilig, wenn man nicht allerlei lustige Dinge um die Symbole herum malen könnte.

20.8.1 Akzente

Von einigen Akzenten gibt es breite Versionen, um sie über mehrere Zeichen zu strecken. Manche können auch *unter* die Zeichen platziert werden – mehr dazu in 20.8.3.

Akzente lassen sich stapeln:

```
\startformula
\widehat{ab\hat{\ddot{c}}}
  \ldots
\vec{A\ring{B}\bar{C}}
\stopformula
```

$$\widehat{ab\hat{\ddot{c}}} \ldots \vec{A\mathring{B}\bar{C}}$$

Statt sehr breiter Akzente können Sie eine Akzent-Markierung (z. B. `\hatmarked`) nach einer Klammer setzen:

```
\startformula
\widehat{f \ast g \ast h} =
\hatmarked{(f \ast g \ast h)} =
\hat{f} \hat{g} \hat{h}
\stopformula
```

$$\widehat{f * g * h} = (f * g * h)\hat{} = \hat{f}\hat{g}\hat{h}$$

Befehl	Bedeutung	Beispiel
`\acute`	Akut	$\acute{a}$
`\bar`	Makron, „Querstrich"	$\bar{a}$
`\widebar`		$\overline{abc}$
`\wideunderbar`		$\underline{abc}$
`\breve`	Breve, „U"	$\breve{a}$
`\check`	Hatschek, „umgekehrtes Dach"	$\check{a}$
`\widecheck`		$\widecheck{abc}$
`\dot`	Punkt	$\dot{a}$
`\ddot`	zwei Punkte, Trema	$\ddot{a}$
`\dddot`	drei Punkte	$\dddot{a}$
`\ddddot`	vier Punkte	$\ddddot{a}$
`\hat`	Zirkumflex, „Dach"	$\hat{n}$
`\widehat`		$\widehat{mno}$
`\ring`	Ring	$\mathring{g}$
`\grave`	Gravis	$\grave{a}$
`\tilde`	Tilde, „Welle"	$\tilde{a}$
`\widetilde`		$\widetilde{abc}$

20.8.2 Pfeile

Einen einfachen Vektorpfeil bekommen Sie mit \vec, ob über einem oder mehreren Symbolen:

```
\startformula
\vec{a}, \vec{ABC}
\stopformula
```

$$\vec{a}, \overrightarrow{ABC}$$

Unser Chefmathematiker empfiehlt allerdings andere Schreibweisen für Vektoren: aufrecht und fett oder einfache (kursiv gesetzte) Variablen, wenn der Zusammenhang eindeutig ist.
Ansonsten haben Sie bei Pfeilen eine große Auswahl:

\overrightarrow	$\overrightarrow{x+y}$
\wideoverrightarrow	$\overrightarrow{x+y}$
\underrightarrow	$\underrightarrow{x+y}$
\wideunderrightarrow	$\underset{?}{x+y}$
\overleftarrow	$\overleftarrow{x+y}$
\wideoverleftarrow	$\overleftarrow{x+y}$
\underleftarrow	$\underleftarrow{x+y}$
\wideunderleftarrow	$\underset{?}{x+y}$
\overleftrightarrow	$\overleftrightarrow{x+y}$
\wideoverleftrightarrow	$\overleftrightarrow{x+y}$
\underleftrightarrow	$\underleftrightarrow{x+y}$
\wideunderleftrightarrow	$\underset{\leftrightarrow}{x+y}$
\overtwoheadleftarrow	$\overset{\twoheadleftarrow}{x+y}$
\undertwoheadleftarrow	$\underset{\twoheadleftarrow}{x+y}$
\overtwoheadrightarrow	$\overset{\twoheadrightarrow}{x+y}$
\undertwoheadrightarrow	$\underset{\twoheadrightarrow}{x+y}$
\wideoverrightharpoon	$\overset{\rightharpoonup}{x+y}$
\wideunderrightharpoon	$\underset{?}{x+y}$
\wideoverleftharpoon	$\overset{\leftharpoonup}{x+y}$
\wideunderleftharpoon	$\underset{?}{x+y}$
\underrightharpoondown	$\underset{\rightharpoondown}{x+y}$
\underrightharpoonup	$\underset{\rightharpoonup}{x+y}$
\overleftharpoonup	$\overset{\leftharpoonup}{x+y}$
\underleftharpoondown	$\underset{\leftharpoondown}{x+y}$
\overleftharpoondown	$\overset{\leftharpoondown}{x+y}$
\underleftharpoonup	$\underset{\leftharpoonup}{x+y}$
\overrightharpoondown	$\overset{\rightharpoondown}{x+y}$
\overrightharpoonup	$\overset{\rightharpoonup}{x+y}$
\overlefthookarrow	$\overset{\hookleftarrow}{x+y}$
\overrighthookarrow	$\overset{\hookrightarrow}{x+y}$
\underlefthookarrow	$\underset{\hookleftarrow}{x+y}$
\underrighthookarrow	$\underset{\hookrightarrow}{x+y}$
\overLeftarrow	$\overset{\Longleftarrow}{x+y}$
\overLeftrightarrow	$\overset{\Longleftrightarrow}{x+y}$
\overRightarrow	$\overset{\Longrightarrow}{x+y}$

\underLeftarrow	$\underleftarrow{x+y}$
\underLeftrightarrow	$\underleftrightarrow{x+y}$
\underRightarrow	$\underrightarrow{x+y}$

Nur für einzelne Zeichen geeignet:

\overrighttailarrow	$\overrightarrow{a}$	\overleftharpoon	$\overleftharpoon{a}$
\overlefttailarrow	$\overleftarrow{a}$	\overRightbararrow	$\overrightarrow{a}$
\underrighttailarrow	$\underrightarrow{a}$	\underRightbararrow	$\underrightarrow{a}$
\underlefttailarrow	$\underleftarrow{a}$	\overLeftbararrow	$\overleftarrow{a}$
\overrightharpoon	$\vec{a}$	\underLeftbararrow	$\underleftarrow{a}$

⚠ Nicht alle Symbole funktionieren in allen Schriften (wie hier in einzelnen Fällen).

20.8.3 Waagerechte Klammern

```
\startformula
  \underbrace{x + x + \ldots + x
    }_{= mx} +
  \underbrace{y + y + \ldots + y
    }_{= ny}
  = mx + ny
\stopformula
```

$$\underbrace{x+x+\ldots+x}_{=mx} + \underbrace{y+y+\ldots+y}_{=ny} = mx+ny$$

Wie die Klammern im Beispiel funktionieren auch:

$\overline{x+x+\ldots+x}^{=mx}$	$\overbrace{x+x+\ldots+x}^{=mx}$	$\overbracket{x+x+\ldots+x}^{=mx}$	$\overparen{x+x+\ldots+x}^{=mx}$
\overbar	\overbrace	\overbracket	\overparent
$\underline{x+x+\ldots+x}_{=mx}$	$\underbrace{x+x+\ldots+x}_{=mx}$	$\underbracket{x+x+\ldots+x}_{=mx}$	$\underparen{x+x+\ldots+x}_{=mx}$
\underbar	\underbrace	\underbracket	\underparent
$\underline{\overline{x+x+\ldots+x}^{=mx}}_{=mx}$	$\underbrace{\overbrace{x+x+\ldots+x}^{=mx}}_{=mx}$	$\underbracket{\overbracket{x+x+\ldots+x}^{=mx}}_{=mx}$	$\underparen{\overparen{x+x+\ldots+x}^{=mx}}_{=mx}$
\doublebar	\doublebrace	\doublebracket	\doubleparent

20.9 Klammern und andere Begrenzer, Intervalle

Die Begrenzer (*Fences*) `\left` und `\right` passen beliebige Klammerzeichen an die Größe des Inhalts an:

```
\startformula
  \left| x \right| =
  \left\[ \left( 1 - \frac{x^2}{
    n^2\pi^2} \right) \right\]
\stopformula
```

$$|x| = \left[\left(1 - \frac{x^2}{n^2\pi^2} \right) \right]$$

Die Klammerzeichen, die in TEX eine Bedeutung haben, müssen dabei mit Rückstrichen geschützt (gequotet) werden.
Eine flexiblere Alternative ist `\fenced`:

```
\startformula
  \fenced[parenthesis]        { 1 + \frac{a}{b} } \quad
  \fenced[bracket]            { F(x)^2 }_a^b      \quad
  \fenced[bracket][size=Big]  { F(x)^2 }_a^b      \quad
  \fenced[brace]              { \frac{x}{n} }     \quad
  \fenced[angle]              { f, g }
\stopformula
```

$$\left(1+\frac{a}{b}\right) \quad [F(x)^2]_a^b \quad \Big[F(x)^2\Big]_a^b \quad \left\{\frac{x}{n}\right\} \quad \langle f, g\rangle$$

Die mit der Option `size` explizit angegebene Größe kann die Werte 1–4 annehmen bzw. `big`, `Big`, `bigg` oder `Bigg`.
Die hier nicht dargestellte Option `alternative` verändert die Art der Größenveränderung und kann die Werte 1–5 annehmen.
Diese Optionen können auch in `\setupmathfence` allgemein gesetzt werden.
Wie sich die Klammern im Einzelnen unterscheiden, hängt von der gewählten Schrift ab.
Folgende Begrenzer sind vordefiniert:

`parenthesis`	runde Klammern	$(n+1)$
`bracket`	eckige Klammern	$[n+1]$
`brace`	geschweifte Klammern (Menge)	$\{n+1\}$
`bar`	senkrechte Striche (Absolutwert)	$\lvert n+1\rvert$
`doublebar`	Doppelstriche	$\lVert n+1\rVert$
`triplebar`	Dreifachstriche	$\vert\vert\vert n+1\vert\vert\vert$
`angle`	spitze Klammern	$\langle n+1\rangle$
`doubleangle`	doppelte spitze Klammern	$\langle\langle n+1\rangle\rangle$
`solidus`	Schrägstriche	$/n+1/$

ceiling	Striche mit Ecke oben	$\lceil n+1 \rceil$
floor	Striche mit Ecke unten	$\lfloor n+1 \rfloor$
moustache	‚Schnurrbart'	$\lmoustache n+1 \rmoustache$
uppercorner	Ecken oben	$\ulcorner n+1 \urcorner$
lowercorner	Ecken unten	$\llcorner n+1 \lrcorner$
group	eckig-runde Klammern	$\lgroup n+1 \rgroup$
openbracket	eckige Klammern mit Doppelstrich	$\llbracket n+1 \rrbracket$
cases	geschweifte Klammer auf	$\{n+1$
sesac	geschweifte Klammer zu	$n+1\}$
closedinterval	abgeschlossenes Intervall	$[a,b]$
openinterval	offenes Intervall (rund)	(a,b)
leftopeninterval	links halboffenes Intervall (rund)	$(a,b]$
rightopeninterval	rechts halboffenes Intervall (rund)	$[a,b)$
varopeninterval	offenes Intervall	$]a,b[$
varleftopeninterval	links halboffenes Intervall	$]a,b]$
varrightopeninterval	rechts halboffenes Intervall	$[a,b[$

Manche Zeichen gibt es zusätzlich gespiegelt, z. B. `mirroredfloor`.

20.9.1 Persönliche Begrenzer

Definieren Sie sich Ihre eigenen Makros für die Begrenzer, die Sie häufig verwenden:

```
\definemathfence[Menge][brace][
  define=yes,middle=`|,
]

\startformula
  \Menge{ x\in\reals \fence \frac{x^2}{a^2} < 1 } =
  \Menge{ x\in\reals \fence x^2 < a^2 } =
  \Menge[size=1]{ x\in\reals \fence x^2 < a^2 }
\stopformula
```

$$\left\{x \in \mathbb{R} \,\middle|\, \frac{x^2}{a^2} < 1\right\} = \{x \in \mathbb{R} \mid x^2 < a^2\} = \{x \in \mathbb{R} \mid x^2 < a^2\}$$

Hier ist `\Menge` als Kopie von `\fenced` mit geschweiften Klammern angelegt. Dank `define=yes` können Sie nicht nur `\fenced[Menge]` verwenden, sondern auch die Abkürzung `\Menge`; außerdem ist der senkrechte Strich als Trennzeichen (`\fence`) definiert.
Um die Zeichen für linke und rechte Seite einzeln zu definieren, können Sie `left` und `right` verwenden und ggf. auf `none` setzen.

20.9.2 Automatische Größenanpassung

In Formeln, bei denen Sie die Größe der Klammern nicht manuell anpassen müssen, können Sie `\autofences` mit „nackten“ Klammern verwenden, die dann automatisch skaliert werden, als ob Sie `\left` und `\right` verwendet hätten.

```
\startformula
  \autofences
  (          1 + \frac{a}{b} )      \quad
  [          F(x)^2              ]_a^b \quad
  \{         \frac{x}{n}         \}     \quad
  \langle f, g                 \rangle
\stopformula
```

$$\left(1+\frac{a}{b}\right) \quad \left[F(x)^2\right]_a^b \quad \left\{\frac{x}{n}\right\} \quad \langle f, g\rangle$$

20.10 Nummerierung und Referenzierung

Für nummerierte Formeln verwenden Sie `\startplaceformula` oder die Kurzform `\placeformula`. Trotz der Ähnlichkeit handelt es sich nicht um echte Gleitobjekte (Kap. 14). Statt der automatisch vergebenen Nummer können Sie mit `title` auch eine Bezeichnung angeben.

```
\startplaceformula[reference=frm:weltformel]
\startformula
y = \int_0^1 x^2 \dd x
\stopformula
\stopplaceformula
```

(20.1) $$y = \int_0^1 x^2\, dx$$

```
\startplaceformula[
  reference=frm:pythagoras,
  title=Pythagoras]
\startformula
c^2 = a^2 + b^2
\stopformula
\stopplaceformula
```

$$c^2 = a^2 + b^2$$

(Pythagoras)

20.11 Theoreme

Ein Theorem ist für ConTEXt auch nur eine nummerierte Umgebung:

```
% nach Mikael Sundqvist, 2023-05
\defineenumeration[Theorem]
\setupenumeration[Theorem][
        title=yes, % Beschriftung
        way=bychapter,
        prefix=chapter,
        width=fit,
        style=italicface,
]

\startTheorem[title={Das Kartoffel-Theorem (Spud, 1913)}]
Die Anzahl von Kartoffeln \im{P(n)}, die in eine Kiste passen,
  ist definiert durch
\startformula
P(n) = \frac{ V }{ n^2 + 1 },
\stopformula
wobei \im{n} die Größe der Kartoffeln in Millimeter und \im{V}
  das Volumen der Kiste in Kubikmillimeter ist.
\stopTheorem
```

Theorem 20.1 (Das Kartoffel-Theorem (Spud, 1913))

Die Anzahl von Kartoffeln $P(n)$, die in eine Kiste passen, ist definiert durch

$$P(n) = \frac{V}{n^2+1},$$

wobei n die Größe der Kartoffeln in Millimeter und V das Volumen der Kiste in Kubikmillimeter ist.

Von einer ‚Enumeration' lässt sich eine weitere ableiten:

```
\defineenumeration[Lemma][Theorem][
        % Lemma erbt alle Einstellungen von Theorem
        text=Lemma,
        alternative=serried, % Titel an den Anfang des Textes
]
```

Parameter	Werte	Beschreibung
text	*Text*	Angezeigter Name der Umgebung
title	yes no	Titel anzeigen?
number	yes no	Nummer anzeigen?
display	yes no	Umgebung anzeigen? (?)
headstyle, titlestyle, style, headcolor, titlecolor, color	wie üblich	Stil/Farbe für Nummer & Titel/nur Titel/Inhalt
before, after, inbetween	Befehl	vor/nach der Umgebung, zwischen Titel und Inhalt
titlecommand, headcommand, numbercommand, closecommand	Befehl (1)	
titleleft, titleright, left, right	Text Befehl	rechts und links von Titel/Nummer
alternative	left right inmargin inleft inright margin leftmargin rightmargin innermargin outermargin serried hanging top empty Befehl Name	Platzierung des Titels
width	fit broad line Dimension	Breite
margin	yes no standard Dimension	Einzug links
headalign, align	wie \setupalign	Ausrichtung von Kopf/ Inhalt
stretch, shrink	Zahl	
titledistance	Dimension	Abstand zwischen Nummer und Titel
indenting	wie \setupindenting	Einzug
indentnext	yes no auto	folgenden Text einziehen?

Tab. 20.2 Optionen für `\defineenumeration`/`\setupenumeration` (Auswahl); zusätzlich gelten die Optionen für den Zähler laut Tab. 24.2 (S. 400).

20.12 Matrizen

Matrizen funktionieren sehr ähnlich wie Tabellen:

```
\startformula
\startmathmatrix
  \NC a \NC b \NR
  \NC c \NC d \NR
\stopmathmatrix
=
\startmathmatrix[fences=bracket]
  \NC a \NC b \NR
  \NC c \NC d \NR
\stopmathmatrix
\stopformula
```

$$\begin{matrix} a & b \\ c & d \end{matrix} = \begin{bmatrix} a & b \\ c & d \end{bmatrix}$$

Wenn Sie Transformationen von Matrizen darstellen möchten, können Sie die Berechnung ConTEXt überlassen:

```
\startformula
\bmatrix{-1, 2, 3; 4,-5, 6; 7, 8
  ,-9}^T =
\bmatrix[action=transpose]
{-1, 2, 3; 4,-5, 6; 7, 8,-9}
\stopformula
```

$$\begin{bmatrix} -1 & 2 & 3 \\ 4 & -5 & 6 \\ 7 & 8 & -9 \end{bmatrix}^T = \begin{bmatrix} -1 & 4 & 7 \\ 2 & -5 & 8 \\ 3 & 6 & -9 \end{bmatrix}$$

Für Skalierungen verwenden Sie z. B. `action={{scale,3}}`; eine Skalierung um -1 erhalten Sie mit `action=negate`.
Komplexere Operationen bietet das Modul `matrix`[4]:

```
\usemodule[matrix]
\startformula
\ctxmodulematrix{typeset(
moduledata.matrix.symbolic(
"a", "m", "n"))}
\stopformula
```

$$\begin{pmatrix} a_{11} & a_{12} & \cdots & a_{1n} \\ a_{21} & a_{22} & \cdots & a_{2n} \\ \vdots & \vdots & \ddots & \vdots \\ a_{m1} & a_{m2} & \cdots & a_{mn} \end{pmatrix}$$

20.13 Mehrteilige Formeln und Ausrichtung

In abgesetzten Formeln sollen die Satzzeichen der Textschrift verwendet werden, dafür gibt es den Befehl `\mtp` (‚math text punctuation'):

```
f(x) = \sin x \mtp{,}
x \in \reals  \mtp{.}
```

$$f(x) = \sin x, \quad x \in \mathbb{R}.$$

Eine andere Variante, eine solche Bedingung anzugeben, verwendet `\mtp{}`, um den gleichen Abstand zu erhalten:

[4] `m-matrix.mkiv`

```
f(x) = \sin x \mtp{}
( x \in \reals )
```

$$f(x) = \sin x \quad (x \in \mathbb{R})$$

Einen Abstand zwischen einzelnen Formelteilen bekommen Sie auch mit \quad, einen Zeilenumbruch mit \breakhere.

Wenn Sie mehrere Formelteile an einer Stelle ausrichten möchten, können Sie \alignhere verwenden:

```
p \vee q              \alignhere
\Leftrightarrow q \vee p
  \breakhere
(p \vee q) \vee r   \alignhere
\Leftrightarrow p \vee (q \vee r
  ) \breakhere
p \vee (q \wedge r) \alignhere
\Leftrightarrow (p \vee q)
  \wedge (p \vee r)
```

$$p \vee q \Leftrightarrow q \vee p$$
$$(p \vee q) \vee r \Leftrightarrow p \vee (q \vee r)$$
$$p \vee (q \wedge r) \Leftrightarrow (p \vee q) \wedge (p \vee r)$$

Wenn Sie Formeln an mehr als einer Stelle ausrichten möchten, z. B. um mehrere Gleichungen in einem Raster darzustellen, können Sie \startalign verwenden. Das Beispiel zeigt drei Spalten (m=3) mit jeweils zwei Ausrichtungspunkten:

```
\startalign[m=3,distance=2em,align:={1:right,2:left}]
\NC 1+1 \EQ 2
\NC 1-1 \EQ 2-2
\NC 1+0 \EQ 3-2 \NR
\NC a+a \EQ 2a
\NC a-a \EQ 0
\NC a+b \EQ b+a\NR
\stopalign
```

$$1+1=2 \qquad 1-1=2-2 \qquad 1+0=3-2$$
$$a+a=2a \qquad a-a=0 \qquad a+b=b+a$$

0.14 Mathe-Schriftarten

In einer Matheschrift gibt es eine ganze Reihe von lateinischen Zeichensätzen: Antiqua, Grotesk, Schreibmaschine, Schreibschrift, Handschrift und Fraktur, die jeweils in aufrecht, kursiv, halbfett und halbfett-kursiv vorkommen können. Dazu kommen griechische Zeichensätze in verschiedenen Varianten sowie einzelne hebräische Buchstaben.

Schrift	Stil	Lizenz	ähnlich/passend
Antykwa Toruńska	rm	OFL	Antykwa Toruńska
Cambria Math	rm	©	Cambria
Concrete	tt	OFL	CMU Concrete
EB Garamond	rm	OFL	(EB) Garamond
Erewhon	rm	OFL	Utopia
Euler	rm	OFL	Palatino
Fira Math	ss	OFL	FiraGO
GFS Neohellenic Math	ss	OFL	GFS Neohellenic
Iwona	ss	OFL	Iwona
Kurier	ss	OFL	Kurier
Kp-Fonts	rm, ss	OFL	Kp, Palatino
Latin Modern (Standard)	rm	GFL	LM, Bodoni
Lete Sans Math	ss	OFL	Lato
Libertinus	rm	OFL	Libertinus
Lucida Math	rm	©	Lucida (Bright)
Luciole Math	ss	OFL	Luciole
Minion Math	rm	©	Adobe Minion
Noto Sans Math	ss	OFL	Noto
Pennstander	hw	OFL	Grandstander
Plex Math	rm	OFL	IBM Plex Serif
STIX Two	rm	OFL	STIX, Times
TEX Gyre Bonum	rm	GFL	Bookman
TEX Gyre DejaVu Math	rm	GFL	DejaVu, Charter
TEX Gyre Pagella	rm	GFL	Palatino
TEX Gyre Schola	rm	GFL	Century Schoolbook
TEX Gyre Termes	rm	GFL	Times

Tab. 20.3 Mathematikschriften

Welche Zeichen tatsächlich vorhanden sind, kommt auf die eingestellte Matheschrift an. Da es davon nur eine überschaubare Auswahl gibt, enthält ConTEXt Konfigurationen für fast alle verfügbaren; darin werden möglichst viele Zeichensätze zugänglich gemacht. Sie müssen nach Ihren Anforderungen entscheiden, welche Mathematikschrift die von Ihnen benötigten Zeichen abdeckt bzw. welche zu Ihrer Grundschrift passt. Fehlende Symbole werden aus Latin Modern und den AMS-Schriften ergänzt.

Tabelle 20.3 enthält neben fast allen verfügbaren OpenTypeMath-Schriften auch ein paar, die nur als Type-1 vorliegen, aber von ConTeXt ebenso unterstützt werden.
Die serifenlosen Schriften enthalten insgesamt die wenigsten Zeichen. Einige Schriften werden noch weiterentwickelt. Für GFS Neohellenic, Fira, Noto, Lete und Luciole war die Unterstützung bei Redaktionsschluss noch unvollständig. Der Entwicklungsstatus von Futura PM[5] war unklar, und die „handschriftliche" Pennstander[6] liefert selbst ein Typescript mit.

Die kommerziellen Schriften sind *nicht* in der ConTeXt-Distribution enthalten. Bei der Installation über TeX Live fehlen auch die Dateien zu ihrer Unterstützung.

Folgende Typescripts können Sie direkt mit `\setupbodyfont` laden, um die richtige Matheschrift zu aktivieren:

```
antykwa antykwa-light antykwa-cond
bonum
cambria
concrete
dejavu
ebgaramond
erewhon
iwona iwona-light iwona-medium iwona-heavy
kpfonts kpfonts-light kpfonts-bold kpfonts-sans
kurier kurier-light kurier-medium kurier-heavy
libertinus
lucida
modern
newcomputermodern newcomputermodern-book
noto,ss
pagella
plex
stixtwo
xcharter
```

Ansonsten müssen Sie die Mathematikschrift (`mm`) für die Schriftsippe definieren:

```
\definetypeface[MyFam] [rm] [termes] [default]
\definetypeface[MyFam] [ss] [heros] [default]
\definetypeface[MyFam] [tt] [cursor] [default]
\definetypeface[MyFam] [mm] [termes] [default]

\setupbodyfont[MyFam,rm,12pt]
```

Lateinische Buchstaben werden im Mathe-Modus grundsätzlich als Variablen angesehen und kursiv geschrieben, die anderen Varianten können Sie Tabelle 20.4 entnehmen.
Die Schreibschrift-Varianten `\mathcal` und `\mathscr` unterscheiden sich nur bei wenigen Schriften.

[5] Projekt von Philipp Müller, youtu.be/watch?v=JgE6piIL9vQ (2021)
[6] Projekt von Julius Ross, github.com/juliusross1/Pennstander

	\mathtf	\mathit	\mathbf	\mathbi
\mathrm	AaBbαβΓ123	*AaBbαβΓ123*	**AaBbαβΓ123**	***AaBbαβΓ123***
\mathss	AaBbαβΓ123	*AaBbαβΓ123*	**AaBbαβΓ123**	***AaBbαβΓ123***
\mathtt	AaBbαβΓ123	AaBbαβΓ123	**AaBbαβΓ123**	**AaBbαβΓ123**
\mathcal	$\mathcal{A}a\mathcal{B}b$αβΓ123	$\mathcal{A}a\mathcal{B}b$αβΓ123	$\boldsymbol{\mathcal{A}a\mathcal{B}b}$**αβΓ123**	$\boldsymbol{\mathcal{A}a\mathcal{B}b}$**αβΓ123**
\mathscr	$\mathscr{A}a\mathscr{B}b$αβΓ123	$\mathscr{A}a\mathscr{B}b$αβΓ123	$\boldsymbol{\mathscr{A}a\mathscr{B}b}$**αβΓ123**	$\boldsymbol{\mathscr{A}a\mathscr{B}b}$**αβΓ123**
\mathfrak	$\mathfrak{AaBb}$αβΓ123	$\mathfrak{AaBb}$αβΓ123	$\boldsymbol{\mathfrak{AaBb}}$**αβΓ123**	$\boldsymbol{\mathfrak{AaBb}}$**αβΓ123**
\mathbb	$\mathbb{A}$a$\mathbb{B}$bαβΓ123	$\mathbb{A}$a$\mathbb{B}$bαβΓ123	$\mathbb{A}$a$\mathbb{B}$bαβΓ123	$\mathbb{A}$a$\mathbb{B}$bαβΓ123

Tab. 20.4 Kombinationen von Zeichensätzen und Stilen

20.15 Beispiele

```
\startformula
  \sin x = x \prod_{n=1}^{+
    \infty}
    \left( 1 - \frac{x^2}{n^2\pi
      ^2} \right)
\stopformula
```

$$\sin x = x \prod_{n=1}^{+\infty} \left(1 - \frac{x^2}{n^2\pi^2}\right)$$

```
\startformula
  f(\sigma_{ij}, \mathbf{F}) =
    F_{ij} \sigma_i \sigma_j =
    \bar{σ}^2
\stopformula
```

$$f(\sigma_{ij}, \mathbf{F}) = F_{ij}\sigma_i\sigma_j = \bar{\sigma}^2$$

```
\startformula
  \fenced[bar]{\mu(B) - \nu(B)}
  \leq
  C \fenced[bar][size=big]{
    \inf_E U^{\mu}}^{\frac{1}{2
    }}
\stopformula
```

$$|\mu(B) - \nu(B)| \leq C\big|\inf_E U^{\mu}\big|^{\frac{1}{2}}$$

```
\startformula
  T_m(f,g)(x) = \int_{\reals^4} m(\xi, \eta) \hat{f}(\xi) \hat{g}
    (\eta)
                  e^{2\pi i x(\xi + \eta)} \dd \xi \dd \eta
\stopformula
```

$$T_m(f,g)\,(x) = \int_{\mathbb{R}^4} m(\xi,\eta)\,\hat{f}(\xi)\,\hat{g}(\eta)\,e^{2\pi i x(\xi+\eta)}\,d\xi\,d\eta$$

Beachten Sie die Verwendung von \dd für das Differential – das Makro sorgt für die richtige Spationierung.

\reals dient zur Darstellung von reellen Zahlen; um andere Zeichen in Tafel-Fettschrift (blackboard bold) zu formatieren, können Sie \mathbb verwenden.

```
\startformula
  \pi_1\colon U(\mathfrak{osp}(2
    p|2q))\to A_{p|q}^{+}
\stopformula
```

$$\pi_1\colon U(\mathfrak{osp}(2p|2q)) \to A_{p|q}^{+}$$

Das Makro \colon sorgt gegenüber einem normalen Doppelpunkt für die richtige Spationierung: `\pi_1\colon U` ergibt $\pi_1\colon U$, aber `\pi_1:U` ergibt $\pi_1: U$. (Die Autoren haben sich sehr viel Mühe gegeben, die Mikrotypographie zu optimieren.)

20.16 Fehlersuche

Folgende Tracker helfen bei der Fehlersuche im Formelsatz:

```
formulas.framed          math.remapping
framed.math              math.showmargins.less
math.alternates          math.stackers.texts
math.analyzing           math.suspicious
math.autohang            math.toysymbol
math.families            math.tweaks
math.italics             modules.asciimath.detail
math.makeup=boxes        modules.asciimath.mapping
math.openedup            otf.math
```

20.17 Alternativen für einfache Fälle

Durch den Hintergrund von Pragma ADE in der Produktion von Lehrmaterial unterstützt ConTEXt neben der TEX-Syntax und MathML auch zwei Eingabevarianten, die nur für einfache Fälle geeignet sind.

„Taschenrechner-Mathe" orientiert sich an der Eingabe von algebraischen Taschenrechnern (keine UPN) und wird vom Modul calcmath zur Verfügung gestellt:

```
\usemodule[calcmath]
\calcmath{(1+x)/(1+x) + (1+x)/(1
  +(1+x)/(1+x))}\par
\calcmath{sin(x) + x^2 + x^(1+x)
  + 1/x^2 + mean(x+mean(y))}
```

$$\frac{1+x}{1+x} + \frac{1+x}{1+\frac{1+x}{1+x}}$$

$$\sin(x) + x^2 + x^{1+x} + \frac{1}{x^2} + \overline{x + \overline{y}}$$

Statt \calcmath können Sie synonym \icm aufrufen (inline), abgesetzte Formeln mit \dcm. Ein paar Beispiele finden Sie in modules/mkiv/x-calcmath.mkiv und die begrenzte Liste von unterstützten Funktionsnamen in modules/mkiv/x-calcmath.lua.

Für die vereinfachte Syntax „ASCIImath“[7], die für die Darstellung auf Webseiten auch von MathJax[8] unterstützt wird, aktivieren Sie das Modul `asciimath`.

20.18 Maßeinheiten und Zahlenformatierung

Physikalische Einheiten können mit dem Befehl `\unit` einheitlich formatiert werden. Als Eingabe dienen verschiedene Varianten der ausführlichen englischen Bezeichnung.

Eingabe	Ausgabe
`10 kilogram`	10 kg
`10 kg`	10 kg
`10 meter`	10 m
`10 meter per second`	10 m/s
`10 m/s`	10 m/s
`10 square meter`	10 m²
`10 degrees celsius`	10 °C
`10 celsius`	10 °C
`10 kilo pascal square meter / second kelvin`	10 kPa·m²/s·K
`10 coulomb per cubic meter`	10 C/m³
`10 watt per meter degrees celsius`	10 W/m·°C

Die lange Liste der unterstützten Einheiten und ihrer Synonyme ist in `units-mkiv`[9] dokumentiert.

Zahlen können in `\digits` oder `\units` mit Hilfe von Formatmustern dargestellt werden:

```
\digits{__,__1.23}
```

1,23

Eingabe	Ausgabe
`12,345.67`	12 345,67
`__,__1.23`	1,23
`__,___.12`	,12
`__,__0.12`	0,12
`__,__1.==`	1
`__,___:23`	23

Der Unterstrich dient als Platzhalter. Das Eingabeformat richtet sich in der Standardeinstellung (`order=normal`) nach der englischen Konvention: Tausender werden mit Kommas abgetrennt und Dezimalstellen mit einem Punkt. Die Ausgabe wird mit dem Parameter `method` in `\setupunit` bzw. mit `\setdigitmode` eingestellt.

7 asciimath.org
8 mathjax.org
9 `texmf-context/doc/context/documents/general/manuals/units-mkiv.pdf`

Option	Werte	Beschreibung
`method`	1–6	Ausgabeformat (Tab. 20.6)
`order`	normal reverse	Eingabeformat
`separator, space`	small medium big normal none Name	
`style, color`	Stil, Farbe	wie üblich
`alternative`	text mathematics	

Tab. 20.5 Parameter von `\setupunit`

Wert	Tausender	Dezimal	Beispiel
1	Punkt	Komma	12.345,67 m
2	Komma	Punkt	12,345.67 m
3	Spatium	Komma	12 345,67 m
4	Spatium	Punkt	12 345.67 m
5	Leerzeichen	Komma	12 345,67 m
6	Leerzeichen	Punkt	12 345.67 m

Tab. 20.6 Werte für `\setdigitmode` bzw. `method` in `\setupunit`

`\setdigitorder{0}` entspricht `\setupunit[order=normal]`, der Wert `1` entspricht `reverse`.
Ein Tausendertrennzeichen muss bei `\digits` ebenso wie bei `\unit` angegeben werden. Mit `\spaceddigits` wird es automatisch eingefügt, allerdings gehorcht der Befehl nicht den angegebenen Einstellungen.

`\digits{12345.67}`	12345,67
`\spaceddigits{12345.67}`	12 345.67
`\unit{12345.67 m}`	12345,67 m

20.19 Chemie und Atomphysik

20.19.1 Moleküle

Für Summenformeln verwenden Sie den Befehl `\molecule`:

```
\molecule{H_2SO_4^-2}
\molecule{H_2SO_4^{-2}}
\molecule{H_2SO_4^{-2{x}}}
```

$H_2SO_4^{-2}$
$H_2SO_4^{-2}$
$H_2SO_4^{-2x}$

20.19.2 Strukturformeln

Der Satz chemischer Strukturformeln ist im Handbuch ppchtex-mkiv[10] ausführlich beschrieben.

```
\startchemical[height=4500,
  bottom=2500]
  \bottext{β-D-Fructopyranose}
  \chemical
    [SIX,FRONT,BB1236,+SB4,-SB5,
      Z5][O]
  \chemical
    [SIX,FRONT,+R12346,+RZ12346]
      [HO,H,H,H,OH]
\stopchemical
```

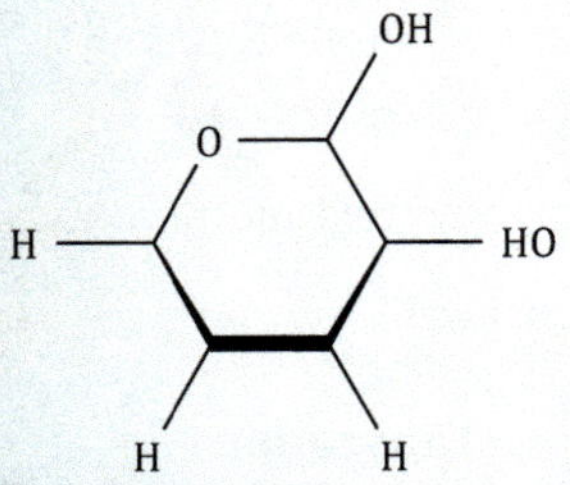

β-D-Fructopyranose

20.19.3 Reaktionsgleichungen

Schließen Sie Reaktionsgleichungen als abgesetzte Formel in `\startchemicalformula` ... `\stopchemicalformula` ein. Für nummerierte Gleichungen gibt es `\startplacechemical`.

Für die einzelnen Elemente verwenden Sie `\chemical`, dabei können Sie Beschriftungen darüber und darunter angeben:

```
\startchemicalformula
  \chemical{2H_2}
  \chemical{PLUS}
  \chemical{O_2}
  \chemical{GIVES}
  \chemical{2H_2O}
\stopchemicalformula
```

$$2H_2 \quad + \quad O_2 \quad \longrightarrow \quad 2H_2O$$

```
\startchemicalformula
  \chemical{2H_2}{oben}{unten}
  \chemical{PLUS}{oben}{unten}
  \chemical{O_2}{oben}{unten}
  \chemical{GIVES}{oben}{unten}
  \chemical{2H_2O}{oben}{unten}
\stopchemicalformula
```

oben	oben	oben	oben	oben
$2H_2$	+	O_2	$\longrightarrow$	$2H_2O$
unten	unten	unten	unten	unten

Bei der Inline-Version trennen Sie die Elemente mit Kommas:

```
\chemical{2H_2,PLUS,O_2,GIVES,2H
  _2O}
```

$2H_2 + O_2 \rightarrow 2H_2O$

[10] texmf-context/doc/context/documents/general/manuals/ppchtex-mkiv.pdf

Die Symbole SPACE, PLUS, MINUS, GIVES (Pfeil), EQUILIBRIUM, MESOMERIC, OPENCOMPLEX und CLOSECOMPLEX sind vordefiniert. Mit `\definechemicalsymbol` können Sie sich selbst zusätzliche Symbole definieren und mit `\chemicalsymbol` abrufen:

```
\definechemicalsymbol[equilibrium]
  [\chem_arrow_construct\xrightoverleftarrow]
```

Zur Darstellung von Reaktionsdiagrammen können Sie das Modul `nodes` (S. 366) verwenden.

20.19.4 Elektronen

Für die Darstellung der Elektronenkonfiguration in der Pauling-Schreibweise gibt es das Modul `electrons`. Außer dem Quellcode[11] gibt es keine Dokumentation dazu.

```
\usemodule[electrons]

Stickstoff:
  \electrons{b}{1s} \electrons{b}{2s} \electrons{uuu}{2p}
\blank

Stickstoff:
  \electrons{b}{} \electrons{B}{} \electrons{uDu}{}\blank

\defineelectrons [nitrogen]
\setupelectrons  [nitrogen] [color=darkgreen]

Stickstoff:
  \electrons[nitrogen]{b}{}
  \electrons[nitrogen]{B}{}
  \electrons[nitrogen]{uDu}{2p}
```

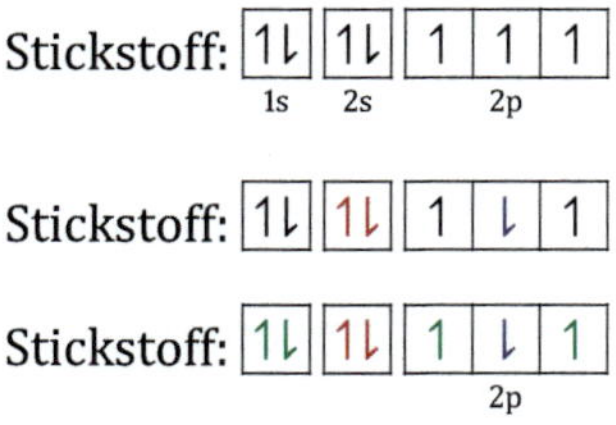

[11] `tex/context/modules/mkxl/m-electrons.mkxl`

21 Korrespondenz

Wie kann ich meine Geschäftsbriefe mit ConTEXt schreiben?

Dieses Kapitel beschreibt das Letter-Modul von Wolfgang Schuster. Das Modul macht intensiven Gebrauch von Layern (S. 246) und Setups (S. 401) – mit diesen Mechanismen sollten Sie bereits vertraut sein, wenn Sie Ihre eigene Gestaltung umsetzen möchten.

21.1 Einfacher Geschäftsbrief

Folgendes Dokument ergibt einen Normbriefbogen mit Falzmarken:

```
\mainlanguage[de]
\usemodule[letter]

\startletter[
  backaddress={A. Utor · Unter den Bäumen 23 · 12345 Berlin},
  toname={Prof. Dr. Donald Knuth},
  toaddress={Sandfortweg 1\\67890 St.\,Seriffe},
  subject={Die Kunst des Programmierens},
  date={23.\,5.\,2023},
  opening={Sehr geehrter Herr Knuth,},
  closing={Mit freundlichen Grüßen,},
  signature={A. Utor},
]

was ich schon immer mal sagen wollte…
\stopletter
```

Die Metadaten wie Absender und Empfänger können Sie statt in `\startletter` ebensogut in `\setupletter` angeben. Es liegt nahe, die gleich bleibenden Einstellungen in ein Environment (S. 371) auszulagern.
Zeilenumbrüche geben Sie einfach mit `\\` an; niemand beschwert sich, wenn Sie die komplette Empfängeradresse in `toname` angeben oder Anrede und Signatur einfach in den Brieftext schreiben. Die Felder können auch Makros enthalten, z. B. eine Grafik als Unterschrift.
Die Platzierung der Elemente aus Tab. 21.1 ist in Abb. 21.1 (S. 349) dargestellt.

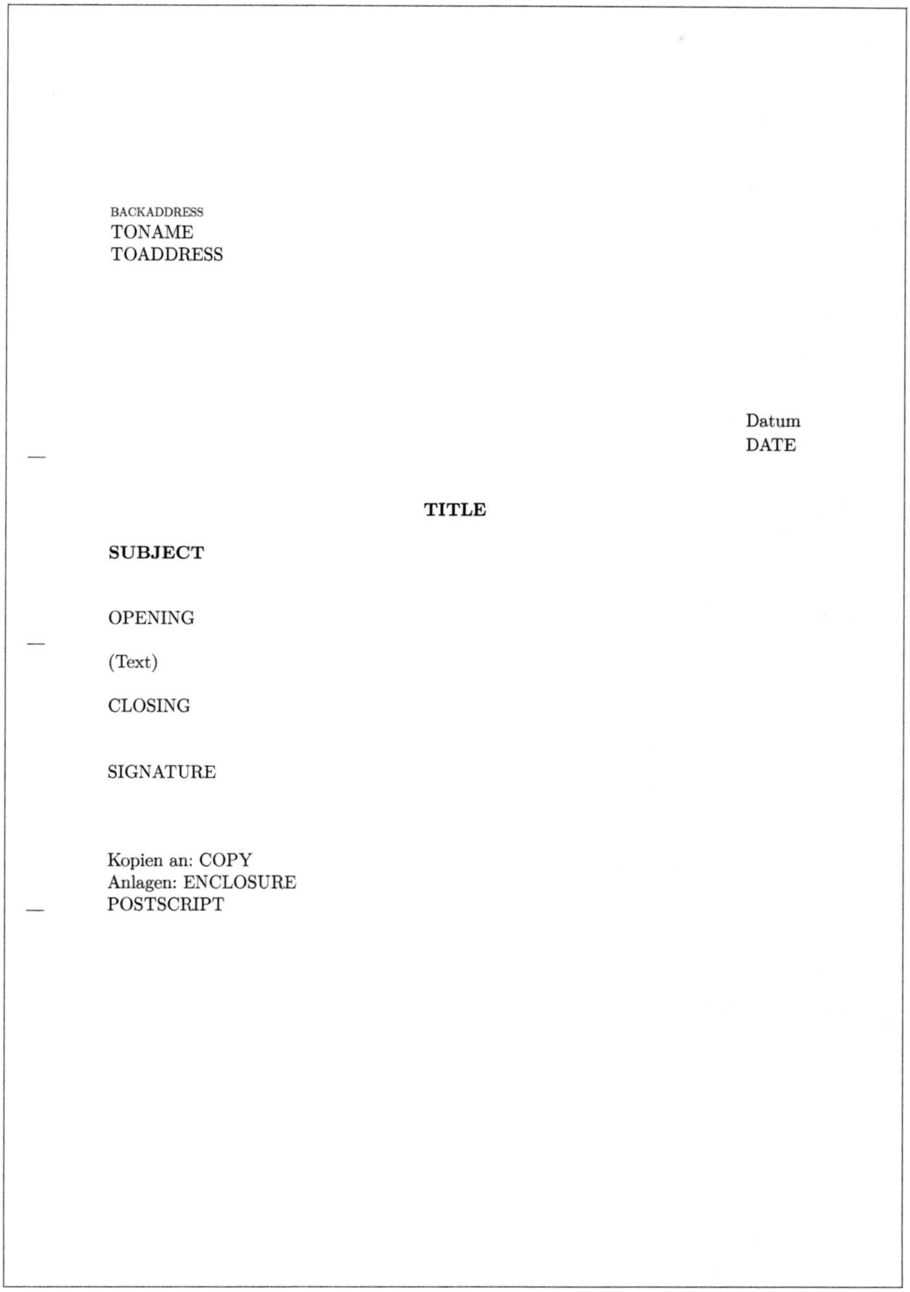

BACKADDRESS
TONAME
TOADDRESS

Datum
DATE

TITLE

SUBJECT

OPENING

(Text)

CLOSING

SIGNATURE

Kopien an: COPY
Anlagen: ENCLOSURE
POSTSCRIPT

Abb. 21.1 Platzierung der Brief-Elemente in der Grundeinstellung

Sie können beliebige eigene Felder definieren und mit `\correspondenceparameter` abrufen:

```
\setupletter[
        backaddress={\correspondenceparameter{firma}\ · \corre-
          spondenceparameter{straße}\ · \correspondenceparameter
          {ort}}
]
```

Option	Beschreibung
backaddress	Absenderadresse im „Fenster“
toname	Empfänger-Name
toaddress	Empfänger-Adresse
title	Überschrift (über der Betreffzeile)
subject	Betreffzeile
date	Datum (Vorgabe: aktuelles Datum)
opening	Brief-Anrede
closing	Grußformel
signature	Unterschrift
copy	Angabe „Kopien an:“, nach der Signatur
enclosure	Angabe „Anlagen:“, nach den Kopien
postscript	Nachsatz (ohne weiteren Text) am Ende

Tab. 21.1 Parameter von `\startletter` und `\setupletter`

21.2 Bereiche und Ebenen

Ohne weitere Einstellungen wird der Briefkopf nur auf der ersten Seite verwendet, auf allen weiteren Seiten (`nexthead`) fängt der Text oben auf der Seite an. Wenn Sie vorgedruckte Briefbögen mit Logo oder dergleichen verwenden, müssen Sie `righthead` für die Vorderseiten und `lefthead` für die Rückseiten definieren. Die einzelnen Ebenen können Sie herumschieben und mit Ihren Inhalten füllen. Die Ebene „location“ ist gut für Ihre Absender-Adresse geeignet:

```
\setupletter[
  firma={DUCK AG},
  name={Dagobert Duck},
  straße={Goldberg 1},
  ort={12345 Entenhausen},
  email={ceo@duck.com},
  backaddress={\correspondenceparameter{firma}\ · \corresponden-
    ceparameter{straße}\ · \correspondenceparameter{ort}},
```

Ebene	Beschreibung
head	Kopfbereich (erste Seite)
nexthead	Kopfbereich (Folgeseiten)
lefthead, righthead	Kopfbereich (rechte/linke Seite)
foot	Fußbereich (next, left, right wie oben)
backaddress	Absender im Fenster
address	Anschrift im Fenster
reference	Betreffzeile
location	Absender-Adresse (ggf. mit Logo)
lettermain	Textbereich der ersten Seite
letternext	Textbereich der folgenden Seiten
topmark, botmark, cutmark, endmark, usermark	Falz- und Schneidmarken

Tab. 21.2 Ebenen

```
  closing={Mit freundlichen Grüßen,},
  signature={\correspondenceparameter{name}, CEO},
]

\defineletterelement[layer][location][duck]{%
  \switchtobodyfont[ss]%
  \externalfigure[cow][height=20mm]\par
  \blank[12pt]
  {\bfb\correspondenceparameter{firma}}\par
  \blank[12pt]
  \correspondenceparameter{name}\par
  \correspondenceparameter{straße}\par
  \correspondenceparameter{ort}\par
  \correspondenceparameter{email}
}

\setupletterlayer[location][
  alternative=duck, % eigenes Element aufrufen
  x=150mm,y=10mm,
]

\startletter[
  toname={Minnie Maus},
  toaddress={Pigallestraße 7\\12345 Entenhausen},
  subject={Ihre erste Million},
  %date={\currentdate},
```

```
  opening={Sehr geehrte Minnie Maus,},
]

\samplefile{lorem}
\stopletter
```

Das Ergebnis ist in Abb. 21.2 (S. 353) dargestellt.

21.3 Logos und Hintergrundbilder

Statt in die `location`-Ebene könnten Sie Ihr Logo auch auf eine Hintergrundebene setzen, z. B. auf die ansonsten ungenutzte Ebene „lettermain".
Alternativ könnten Sie eigene Ebenen in den Hintergrund von „paper" oder „text" legen, denn das Letter-Modul verwendet den Seitenhintergrund (page), um all die Layer für Briefkopf, Fußzeile usw. zu platzieren – dort sollten Sie lieber nicht eingreifen.

```
% nach Wolfgang Schuster, 2019-03-11
\usemodule[letter]

\startuseMPgraphic{mpglogo}
 path p;
 p := (0,0)--(100,0)--(100,100)--(0,100)--cycle ;
 path q;
 q := p cornered 30pt;
 draw q withcolor black withpen pencircle scaled 7pt ;
\stopuseMPgraphic

\startsetups[letter:layer:lettermain]
 \scale[width=25mm,height=25mm]{\useMPgraphic{mpglogo}}
\stopsetups

\setupletterlayer[lettermain][
  alternative=setups,
  x=160mm,y=17mm,
]

\startletter
\dorecurse{3}{\samplefile{knuth}\par}
\stopletter
```

Das Ergebnis ist in Abb. 21.3 (S. 353) dargestellt.

DUCK AG

Dagobert Duck
Goldberg 1
12345 Entenhausen
ceo@duck.com

DUCK AG · Goldberg 1 · 12345 Entenhausen
Minnie Maus
Pigallestraße 7
12345 Entenhausen

Datum
20. Februar 2026

Ihre erste Million

Sehr geehrte Minnie Maus,

Lorem ipsum dolor sit amet, consectetur adipiscing elit. Curabitur massa turpis, semper quis fringilla ut, viverra nec risus. Pellentesque habitant morbi tristique senectus et netus et malesuada fames ac turpis egestas. Donec nunc lorem, sollicitudin vel sodales eget,

Abb. 21.2 Beispiel für die Absender-Platzierung (Code S. 350)

Date
February 20, 2026

Thus, I came to the conclusion that the designer of a new system must not only be the implementer and first large-scale user; the designer should also write the first user manual.
The separation of any of these four components would have hurt TeX significantly. If I had not participated fully in all these activities, literally hundreds of improvements would never have been made, because I would never have thought of them or perceived why they were important.
But a system cannot be successful if it is too strongly influenced by a single person. Once

Abb. 21.3 Logo im Briefkopf (Code S. 352)

21.4 Serienbriefe

```
% nach Wolfgang Schuster, 2019-05-24
\usemodule[letter]

\setupletter[
  signature={Donald Duck},
  closing={Mit freundlichen Grüßen,},
  toname={\correspondenceparameter{Vorname} \correspondenceparameter
    {Nachname}},
  toaddress=\correspondenceparameter{Adresse},
  opening={\correspondenceparameter{Anrede} \correspondenceparameter
    {Nachname}},
]

\startlettercontent
  \correspondenceparameter{opening},

  Brieftext
\stoplettercontent

\def\MakeLetter[#1]{%
  \begingroup
    \setupletter[#1]%
    \placeletter
  \endgroup}

\starttext

\MakeLetter[Anrede={Hallo}, Vorname={Monika}, Nachname={Muster},
  Adresse={Montanara-sur-mer}]
\MakeLetter[Anrede={Liebe Familie}, Vorname={Hans & Grete},
  Nachname={Lebzeltner}, Adresse={Nürnberg}]
\MakeLetter[Anrede={Grüß Gott}, Vorname={Lucian}, Nachname={
  Jedermann}, Adresse={Salzburg}]

\stoptext
```

Sie könnten die Adressdaten auch per Aufrufparameter (S. 394) übergeben.

21.5 Briefstile

Mit `\useletterstyle` können Sie einen der mitgelieferten Brief-Stile als Grundeinstellung aktivieren.

Stil	Marken	Beschreibung
`default`	3	Grundeinstellung, wie `dinb`
`blockstyle`	–	großer Kopf, alles linksbündig
`dina`	3	Deutscher Normbrief nach DIN 676[1] A (kleiner Briefkopf)
`dinb`	3	Deutscher Normbrief nach DIN 676 B (erweiterter Briefkopf)
`dutch`	2	Niederländischer Normbrief mit Linie über der Adresse
`french`	1	Französischer Normbrief
`fullblock`	–	kleiner Kopf
`gbrief`	3	mit Linien, Kopf- und Fußzeile
`hanging`	–	`blockstyle` mit hängenden Einzügen
`knuth`	–	Briefformat nach Donald Knuth
`modified`	–	modifizierter `blockstyle`
`semiblock`	–	`blockstyle` mit Einzügen
`simplified`	–	vereinfachter Stil
`swiss`	–	Schweizer Normbrief (Adresse rechts)
`swissleft`	–	Schweizer Normbrief (Adresse links)

Tab. 21.3 Briefstile

[1] DIN 676 wurde 2011 durch DIN 5008 Abschnitt 16f. ersetzt.

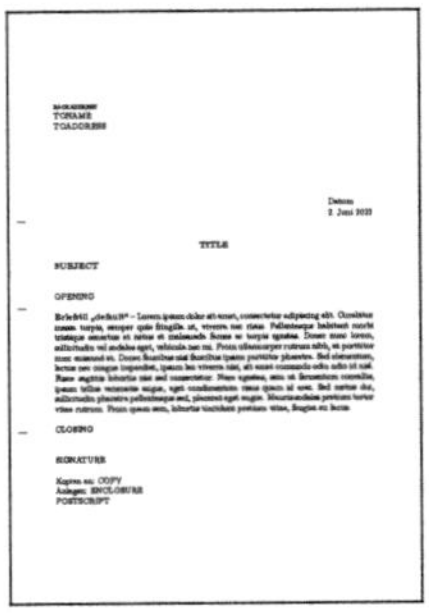
default

blockstyle

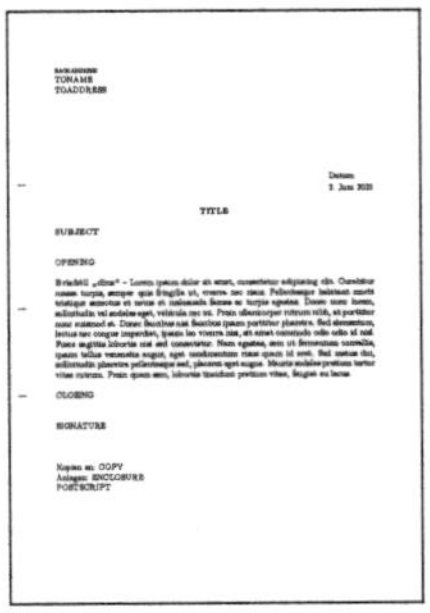
dina

dinb

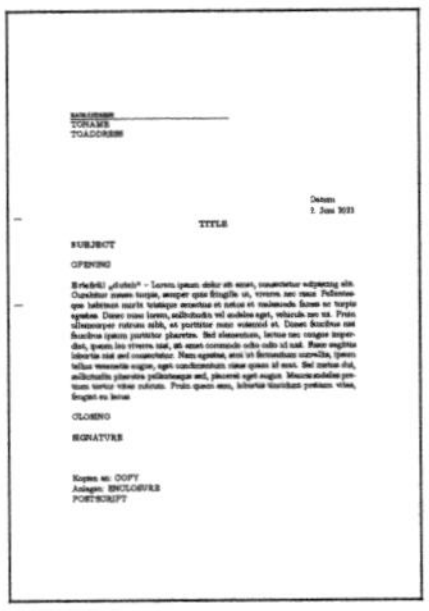
dutch

french

fullblock

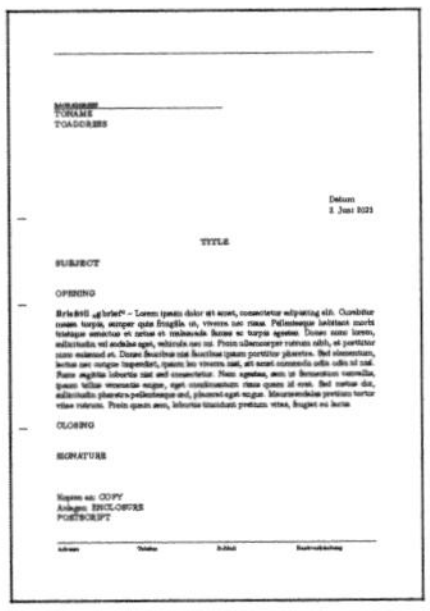
gbrief

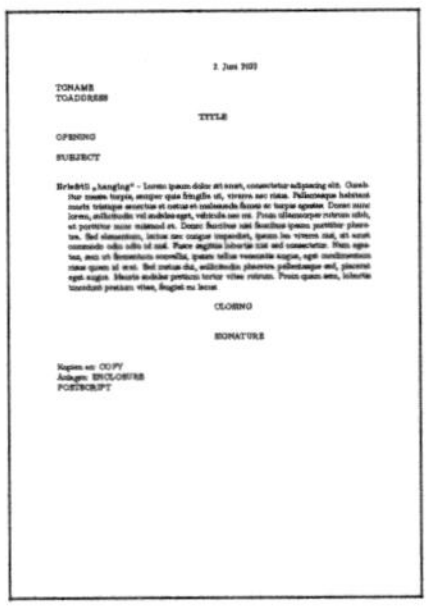
hanging

knuth

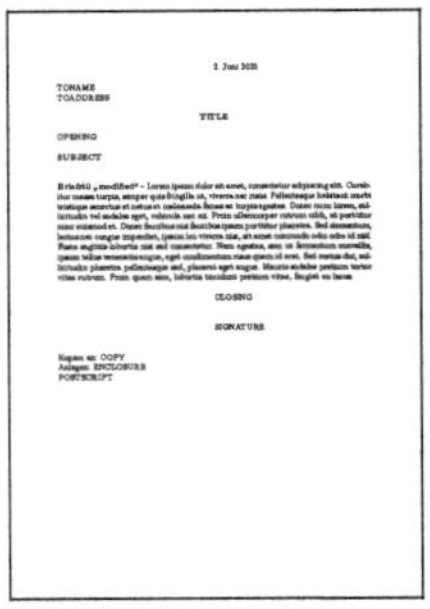
modified

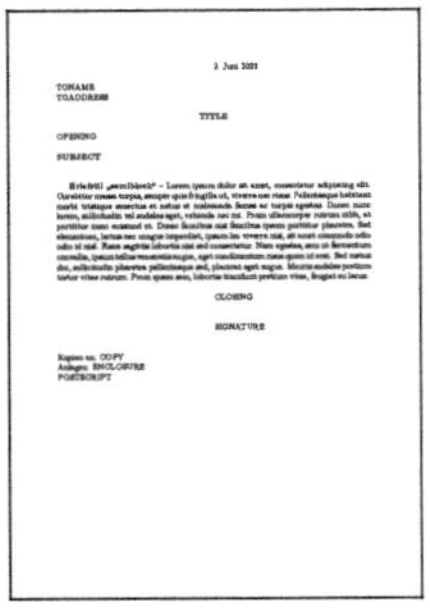
semiblock

simplified

swiss

swissleft

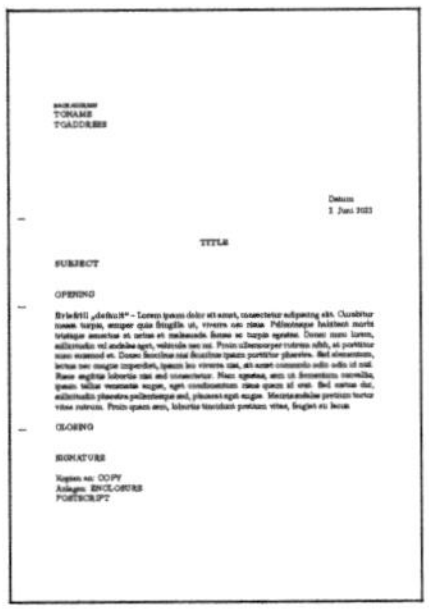
default

21.6 Darstellung des Datums

Das aktuelle Datum können Sie mit `\currentdate` ausgeben. Der Befehl akzeptiert eine Liste von Schlüsselwörtern und weiteren Zeichen:

```
\currentdate

\currentdate[weekday,{,~},day,{.
  \,},month:mnem,space,year]
\currentdate[day:R,{.\,},mm,{.\,
  },year:R]
```

20. Februar 2026
Freitag, 20. Feb. 2026
XX. 02. MMXXVI

Die Formatierung (z. B. als römische Zahlen) funktioniert nicht für den Monat. Weichen Sie bei Bedarf auf die Konvertierung von `\normalday`, `\normalmonth` und `\normalyear` mit `\convertnumber` aus:

```
\convertnumber{R}{\normalday  }.
\convertnumber{R}{\normalmonth}.
\convertnumber{R}{\normalyear }
```

XX. II. MMXXVI

22 Grafiken mit MetaPost

MetaPost ist eine Grafikbeschreibungssprache von John D. Hobby auf der Grundlage von MetaFont, das Knuth für die ersten TEX-Schriften entwickelte. Während die Schriften ursprünglich in ein Pixelformat umgewandelt wurden, gibt MetaPost nach PostScript aus. Dieser Hintergrund erklärt manche Eigenheit der Syntax.
Während unter LATEX PGF/TikZ die Grafiksprache der Wahl ist, kommen Sie bei ConTEXt auf Dauer nicht um MetaPost herum[1] – dynamisch erzeugte Grafiken werden z. B. gerne für Hintergründe oder Umrahmungen verwendet, es stehen aber auch Module für verschiedenste Diagramme zur Verfügung.

22.1 MetaPost in ConTEXt

Wenn Sie nach einer allgemeinen Anleitung zu MetaPost vorgehen, speichern Sie Ihre Grafiken in Dateien mit der Endung `.mp` nach folgendem Muster:

```
beginfig(1)
  draw (0,0)--(30,20);
endfig;
end.
```

Dieses übersetzen Sie mit `mpost dateiname.mp` in ein EPS[2] namens `dateiname.1`, welches Sie dann als Grafik einbinden – allerdings versteht LuaTEX kein PostScript mehr, Sie müssen das EPS also erst in PDF umwandeln.
ConTEXt verwendet eine Version von MetaPost namens MetaFun, die vor allem durch die Integration mit Lua sowie in den Bereichen Schriften und Farben deutlich erweiterte Möglichkeiten hat. Im Folgenden gehe ich von MetaFun aus und nicht auf die Unterschiede ein.
Um MetaFun mit dem obigen Beispiel zu verwenden, würden Sie `mpost --ini metafun.mpii dateiname.mp` aufrufen.
In einem ConTEXt-Dokument empfiehlt sich aber meistens die direkte Einbindung:

[1] TikZ funktioniert auch mit ConTEXt, allerdings nicht vollständig und ist viel langsamer.
[2] *Encapsulated PostScript*, d. h. PostScript-Code als Grafik-Datei

```
\startMPpage
  draw (0,0)--(30,20);
\stopMPpage
```

Beim Aufruf über `context dateiname.tex` wird die in Lua(Meta)TeX integrierte MetaPost-Bibliothek verwendet; es werden keine Grafikdateien erzeugt. Außer `\startMPpage` gibt es weitere Umgebungen, um MetaPost-Code in ConTeXt zu verarbeiten, sie sind in 22.3 vorgestellt.

22.2 Grundlagen

MetaPost operiert auf einem zweidimensionalen Koordinatensystem, dessen Ursprung links unten liegt – im Gegensatz zu TeX, das von links oben ausgeht.
Wenn Sie Koordinaten ohne Maßeinheit angeben, wird der PostScript-Punkt (bp) verwendet – im Gegensatz zu TeX, das in (skalierten) TeX-Punkt (pt bzw. sp) rechnet (siehe auch S. 54).

Ein Paar von Koordinaten (Datentyp `pair`) definiert einen Punkt (x,y), die einfachste Form eines Pfades (`path`).
Ein ‚Paar' kann aber auch als Vektor verwendet werden: Vom Punkt `(0,0)` führt der Vektor `(30,20)` zum Punkt `(30,20)`.
Zwischen den Punkten stehen Symbole für die Art der Verbindung:

`--`	gerade Linie
`---`	gerade Linie, auch wenn eine Kurve angeschlossen ist
`..`	Kurve
`...`	enge Kurve

Eine ausführliche Darstellung finden Sie im Anhang „Reference/Paths" des MetaFun-Handbuchs `metafun-p`[3].
Besteht der Pfad nur aus zwei Punkten, wird immer eine Gerade gezeichnet: `draw (0,0)..(30,20);` ergibt die gleiche Linie wie `draw (0,0)--(30,20);`.

Jeder Befehl wird mit einem Semikolon abgeschlossen. Fehlende Semikola führen zu schwer verständlichen Fehlermeldungen.

Es gibt diverse Möglichkeiten, die Berechnung von Kurven zu beeinflussen. Das Beispiel in 22.4 gibt an manchen Punkten die Ein- und Ausgangswinkel in Grad (`dir 30`) bzw. mit Schlüsselwörtern (`up`) an.

Beachten Sie unbedingt das umfangreiche MetaFun-Handbuch! Ich gehe hier nur auf wenige Punkte ein, die mir daraus nicht sofort klar geworden sind. Weitere Hinweise zur Dokumentation siehe S. 494.

3 `texmf-context/doc/context/documents/general/manuals/metafun-p.pdf`

22.2.1 Farben

Farben ohne Anführungszeichen sind MetaPost-Farben, die je nach Farbmodell verschiedene Datentypen haben können; ConTEXt-Farben sind als Strings (Zeichenketten, in Anführungszeichen) verfügbar und werden allgemein empfohlen, so können Sie auch selbst definierte Farben problemlos verwenden. Eine Parallele zum ConTEXt-Befehl \definecolor ist auch in MetaPost verfügbar, die damit definierten Farben sind aber im ConTEXt-Code nicht verfügbar:

```
%\definecolor[meineFarbe][m=.5,y=1]
\startMPcode
definecolor [ name="meineFarbe", m=.5, y=1 ];
draw (0,0)--(100,50) withpen pencircle scaled 3bp
  withcolor "meineFarbe";
\stopMPcode
```

Die Reihenfolge der Attribute in Zeichenbefehlen ist nicht festgelegt, es ist beispielsweise egal, ob Sie withpen oder withcolor zuerst angeben.

22.2.2 Text

Text setzen Sie mit textext, dabei können Sie ConTEXt-Makros aufrufen.

```
draw textext("\bold{Voll fett!}") withcolor "blue";
```

Erweiterte Möglichkeiten bietet lmt_text:

```
draw lmt_text [
  text  = "Hallo Welt!",
  color = "blue",
  style = "bold"
];
```

Mehr dazu in luametafun[4]; auch über Schriftkonturen und Text auf Pfaden.

Die traditionelle Methode der Textdarstellung in MetaPost mit btex… etex funktioniert nicht zuverlässig mit Unicode!

Strings werden mit & verkettet: `"Hallo " & variable & "!"`

4 texmf-context/doc/context/documents/general/manuals/luametafun.pdf

22.3 Welche Umgebung?

Wann muss ich welche MetaPost-Umgebung verwenden?

`\startMPpage`	MetaPost-Grafik als Einzelseite, die sich an die Größe der Grafik anpasst (ohne `\externalfigure`).
`\startMPcode`	MetaPost-Bild, Code wird direkt ausgeführt, nimmt immer Raum ein und erzeugt u. U. eine leere Seite.
`\startreusableMPgraphic`	Statische Grafik, wird nur einmal erzeugt.
`\startuseMPgraphic`	Dynamische Grafik, wird bei jedem Aufruf neu erzeugt (sinnvoll bei Zufallswerten).
`\startuniqueMPgraphic`	Dynamische Grafik, wird neu erzeugt, wenn sich die (Overlay-)Größe[5] ändert.
`\startMPinitializations`	Initialisierungscode, z. B. Variablen, wird von allen MP-Instanzen verwendet und für jede einzeln ausgeführt.
`\startMPdefinitions`	Initialisierungscode, z. B. Makrodefinitionen, wird nur einmal ausgeführt.

Die Befehle zum Aufruf der Grafiken heißen entsprechend `\reuseMPgraphic`, `\useMPgraphic` und `\uniqueMPgraphic`; sie haben keine Optionen – Sie müssen die Skalierung entweder in der Grafik angeben oder `\scale` (S. 217) verwenden.

22.4 MetaPost-Grafiken als Bilder

Beispiel für eine einfache Grafik mit Zufallswerten:

```
\startuseMPgraphic{Herz}
path heart;
heart := (0,0){dir 30} .. {up}(20,20) ..
  {left}(10,30) ..
  {dir -150}(0,25){dir 150} ..
  {left}(-10,30) .. {down}(-20,20) ..
  {dir -30} cycle;
for c = 0 upto 5:
  % mehrere Schichten mit geringer Deckung,
  % um unscharfe Ränder zu erzeugen
  fill heart randomized 10 withcolor "red"
    withtransparency ("multiply", 0.1);
endfor;
draw heart randomized 2 withpen pencircle
  scaled 2bp withcolor "blue";
\stopuseMPgraphic
```

[5] D. h. `\overlaywidth`, `\overlayheight`, `\overlaydepth`, `\overlaycolor` oder `\overlaylinecolor`.

```
\hbox{\dorecurse{7}{\useMPgraphic{Herz}}}
% hbox verhindert Zeilenumbruch
```

22.5 MetaPost-Grafiken als Hintergrund

Wie andere Hintergründe können Sie MetaPost-Grafiken als Overlay (S. 246) definieren und als Hintergrund eines Kastens (`\framed` und dessen Abkömmlinge) verwenden.

Zwei Beispiele aus der Praxis:

22.5.1 Falzmarken

Auf meinem Buchumschlag (S. 110) möchte ich die Lage des Rückens durch Falzmarken anzeigen. Die Ebene „spine" sitzt an der richtigen Stelle, mehrere Dimensionsvariablen (`\measure`, S. 397) enthalten die nötigen Maße. Für die Position verwende ich die MetaPost-Variablen „OverlayWidth" und „OverlayHeight", sodass der Code leicht wiederverwendbar ist.

```
\startuniqueMPgraphic{MPfalzmarken}
pickup pensquare scaled 0.5pt ;
drawoptions(dashed evenly withcolor "registration") ;
draw (0,0)--(0,\pagecutmarklength);
draw (OverlayWidth,0)--(OverlayWidth,\pagecutmarklength);
draw (0,OverlayHeight)--(0,(OverlayHeight - \pagecutmarklength));
draw (OverlayWidth,OverlayHeight)--(OverlayWidth,(OverlayHeight -
  \pagecutmarklength));
\stopuniqueMPgraphic
\defineoverlay[falzmarken][\uniqueMPgraphic{MPfalzmarken}]

\setlayerframed[spine][
  y=-\measure{Trim},
  x=0mm,
  height=\measure{CoverhöhePlus},
  width=\measure{Rückenbreite},
  background=falzmarken,
]{}
```

22.5.2 Schatten

Ich hinterlege Bilder gerne mit einem Schatten. Designprogramme erzeugen solche Formen mit weich auslaufenden Kanten meist mit Hilfe von Pixelgrafiken, hier lege ich mehrere Flächen mit geringer Deckung übereinander. Somit sind diese Schatten verlustfrei skalierbar.

```
\startuniqueMPgraphic{MPschatten}
mw := BodyFontSize/10 ;
bwidth := OverlayWidth + BodyFontSize/2;
bheight := OverlayHeight + BodyFontSize/2;
cr := 15mw ; % max. Eckenradius
steps := 10 ; % Anzahl Schatten-Ebenen
hue := 0.02 ; % Helligkeit einer Ebene
ox := mw/10; % x-Versatz
oy := - BodyFontSize/2; % y-Versatz

for step = 1 upto steps:
       part := (step-1)/steps;
       ccr := (cr - cr*part)/2; % aktueller Radius
       fill unitsquare xyscaled (bwidth,bheight)
    shifted (step*mw/2, step*mw/2)
         smoothed ccr shifted (ox, oy)
         withcolor transparent(1, hue, black);
  bwidth := bwidth - mw ;
  bheight := bheight - mw ;
endfor;
setbounds currentpicture to OverlayBox ;
\stopuniqueMPgraphic

\defineoverlay[Schatten][\useMPgraphic{MPschatten}]
\rotate[rotation=-5]{\externalfigure[hacker][width=40mm,
  background=Schatten]}
```

In einer weiteren Version von Aditya Mahajan[6] ist der Schatten gebogen, sodass die Ecken hervorzustehen scheinen.

Für Schatten hinter Text gibt es auch ein Rezept:

```
\definecolor[tshade][t=.03,a=1,k=1]
\starttexdefinition ShadowText #1
\startMPcode
steps := 10 ; % Anzahl Schatten-Ebenen
rulesize := BodyFontSize/steps/3;
for step = 1 upto steps:
	draw lmt_outline [
		text = "\vbox{\strut #1}",
		kind = "fillup",
		fillcolor = "tshade",
		rulethickness = (step*rulesize),
	];
endfor;
draw lmt_outline [
	text = "\vbox{\strut #1}",
	kind = "fillup",
	fillcolor = "white",
	rulethickness = 0,
];
\stopMPcode
\stoptexdefinition

\ShadowText{Das funktioniert sogar mit ganzen Absätzen.}
```

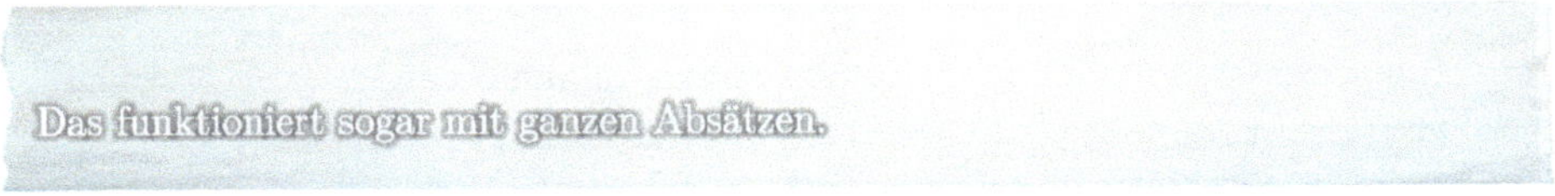

Hier wollte ich weiße Bildunterschriften in eher dunkle Bilder setzen und mit einem Schatten hinterlegen, damit sie auch in hellen Bildpartien lesbar bleiben. Mit anderen Farben lässt sich das Verfahren auch für einen Neon-Effekt einsetzen, wie im Präsentationsstil „fisty" (S. 310).
Die Funktion `lmt_outline` ist im Handbuch `luametafun`[4] beschrieben.
Der Schatten ist unregelmäßig hell, da die Konturen der Buchstaben und ihrer Anteile nicht vereinigt werden; wo mehrere Konturen zusammentreffen, multiplizieren sich die Farbwerte.

6 Modul `background`, adityam.github.io/context-blog/post/drop-shadow-with-lifted-corners/

22.6 Funktionsgraphen

Funktionsgraphen können Sie mit MetaFun-Bordmitteln erzeugen, sie sind in luametafun[4] beschrieben:

```
\startMPcode
draw lmt_function [
  xmin= 0, xmax= 10, xstep=.1,
  ymin=-2, ymax= 2,
  sx = 1mm,
  xsmall = 80, xlarge = 20,
  sy = 2mm,
  ysmall = 40, ylarge = 4,
  xcaption = "horizontal",
  ylabels = "yes",
  ycaption = "vertikal",
  linewidth = .25bp,
  offset = .1mm,
  code = "1.5 * math.sind (50 *
    x - 150)",
] xsized .4 TextWidth;
\stopMPcode
```

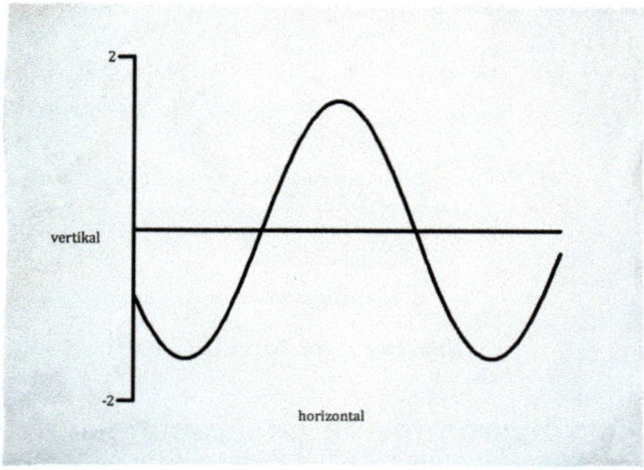

22.7 Diagramme

Einfache Torten- und Balkendiagramme sind bereits in MetaFun enthalten und in luametafun[4] beschrieben:

```
\startMPcode
draw lmt_chart_circle [
  samples = { { 1, 4, 3, 2, 5, 7
    , 6 } },
  percentage = true,
  trace = true,
  labelcolor = "white",
  labelformat = "@0.1f",
  labelstyle = "ttx",
  originsize = 0
];
\stopMPcode
```

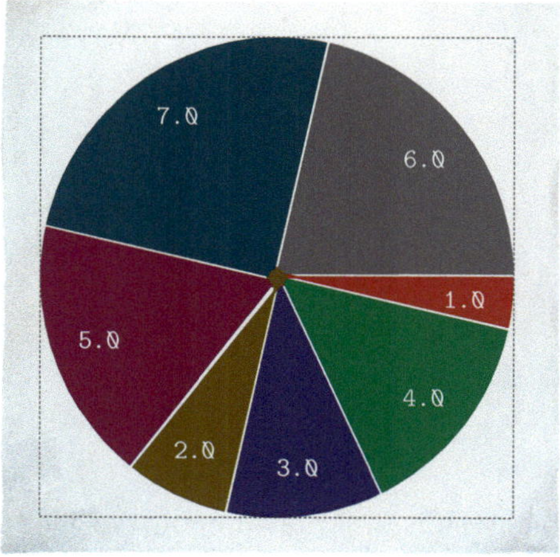

22.7.1 Modul statistical-charts

Mit dem Modul `statistical-charts`[7] von Tamara Kocurová, Adriana Kašparová und Tomáš Hála (Uni Brno) können Sie verschiedene Typen von Diagrammen zur Darstellung statistischer Daten erzeugen. Eine Auswahl zeigt Abb. 22.1. Das Modul enthält auch passende Farbpaletten und bringt ein eigenes Handbuch mit. Es ist nicht Teil der Distribution, kann aber mit `mtxrun` installiert werden (S. 13).

22.7.2 Modul chart

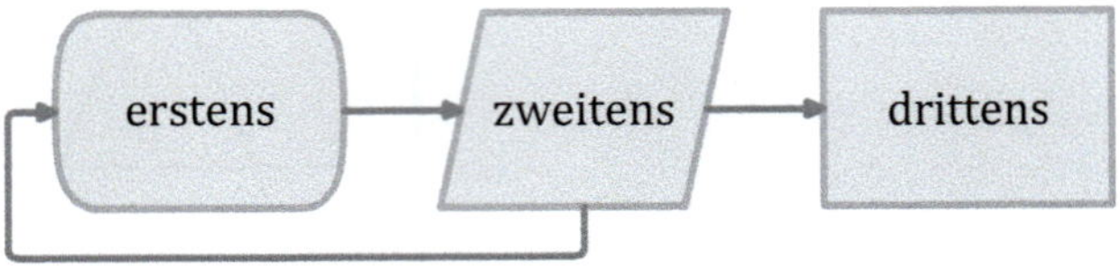

Abb. 22.2 Beispiel für ein Flussdiagramm mit `chart`

Flussdiagramme, Organigramme und dergleichen in einem festen Raster bietet das Modul `chart` (Dokumentation: `charts-mkiv`[8]).

22.7.3 Modul nodes

Das umfangreiche Modul `nodes` von Alan Braslau dient zur Darstellung von Textfeldern in einem Koordinatensystem wie z. B. bei Flussdiagrammen, Syntaxbäumen, Organigrammen, Soziogrammen oder auch chemischen Reaktionsdiagrammen. Es kann somit deutlich mehr als `chart`, ist aber auch komplexer. Die Dokumentation `nodes`[9] enthält Beispiele aus verschiedenen Fachbereichen.

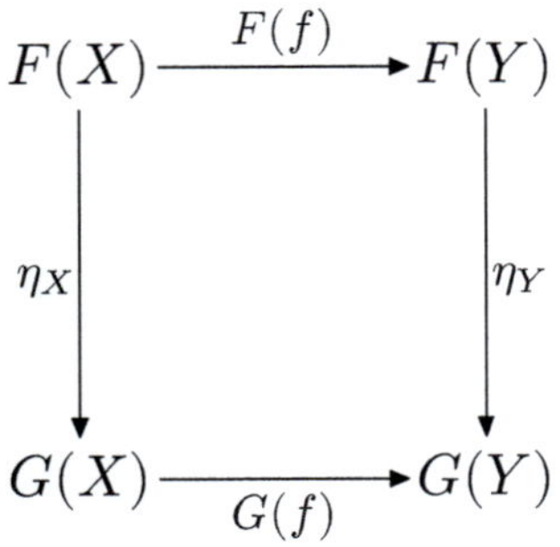

Abb. 22.3 Beispiel für ein Diagramm mit `nodes`

Den vollen Funktionsumfang des Moduls können Sie nur mit MetaPost nutzen, aber auch das ConTEXt-Interface ist schon recht mächtig.

[7] codeberg.org/fiee/context-statistical-charts
[8] `texmf-context/doc/context/documents/general/manuals/charts-mkiv.pdf`
[9] `texmf-context/doc/context/documents/general/manuals/nodes.pdf`

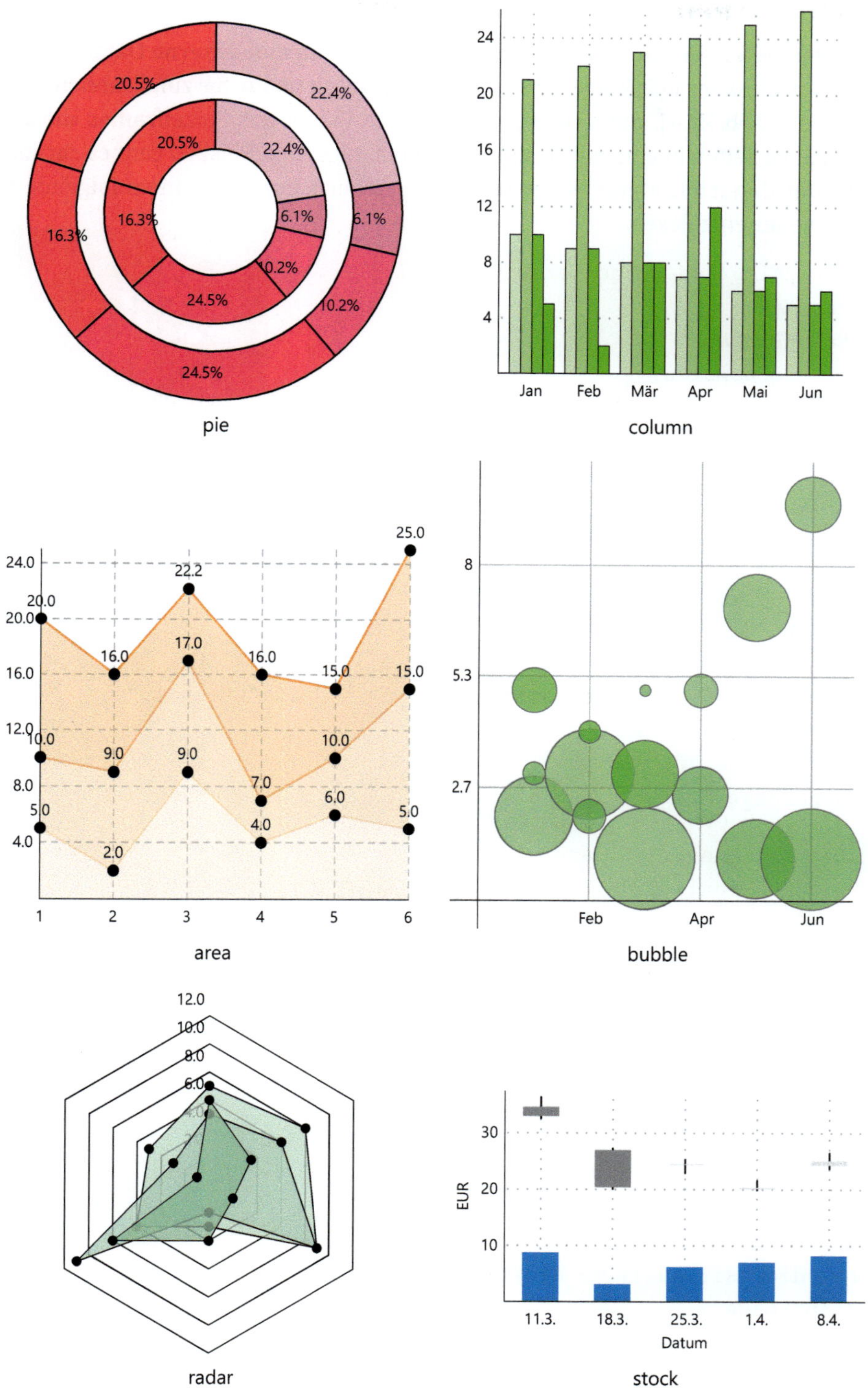

Abb. 22.1 Diagrammtypen des Moduls `statistical-charts`

22.8 Externe Daten

Mit dem Befehl `write ... to` können Sie Textdaten in eine externe Datei schreiben. Der Künstler Eçir Baff[10] verwendet MetaPost nicht nur für zufallsabhängige Grafiken (Abb. 22.4), sondern er generiert auch Videos aus Einzelframes, die ursprünglich Seiten in einem PDF sind. In seinem folgenden Beispiel geht es darum, Positionsdaten aus MetaPost zwischenzuspeichern, um sie in einem folgenden Bild wieder einzulesen.

Abb. 22.4 Grafik von Eçir Baff (ohne Bezug zum Beispiel)

```
% Vorschlag von Bruce Horrocks, 2022-07
\starttext
\startMPpage
pair diePosition[];
diePosition[1] := (0,0) ;
diePosition[2] := (10,10) ;
draw diePosition[1] -- diePosition[2] ;

% Speichere die Position in eine Datei
"Cache.mp":
for i=1 upto 2:
  write "diePosition[" & tostring(i) & "] :=
    (" & tostring(xpart(diePosition[i])) & "," &
    tostring(ypart(diePosition[i])) &") ;" to "Cache.mp" ;
endfor;
write EOF to "Cache.mp" ;
\stopMPpage

% Die Datei enthält dann:
% diePosition[1] := (0,0) ;
% diePosition[2] := (10,10) ;

% Wir ändern diePosition[2]:
\startMPpage
diePosition[2] := (10,0) ;
draw diePosition[1] -- diePosition[2] ;
\stopMPpage

% Jetzt lesen wir die Positionen wieder aus der Datei:
\startMPpage
input "Cache.mp";
draw diePosition[1] -- diePosition[2] ;
\stopMPpage

\stoptext
```

10 art-aleatoire.com

22.9 MetaPost und Lua

Im Gegensatz zu Standard-MetaPost lässt sich MetaFun mit Lua (Kap. 25) kombinieren, um die Stärken der beiden Programmiersprachen zu kombinieren.
Mit dem MetaFun-Befehl `runscript` können Sie Lua-Funktionen aufrufen, während die MetaPost-Makros von Lua aus in der `metapost`-Bibliothek erreichbar sind.

Hier ist noch einmal das Beispiel von Eçir Baff, aber unter Verwendung von Lua: Auf der ersten MP-Seite wird dem Paar `diePosition` ein Wert zugewiesen und als Lua-Tabelle in eine Datei `Cache.lua` gespeichert. Auf der zweiten Seite wird der Wert im Arbeitsspeicher geändert und auf der dritten Seite wieder aus der Datei eingelesen.

```
% Vorschlag von Hans Hagen, 2022-07
\starttext
\startMPpage
pair diePosition[];
diePosition[1] := (0,0) ;
diePosition[2] := (10,10) ;
draw diePosition[1] -- diePosition[2] ;
% Lege die Parameter im Objekt meineDaten ab:
getparameters "meineDaten" [
pos_a = diePosition[1],
pos_b = diePosition[2]
] ;
% speichere das Objekt in eine Datei
runscript("table.save('Cache.lua',
  (metapost.getparameterset('meineDaten')))") ;
\stopMPpage

% Wir ändern diePosition[2]:
\startMPpage
diePosition[2] := (10,0) ;
draw diePosition[1] -- diePosition[2] ;
\stopMPpage

% Jetzt lesen wir die Positionen wieder aus der Datei:
\startMPpage
runscript("metapost.setparameterset('meineDaten',
  table.load('Cache.lua') or { })") ;
diePosition[2] := getparameter "meineDaten" "pos_b" ;
draw diePosition[1] -- diePosition[2] ;
\stopMPpage

\stoptext
```

22.10 Fehlersuche

Folgende Tracker helfen bei der Fehlersuche im Zusammenhang mit MetaPost:

```
metapost.forcestroke
metapost.lua
metapost.showlog
metapost.svg.path
metapost.svg.result
metapost.variables
```

23 Projektverwaltung

Wie behalte ich bei größeren Projekten den Überblick? Wie kann ich verschiedene Versionen aus einer Quelle erzeugen? Welche Werkzeuge erleichtern mir die Arbeit?

23.1 Projektstruktur

Wie sollte ich ein größeres Projekt sinnvoll aufteilen?

ConTEXt unterstützt die folgende Projektstruktur[1]; die Pfeile geben an, was sich aufeinander bezieht:

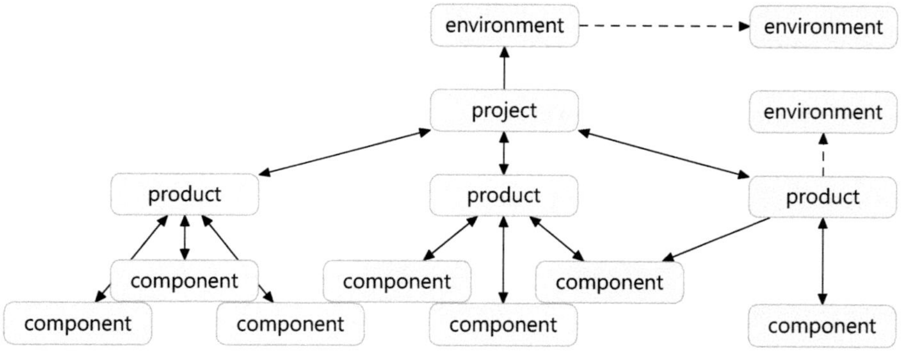

- Ein Environment ist eine Stilvorlage.
- Ein Projekt verbindet mehrere Produkte mit ihrem Environment.
- Ein Produkt kann Komponenten verwenden.

Bei einer Zeitschrift wäre eine Komponente ein Artikel, ein Produkt eine Ausgabe und das Projekt die Zeitschrift.
Bei einem Buch wäre eine Komponente ein Kapitel, ein Produkt das Buch und das Projekt die Buchreihe (wenn es eine gibt).
Die im Folgenden verwendeten Präfixe `env_`, `project_`, `prd_` und `c_` sind keine Verpflichtung, sondern nur (m)eine Konvention. Ich sehe gerne am Dateinamen, womit ich es zu tun habe. Wenn Ihre Komponenten ohnehin in Unterverzeichnissen liegen, ist das Präfix eher lästig.

[1] Beschrieben in `documents/general/magazines/mag-1101-mkiv.pdf` oder in der Präsentation meeting.contextgarden.net/2021/talks/2021-09-21/starttext.pdf.

23.1.1 Environment

Das Environment entspricht der Dokumentenklasse bei LaTeX oder dem Stylesheet bei HTML. Hier sammeln Sie alle Einstellungen (Setups) und Definitionen.
Sie können Environments ohne Projekt, Produkt und Komponenten einsetzen.
Ein Environment ist dadurch definiert, dass es mit `\startenvironment` (Name) … `\stopenvironment` umgeben ist. Es wird mit `\environment Name` geladen. Der Name muss dem Dateinamen ohne Endung entsprechen und kann in eckigen Klammern stehen.

`\environment` hat gegenüber `\input` den Vorteil, dass es nur einmal geladen wird, auch wenn es mehrfach angefordert wird. Wenn die Eingabedatei von `\input` nicht gefunden wird, bricht TeX die Verarbeitung ab. Bei `\component` oder `\environment` wird nur eine Warnung ausgegeben, wenn die Datei nicht gefunden wurde.

Sie können Environments modularisieren, z. B. könnte eine Datei `env_ci.tex` nur die gemeinsamen Elemente Ihrer Corporate Identity definieren, wie Farben, Schriften und Logos, während es für jede Produktart (Briefbögen, Prospekte, Visitenkarten…) eigene Environments gibt. `env_ci` kann dann von `env_flyer` geladen werden oder beide von `project_flyer`.
Ein Environment kann mehrere Layouts enthalten, wenn diese z. B. durch Modi (S. 374) auseinander gehalten werden.

```
% Dateiname env_meinbier.tex
\startenvironment env_meinbier
\mainlanguage[de]
% … Ihre Definitionen und Einstellungen
\stopenvironment
```

23.1.2 Projekt

Das Projekt verbindet die Produkte mit dem Environment. Was darin steht, außer den Produkten, erscheint in jedem Produkt.

Das Projekt ist nicht zum TeXen geeignet; wenn Sie es versuchen, kann es zu Endlosschleifen führen, bis ConTeXt mit der Meldung „TeX capacity exceeded" abbricht.

```
% Dateiname project_meinbier.tex
\startproject project_meinbier
\environment env_meinbier

\product prd_lager
\product prd_export
\product prd_alt

\stopproject
```

23.1.3 Produkt

Das Produkt ist die Einheit, die einzeln veröffentlicht werden soll, wie ein Buch oder eine Ausgabe einer Zeitschrift.
Auf Projekt oder Komponenten können Sie ggf. verzichten; das Produkt ist aber Pflicht, wenn Sie Komponenten verwenden.

Wenn Sie ein Produkt TeXen, wird das Environment des Projekts verwendet. Zusätzlich wird alles eingebunden, was im Projekt steht, außer den Produkten. Deshalb sollten im Projekt normalerweise nur das Environment und die Produkte aufgelistet sein, sonst nichts.

```
% Dateiname prd_alt
\startproduct prd_alt
\project project_meinbier

\startfrontmatter
% Titelei ...
\component alt/c_vorwort
\completecontent % Inhaltsverzeichnis

\stopfrontmatter

\startbodymatter

\component alt/c_anbau
\component alt/c_ausbau
\component alt/c_abbau

\stopbodymatter

\startbackmatter

\component alt/c_anhang

\stopbackmatter

\stopproduct
```

Die Komponenten des Produkts liegen im Beispiel in einem Unterverzeichnis.

23.1.4 Komponenten

Eine Komponente ist ein Teil eines Produkts, typischerweise ein Kapitel oder ein Artikel. Wenn ein Produkt nur einen geringen Umfang hat, kann es sinnvoll sein, auf Komponenten zu verzichten.
Wenn Sie eine Komponente einzeln TeXen wollen, müssen Sie das Environment auch in der Komponente aufrufen.

```
% Dateiname alt/c_anbau.tex
\startcomponent c_anbau
\product prd_alt
\environment env_meinbier % nötig, um die Komponente einzeln
  erzeugen zu können

\startchapter[title={Der Anbau}]

% Text ...

\stopchapter
\stopcomponent
```

Mit \currentcomponent können Sie auf den Namen der aktuellen Komponente zugreifen.

Wenn es Ihnen zu lästig ist, den Namen der Datei in jedem Produkt und jeder Komponente anzugeben, können Sie ihn auch durch * ersetzen:

```
\startcomponent *
...
\stopcomponent
```

23.2 Modi

Wenn Sie mehrere Versionen eines Dokuments brauchen, können Sie Modi (modes) verwenden, eine Art von Verzweigungen im Ablauf:

```
\startmode[farbe]
\setupcolors[
  state=start,
  cmyk=yes,rgb=no,spot=no,
]
\stopmode

\startmode[sw]
\setupcolors[
  state=stop,
  cmyk=no,rgb=no,spot=no,
]
\stopmode

\color[red]{Dieser Text wird manchmal rot.}
```

Welche Version Sie bekommen, entscheiden Sie beim Aufruf:

```
context --mode=farbe dokument
```

Fast das Gleiche können Sie auch mit \startnotmode erreichen:

```
\startmode[farbe]
\setupcolors[state=start,cmyk=yes,rgb=no,spot=no]
\stopmode

\startnotmode[farbe]
\setupcolors[state=stop,cmyk=no,rgb=no,spot=no]
\stopnotmode

\color[red]{Dieser Text wird manchmal rot.}
```

Hier können Sie `--mode` weglassen, wenn Sie die schwarz-weiße Version brauchen.
Beim Aufruf können Sie verschiedene Modi kombinieren:

```
context --mode=farbe,web,oem dokument
```

Innerhalb von Makros funktioniert `\startmode` usw. nicht, aber es gibt eine Alternative:

```
\doifmodeelse{farbe}{%
  \setupcolors[state=start]
}{%
  \setupcolors[state=stop]
}
```

23.2.1 Modi ein- und ausschalten

Mit `\enablemode` aktivieren Sie einen Modus, mit `\disablemode` schalten Sie ihn ab, und mit `\preventmode` verhindern Sie, dass er je wieder aktiviert wird. Das funktioniert auch mit mehreren gleichzeitig:

```
\enablemode[color,lowres,a4]
\disablemode[bw,highres,letter]
```

Dies übersteuert die Aktivierung von Modi über die Kommandozeile (Parameter `--mode`, s. o.).

23.2.2 Fortgeschrittene Modus-Abfragen

Wenn Sie Abschnitte Ihres Codes von mehreren Modi abhängig machen wollen, könnten Sie `\startmode` schachteln oder besser `\startallmodes` verwenden:

```
\startmode[mode1, mode2, …]
  % Wenn einer der Modi aktiv ist
\stopmode

\startnotmode[mode1, mode2, …]
  % Wenn einer der Modi nicht aktiv ist
\stopnotmode

\startallmodes[mode1, mode2, …]
```

```
  % Wenn alle Modi aktiv sind
\stopallmodes

\startnotallmodes[mode1, mode2, …]
  % Wenn keiner der Modi aktiv ist
\stopnotallmodes
```

Auch die `\doif`-Version hat weitere Varianten:

```
\doifmode            {m1, m2, …} {Ein Modus aktiv}
\doifnotmode         {m1, m2, …} {Ein Modus inaktiv}
\doifallmodes        {m1, m2, …} {Alle Modi aktiv}
\doifnotallmodes     {m1, m2, …} {Alle Modi inaktiv}
\doifmodeelse        {m1, m2, …} {Ein Modus aktiv}{sonst …}
\doifallmodeselse    {m1, m2, …} {Alle Modi aktiv}{sonst …}
\doifnotallmodeselse{m1, m2, …} {Alle Modi inaktiv} {sonst …}
```

Es gibt auch eine Entsprechung zum case-Konstrukt mancher Programmiersprachen:

```
\startmodeset
  [mode1, mode2, …]      {Ein Modus aktiv}
  [mode3, mode4, …]      {Ein Modus aktiv}
  [default]              {Keiner der oben genannten aktiv}
\stopmodeset
```

Dabei kann der gleiche Modus mehrfach abgefragt werden, und alle passenden Zweige werden ausgeführt. `\startmodeset` kann sogar verschachtelt werden.

23.2.3 Systemmodi

Systemmodi werden von ConTEXt selbst gesetzt und sind am Sternchen erkennbar, z. B. gibt es vordefinierte Sprachmodi:

```
\startmode[*en]
This text is only typeset if the language is set to English.
\stopmode
```

`*<sprache>`	wenn die aktuelle Sprache ‚sprache' ist, z. B. `*de`
`**<sprache>`	wenn die Hauptsprache ‚sprache' ist, z. B. `**de`
`*grid`	wenn der registerhaltige Satz aktiv ist
`*singlesided`	wenn das Layout einseitig ist
`*doublesided`	wenn das Layout doppelseitig ist
`*interaction`	wenn Interaktionen (Links) aktiv sind
`*figure`	wenn eine Grafik gefunden wurde
`*list`	innerhalb eines Listeneintrags (z. B. Inhaltsverzeichnis)
`*marking`	innerhalb eines Kolumnentitels
`*register`	innerhalb eines Registers (Index)

*footnote	innerhalb einer Fußnote (ebenso *endnote)
*<section>	innerhalb einer Überschrift der Ebene ‚section', z. B. *chapter, siehe S. 58
*<matter>	innerhalb des Buchteils (frontpart, bodypart, backpart, appendix), z. B. *frontpart, siehe S. 67
*<projectpart>	innerhalb der entsprechenden Projektdatei (project, environment, product, component) bzw. text bei \starttext … \stoptext, z. B. also *product oder *text
*export	bei XML-Export, siehe S. 436
*first	im ersten Durchlauf (sinnvoll beim Aufruf externer Programme)
*trialtypesetting	beim Berechnen des Umbruchs (sinnvoll z. B. für Tricks in Tabellen)
*mkii, *mkiv, *lmtx	wenn die jeweilige ConTEXt-Version verwendet wird (sinnvoll in rückwärtskompatiblen Modulen)

Die projektspezifischen Modi können Sie verwenden, wenn einzelne Komponenten (z. B. Artikel) anders dargestellt werden sollen als im Zusammenhang Ihres Produkts.

```
\startmode[*component]
Aktiv, wenn die Komponente eines Projekts einzeln ge\TeX{}t wird.
\stopmode
```

Noch mehr über Modi finden Sie im Handbuch mmodes[2].

23.3 Workflow

Welche Zusatzprogramme können mir die Arbeit mit ConTEXt erleichtern?

23.3.1 Aufrufskripte

Für LATEX gibt es bewährte Hilfsmittel wie latexmk (LATEX-Make) oder Arara, die dafür sorgen, dass TEX oft genug aufgerufen wird, um alle Referenzen aufzulösen, außerdem die Hilfsprogramme, die Inhaltsverzeichnis, Register und Bibliografie erzeugen.
Bei ConTEXt kümmert sich das Aufrufskript (context bzw. mtxrun) um all diese Aufgaben, sofern sie überhaupt nötig sind.
Häufige Anforderungen wie das Aufräumen von Temporärdateien, der Aufruf eines PDF-Viewers nach erfolgreicher Erstellung des PDFs oder das Ausschießen der Seiten zum Heft sind ebenfalls nur einen Aufrufparameter entfernt (S. 27).

[2] texmf-context/doc/context/documents/general/manuals/mmodes.pdf

Trotzdem bleiben lästige Routineaufgaben, die man sich erleichtern kann. Ich habe z. B. gerne das aktuelle Datum im Dateinamen des PDFs, das ich dann für meine Kollegen oder Kunden auf einen Server lade. Wenn Sie mit mehreren Menschen oder Computern an einem Projekt arbeiten, empfiehlt sich eine Synchronisierungslösung (z. B. Nextcloud) oder Versionsverwaltung (S. 380).
Wenn Sie in einer Sprache wie C programmieren, können Sie auf das vertraute `make` zurückgreifen. Eine beliebige Skriptsprache ist sicherlich ebensogut geeignet – Lua haben Sie direkt zur Verfügung, Windows bringt die PowerShell mit, TeX Live oder Linux-Distributionen enthalten zumindest Python, Perl und Ruby. Ich finde `bash`-Shellskripte am bequemsten:

```
#!/bin/bash
# Aufruf: texit.sh <Produktname>

cd ~/workspace/meinprojekt

PRD=$1
if [ ! -e prd_${PRD}.tex ]; then
        echo "Produkt ${PRD} nicht gefunden!"
        ls -1 prd_*.tex
        exit 1
fi

ISODATE=`date +"%Y-%m-%d"`

RESULT="mein-projektname_${ISODATE}

context --result=${RESULT} --autopdf=auto prd_${PRD} && \
scp ${RESULT}.pdf user@server.example.com:/home/user/public/
  meinprojekt/
```

Dieses Skript wird als `./texit.sh meinprojekt` aufgerufen, erzeugt aus `prd_meinprojekt.tex` ein Ergebnis wie `mein-projektname_2026-10-01.pdf`, öffnet es im PDF-Viewer und kopiert es in ein Serververzeichnis.

Wenn Sie mit Lua umgehen können, werfen Sie einen Blick in die `mtxrun`-Skripte unter `texmf-context/scripts/context/lua`; Ihre eigenen können Sie dann entsprechend unter `texmf-local/scripts/context/lua` ablegen.

23.3.2 Sinnvolle Zusatzprogramme

Die folgenden Anwendungen werden nicht benötigt, um ConTEXt auszuführen, sie erweitern aber die Möglichkeiten:

curl	Herunterladen von Dateien aus dem Internet (z. B. Bilder von Websites); intern verwendet ConTEXt `libcurl`.
ePub-Werkzeuge	siehe S. 440
FontForge	Gestaltung/Konvertierung von Schriften
Ghostscript	Konvertierung von PostScript (PS-Dateien) nach PDF
GraphicsMagick (convert)	Konvertierung von Pixelbildern, z. B. GIF- und TIFF-Bildern
Inkscape	Bearbeitung von SVG (und PDF)
LittleCMS[3] (transicc)	Farbmetrisches Konvertieren von Farben mit Hilfe von ICC-Profilen
mupdf[4] (mudraw)	Bearbeitung von PDFs (Aufteilen in Einzelseiten, Extrahieren von Bildern, Konvertieren in Pixelformate)
Pandoc[5]	Konvertierung von Textdateien, auch nach ConTEXt
pstoedit[6]	Konvertierung von Vektorformaten, z. B. EPS in MetaPost
veraPDF[7]	Überprüfung von PDF/A und PDF/UA
vim	Quellcodeformatierung mit dem `vim`-Modul
zint[8]	Erzeugen von Barcodes (EAN, QR-Code usw., S. 465)
zip oder 7zip	Komprimieren/Dekomprimieren von Dateien, nötig zum Erzeugen von ePub; intern verwendet ConTEXt `libzip`
`contextproject.py`[9]	Hilfsprogramm für ConTEXt-Projektstrukturen (S. 371)
`docx2ctx.py`[10]	Konvertierung von DOCX nach ConTEXt

3 www.littlecms.com, verfügbar für diverse Unix- und Linux-Varianten als `lcms2`, für Windows über CygWin, für MacOS via Fink, MacPorts oder Homebrew.
4 www.mupdf.com
5 pandoc.org
6 pstoedit.net
7 verapdf.org
8 www.zint.org.uk
9 codeberg.org/fiee/context-tools (benötigt Python)
10 codeberg.org/fiee/context-tools/docx2ctx/ (benötigt Python)

23.3.3 Quellcodeverwaltung

Wenn Ihre Projekte größer werden oder Sie im Team daran arbeiten möchten, ist es sinnvoll, die Dateien mit Hilfe einer Versionierungssoftware zu verwalten. Wenn Sie dabei nicht bereits Vorlieben haben, empfiehlt sich Git aufgrund seiner weiten Verbreitung; Mercurial (`hg`) ist sicherlich ebensogut geeignet. Subversion (`svn`) gilt als veraltet, ist aber noch vielfach im Einsatz.

Versuchen Sie, inhaltlich zusammengehörige Änderungen mit einer sinnvollen Anmerkung einzuchecken, unabhängig von anderen Korrekturen. So können Sie später noch nachvollziehen, wann und warum Sie bestimmte Änderungen gemacht haben, um notfalls zu einem alten Stand zurückzukehren.

Quellcodeverwaltungen sind schlecht für Binärdateien wie Bilder und PDFs geeignet. Ich versuche deshalb, nur die wirklich benötigten Bilder und nur die endgültigen PDFs darin zu speichern. Grundsätzlich speichere ich keine Daten in der Versionsverwaltung, die ConTEXt wieder erzeugen kann (`*.log, *.tuc, *.tua, m_k_i_v_*.*`). Das gilt zwar eigentlich auch für PDF, aber es ist doch sinnvoll, die fertigen PDFs aufzuheben statt zu hoffen, dass neuere Versionen von ConTEXt ältere Projekte noch genau gleich übersetzen.

Für die Teamarbeit oder auch als Backup können Sie Ihr lokales Projekt-Repository auf einen Remote-Server kopieren. Neben den kommerziellen Anbietern wie GitHub oder Bitbucket gibt es freie Alternativen wie Codeberg[11]; Sie können auch selbst einen Server mit Gitolite[12] oder Forgejo[13] konfigurieren.

Wenn Sie sich auf der Kommandozeile nicht so richtig heimisch fühlen, gibt es auch Benutzeroberflächen, die den Umgang mit Git und Mercurial erleichern:

git gui, gitk	gehören zur Grundausstattung von git
git-cola[14]	Alternative zu gitk / git gui
SCM-Workbench[15]	für git, hg, svn
TortoiseGit[16] (Windows)	Plugin für den Windows Explorer; ausreichend für die alltäglichen, einfachen Aufgaben
SmartGit[17]	bei vielen Nutzer*innen beliebt, aber kommerziell

Viele Editoren oder IDEs (S. 14) unterstützen auch mindestens eine Versionsverwaltung, zumindest über Plugins (z. B. magit für Emacs und fugitive für vim).

11 codeberg.org
12 gitolite.com
13 forgejo.org
14 git-cola.github.io
15 scm-workbench.barrys-emacs.org
16 tortoisegit.org
17 www.syntevo.com/smartgit/

24 Programmieren in ConTeXt

Wie kann ich meine eigenen Befehle definieren?

24.1 Hintergrund: Kisten, Leim und Märkchen

Sie müssen diesen Abschnitt nicht lesen. Ich bin sehr lange ohne tieferes Verständnis von TeX ausgekommen. Dann müssen Sie sich nur damit abfinden, dass Sie manchmal nicht verstehen, warum ein Fehler auftritt oder warum ConTeXt sich komisch verhält. Ein paar Grundlagen zu verstehen, hilft spätestens beim Programmieren von eigenen Makros. Ich versuche mich kurz zu fassen – wenn Sie es genauer wissen wollen, können Sie sich in die `lowlevel`[1]-Reihe von Hans Hagen oder *TeX by Topic* von Victor Eijkhout vertiefen. Letzteres ist sehr genau, bezieht sich aber auf das traditionelle TeX, während ConTeXt manchmal schon einfacher ist.

TeX sieht hauptsächlich ‚Boxen' (Kisten) und Zwischenräume, die zum Teil mit ‚Glue' (Leim) ausgefüllt sind.[2] Jedes Einzelteil ist ein ‚Token' (Dings, Märkchen, Zeichen).

[1] `texmf-context/doc/context/documents/general/manuals/lowlevel.pdf`

[2] Patrick Gundlach hat daher seinen TeX-Nachbau „boxes and glue" genannt.

24.1.1 Horizontal oder vertikal?

TEX befindet sich immer in einem von drei Arbeitsmodi, die jeweils in zwei Varianten vorkommen:

- horizontal (un-/eingeschränkt)
- vertikal (extern und intern)
- Mathe (Zeile und abgesetzt)

Die Mathe-Modi betreffen nur den Formelsatz (S. 323). Im horizontalen Modus ist TEX typischerweise damit beschäftigt, Zeilen zu ‚bauen', im vertikalen Modus setzt es Zeilen zu Absätzen zusammen.
Eine horizontale Kiste (`\hbox`) enthält genau eine Zeile Text, TEX befindet sich darin im eingeschränkten horizontalen Modus, und jegliches Material wird einer horizontalen Liste angefügt. Im *un*eingeschränkten horizontalen Modus wird diese Liste später in einzelne Zeilen aufgeteilt, die der umgebenden vertikalen Liste angefügt werden.
Eine vertikale Kiste (`\vbox`) kann mehrere Zeilen enthalten, TEX befindet sich darin im internen vertikalen Modus. Material wird einer vertikalen Liste angefügt. Im externen vertikalen Modus wird die Liste in Seiten aufgeteilt.
In beiden Modi können beide Arten von Boxen vorkommen. Manche Befehle funktionieren nur in einem Modus, und manche Befehle schalten implizit in den einen oder anderen Modus um.

Woraus können diese Listen bestehen (vereinfacht)?

horizontal	vertikal
Boxen	Boxen
(Schriftzeichen, `\hbox`, `\vbox`, `\vrule`)	(`\hbox`, `\vbox`, `\hrule`)
Trennstellen	Markierungen
verpacktes vertikales Material	
Weißraum, Leim, Strafpunkte	Weißraum, Leim, Strafpunkte

Die Elemente aus der letzten Zeile der Tabelle werden weggeworfen, wenn sie am Ende einer Zeile/Seite vorkommen.

24.1.2 Längen und Leim

Eine *Dimension* (24.15, S. 397) ist eine feste Länge, die mit einer Maßeinheit angegeben werden kann.
Glue ist Weißraum mit einer Anpassungstoleranz, er besteht aus einer Dimension und optional zwei Angaben zur positiven und negativen Toleranz (Dehnung und Schrumpfung, *stretch* und *shrink*). Beispiele dafür sind `\hskip` und `\vskip`.

```
\hskip 10pt minus 2pt plus 3pt\relax
```

Der horizontale Weißraum im Beispiel ist normalerweise 10 pt breit, darf aber bis auf 8 pt gestaucht werden (`minus 2pt`). Die Dehnung ist nicht begrenzt – es hagelt aber Strafpunkte (Penaltys), wenn die 3 pt *stretch* überschritten werden. Wenn Sie `*skip` nicht begrenzen, z. B. durch ein Satzzeichen oder `\relax`, liest TeX nach dem ersten Wert weiter und verschluckt ggf. ein folgendes ‚m' oder ‚p' (Stichwort „lookahead") – ConTeXt wirft eher einen Fehler „Valid keyword expected" oder „Missing number".

```
\TeX\hskip.5em mich % ! Valid keyword expected
\TeX\hskip.5em plus % ! Missing number
```

24.1.3 Tokens und ihre Listen

Genau genommen sind *Token Lists* die einzige Datenstruktur von TeX. So eine Liste besteht aus Schriftzeichen (Character Tokens) und Makro-Verweisen (Control Sequence Tokens).
Ein **a** ist ebenso ein Token wie `\emph`. Makros werden nach und nach in ihre Tokens expandiert (Expansion: 24.1.5).
Einige Token Lists sind für die Makroprogrammierung zugänglich. Besonders interessant sind dabei jene, die automatisch an bestimmten Stellen eingefügt werden: ihre Namen beginnen mit `\every`; z. B. wird `\everypar` eingefügt, wenn TeX von einem vertikalen Modus in den uneingeschränkten horizontalen Modus wechselt, also am Beginn eines Absatzes. Diese Token Lists werden auch ‚Hooks' genannt, weil Sie hier ‚einhaken' können, um Ihre eigenen Befehle einzufügen. ConTeXt erleichtert das mit `\appendtoks … \to\every…` („hänge folgende Tokens an die genannte Token List an").

```
\appendtoks
    % …
\to \everypar
```

24.1.4 Strafpunkte

Es gibt zwei Arten von Strafpunkten: Penaltys und Demerits. Alles, was schlechten Satz erzeugt, ist mit Strafpunkten belegt, z. B. Silbentrennung, Dehnung von Weißraum und alleinstehende Zeilen. Beim Bauen von Absätzen und Seiten spielt TeX verschiedene Möglichkeiten durch und entscheidet sich für jene mit den wenigsten Strafpunkten.
Demerits sind der zusammengefasste Wert von Badness (Satzqualität, S. 32/123) und Penaltys in einer Zeile bzw. in einem Absatz.

24.1.5 Expansion

Die ‚Übersetzung' von Makros in ihre zugrundeliegenden Befehle nennt man Expansion. Meist läuft diese über mehrere Stufen, denn die meisten ConTeXt-Befehle sind auch nur Makros, die sich aus anderen Makros zusammensetzen, bis man irgendwann auf der Ebene der hart codierten TeX-Primitiven landet. Somit wird fast jedes Makro mehrfach expandiert, und je nachdem, was Sie erreichen möchten, müssen Sie Ihre Makros darauf anpassen, wann welche Elemente expandiert werden: Wenn z. B. ein Makro im Kolumnentitel von den Inhalten der Seite abhängen soll, darf es nicht im Voraus (vor dem Setzen der Seite) expandiert werden.

```
\expandoneargafter \command{\abc}
\expandtwoargsafter\command{\abc}{\def}
\fullexpandoneargafter \command{\abc}
\fullexpandtwoargsafter\command{\abc}{\def}
\expanded{\setupsomething[\alfa]}
\safeexpanded{\setupsomething[\alfa]}
\unexpanded\def\somecommand{... ... ...}
```

Mehr zu diesem Thema finden Sie in `lowlevel-expansion`[3].

24.2 Makros ohne Parameter

Im einfachsten Fall möchten Sie sich einfach nur Schreibarbeit ersparen bzw. ein Stück Code durch einen semantisch sinnvollen Befehl wiedergeben:

```
\def\Verein{Verein der Freunde und Förderer von mit \CONTEXT\
  gestalteten Drucksachen}
\def\Marke{{\definedfont[RobotoBold*default]meinTollesProdukt}}
\def\zB{z.\,B.\autoinsertnextspace}
\def\Tux{\symbol[awesome5-brands][linux]\autoinsertnextspace}
```

Wo Sie das Makro einfügen, wird es durch den angegebenen Inhalt ersetzt (expandiert).

`\autoinsertnextspace` am Ende eines solchen Makros sorgt dafür, dass Sie das folgende Leerzeichen nicht schützen müssen (wie „`\CONTEXT\`“). Sie können dann „`\zB Beispiel`“ schreiben.

Das Beispiel `\Marke` zeigt auch, dass Sie eine zusätzliche Gruppe brauchen, wenn sich Formatierungen nicht auf den folgenden Text auswirken sollen. (`\definedfont` steht mit dem zugehörigen Text in geschweiften Klammern.)

In Makronamen dürfen Sie die meisten Unicode-Zeichen verwenden, z. B. Umlaute, chinesische Zeichen oder Emojis, nur *keine Zahlen* und Satzzeichen. Bei Zeichen außerhalb von 7-bit-ASCII (lateinische Buchstaben ohne Akzente) versagt allerdings die Syntax-Hervorhebung vieler Editoren.

```
\def\Übertrag{23}
% sinnlos, aber gültig:
\def\★{Stern}
```

[3] `texmf-context/doc/context/documents/general/manuals/lowlevel-expansion.pdf`

Das bedeutet auch, dass Makros nur durch Leerzeichen, Satzzeichen, Klammern oder Zahlen abgeschlossen werden. Wenn Sie z. B. mit chinesischen Texten zu tun haben, die üblicherweise ohne Leerzeichen gesetzt werden, muss nach einem Makro dennoch ein Leerzeichen (bzw. ein Satzzeichen, eine Zahl oder ein anderes Makro) folgen, weil die folgenden chinesischen Zeichen zum Makronamen gehören könnten.

Die Namen Ihrer eigenen Makros sollten mit einem Großbuchstaben beginnen, dann kommen sie nicht so leicht mit vordefinierten Makros in Konflikt! Auch wenn Sie davon abweichen wollen, lassen Sie *niemals* Makronamen mit `\normal` beginnen, weil ConTEXt viele umdefinierte TEX-Primitiven mit diesem Präfix speichert (z. B. `\normalspace`).

In LMTX sind viele Befehle gegen Überschreiben geschützt.

24.3 Makros mit Parametern

TEX-Makros können bis zu neun Parameter haben (#1–#9); ConTEXt LMTX erlaubt bis zu 15 (zusätzlich #A–#F). Da so viele Parameter leicht unübersichtlich werden, sollten Sie sich ggf. die fortgeschrittenen Möglichkeiten wie Listen und Wertzuweisungen ansehen.

```
\define[1]\Web{\goto{#1}[url(https://#1)]}
\define[2]\WebToo{\goto{#1}[url(#2)]}
```

`#1` steht für den Wert des (ersten) Parameters und kann mehrfach ausgegeben werden. `\Web{fiee.net}` wird also zu `\goto{fiee.net}[url(https://fiee.net)]` *expandiert* (siehe 24.1.5, S. 383).
Statt `\define[2]\Makro` können Sie auch `\def\Makro#1#2` schreiben (siehe 24.4, S. 386).
Die Nummern der Parameter müssen ihrer Reihenfolge entsprechen. So etwas wie `\def\Bla#3#9#1` funktioniert nicht, die Reihenfolge darf nur durch `#0` oder `#-` unterbrochen werden, in beiden Fällen wird der Parameter ignoriert:

```
\def\Makro#1#0#3{} % #2 ist leer
\def\Makro#1#-#2{} % 2. Parameter wird ignoriert
```

Im MkLX-Modus, der durch die Dateiendung `.mklx` oder die dargestellte erste Zeile aktiviert wird, gibt es sogar benannte Parameter:

```
% macros=mklx
\starttexdefinition WebToo #Ausgabe#URL
\goto{#Ausgabe}[url(#URL)]
\stoptexdefinition
\WebToo{Wiki}{https://wiki.contextgarden.net}
```

Diese Bequemlichkeit beim Programmieren wird allerdings durch eine leicht erhöhte Laufzeit erkauft.

MkIV In ConTEXt MkIV heißt der Modus ‚MkVI' und verwendet entsprechend die Dateiendung `.mkvi`. Dies funktioniert auch mit ConTEXt LMTX.

24.4 `\def`, `\define` oder was?

In manchen Beispielen steht `\def`, in anderen `\define` – welches soll ich wann benutzen?

Es gibt sogar noch viel mehr Möglichkeiten, die meisten werden Sie nie brauchen.

- `\def` ist die klassische TEX-Methode ohne Schnickschnack. Empfohlen bei Makros ohne Argumente.
- `\cdef` entspricht `\constant\def`. Sinnvoll bei Konstanten, die häufig verwendet werden.
- `\edef` entspricht `\expanded\def`. Sinnvoll, wenn der Inhalt sofort expandiert werden soll.
- `\gdef` entspricht `\global\def`. Das Makro gilt global, auch wenn es innerhalb einer Gruppe definiert wurde.
- `\xdef` entspricht `\global\edef`.
- `\define` verhält sich wie `\protected\def`, sieht aber etwas „sauberer" aus, sobald mehr als ein Parameter im Spiel ist. (`\unexpanded` ist synonym für `\protected`.)
- Traditionell unterscheidet TEX Makros danach, ob sie `\long` definiert wurden, d. h. ob sie mehr als einen Absatz verarbeiten können. ConTEXt-Makros können das immer, `\long` hat keine Funktion.
- `\let` erzeugt ein Alias eines Makros, z. B. `\let\Farbe\color`.

24.5 Fallunterscheidungen

Die einfache TEX-Version einer Fallunterscheidung sieht so aus:

```
\if Bedingung...
  dann ...
\else
  sonst ...
\fi
```

Die Vielzahl der `\if`-Befehle ist im `luametatex`[4]-Referenzhandbuch beschrieben. Die richtige Konstruktion der Bedingung ist allerdings nicht immer einfach. ConTEXt bietet daher eigene Makros zur Fallunterscheidung:

[4] `texmf-context/doc/context/documents/general/manuals/luametatex.pdf`

Stringvergleich: ist String1 gleich String2? (Beide werden expandiert.)

```
\doif     {String1} {String2} {...}
\doifnot  {String1} {String2} {...}
\doifelse {String1} {String2} {dann ...}{sonst ...}
```

Ist der (nicht expandierte) Parameter leer?

```
\doifempty     {String} {...}
\doifnotempty  {String} {...}
\doifemptyelse {String} {dann ...} {sonst ...}
```

`\doifempty` usw. expandieren das erste Argument nicht – kein Parameter ist in diesem Sinne jemals leer! Sie müssen `\normalexpanded` einsetzen oder `\doifnothing` verwenden.

Enthält der expandierte String etwas/nichts?

```
\doifsomething {String} {dann ...}
\doifnothing   {String} {dann ...}
\doifsomethingelse {String} {dann ...} {sonst ...}
\doifnothingelse   {String} {dann ...} {sonst ...}
```

Wertvergleich: ist Wert1 gleich Wert2? (Beide werden expandiert.)

```
\doifvalue     {Wert1} {Wert2} {dann ...}
\doifnotvalue  {Wert1} {Wert2} {dann ...}
\doifvalueelse {Wert1} {Wert2} {dann ...}{sonst ...}
```

Enthält der Wert etwas/nichts?

```
\doifvaluenothing          {Wert} {dann ...}
\doifvaluenothingelse      {Wert} {dann ...}{sonst ...}
\doifvaluesomething        {Wert} {dann ...}
\doifvaluesomethingelse    {Wert} {dann ...}{sonst ...}
```

Findet sich der Suchbegriff im String?

```
\doifinstringelse {Suchbegriff} {String} {dann ...} {sonst ...}
```

Ist der Suchbegriff in der Komma-separierten Liste?

```
\doifinset     {Suchbegriff} {String,...} {dann ...}
\doifnotinset  {Suchbegriff} {String,...} {sonst ...}
\doifinsetelse {Suchbegriff} {String,...} {dann ...} {sonst ...}
```

Sind alle Elemente der ersten Liste auch in der zweiten enthalten?

```
\doifcommon     {String,...} {String,...} {dann ...}
\doifnotcommon  {String,...} {String,...} {sonst ...}
\doifcommonelse {String,...} {String,...} {dann ...} {sonst ...}
```

Ist der Parameter eine Zahl?

```
\doifnumberelse {String} {dann ...} {sonst ...}
```

Variablen abfragen:

```
\doifelsevariable      {Namensraum} {Variablename}
  {dann ...} {sonst ...}
\doifelseemptyvariable {Namensraum} {Variablename}
  {dann ...} {sonst ...}
```

Ist das Makro `\Makroname` definiert?

```
\doifdefined         {Makroname}    {...}
\doifundefined       {Makroname}    {...}
\doifdefinedelse     {Makroname}    {dann ...} {sonst ...}
\doifundefinedelse   {Makroname}    {dann ...} {sonst ...}
\doifalldefinedelse {Makroname,Makroname,...} {dann ...} {sonst .
  ..}
```

Mehr dazu finden Sie im Wiki[5].

24.6 Rekursion und Schleifen

Wenn Sie etwas mehrfach ausführen möchten, verwenden Sie `\dorecurse`, hier zum Erzeugen von strukturiertem Blindtext:

```
\dorecurse{5}{\expanded{\chapter{Ch.\recurselevel}}
  \samplefile{lorem}}
```

Der erste Parameter gibt die Anzahl der Wiederholungen an; diesen Zähler können Sie mit `\recurselevel` abfragen. Wenn Sie `\dorecurse` verschachteln, enthält `\recursedepth` die Verschachtelungstiefe.

Um bestimmte Zahlenbereiche abzuzählen, verwenden Sie `\dostepwiserecurse`:

```
\dostepwiserecurse {von} {bis} {Schrittweite} {Aktionen ...}
% z.B.
\dostepwiserecurse {10} {100} {5} {Aktionen ...}
\dostepwiserecurse {10} {0}  {-2} {Aktionen ...}
```

Es gibt aber auch ein Konstrukt, das der `while`-Schleife anderer Programmiersprachen entspricht:

```
\doloop {Ich werde meinen Computer nicht mehr schlagen.\par
   \ifnum\pageno>10 \exitloop \fi}
```

Die `\doloop`-Schleife läuft mindestens einmal und muss mit `\exitloop` beendet werden. Auch hier können Sie `\recurselevel` und `\recursedepth` abfragen.

5 wiki.contextgarden.net/ConTeXt_and_Lua_programming/Tutorials/System_Macros/Branches_and_Decisions

Mit \doloopoverlist können Sie über Listenelemente iterieren:

```
\doloopoverlist {cyan,magenta,
  yellow,black} {
\color[\recursestring]{%
  \recursestring\space}
}
```

cyan magenta yellow black

24.7 Umgebungen

Umgebungen, also korrespondierende \start- und \stop-Befehle, definieren Sie mit \definestartstop:

```
\definestartstop[Zitat][
  style=italicface,
  before={\blank[small]
    \setupnarrower[left=2em,right=2em]
    \startnarrower[left,right]
    \noindent},
  after={\stopnarrower
    \blank[small]
    \indenting[next]}
]
% Nun sind \startZitat und \stopZitat verfügbar.

\starttext
Wir zitieren Don Knuth:
\startZitat \samplefile{knuth} \stopZitat
\stoptext
```

In manchen Fällen ist es sinnvoll, eine Umgebung nur vorzutäuschen, indem Sie den \start- und \stop-Befehl einzeln definieren (Beispiel siehe 24.13).

Wenn Sie eine Umgebung aufrufen wollen, *falls* sie definiert ist, können Sie \start mit einem optionalen Argument einsetzen:

```
vorher \start[Wichtig]keine Auswirkung\stop{} nachher

\definestartstop [Wichtig] [color=red,style=bold]

vorher \start[Wichtig]Hervorhebung\stop{} nachher
```

Wenn \startWichtig definiert ist, wird es von \start[Wichtig] aufgerufen, ansonsten wird es stillschweigend übergangen, während \start ... \stop immer noch eine Gruppierung erzeugt.

24.8 Makros mit optionalen Parametern

Bei ConTEXt stehen Einstellungen üblicherweise in eckigen Klammern – solche optionalen Parameter kann man auch weglassen.

MkIV Natürlich können Sie auch Ihre eigenen Makros so einrichten, das war vor LMTX nur ein bisschen umständlich:

```
\def\doMeinMakro[#1]%
  {Mach was ... #1}

\def\MeinMakro%
  {\dosingleargument\doMeinMakro}
```

Die Makrodefinition ruft also nur die Funktion zur Behandlung von optionalen Parametern (`\dosingleargument`) auf sowie ein weiteres Makro, das dann die eigentliche Arbeit macht. Der Name solcher indirekt aufgerufenen Makros wird nach ConTEXt-Konvention mit einem `do` eingeleitet. (Im Quellcode von MkII waren mehrstufige Indirektionen häufig, sodass Makronamen mit „dododo...“ entstanden. So wurde der Dodo zum Maskottchen von ConTEXt.)
Für Makros mit mehreren optionalen Argumenten gibt es entsprechend `\dodoubleargument`, `\dotripleargument` bis zu `\doseventupleargument`:

```
\dosingleargument\MeinMakro      = \MeinMakro[#1]
\dodoubleargument\MeinMakro      = \MeinMakro[#1][#2]
\dotripleargument\MeinMakro      = \MeinMakro[#1][#2][#3]
\doquadrupleargument\MeinMakro   = \MeinMakro[#1][#2][#3][#4]
\doquintupleargument\MeinMakro   = \MeinMakro[#1][#2][#3][#4][#5]
```

Und so werden sie verwendet:

```
\def\doMeinMakro[#1][#2]%
  {Mach was ... #1 ... #2}

\def\MeinMakro%
  {\dodoubleargument\doMeinMakro}
```

`\dodoubleargument` führt je nach Aufruf zu:

```
\doMeinMakro[#1][#2]
\doMeinMakro[#1][]
\doMeinMakro[][]
```

Die `\do...argument`-Makros sorgen also dafür, dass das ausführende Makro immer mit der richtigen Anzahl von Klammerpaaren ausgeführt wird, auch wenn sie nicht alle angegeben wurden. Jeweils die hinteren Klammern bleiben leer.

Eine Reihe von `\if`-Abfragen wird initialisiert, damit Sie die Anzahl der angegebenen Parameter abfragen können:

```
\ifsecondargument
  Zweiter Parameter vorhanden
\else\iffirstargument
  Erster Parameter vorhanden
\else
  Nix da!
\fi\fi
```

Nachdem der Dodo schon im Quellcode von ConTEXt MkIV ausgestorben ist, lassen sich mit LMTX auch die einfachen ‚Dos' dezimieren. Die folgende Definition ersetzt das Beispiel vom Anfang des Abschnitts:

```
\tolerant\protected\def\MeinMakro[#1]{%
  \ifparameter#1\or
    Mach was mit #1!
  \fi}
```

Mit der Abfrage \ifparameters können Sie erkennen, wie viele Argumente einem Makro übergeben wurden.

```
% nach tex/context/base/mkxl/file-mod.mklx
\tolerant\def\usemodules[#category]#*[#name]#*[#parameters]{%
\ifparameters
  % keine Parameter
\or
  % 1 Parameter = category
\or
  % 2 Parameter
  \ifhastok={#name}%
    % name gesetzt, also category + name
  \else
    % name nicht gesetzt, also category + options
 \fi
\or
  % 3 Parameter
\fi}
```

24.9 Makros mit festen und optionalen Parametern

Auf die altmodische Art ganz ähnlich wie oben: MkIV

```
\def\doMeinMakro[#1]#2{%
  \iffirstargument Optional: #1\fi
  Fest: #2
}
\def\MeinMakro{\dosingleargument\doMeinMakro}
```

Die Nummerierung der Parameter ändert sich nicht.

Einfachere Version:

```
\tolerant\def\MeinMakro[#1]#*#2{%
  \ifparameter#1\or
  Optional: #1
  \fi
  Fest: #2
}
```

Es gibt zahlreiche Programmierhilfen (siehe `lowlevel-macros`[6]); `#*` sorgt dafür, dass vor dem festen Parameter beliebige Leerzeichen stehen dürfen. Zwischen dem Makronamen und der ersten eckigen Klammer sind sie ohnehin erlaubt.

Symbol	Param?	Beschreibung
#1 ... #9	ja	Parameter 1–9
#A ... #F	ja	Parameter A–F (nur LMTX)
#@	ja	leerer Parameter (\def\Makro#1#@#3)
#-	ja	ignorierter Parameter (\def\Makro#1#-#2)
#^	ja	automatische Nummerierung (#^#^ statt #1#2), führende Leerzeichen bleiben erhalten
#+	ja	auto. Num., {} im Argument bleiben erhalten
#=	ja	auto. Num., erfordert {} (sonst kein Argument)
#_	ja	auto. Num., erfordert und erhält {}
#/	ja	auto. Num., entfernt Leerzeichen
#*	zwischen	ignoriere Leerzeichen zwischen Argumenten (s. o.)
#.	zwischen	ignoriere Leerzeichen und Absätze
#,	zwischen	Leerzeichen am Schluss einfügen
#:	zwischen	bei leerem Parameter hier weitermachen
#;	zwischen	bei leerem Parameter hier stoppen

Tab. 24.1 Makroparameter-Kürzel

24.10 Makros mit Listen

Ihr Makro-Parameter kann auch eine Liste von Schlüsselwörtern sein, wie bei `{here,top,bottom}`. Die Liste kann auch in einem Makro gespeichert sein bzw. von einem Makro generiert werden. An der Deklaration des Makroparameters ändert sich dadurch nichts, Sie müssen ihn nur anders verarbeiten.

[6] `texmf-context/doc/context/documents/general/manuals/lowlevel-macros.pdf`

Mit \processcommalist können Sie ein Makro mit jedem Element der Liste aufrufen. Bei \processcommacommand dürfen auch die einzelnen Elemente der Liste Makros sein, diese werden vor der Ausführung expandiert.

```
\def\TuWas#1{(#1)}
\processcommalist [{a,b,c,d,e,f}]\TuWas
\processcommacommand[string,\stringset,string]\TuWas
```

24.11 Wertzuweisungen

Wertzuweisungen gehören zu den grundlegenden Mechanismen von ConTEXt und kommen häufig als Makroparameter vor.

```
\doassign[Namensraum][Variable=Wert] % zuweisen
\doassignempty[Namensraum][Variable=Wert] % ... wenn leer
\undoassign[Namensraum][Variable] % löschen
```

Namensraum steht hier für das Sachgebiet, zu dem eine Variable gehört.
Unter der Oberfläche ersetzt das die TEX-Versionen:

```
\def\NamensraumVariable{Wert}       % \doassign
\doifundefined{\NamensraumVariable}
   {\def\NamensraumVariable{Wert}} % \doassignempty
\def\NamensraumVariable{}           % \undoassign
```

Es wäre nicht besonders benutzerfreundlich, die Zuweisungsbefehle direkt zu verwenden, daher wird weiter abstrahiert:

```
\getparameters [Namensraum] [Variable=Wert, ...=...]
```

Ja, \getparameters *setzt* die Werte. Das zweite Argument ist eine kommaseparierte Liste von Zuweisungen. Duplikate sind darin erlaubt, spätere Vorkommen überschreiben die früheren.

```
\getparameters[demo][alfa=1,beta=2]
```

entspricht

```
\def\demoalfa{1}
\def\demobeta{2}
```

\getemptyparameters gibt im Zweifelsfall einen leeren String zurück:

```
\getemptyparameters [Namensraum] [Variable=Wert, ...=...]
```

\copyparameters kopiert Werte aus einem anderen Namensraum.

```
\copyparameters [nach-NR] [von-NR] [VarI, VarII, ...]
```

Viele ConTEXt-Befehle verarbeiten optionale Parameter, z. B.:

```
\tuwas[alfa,beta]
\tuwas[eins=foo, zwei=bar]
\tuwas[alfa,beta][eins=foo, zwei=bar]
```

Obwohl eine Kombination möglich wäre, ist es guter ConTEXt-Stil, Schlüsselwörter und Zuweisungen getrennt zu halten.
Bei der Behandlung solcher variablen Kommandos prüft \doifassignmentelse, ob eine Wertzuweisung vorliegt:

```
\doifassignmentelse {...} {dann ...} {sonst ...}
```

24.12 Variablen

Variablen sind ganz ähnlich wie Wertzuweisungen (24.11), haben aber einen anderen Zweck. Während Sie Makros ohne Parameter wie Variablen verwenden können, geht es auch „sauberer“.
Setzen Sie eine oder mehrere Variablen in einem Namensraum:

```
\setvariable{meine}{x}{Ping!}

\setvariables[meine][
  ene=1,
  mene=2,
  mu=3,
]

\getvariable{meine}{x} % ergibt Ping!
\getvariable{meine}{ene} % ergibt 1
```

Manche Variablenarten werden im Zusammenhang ihrer Verwendung vorgestellt:

Dokumentvariablen (Metadaten des Dokuments)	S. 87
Strukturvariablen (Metadaten von Kapiteln usw.)	S. 59
Strukturvariablen in Listen (Inhaltsverzeichnis)	S. 266

Innerhalb von Makros kann es nötig sein, die expandierende Version \setevariable zu verwenden.

24.12.1 Aufrufparameter

Sie können ConTEXt beim Aufruf Schlüssel-Wert-Paare mitgeben:

```
context --arguments=vorname=Una,nachname=Persson formular.tex
```

Diese Variablen finden Sie im Namensraum environment wieder, Sie können sie also mit \getvariable{environment}{vorname} abfragen oder mit der Kurzversion \env{vorname}.

Die Werte können auf der Kommandozeile auch in Anführungzeichen stehen, das ist nötig, wenn sie Leerzeichen enthalten. Die Anführungszeichen erscheinen nicht in der Variable.
Auf diese Weise könnten Sie z. B. Serienbriefe produzieren.

Alternativ können Sie auch direkt eigene Parameter verwenden:

```
context --Vorname=Meta dateiname
```

Den Wert können Sie mit `\getdocumentargument{Vorname}` abrufen. Mit `\doifdocumentargument` können Sie prüfen, ob überhaupt etwas übergeben wurde:

```
\doifdocumentargument{Vorname}{Vorname:
  \getdocumentargument{Vorname}}
\doifelsedocumentargument{Vorname}{Vorname:
  \getdocumentargument{Vorname}}{Kein Vorname}
```

Achten Sie darauf, keine Parameter zu verwenden, die für `context` bereits eine Bedeutung haben! Auch hier sind Sie mit einem Großbuchstaben am Anfang auf der sicheren Seite.

24.12.2 Datensätze

Sie können zusammengehörige Daten in Tabellen speichern. Dazu legen Sie zuerst eine Datensammlung an:

```
\definedataset[krimis]
```

Sie können mit unbenannten (anonymen) Tabellen arbeiten. Die erste anonyme Tabelle ist an Position 1 gespeichert, die nächste an Position 2 usw.

```
\setdataset[krimis][assistent=Watson]

\datasetvariable{krimis}{1}{assistent}  % Watson
```

Alternativ können Sie benannte Tabellen verwenden, hier „Doyle":

```
\setdataset[krimis][Doyle]
  [detektiv=Holmes, assistent=Watson, polizist=Lestrade]

\datasetvariable{krimis}{Doyle}{assistent}  % Watson
```

Beachten Sie die eckigen Klammern in den Definitionsbefehlen und die geschweiften im Abrufbefehl.

24.13 Puffer

Eine weitere Möglichkeit, Inhalte zwischenzuspeichern, um sie später (auch mehrfach) zu benutzen, sind benannte Puffer:

```
\startbuffer[Kartoffel]
  ... Inhalte ...
\stopbuffer

\getbuffer[Kartoffel]
\typebuffer{Kartoffel}
```

Der Inhalt des Puffers wird mit `\getbuffer` wiedergegeben, dabei werden die aktuellen Einstellungen angewandt. Ein einfaches Beispiel zeigt 4.10 (S. 51). Wenn der Puffer „eng" ausgegeben werden muss, z. B. innerhalb einer Zeile, verwenden Sie `\inlinebuffer`.
Um ein Codebeispiel formatiert auszugeben, können Sie `\typebuffer` verwenden; der Befehl versteht die gleichen Optionen wie `\setuptyping` (S. 421).
Mit `\typesetbuffer` können Sie den Inhalt des Puffers als unabhängiges Dokument TEXen und einbinden.

Sie können den Namen des Puffers auch weglassen, dann wird der namenlose Standard-Puffer verwendet und ggf. überschrieben.
Für Einstellungen verwenden Sie besser Setups (S. 401) statt Puffer.

Die Definition eines Puffers mit `\definebuffer[Name]` erzeugt ein paar zugehörige Befehle (`\startName`, `\stopName`, `\getName`, `\typeName`). Den `\stop`-Befehl dürfen Sie bei Bedarf überschreiben.
Im folgenden Beispiel ist der `\stop`-Befehl so überschrieben, dass der Inhalt von `\startCodeBeispiel` ... `\stopCodeBeispiel` erst als Code und dann als Ergebnis ausgegeben wird:

```
\definebuffer[CodeBeispiel]
\define\stopCodeBeispiel{%
\typeCodeBeispiel[option=tex,numbering=file]\par
\getCodeBeispiel}

\startCodeBeispiel
\color[orange]{Härdöpfelrööschti}
\stopCodeBeispiel % gibt den Inhalt als Code und Ergebnis aus
```

Nähere Informationen finden Sie in `lowlevel-buffers`[7].

[7] `texmf-context/doc/context/documents/general/manuals/lowlevel-buffers.pdf`

24.14 Parameter verschlucken

Wenn Sie Ihr Makro so definieren können, dass der Parameter am Schluss steht, auch wenn er dort eventuell von einem anderen Makro verarbeitet werden soll, können Sie eine Abkürzung verwenden.
Sie möchten z. B. nur auf ungeraden Seiten einen Text ausgeben:
`\WennUngerade{Rechte Seite!}`

```
\def#1\WennUngerade{%
\ifodd\pageno
  \emph{#1}%
\fi}
```

Das funktioniert, es geht aber eleganter (nach TEX-Maßstäben):

```
\def\WennUngerade{%
\ifodd\pageno
  \expandafter\emph
\else
  \expandafter\gobbleoneargument
\fi}
```

Hier wird der Parameter vom Makro gar nicht erst verarbeitet – da zuletzt `\emph` aufgerufen wird, bekommt dieses Makro den Parameter übergeben. `\gobbleoneargument` verschluckt den überflüssigen Parameter. Wenn Sie mehr davon brauchen: `\gobbletwoarguments` bis `\gobbletenarguments` sind ebenfalls verfügbar. Mehr zur Verarbeitung von Parametern finden Sie im Wiki[8].

24.15 Maße

Häufig brauchen Sie die gleichen Größen (Dimensionen) immer wieder, um Ihr Layout konsistent zu halten. Variablen sind aber nur eingeschränkt für Maßangaben geeignet. Stattdessen gibt es *Dimensionen* als besonderen Datentyp, der auch für Berechnungen geeignet ist – TEX kann die Maße selber konvertieren.

```
\definemeasure[Einzug][12pt]
\definemeasure[Zitatbreite][1tw - 2\measured{Einzug}]
\framedtext[width=\measure{Zitatbreite}]{...}
```

Das entspricht ungefähr diesem Code in traditioneller TEX-Syntax:

```
\newdimen\Einzug
\newdimen\Zitatbreite
\Einzug=12pt
\Zitatbreite=\dimexpr\textwidth - 2\Einzug\relax
```

[8] wiki.contextgarden.net/ConTeXt_and_Lua_programming/Tutorials/System_Macros/Handling_Arguments

Noch eine Alternative:

```
\dimensiondef\Einzug12pt
\dimensiondef\Zitatbreite\dimexpr\textwidth - 2\Einzug\relax
```

\measure gibt das Maß als String zurück, zur Verwendung in Wertzuweisungen. Für Berechnungen benötigen Sie eine „echte" TEX-Dimension, die bekommen Sie mit \measured (mit d).

Berechnungen in \definemeasure unterliegen den gleichen Beschränkungen wie innerhalb von \dimexpr...\relax, z. B. funktioniert \textwidth* 0.8 nicht, aber 0.8\textwidth. Es wird die arithmetische Reihenfolge („Punkt vor Strich") beachtet, und Sie können Klammern verwenden.

24.15.1 Maße ausgeben und konvertieren

Um eine Dimension auszugeben, stellen Sie \the davor.
Mit Hilfe von \nodimen können Sie eine andere Maßeinheit angeben.
Eine formatierte Ausgabe (je nach Einstellungen mit Dezimalkomma und Leerzeichen vor der Einheit) bekommen Sie mit \unit (S. 344), im Zusammenhang mit \nodimen ist allerdings die Expansion mit \expanded nötig:

```
\dimensiondef\Einzug12pt
Der Einzug ist \the\Einzug\
  breit.

Das sind \the\nodimen mm\Einzug.

Schöner formatiert:
\expanded{\unit{\the\nodimen mm
  \Einzug}}.
```

Der Einzug ist 12.0pt breit.
Das sind 4.217518mm.
Schöner formatiert: 4,217518 mm.

24.15.2 Die Breite eines Strings

Wie kann ich einen Parameter auf die Breite eines Textes setzen?

```
\dimensiondef\Breite%
\widthofstring{ABCDE}
{ABCDE} ist \the\Breite\ breit.

\framed[width=\Breite,]{ABCDE}
\framed[width=\Breite,]{ABC}
```

ABCDE ist 30.33691pt breit.
ABCDE
ABC

Wenn Sie einen Leerraum in der Breite eines Strings brauchen, können Sie einfacher den Texteffekt hidden verwenden (S. 47).

24.16 Zähler

Zähler (Counter) werden für alle nummerierten Elemente wie Seiten, Überschriften, Listen und Gleitobjekte verwendet.
Häufig verwendete Zähler:

page	interne Seitennummer
userpage	angezeigte Seitennummer
formula	Formeln
table	Tabellen
figure	Abbildungen

So können Sie die Seitennummer auf einen bestimmten Wert setzen:

```
\setcounter[userpage][11]
```

Definieren Sie Ihre eigenen Zähler mit `\definecounter`, erhöhen oder erniedrigen Sie den Wert um 1 (oder eine angegebene Zahl) mit `\incrementcounter` und `\decrementcounter`, setzen Sie ihn auf 0 zurück mit `\resetcounter` und rufen Sie den Wert ab mit `\rawcountervalue` oder `\convertedcounter`.

```
\definecounter[Zaehler][
  way=bytext, % sonst bychapter
  prefix=no,
]

\setcounter[Zaehler][0]

% bei jedem Abschnitt weiterzählen
\setuphead[section][
  page=left,
  before={\incrementcounter[Zaehler]},
]

\definelayer[Hintergrund][
  width=\paperwidth,
  height=\paperheight,
  position=no,
  repeat=no,
]

% Zähler in den Seitenhintergrund setzen
\setupbackgrounds[page][
  setups=ZaehlerSetup,
  background=Hintergrund,
]
```

```
\startsetups[ZaehlerSetup]
\ifnum\rawcountervalue[Zaehler]>0
  Zaehler = \rawcountervalue[Zaehler]
\fi
\stopsetups

\starttext
  \startsection[title=S1]
  % ...
  \stopsection

  \startsection[title=S2]
  % ...
  \stopsection
\stoptext
```

Zähler werden an jedem Kapitelanfang zurückgesetzt, wenn Sie das nicht bei der Definition mit `way=bytext` verhindern.

Parameter	**Werte**	**Beschreibung**
`start`	Zahl	bei dieser Zahl anfangen zu zählen
`number`	Zahl	
`counter`	Name	Name des Zählers
`state`	`start stop`	Zähler aktiv?
`way`	`bypage byblock bytext byhead by`*section*	wann soll der Zähler zurückgesetzt werden? (Standard: `bychapter`, nach jedem Kapitel)
`prefix`	`yes no`	soll der Zähler mit einem Präfix dargestellt werden?
`prefixset`, `prefixseparatorset`, `prefixconversion`, `prefixconversionset`	Name	Darstellung für das Präfix
`prefixstarter`, `prefixstopper`, `prefixconnector`, `numberstarter`, `numberstopper`	Befehl Prozessor->Befehl	Formatierung von Präfix und Zahl (Prozessoren S. 278)

Tab. 24.2a Optionen für `\setupcounter`

Parameter	Werte	Beschreibung
prefixsegments	number number:number number:* number:all section section:section section:* section:all current	Strukturelemente für das Präfix
numberorder	reverse	rückwärts zählen?
numberseparatorset, numberconversion, numberconversionset	Name	Darstellung des Zählers
numbersegments	number number:number number:* number:all	Strukturelemente für den Zähler

Tab. 24.2b Optionen für `\setupcounter`

24.17 Setups

In vielen Fällen können Setups selbst definierte Makros ersetzen: In einer `setups`-Umgebung lassen sich Einstellungen zusammenfassen und nach Bedarf abrufen, entweder über das `setups`-Argument der Einstellungsbefehle oder mit dem Befehl `\setups` (für einzelne auch `\setup`).

```
\startsetups Sonderschrift % optional in eckigen Klammern
\switchtobodyfont[Fraktur,rm,16pt]
\setupinterlinespace[24pt]
\stopsetups

\setuphead[title][setups=Sonderschrift]
\setups[Sonderschrift] % versteht eine Liste von Setups
```

MkIV

In MkIV sind die Befehle `\directsetup` oder `\fastsetup` schneller als `\setups`; sie können nur ein Setup laden und fangen weniger Fehler ab. In LMTX lohnt sich ihr Einsatz nicht mehr.

- Wenn Sie den Namen des Setups in eckigen Klammern angeben, kann er auch Leerzeichen enthalten.
- Manche Setups werden von ConTEXt in Abhängigkeit vom Namen automatisch verwendet, z. B. von `\startdocument` (S. 86) und bei Namensräumen (24.17.2).
- Weißraum wird ignoriert (24.17.1).
- Wenn Sie Makros innerhalb eines Setups definieren und dieses innerhalb einer Gruppe aufrufen, gelten die Makros nur dort.

Anwendungsbeispiele finden Sie z. B. bei Kopfzeilen (S. 101) und Tabellen (S. 190).

24.17.1 Weißraum in Setups

Wie erwähnt, wird Weißraum in Setups ignoriert. Dadurch können Sie die Befehle lesbar formatieren – wenn Sie allerdings Text ausgeben möchten, müssen Sie `\space`, `\crlf`, `\par` usw. explizit angeben.

Auch Umgebungen wie `\startlines` … `\stoplines` funktionieren nicht innerhalb eines Setups! Das lässt sich mit Hilfe eines Puffers (24.13) umgehen. Beim Beispiel zu `\startdocument` (S. 86) möchten Sie vielleicht das Impressum am Ende des Dokuments ohne explizite Absatzenden angeben:

```
\startbuffer[impressum]
\copyright\ \currentdate[year] \documentvariable{publisher}
...
ISBN \documentvariable{isbn}
\stopbuffer

\startsetups document:stop
  \startstandardmakeup[page=last]
    \dontleavehmode\vfill
    \subject{Impressum}
    \startlines
      \getbuffer[impressum]
    \stoplines
  \stopstandardmakeup
\stopsetups
```

24.17.2 Setups, Variablen und Namensräume

Setups in Kombination mit Variablen in Namensräumen zu verwenden, eröffnet weitere Möglichkeiten. Sie müssen nur die Setups `namespace:set` und/oder `namespace:reset` definieren; `namespace` ist dabei durch den eigentlichen Namensraum zu ersetzen.

Eine Anwendung dafür wäre eine Prüfung auf gültige Werte.

Das `set`-Setup wird zum ersten Mal aufgerufen, wenn der Namensraum initialisiert wird. Bei jedem Setzen/Schreiben einer Variable wird zuerst das `reset`-Setup und dann das `set`-Setup ausgeführt. Das Abrufen/Lesen einer Variable hat keinen Effekt.

```
\startsetups namespace:set
  % Protokoll-Ausgabe:
  \writestatus{VARIABLES}{namespace:set wurde aufgerufen}%
  \color[blue]{[namespace:set]}
  \def\farbig{red}
  % Hier können Ihre Variablen/Makros definiert
  % bzw. auf Standardwerte gesetzt werden.
\stopsetups
```

```
\startsetups namespace:reset
  % Protokoll-Ausgabe:
  \writestatus{VARIABLES}{namespace:reset wurde aufgerufen}%
  \color[red]{[namespace:reset]}
  % Was möchten Sie nach der Zuweisung tun?
\stopsetups

% \setups[namespace:set] wird automatisch aufgerufen, wenn 'set'
  zugewiesen wird
\setvariables[namespace][
  set={\setups[namespace:set]},
  key={Meine Äpfel sind \farbig!},
  reset={\setups[namespace:reset]},
]

% Achten Sie auf die Farben
\starttext
{\bf Lesen hat keine Auswirkungen:\par}
{\tt \type{\getvariable{namespace}{key}}: \getvariable{namespace}
  {key}}
\blank

{\bf Schreiben ruft reset und set auf:\par}
{\tt \type{\setvariables[namespace][key=value]}: \setvariables[
  namespace][key=value]}
\stoptext
```

24.18 Kategorie-Codes

TeX teilt Zeichen in 16 verschiedene Kategorien auf, z. B. Buchstaben und Steuerzeichen. Diese Kategorien haben einen internen Code, meist kurz als *catcode* bezeichnet. Vom Catcode hängt ab, welche Zeichen man schützen (quoten, S. 39) muss und welche man in Makronamen verwenden darf – und natürlich lässt sich das ändern.

Im Gegensatz zu PlainTeX und LaTeX ist in ConTeXt z. B. & kein Steuerzeichen, man kann es einfach im Text verwenden.

Die Zeichen @, ! und ? dürfen normalerweise nicht in Makro-Namen vorkommen – sie werden aber gerne für interne, also nicht-öffentliche Makros verwendet, dazu muss ihr Schutz aufgehoben werden:

```
\unprotect
\def\Mein@@Makro{...}
\def\Privat!Makro{...}
\protect
```

Außerhalb von `\unprotect` ... `\protect` sind diese Makros nicht zugänglich.

Catcode	Name	Erklärung	Beispiele
0	escape	Anfang eines Befehls	`\`
1	bgroup	Anfang einer Gruppe	`{`
2	egroup	Ende einer Gruppe	`}`
3	math shift	Anfang und Ende des Mathe-Modus	`$`
4	alignment tab	Separator für Tabellenspalten	`&`
5	end of line	Zeilenende	`(Return)`
6	parameter	Anfang eines Makro-Parameters	`#`
7	superscript	Anfang der Hochstellung im Mathe-Modus	`^`
8	subscript	Anfang der Tiefstellung im Mathe-Modus	`_`
9	ignored	Zeichen wird ignoriert	`(Null)`
10	space	Leerzeichen	`(Space)`
11	letter	Buchstaben	`a-z, A-Z`
12	other	alles andere (z. B. Ziffern und Interpunktion)	`0-9`
13	active	Aktive Zeichen (leiten Befehle oder Ligaturen ein)	`~`
14	comment	Anfang eines Kommentars	`%`
15	invalid	Ungültige Zeichen	`(Delete)`

LaTeX definiert einige Zeichen als ‚active', um Sonderzeichen in 7-bit-ASCII zugänglich zu machen, z. B. werden typografische Anführungszeichen mit Akzenten simuliert, und aus `--` wird ein Halbgeviertstrich. In ConTEXt müssen Sie diese Zeichen direkt eingeben – wenn sie nicht in Ihrer Tastaturbelegung enthalten sind, verwenden Sie die Sonderzeichenpalette Ihres Editors oder Betriebssystems.

In manchen Fällen lässt sich das Quoten durch `\startasciimode` ... `\stopasciimode` bzw. `\asciimode{}` vermeiden, damit werden alle Zeichen „inaktiv" außer dem Backslash und den geschweiften Klammern. Kommentare beginnen mit %%. In Lua heißt es `context.puretext.<makroname>`.

24.19 Fehlersuche

`\meaning` gibt die Definition eines Makros aus:

```
\tolerant\def\Bla[#1]#*#2{(1=#1)
  (2=#2)}
\meaning\Bla
```

tolerant macro:[#1]#*#2->(1=#1) (2=#2)

Wenn Sie es genauer wissen wollen, verwenden Sie `\luatokentable` aus dem Modul `system-tokens` (Abb. 24.1).

Die aktuellen Einstellungen der `\setup`-Befehle können Sie mit `\showrootvalues` und `\showinstancevalues` aus dem Modul `setups` abfragen.

tolerant control sequence: Bla

730796	12	91	other char	[	U+0005B	
772126	19	49	match			argument 1
774703	12	93	other char	]	U+0005D	
772293	19	42	match			argument *
770527	19	50	match			argument 2
771879	20	0	end match			
765201	12	40	other char	(	U+00028	
772044	12	49	other char	1	U+00031	
765072	12	61	other char	=	U+0003D	
772982	21	1	parameter reference			
771347	12	41	other char	)	U+00029	
772913	10	32	spacer			
773268	12	40	other char	(	U+00028	
769772	12	50	other char	2	U+00032	
772798	12	61	other char	=	U+0003D	
765447	21	2	parameter reference			
771586	12	41	other char	)	U+00029	

Abb. 24.1 Ausgabe von `\luatokentable\Bla`

Die Eigenschaften einer Abschnittsüberschrift legen Sie zum Beispiel mit `\setuphead[section]` fest, `section` ist also eine Instanz von `head`.
`\showrootvalues[head]` gibt die Werte aus, die für alle nicht übersteuerten Abschnittsüberschriften gelten.
`\showinstancevalues[head][section]` gibt die Werte der Abschnittsüberschrift aus (Abb. 24.2).

In manchen Fällen mag es hilfreich sein, den Namen der aktuellen Datei auszugeben:

```
\jobname            prd_de
\jobfilename        prd_de
\inputfilename      ./prd_de.tex
\outputfilename     drucksachen-gestalten-mit-context_2026-02-20_print
\operatingsystem    osx-64
```

Weitere Hilfsmittel zur Fehlersuche finden Sie auf S. 34 und S. 462.

```
setuphead : section

bodypartlabel  section
appendixlabel  section
style          \ss\bfa
coupling       section
before         \placefloats\blank [big]\testpage[4]
after          \blank[small]
distance       .75\emwidth
textdistance   \emwidth plus \emwidth minus .25\emwidth
```

Abb. 24.2 Ausgabe von `\showinstancevalues[head][section]`

24.20 ConTEXt auf Deutsch?

Im Quellcode von ConTEXt haben fast alle Befehle und Parameter Präfixe wie `c!`, `s!` und `v!`. Das ist eine Abstraktion für ihre Internationalisierung: In der ersten Version von ConTEXt (PragmaTEX) waren noch alle Befehle niederländisch. Für eine breitere Veröffentlichung war das hinderlich, aber die ersten Anwender sollten sich nicht umstellen müssen, also wurde diese Abstraktion eingeführt, die ‚Interfaces' in verschiedenen Sprachen ermöglichte. Noch vor der heute fast ausschließlich verwendeten englischen Version gab es eine deutsche – da heißt es dann `\farbe` statt `\color` und `\stellefliesstextein` statt `\setupbodyfont`. ConTEXt enthält nach wie vor neben der englischen Version die Übersetzungen auf niederländisch, deutsch, italienisch, französisch, persisch, rumänisch und tschechisch, sie sind allerdings seit vielen Jahren nicht gepflegt worden, weil sie wohl niemand verwendet.

Falls Sie ein Projekt planen sollten, das eine Untermenge von ConTEXt auf Deutsch verwenden soll (‚Domain Specific Language')[9], könnten Sie das deutsche Interface aktualisieren und darauf aufbauen.

In den Referenz-Dokumenten[10] sind die Befehle aller Interfaces aufgelistet, allerdings ohne Bezug zueinander und ohne Erklärungen. Für den direkten Vergleich der Versionen starten Sie den eingebauten Webserver[11], rufen im Browser die angegebene Adresse[12] auf und klicken auf „help", dann können Sie für jeden Befehl zwischen den Sprachversionen hin und her springen.

9 ... und das ist gar nicht so abwegig: Als technischer Redakteur arbeite ich mit einem LATEX-basierten Dokumentationssystem, bei dem wir nur deutsche Befehle verwenden.

10 Unter `texmf-context/doc/context/documents/general/qrcs`

11 `mtxrun --script server --auto`

12 http://localhost:8088/mtx-server-ctx-startup.lua

25 Programmieren in Lua

Was ist eigentlich Lua, und was kann ich damit machen? Was kann LuaTEX mehr als Lua allein? Wie steuere ich ConTEXt von Lua aus an?

Dies ist kein Buch, um die Programmiersprache Lua zu erlernen; hier geht es nur um die Anwendung von Lua im Kontext von ConTEXt.
Lesen Sie am besten parallel ein Handbuch zu Lua 5.4, z. B. das offizielle Referenzhandbuch[1], und die Einführung zu Lua in ConTEXt (`cld-mkiv`[2]). Evtl. müssen Sie auch im `luametatex`-Handbuch[2] nachschlagen.

25.1 Grundlagen

25.1.1 Lua-Funktionen in ConTEXt aufrufen

Mit `\ctxlua{}` können Sie einen Lua-Befehl im ConTEXt-Code ausführen, ebenso mit `\directlua{}` oder `\startluacode` ... `\stopluacode` bzw. `\startlua` ... `\stoplua`.

```
\ctxlua{print("Test")}
```

```
\startluacode
local tabelle = dofile("tabelle.lua")
\stopluacode
```

Es macht keinen Unterschied, ob Sie Standard-Lua-Funktionen oder selbst definierte aufrufen:

```
\startluacode
function MeineFunktion()
  print("Test")
end
\stopluacode

\ctxlua{MeineFunktion()}
```

[1] www.lua.org/manual/5.4/
[2] `texmf-context/doc/context/documents/general/manuals/cld-mkiv.pdf` & `luametatex.pdf`

25.1.2 Logging

Mit der Standard-Lua-Funktion `print` schreiben Sie direkt auf die Konsole. Das ist zur Fehlersuche häufig ausreichend, aber die Ausgabe landet nicht im Log.
Um ins Protokoll zu schreiben, rufen Sie `logs.report` auf:

```
logs.report("Thema", "Meldung")
```

Der erste Parameter erscheint im Log vor dem >.

25.1.3 ConTeXt-Makros mit Lua aufrufen

Meistens soll Ihr Lua-Aufruf eine Ausgabe im ConTeXt-Dokument bewirken. Dazu müssen Sie die Daten aus der Lua-Schicht an ConTeXt übergeben, und zwar mit `context()`.
Da die Kombination `\ctxlua{context(...)}` so häufig ist, gibt es dafür die Abkürzung `\cldcontext{...}`.

```
\ctxlua{context("Ausgabe")} = \cldcontext{Ausgabe}
```

Grundsätzlich ist jedes ConTeXt-Makro als Lua-Funktion in der `context`-Bibliothek verfügbar, Sie können es also aufrufen wie `context.emph("Text")`.
Alle Makros müssen als Lua-Funktionen mit runden Klammern aufgerufen werden, auch wenn sie keine Argumente brauchen, z. B. `context.strut()`.
Obligatorische Parameter übergeben Sie in Anführungszeichen, mehrere davon trennen Sie mit Kommas.
Optionale Parameter (in eckigen Klammern) müssen in eine Liste (d. h. Lua-Tabelle, in geschweiften Klammern) verpackt werden. Bei einer einzelnen Liste können die runden Klammern entfallen.

```
context.chapter("Kapitel")
```

```
context.startchapter({ title = "Kapitel"})
-- oder
context.startchapter{ title = "Kapitel"}
```

Mehrere Parameter müssen als mehrere Listen angegeben werden:

```
context.setvariables({ "dok" },{ name = "Test", anzahl = 7 })
```

25.1.4 Namensraum für eigene Funktionen

Um zu vermeiden, dass Ihre eigenen Lua-Funktionen und -Variablen mit Code aus ConTeXt oder Modulen in Konflikt geraten, sollten Sie sie im Namensraum `userdata` definieren – das ist eine ConTeXt-Konvention, denn eigentlich ist `userdata` der Lua-Datentyp für „fremde" Daten (25.4.2), z. B. aus C-Bibliotheken. Die Deklaration wird in vielen Beispielen vorausgesetzt. In Modulen (S. 468) sollten Sie `moduledata` verwenden.

```
-- Namensraum übernehmen oder neu anlegen
userdata = userdata or {}
userdata.Wert = 1

function userdata.Funktion(parameter)
  --
end
```

25.1.5 Verschachtelte Makros

Wenn Sie einem context-Makro das Ergebnis eines anderen übergeben wollen, müssen Sie eine Funktion aufrufen:
`context.eins(context.zwei())` funktioniert nicht, weil zuerst `context.zwei()` ausgeführt wird und dessen Ergebnis direkt in der Ausgabe landet.

```
function userdata.Zawei()
  context.zwei()
end
context.eins(userdata.Zawei())
```

Oft reicht eine anonyme Funktion aus:

```
context.eins(function() context.zwei() end)
```

Mit `context.delayed` können Sie den Funktionsaufruf vermeiden:

```
context.eins(context.delayed.zwei())
```

Mehr dazu finden Sie in `cld-mkiv`[2] unter „More on functions“.

25.2 ConTEXt-Befehle in Lua definieren

25.2.1 Listen-Parameter

Die Verarbeitung von Listen, ob Schlüsselwörter oder Wertzuweisungen, ist mit Lua deutlich einfacher als in TEX:

```
\startluacode
function userdata.processkeywords(keywords)
  keyword_options = utilities.parsers.settings_to_array(keywords)
  -- irgendwas mit der Liste machen...
end

function userdata.processkeyvals(keyvals)
  named_values = utilities.parsers.settings_to_hash(keyvals)
  -- irgendwas mit der Hashtable machen...
end
\stopluacode

\def\MeinMakro[#1][#2]{
```

```
  \ctxlua{
    userdata.processkeywords('#1')
    userdata.processkeyvals('#2')
  }
}
```

```
\MeinMakro[top, inmargin, now][color=green, roof=gabled]
```

Das Makro selbst ist hier aber noch in ConTeXt deklariert.

Durch die vereinfachte Definition sind die beiden Parameter nicht optional, auch wenn sie in eckigen Klammern stehen.

Die Lua-Funktionen sind im Wiki[3] erklärt.

25.2.2 Alles in Lua: `interfaces`

`interfaces.implement` dient dazu, ConTeXt-Makros komplett in Lua zu definieren.

```
\startluacode
interfaces.implement {
  name    = "Quadrat",
  public = true,
  arguments = "integer",
  action = function(i) context(i^2) end,
}
\stopluacode
```

```
\Quadrat{7} % ergibt 49
```

- `name`: Der Name des Makros
- `arguments`: Deklaration der Parameter
- `action`: Funktionsaufruf

Eine erweiterte Alternative ist `interfaces.definecommand`, das auch zur Definition von Umgebungen geeignet ist. Genauere Ausführungen finden Sie in `cld-mkiv`[2] unter „Macros“.

25.3 Unterschiede zwischen Lua 5.4 und 5.5

LuaMetaTeX enthält bereits die Entwicklungsversion von Lua 5.5, zu der es noch keine Dokumentation gibt. Die Unterschiede zu Lua 5.4 sind jedoch gering.

[3] wiki.contextgarden.net/ConTeXt_and_Lua_programming/Extensions_to_the_Lua_IO_library/String_manipulation#util-prs.lua

Die bisher einzige nicht rückwärtskompatible Änderung betrifft den Gültigkeitsbereich von Schleifenvariablen: Diese müssen innerhalb der Schleife als `local` deklariert werden.
Aus

```
for i=1,10 in t do
    ....
    i = 2 * i
    ....
end
```

wird

```
for i=1,10 in t do
    ....
    local i = 2 * i
    ....
end
```

25.4 Lua Parsing Expression Grammar (LPEG)

LPEG ersetzt in Lua (LuaTeX, LuaMetaTeX) die „regulären Ausdrücke" zum Mustervergleich, die Sie aus anderen Programmiersprachen kennen.[4]
Für einfache Fälle reicht oft `string.match`.
Dieser Abschnitt basiert auf einem Artikel von Taco Hoekwater[5].

25.4.1 Was ist LPEG?

Auf der LPEG-Website[6] heißt es:

„LPEG is a new pattern-matching library for Lua, based on Parsing Expression Grammars (PEGs)."[7]

Wenn Sie nicht schon wissen, was PEGs sind, wird Ihnen das kaum weiterhelfen. Das wichtigste Wort in dem Begriff ist „Grammar" (Grammatik): LPEG nimmt an, dass, was auch immer Sie suchen, nach einer zu definierenden Grammatik einen Sinn ergibt.
Einen LPEG-Parser zu bauen bedeutet, eine spezialisierte Grammatik zu schreiben, die Ihre Eingabe interpretieren kann. Dazu bietet LPEG eine Mischung von überladenen[8] Lua-Operatoren und Spezialfunktionen, die Ihnen ermöglichen, die Eingabe in grammatikalisch sinnvolle Teile aufzubrechen.

[4] Warum? LPEG ist schnell und klein – die PCRE-Bibliothek („Perl Compatible Regular Expressions") ist größer als der gesamte Lua-Kern.

[5] articles.contextgarden.net/journal/2019/77-98.pdf

[6] www.inf.puc-rio.br/~roberto/lpeg

[7] „LPEG ist eine neue Bibliothek zum Mustervergleich für Lua, basierend auf Grammatiken zum Aufgliedern von Ausdrücken."

[8] überladen: für den Umgang mit bestimmten Datentypen umdefinieren.

LPEG-Bausteine:

Funktion	Beschreibung
`lpeg.P (n)`	Passt auf genau *n* Zeichen.
`lpeg.P (str)`	Passt genau auf die Zeichenkette *str*.
`lpeg.S (str)`	Passt auf jedes Zeichen in *str* (‚Set').

LPEG-Objektoperatoren:

Operator	Beschreibung
`patt^n`	Passt auf mindestens *n* Wiederholungen von `patt`.
`patt^-n`	Passt auf höchstens *n* Wiederholungen von `patt`.
`patt1 * patt2`	Passt auf `patt1`, gefolgt von `patt2`.
`patt1 + patt2`	Passt auf `patt1` oder `patt2` (in dieser Reihenfolge).
`patt1 - patt2`	Passt auf `patt1`, wenn `patt2` nicht passt.

LPEG-Mustervergleichsfunktionen:

Funktion	Beschreibung
`lpeg.match (patt, input)`	Die Eingabe `input` auf das Muster `patt` prüfen.
`lpeg.C (patt)`	Auf `patt` einschließlich aller Treffer von `patt` prüfen.
`lpeg.Ct (patt)`	Tabelle mit allen Fundstellen von `patt`.
`patt / func`	Rückgabe der Funktion `func` wird auf die Fundstellen von `patt` angewandt.
`patt / table`	`table[c]`, mit `c` als dem ersten Treffer von `patt`.

Tab. 25.1 Grundlegende Funktionen, Parametertypen und Operatoren von LPEG

Weil LPEG annimmt, dass die zu verarbeitenden Daten einer strikten Grammatik unterliegen, ist es gut geeignet, um computerlesbare oder -generierte Textformate wie XML, CSV, Programmcode oder Konfigurationsdateien zu analysieren.
Auf der anderen Seite ist LPEG weniger geeignet für Formate, die mehrdeutig sein können, wie Texte in natürlicher Sprache, oder solche, die ihre Grammatik selbst anpassen können, wie TEX und manche anderen Skriptsprachen.

25.4.2 Wichtige Funktionen und Operatoren

Das LPEG-Modul definiert eine ganze Reihe von Funktionen und Operatoren. Manche sind wirklich grundlegend, andere eher speziell. Hier werden nur die wichtigsten behandelt, aber damit kommen Sie schon ziemlich weit.
Alle Funktionen in der LPEG-Bibliothek arbeiten mit `userdata`-Objekten oder erzeugen sie.

Ein `userdata`-Objekt erweitert die Programmiersprache Lua um einen neuen Variablentyp. Lua-Variablen können also nicht nur den Typ `number`, `string` oder `table` haben, sondern auch `userdata`. Intern wird jeder `userdata`-Subtyp von einer eigenen Lua-Bibliothek kontrolliert.
Die LPEG-Bibliothek arbeitet mit den `userdata`-Objekten, die sie selbst erzeugt. Jedes dieser Objekte behandelt eine speziell definierte Grammatik. Mit dem Bezug auf „ein LPEG" ist eine Instanz eines dieser LPEG-`userdata`-Objekte gemeint, das für ein bestimmtes Eingabe-Element definiert wurde.
In Tabelle 25.1 finden Sie die Funktionen, Parametertypen und Operatoren, die im Folgenden behandelt werden.

25.4.3 LPEG-Grundlagen

Zuerst erstellen Sie ein Beispiel-LPEG und benutzen es, um eine Zeichenkette darauf zu prüfen:

```
praefix = lpeg.P("hallo welt")

print('Ergebnis:', lpeg.match(praefix, "hallo welt!"))
```

Wenn Sie das ausführen, erhalten Sie folgende Ausgabe:

```
Ergebnis: 11
```

Im Beispiel werden zwei LPEG-Funktionen verwendet:
`lpeg.P`: Wenn diese Funktion mit einem String verwendet wird, erzeugt sie ein LPEG-Objekt, das genau auf diesen String passt. Für sich allein scheint das nicht viel Sinn zu ergeben. Sie sehen aber gleich, wie sich daraus komplexere LPEG-Objekte konstruieren lassen.
`lpeg.match`: Diese Funktion versucht das LPEG-Objekt auf einen Eingabestring anzuwenden. Sie gibt entweder die Position genau nach dem Treffer zurück oder `nil`, wenn es keinen Treffer gibt. In diesem Fall gibt sie 11 zurück, da Lua-Stringpositionen bei 1 anfangen, und der Treffer von `lpeg.P("Hallo Welt")` 10 Byte lang ist.
Ein zweites Experiment mit dem gleichen LPEG:

```
print('Ergebnis:', lpeg.match(praefix, "nochmal hallo welt!"))
```

... führt zur Ausgabe:

```
Ergebnis: nil
```

Merke: *LPEGs müssen immer am Anfang eines Strings passen, und zwar komplett.* Wer traditionelle Suchmuster oder reguläre Ausdrücke gewohnt ist, vergisst das manchmal und ist dann überrascht, wenn es einfach nicht funktionieren will. Nicht aufgeben, man gewöhnt sich daran.

Jetzt sollte klar sein, warum die Variable `praefix` heißt: Sie ist nur zum Suchen von genauen Textanfängen geeignet.

Wenn Sie den Suchbegriff aber irgendwo in der Eingabe finden wollen, brauchen Sie den Operator *. In der Übersicht oben lautet seine Beschreibung: „Passt auf `patt1`, gefolgt von `patt2`." Was heißt das?
Der überladene Operator * arbeitet mit zwei LPEG-Objekten und kombiniert sie zu einem einzelnen neuen LPEG-Objekt, das der Verbindung der beiden entspricht. Ein erstes Beispiel dazu:

```
suche = lpeg.P("hallo welt")
vorsatz = lpeg.P("nochmal ")
kombi = vorsatz * suche
print('Ergebnis:', lpeg.match(kombi, "nochmal hallo welt!"))
```

Das funktioniert und gibt richtigerweise 19 zurück. Aber „`hallo welt`" sollte ja irgendwo in der Eingabe gefunden werden und nicht nur „8 Zeichen nach dem Anfang, direkt in Folge von ‚nochmal' und einem Leerzeichen".
Um das explizite „nochmal" zu vermeiden, lässt sich `lpeg.P` mit einer Zahl verwenden, sodass es auf eine bestimmte Anzahl beliebiger Zeichen passt. So etwa:

```
suche = lpeg.P("hallo welt")
vorsatz = lpeg.P(8)
kombi = vorsatz * suche
print('Ergebnis:', lpeg.match(kombi, "xxxxxxx hallo welt!"))
```

Schon etwas besser. Mit Hilfe des Vorkommens-Modifikators ^ lässt sich das LPEG aber deutlich verbessern. In der Übersicht oben steht: „Passt auf höchstens *n* Wiederholungen von `patt`."

Seien Sie gewarnt, dass `lpeg.P(0)` zu einem Fehler führt. LPEG muss sich intern an einige Regeln halten und die wichtigste ist, dass jedes LPEG-Objekt einem ordentlichen Vergleich auf Erfolg oder Fehlschlag standhalten muss. Auf nichts zu passen, würde immer gelingen oder immer fehlschlagen, ohne dass sich das unterscheiden ließe, und darum ist es verboten. Deshalb dürfen Sie auch keinen leeren String verwenden (`lpeg.P("")`).

Es ist aber möglich, ein einzelnes Zeichen nullmal oder öfter zu ‚matchen'. Allerdings gibt es eine Einschränkung von LPEG gegenüber regulären Ausdrücken: Es gibt kein Zurückblicken über die bereits geprüfte Eingabe. Deshalb schlägt Folgendes fehl:

```
suche = lpeg.P("hallo welt")
vorsatz = lpeg.P(1)^0
kombi = vorsatz * suche
print('Ergebnis:', lpeg.match(kombi, "xxxxxxx hallo welt!"))
```

Warum? Weil das Muster `vorsatz` bereits die gesamte Eingabe „auffrisst", sodass `suche` fehlschlägt. Und weil `suche` fehlschlägt, tut es auch die Kombination. Sie könnten das beheben, indem Sie bis zu einem Höchstwert auf ein einzelnes Zeichen prüfen:

```
vorsatz = lpeg.P(1)^-7
```

Aber das ist immer noch keine gute Lösung. Es soll schließlich zuerst alles abgedeckt werden, das *nicht* `hallo welt` ist, gefolgt von `hallo welt`. Zum Glück ist das möglich, auch wenn es erst einmal komisch aussieht:

```
suche = lpeg.P("hallo welt")
vorsatz = lpeg.P(1)
kombi = (vorsatz - suche)^0 * suche
print('Ergebnis:', lpeg.match(kombi, "xxxxxxx hallo welt!"))
```

Um das zu verstehen, müssen Sie sich die Definition des überladenen Operators `-` genau ansehen: „Passt auf `patt1`, wenn `patt2` nicht passt."

Die Definiton des Minus-Operators ist bei LPEGs also nicht *Subtraktion,* sondern *Negation.* Die Klammern halten `vorsatz - suche` als einzelnes Objekt zusammen, das dann nullmal oder öfter passen darf.

Was passiert da? Die `match`-Funktion schaut sich das nächste Stück Eingabe an, und wenn `suche` fehlschlägt, versucht sie es mit dem `vorsatz`-Objekt. Das passt bis zum Ende des Strings, also gelingt die Kombination (und hat bisher ein Byte der Eingabe „gefressen"). Wegen `^0` wird dieser Prozess wiederholt, bis entweder `suche` gelingt oder das Ende der Eingabe erreicht ist und `vorsatz` ebenfalls fehlschlägt.

Eine Gruppierung mit Klammern wie hier finden Sie häufig in LPEG-Definitionen. Wenn kein Vorkommens-Operator (hier `^0`) daran hängt, wird nur ein einzelner ‚Match'-Versuch durchgeführt. Ein fehlender Operator ist nicht das gleiche wie `^1`, da Letzteres mehr als einen Treffer erlaubt!

Warum sollte man dann überhaupt `* suche` verwenden, wenn das Beispiel auch ohne funktioniert?
Überlegen Sie, was passiert, wenn die gesuchte Zeichenkette überhaupt nicht in der Eingabe auftaucht. Dann würde die Suche weitergehen, bis sowohl `suche` als auch `vorsatz` innerhalb der Klammern fehlschlagen. Da aber „null oder mehr" Vorkommen verlangt sind, würde das als Treffer zählen, und `lpeg.match` würde als Position die Länge der Eingabe plus eins zurückgeben.
Es gibt noch einen Grund für `* suche`: In einem komplizierteren LPEG müssten erfolgreiche Treffer explizit übersprungen werden, sonst schlägt die nächste Suche fehl. Mit der Eingabe aus dem Beispiel steht der Zeiger nach dem Erfolg von `(vorsatz - suche)^0` an Position 8. Wenn Sie noch weitere Prüfungen der Eingabe brauchten, müssten Sie irgendwie hinter das `hallo welt` kommen.

LPEG-Definitionen erlauben einigen syntaktischen Zucker[9]; auch wenn die Beispiele weitgehend darauf verzichten, werden Sie in fremdem Code oft darauf stoßen. So ist es möglich, „nackte" Zahlen und Wörter statt `lpeg.P`-Aufrufen zu verwenden, da die überladenen Operatoren diese wieder in Aufrufe von `P` umwandeln, wenn einer der Operanden bereits ein LPEG-Objekt ist.

Besonders das Konstrukt `1-patt` wird Ihnen häufig begegnen, da es als Baustein in größeren LPEG-Ausdrücken oft gebraucht wird.
Das vorigen Beispiel ließe sich also folgendermaßen schreiben:

```
kombi = (1 - suche)^0 * suche
print('Ergebnis:', kombi:match("xxxxxxx hallo welt!"))
```

Möglich, aber seltener, ist auch:

```
kombi = (lpeg.P(1) - "hallo welt")^0 * "hallo welt"
```

Damit wissen Sie vorläufig genug über `lpeg.P`. Es ist möglich, der Funktion verschiedene Typen von Argumenten zu übergeben, sodass sie sich etwas anders verhält, aber das ist hier nicht nötig. Ansonsten finden Sie all die fortgeschrittenen Möglichkeiten in der offiziellen Dokumentation.
Das Beispiel ließe sich erweitern, um die Groß- und Kleinschreibung zu ignorieren, sodass auch „Hallo Welt" gefunden wird.
Dafür gibt es zwei verschiedene Ansätze. Zunächst könnten Sie die Definition der `suche` verändern, indem Sie den überladenen Operator `+` verwenden. Dessen Definition lautet: „Passt auf `patt1` oder `patt2` (in dieser Reihenfolge)."
Das Beispiel würde damit so aussehen:

```
suche = (lpeg.P("Hallo Welt") +
         lpeg.P("hallo Welt") +
         lpeg.P("hallo welt"))
kombi = (1 - suche)^0 * suche
print('Ergebnis:', kombi:match("xxxxxxx hallo Welt!"))
```

Der Plus-Operator markiert Alternativen. Achtung: Diese Alternativen werden in ihrer Reihenfolge abgearbeitet, und sobald ein Treffer gefunden wird, wird der Rest ignoriert. Das führt dazu, dass im folgenden Beispiel immer nur „Schwarz" gefunden wird und nicht „Schwarzer Tee":

```
suche = (lpeg.P("Schwarz") + lpeg.P("Schwarzer Tee"))
kombi = (1 - suche)^0 * suche
print('Ergebnis:', kombi:match("Schwarzer Tee"))
```

Wenn Sie solche Alternativen verwenden, sollten Sie die genaueren zuerst aufführen:

[9] Verschönerungen zur besseren Lesbarkeit

```
suche = (lpeg.P("Schwarzer Tee") + lpeg.P("Schwarz"))
```

Der zweite Ansatz, das Beispiel zu erweitern, verwendet die Funktion `lpeg.S` und ein paar zusätzliche Verkettungen. `lpeg.S` „passt auf jedes Zeichen in *str*“:

```
suche = (lpeg.S("Hh") * lpeg.P("allo ") * lpeg.S("Ww") * lpeg.P("
  elt"))
kombi = (1 - suche)^0 * suche
print('Ergebnis:', kombi:match("Hallo Welt!"))
```

Welche Lösung Sie bevorzugen, ist Geschmackssache. Es hängt von Ihren Eingabedaten ab, welche sinnvoller ist.

Intern basiert LPEG darauf, Bytes und nicht (Unicode-)Zeichen zu vergleichen. Deshalb ist LPEG besser für künstliche Grammatiken geeignet als für natürliche Sprachen, da Markup- und Programmstrukturen meist ohne Sonderzeichen und abweichende Groß-/Kleinschreibung auskommen. Das Beispiel zeigt schon, dass es möglich, aber aufwändig ist.

Etwas realistischer ließe sich das Beispiel so behandeln:

```
suche = lpeg.P("hallo welt")
kombi = (1 - suche)^0 * suche
print('Ergebnis:', kombi:match(string.lower("Hallo Welt!")))
```

Der Originalartikel[5] fährt fort, einen einfachen XML-Parser aufzubauen, das war für dieses Buch zuviel.

25.5 Lua-Beispiele

25.5.1 Repetitive Schreibarbeit sparen

In vielen Fällen ist es einfacher, TEX-Code in Lua zu erzeugen als in TEX bzw. ConTEXt selbst. Bei der Darstellung der Präsentationsstile in 19.4.1 wollte ich die immer gleichen Befehle für die Bilder nicht von Hand schreiben, sondern habe zwei Lua-Schleifen verwendet:

```
--\startluacode
local styles = lpeg.split(lpeg.patterns.spacer, "default
  BlackBoard BottomSquares Boxed")
for s = 1, #styles do
  local style = styles[s]
  context.startsubsubject({title = style})
  context.startcombination({"4*1"})
  for i = 1, 4 do
    context.direct("\\externalfigure[praes-"..style..
    "][width=.23tw,page="..i.."]", "")
  end
  context.stopcombination()
  context.stopsubsubject()
end
--\stopluacode
```

Die Lua-Funktion `context.direct()` macht nichts Anderes als `context()`, außer dass das Catcode-Regime (S. 403) abweicht (das heißt hier, dass die Rückstriche verdoppelt werden müssen); bei `\startcombination` war das nötig, weil die Umgebung ihren Inhalt etwas unkonventionell verarbeitet.

Die erste Zeile zerlegt den String anhand der Leerzeichen in eine Liste, über die dann die erste Schleife iteriert. LPEG-Ausdrücke (S. 411) sind ein funktionaler Ersatz für die ‚regulären Ausdrücke' in vielen anderen Programmiersprachen.

Dann wollte ich aber auch die Optionen mit anzeigen. Um das Rad nicht neu zu erfinden, habe ich die Lua-Tabelle aus dem Modul verwendet:

```
-- \startluacode
local simpleslides_options = {
  ["BigNumber"]          ={color={"blue", "red"}},
  ["Framed"]             ={alternative={"square", "stripe"}},
  ["FramedTitle"]        ={},
-- ...
}
```

```
for style, options in table.sortedhash(simpleslides_options) do
  context.startsubsubject{title = style}
  context.startcombination{"4*1"}
  for i = 1, 4 do
    context.direct("\\externalfigure[praes-"..style..
    "][combination][page="..i.."]", "")
  end
  context.stopcombination()
  if table.count(options) > 0 then
    context("Optionen: ")
    for opt, vals in pairs(options) do
      context.type(opt .. "=" .. table.sequenced(vals, "/"))
    end
  end
  context.stopsubsubject()
end

-- \stopluacode
```

25.5.2 CSV verarbeiten

Eine Möglichkeit, wie sich CSV-Daten als Tabelle darstellen lassen, finden Sie auf S. 194.

Im folgenden Beispiel werden Farben anhand einer Tabelle definiert:

```
name;cmyk;rgb;hex
warnrot;.01,.98,.85,.02;237,28,36;ed1c24
warnorange;.01,.4,.95,.01;249,167,12;f9a70c
warngelb;.09,.02,.91,0;255,242,0;fff200
```

```
userdata = userdata or {}
userdata.csvsplitter = utilities.parsers.rfc4180splitter{
  separator = ";" }
userdata.commasplitter = lpeg.tsplitat(",")

local farben, tableheader = userdata.csvsplitter(io.loaddata('
  farben.csv'),true)
for _, farbe in next, farben do
  local cmyk = lpeg.match(userdata.commasplitter, farbe[2])
  context.definecolor({ farbe[1] },{ h = farbe[4], c = cmyk[1], m
    = cmyk[2], y = cmyk[3], k = cmyk[4] })
end
```

25.5.3 Prüfen, ob eine Datei existiert

Lua selbst hat keine Funktion, um auf die Existenz einer Datei zu prüfen. LuaMetaTEX hat zwei.

```
-- einfacher Workaround mit Standard-Lua:
function userdata.file_exists(filename)
  local f=io.open(filename,"r")
  if f~=nil then io.close(f) return true
  else return false end
end
-- ConTeXt:
io.exists(filename)
lfs.isfile(filename)
```

25.5.4 Datei von einer URL laden

Die Tabellendaten in 11.6.3 können Sie auch aus dem Internet laden statt aus einer lokalen Datei:

```
local foundname =
  resolvers.findbinfile("https://example.com/table.json")
local found, data = resolvers.loadbinfile(foundname)
local tabelle = utilities.json.tolua(data)
```

25.5.5 Am Ende eingreifen

Wenn Sie zum Schluss, wenn ConTEXt das PDF geschrieben hat, eine Funktion ausführen möchten, verwenden Sie `luatex.wrapup`:

```
luatex.wrapup(function()
  print(environment.outputfilename)
end)
```

`environment.outputfilename` enthält den Pfad der erzeugten Datei.

25.5.6 Umgebungsvariablen auflösen

```
function utilities.texvartotable(path)
  -- TeX-Umgebungsvariablen (z.B. TEXMFHOME, OSFONTDIR)
  -- in eine Liste von Pfaden umwandeln
  local p = resolvers.expandedpathlistfromvariable(path)
  inspect(p)
  for i=1,#p do
      print(resolvers.resolve(p[i]))
  end
  for i=1,#p do
      print(resolvers.cleanpath(resolvers.resolve(p[i])))
  end
end
```

26 Softwaredokumentation und Externes

Als programmierbares Open-Source-System wird TEX gerne für die Softwaredokumentation eingesetzt, nicht zuletzt für TEX selbst. Dafür (und für andere Zwecke) ist auch die direkte Einbindung der Ausgabe von anderen Programmen sinnvoll.

26.1 Quellcode

Wie kann ich meinen Programmcode hübsch formatiert ausgeben?

ConTEXt enthält Formatierer für TEX, XML, Lua und MetaPost. Die Module `scite` und `vim` unterstützen weitere Sprachen.

26.1.1 Quellcodeformatierung mit der `typing`-Umgebung

Mit `\type{...}` bzw. `\starttyping ... \stoptyping` können Sie Code formatiert ausgeben. `\tex{...}` gibt einen einzelnen TEX-Befehl aus und ergänzt den Backslash, für das Argument dahinter verwenden Sie `\arg{...}`. Für Dateinamen gibt es `\filename{...}`[1].

Option	Werte	Beschreibung
`margin`	`yes no standard` Länge	
`oddmargin, evenmargin`	Länge	
`option`	`mp lua xml parsed-xml nested tex context none` Name	„Sprache"
`style, color`	wie üblich	Textstil/-farbe
`align`	siehe `\setupalign`	Ausrichtung
`lines`	`yes no normal hyphenated`	Zeilenumbruch
`space`	`on off normal fixed stretch`	
`keeptogether`	`yes no`	
`before, after`	Befehl	
`strip`	`yes no` Zahl	

Tab. 26.1a Optionen von `\setuptyping` (außerdem die Optionen von `\framed`, siehe S. 135)

[1] `\filename` verwendet intern `\hyphenatedurl` (S. 265) und neigt zu unerwünschten Sperrungen (Letterspacing).

Option	Werte	Beschreibung
range	Zahl Name	
tab	yes no Zahl	
escape	yes no Text Prozessor->Text	Code zwischendurch ausführen (s. u.)
indentnext	yes no auto	Einzug in der folgenden Zeile?
start, stop, step	Zahl	
numbering	file line no	Zeilennummerierung
continue	yes no	Zeilennummerierung fortsetzen?
blank		siehe \blank
compact	all absolute	extra Leerzeichen vermeiden

Tab. 26.1b Optionen von \setuptyping (außerdem die Optionen von \framed, siehe S. 135)

Mit \definetyping können Sie Ihre eigenen Varianten definieren. Vordefiniert sind \startTEX, \startMP, \startLUA und \startXML.

26.1.1.1 TEX-Befehle im Code

Mittels escape=yes können Sie TEX-Befehle zwischen /BTEX und /ETEX in Quellcode verwenden:

```
%\startTEX[escape=yes]
\startplace/BTEX\style[
  color=darkgreen,
  style=bolditalic]{FLOAT}/ETEX[title={...}]
    \externalfigure[...]
\stopplace/BTEX\style[
  color=darkgreen,
  style=bolditalic]{FLOAT}/ETEX
%\stopTEX
```

26.1.1.2 Probleme

Die typing-Umgebung verwendet intern Puffer (S. 396) und diese lassen sich nur eingeschränkt im Argument eines Makros verwenden. Das führt dazu, dass z. B. \footnote{\starttyping … \stoptyping} nicht funktioniert. Auch in Tabellen können Sie die Umgebung nicht einsetzen. In so einem Fall können Sie den Code vorher in einem Puffer speichern und diesen mit \typebuffer an der gewünschten Stelle ausgeben.

Die Behandlung von Leerzeichen ist nicht immer wunschgemäß – an manchen Stellen werden welche eingefügt, an anderen ausgelassen. Mit `compact=absolute` wird das in manchen Fällen verbessert.

26.1.2 Quellcodeformatierung mit dem `scite`-Modul

Das Modul `scite` verwendet die Syntaxbeschreibungen des Editors SciTE zur Formatierung von Quellcode, ohne dass der Editor installiert sein muss:

```
\usemodule [scite]

\startCPP
#include<iostream>

using namespace std;

int main()
{
    cout << "Hello World\n";
    return 0;
}
\stopCPP
```

Mit dem Laden des Moduls werden folgende `typing`-Umgebungen definiert:

\start...	option=	Beschreibung
TEX	cld	ConTEXt mit Lua
LUA	lua	Lua
BTX	bibtex	BibTEX.bib-Format
MP	mp	MetaPost
PDF	pdf	ASCII-PDF
CPP	cpp	C++
WEB	web	CWeb
TXT	txt	Text
BNF	bnf	BNF
SQL	sql	SQL
JSON	json	JSON
SAS	sas	SAS
NONE	none	Keine Formatierung

Das `scite`-Modul versteht ebenfalls den Parameter `escape=yes`, jedoch nicht die Konstruktion mit /BTEX ... /ETEX, stattdessen werden alle Makros in Kommentaren ausgeführt, die mit `tex` beginnen:

```
\starttyping[option=TEX,escape=yes]
\framed
```

```
[width=4cm] % hier passiert \emph{nichts}
  {some text}

\framed
[width=4cm] % Formatierung aktiv
  {some text}
\stoptyping

\startLUA[escape=yes]
function test(x)
    return x * x  --tex -- \emph{formatiert} auch in Lua
end
\stopLUA
```

Das Kommentarzeichen wird dadurch verschluckt und muss zusätzlich angegeben werden, in TEX als `\letterpercent`, sonst wird der Rest als Kommentar angesehen und nicht ausgegeben.

26.1.3 Quellcodeformatierung mit dem `vim`-Modul

Das Modul `vim`[2] von Aditya Mahajan verwendet die Möglichkeiten des Editors Vim, um Quellcode verschiedener Programmiersprachen zu formatieren. Dazu muss dieser installiert sein, ebenso wie das `filter`-Modul des gleichen Autors (S. 429). `\definevimtyping[CODE]` erzeugt eine Umgebung (`\startCODE`) sowie die Befehle `\inlineCODE`, `\typeCODEfile` und `\processCODEbuffer`.

Option	Werte	Beschreibung
`syntax`	Name	„Sprache" laut Vim
`tab`	Zahl	Tabulator in diese Anzahl von Leerzeichen auflösen
`directory`	Pfad	Arbeitsverzeichnis für Temporärdateien
`before, after`	Befehl	Vor- und Abspann der Umgebung
`alternative`	`pscolor blackandwhite`	Farbschema (26.1.3.1)
`numbering`	`yes no`	Zeilennummerierung ein/aus
`numberstart`	Zahl	Zeilennummerierung beginnt bei n
`numbertstep`	Zahl	Intervall der Zeilennummerierung (nur jede n-te Zeile nummerieren)

Tab. 26.2a Optionen von `\definevimtyping`, `\setupvimtyping` usw.

[2] Dokumentation unter github.com/adityam/filter/blob/master/vim-README.md

Option	Werte	Beschreibung
numbercolor	Farbe	Farbe der Zeilennummern
numberstyle	Textstil	Stil der Zeilennummern
numberalign	flushright flushleft	Ausrichtung der Zeilennummern
numberlocation	left right	Position der Zeilennummern
numberwidth, numberdistance	Länge	Breite/Abstand der Zeilennummerierung
numberleft, numberright	Zeichen/Befehl	Präfix/Suffix der Zeilennummern
numberconversion	siehe S. 78	Zahlenart der Zeilennummerierung
numbercommand	Befehl	eigener Befehl zur Darstellung der Zeilennummerierung
space	off on	Leerzeichen sichtbar machen?
strip	yes no	Soll führender Weißraum entfernt werden?
margin	Länge	Linker Einzug
lines	fixed split	Zeilenumbruch?
option	packed \{packed, hyphenated\}	Zeilenumbruch an +, -, / erlauben?
align	nothyphenated hyphenated	Silbentrennung? (nur in Kombination mit option)
start, stop	Zeilennummer	erste und letzte Zeile des anzuzeigenden Bereichs (nur bei \startCODE und \typeCODEfile)
highlight	{Liste}	Zeilen hervorheben (nur bei \startCODE und \typeCODEfile)
highlightcolor	Farbe	Hintergrundfarbe für die Hervorhebung

Tab. 26.2b Optionen von \definevimtyping, \setupvimtyping usw.

Option	Werte	Beschreibung
`highlightcommand`	Befehl	Eigener Befehl für die Hervorhebung
`escape`	`off on`	TEX-Code innerhalb von Kommentaren im Code ausführen?
`vimrc, extras`		Sonderfunktionen in Vim steuern, siehe Dokumentation des Moduls
`style`	Stil der Schrift	(undokumentiert)

Tab. 26.2c Optionen von `\definevimtyping`, `\setupvimtyping` usw.

Ein Anwendungsbeispiel:

```
\usemodule[vim]
\definevimtyping[HTML]
  [syntax=html]
\definevimtyping[PHP]
  [syntax=php]

\startHTML
<html>
  <head>
     <title>Hello World</title>
  </head>

  <body>
     <?php echo "Hello, World!";
       ?>
  </body>
</html>
\stopHTML

\startPHP
<?php
  $a = 3;
  $b = 4;
  $c = sqrt($a**2 + $b**2)
?>
\stopPHP
```

```
<html>
  <head>
     <title>Hello World</title>
  </head>

  <body>
     <?php echo "Hel-
lo, World!";?>
  </body>
</html>
<?php
  $a = 3;
  $b = 4;
  $c = sqrt($a**2 + $b**2)
?>
```

Der Wert von `syntax=` entspricht dem Dateityp in Vim. Sie bekommen die Liste der Möglichkeiten, wenn Sie in Vim `:help syntax.txt` aufrufen.

6.1.3.1 Darstellung anpassen

Ein „Farbschema“ definiert die Darstellung der einzelnen Syntaxelemente. Die Schemata `pscolor` (Standard) und `blackandwhite` sind vordefiniert.

```
\startcolorscheme[MeinSchema]
  \definesyntaxgroup[Constant][color=green, style=bold]
  % ...
  \setups{vim-minor-groups}
\stopcolorscheme

\definevimtyping[CODE][alternative=MeinSchema,syntax=code]
```

Es gibt folgende Syntaxelemente (`syntaxgroup`): Constant, Identifier, Statement, PreProc, Type, Special, Comment, Ignore, Todo, Error, Underlined. `\definesyntaxgroup` verarbeitet die Parameter `color`, `style` und `command` in der bekannten Weise.

26.2 Verzeichnisbäume

Wie kann ich Verzeichnisbäume darstellen?

Sie können die Ausgabe des Befehls `tree` (für alle Betriebssysteme verfügbar) in eine `typing`-Umgebung kopieren (Abb. 26.1). Dann brauchen Sie eine Schriftart (Fallback-Font, S. 151), welche die Linien-Elemente[3] enthält. Diese sind aber meist zu klein, sodass die Zweige Lücken haben, wenn Sie nicht den Zeilenabstand stark verringern.

```
min-epub
├── META-INF
│   └── container.xml
├── OEBPS
│   ├── min-div.xhtml
│   ├── min.opf
│   ├── nav.xhtml
│   ├── styles
│   │   ├── min-defaults.css
│   │   ├── min-images.css
│   │   └── min-styles.css
│   └── toc.ncx
└── mimetype
```

Abb. 26.1 Verzeichnisbaum aus `tree`

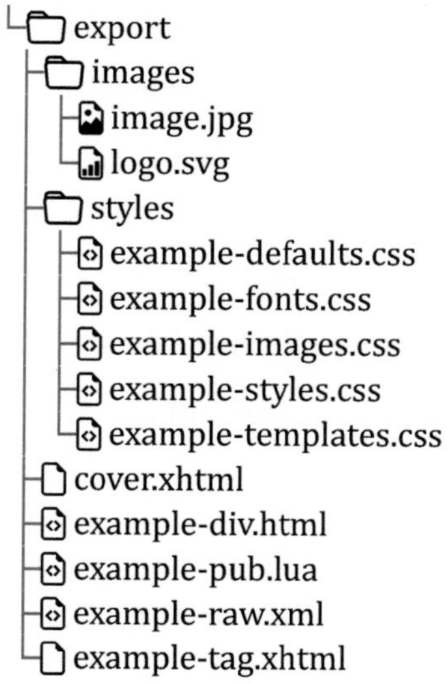

Abb. 26.2 Verzeichnisbaum mit `folders`

[3] Unicode-Block „box drawing“, 0x2500–0x25FF

Das Modul `dirtree` (in der Distribution enthalten) macht das ähnlich und kann für die Zweige alternativ eine integrierte MetaPost-Schrift verwenden, die das Problem mit den Lücken behebt, ist aber schwer zu konfigurieren.
Mir war das nicht genug, deshalb gibt es das Modul `folders`[4]. Es liest einen Verzeichnisbaum ein und kann ihn als Lua-Tabelle speichern, die sich ggf. bearbeiten lässt. Zur Ausgabe verwendet es Teile des `dirtree`-Moduls, hat aber einige zusätzliche Möglichkeiten wie Teilbäume und Dateityp-Icons.

26.3 Fremdes Markup

Wie kann ich Quellen in anderen Formaten als TeX verwenden?

26.3.1 Markdown

Markdown ist ein einfaches Markup-Format, das insbesondere in der Softwaredokumentation gerne verwendet wird. Es spricht aber auch nichts dagegen, einen Roman darin zu verfassen.
Die Einbindung von einfachen Markdown-Schnipseln in ConTeXt-Quellen wird vom mitgelieferten `markdown`-Modul unterstützt; für höhere Ansprüche (z. B. Kompatibilität mit CommonMark) gibt es ein Modul von Vítek Starý Novotný[5], das aber wegen LaTeX-Abhängigkeiten nur mit TeX Live funktioniert.

Häufig werden Markdown-Dokumente mit dem Programm Pandoc nach HTML und PDF konvertiert. Für die PDF-Erzeugung verwendet Pandoc normalerweise LaTeX, das ConTeXt-Backend ist allerdings deutlich schneller und leichtgewichtiger. So konvertieren Sie von Markdown nach ConTeXt bzw. via ConTeXt nach PDF:

```
pandoc -t context beispiel.md > beispiel.tex
pandoc -t context beispiel.md -o beispiel.pdf
```

Ohne weitere Angaben wendet Pandoc seinen Standard-Stil an. Sie können auch Ihre eigene Vorlage verwenden:

```
pandoc -t context --template=tpl.tex beispiel.md > beispiel.tex
```

Eine einfache Vorlage könnte so aussehen:

```
\environment meinstil
\starttext
$body$
\stoptext
```

Welche Variablen und Programmkonstrukte Sie in so einer Vorlage verwenden können, entnehmen Sie bitte der Dokumentation von Pandoc[6].

[4] codeberg.org/fiee/context-folders
[5] github.com/witiko/markdown bzw. in CTAN
[6] pandoc.org/MANUAL.html

26.3.2 Andere Markup-Formate

Die reStructuredText-Formatierung wird mit dem `rst`-Modul[7] von Philipp Gesang unterstützt. Für ASCIIdoc gibt es Valentin*E* von Götz Schnell[8].
Es gibt mehrere Ansätze, XML-Standards wie DocBook, JATS oder TEI zu unterstützen (siehe S. 442).

26.4 Externe Programme einbinden

Wie kann ich aus ConTEXt heraus andere Programme aufrufen und deren Ausgabe einbinden?

Mit dem Lua-Befehl `os.execute` können Sie externe Befehle oder Programme aufrufen (Beispiel siehe S. 220; den klassischen TEX-Weg über `\write18` gibt es nicht mehr). Die Ausgabe des Aufrufs können Sie dabei nur auffangen, wenn Sie sie in eine Datei umleiten und diese wieder einlesen.

26.4.1 Das filter-Modul

Das Modul `filter`[9] von Aditya Mahajan erleichtert den Aufruf externer Programme, sodass deren Eingabe direkt im ConTEXt-Quellcode eingefügt werden kann und die Ausgabe im PDF erscheint.
Das folgende Beispiel erzeugt Grafiken mit GraphViz[10] (`dot`):

```
% Beispiel von Taco Hoekwater, 2022-06-22
\usemodule[filter]
\define[1]\ReadFigure{\externalfigure[#1]}

\defineexternalfilter[graphviz][
  cache=yes,
  readcommand=\ReadFigure,
  output={\externalfilterbasefile.pdf},
  filtercommand={dot -Tpdf -o "\externalfilterbasefile.pdf" "
    \externalfilterinputfile"},
]

\startTEXpage[offset=3pt]
\startgraphviz
digraph G {
    main -> parse -> execute;
    main -> init;
    main -> cleanup;
```

7 gitlab.com/phgsng/context-rst
8 meeting.contextgarden.net/2024/talks/goetz/ValentinE-typo_GSchnell.pdf bzw. gitlab.com/valentine4743416/ValentinE-typo.
9 github.com/adityam/filter
10 graphviz.org

```
    execute -> make_string;
    execute -> printf
    init -> make_string;
    main -> printf;
    execute -> compare;
}
\stopgraphviz
\stopTEXpage
```

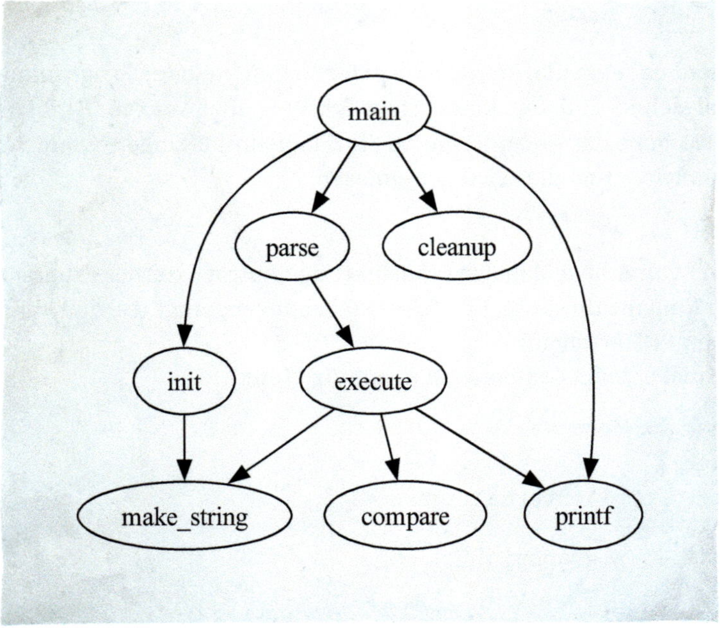

Während des ConTEXt-Laufs wird der Code zwischen `\startgraphviz` und `\stopgraphviz` in eine temporäre Datei geschrieben; diese wird mit dem GraphViz-Befehl `dot` in ein PDF übersetzt, das mit `\externalfigure` (in `\ReadFigure`) als Grafik eingesetzt wird.

26.4.2 Beispiel: Notensatz mit GNU LilyPond

GNU LilyPond[11] ist ein großartiges und gut dokumentiertes Notensatzsystem, dessen Syntax teilweise an TEX erinnert. Als Erweiterungssprache kommt allerdings nicht Lua zum Einsatz, sondern der LISP-Dialekt Scheme. Im Zusammenspiel mit LATEX wird üblicherweise `lilypond-book` als Präprozessor aufgerufen. Für LuaLATEX gibt es `lyluatex`, das LilyPond während des TEX-Laufs aufruft, so wie es auch mit ConTEXt und dem Filter-Modul funktioniert.
Hier ist ein einfaches Setup für `filter`:

[11] lilypond.org

```
\usemodule[filter]

\define[1]\ReadFigure{\externalfigure[#1]}

\defineexternalfilter[lilypond][
  continue=yes,
  readcommand=\ReadFigure,
  directory=lilytemp/, % Verzeichnis für Temporärdateien
  output={\externalfilterbasefile.pdf},
  filtercommand={lilypond -o"lilytemp/\externalfilterbasefile" "
    \externalfilterinputfile"},
]
```

Ihren LilyPond-Code schreiben Sie dann zwischen `\startlilypond` und `\stoplilypond`.

Diese einfache Version funktioniert auch noch mit ConTEXt MkII, bindet bei mehrseitigen Partituren aber nur die erste Seite ein, und auch das Verzeichnis `lilytemp` müssen Sie selbst anlegen.

Mit ein paar Zeilen Lua lässt sich das verbessern: LilyPond soll einzelne Notensysteme (Zeilen) ausgeben; deren Anzahl wird in einer Hilfsdatei `-system.count` abgelegt, die sich von ConTEXt aus einlesen lässt, um dann alle Systeme einzeln als Grafik einzubinden, sodass der Seitenumbruch ConTEXt überlassen bleibt.

```
\usemodule[filter]
\def\LILYTEMP{lilytemp} % Name des Ordners für Temporärdateien

\define[1]\ParseLilypondFile% #1 ist der Name der Ausgabedatei
  {\ctxlua{thirddata.parselilypondfile("#1")}}

\startluacode
  thirddata = thirddata or {}
  -- Temporärverzeichnis anlegen, falls nicht vorhanden
  if not lfs.isdir("\LILYTEMP") then
    lfs.mkdir("\LILYTEMP")
  end

  function thirddata.parselilypondfile(name)
    -- alle Systeme einbinden
    -- Dateinamen wie \LILYTEMP/hauptdatei-temp-lilypond-21.pdf
    logs.report("LILYPOND","name='" .. name .. "'")
    local scname = string.gsub(name, '%.pdf$', '-systems.count')
    -- syco = system count
    local syco = tonumber(io.loaddata(scname)) or 0

    for nr = 1, syco do
```

```
      logs.report("LILYPOND","including system no." .. nr)
      context("\\externalfigure[" .. string.gsub(name, '%.pdf$',
        '-' .. nr) .. "]")
    end
  end
\stopluacode

\defineexternalfilter[lilypond][
  continue=yes,
  cache=yes, % nur aufrufen, wenn Ergebnis noch nicht vorhanden
  readcommand=\ParseLilypondFile,
  directory=\LILYTEMP/,
  output={\externalfilterbasefile.pdf},
  filtercommand={lilypond -dtall-page-formats=pdf -dseparate-page
    -formats=pdf -daux-files -o"\LILYTEMP/\externalfilterbasefile
    /" "\externalfilterinputfile"},
]
```

Ihre Einstellungen für LilyPond können Sie in einer Datei sammeln und diese am Anfang jedes Musikschnipsels einbinden:

```
\startlilypond
\include "einstellungen.ly"
...
\stoplilypond
```

Dieses \include können Sie sich aber auch ersparen, indem Sie den Inhalt eines Puffers an den Anfang jedes LilyPond-Aufrufs stellen lassen:

```
\startbuffer[lilypond::settings]
\include "einstellungen.ly"
\stopbuffer

\defineexternalfilter[lilypond][
  ...
  bufferbefore={lilypond::settings},
  ...]
```

Was sollte in so einer Einstellungsdatei stehen? Das Wichtigste für dieses Setup sind die Zeilen, die ich aus der Präambel für lilypond-book kopiert habe. Der Rest sind persönliche Vorlieben und Hilfsfunktionen:

```
\version "2.25.29"
#(ly:set-option (quote no-point-and-click))
#(set-global-staff-size 14)

% --- start Ausgabe einzelner Systeme (lilypond-book) ---
```

```
#(define default-toplevel-book-handler
  print-book-with-defaults-as-systems )
#(define toplevel-book-handler
  (lambda ( . rest)
  (set! output-empty-score-list #f)
  (apply print-book-with-defaults rest)))
#(define toplevel-music-handler
  (lambda ( . rest)
   (apply collect-music-for-book rest)))
#(define toplevel-score-handler
  (lambda ( . rest)
   (apply collect-scores-for-book rest)))
#(define toplevel-text-handler
  (lambda ( . rest)
   (apply collect-scores-for-book rest)))
#(set! output-empty-score-list #t)
% --- stop Ausgabe einzelner Systeme ---

\paper {
  #(define dump-extents #t)
  indent = 0\mm
  ragged-bottom = ##t
  ragged-last-bottom = ##t
  print-page-number = ##f
  line-width = 120\mm % siehe unten
  oddFooterMarkup  = ##f
  oddHeaderMarkup  = ##f
  bookTitleMarkup  = ##f
  scoreTitleMarkup = ##f
}

\layout {
  #(layout-set-staff-size 14)
  % Achtung, Schriften werden zurückgesetzt
  % Schriftsippe einstellen: rm / ss / tt
  #(define fonts (make-pango-font-tree "TeX Gyre Schola"
    "LMSans10" "LMTypewriter10 Regular" (/ 14 20)))
  \context { \Score
    \remove "Bar_number_engraver" % keine Taktzahlen
    \override PaperColumn #'keep-inside-line = ##t
  }

  % Beispiele
  \context { \Staff
```

```
      \override TimeSignature #'style = #'numbered
    }
  \context { \ChordNames
    chordChanges = ##t
    majorSevenSymbol = \markup{ 7+ }
  }
}
```

Beachten Sie, dass Sie LilyPonds Textschriftgröße nicht mit absoluten Werten, sondern nur relativ zur Größe des Notensystems angeben können.

Das Filter-Modul verwendet normalerweise nummerierte Puffer. Das führt dazu, dass alle externen Inhalte (hier: Musikstücke) neu berechnet werden müssen, wenn Sie etwas an ihrer Reihenfolge ändern. Sie können den Puffern aber auch Namen geben:

```
\startlilypond[name=hejo]
```

Statt der einzelnen Benennung können Sie auch auf den Namen der Komponente zurückgreifen (in meinen Liederbüchern ist jedes Lied eine Komponente) und ggf. eine Nummer anhängen:

```
\startlilypond[name=\currentcomponent 1]
```

Die Übergabe von Werten von ConTEXt an LilyPond ist möglich. Sie können beispielsweise die Breite der Notenlinien der aktuellen Textbreite anpassen:

```
-- einfügen nach "Temporärverzeichnis anlegen"
io.savedata("\LILYTEMP/texsettings.ly",
  "\\paper { line-width = " ..
  string.gsub(number.todimen(tex.dimen.textwidth), "pt", "\\pt")
    ..
  " } \n")
```

Die Datei `texsettings.ly` muss dann nach `einstellungen.ly` eingebunden werden. In letzterer müssen Sie die Einstellung `line-width` im Block \paper entfernen oder auskommentieren, sonst funktioniert es nicht.

Die Übergabe von Werten von LilyPond an ConTEXt habe ich bisher nicht umgesetzt. Sie könnten mit Hilfe einer Scheme-Funktion in LilyPond etwas in eine Datei schreiben und diese von ConTEXt aus wieder einlesen.

Schließlich können Sie das Musikstück einbinden:

```
\startlilypond[name=\currentcomponent]
akkorde = \chordmode {
  \repeat unfold 6 { e2:m b:m }
}
```

```
stimme = \relative c' {
  \clef treble
  \key b \minor
  \time 4/4
  e2^\markup{\circle 1} d | e8 e e e b2 |
  e4^\markup{\circle 2} e fis fis | g8 g g g fis2 |
  b8^\markup{\circle 3} b b b b4 b | b8 b b b b( a) g( fis)
  \bar ":|"
}

textI = \lyricmode {
  He -- jo, spann den Wa -- gen an,
  denn der Wind treibt Re -- gen ü -- bers Land.
  Hol die gold -- nen Gar -- ben,
  hol die gold -- nen Gar -- ben.
}

\score {
  <<
    \context ChordNames { \akkorde }
    \context Staff = Oben <<
      \context Voice = "eins" \stimme
      >>
    \new Lyrics \lyricsto "eins" { \textI }
  >>
  \layout { }
}
\stoplilypond
```

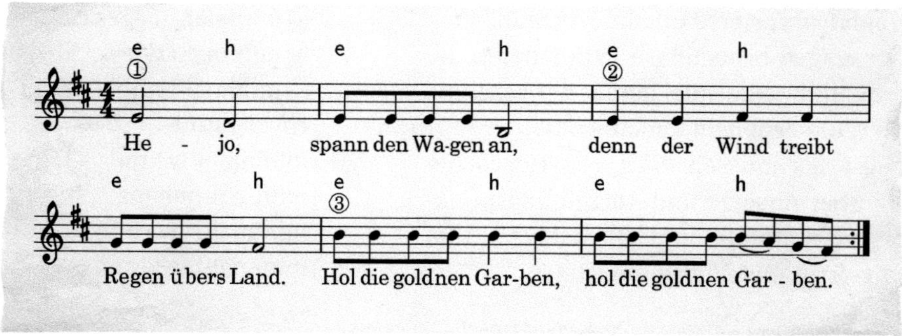

27 XML

Ich habe gehört, ConTEXt könne direkt mit XML-Dateien arbeiten. Und wie bekomme ich ein ePub?

Das Thema XML-Verarbeitung mit ConTEXt hätte ein eigenes Buch verdient. Siehe `xml-mkiv`[1].

27.1 XML-Export

ConTEXt kann die Dokumentstruktur als XML exportieren. Das ist die Voraussetzung für eine Konvertierung nach HTML oder ePub und für Tagged PDF inkl. PDF/A und PDF/UA.

```
\setupbackend[export=yes]

\starttext
\samplefile{knuth}
\stoptext
```

minimal.tex
minimal.log
minimal.pdf
minimal.tuc

- minimal-export
  - images
  - styles
    - minimal-defaults.css
    - minimal-fonts.css
    - minimal-images.css
    - minimal-styles.css
    - minimal-templates.css
  - cover.xhtml
  - minimal-div.html
  - minimal-pub.lua
  - minimal-raw.xml
  - minimal-tag.xhtml

Mit einer Datei `minimal.tex` erzeugt der ConTEXt-Lauf die nebenstehende Struktur. Unabhängig von `\setupexport` werden immer sämtliche Formate ausgegeben.

Nur wohlstrukturierte Inhalte (im Sinne von XML) erzeugen brauchbare Exportdaten. In unserem Minimalbeispiel landet der gesamte Text im Wurzelelement `<document>`.
Das heißt, Sie müssen *alles*, von Hervorhebungen über Absätze und Aufzählungspunkten bis zu Kapiteln und Buchabschnitten, mit start-/stop-Befehlen auszeichnen.

Beachten Sie dabei auch, dass Schalter wie `\em` sich nicht in der Ausgabestruktur widerspiegeln, Sie müssen die Auszeichnungen stattdessen als `highlight` definieren:

[1] `texmf-context/doc/context/documents/general/manuals/xml-mkiv.pdf`

```
\definehighlight[emph][style=italicface]

\startparagraph
{\em Diese} Hervorhebung verschwindet beim Export.
\stopparagraph
\startparagraph
\emph{Diese} Hervorhebung überlebt den Export.
\stopparagraph
```

Hier ist ein sinnvolleres Beispiel:

```
\mainlanguage[en]
\setupbackend[export=yes]

\setupinteraction[state=start,
  color=,contrastcolor=,
  % Diese Metadaten werden für das PDF verwendet.
  title={My first eBook 1},
  subtitle={},
  keywords={},
  author={Hans 1},
]
\setupexport[
  hyphen=yes, % Trennzeichen einfügen?
  % Diese Metadaten werden vom ConTeXt-ePub-Skript verwendet.
  % title, subtitle und author werden ggf. aus \setupinteraction
    übernommen.
  title={My first eBook 2},
  subtitle={},
  author={Hans 2},
]
\settaggedmetadata[
  % Hier können Sie nach Belieben weitere Metadaten-Einträge
    definieren.
  % Das könnte sinnvoll sein, wenn Sie das exportierte XML selbst
    verarbeiten.
  title={My first eBook 3},
  author={Hans 3},
  subtitle={},
  version={\rawdate[]},
]

\definehighlight[emph][style=italicface] % \emph{etwas} statt
  {\em etwas}
```

```
\definehighlight[bold][style=boldface]    % \bold{etwas} statt
  {\bf etwas}

\starttext

\startchapter[title=Example]

\startparagraph
\samplefile{tufte}
\stopparagraph

\startsection[title={A section}]

\startparagraph
\samplefile{knuth}
\stopparagraph

\startitemize[packed,joinup]
  \startitem First \stopitem
  \startitem Second \stopitem
  \startitem Third \stopitem
  \startitem Fourth\stopitem
\stopitemize

\startparagraph
\samplefile{zapf}
\stopparagraph

\stopsection
\stopchapter

\startchapter[title=Quoth\footnote[fn:poe]{by Edgar Allan Poe}]
\startlines
\quotation{Prophet!} said I, \quotation{thing of evil!-prophet
  still, if bird or devil!
By that Heaven that bends above us-by that God we both adore-
Tell this soul with sorrow laden if, within the distant Aidenn,
It shall clasp a sainted maiden whom the angels name Lenore-
Clasp a rare and radiant maiden whom the angels name Lenore.}
\emph{Quoth the Raven \quotation{Nevermore.}}
\stoplines
\stopchapter

\stoptext
```

Option	Werte	Standardwert
align	raggedright raggedleft center	\raggedstatus
bodyfont	Schriftgröße	\bodyfontsize
width	Textbreite	\textwidth
title	Text	aus \setupinteraction
subtitle	Text	aus \setupinteraction
author	Text	aus \setupinteraction
firstpage	Bildname	
lastpage	Bildname	
cssfile	Dateiname	Zusätzliche CSS-Datei

Tab. 27.1 Parameter von \setupexport

- Die Optionen align, bodyfont und width werden ins exportierte CSS geschrieben.
- title, subtitle und author werden aus \setupinteraction übernommen.
- firstpage und lastpage definieren ein Titelbild, das in pub.lua geschrieben und vom ePub-Skript ausgewertet wird.
- alternative, hyphen und properties scheinen keinen Effekt mehr zu haben.

Probleme (seit mindestens 2024): Manchmal steht ein <break/> nach dem schließenden Root-Tag und macht damit das XML ungültig. Die Metadaten landen im Dokument (bei HTML im <body> statt im <head>), manchmal erst nach der ersten Überschrift. Es fehlen Referenzanker.

27.2 HTML

Der HTML-Export kommt der PDF-Ausgabe ziemlich nahe und kann häufig direkt auf Websites eingesetzt werden. Aber schauen Sie nicht in den Code – semantisch geht anders.

Formeln werden dabei als MathML wiedergegeben, das in Browsern inkonsistent dargestellt wird. Wenn Sie Formeln mit \startimage … \stopimage umgeben und ConTeXt mit --images aufrufen, werden sie als SVG exportiert und dadurch in der vollen Schönheit des ConTeXt-Satzes dargestellt. Diese Methode können Sie auf beliebige andere Inhalte anwenden – z. B. um ordentlich gesetzten Text in Inkscape-Grafiken zu importieren.

27.3 ePub

Das ePub-Format gibt es in mehreren Versionen (2.0.1 und 3.3 sind aktuell[2]), die Formate der enthaltenen Dateien sind wiederum verschiedenen Spezifikationen entnommen. Ungenaue Definitionen, optionale Erweiterungen[3] und der extrem unterschiedliche Implementierungsumfang bei den Lesegeräten und -programmen machen die Gestaltung von Publikationen im ePub-Format schwierig. ConTEXt unterstützt daher nur eine rudimentäre ePub-Ausgabe, die in den meisten Fällen nicht für die Veröffentlichung ausreicht.
Wenn Sie Quelldaten in anderen Formaten haben, ist es sinnvoller, für ePub nicht über ConTEXt zu gehen, z. B. können LibreOffice und Pandoc auch ePub erzeugen. Ich empfehle die Lektüre des sehr detaillierten Wikipedia-Artikels[4].

Der Aufruf von `mtxrun --script epub --make minimal` erzeugt aus dem eingangs abgebildeten Verzeichnisbaum folgende Struktur:

```
minimal.epub
└─ minimal-epub
   ├─ META-INF
   │  └─ container.xml
   ├─ OEBPS
   │  ├─ images
   │  ├─ styles
   │  │  ├─ minimal-defaults.css
   │  │  ├─ minimal-fonts.css
   │  │  ├─ minimal-images.css
   │  │  └─ minimal-styles.css
   │  ├─ cover.xhtml
   │  ├─ minimal-div.html
   │  ├─ minimal.opf
   │  ├─ nav.xhtml
   │  └─ toc.ncx
   └─ mimetype
```

[2] Es ist möglich, ePubs zu erzeugen, die gleichzeitig den Versionen 2 und 3 gerecht werden. Diese werden allerdings von den Validatoren abgelehnt und lassen sich daher nicht über die bekannten Distributionsplattformen veröffentlichen.

[3] Inhalte nach DTBook, MathML und SVG sind theoretisch möglich.

[4] de.wikipedia.org/wiki/EPUB

Was steht in den einzelnen Dateien?

`epub`	Die epub-Datei ist ein ZIP-Archiv, das den darunter angegebenen Baum enthält.
`mimetype`	enthält nur die Angabe `application/epub+zip`
`container.xml`	verweist auf das Wurzeldokument `minimal.opf`
`cover.xhtml`	Titelbild, das von ePub-Readern angezeigt wird
`nav.xhtml`	Inhaltsverzeichnis.
`-div.xhtml`	Ihre Inhalte als HTML.
`.opf`	Liste aller Ressourcen, hält das „Buch" zusammen
`.ncx`	Inhaltsverzeichnis.

27.3.1 ePub-Container packen

Das ePub-Format ist ein simples ZIP-Archiv, das die erzeugte Struktur enthält. Es gibt aber ein paar Beschränkungen, so muss `mimetype` unbedingt der erste Eintrag und unkomprimiert sein, und es dürfen keine erweiterten Dateiattribute verwendet werden (z. B. Benutzer- und Gruppen-IDs).

```
EPUB=minimal
zip -u0X  $EPUB mimetype
zip -u9X  $EPUB META-INF/container.xml
zip -u9rX $EPUB OEBPS -x OEBPS/.DS_Store OEBPS/Text/.DS_Store
  OEBPS/Images/.DS_Store "*/.DS_Store" "OEBPS/Images/*.pdf"
zip -d $EPUB OEBPS/nav.xhtml
```

In der vorletzten Zeile schließe ich die `.DS_Store`-Verzeichnisse aus, in denen MacOS Metadaten speichert. Auf anderen Plattformen ist das selbstverständlich nicht nötig.

27.3.2 Nötige und nützliche Werkzeuge

epubcheck[5]	ePub-Validator vom W3C
Calibre[6]	ePub-Viewer und -Editor
Sigil[7]	ePub-Editor und -Konvertierer
mupdf[8] (mudraw)	zum Konvertieren der Titelseiten von PDF nach PNG
zip oder 7zip	zum Packen des ePub-Containers

5 github.com/w3c/epubcheck
6 calibre-ebook.com bzw. den Fork ohne KI: github.com/grimthorpe/clbre
7 sigil-ebook.com
8 www.mupdf.com

27.4 XML-Verarbeitung

Für manche Anwender*innen ist die Fähigkeit von ConTeXt, XML direkt zu verarbeiten, das wesentliche Entscheidungskriterium. Andere Systeme, die aus XML-Daten PDF erzeugen, wie XSL-FO, erreichen nicht die hohe Satzqualität von TeX.

27.4.1 Beispiele

Es gibt immer wieder Projekte, die bestimmte XML-Standards mit ConTeXt verarbeiten. Ich habe ein paar Hinweise gesammelt, kann aber nichts Näheres dazu sagen:

- Das pandoc-Modul unterstützt eine Untermenge von DocBook (der Name ist irreführend), siehe unten.
- Im Wiki gibt es eine sehr ausführliche Seite zu TEI[9].
- „Typesetting XML with ConTeXt" (JATS): boris.unibe.ch/135830/
- „JATS from Markdown": www.ncbi.nlm.nih.gov/books/NBK579698/

```
\usemodule[pandoc]
\xmlregisterdocumentsetup{main}{xml:docbook}
\xmlprocessfile{main}{docbookfile.xml}{}
```

27.4.2 Grundlagen

Um XML mit ConTeXt zu verarbeiten, brauchen Sie neben der XML-Datei eine Stilvorlage (Environment), die an einem Ort liegen muss, wo ConTeXt sie findet (z. B. im gleichen Verzeichnis wie die XML-Datei). Sie enthält zwei Arten von Anweisungen:

- Einstellungen für jedes XML-Element, das Sie verarbeiten möchten, und
- Einstellungen für Layout und Aussehen des Dokuments – wie bei jedem anderen ConTeXt-Projekt.

Mit einer Eingabedatei `document.xml` und einer Stilvorlage `style.tex` erzeugt der Aufruf:

```
context --environment=style document.xml
```

... eine Datei namens `document.pdf`.

27.4.3 Schritt für Schritt

Dieser Abschnitt basiert auf einem Artikel von Thomas A. Schmitz[10].

Professor Schmitz hält alle Vorlesungen eines Kurses in einem XML-Dokument zusammen, aus dem er einerseits Präsentationsfolien (mit dem `simpleslides`-Modul, S. 311), andererseits Vorlesungsskript und Handouts erzeugt.

9 wiki.contextgarden.net/TEI_xml
10 articles.contextgarden.net/journal/2019/42-53.pdf

Das Wurzelelement heißt hier einfach dokument:

```
<?xml version="1.0" encoding="UTF-8"?>
<!DOCTYPE presentation>
<dokument>
</dokument>
```

Dieses Wurzelelement bekommt Kinderelemente namens vorlesung; als eindeutiger Bezeichner wird das Datum der Vorlesung im Attribut datum verwendet:

```
<dokument>
  <vorlesung datum="2021-09-21">
  </vorlesung>
  <vorlesung datum="2021-09-28">
  </vorlesung>
</dokument>
```

Auf der Titelfolie sollen Metainformationen wie Autor und Titel erscheinen; der Inhalt besteht aus einzelnen Folien:

```
<dokument>
  <vorlesung datum="2021-09-21">
    <titel>Beispiel einer Präsentation in XML</titel>
    <autor>Una Persson</autor>
    <datum>21. 9. 2021</datum><!-- redundant... -->
    <inhalt>
      <folie>
      </folie>
      <folie>
      </folie>
    </inhalt>
  </vorlesung>
</dokument>
```

Jede einzelne Folie hat Titel und Inhalt, die auf der Folie zu sehen sind, und einen Kommentar, der nur im Vorlesungsskript erscheinen soll.
Die Stildatei style.tex enthält ein Setup zur Verarbeitung dieser XML-Elemente:

```
\startxmlsetups xml:vorlesungsetups
  \xmlsetsetup{#1}{*}{-}
  \xmlsetsetup{#1}{dokument|
                   vorlesung|
                   titel|
                   autor|
                   datum|
                   inhalt|
                   folie|
```

```
                          folientitel|
                          folieninhalt}
                    {xml:*}
\stopxmlsetups

\xmlregistersetup{xml:vorlesungsetups}
```

Die XML-Datei enthält zwar den Text für Folien *und* Skript, aber für die Präsentation sollen nur die Inhalte der Folien verarbeitet werden. Dazu muss genau definiert sein, welche Elemente verwendet werden sollen.
Zuerst soll ConTeXt alle Elemente fallen lassen: `\xmlsetsetup{#1}{*}{-}`.
Danach werden alle Elemente explizit aufgelistet, die verarbeitet werden sollen. Später muss jedes neue Element zu dieser Liste hinzugefügt werden. Die Liste enthält jetzt also alle bisher bekannten Elemente sowie schon einmal vorsorglich `folientitel` und `folieninhalt`; es wird auch `folienkommentar` geben, dessen Inhalt soll aber nicht auf die Folien.
Die Anweisung für das Wurzelelement `dokument` bewirkt, dass ConTeXt den Inhalt einfach zur weiteren Verarbeitung ‚spült' (*flush*):

```
\startxmlsetups xml:dokument
  \xmlflush{#1}
\stopxmlsetups
```

`\xmlflush{#1}` bedeutet „nimm den Inhalt des aktuellen Elements und verarbeite ihn". ‚Verarbeiten' heißt dabei: Wenn es Text ist, setze ihn; wenn weitere XML-Elemente enthalten sind, verarbeite sie laut den zugehörigen Anweisungen. Im Beispiel ist jede Präsentation mit einem Datum bezeichnet, und es sollen einzelne PDFs für jede Vorlesung entstehen. Das Attribut `datum` dienst als Name für einen ConTeXt-Modus (S. 374):

```
\startxmlsetups xml:vorlesung
  \startmode[\xmlatt{#1}{datum}]
    \setupTitle[
      title={\xmltext{#1}{titel}},
      author={\xmltext{#1}{autor}},
      date={\xmltext{#1}{datum}}]
    \placeTitle
    \xmltext{#1}{inhalt}
    \page
  \stopmode
\stopxmlsetups
```

Zuerst zieht `\xmlatt{#1}{datum}` den Wert aus dem `datum`-Attribut, damit wird ein `mode` gestartet. Für die Präsentation mit dem Attributwert `2021-09-21` definiert das einen Modus dieses Namens, der sich auf der Kommandozeile verwenden lässt, um nur die Präsentation dieses einen Tages zu erzeugen:

```
context --environment=style --mode=2021-09-21 document.xml
```

Als nächstes werden die Kinderelemente des `vorlesung`-Elements behandelt: `\xmltext{#1}{titel}` holt den Inhalt des `titel`-Elements, der dann dem Befehl `\setupTitle` aus dem `simpleslides`-Modul als Parameter übergeben wird. Auf diese Weise werden Titel, Autor und Datum verarbeitet; der Befehl `\placetitle` erzeugt die Titelfolie. Das `inhalt`-Element wird schließlich der Satzmaschine zur weiteren Behandlung überlassen.
Das war die allgemeine Struktur der Präsentation. Weiter geht es mit den einzelnen Folien. Die erste bekommt nur einen Titel und etwas Text. So könnte das XML dazu aussehen:

```
<folie>
  <folientitel>Grundlagen</folientitel>
  <folieninhalt>
    &ConTeXt; basiert auf dem Satzsystem &TeX;. Es wurde mit dem
    gleichen Ziel der allgemeinen Verwendbarkeit entwickelt wie
    &LaTeX;, um einen vereinfachten Zugang zum hochqualitativen
    Textsatz zu ermöglichen, den &TeX; bietet.
    Während &LaTeX; aber die Schreibenden von Layout und
    typografischen Details fernhält, nimmt &ConTeXt; den
    entgegengesetzten Weg, indem es strukturierte Schnittstellen
    zu Typographie, Hintergründen, Hyperlinks, Darstellung,
    Farben und bedingter Ausführung anbietet.
  </folieninhalt>
  <folienkommentar>
    Hier stehen ein paar Kommentare zu dieser Folie.
    Sie erscheinen nicht in der Präsentation, sondern
    nur im Vortragsskript.
  </folienkommentar>
</folie>
```

Das ist nicht besonders kompliziert; es müssen nur Regeln definiert werden, die den Inhalt der Elemente `folientitel` und `folieninhalt` an ConTeXt übergeben:

```
\startxmlsetups xml:folie
  \xmldoiftext{#1}{/folientitel}{%
  \SlideTitle{
    \xmltext{#1}{folientitel}%
  }}
  \start
    \xmltext{#1}{folieninhalt}
    \par
  \stop
\stopxmlsetups
```

In der ersten Zeile des Setups wird geprüft, ob das Element `folientitel` überhaupt einen Inhalt hat, schließlich haben nicht alle Folien einen Titel; wenn ja, dann wird er mit dem Befehl `\SlideTitle` aus dem `simpleslides`-Modul gesetzt. Der Inhalt der Folie steht in einer `\start`...`\stop`-Umgebung, so dass alle Schriftveränderungen innerhalb der Folie sich nicht darüber hinaus auswirken.
Der Inhalt der Folie wird dann wiederum einfach an ConTEXt zum Setzen weitergegeben. Für eine einfache Folie reicht das.
Allerdings wurden XML-Entitys verwendet: Die TEX-Logos sollen ordentlich gesetzt werden, also sind sie in XML als `&TeX;` ausgedrückt. Dafür wird eine Definition in der Stildatei gebraucht:

```
\xmltexentity{ConTeXt}{\CONTEXT{}}
\xmltexentity{TeX}{\TEX{}}
\xmltexentity{LaTeX}{\LATEX{}}
```

Als nächstes kommt eine Folie mit einer Aufzählung. Hier ist das XML:

```
<folie>
  <folientitel>Eine Aufzählung</folientitel>
  <folieninhalt>
    <ol>
      <li>Erster Punkt</li>
      <li>Zweiter Punkt</li>
      <li>Dritter Punkt</li>
      <li>Vierter Punkt</li>
    </ol>
  </folieninhalt>
  <folienkommentar>
    Mehr Anmerkungen.
  </folienkommentar>
</folie>
```

Für diesen Fall müssen die Einstellungen für zwei neue XML-Elemente `ol` und `li` definiert werden – dabei nicht vergessen, diese Namen in die Elemente-Liste am Anfang der Stilvorlage einzutragen.
Für die Aufzählung eignet sich eine `itemize`-Umgebung (S. 68):

```
\startxmlsetups xml:ol
  \startitemize[n]
    \xmlflush{#1}
  \stopitemize
\stopxmlsetups

\startxmlsetups xml:li
  \startitem
    \ignorespaces\xmlflush{#1}
```

```
  \stopitem
\stopxmlsetups
```

Zuerst soll ConTEXt den Inhalt des Elements ol innerhalb einer itemize[n]-Umgebung „flushen", und dann jeden einzelnen Punkt in einer item-Umgebung.
Die nächste Folie soll ein Bild zeigen. Das simpleslides-Modul enthält bereits Code, um Bilder ansprechend einzubinden, also muss das nur noch in XML abgebildet und an ConTEXt übergeben werden. So könnte es aussehen:

```
<folie>
  <folieninhalt>
    <bild typ="vertical" quelle="cow" höhe="0.4">
      Bildunterschrift
    </bild>
  </folieninhalt>
  <folienkommentar>
    Muh!
  </folienkommentar>
</folie>
```

Und hier ist das Setup für die XML-Struktur:

```
\startxmlsetups xml:bild
  \IncludePicture[\xmlatt{#1}{typ}]
    [\xmlatt{#1}{quelle}]
    [height=\xmlatt{#1}{höhe}\textheight]
  {\xmlflush{#1}}
\stopxmlsetups
```

Zur Erinnerung: `\xmlatt{#1}{typ}` bedeutet „der Wert des Attributs typ des aktuellen XML-Elements". Ein XML-Element kann mehrere Attribute haben und mit diesem Befehl lassen sie sich abfragen – dabei nicht vergessen, das neue Element bild in die Liste am Anfang der Stilvorlage einzutragen!
Schließlich können auch noch Tabellen auf den Folien vorkommen. Hierfür werden „Extreme Tables" (S. 192) benutzt, obwohl „Natural Tables" (alias „HTML-Tabellen", S. 184) ebensogut funktionieren würden. Um es ein bisschen anspruchsvoller zu machen, sollen auch spalten- oder zeilenübergreifende Zellen möglich sein.
So lässt sich das in XML ausdrücken:

```
<folie>
  <folientitel>Eine Tabelle</folientitel>
  <folieninhalt>
  <tabelle>
    <tr>
      <td>Habt</td><td>ihr</td><td>schon</td><td>gesehen,</td>
     </tr>
```

```
      <tr>
      <td>was</td><td nx="2" ny="2">&ConTeXt;</td><td>für</td>
    </tr>
    <tr>
      <td>all</td><td>unsere</td>
    </tr>
    <tr>
      <td>wunderbaren</td><td>Dokumente</td><td>tun</td><td>kann?
        </td>
    </tr>
  </tabelle>
  </folieninhalt>
  <folienkommentar>
    Noch mehr Anmerkungen.
  </folienkommentar>
</folie>
```

Die Abbildung auf ConTEXt-Befehle ist ziemlich simpel:

```
\startxmlsetups xml:tabelle
\startplacetable[
  location={here,force},
  title=,number=no]
        \startembeddedxtable
          \xmlflush{#1}
        \stopembeddedxtable
  \stopplacetable
\stopxmlsetups

\startxmlsetups xml:tr
  \startxrow
    \xmlflush{#1}
  \stopxrow
\stopxmlsetups

\startxmlsetups xml:td
  \startxcell[
    nx=\xmlattdef{#1}{nx}{1},
    ny=\xmlattdef{#1}{ny}{1},
    align=middle,
    top=\vss,
    bottom=\vss]
    \xmlflush{#1}
  \stopxcell
\stopxmlsetups
```

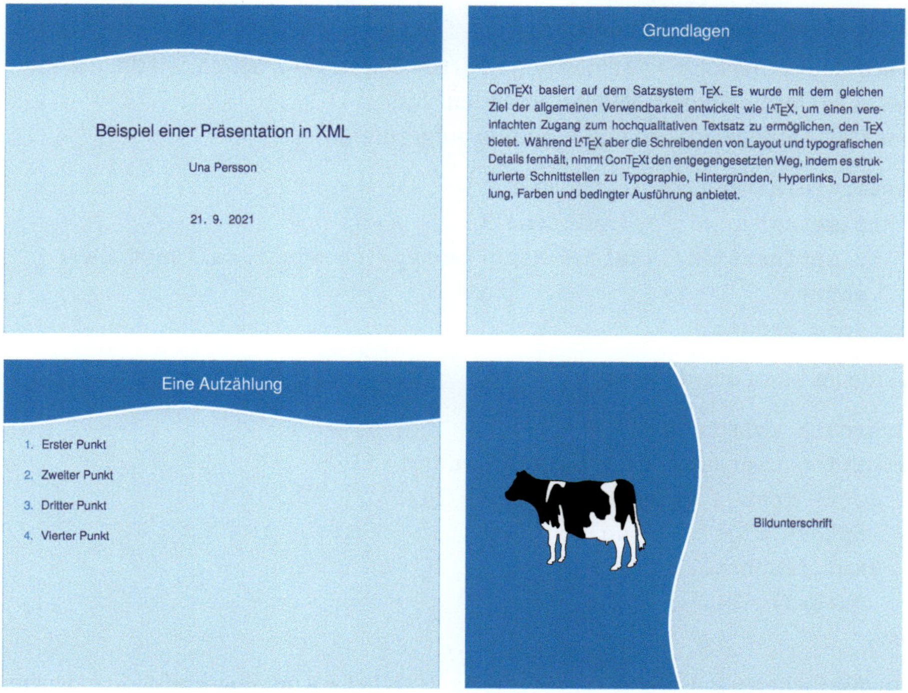

Abb. 27.1 Ergebnis von 27.4.3

Hier wurde eine andere Methode verwendet, um XML-Attribute zu verarbeiten: `\xmlattdef{\#1}{nx}{1}` bedeutet „der Wert des Attributs `nx` des aktuellen Elements; wenn es den nicht gibt, nimm den Vorgabewert ‚1'".
Das Aussehen des Dokuments bleibt dem `simpleslides`-Modul überlassen:

```
\usemodule[simpleslides][
  style=Swoosh,
  font=Helvetica,
  size=18pt]
```

Das XML wird nun mit dem bekannten Aufruf compiliert:

```
context --environment=style --mode=2021-09-21 document.xml
```

Die Ausgabe sollte aussehen wie Abb. 27.1.
Für weitere Ausgabeformate wie das Vorlesungsskript wird eine eigene Stildatei benötigt, die ähnlich aufgebaut ist.

27.4.4 XML-Verarbeitung mit Lua

Taco Hoekwater findet es einfacher, XML mit Lua zu verarbeiten, wo die Attribute jedes Nodes in einer Tabelle at zu finden sind.
Im XML-Setup wird eine Lua-Funktion aufgerufen...

```
\startxmlsetups xml:demo:base
 \xmlsetsetup{#1}{*}{xml:demo:*}
 \xmlsetfunction {\xmldocument}{entry}{userdata.xmlfunctions.
   entry}
\stopxmlsetups
```

... die im Lua-Code definiert ist:

```
userdata.xmlfunctions = {}
function userdata.xmlfunctions.entry (t)
  local rows = (t.at.morerows or 1) + 1
  context.bTD({nr=rows})
  lxml.flush(t)
  context.eTD()
end
```

Ausführlicheres Beispiel für ein Setup, das HTML-Tags mit Lua-Funktionen verbindet:

```
\startxmlsetups xml:oursetups
\xmlsetfunction {\xmldocument}{*}        {xml.functions.panic}
\xmlsetfunction {\xmldocument}{root}     {xml.functions.flush}
\xmlsetfunction {\xmldocument}{settings}{xml.functions.settings}
\xmlsetfunction {\xmldocument}{setting} {xml.functions.setting}
\xmlsetfunction {\xmldocument}{document_content}
                                         {xml.functions.document}
\xmlsetfunction {\xmldocument}{content} {xml.functions.flush}
\xmlsetfunction {\xmldocument}{fragment}{xml.functions.fragment}
\xmlsetfunction {\xmldocument}{h1}       {xml.functions.h1}
% ... Funktionen für alle verwendeten HTML-Tags ...
\stopxmlsetups

\xmlregistersetup{xml:oursetups}
```

Die Funktion `panic` für * ist ein Trick, um Elemente sichtbar zu machen, die versehentlich nicht behandelt wurden – sie werden in rot fett hervorgehoben.
Nach den Tags definieren Sie die benannten Entities (diese `&...;` Dinger) in Unicode-Zeichen:

```
\def\htmlentity#1#2#3#4{\xmlsetentity{#2}{#1}}
\def\htmltexentity#1#2#3#4{\xmltexentity{#2}{#1}}

% latin chars
```

```
\htmlentity{À}{Agrave}{192}{Capital a with grave accent}
\htmlentity{Á}{Aacute}{193}{Capital a with acute accent}
\htmltexentity{~}{nbsp}{160}{Non-breaking space}
% ...
```

In dieser Art brauchen Sie etwa 250 Zeilen für all die in HTML definierten benannten Entities. (Hier wurde eine HTML-Tabelle per Suchen-und-Ersetzen umgewandelt, davon sind der dritte und vierte Parameter übrig geblieben.) Die nummerierten Entities werden von ConTEXt automatisch konvertiert.

Alle TEX-Befehle sind auch von Lua aus erreichbar, weitgehend unter `xml` oder `lxml`, z. B.:

```
-- direktes "Spülen" der Ausgabe:
lxml.flush(t)
lxml.all(t, 'entry')

-- Filter für die Verarbeitung:
for b in xml.collected(lxml.getid(t), '../row/entry') do
  …
end
```

A Geschichte von TEX und ConTEXt

Wie ist TEX eigentlich entstanden?

A.1 Donald Knuth und TEX[1]

Donald Ervin „Don" Knuth (* 1938) ist ein US-amerikanischer Informatiker. Er ist emeritierter Professor der Stanford University und Urvater von TEX.

TEX und MetaFont schuf er Ende der 1970er Jahre eigens für den Satz seines mehrbändigen (und noch immer unvollendeten) Standardwerkes *The Art of Computer Programming*, da er mit den damaligen Möglichkeiten des Fotosatzes unzufrieden war.

Knuth propagierte das Konzept des *literate programming* – den Ansatz, Computerprogramme mit derselben Sorgfalt wie einen literarischen Text zu verfassen und Quelltext und Softwaredokumentation zu vereinen.

In diesem Sinne veröffentlichte er Bücher, in denen der vollständige Quelltext von TEX und MetaFont in Abschnitten zusammen mit Erläuterungen zum Design und zur Wirkungsweise der Algorithmen abgedruckt ist (natürlich unter Verwendung dieser Programme). Die außerdem erschienenen Benutzerhandbücher enthalten nicht nur Bedienungshinweise für die Anwender*innen dieser Programme („Wie weise ich TEX auf mögliche Worttrennungen hin?"), sondern auch – in technischerer Sprache und kleinerer Schrift – detaillierte Angaben zur Funktionsweise („Wie funktioniert der Worttrennalgorithmus?"). Sie umfassen damit zugleich auch die Spezifikation dieser Programme.

A.2 Die Formate LATEX und ConTEXt

Donald Knuth arbeitet selbst nur mit PlainTEX, auch manche Automatisierungen greifen immer noch auf dessen minimale, aber schnelle Dienste zurück. Die meisten Anwender*innen bevorzugen allerdings eines der mächtigen Makropakete: LATEX oder ConTEXt. Weitere Pakete wie z. B. AMSTEX existieren, spielen heute aber keine Rolle mehr.

LATEX wurde von Leslie Lamport und anderen ab Anfang der 1980er Jahre entwickelt und ist heute in der Version 2ε weit verbreitet, vor allem im naturwissenschaftlichen Bereich. Seit etwa 20 Jahren wird LATEX 3 entwickelt und wurde in den letzten Jahren als „`expl3`-Schicht" nach und nach integriert.

[1] Text aus der Wikipedia, bearbeitet

ConTEXt entstand in den 1990er Jahren bei der niederländischen Firma ‚Pragma Advanced Document Engineering' (Hans Hagen und Ton Otten), deren Bedürfnisse durch das damalige LATEX nicht abgedeckt waren. Sie versuchten zuerst, LATEX bzw. LAMSTEX weiterzuentwickeln, schwenkten dann auf das heute vergessene INRSTEX aus Kanada um, weil es bereits multilingual und besser konfigurierbar war, und hatten nach wenigen Jahren alle Funktionen durch eigene ersetzt, von den niederländischen Befehlen ganz abgesehen – eher versehentlich hatten sie ein neues TEX-Makropaket in die Welt gesetzt, das von Anfang an Dinge konnte, die in TEX als unmöglich galten.
Nach wie vor gehören die Entwickler von ConTEXt zu den innovativsten der Szene und treiben TEX immer wieder über die Grenzen dessen, was auch langjährige Anwender*innen damit für machbar halten. Manche Ideen aus ConTEXt wurden später nach LATEX portiert.

A.3 ConTEXt MkII, MkIV, MkVI, LMTX

Seit ConTEXt anfing, die erweiterten Möglichkeiten von LuaTEX auszunutzen, wurde eine Bezeichnung der Generationen eingeführt:
Mark 2 (MkII) ist die traditionelle ConTEXt-Version, die auf pdfTEX (oder XƎTEX) aufsetzt und etwa seit dem Jahr 2000 nicht mehr weiterentwickelt wird.
Mark 4 (MkIV) bezeichnet die ConTEXt-Generation, bei der viele Mechanismen in Lua neu implementiert wurden, wodurch gezielte Eingriffe in die Arbeit der TEX-Maschine möglich sind. Die Entwicklung von MkIV ist seit 2019 eingefroren, es werden nur noch sporadisch Fehler behoben.
Mark 6 (MkVI) heißen Erweiterungen in MkIV, die wenig mit dem traditionellen TEX zu tun haben, z. B. direkte XML-Verarbeitung mit Lua, aber auch erweiterte Möglichkeiten der Makroprogrammierung.
Mark XL (MkXL) ist die aktuelle Generation, die auf LuaMetaTEX aufsetzt. Zusammen wird das System LMTX genannt, die Abkürzung bezieht sich auf Lua, MetaPost, TEX und XML.
LMTX ist nach wie vor in Entwicklung, was bedeutet, dass laufend neue Möglichkeiten hinzukommen, aber auch, dass gelegentlich das Verhalten einzelner Kommandos verändert wird oder dass sich Fehler einschleichen.
Die ungeraden Generationsnummern stehen für Übergangsversionen, die nur bei den Entwicklern existierten: MkI war die TEX-Version bei Pragma, die noch ein ausschließlich niederländisches Interface aufwies und auch noch nicht ConTEXt genannt wurde, sondern PragmaTEX. MkIII war ein Versuch mit der multilingualen TEX-Erweiterung Omega/Aleph, und MkV gab es nie.
Es gibt keinen Grund, neue Projekte mit MkII zu starten, und selbst für MkIV gibt es wenig Argumente. Wenn es um Stabilität geht, können Sie eine eigene ConTEXt-Installation für jedes Projekt verwenden und sie damit archivieren.

A.4 Die Programme LuaTEX und LuaMetaTEX

TEX bzw. ConTEXt können von verschiedenen ‚Motoren' *(engines)* angetrieben werden. Alles, was vor pdfTEX kam, spielt heute keine Rolle mehr.
Die alte Version MkII kann mit pdfTEX und XƎTEX zusammenarbeiten, wobei XƎTEX seine Stärken bei Systemschriften und Internationalisierung ausspielt.
Wie der Name schon andeutet, integriert LuaTEX einen Interpreter der Programmiersprache Lua, welcher Zugriff auf die meisten Details der Satzmaschine hat. In die Entwicklung sind Code und Erfahrungen aus den TEX-Erweiterungen pdfTEX, eTEX, XƎTEX, Ω (Omega) und ℵ (Aleph) eingeflossen. Vorher hatten die Entwickler (Taco Hoekwater u. a.) bei der Neuimplementierung des TEX-Kerns in Java im Projekt „New Typesetting System" ($\mathcal{NTS}$) tiefstmögliche Einblicke in die Funktionsweise der alten Maschine gewonnen.
Eine wichtige Rolle für die Weiterentwicklung von LuaTEX spielte das OrientalTEX-Projekt unter Leitung von Idris Samawi Hamid[2] mit dem Ziel, kritische Ausgaben von religiösen Texten in arabischer Schrift herstellen zu können. Dazu wurde der Programmcode von CWeb auf C umgestellt und die OpenType-Verarbeitung stark erweitert. ConTEXt ist damit das einzige Satzsystem weltweit, das die Anforderungen des Koransatzes erfüllen kann, wenn auch nur im Zusammenspiel mit speziell dafür vorbereiteten OpenType-Schriften.
2019 wurde schließlich LuaMetaTEX veröffentlicht, ein ‚Motor' speziell für ConTEXt, der allen Ballast über Bord wirft, den ConTEXt heute nicht mehr braucht.[3] Beispielsweise waren die Funktionen zur Verarbeitung von Dateien, Schriften und Grafiken sowie die PDF-Erzeugung schon bei ConTEXt MkIV in Lua implementiert und wurden daher aus LuaMetaTEX entfernt. Auf der anderen Seite enthält die neue Maschine umfangreiche Optimierungen im Mathematiksatz, einige zusätzliche Befehle, die z. B. das Schreiben von Makros erleichtern, und erweiterte Eingriffsmöglichkeiten.
Der Quellcode von LuaMetaTEX gehört seit Version 2.10 (Herbst 2022) zur ConTEXt-Distribution und hat keine externen Abhängigkeiten, sodass das System in sich abgeschlossen und zukunftssicher ist.
Während LuaMetaTEX allein für ConTEXt konzipiert wurde und keine Rücksicht auf LATEX nimmt, gibt es tatsächlich bereits seit 2019 ein experimentelles LuaMetaLATEX[4], und die LATEX-3-Entwickler*innen bemühen sich, LuaMetaTEX zu unterstützen.

2 siehe z. B. colostate.academia.edu/IdrisSamawiHamid und www.tug.org/interviews/hamid.html
3 „… damit es besser auf Alans Kühlschrank und Hans' Thermostat läuft."
4 github.com/zauguin/luametalatex, Marcel Krüger u. a.

B Aufbau des TeX-Systems

Oje, wie soll ich mich in den vielen Verzeichnissen und Dateien bloß zurechtfinden?

ConTeXt LMTX legt bei der Installation acht verschiedene texmf-Verzeichnisse an:

texmf	einige Schriften und Konfigurationsdateien
texmf-cache	Cache von LuaTeX und LuaMetaTeX: Format, Datei-Datenbank, Schriftinformationen
texmf-context	systemunabhängige Dateien der ConTeXt-Distribution
texmf-fonts	leer, für eigene Schriften (in fonts/data)
texmf-local	leer, für eigene Dateien
texmf-modules	Module, die nicht zur ConTeXt-Distribution gehören
texmf-project	leer, für eigene Module/Environments (in tex/context/user)
texmf-<architektur>	systemabhängige Programmdateien

Bei TeX Live sieht die Aufteilung anders aus:

texmf-config	Konfigurationsdateien
texmf-dist	Hauptbaum der Distribution
texmf-local	leer, für eigene Dateien
texmf-var	„Varia“, z. B. Formate, Caches

Die TeX Live-Installation liegt meist unter /opt/texlive/<Jahr>, /usr/local/texlive/<Jahr> oder C:/texlive. Zusätzlich gibt es texmf-var dort oder im Benutzerverzeichnis[1].

Bei beiden Varianten wird ein texmf-Baum im Benutzerverzeichnis berücksichtigt; ich beziehe mich darauf als ~/texmf[2].
Die Struktur darunter folgt jeweils dem Standard „TeX Directory Structure“[3] (TDS). Die Bäume werden virtuell „übereinandergelegt“, lokale Daten (in texmf-local bzw. in local-Verzeichnissen) haben Vorrang – die genaue Reihenfolge erfahren Sie mit mtxrun --show-variables.

Ich empfehle, eigene Dateien, die von mehreren Projekten genutzt werden (Schriften, Environments, Module, Bibliotheken), in ~/texmf (TEXMFHOME) zu installieren und *nicht* in texmf-local oder texmf-project, um sie nicht bei jeder Neuinstallation übertragen zu müssen. Sie können sich dabei an die TDS halten, aber

[1] MacOS: ~/Library/texlive, Linux: ~/.texlive<Jahr>

[2] Unter Windows wäre %USERPROFILE%/texmf richtig.

[3] tug.ctan.org/tds/tds.html

ConTeXt müsste Ihre Dateien „überall“ finden. Hans Hagen empfiehlt dagegen `texmf-project`, weil der Zugriff auf TEXMFHOME langsamer ist, da die Dateien nicht indiziert und jedes Mal durchsucht werden.

(`texmf` steht übrigens für „TeX und MetaFont“; die Autoren der TDS wollten Bezeichnungen vermeiden, die sich auf bestimmte Formate oder Distributionen beziehen, wie `latex` oder `miktex`.)

Was finde ich in welchem Verzeichnis?

`bin`	Binärdateien, d. h. Programme
`colors/icc`	Farbprofile
`context`	Hilfsdateien, z. B. Konfigurationen für Texteditoren
`doc`	Dokumentation
`fonts`	Schriften
`metapost/context`	MetaFun (die ConTeXt-Version von MetaPost)
`scripts/context/lua`	Lua-Skripte, die von `mtxrun` aufgerufen werden
`scripts/context/perl`	alte Perl-Skripte
`tex/context`	das eigentliche ConTeXt
`tex/generic`	generische Dateien für LuaTeX
`web2c`	Konfigurationsdateien und systemabhängige Dateien von anderen Formaten

Schriften werden traditionell nach Dateitypen in viele Unterverzeichnisse einsortiert. LuaTeX und LuaMetaTeX benötigen die wenigsten dieser Dateien, sondern nur die OpenType- oder TrueType-Schriften. Unter ConTeXt-Anwendern ist es üblich, Schriften im Systemverzeichnis[4] (S. 145) oder in `fonts/data` (ggf. mit Unterverzeichnissen je Schriftfamilie) zu installieren. Verwenden Sie aber nicht direkt das Verzeichnis `fonts`.

[4] Hans Hagen rät von der Verwendung der Systemschriften ab, da sich diese bei Systemupdates ändern können.

C Community

Als eines der ältesten und am weitesten verbreiteten Open-Source-Programme lebt TeX von seiner weltweiten Benutzergemeinde, die in TeX User Groups (TUGs) organisiert ist. Ihre Tagungen sind wichtige Treffpunkte der Szene. Für den deutschsprachigen Raum ist DANTE („Deutschsprachige Anwendervereinigung TeX“) zuständig, die größte Benutzergruppe noch vor der englischsprachigen TUG. Für ConTeXt spielt auch die niederländische NTG („Nederlandstalige TeX Gebruikersgroep“) eine Rolle, bei der die Hauptentwickler aktiv sind.
Neben den halbjährlichen bundesweiten DANTE-Tagungen gibt es in Deutschland in manchen Städten TeX-Stammtische und gelegentlich regionale Veranstaltungen. Auch internationale Konferenzen wie die BachoTeX (in Bachotek/Polen) sind beliebt.
Bei all dem steht allerdings LaTeX aufgrund der ungleich größeren Verbreitung im Vordergrund. Die kleine, aber um so aktivere ConTeXt-Gemeinde ist international in der context group organisiert und trifft sich jeden Herbst für eine Woche zum ConTeXt Meeting, bisher immer in Europa. Außerdem gibt es ein monatliches Online-Treffen.
Bei allen Veranstaltungen sind Anfänger*innen ebenso willkommen wie alte Hasen. Insbesondere die ConTeXt Meetings sind eine gute Gelegenheit, über die Entwicklung auf dem Laufenden zu bleiben, eigene Projekte vorzustellen und komplexe Probleme mit Hilfe von Entwicklern und erfahrenen Anwender*innen zu lösen.
Die Mitgliedschaft bei TUG, DANTE oder der context group ist selbstverständlich keine Voraussetzung für die Benutzung von TeX, allerdings wird die Weiterentwicklung und Pflege des gesamten Ökosystems von den Mitgliedern organisiert und finanziert, und wir freuen uns immer über neue Gesichter.
Neben den persönlichen Kontakten spielen Mailinglisten eine wesentliche Rolle als Supportkanal. Hier sind vor allem die deutschsprachige TEX-D-L und die englischsprachige NTG-CONTEXT zu nennen – ohne letztere, in Kombination mit dem Dokumentations-Wiki unter `wiki.contextgarden.net`, werden Sie auf Dauer kaum auskommen. Auch dieses Buch wäre ohne Mailingliste, Wiki und die persönlichen Kontakte bei ConTeXt Meetings und DANTE-Tagungen nicht möglich gewesen.
Auch in manchen Web-Foren sind Fragen zu TeX und ConTeXt gut aufgehoben, am bekanntesten ist wohl tex.stackexchange.com, deutschsprachige Hilfe finden Sie bei texfragen.de.

C.1 Kontaktadressen

Deutschsprachige Anwendervereinigung TEX e. V. (DANTE)
Bergheimer Straße 147 · 69115 Heidelberg
info@dante.de · www.dante.de

context group
Maasstraat 2 · 5836 BB Sambeek · Niederlande
group.contextgarden.net

Nederlandstalige TEX Gebruikersgroep (NTG)
c/o Taco Hoekwater
Baarsjesweg 268-I · 1058 AD Amsterdam · Niederlande
www.ntg.nl

TEX Users Group (TUG)
PO Box 2311 · Portland, OR 97208-2311 · USA
office@tug.org · tug.org

C.2 Web-Adressen

- Ergänzungen zu diesem Buch: mtxrun.eu
- Deutsche TEX-Mailingliste TEX-D-L: www.listserv.dfn.de/sympa/arc/tex-d-l
- Mailingliste für ConTEXt-Anwender NTG-CONTEXT: lists.contextgarden.net /mailman3/lists/ntg-context.ntg.nl/
- Mailingliste für ConTEXt-Entwickler DEV-CONTEXT: lists.contextgarden.net /mailman3/lists/dev-context.ntg.nl/
- ConTEXt meeting, jährliche Tagung: meeting.contextgarden.net
- DANTE-Tagungen (halbjährlich): www.dante.de/veranstaltungen/
- ConTEXt-Onlinetreffen:[1] auf u.mtxrun.eu/ctxmtg
- ConTEXt-Wiki: wiki.contextgarden.net (Spiegel: wiki.mtxrun.eu)
- ConTEXt Journal: articles.contextgarden.net
- ConTEXt Source Browser: source.contextgarden.net
- Sourcecode von ConTEXt und LuaMetaTEX: codeberg.org/contextgarden
- Web-IDE „COW“: context-on-web.eu
- ConTEXt-Nachrichten im Fediverse: fosstodon.org/@context
- Deutsches TEX-Forum: texfragen.de
- Internationales TEX-Forum: tex.stackexchange.com

[1] Stand 1/2026: Zweiter Mittwoch im Monat, 19.30 Uhr ME(S)Z, Ankündigung jeweils auf der Mailingliste NTG-CONTEXT und auf Mastodon.

D Grundeinstellungen

Hier sind ein paar Grundeinstellungen, die ich für sinnvoll halte. Sie gehören entweder in die Präambel (vor `\starttext`) oder in ein Environment (S. 371).

Wenn Sie Einstellungen für *alle* Dokumente setzen wollen, können Sie sie in eine Datei `cont-loc.mkxl` eintragen, die irgendwo liegen muss, wo ConTEXt sie findet, z. B. in `~/texmf` oder `texmf-local`. (Ein geeignetes Unterverzeichnis wäre `tex/context`.)

```
\mainlanguage[de] % aktuelle Rechtschreibung, sonst deo          S. 170

\setupinteraction[                                                 S. 305
  state=start, % Links usw. aktivieren
  color=,contrastcolor=,style=, % ... aber nicht hervorheben
  focus=standard,prefix=target-, % besseres Link-Verhalten
]

% Überschriften als PDF-Lesezeichen:                               S. 317
\placebookmarks[chapter,section,subsection][chapter,section]
\setupinteractionscreen[option={bookmark}]                         S. 316

\setuppapersize[A4] % A4 ist Standard                              S. 91
\setupbodyfont[rm,10pt] % Größe der Grundschrift                   S. 146

% Ausrichtung/Zeilenumbruch:
\setupalignpass[quality]                                           S. 125
\setupalign[verytolerant,stretch,fullhz,hanging,granular]          S. 42

% Ligatur-Ausnahmen, Trennungen:
\setuplanguage[de][
  goodies={lang-de.llg}, % Ligatur-Ausnahmen                       S. 132
  hyphenmin=5, % nur Wörter ab 5 Zeichen trennen                   S. 174
  lefthyphenmin=2, % min. 2 Zeichen vor...
  righthyphenmin=2, % ... und nach der Trennung
]

% Bindestrich immer als Trennstelle bevorzugen:
\setbreakpoints[compound]

% hängende Anführungen (wenn align=hanging):
\setupdelimitedtext[quotation][method=font]                        S. 127

% Fußnoten immer auf volle Breite:
\setupfootnotes[width=1tw]                                         S. 192
```

```
% Darstellung von Zahlen:                                    S.344
\setupunit[method=3] % Tausender-Spatium, Dezimalkomma
\setdigitmode{3}

% Layer über die ganze Seite:                                S.247
\definelayer[Seite][
  x=0mm,y=0mm,
  width=1pw,height=1ph,
]
\setupbackgrounds[page][backgrounds=Seite,state=start]

\setupexternalfigures[ % Suchpfade für Bilder                S.218
  location={local,global,default},
  directory={img},
]
\setupfloats[
  sidealign=line, % Sidefloats auf Grundlinie               S.239
  sidespaceafter=none,
]

% für Beispieldokumente:
\useMPlibrary[dum] % Bild-Platzhalter                        S.212
\usemodule[visual] %                                         S.462

% praktische Abkürzungen
\define[1]\Web{\goto{\hyphenatedurl{#1}}[url(https://#1)]}   S.265
\define[1]\Tindex{#1\index{#1}}                              S.275
```

E Module

Welche Module finden sich in der Distribution und welche gibt es zusätzlich? Wozu dienen sie, und wie werden sie verwendet?

Im Laufe der Zeit haben sich in der ConTEXt-Distribution allerlei hilfreiche Zusätze und Kuriositäten angesammelt, die es zu entdecken gilt. Einige weitere Module finden Sie online unter modules.contextgarden.net.
Die Installation ist auf Seite 13 beschrieben.

E.1 Module verwenden

Die Module werden jeweils mit `\usemodule[modulname]` geladen.
Wenn es verschiedene Module mit dem gleichen Namen, aber unterschiedlichem Präfix (m, t, p) gibt, können Sie es explizit angeben:

```
\usemodule[präfix][modulname]
```

Zum Beispiel laden Sie mit `\usemodule[markdown]` das Modul `m-markdown.mkxl` aus der Distribution, während Sie das externe Modul von V. S. Novotný mit `\usemodule[t][markdown]` laden müssen.

Fehlende Module werden mit einer einfachen Warnung übergangen. Wenn Sie lieber eine Fehlermeldung bekommen möchten, aktivieren Sie diese mit:

```
\enabledirectives[logs.errors=missing modules] % Fehlermeldung
\enabledirectives[logs.quitonerror=missing modules] % Abbruch
```

E.2 Befehlsreferenz: `setups-basics`

Dieses Modul lädt die Befehlsbeschreibungen einer Interface-Datei (`i-*.xml`) und kann damit die Optionen der enthaltenen Befehle anzeigen. Wenn die Optionen darin auch noch erklärt wären, brauchte dieses Buch keine Optionstabellen.

```
\usemodule[setups-basics]
\loadsetups[i-context]
```

```
\starttext
\basicsetup{section:instance}

\shortsetup{section:instance}

\showsetup {section:instance}

\stoptext
```

```
\SECTION [...] {...}
```

```
\SECTION [...,...] {...}
              1            2
             OPT
```

```
\SECTION [...,...] {...}
              1            2
             OPT
1   REFERENCE
2   TEXT
instances: part chapter section subsection subsubsection
subsubsubsection subsubsubsubsection title subject subsubject
subsubsubject subsubsubsubject subsubsubsubsubject
```

E.3 Blindtext und Debugging: `visual`

Dieses Modul bietet ein paar Hilfen zur optischen Analyse und Fehlersuche sowie Blindtextfunktionen.

`\showparagraphcue`, `\showimplicits` oder `\dontshowimplicits`, `\showbaselines`, `\showpagebuilder`.

Die ‚ruled'-Befehle machen Unsichtbares sichtbar:

`\ruledhanging`, `\ruledparagraphcues`, `\ruledpar`, `\rulednoindent`, `\ruledindent`, `\ruledbaseline`, `\ruledbaselines`

`\tagbox` macht verschiedene Arten von Kästen (`\hbox`, `\vbox`, `\vtop`) sichtbar.

E.3.1 Blindtext

`\fakewords{}{}` erzeugt unlesbaren Blindtext:

Die zwei Parameter geben die Bandbreite der zufällig bestimmten Anzahl von Wörtern an. Wenn's nur eines sein soll, verwenden Sie `\fakeword`.

Die Farben können Sie durch Umdefinition von `fakerulecolor`, `fakebaselinecolor` und `fakeparindentcolor` beeinflussen.

Ganze Zeilen gibt es einfacher mit `\fakelines{min}{max}`:

Da Sie es mit TEX zu tun haben, gibt es auch `\fakeformula`; `\fakespacingformula` zeigt zusätzlich ein paar Hilfslinien.

+ + + + =

„Blindbilder" gibt es mit `\fakeimage` bzw. `\fakefigure`. (Siehe auch den Abschnitt „Beispielbilder" auf S. 212.)

Akademiker*innen, die mit ihren Dissertationen nicht fertig werden, freuen sich über `\simplethesis` (der Inhalt wurde aus Sicherheitsgründen geschwärzt).

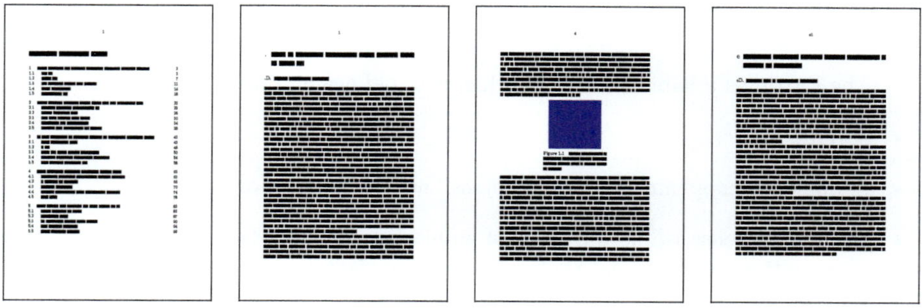

S.1 S.3 S.4 S.23

Abb. E.1 Auszug aus einer „`simplethesis`"

Dokumentation: `documents/general/magazines/mag-0007-mkiv.pdf`

E.4 Blindtext: `ipsum`

Dieses weitere Blindtext-Modul kann den Text aus einer TEX-Datei wie unseren beliebten Zitaten auf verschiedene Weise verarbeiten.

Option	Werte	Beschreibung
`filename`	Dateiname/Pfad	z. B. `knuth`; ohne Angabe: `lorem`
`alternative`	paragraph, lines, words	verändert das Verhalten anderer Parameter
`n`	Anzahl, random	0 = alle (Alternative)
`before, after`	Befehle	vor und nach der ganzen Ausgabe
`left, right`	Befehle	vor und nach (Alternative)
`inbetween`	Befehl	zwischen (Alternative)
`language`	Sprachkürzel	bestimmt die Silbentrennung

Tab. E.1 Parameter von `\ipsum`

Der Parameter `alternative` bestimmt, ob sich weitere Parameter auf Absätze, Sätze oder Wörter beziehen. Die folgende Einstellung erzeugt eine Aufzählung aus Sätzen:

```
\usemodule[ipsum]
\ipsum[
  file=ward,language=en,
  alternative=lines, % Sätze!
  before=\startitemize,after=\stopitemize,
  left=\startitem,right=\stopitem,
]
```

- The Earth, as a habitat for animal life, is in old age and has a fatal illness.
- Several, in fact.
- It would be happening whether humans had ever evolved or not.
- But our presence is like the effect of an old-age patient who smokes many packs of cigarettes per day—and we humans are the cigarettes.

Weitere Beispiele in der Quelle: `tex/context/modules/mkiv/m-ipsum.mkiv`

E.5 Schritt für Schritt: `steps`

Dieses Modul dient der Darstellung von Entwicklungsschritten, z. B. bei der Auflösung von Gleichungen. Es hat ein XML- und ein ConTEXt-Interface und neben der hier gezeigten horizontalen Form auch eine vertikale.

```
\startSTEPchart
\cells {A} {B}
\cells {eins} {fünf oder mehr} \texts{$+2$}{}
\cells {zwei} {vier} \texts{}{$-3$}
\cells {drei} {drei} \texts{$+4$}{}
\cells {vier} {zwei} \texts{}{$-5$}
\cells {fünf oder mehr} {eins}
\stopSTEPchart
```

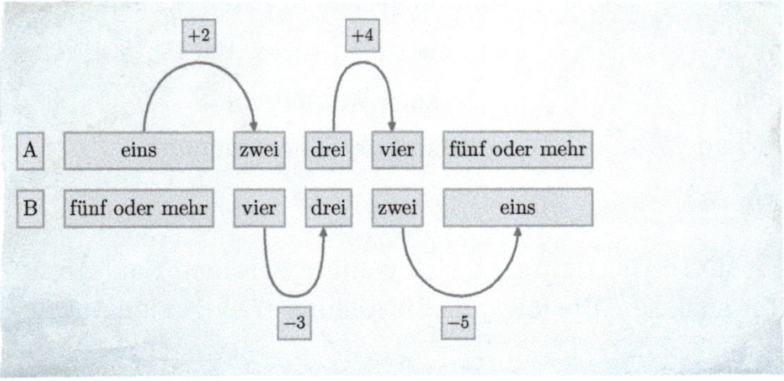

Dokumentation: `steps-mkiv`

E.6 Barcodes

Ein Befehl für QR-Codes gehört bereits zur Grundausstattung von ConTEXt:

```
\qrcode[text={https://dante.de},
  color=orange,width=2cm]
```

Die Lua-Funktion heißt `figures.qrcode`:

```
figures.qrcode("https://dante.de","orange",tex.sp("2cm"))
```

Die Angabe der Farbe ist optional. Im Code ist irgendwo die Option versteckt, bunte QR-Codes zu erzeugen – mit der Option `--signal=qr` werden solche als Fehlermeldungen ausgegeben.
Die Bilder werden als Bytemaps erstellt und sind leicht unscharf (scannen lassen sie sich problemlos). Für QR-Codes mit klaren Kanten und alle anderen Barcodes empfiehlt sich das Modul `zint`.
Dazu muss die Programmbibliothek `libzint`[1] installiert sein.

```
\barcode[alternative=isbn,text=9783965436046,height=3cm]
\barcode[alternative=ean,text=03995,height=2.75cm]
\barcode[alternative=qr code, text={https://wiki.contextgarden.
  net}, width=2cm]
```

9 783965 436046 03995

Die Liste der unterstützten Barcode-Typen finden Sie im Quelltext[2].
Die bei Büchern übliche Preisangabe ist ein fünfstelliger EAN-Code, der mit Abstand hinter die ISBN (EAN-13) gesetzt wird.
Das Modul generiert keine externen Dateien, sondern wandelt die von `zint` erzeugten Grafik-Strukturen intern via MetaPost in PDF-Pfade um.

[1] `www.zint.org.uk` – Die Bibliothek (DLL) ist für Windows vorcompiliert vorhanden; für MacOS via HomeBrew oder MacPorts, für Linux usw. muss sie selbst compiliert werden (benötigt u. a. cmake und libpng-dev). Kopieren oder verlinken Sie die Library nach `<texmf>/bin/lib/luametatex/zint/libzint.so` (Windows: `libzint.dll`). Derzeit werden die Versionen 2.10 bis 2.12 unterstützt.

[2] `texmf-context/tex/context/base/mkxl/libs-imp-zint.lmt`

Um die verwendete Schrift (z. B. in EAN-Codes) zu ändern, definieren Sie `usedzintfont` um:

```
\definefont[usedzintfont][OCRAStd at 10bp]
```

Dokumentation: `tex/context/modules/mkiv/m-zint.mkiv`

E.7 Kalender

Willi Egger hat 8-seitige Taschen-Terminkalender im Stil von „Pocketmod" umgesetzt; die zugrundeliegenden Funktionen wie die Berechnung von Feiertagen und Mondphasen lassen sich auch für andere Kalender verwenden. Der Code ist in vier Module aufgeteilt:

- `PocketDiary-V2` – das Modul (Ausgabe siehe Abb. E.2, S. 467)
- `Collection-of-calendars-based-on-PocketDiary-module` – Beispiele
- `Environment-for-collating-marks` – Modul für Kollationsmarken, wird in den Beispielen verwendet
- `Date-driven-lists` – weitere Beispiele

E.8 Sonstige Module

`catchword`	gibt am Fuß einer Seite das erste Wort der nächsten Seite aus (Kustode/Reklamante/Blatthüter)
`educat`	Makros für Lückentexte und Multiple-Choice-Tests
`escrito`	rudimentärer PostScript-Interpreter
`filter`	Aufruf externer Programme, z. B. zur Erzeugung von Grafiken, siehe S. 421
`logicsymbols`	Logikgatter als MetaPost-Symbole
`luageo`	Weltkugel mit Fokus auf belieb. Koordinaten als MetaPost-Grafik
`morse`	Text als Morsecode ausgeben
`pauta`	Übungsblätter für mittelalterliche Kalligrafie
`punk`	Unterstützung der MetaFont-Schrift Punk Nova
`squares`	magische Quadrate
`sudoku`	Sudoku-Rätsel setzen und lösen
`t-account`	Darstellung von T-Konten
`tikz`	Unterstützung für die Grafikbeschreibungssprache PGF/TikZ inkl. `pgfplots` und `cirkuittikz`

Zahlreiche weitere Module sind bei den jeweiligen Themen erwähnt. Die gesamte Liste finden Sie im Sachregister.

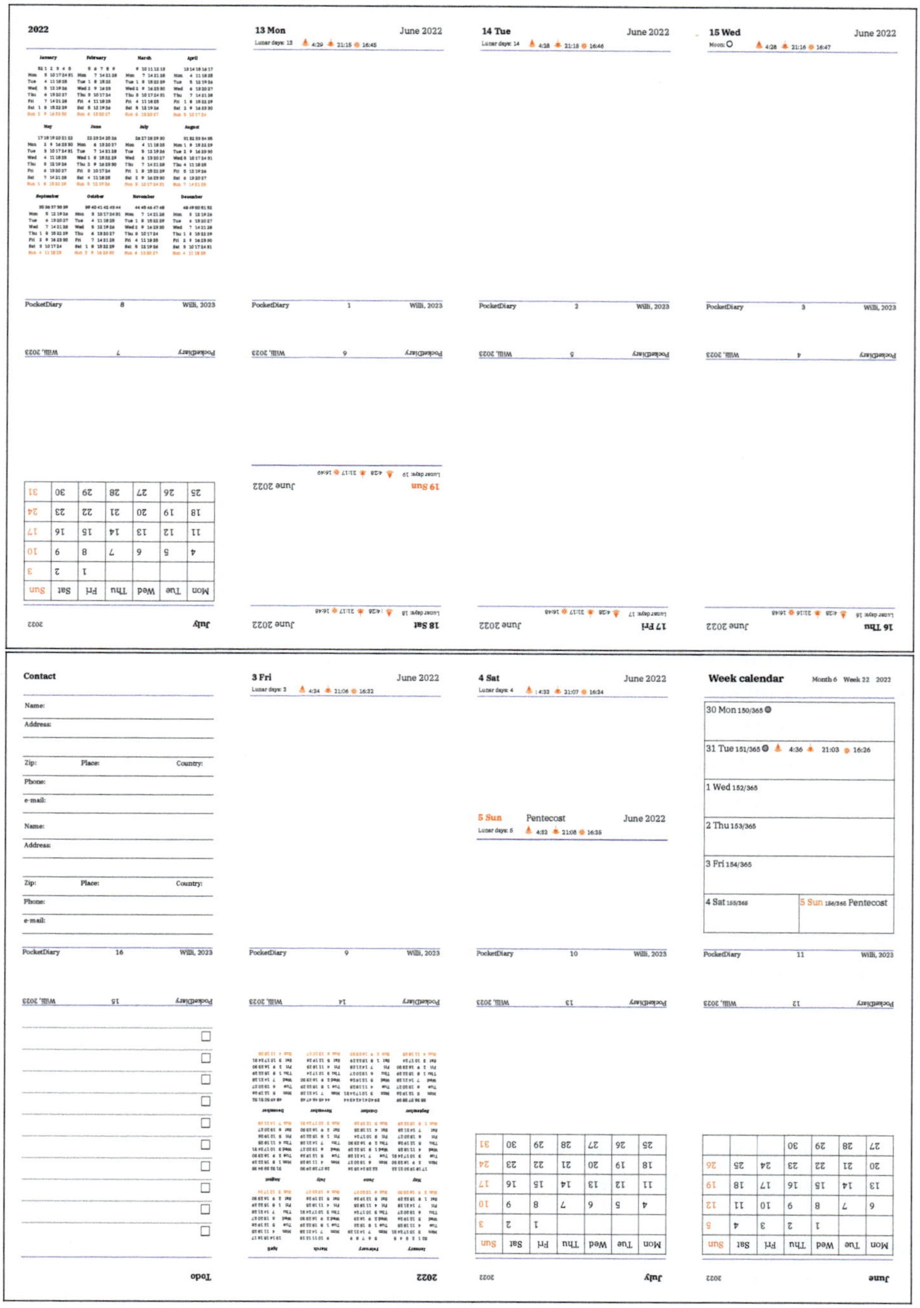

Abb. E.2 Beispiel Taschenkalender mit `pocketdiary`

E.9 Module schreiben

Wolfgang Schuster und ich haben einen ausführlichen Artikel[3] veröffentlicht, der viele Aspekte einer Modul-Veröffentlichung abdeckt, insbesondere die zahlreichen Hilfsfunktionen, die Ihnen das Schreiben von ConTEXt-typischem Code erleichtern. Deshalb verzichtet die folgende Darstellung auf einige Details.

E.9.1 Wann und warum

Ein Modul besteht aus wiederverwendbarem Code, der allgemein genug ist, dass er anderen nützen kann, und komplex genug, dass er nicht nur aus ein paar einfachen Einstellungen und Makros besteht.
Ihr Modul sollte üblichen ConTEXt-Konventionen folgen, so weit es sinnvoll ist: `\define` für Instanzen, `\setup` für Einstellungen mit Wertzuweisungen, Umgebungen mit `\start` … `\stop` und dazu passende Kurzbefehle.
Ihr Code nützt anderen nur dann, wenn er dokumentiert ist und wenn Sie ihn wenigstens eine Weile lang pflegen – auf Fragen antworten, Fehler beheben, an neue ConTEXt-Versionen anpassen und eventuell erweitern. Versuchen Sie im Zweifelsfall, Nachfolger zu finden.

Ein Modul sollte Kernfunktionen nicht beeinträchtigen. Wenn Ihnen etwas in der ConTEXt-Distribution nicht gefällt, liefern Sie bitte eine Fehlerbehebung oder dokumentieren Sie einen Workaround im Wiki, aber veröffentlichen Sie kein Modul zur Umgehung.
Normalerweise ist es nicht sinnvoll, Optionen für Einstellungen anzubieten, die bereits von Standardbefehlen abgedeckt sind. Implementieren Sie z. B. keine Liste von unterstützten Schriften statt sich auf `\setupbodyfont` zu verlassen. Wenn Ihr Modul bestimmte Schrifteinstellungen braucht, dokumentieren Sie diese und überlassen Sie die Wahl den Benutzer*innen.
Ein Modul, das nur aus ein paar Einstellungen besteht (wie die hier vorgeschlagenen Grundeinstellungen, S. 459), kann für Sie persönlich nützlich sein, sollte aber nicht veröffentlicht werden. (Wir sind hier nicht bei LaTEX.)
Ebenso sind Module zur Unterstützung von Schriften meistens überflüssig. Besser veröffentlichen Sie Typescripts im Wiki. Für spezielle Symbole oder unübliche Schriftsysteme kann ein Modul sinnvoll sein.
Vermeiden Sie undokumentierte Low-level-Funktionen, die sich ändern könnten, und verlassen Sie sich so weit wie möglich auf die „Oberflächenfunktionen", die normalerweise über lange Zeit stabil sind.

Dies sind keine starren Regeln, sondern eher Empfehlungen, damit das ConTEXt-Ökosystem nicht allzu unübersichtlich wird.

[3] articles.contextgarden.net/journal/2024/096-114.pdf

E.9.2 Dateinamenskonventionen

Ein Modul besteht aus mindestens einer Hauptdatei und weiteren Dateien nach Bedarf. Zur Kompatibilität mit dem CTAN[4] benutzen Sie in Dateinamen nur Kleinbuchstaben ohne Diakritika, nur einen Punkt und sonst nur Bindestriche.
Ihr Modul braucht ein „Codewort" als ID. Wählen Sie einen kurzen und eindeutigen Namen, der einen Hinweis auf die Funktion gibt oder wenigstens kreativ ist. Vermeiden Sie Namenskonflikte mit Dateien in der Distribution, insbesondere anderen Modulen.

Die Hauptdatei eines Moduls wird mit `\usemodule` geladen und beginnt mit einem Codebuchstaben:
`m`: Kern-Modul – nicht Ihres
`p`: privater Code – unveröffentlicht
`t`: *third party* – was Sie veröffentlichen
`x`: XML – Umsetzung eines bestimmten XML-Standards
`s`: Stil – ein Environment, das unverändert verwendet werden soll
`f`: Schriftmodul – bitte nicht
Statt `s`-Modulen schreiben Sie besser Environments. Wenn Sie allerdings die Layoutvorgaben von Institutionen oder Zeitschriften veröffentlichen möchten, die nicht individuell angepasst werden sollen, ist ein `s`-Modul der richtige Weg. Statt `f`-Modulen schreiben Sie besser Typescripts.

Als Dateiendungen für die Hauptdatei sind möglich:
`.tex`: allgemein verwendbar
`.cld`: ConTEXt-Lua-Dokument, für Lua im ConTEXt-Stil
`.lua`: allgemeiner Lua-Code
`.mkiv`, `.mkxl`: wenn Sie Code für MkIV und LMTX unterscheiden möchten
`.mkvi`, `.mklx`: MkIV/LMTX mit Erweiterungen wie benannten Makro-Parametern
Zusätzliche Dateien können natürlich auch einen anderen Typ haben.

E.9.3 Verzeichnisstruktur

Die Dateien eines Moduls müssen sich in die TEX-Verzeichnisstruktur (TDS, S. 455) einsortieren lassen, dabei gelten die gleichen Regeln für ein git-Repository oder ein anderes Quellverzeichnis und das resultierende ZIP-Archiv.
Folgende Dateien auf der obersten Ebene sind für die Veröffentlichung nötig und werden bei der Installation entweder gelöscht oder zur Dokumentation verschoben:
`README`: eine Text- oder Markdown-Datei als Projektbeschreibung
`VERSION`: eine Textdatei, die nur das Versionsdatum enthält
`LICENSE`: Lizenztext (E.9.4)
Zusätzliche beschreibende Dateien wie Vorschaubilder[5] sind möglich.
Auf der obersten Eben darf es keinen Ordner mit dem Modulnamen geben!

4 *Comprehensive TEX Archive Network*, die Plattform zur Verteilung von TEX, erreichbar unter ctan.org.
5 ctan.org/help/teaser-images

Alle weiteren Dateien werden einsortiert:

- Code-Dateien (die eigentliche Funktion des Moduls): `tex/context/third/Modulname`. Oft ist das nur die eine Moduldatei.
- Dokumentation: `doc/context/third/Modulname/`.
- Interface-XML: `tex/context/interface/third/`.
- mtxrun-Skripte: `scripts/context/lua/third/Modulname/`
- Schriften: `fonts/data/Modulname/`

Veröffentlichen Sie keine unnötigen Dateien! Lassen Sie alles weg, das automatisch erzeugt wird (z. B. `.log`, `.tuc`, `m_k_i_v_*`), Sicherungsdateien (z. B. `.bak`, `.sav`) und alles andere, das nur für Ihren Editor oder Ihr Betriebssystem interessant ist (z. B. `.project`, `.DS_Store`). Wenn Sie Git verwenden, listen Sie diese Dateien in einer `.gitignore`-Datei auf.

E.9.4 Lizensierung

Auch wenn es Ihnen egal ist, was mit Ihrem Code passiert, wählen Sie bitte eine geeignete Lizenz. Wenn Sie es nicht tun, muss man Standard-Copyright annehmen und dürfte den Code im Zweifelsfall nicht verwenden.

Die ConTEXt-Quellen sind doppelt unter GPLv2 und LPPL[6] lizensiert, daher möchten Sie das vielleicht genauso tun. Die ConTEXt-Dokumentation ist unter GNU FDL 1.3 und CC-BY-SA 3.0 doppelt lizensiert, und deshalb auch die Inhalte dieses Buchs. Wenn Sie Ihr Werk vollkommen freigeben möchten, wählen Sie am besten CC0[7] – „Public Domain“ gibt es im europäischen Rechtssystem nicht wirklich.

Bevor Sie Dateien von anderen verbreiten, klären Sie bitte deren Lizenz!

E.9.5 Modul-Dateien

Alle Dateien des Moduls sollten mit einem Metadaten-Block beginnen. In der Hauptdatei können Beispiele bzw. die wesentliche Dokumentation nach einem `\continueifinputfile` stehen; dieser Code wird ausgeführt, wenn Sie die Datei direkt TEXen.

```
%D \module
%D   [     file=<filename>, % z.B. t-modulname
%D      version=<module version>, % z.B. 20xx.xx.xx
%D        title=<module title>, % meist \CONTEXT\ User Module
%D     subtitle=<module subtitle>, % eigentlicher Titel
%D       author=<author>, % Ihr Name
%D         date=<date>, % z.B. \currentdate
%D    copyright=<copyright>, % z.B. <author>
%D      license=<license>] % z.B. 'CC0' oder 'GNU GPL 3.0'

\writestatus{modulename}{Loading...}

\unprotect
```

6 LATEX-Projekt-Lizenz, vermeidet Lizenzkonflikte in TEX Live.

7 creativecommons.org/publicdomain/zero/1.0/deed.de

```
% Modul-Code
\protect
\continueifinputfile{t-modulname.tex}
% Beispiele / Dokumentation
```

E.9.6 Selbstdokumentierender Quellcode

Ihr Quellcode sollte Kommentare („Docstrings“) enthalten, in denen die Implementierung und andere Eigenheiten beschrieben sind, die für Anwender*innen wichtig sind. Solche Kommentarzeilen beginnen mit `%D` und können Makroaufrufe zur Formatierung enthalten.

In Lua-Dateien (`.cld`) sind mehrzeilige Kommentare mit `--[[ldx--` und `--ldx]]--` umschlossen. Der Inhalt kann mit HTML formatiert werden.

Andere Kommentare werden als Teil des Quellcodes behandelt.

Wechseln Sie ins Verzeichnis Ihrer Moduldateien und rufen Sie ConTEXt folgendermaßen auf, um Ihre Quellcode-Dokumentation zu erzeugen:

```
context --ctx=s-mod t-modulname.tex
context --ctx=x-ldx t-modulname.lua
```

E.9.7 Veröffentlichung

Bitte veröffentlichen Sie Ihre Module auf modules.contextgarden.net! Die Server-Skripte sorgen für die weitere Verteilung.

1. Registrieren Sie ein Benutzerkonto, dann können Sie sich im Mitgliederbereich („member section“) anmelden.
2. Legen Sie einen neuen Modul-Eintrag mit einem eindeutigen Namen (ID) an und füllen Sie die Metadaten aus:
   - Title: Wiederholen Sie hier die ID; dieser Name wird in Dateinamen verwendet.
   - Short/long Description: Die Kurzbeschreibung ist als ausführlicher Name gedacht und wird z. B. in CTAN-Update-Nachrichten verwendet; die längere Beschreibung sollte aussagen, was Ihr Modul tut.
   - Home URL: Hat Ihr Modul eine eigene Homepage (Wiki-Seite, Git-Repository)?
   - Keywords: Schlüsselwörter für die Suche im CTAN
   - Type: Macro. (Font-Module soll es nicht mehr geben. Die anderen Typen fehlen derzeit.)
   - Put in download section? – Ja, bitte zum Download bereitstellen (sonst ist das Modul nicht automatisch installierbar).
   - Put in ConTeXt distribution? – Soll das Modul in der ConTEXt-Distribution verteilt werden?
   - Sync with CTAN? – Ja, bitte auch im CTAN veröffentlichen.

- CTAN location: Wo soll das Modul im CTAN einsortiert werden? Der Name von ConTEXt-Modulen soll im CTAN mit `context-` beginnen (z. B. `/macros/context/contrib/context-modulname`).
- Comment: Kommentar, den nur Sie und die Admins zu sehen bekommen.

3. Dann legen Sie eine neue Version an:
   - Log message: Kurze Angaben zu den Änderungen in dieser Version
   - Version: üblicherweise ein Datum in der Form `JJJJ.MM.TT`
   - File upload / HTTP download URL: Release-Datei als ZIP, wie oben beschrieben
   - SVN/GIT URL: Link zum Repository, das ebenso strukturiert sein muss wie das ZIP

Die Distribution über die Modul-Installation von ConTEXt (S. 13) und das CTAN erfordert einen manuellen Listeneintrag durch die Administratoren (das sind derzeit Taco Hoekwater und ich), die entsprechenden Felder signalisieren also nur, dass wir aktiv werden sollen. Bei den wenigen Modulen halten wir das nach wie vor für sinnvoll, nicht zuletzt, um Spam zu verhindern.
Die Module-Website soll seit Jahren neu programmiert werden, aber es kommt immer wieder etwas dazwischen…

F Seitengrößen

F.1 Vordefinierte Formate

Folgende Formatserien sind in ConTEXt bereits definiert:

- Norm-Formate (DIN/EN/ISO):
  Serien A, B und C von 0 bis 10 (z. B. `A4`, `B5`), Serien RA und SRA 0 bis 4
- Norm-basierte Überformate:
  `2 A0` (Doppelt-A0), `4 A0`, `C6/C5`, `A3plus`
- US-amerikanische Formate:
  `letter`, `ledger`, `tabloid`, `legal`, `folio`, `executive`, `A`, `B`, `C`, `envelope 9` (sowie 10, 11, 12, 14), `monarch`, `check`, `DL`, `E4`
- Bildschirmgrößen:
  4:3 `S3` bis `S6` und `S8`, 1:1 `S33` bis `S66`, 8:5 `SL`, `SM` und 16:9 `SW`, `HD`, `HD+`
- `CD` (120 × 120 mm)

Zusätzlich lassen sich diese Größen noch mit folgenden Schlüsselwörtern kombinieren:

- `landscape`: Querformat
- `oversized`: plus 15 mm (d. h. 7,5 mm Rand rundum)
- `doublesized`: doppelte Größe
- `doubleoversized`: doppelte Größe plus 15 mm
- `undersized`: minus 15 mm

```
\setuppapersize[A5][A4,landscape]
```

F.2 Papierformate

F.2.1 DIN-/EN-/ISO-Formate

Die als DIN geläufigen Formate sind ebenso europäisch (EN) wie weltweit (ISO) genormt. Alle Angaben in mm.

Klasse	A-Reihe	B-Reihe	C-Reihe	D-Reihe	Benennung
0	841 × 1189	1000 × 1414	917 × 1297	771 × 1090	Vierfachbogen
1	594 × 841	707 × 1000	648 × 917	545 × 771	Doppelbogen
2	420 × 594	500 × 707	458 × 648	385 × 545	Bogen
3	297 × 420	353 × 500	324 × 458	272 × 385	Halbbogen
4	210 × 297	250 × 353	229 × 324	192 × 272	Viertelbogen
5	148 × 210	176 × 250	162 × 229	136 × 192	Blatt (Achtelbogen)

Tab. F.1a DIN-Formate

Klasse	A-Reihe	B-Reihe	C-Reihe	D-Reihe	Benennung
6	105 × 148	125 × 176	114 × 162	96 × 136	Halbblatt
7	74 × 105	88 × 125	81 × 114	68 × 96	Viertelblatt
8	52 × 74	62 × 88	57 × 81	48 × 68	Achtelblatt
9	37 × 52	44 × 62	40 × 57	34 × 48	
10	26 × 37	31 × 44	28 × 40	24 × 34	
11	18 × 26	22 × 31	20 × 28	17 × 24	
12	13 × 18	15 × 22	14 × 20	12 × 17	
13	9 × 13	11 × 15	10 × 14	8 × 12	
1/6	210 × 198				(Sechstelbogen)
lang		110 × 220			(Umschlag)

Tab. F.1b DIN-Formate

Die untersten beiden Formate sind *nicht* vordefiniert!

Zur Orientierung: „Normales“ Briefpapier hat das Format A4, kleine Schulhefte A5, Postkarten A6, kleine Karteikarten A7. Die C-Reihe definiert die Umschlagformate für die A-Reihe, einfache Briefumschläge sind C6 bzw. „DIN lang“.

F.2.2 Rohbogenformate nach ISO

In Druckereien wird selten mit Papier im Endformat gearbeitet; für einen sauberen Druck und die Weiterverarbeitung werden zusätzliche Ränder benötigt.

Klasse	RA-Reihe	SRA-Reihe	beschnitten
0	860 × 1220	900 × 1280	A0
1	610 × 860	640 × 900	A1
2	430 × 610	450 × 640	A2
3	305 × 430	320 × 450	A3
4	215 × 305	225 × 320	A4

Tab. F.2 ISO-Rohbogenformate

Die Reihe RA ist für Aufträge ohne angeschnittene Elemente gedacht und enthält 3 mm Beschnitt oben, unten und an der Vorderkante.
Die Reihe SRA ist für randabfallende Aufträge gedacht und enthält 3 mm Beschnitt oben und unten, sowie 6 mm an der Vorderkante.

F.2.3 Plakat-Formate

Benennung	Breite × Höhe [mm]
1/4-Bogen (hoch oder quer)	420 × 300
1/2-Bogen (hoch oder quer)	590 × 420
1/1-Bogen (hoch oder quer)	840 × 590
2/1-Bogen (hoch oder quer)	1190 × 840
3/1-Bogen	840 × 1780
4/1-Bogen (breit)	1190 × 1680
4/1-Bogen (schmal)	840 × 2380
6/1-Bogen	1190 × 2520
Großflächenplakat 18/1	3564 × 2523
1 Teil bei 4-er-Teilung	1782 × 1262
1 Teil bei 6-er-Teilung	1188 × 1262
1 Teil bei 8-er-Teilung	891 × 1262
1 Teil bei 9-er-Teilung	1188 × 841
City-Light-Poster	1200 × 1760
Litfaß-Säule laut Norm	3600 × 2600
Plakat-Weltformat (CH)	905 × 1280

Die Formate basieren auf DIN/EN/ISO A1, sind aber nicht genormt und auch nicht in ConTEXt vordefiniert. Die Schrägstriche sind nicht als Bruchstriche zu verstehen – die Angabe 18/1 bedeutet „18 mal A1" (Werbefachleute sind offenbar keine Mathematiker).

F.2.4 Traditionelle Papierformate

Benennung	Breite × Höhe [mm]	Verwendung
Scheckkarte	86 × 54	Visitenkarten
Berliner Format	315 × 470	Zeitungen
Rheinisches Format	360 × 530	Zeitungen
Nordisches Format	400 × 570	Zeitungen
Tabloid, ANSI B	279 × 432	USA, Zeitungen
US Letter, ANSI A	216 × 279	USA, Briefbogen
US Legal	216 × 356	USA, Verträge
Folio/Ledger	432 × 279	USA
Folio/F4	210 × 330	USA
Foolscap E	203 × 330	USA

Tab. F.3a Traditionelle Papierformate

Benennung	Breite × Höhe [mm]	Verwendung
Quarto	216 × 275	USA, ?
Statement / Memo / Halfletter	140 × 216	USA, Notizen
Index card 5×8	127 × 203	USA, Karteikarten
Photo 4×6	102 × 152	Fotos
Executive	184 × 267	USA, selten für Briefbogen
Quart	215 × 305	Bücher
Oktav	140 × 210	Bücher

Tab. F.3b Traditionelle Papierformate

F.3 Bildschirmformate

Code	Breite × Höhe [pt]	Seitenverhältnis
S3	300 × 225	4:3
S4	400 × 300	4:3
S5	500 × 375	4:3
S6	600 × 450	4:3
S8	800 × 600	4:3
S33	300 × 300	1:1
S44	400 × 400	1:1
S55	500 × 500	1:1
S66	600 × 600	1:1
SL	640 × 400	8:5
SM	720 × 450	8:5
SW	800 × 450	16:9
HD	1920 × 1080	16:9
HD+	1920 × 1200	8:5

Tab. F.4 Bildschirmformate

Die Angaben in Punkt können als Pixel interpretiert werden.

G Glossar

Um nicht alle Fachbegriffe mehrfach im Text erklären zu müssen, finden Sie hier eine Übersicht.

Beispiel ⟨*englische Übersetzung*⟩ `[Begriff bei ConTEXt]`
Die Übersetzung ist angegeben, um das Verständnis der Literatur und die Kommunikation auf den Mailinglisten zu erleichtern.

G.1 Layout und Struktur

Anschnitt ⟨*bleed/trim*⟩ Platzierung von Bildern „im Anschnitt" bedeutet: an einem äußeren Rand der Seite, wo diese beschnitten wird (→Beschnitt).
Auflösung ⟨*resolution*⟩ Dichte von Bild- oder Rasterpunkten, meist in dpi (Punkte pro Zoll).
Beschnitt ⟨*trim*⟩ Druckbereich außerhalb der Seite, der beim Zuschneiden der Druckbögen abgeschnitten wird. Meist 3 mm.
Bundsteg ⟨*back margin*⟩ `[backspace]` Rand einer Druckseite zum Bund hin.
Daumenregister ⟨*thumb index*⟩ Markierung von Abschnitten eines Buches an der Vorderkante, manchmal auch mit Stanzung, z. B. bei Adressbüchern.
Frontispiz ⟨*frontispiece*⟩ Bild auf der Seite gegenüber der Titelseite (auf der Rückseite des Schmutztitels).
Fußsteg ⟨*bottom margin*⟩ Unterer Rand einer Druckseite.
Glossar ⟨*glossary*⟩ Liste von Begriffserklärungen, Wörterbuch.
Gestaltungsraster ⟨*layout grid*⟩ `[columnsets]` Gedachtes Raster über der Seite, dem Bildgrößen und Textverteilung untergeordnet werden. Sorgt für ein einheitliches Erscheinungsbild.
Impressum ⟨*imprint*⟩ Textabschnitt mit rechtlichen Angaben zur Drucklegung eines Werkes.
Innentitel ⟨*front matter, prelims*⟩ Beginn des Buchblocks (nach dem →Schmutztitel), meist ähnlich gestaltet wie der Umschlag.
Inhaltsverzeichnis ⟨*table of contents (ToC)*⟩ `[contents]`.
Klappentext ⟨*blurb*⟩ Inhaltsangabe/Werbetext eines Buches auf auf den Klappen des (Schutz-)Umschlags bzw. auf dem Rücken.
Kolumnentitel ⟨*running head*⟩ `[header]` Kopfzeile einer Seite. „Lebende" Kolumnentitel enthalten Angaben zum aktuellen Kapitel oder Abschnitt. Seitenzahlen gehören zu den „toten" Kolumnentiteln.
Kopfsteg ⟨*top margin*⟩ Oberer Rand einer Druckseite.
Lemma 1. Stichwort, Eintrag in einem Lexikon oder Glossar. 2. Ziel eines Verweises (Referenzanker). 3. Zwischenschritt in einem (mathematischen) Beweis.

Marginalien ⟨*marginal notes*⟩ [`inmargin`] Randbemerkungen.
Pagina ⟨*pagina, page number*⟩ [`pagenumber`] Seitenzahl.
Paginierung ⟨*pagination*⟩ [`pagenumbering`] Seitennummerierung.
randabfallend ⟨*bled-off*⟩ Elemente, insbesondere Bilder, die bis zum Rand des Papiers reichen sollen, müssen 1–3 mm darüber hinaus reichen, um Ungenauigkeiten in der Weiterverarbeitung (schneiden, falzen) auszugleichen, ohne dass am Rand weiße →Blitzer entstehen. (→Anschnitt, →Beschnitt)
Register ⟨*index, register / grid*⟩ 1. Stichwortverzeichnis. 2. Randmarkierung oder -stanzung (Daumenregister). 3. →Zeilenraster.
Registerhaltiger Satz ⟨*register-true setting*⟩ [`grid setting`] Merkmal von hochwertigem Buchsatz: Die Zeilen des Grundtextes stehen in allen Spalten und auf allen Seiten im gleichen Raster. Sinn: Besonders beim mehrspaltigen Satz wird das Layout ruhiger. Zudem scheint bei den meisten Papieren das Druckbild der Rückseite durch, und die Zeilenführung beim Lesen ist besser, wenn die Zeilen der Rückseite das Schriftbild der Vorderseite nicht stören.
Schmutztitel ⟨*fly title, half-title*⟩ Erste Seite des Buchblocks mit kurz gefasster Titelei. Die Bezeichnung kommt daher, dass Bücher in der frühen Neuzeit ungebunden (nur als Buchblock) verkauft wurden und diese Seite daher schmutzig wurde. Der eigentliche →Innentitel steht dann auf der dritten Seite.
Seitenstil ⟨*page style*⟩ [`makeup`] (Kein Fachausdruck, eine ConTEXt-Eigenheit.)
Vakat ⟨*vacat, blank page*⟩ „leer“, leere Seite.
Zeilenraster ⟨*grid*⟩ →Registerhaltiger Satz.
Zitat ⟨*quote, quotation*⟩
Zwischenschlag ⟨*gutter*⟩ Abstand zwischen Textspalten

G.2 Typographie und Schriften

Abb. G.1 Schriftgröße, Versalhöhe, Ober-, Unter- und Mittellänge

Anführungszeichen ⟨*quotation marks*⟩ Satzzeichen zur Hervorhebung von Zitaten und wörtlicher Rede.
Antiqua ⟨*serif*⟩ [`roman, rm`] Schrift mit →Serifen, z. B. Palatino, Times.
Ausschluss Im Bleisatz die nichtdruckenden Satzelemente, die z. B. als Leerzeichen, →Durchschuss oder →Zwischenschlag eingefügt werden.
austreiben ⟨*space out*⟩ [`fill`] Eine Zeile durch Einfügen von Weißraum auf die volle Breite bringen, z. B. beim →Blocksatz. Ebenso eine Seite auf die volle Höhe bringen. →Keil
Blocksatz ⟨*justified setting*⟩ Satz, bei dem alle Zeilen auf die gleiche Breite ausgetrieben werden, erfordert meist Silbentrennung.
Brotschrift ⟨*book type*⟩ Eine Schrift für den Mengensatz, die „das täglich Brot“ des Setzers ausmacht. Oft gleichbedeutend mit →Grundschrift verwendet.
Deleatur ⟨*dele*⟩ „es soll gelöscht werden“, Korrekturzeichen „löschen“ in der Form eines „d“ in deutscher Schreibschrift:

Dickte ⟨*glyph width*⟩ Breite eines Buchstabens mit zugehörigem Weißraum (Abstand, „Fleisch"), ursprünglich Breite des Bleikegels (Abb. G.2).

dicktengleich ⟨*monospaced*⟩ [`mono, tt`] Schrift, bei der alle Buchstaben gleich breit sind (meist Schreibmaschinenschrift).

Durchschuss ⟨*leading, line spacing*⟩ [`lineskip`] Zeilenzwischenraum, d. h. Höhe der Zeile, die über die Schriftgröße hinausgeht.

Einzug ⟨*indentation*⟩ Größerer (linker) Rand einer Zeile oder eines Absatzes im Vergleich zum restlichen Text. Die erste Zeile eines Folgeabsatzes (nicht-erster Absatz) wird häufig eingezogen, das erhöht die Lesbarkeit und braucht weniger Platz als ein Abstand nach jedem Absatz.

Fisch ⟨*wrong letter*⟩ Satzfehler: falscher Buchstabe.

Flattersatz ⟨*ragged/unjustified setting*⟩ [`broad`] Satz mit unterschiedlich langen Zeilen (Gegenteil: →Blocksatz); guter F. vermeidet Trennungen und wechselt lange und kurze Zeilen ab, schlechter F. ist →Rauhsatz.

Flatterzone Beim →Flattersatz/→Rauhsatz der Bereich, in dem Zeilen umbrochen werden.

Fließtext ⟨*body (text)*⟩ Fortlaufender Text, Haupttext (im Gegensatz zu Überschriften, Fußnoten usw.).

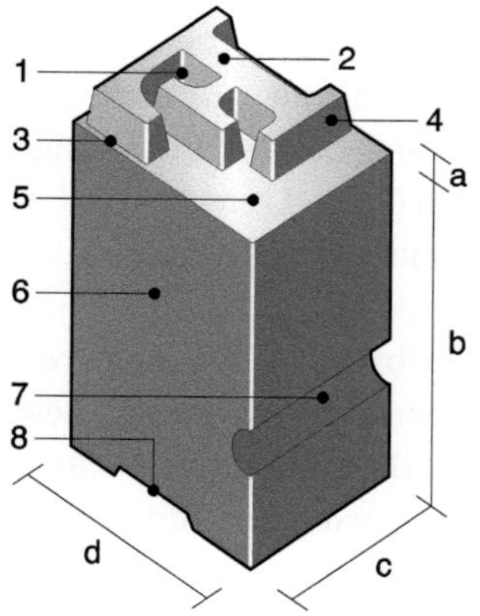

Abb. G.2 Bleiletter
Details:
1 Punze
2 Schriftbild
3 Fleisch
4 Konus
5 Achselfläche
6 Schriftkegel
7 Signatur
8 Gießrille
Abmessungen:
a Kopf
b Schulterhöhe
a+b Schrifthöhe
c Dickte
d Kegelstärke, Schriftgröße

Fraktur ⟨*gothic*⟩ Stilrichtung der gebrochenen Schriften vom 16. bis 20. Jhd. mit charakteristischen „Elefantenrüsseln" an manchen →Versalien, oft jedoch allgemein für →Gebrochene Schrift (Beispiele: Abb. 7.2, S. 134).

Gebrochene Schrift ⟨*gothic font*⟩ „Altdeutsche" Schrift, Gegensatz zur →Antiqua. Viele Rundungen sind in Gerade aufgebrochen. Es gelten besondere Satzvorschriften (S. 133), insbesondere in Bezug auf das lange s (Binnen-s).

Gemeine ⟨*lowercase letters*⟩ Kleinbuchstaben.

geschrägt ⟨*slanted*⟩ Pseudo-Kursive (→kursiv), die aus dem aufrechten Schnitt berechnet wird. Typische Unterschiede im a und f. (S. 150)

Geviert ⟨*em quad*⟩ [`quad`] Weißraum, so breit wie die →Schriftgröße.

Geviertstrich ⟨*em dash*⟩ Ein Strich, so breit wie die →Schriftgröße. Wird in deutscher Typografie nicht verwendet.

Gießbach ⟨*waterfall*⟩ [`river`] auch: Gasse. Typografisches Problem: Leerzeichen stehen in mehreren Zeilen untereinander (auch diagonal), sodass sich optisch zusammenhängende Weißräume ergeben (Hervorhebung: `\showrivers`). Evtl. durch →Schriftdehnung abzumildern.

Grotesk ⟨*sans serif*⟩ `[sans, ss]` Serifenlose Schrift, z. B. Helvetica.
Grundlinie ⟨*baseline*⟩ (auch: Schriftlinie) Die gedachte Linie, auf der die Buchstaben stehen; Unterlängen reichen unter die Grundline. Auch Rundungen (z. B. bei C, G, O) reichen minimal unter die G., um optisch darauf zu stehen.
Grundschrift ⟨*body font*⟩ Die Schriftfamilie, die für den →Fließtext verwendet wird.
halbfett ⟨*bold*⟩ Fettere Version eines Schriftschnitts. Was traditionell als ‚fett' bezeichnet wird, läuft heute meist unter ‚heavy' oder ‚extra bold'.
Halbgeviertstrich ⟨*en dash*⟩ Gedankenstrich, Streckenstrich, Minus(!) (so breit wie ein n oder →Tabellenziffern, halb so breit wie die →Schriftgröße).
Hängende Interpunktion ⟨*hanging punctuation, protrusion*⟩ `[hanging]` Merkmal von hochqualitativem Satz: Satzzeichen, besonders Trennstriche, ragen über den Textblock/Satzspiegel hinaus, dadurch wird die Kante optisch ruhiger (Abb. 7.1, S. 127).
Hochzeit Satzfehler: verdoppeltes Wort.
Hurenkind ⟨*orphan*⟩ Umbruchfehler: Eine einzelne („verwaiste") Zeile am Kopf einer neuen Seite oder Spalte (S. 123).
Initial ⟨*initial*⟩ Besonders großer Buchstabe zur Einleitung eines Kapitels, meist 2–3 Zeilen hoch (bei mittelalterlichen Handschriften auch mal eine ganze Seite groß). Plural: Initiale.
Initialien ⟨*initials*⟩ Anfangsbuchstaben eines Namens – nicht zu verwechseln mit Initialen.
Kapitälchen ⟨*small caps*⟩ Versalien in Größe der Gemeinen (S. 150).
Kegelhöhe ⟨*body size, glyph height(?)*⟩ im Bleisatz die Höhe des Bleistücks, auf dem sich die Buchstaben befinden (Abb. G.2); definiert die →Schriftgröße.
Keil ⟨*wedge*⟩ `[fill]` Ausgleichsleerraum: Der Begriff bezieht sich auf die keilförmigen Stücke Satzblei, die als ausgleichender Wort- oder auch Buchstabenzwischenraum (Sperrung) in eine gesetzte Zeile eingeschoben wurden. Mit einem horizontalen Keil (`\hfill`) fügen Sie „so viel Platz wie möglich" ein, um eine Zeile auf die maximale Breite auszutreiben. Mit einem vertikalen Keil (`\vfill`) verteilen Sie Zeilen oder Abschnitte auf der Seitenhöhe.
Kerning ⟨*kerning*⟩ →Unterschneidung
Klemp Satzfehler: fehlendes Leerzeichen nach Satzzeichen (von engl. *clamp*).
kompress ⟨*solid*⟩ Satz ohne →Durchschuss; selten auch: Satz ohne Leerzeichen.
Konsultationsgröße →Schriftgröße, die für konsultierendes Lesen (Nachschlagewerke, Fußnoten), aber nicht für lineares Lesen (Fließtext) geeignet ist, meist 6–8 pt.
kursiv ⟨*italic*⟩ „Schräger" Schriftschnitt, ursprünglich von der Handschrift abgeleitet. Der kursive Schnitt ist bei Serifenschriften daher ein eigenständiger Entwurf und kann nicht aus dem aufrechten Schnitt errechnet werden (sonst: →geschrägt). Bei serifenlosen Schriften ist ‚oblique' (geneigt) eine gebräuchliche Bezeichnung für die schräge Form. (S. 150)

Leiche Satzfehler: fehlendes Wort.
Leichenzug Satzfehler: mehrere fehlende Wörter.
Lesegröße →Schriftgröße, die für das lineare Lesen (Fließtext) geeignet ist, meist 9–12 pt, für Kinder und Senioren bis 14 pt.
Ligatur ⟨*ligature*⟩ Verbindung von Buchstaben zur optischen Verbesserung, z. B. Æ, fi, fl; ursprünglich ist auch ß eine Ligatur.
Mediävalziffern ⟨*oldstyle (numbers)*⟩ Ziffern variabler Breite, teilweise mit Unterlängen, für den Einsatz im Fließtext oder mit →Kapitälchen (im Gegensatz zu Tabellenziffern).
Mittellänge, Mittelhöhe ⟨*x-height*⟩ Höhe der Kleinbuchstaben ohne Ober- und Unterlängen, also Höhe des x, m, n usw. von der Grundlinie aus. Bilder sollten auf einer Grundlinie stehen und an einer Mittelhöhe enden.
Oberlänge ⟨*ascender*⟩ [`height`] Teil des Buchstabens oberhalb der →Mittellänge, Mittelhöhe. Die Oberlängen von →Gemeinen ragen bei klassischen Schriften oft über die der →Versalien hinaus.
Plenk Satzfehler: überflüssiges Leerzeichen vor Satzzeichen (von engl. *blank*).
Punkt (pt) ⟨*point*⟩ Typografische Maßeinheit (S. 54), insbesondere für Schriftgrößen.
Punze ⟨*counter*⟩ Innenraum eines Buchstabens, z. B. beim O.
Rauhsatz ⟨*ragged/unjustified setting*⟩ Satz mit unterschiedlich langen Zeilen, aber mit Trennungen und maximaler Ausnutzung der Zeilenlänge wie beim →Blocksatz.
Schaugröße →Schriftgröße für Überschriften, meist ab 14 pt.
Schrift(art) ⟨*font*⟩ (S. 142).
Schmuckschrift ⟨*swash type*⟩ Schriftart, die nicht für Fließtext geeignet ist, sondern für Überschriften oder Signets gedacht ist.
schräg ⟨*slanted/oblique*⟩ Bei serifenlosen Schriften ist die Kursive (→kursiv) meist eine geneigte (oblique) Form der Grundschrift; bei Serifenschriften ist die Kursive üblicherweise ein eigener Entwurf, der sich an Schreibschriftformen anlehnt, ansonsten ist sie nur →geschrägt (S. 150).
Schriftdehnung ⟨*font expansion*⟩ [`hz`] Methode des →Blocksatzes, bei der die Buchstaben minimal in der Breite verzerrt werden, nach der Vorlage verschieden breiter Zeichenversionen, wie Gutenberg sie verwendete (S. 124). Das Kürzel ‚hz' steht für den Typographen Hermann Zapf, der das Verfahren in den Fotosatz einführte.
Schriftfamilie ⟨*font family*⟩ (S. 142).
Schriftgröße ⟨*font size*⟩ (S. 50).
Schriftlinie ⟨*baseline*⟩ →Grundlinie
Schriftschnitt ⟨*font (face)*⟩ Das Buchstabenbild; eine von mehreren zusammengehörigen Ausführungen einer Schrift, z. B. aufrecht/kursiv/halbfett.
Schriftsippe ⟨*font super family*⟩ [`collection`] (S. 142).
Schusterjunge ⟨*widow*⟩ Umbruchfehler: Eine einzelne Zeile eines Absatzes am Ende einer Seite oder Spalte (S. 123).

Serifen ⟨*serifs*⟩ „Füßchen“ an Buchstaben.
Silbentrennung ⟨*hyphenation*⟩ (S. 174).
Spationierung ⟨*spacing*⟩ Einbringen von Weißraum, z. B. zur Gliederung von Zahlen, im Bleisatz auch zum Sperren von Text.
Spatium ⟨*small space?*⟩ [`\,`] Minimales Leerzeichen (meist 1,5 pt), wird zur →Spationierung von Zahlen oder Abkürzungen verwendet, z. B. `1\,000\,000` oder `z.\,B.`.
Tabellenziffern ⟨*tabular numbers?*⟩ Alle Ziffern sind gleich breit (ein Halbgeviert), haben die gleiche Höhe und keine Unterlängen. Das ist der Normalfall. Im Fließtext sollte man Mediävalziffern verwenden. (S. 162)
Typometer Lineal aus transparentem Kunststoff mit Skalen in verschiedenen typographisch relevanten Maßeinheiten, häufig mit Hilfen zur Bestimmung von Schriftgröße, Linienstärke und Rasterweite. (Abb. S. 50)
Versalhöhe ⟨*caps height*⟩ Höhe der Großbuchstaben, meist 2/3 der →Schriftgröße. Bei vielen klassischen Schriften ragen die Oberlängen der Gemeinen über die Versalien hinaus.
Unterlänge ⟨*descender*⟩ [`depth`] Teil des Buchstabens unterhalb der →Grundlinie, z. B. bei g, p, q.
Unterschneidung ⟨*kerning*⟩ Negativer Abstand zwischen Buchstaben zum optischen Ausgleich (z. B. bei ‚WA‘).
Versalien ⟨*capital/uppercase letters, caps*⟩ Großbuchstaben.
Zeichendehnung →Schriftdehnung
Zeilenabstand ⟨*baseline skip*⟩ Der Abstand zwischen zwei Textzeilen, von Grundlinie zu Grundlinie.
Zwiebelfisch ⟨*misprint(?), wrong font*⟩ Satzfehler: Buchstabe aus einer falschen Schrift.

G.3 Druck und Weiterverarbeitung

Ausschießen ⟨*imposition, impose*⟩ [`arranging`] Die Anordnung von Seiten auf einem Druckbogen, sodass sie nach dem Falzen in der richtigen Reihenfolge liegen. Im einfachsten Fall als A5-„Booklet“ auf A4-Papier. (S. 302)
Bilderdruck(papier) ⟨*art paper*⟩ Gestrichenes Papier, also mit Oberflächenbeschichtung.
Blitzer ⟨*gap*⟩ Weißer Rand, der beim Schneiden entstehen kann, wenn Elemente nicht →randabfallend angelegt sind (Abb. 6.4, S. 104).
Bogen ⟨*sheet*⟩ →Druckbogen
Breitbahn ⟨*short grain*⟩ →Laufrichtung des Papiers parallel zur kurzen Seite.
Broschur ⟨*paperback, softcover*⟩ Buch mit flexiblem Kartonumschlag, meist klebegebunden. Es gibt viele Varianten, z. B. englische B., Schweizer B..
Broschüre ⟨*brochure*⟩ Heft (meist mit werblichem Charakter und klammergeheftet).

Buchbinderleinen ⟨*binder's cloth*⟩ Bezugsstoff für Bücher mit →Festeinband; Verbundstoff aus Papier und Textilgewebe (heute meist Kunstfaser).

Buchblock ⟨*book block, bulk*⟩ „Inhalt" des Buches, ohne Einband.

Buchdruck ⟨*letterpress*⟩ Hochdruckverfahren, kaum noch gebräuchlich.

Bund ⟨*gutter*⟩ `[back]` Seite des Papiers, an dem es gebunden wird, bei lateinischer Schrift meist links (bei Blöcken oben).

Digitaldruck ⟨*digital printing*⟩ Sammelbezeichnung für verschiedene Druckverfahren ohne dauerhafte Druckform, z. B. Laserdruck oder Tintenstrahldruck.

Dispersionsleim ⟨*dispersion glue*⟩ Traditioneller Buchbinderleim mit langer Trocknungszeit; weichere Konsistenz als →Kaltleim, besseres Aufschlagverhalten.

Druckbogen ⟨*(printing) sheet*⟩ Auf einem Druckbogen (Papiergröße in der Druckmaschine) stehen üblicherweise mehrere Druckseiten.

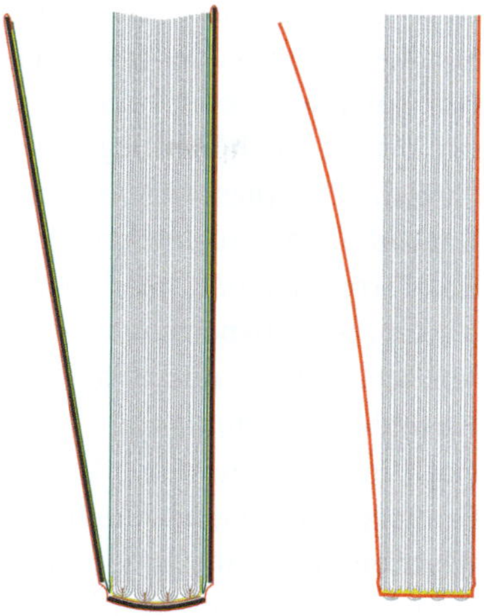

Abb. G.3 Aufbau des Buches bei Pappband und Broschur

rot	Bezug bzw. Umschlagkarton
dunkel	Pappeinlage
grün	Vorsatz
braun	Heftung
gelb	Leimung
hellgrau	Buchblock

Fadenheftung ⟨*thread binding*⟩ Hochwertige Bindeart: Die einzelnen Hefte eines Buches werden zusammengenäht. Die Seiten lassen sich so weiter aufschlagen als bei Klebebindungen.

Festeinband ⟨*hardcover*⟩ Gebundenes Buch mit Buchdecke aus fester Pappe (meist kaschiert).

Flachdruck ⟨*plane printing*⟩ Druckverfahren, bei denen druckende und nichtdruckende Stellen in einer Ebene liegen, z. B. Offsetdruck, Blechdruck, Lithografie, Lichtdruck.

Gestrichen ⟨*coated*⟩ bei Papier: Oberflächenbehandlung mit Leim und Zusatzstoffen.

Grammatur ⟨*grammage*⟩ Flächengewicht, Papiergewicht in g/m^2.

Halbleinenband ⟨*quarter bound book*⟩ Buch mit →Festeinband, bei dem der vordere Teil des Einbands mit →Buchbinderleinen bezogen ist, der hintere Teil mit Papier (oder traditionell mit Leder).

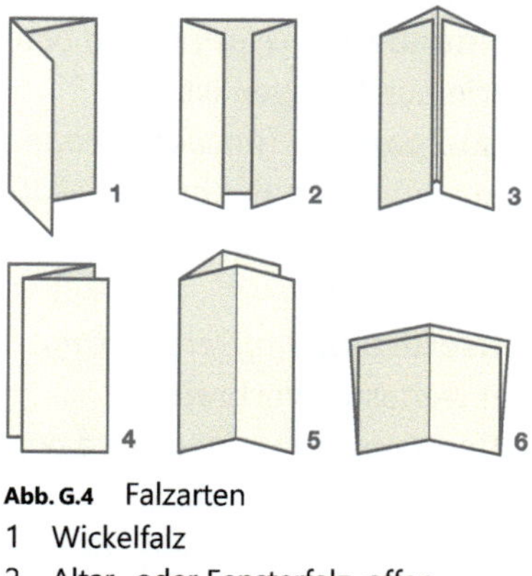

Abb. G.4 Falzarten

1 Wickelfalz
2 Altar- oder Fensterfalz, offen
3 Altar- oder Fensterfalz, geschlossen
4 Zickzack- oder Leporellofalz
5 Parallelmittenfalz
6 Zweibruch-Kreuzfalz

Heft ⟨*booklet*⟩ Druckwerk, das nur aus einer gefalzten Lage besteht, die mit Metallklammern oder (selten) Fäden zusammengehalten wird.

Hochdruck ⟨*letterpress*⟩ Druckverfahren, bei denen die druckenden Stellen der Druckform höher liegen als die nichtdruckenden, z. B. Buchdruck (Bleisatz), Flexodruck, Holzschnitt, Stempel.

Kalandrieren ⟨*calender*⟩ „Polieren" der Papieroberfläche mit heißen Walzen.

Kaltleim ⟨*cold-set glue*⟩ auch: Coldset. UV-härtender Buchbinderleim, härter als →Dispersionsleim; schneller und daher billiger zu verarbeiten, schlechteres Aufschlagverhalten.

Kaschieren ⟨*laminate*⟩ „Verstecken", überziehen mit einem anderen Material. Einbände werden oft mit Folie kaschiert; beim →Festeinband wird die Graupappe mit bedrucktem Papier kaschiert.

Klammerheftung ⟨*saddle stitch*⟩ Die Seiten eines Heftes werden mit Metallklammern zusammengehalten.

Klebebindung ⟨*perfect binding*⟩ Die Seiten eines Druckwerkes werden mit Leim zusammengehalten. Entweder wird der Rücken der gefalzten Bogen aufgefräst oder es werden Einzelseiten verwendet.

Kollationieren ⟨*collate*⟩ Überprüfen der richtigen Reihenfolge der Seiten bzw. Falzbogen in einem Buch. Teilweise synonym zu →Zusammentragen gebraucht.

Lackieren ⟨*lacquer*⟩ Aufbringen eines (meist farblos glänzenden) Drucklacks, entweder flächendeckend oder nur partiell als →Spotlack. Erhabene Stellen entstehen durch UV-härtende Drucklacke.

Laufrichtung ⟨*grain*⟩ Maschinenrichtung, Faserrichtung, Ausrichtung der Papierfasern – sollte parallel zum Bund sein. Bei Maßangaben steht die Seite hinten, die parallel zur Laufrichtung ist, oder ist durch ein ‚M' (Maschinenrichtung) gekennzeichnet; oder die Seite quer zur Laufrichtung ist unterstrichen.

Leinenband ⟨*cloth bound book*⟩ Buch mit →Festeinband, der mit →Buchbinderleinen bezogen ist.

Naturpapier ⟨*uncoated paper*⟩ Ungestrichenes Papier (meist kein →Recyclingpapier!), z. B. Kopier-, →Offset- oder →Werkdruckpapier.

Nuten ⟨*grooving*⟩ Ausfräsen einer Faltkante (materialverletzend) bei dickem Karton.

Offsetdruck ⟨*offset printing*⟩ Flachdruckverfahren, neben dem Digitaldruck am weitesten verbreitet.

Offset(papier) ⟨*uncoated paper*⟩ Ungestrichenes, einfaches Papier für den Massendruck.

Pappband ⟨*hardcover*⟩ Buch mit →Festeinband.

Perforieren ⟨*perforate*⟩ Einstanzen einer Abreißkante (→Stanzen).

Prägen ⟨*emboss*⟩ Einbringen eines Reliefs ins Papier mit Hilfe einer Prägeform, ähnlich dem →Stanzen. Folienprägung: die geprägte Stelle wird im gleichen Vorgang mit einer Kunststofffolie beschichtet.

Prozessfarben ⟨*process colors*⟩ Die vier Druckfarben Cyan, Magenta, Gelb und Schwarz (CMYK), mit denen die allermeisten farbigen Drucksachen hergestellt werden. Sie sind regional unterschiedlich genormt, z. B. Euroscale (Europa) und SWOP (USA).
Punktzuwachs ⟨*dot gain*⟩ →Tonwertzuwachs.
Raster ⟨*screen*⟩ , der: Tonwerte (Graustufen) müssen für den Druck aufgerastert, d. h. in Rasterpunkte zerlegt werden. Beim professionellen Druck ist der autotypische Raster üblich (unterschiedlich große Rasterpunkte im gleichen Abstand). Für hochwertigen Bilderdruck kann eine frequenzmodulierte Rasterung (FM-Raster) eingesetzt werden (gleich große Rasterpunkte in unterschiedlichem Abstand), ähnlich dem Streuraster (Diffusionsraster) beim Tintenstrahldruck; dabei muss der höhere →Tonwertzuwachs wegen der höheren Zahl von Rasterpunkten kompensiert werden. (S. 211)
Recyclingpapier ⟨*recycled paper*⟩ Papier aus Altpapier, hat wegen der Farbreste einen geringeren Weißegrad als Neupapier. Das Entfärben (Deinken) zur Aufhellung erfordert einen hohen Einsatz von Energie und Wasser. Weißes R. besteht überwiegend aus unbedruckten Abfällen aus der Papierverarbeitung.
Rillen ⟨*creasing*⟩ Einpressen einer Faltkante (materialverdrängend), z. B. beim Buchumschlag.
Rollenoffset ⟨*web offset*⟩ Flachdruckverfahren für hohe Auflagen; das Papier wird nicht in Bogen, sondern von der Rolle zugeführt. Darauf bezieht sich ‚web' in manchen Farbprofilen.
Schmalbahn ⟨*long grain*⟩ →Laufrichtung des Papiers parallel zur langen Seite.
Schmuckfarbe ⟨*spot color*⟩ Druckfarbe außer CMYK, Sonderfarbe (S. 198).
Schnitt ⟨*cut edge*⟩ Kanten des Buchblocks; die obere (Kopfschnitt) wurde traditionell gerne eingefärbt (Farbschnitt) oder vergoldet (Goldschnitt). Heute kann der Schnitt auch bedruckt werden.
Schutzumschlag ⟨*jacket*⟩ Zusätzlicher, loser, einseitig bedruckter Papierumschlag bei Festeinbänden.
Sonderfarbe ⟨*spot color*⟩ →Schmuckfarbe.
Spiralbindung ⟨*Wire-O*⟩ Einzelblattbindung mit einer Spirale aus Kunststoff oder Metall. Meist werden eine erste und letzte Seite aus einem stärkeren Material eingebunden oder der spiralgebundene Buchblock wird in einen Umschlag montiert. Wire-O bezeichnet die Drahtkammbindung; diese ist einfacher und daher weiter verbreitet als die echte Spiralbindung.
Spotlack ⟨*spot varnish*⟩ Stellenweiser Auftrag von Drucklack für optische Effekte, wird wie eine →Schmuckfarbe behandelt.
Stanzen ⟨*die-cut*⟩ Zuschneiden eines Druckproduktes in eine nicht-rechteckige Form mit Hilfe eines Stanzwerkzeugs (Stanzform), meist Einzelblätter. Oft werden dazu alte Hochdruckmaschinen ohne Farbwerk eingesetzt (Stanztiegel).

Tiefdruck ⟨*gravure printing*⟩ Druckverfahren, bei denen die druckenden Stellen tiefer liegen als die nichtdruckenden, z. B. Rakeltiefdruck, Radierung, Tampondruck.
Tonwertzuwachs ⟨*dot gain*⟩ Abdunkelung von Bildern durch den Druckprozess (Vergrößerung der Rasterpunkte), muss durch Bildbearbeitung und Farbprofil ausgeglichen werden.
Umschlag ⟨*cover*⟩ Einband eines Buches.
Umschlagen ⟨*work and turn*⟩ Wenden eines Druckbogens über die kurze Seite bzw. senkrecht zum Druckzylinder. (Betonung umschlágen, nicht úmschlagen!)
Umstülpen ⟨*work and tumble*⟩ Wenden eines Druckbogens über die lange Seite bzw. parallel zum Druckzylinder. (Betonung umstǘlpen, nicht úmstülpen!)
Umweltschutzpapier Ungebleichtes →Recyclingpapier, trägt das Umweltzeichen „Blauer Engel".
Ungestrichen ⟨*uncoated*⟩ →Naturpapier, d. h. ohne Oberflächenbehandlung.
Volumen ⟨*bulk*⟩ bei Papier: Zusätzliche Dicke. Normalerweise hat ein Blatt Papier mit dem Flächengewicht (→Grammatur) von $80g/m^2$ eine Dicke von 0,08 mm. Das Volumen ist ein Faktor für diese Dicke und wird durch Füllstoffe im Papier erreicht.
Vorsatz(papier) ⟨*endpaper*⟩ Papier auf der Innenseite des Buchumschlags, häufig farbig oder mit einem Muster bedruckt. Der Buchblock wird an das Vorsatzpapier geklebt.
Werkdruck(papier) ⟨*jobbing paper*⟩ Ungestrichenes, oft gelbliches, Papier mit →Volumen, wie es für den Druck von textlastigen Büchern üblich ist.
Zusammentragen ⟨*collate*⟩ Die einzelnen bedruckten und gefalzten Bögen werden vor dem Binden oder Heften in der richtigen Reihenfolge „gesammelt".

H Zum Weiterlesen

Die ConTeXt-Distribution enthält eine Menge Dokumentation (unter `tex/texmf-context/doc/context`), bei der man erst einmal einen Überblick bekommen muss, um sie nutzen zu können. Zu manchen Anleitungen werden auch die Quellen mitgeliefert (unter `sources` oder als zweite Hälfte des jeweiligen Dokuments). Zusätzlich habe ich ein paar Bücher und andere gedruckte Publikationen aufgenommen.

H.1 ConTeXt-Dokumentation

H.1.1 Grundlagen und Referenz

Ton Otten: **ConTeXt Mark IV, an excursion.** Pragma ADE, Hasselt 1991–2017. `documents/general/manuals/ma-cb-en.pdf` – *Die ConTeXt-Anleitung für Anfänger*innen. Alt, aber brauchbar.*

Axel Kielhorn: **Eine kurze Einführung in ConTeXt.** Gelsenkirchen, 2018 (2022) github.com/AKielhorn/Context-Intro– *ConTeXt-Kurzanleitung für Anfänger*innen, leider fehlerhaft.*

Hans Hagen: **luatools mtxrun context.** Pragma ADE, Hasselt 2020. `documents/general/manuals/tools-mkiv.pdf` – *Dokumentation d. Aufrufskripte.*

ConTeXt commands EN. 2025. `documents/general/qrcs/setup-en.pdf` – *Befehlsreferenz: Automatisch generierte Auflistung sämtlicher Befehle, ohne Beschreibungen. Varianten in anderen Sprachen sind vorhanden, enthalten aber nichts anderes.*

ConTeXt commands EN. 2025. `documents/general/qrcs/setup-mapping-en.pdf` – *Zuordnung von Setup-Namen zu den Befehlen, die sie verwenden. (Für `\startsetups` usw.)*

H.1.2 Layout

Mikael Sundqvist: **Step by step.** Bachotek/Lund, 2023. www.gust.org.pl/bachotex/2023-pl/presentations/msundqvist-1-2023.pdf– *Schritt-für-Schritt Anleitung für ein komplexes Layout, Präsentation beim BachoTeX-Treffen 2023.*

Hans Hagen: **Columnsets.** Hasselt 2003–2016. `documents/general/manuals/columnsets.pdf` – *Dokumentation für den Layoutraster-Mechanismus; derzeit in Überarbeitung, Quellen unter `mvlcolumnsets`.*

Hans Hagen: **Pages.** Hasselt 2017. `documents/general/manuals/pagecolumns.pdf` – *Dokumentation des Mehrspaltenlayout-Mechanismus' ‚page columns'.*

H.1.3 Tabellen

Hans Hagen: **Natural Tables in ConTEXt. Examples.** o.O. o.J. `documents/general/manuals/examples-naturaltables.pdf` – *Unkommentierte Tabellen-Beispiele.*

Hans Hagen: **Extreme Tables.** Pragma ADE, Hasselt 2021. `documents/general/manuals/xtables-mkiv.pdf` – *Dokumentation zur Tabellenvariante `xtable`.*

Hans Hagen: **Simple Spreadsheets.** Hasselt 2016. `documents/general/manuals/spreadsheets-mkiv.pdf` – *Dokumentation zum Modul `spreadsheets` für Berechnungen in Tabellen.*

H.1.4 Formelsatz und wissenschaftliches Arbeiten

Hans Hagen & Mikael P. Sundqvist: **Mathematics in ConTEXt.** Hasselt 2025. `documents/general/manuals/mathincontext-paper.pdf` (und `-screen`). – *Das umfangreiche Handbuch für den Mathematiksatz.*

Hans Hagen: **$ Math.** Hasselt o.J. `documents/general/manuals/math-mkiv.pdf` – *Sammlung von Spezialfällen im Mathematiksatz.*

Hans Hagen & Mikael P. Sundqvist: **Meaningful Math in ConTEXt. Examples.** o.O. o.J. `documents/general/manuals/examples-mathmeanings.pdf` – *Beispiele für die „Aussprache" von Formeln.*

Hans Hagen: **MathML in ConTEXt.** Hasselt 2001–2015 `documents/general/manuals/mmlexamp.pdf` – *Beispiele für Formeln in MathML.*

Hans Hagen: **MathML.** Pragma ADE, Hasselt 2016. `documents/general/manuals/mmlprime.pdf` – *Handbuch zu MathML in ConTEXt.*

Hans Hagen & Mikael Sundqvist: **MathML. Drawing Lines.** in: Proceedings. 17th ConTEXt meeting, Sibřina. Context Group, Sambeek 2024. articles.contextgarden.net/journal/2023/093-101.pdf– *MathML- oder SVG-Export für Formeln in HTML.*

Hans Hagen: **Units.** Pragma ADE, Hasselt 2020. `documents/general/manuals/units-mkiv.pdf` – *Dokumentation zum konsistenten Satz von physikalischen Einheiten mit `\unit`.*

Hans Hagen & Alan Braslau: **Bibliographies the ConTEXt Way.** o. O. 2017. `documents/general/manuals/mkiv-publications.pdf` – *Dokumentation zum Bibliographie-Modul.*

H.1.5 Grafik

Hans Hagen: **Flowcharts.** Hasselt 1998– `documents/general/manuals/charts-mkiv.pdf` – *Dokumentation des flowcharts-Moduls.*

Hans Hagen: **Graphics.** Hasselt 2018. `documents/general/manuals/graphics.pdf` – *Kurzes, unvollständiges Handbuch zur Grafikeinbindung.*

Hans Hagen: **Coloring ConTEXt.** explaining luatex and mkiv. Hasselt 2016. `documents/general/manuals/colors-mkiv.pdf` – *Wie gehen ConTEXt MkIV und MetaFun intern mit Farbe um?*

H.1.6 Sprachen

Hans Hagen: **Languages in ConTEXt.** Hasselt 2013–2016. `documents/general/manuals/languages-mkiv.pdf` – *Hinweise zu mehrsprachigen Dokumenten, Trennalgorithmen, sprachabhängigen Texten usw.*

Hans Hagen: **l2r r2l.** a few tips. Hasselt o.J. `documents/general/manuals/bidi.pdf` – *Hinweise zum bidirektionalen Satz.*

H.1.7 Einzelheiten

Hans Hagen: **It's in the Details.** Hasselt 2002/2015 (2017). `documents/general/manuals/details.pdf` – *Einzelheiten und Beispiele zu Themen rund um den registerhaltigen Satz, z. B. Überschriften, Layoutspalten, Texthintergrund, Darstellung von Formeln, Platzierung von Gleitobjekten, Bildern und Bildunterschriften.*

Hans Hagen: **ECMAscript in context lmtx** Hasselt 2020. `documents/general/manuals/ecmascript-mkiv.pdf` – *Verwendung von JavaScript als Skriptsprache für ConTEXt – ziemlich sinnlos, daher hier nicht weiter dokumentiert.*

Hans Hagen: **ConTEXt Interactivity.** Hasselt 2018. `documents/general/manuals/interaction.pdf` – *Unvollständige Dokumentation der interaktiven Möglichkeiten von ConTEXt MkIV, z. B. Links, Formularelemente und JavaScript.*

Hans Hagen: **PDF merging, embedding, fixing and messing a bit around.** Hasselt 2024. `documents/general/manuals/pdfmerge.pdf` – *Einbetten von Bildern und Zusammenführen von Schriften beim Kombinieren von PDFs.*

Hans Hagen: **Rules.** A ConTEXt MkIV manual. Hasselt 2018. `documents/general/manuals/rules-mkiv.pdf` – *Dokumentation zu Linien mit Textbezug (z. B. beim Unterstreichen).*

Hans Hagen: **Spacing in ConTEXt.** Hasselt 2018. `documents/general/manuals/spacing-mkiv.pdf` – *Hinweise zu Weißraum-Details im Zusammenhang mit registerhaltigem Satz und Abkürzungen.*

Hans Hagen: **Workflow Support in ConTEXt.** Pragma ADE, Hasselt 2021. `documents/general/manuals/workflow-mkiv.pdf` – *Hinweise zu Fehlersuche und -meldungen, Dateipfaden, Bildbearbeitung, Setups, SyncTEX, Parallelverarbeitung…*

Hans Hagen: **Page Ranges.** This Way. ConTEXt magazine #2 MkIV. February 2003. Pragma ADE, Hasselt 2003 (2016). `documents/general/magazines/mag-0002-mkiv.pdf` – *Zählung von Seitenspannen, z. B. zur Angabe von Start- und Endseite eines Kapitels.*

Hans Hagen: **A Few Dangerous Features.** This Way. ConTEXt magazine #6 MkIV. June 2004. Pragma ADE, Hasselt 2004 (2016). `documents/general/magazines/mag-0006-mkiv.pdf` – *Negativ, Outline-Schrift und Überdrucken/Aussparen.*

Hans Hagen: **Faking Text And More.** This Way. ConTEXt magazine #7 MkIV. August 2004. Pragma ADE, Hasselt 2004 (2016). `documents/general/magazines/mag-0007-mkiv.pdf` – *Beschreibung des Moduls* `visual`.

Hans Hagen: **Project Structure.** This Way. ConTeXt magazine #1101 MkIV. July 2011. Pragma ADE, Hasselt 2011 (2016). `documents/general/magazines/mag-1101-mkiv.pdf` – *Beschreibung der Projektstruktur (Components, Products und Environments).*

Hans Hagen: **Annotated Verbatim.** This Way. ConTeXt magazine #1102 MkIV. July 2011. Pragma ADE, Hasselt 2011 (2016). `documents/general/magazines/mag-1102-mkiv.pdf` – *Setzen von Codebeispielen mit Anmerkungen.*

Hans Hagen: **Cross document referencing.** This Way. ConTeXt magazine #1103 MkIV. September 2011. Pragma ADE, Hasselt 2011 (2016). `documents/general/magazines/mag-1103-mkiv.pdf` – *Dokumentübergreifende Querverweise.*

Hans Hagen: **It can be done TeX.** Pragma ADE, Hasselt 2023. `documents/general/manuals/canbedone.pdf` – *Artikel „periods" über automatische Behandlung von Punkten in der englischen Typographie sowie „clipping", einen Ansatz, Text als Beschneidungspfad für ein Bild zu verwenden.*

Hans Hagen & Mikael Sundqvist: **Tagged PDF.** Hasselt 2024. `documents/general/manuals/tagging.pdf` – *Hinweise zum Tagging (z. B. für PDF/UA).*

Pablo Rodríguez: **Gambling with Crypto.** in: Proceedings. 17th ConTeXt meeting, Sibřina. Context Group, Sambeek 2024. articles.contextgarden.net/journal/2023/065-076.pdf– *SHA2-Hashes in LuaMetaTeX und PDFs mit digitaler Signatur.*

Hans Hagen & Mikael Sundqvist: **Twin Demerits.** in: Proceedings. 17th ConTeXt meeting, Sibřina. Context Group, Sambeek 2024. articles.contextgarden.net/journal/2023/077-092.pdf– *Eine neue Methode zur Verbesserung des Zeilenumbruchs in ConTeXt LMTX.*

Hans Hagen & Mikael Sundqvist: **Signals.** Hasselt 2025. `documents/general/manuals/signals.pdf` – *Darstellung der ConTeXt-Verarbeitung über ein externes Gerät (ConTeXt meeting 2025).*

Keith McKay: **Building and flashing the signals app using VScode and Plat formIO IDE on an Apple Silicon Mac mini M1.** o.O. 2025. `documents/general/manuals/signals-macos.pdf` – *Technische Einzelheiten zur ConTeXt watch (Signal) und ihrer Ansteuerung unter MacOS.*

Wolfgang Schuster: **`\starttext`.** Document and project structure commands. Bassenge 2021. meeting.contextgarden.net/2021/talks/2021-09-21/starttext.pdf– *Präsentation zu Strukturbefehlen (ConTeXt meeting 2021).*

Hraban Ramm & Wolfgang Schuster: **How to Write a Module.** in: Proceedings. 18th ConTeXt meeting, Lutten. Context Group, Sambeek 2025. articles.contextgarden.net/journal/2024/096-114.pdf– *Fortgeschrittene ConTeXt-Programmiertechniken, Strukturierung, Dokumentation und Veröffentlichung von Modulen (ConTeXt meeting 2024).*

H.1.8 Periodika

context group (Hrsg.): **Proceedings.** CG, Québriac/Sambeek seit 2013. articles.contextgarden.net– *Referate der ConTeXt meetings, gleichzeitig Mitgliederzeitschrift der context group (jährlich).*

Nederlandstalige TEX Gebruikersgroep (Hrsg.): **MAPS.** NTG, Leiden seit 1988. ntg.nl/maps/ – *Die jährliche NTG-Mitgliederzeitschrift immer wieder Artikel zu ConTEXt, oft auf englisch.*

Deutschsprachige Anwendervereinigung TEX e.V. (Hrsg.): **Die TEXnische Komödie.** DANTE, Heidelberg seit 1989. www.dante.de/dtk/ – *Vierteljährliche Mitgliederzeitschrift.*

TEX Users Group (Hrsg.): **TUGboat.** TUG, Portland OG, seit 1980. tug.org/TUGboat/ – *Dritteljährliche Mitgliederzeitschrift.*

Hans Hagen: **Introduction.** This Way. ConTEXt magazine #0 MkIV. January 2003. Pragma ADE, Hasselt 2003 (2016). `documents/general/magazines/mag-0000-mkiv.pdf` – *Vorstellung der Dokumentationsreihe This Way / My Way.*

H.1.9 Metainformationen

Hans Hagen: **Read Me First.** Pragma ADE, Hasselt o. J. `documents/general/manuals/mreadme.pdf` – *Lizenzbedingungen von ConTEXt und Dokumentation, Hinweise für Distributoren.*

Mikael Sundqvist & Hans Hagen: **Missing files in the installation.** o.O. o.J. `documents/general/manuals/missingfiles.pdf` – *Diskussion, warum bestimmte Dateien oder Abhängigkeiten lizenzrechtlich problematisch sein könnten.*

Hans Hagen: **ConTEXt Musings.** Hasselt 2017–2023. `documents/general/manuals/musings.pdf` – *Eher philosophische Artikel über TEX und ConTEXt.*

Hans Hagen: **Why Not Now.** Hasselt 2018. `documents/general/manuals/not-now.pdf` – *Diskussion von Problemen mit ConTEXt, die sich zur Zeit nicht lösen lassen.*

H.1.10 Schriften

Hans Hagen: **Fonts out of ConTEXt.** Explaining LuaTEX and MkIV. Pragma ADE, Hasselt 2011–2016. `documents/general/fonts/fonts-mkiv.pdf` – *Ausführliche Beschreibung der Schriftverarbeitung in LuaTEX unter ConTEXt MkIV.*

Taco Hoekwater: **Wie installiere ich eine Schrift für ConTEXt?** in: Die TEXnische Komödie, Heft 1/2019. DANTE e. V., Heidelberg 2019. articles.contextgarden.net/ – *Übersetzung aus den Proceedings 2018.*

Willi Egger: **Handling Fonts in ConTEXt** in: Proceedings. 15th ConTEXt meeting, Bassenge-Boirs. Context Group, Sambeek 2022. articles.contextgarden.net/journal/2021/7-19.pdf– *Schriftinstallation und Typescripts.*

H.1.11 XML-Verarbeitung

Hans Hagen: **Dealing with XML in ConTEXt MkIV.** Pragma ADE, Hasselt 2016. `documents/general/manuals/xml-mkiv.pdf` – *Dokumentation zur XML-Verarbeitung.*

Hans Hagen: **Exporting XML and ePub from ConTEXt.** Hasselt 2014. `documents/general/manuals/epub-mkiv.pdf` – *Kurze Einführung in den Export von XML und ePub.*

Hans Hagen: **Steps.** ConTeXt XML. Pragma ADE, Hasselt 2017. `documents/general/manuals/steps-mkiv.pdf` – *Dokumentation des Moduls* `steps` *zur Darstellung von Schritt-Diagrammen (z. B. schrittweise Auflösung von Gleichungen).*

Denis Christian Maier: **Typesetting XML with ConTeXt.** in: PKP 2019 Conference Barcelona. Barcelona, 20-22. November 2019. boris.unibe.ch/135830/

Taco Hoekwater: **XML to PDF with ConTeXt.** in: Proceedings. 13th ConTeXt meeting, Bassenge-Boirs. Context Group, Sambeek 2020. articles.contextgarden.net/journal/2019/22-41.pdf– *Darstellung eines Workflows zur Interpretation von HTML mit CSS.*

Thomas A. Schmitz: **Präsentationen in XML.** in: Die TeXnische Komödie, Heft 1/2022. DANTE, Heidelberg 2022. archiv.dante.de/DTK/PDF/komoedie_2022_1.pdf– *Übersetzung aus den Proceedings 2019. Einführung in die Verarbeitung von XML-Quellen anhand von Präsentationen mit dem* `simpleslides`*-Modul.*

H.1.12 Low Level und Interna

Hans Hagen: **Low level TeX. Accuracy.** Hasselt 2023. `documents/general/manuals/lowlevel-accuracy.pdf` – *Genauigkeit von Berechnungen in TeX und MetaPost.*

Hans Hagen: **Low level TeX. Alignments.** Hasselt 2024. `documents/general/manuals/lowlevel-alignments.pdf` – *Ausrichtung von Text und Boxen, besonders im Zusammenhang mit Tabellen.*

Hans Hagen: **Low level TeX. Balancing.** Hasselt 2025. `documents/general/manuals/lowlevel-balancing.pdf` – *Neue Möglichkeiten zur Verbesserung des Seitenumbruchs in LuaMetaTeX.*

Hans Hagen: **Low level TeX. Boxes.** Hasselt 2023. `documents/general/manuals/lowlevel-boxes.pdf` – *Erklärung der Funktionsweise von Boxen in TeX, LuaTeX und LuaMetaTeX.*

Hans Hagen: **Low level TeX. Buffers.** Hasselt 2023. `documents/general/manuals/lowlevel-buffers.pdf` – *Dokumentation von Puffern.*

Hans Hagen: **Low level TeX. Characters.** Hasselt 2024. `documents/general/manuals/lowlevel-characters.pdf` – *Interne Behandlung von (Unicode-)Zeichen.*

Hans Hagen: **Low level TeX. Conditionals.** Hasselt 2025. `documents/general/manuals/lowlevel-conditionals.pdf` – *Erklärung der Fallunterscheidungen in TeX, e-TeX, LuaTeX und LuaMetaTeX.*

Hans Hagen: **Low level TeX. Debugging.** Hasselt 2025. `documents/general/manuals/lowlevel-debugging.pdf` – *Beispiele und Hinweise zum visuellen Debugging.*

Hans Hagen: **Low level TeX. Expansion.** Hasselt 2023. `documents/general/manuals/lowlevel-expansion.pdf` – *Erklärung der Expansion in TeX und der Erweiterungen durch e-TeX und LuaTeX.*

Hans Hagen: **Low level TeX. Grouping.** Hasselt 2023. `documents/general/manuals/lowlevel-grouping.pdf` – *Erklärung der Gruppierung von TeX im Vergleich mit den Block-Mechanismen verschiedener Programmiersprachen.*

Hans Hagen: **Low level TEX. Inserts.** Hasselt 2023. `documents/general/manuals/lowlevel-inserts.pdf` – *Kurze Erläuterung des Pagebuilders und der Rolle von Inserts (z. B. Fußnoten).*

Hans Hagen: **Low level TEX. Lines.** Hasselt 2023. `documents/general/manuals/lowlevel-lines.pdf` – *Funktionsweise und Parameter des Zeilenumbruchs, insbesondere des mehrstufigen Absatzumbruchs.*

Hans Hagen: **Low level TEX. Local Boxes.** Hasselt 2023. `documents/general/manuals/lowlevel-localboxes.pdf` – *Lokale Boxen bieten Möglichkeiten, Material am Anfang und Ende von Zeilen einzufügen.*

Hans Hagen: **Low level TEX. Loops.** Hasselt 2023. `documents/general/manuals/lowlevel-loops.pdf` – *Neue Schleifen-Befehle in LuaMetaTEX im Vergleich mit der traditionellen Rekursion.*

Hans Hagen: **Low level TEX. Macros.** Hasselt 2024. `documents/general/manuals/lowlevel-macros.pdf` – *Möglichkeiten der Makrodefinition.*

Hans Hagen: **Low level TEX. Marks.** Hasselt 2023. `documents/general/manuals/lowlevel-marks.pdf` – *Der Marker-Mechanismus wird vor allem für Kolumnentitel eingesetzt.*

Hans Hagen: **Low level TEX. Pages.** Hasselt 2024. `documents/general/manuals/lowlevel-pages.pdf` – *Soll erklären, wie ConTEXt Seiten baut, bisher leer.*

Hans Hagen: **Low level TEX. Paragraphs.** Hasselt 2024. `documents/general/manuals/lowlevel-paragraphs.pdf` – *Einzelheiten zum Absatzumbruch: u. a. Penaltys und Demerits, Formsatz und Umfluss.*

Hans Hagen: **Low level TEX. Registers.** Hasselt 2023. `documents/general/manuals/lowlevel-registers.pdf` – *Erklärung der Register von TEX (für ConTEXt weitgehend irrelevant).*

Hans Hagen: **Low level TEX. Scope.** Hasselt 2023. `documents/general/manuals/lowlevel-scope.pdf` – *Gültigkeitsbereich von Registern, Makros und Variablen.*

Hans Hagen: **Low level TEX. Security.** Hasselt 2023. `documents/general/manuals/lowlevel-security.pdf` – *Schutz von Makros gegen Überschreiben.*

Hans Hagen: **Low level TEX. Tokens.** Hasselt 2023. `documents/general/manuals/lowlevel-tokens.pdf` – *Behandlung von Zeichen auf der untersten Ebene.*

Hans Hagen: **Low level TEX.** Hasselt 2025. `documents/general/manuals/lowlevel.pdf` – *Sammlung der ‚lowlevel'-Dokumentation.*

Hans Hagen: **Playing with boxes, a teaser.** This Way. ConTEXt magazine #1105 MkIV. August 2020. Pragma ADE, Hasselt 2020. `documents/general/magazines/mag-1105-mkiv.pdf` – *Interne Details zu „Boxen".*

Hans Hagen: **TEXit.** Hasselt 2023. `documents/general/manuals/texit.pdf` – *Unsortierte Sammlung: Wie TEX Makros sieht, Fallunterscheidungen, Füll-Linien.*

H.2 MetaPost-Dokumentation

Leider ist auch die Dokumentation zu MetaPost etwas verstreut: Das MetaFun-Handbuch `metafun-p`[1] bietet auf über 400 Seiten Einstieg und Referenz auf Englisch. Das originale MetaPost-Handbuch ist einen Blick wert. Im deutschen Buch von Walter Entenmann finden Sie einen anderen Zugang (beide ohne Berücksichtigung von ConTEXt). Manches steht nur in der Dokumentation zu Modulen[2]. Taco Hoekwater hat viele Einzelheiten in Vorträgen/Artikeln für die context group erklärt. Für die Spezifikation der Syntax müssten Sie ins MetaFont-Buch schauen.

Donald Knuth: **Computers & Typesetting, Volume C: The Metafont Book.** Addison-Wesley 1986. – *MetaFont ist die Grundlage von MetaPost.*

John D. Hobby et al.: **MetaPost. A user's manual.** TUG, o.O. 2014. tug.org/metapost.html– *Die offizielle Dokumentation zu MetaPost.*

Walter Entenmann: **MetaPost.** Grafik für TEX und LATEX. DANTE/Lehmanns Media, Berlin 2017.

Toby Thurston: **Drawing with MetaPost.** 2025. ctan.org/pkg/drawing-with-metapost

Hans Hagen: **metafun.** Boekplan/Pragma ADE, Hasselt 2017. ISBN 978-94-90688-02-8. `documents/general/manuals/metafun-p.pdf`

Hans Hagen: **metafun xl.** Hasselt 2021. `documents/general/manuals/luametafun.pdf` – *Weitere Möglichkeiten für MetaPost in ConTEXt mit LuaMetaTEX, z. B. Outlines, Text auf Pfaden, Verläufe, 3D-Graphen.*

Hans Hagen & Alan Braslau: **New Interfacing in MetaFun, a preview.** This Way. ConTEXt magazine #1104 MkIV. July 2019. Pragma ADE, Hasselt 2019. `documents/general/magazines/mag-1104-mkiv.pdf` – *Einführung in das Key-Value-Interface von MetaPost in LuaMetaTEX.*

Alan Braslau: **nodes.** `documents/general/manuals/nodes.pdf` o.O. 2018 – *Dokumentation des nodes-Moduls für Knoten-basierte Diagramme (z. B. Flussdiagramme).*

Hans Hagen: **Good looking shapes.** This Way. ConTEXt magazine #10 MkIV. March 2005. Pragma ADE, Hasselt 2005 (2016). `documents/general/magazines/mag-0010-mkiv.pdf` – *Anleitung zum Formsatz (Textumbruch innerhalb eines MetaPost-Pfades).*

Taco Hoekwater: **Sparks, tags, suffixes and subscripts.** in: Proceedings. 13th ConTEXt meeting, Bassenge-Boirs. Context Group, Sambeek 2019. articles.contextgarden.net/journal/2019/10-21.pdf – *Interne Details zu MetaPost-Variablen.*

Taco Hoekwater: **MetaPost Definitions.** in: Proceedings. 14th ConTEXt meeting, Sibřina. Context Group, Sambeek 2020. articles.contextgarden.net/journal/2020/53-72.pdf– *Makro-Definitionen in MetaPost (Fortsetzung von ‚Sparks').*

[1] `texmf-context/doc/context/documents/general/manuals/metafun-p.pdf`

[2] z. B. nodes, `texmf-context/doc/context/documents/general/manuals/nodes.pdf`

Taco Hoekwater: **MetaPost paths and pairs.** in: Proceedings. 15th ConTEXt meeting, Bassenge-Boirs. Context Group, Sambeek 2021. articles.contextgarden.net/journal/2021/48-92.pdf– *Pfade, Punkte, Pens und Transformationen in MetaPost (Fortsetzung der Reihe).*

Taco Hoekwater: **MetaPost control structures. (Conditions and loops).** in: Proceedings. 16th ConTEXt meeting, Dreifelden. Context Group, Sambeek 2022. articles.contextgarden.net/journal/2022/070-078.pdf– *Kontrollstrukturen in MetaPost (Fortsetzung der Reihe).*

Taco Hoekwater: **MetaPost pictures (and also colors).** in: Proceedings. 16th ConTEXt meeting, Dreifelden. Context Group, Sambeek 2023. articles.contextgarden.net/journal/2022/079-093.pdf– *Bilder und Farben in MetaPost (Fortsetzung der Reihe).*

Nederlandstalige TEX Gebruikersgroep (Hrsg.): **MAPS**, Nummer 53, Voorjaar 2023. NTG, Leiden. ntg.nl/maps/53/– *Überarbeitete Sammelausgabe der o. g. Artikel von Taco Hoekwater über MetaPost-Details.*

Hans Hagen: **Lua in MetaPost.** in: MAPS, Nummer 46, Najaar 2015. NTG, Leiden 2015. ntg.nl/maps/46/

Hans Hagen: **SVG in ConTEXt and MetaFun XL.** Hasselt 2019. documents/general/manuals/svg-lmtx.pdf – *SVG-Verarbeitung mit MetaPost, hauptsächlich Beispiele.*

H.3 Dokumentation zu Lua(TEX) und LuaMetaTEX

Roberto Ierusalimschy, Luiz Henrique de Figueiredo und Waldemar Celes: **Lua 5.4 Reference Manual.** PUC-Rio, Rio de Janeiro 2018. www.lua.org/work/doc/manual.html

Roberto Ierusalimschy: **Programming in Lua.** Lua.org, Rio de Janeiro 2016/4. – *Einführung in Lua 5.3.*

LuaTEX Development Team: **LuaTEX Reference Manual.** Version 1.10, July 2021. www.luatex.org/documentation.html bzw. documents/general/manuals/luatex.pdf

LuaTEX Development Team: **LuaMetaTEX Reference Manual.** Version 2.09, August 2022. documents/general/manuals/luametatex.pdf – *Ersetzt „LuaTEX Reference Manual".*

Hans Hagen: **following up. ConTEXt lmtx.** Hasselt 2019. documents/general/manuals/followingup.pdf – *Dokumentation der Entwicklung von LuaMetaTEX, August 2018–Mai 2019.*

Hans Hagen: **even more. fun with luametatex and context.** Hasselt 2019. documents/general/manuals/evenmore.pdf – *Diskussion einiger fortgeschrittener Möglichkeiten: Farb- und andere Schriftmanipulationen. Normalisierung des Absatzumbruchs. Zeichenexpansion. Erweiterte Möglichkeiten der Makroprogrammierung in LMTX gegenüber LuaTEX. Ist LMTX noch TEX? ConTEXt auf Raspberry Pi.*

Hans Hagen: **new primitives in luametatex.** Hasselt 2020. documents/general/manuals/primitives.pdf – *TEX-Primitive in LuaMetaTEX.*

Hans Hagen: **SQL ConTEXt.** Pragma ADE, Hasselt 2018. `documents/general/manuals/sql-mkiv.pdf` – *Dokumentation zu SQL-Abfragen mit LuaTEX.*

Hans Hagen: **Lua in MetaPost.** in: MAPS, Nummer 46, Najaar 2015. NTG, Leiden 2015. ntg.nl/maps/46/

Hans Hagen: **on and on.** Hasselt 2016. `documents/general/manuals/onandon.pdf` – *Rückblick auf die Entwicklung von ConTEXt und Dokumentation der Entwicklung von LuaTEX seit 2016. Enthält mehrere Artikel zu fortgeschrittenen Themen, die in Mitgliederzeitschriften erschienen sind.*

Hans Hagen: **on target.** Hasselt 2021. `documents/general/manuals/ontarget.pdf` – *Dokumentation der Entwicklung von LuaMetaTEX und ConTEXt LMTX seit 2021. Enthält mehrere Artikel zu fortgeschrittenen Themen, die in Mitgliederzeitschriften erschienen sind.*

Hans Hagen: **ConTEXt Lua Documents.** Hasselt 2009–2016. `documents/general/manuals/cld-mkiv.pdf` – *ConTEXt-Dokumente in Lua-Syntax schreiben.*

Hans Hagen: **Libraries basics.** Hasselt 2017. `documents/general/manuals/libraries-mkiv.pdf` – *Kurze Hinweise zum Einbinden externer Bibliotheken in LuaTEX (ffi). Veraltet.*

Hans Hagen: **SwigLib basics.** Pragma ADE, Hasselt 2016. `documents/general/manuals/swiglib-mkiv.pdf` – *Einbinden von externen Bibliotheken mit der SwigLib.*

Hans Hagen: **Lua – the context libraries.** Hasselt 2016. `documents/general/manuals/lua-mkiv.pdf` – *Kurze Anleitung für `mtxlibs`, um Lua-Libraries zu erzeugen.*

Hans Hagen: **LMX templates.** `documents/general/manuals/templates-mkiv.pdf` – *Dokumentation einer Variante, Lua-Code innerhalb von ConTEXt zu verwenden, ähnlich PHP innerhalb von HTML.*

Hans Hagen: **Still going on.** Hasselt 2013–2016. `documents/general/manuals/still.pdf` – *Dokumentation der Entwicklung von LuaTEX; nicht mehr relevant.*

Hans Hagen et al.: **about.** luatex and context. Hasselt 2013–2015. `documents/general/manuals/about.pdf` – *Dokumentation der Entwicklung von LuaTEX; nicht mehr relevant.*

Hans Hagen: **MkIV Hybrid Technology.** Hasselt 2009–2012. `documents/general/manuals/hybrid.pdf` – *Dokumentation der Entwicklung von LuaTEX; nicht mehr relevant.*

Hans Hagen: **ConTEXt MkII, MkIV.** Hasselt 2006–2009. `documents/general/manuals/mk.pdf` – *Dokumentation der Entwicklung von LuaTEX und des Übergangs von MkII zu MkIV; nicht mehr relevant.*

Taco Hoekwater: **LPEG for TEXies.** in: Proceedings. 13th ConTEXt meeting, Bassenge-Boirs. Context Group, Sambeek 2020. articles.contextgarden.net/journal/2019/77-98.pdf– *Einführung in ‚Lua Parsing Expression Grammars' (Alternative zu regulären Ausdrücken).*

Hans Hagen mit Mikael Sundqvist und Keith McKay: **beyond** luametatex and context lmtx. Hasselt 2024. `documents/general/manuals/beyond.pdf` – *Artikel über die Weiterentwicklung von LuaMetaTEX und ConTEXt LMTX.*

Hans Hagen: **moretocome.** Hasselt 2025. `documents/general/manuals/moretocome.pdf` – *Artikel über die Weiterentwicklung von LuaMetaTEX und ConTEXt LMTX.*

Hans Hagen: **PDF Standards.** Basic setup. Hasselt 2025. `documents/general/manuals/standards.pdf` – *Einstellungen für PDF/A usw.*

Tomáš Hála, Tamara Kocurová, Adriana Kašparová, Hans Hagen: **A Module for Rounding Values.** in: Proceedings. 18th ConTEXt meeting, Lutten. Context Group, Sambeek 2025. articles.contextgarden.net/journal/2024/052-054.pdf– *Lua-Funktionen zur Rundung von Zahlen (ConTEXt meeting 2024).*

Siehe außerdem www.luatex.org/documentation.html und wiki.luatex.org.

H.4 TEX-Dokumentation

Victor Eijkhout: **TEX by Topic.** A TEXnician's Reference. DANTE/Lehmanns Media, Berlin 2014. – *Erklärt viele Details und Eigenheiten der Satzmaschine.*

Herbert Voß: **Die wissenschaftliche Arbeit mit LATEX.** unter Verwendung von LuaTEX, KOMA-Script und Biber/BibLATEX. DANTE/Lehmanns Media, Berlin 2018. – *Diente als Inspiration für den Umfang und Inhalte dieses Buches.*

Kathrin Würth und Peter Gallmann: **Richtlinien zum Verfassen wissenschaftlicher Arbeiten.** in: Die TEXnische Komödie, Heft 1/2018. DANTE e. V., Heidelberg 2018.

H.5 Quellen

Rudolf Paulus Gorbach: **Textgestaltung am PC und Mac.** Ravensburger Buchverlag, Ravensburg 1995. – *Ursprüngliche Inspiration für die Inhalte dieses Buches.*

Henning Hraban Ramm: **Formelsammlung für Drucktechniker.** Zusammengestellt für den Nürnberger Drucktechniker-Lehrgang 1999–2001. Privatdruck, Nürnberg 2000.

Hans Peter Willberg und Friedrich Forssman: **Erste Hilfe in Typografie.** Ratgeber für Gestaltung mit Schrift. Hermann Schmidt, Mainz 1999 (2001/3.).

Hans Peter Willberg und Friedrich Forssman: **Lesetypografie.** Hermann Schmidt, Mainz 2010. – *Pflichtlektüre für Textgestalter*innen.*

Fachwörterbuch Druck & Medien. Englisch-Deutsch. Deutsch-Englisch. HTWK Leipzig 2018/5.[3]

Karl Krug: **Fachwörter abc für die Druckindustrie.** Scherpe, Krefeld 1976/4.

Kompendium der Mediengestaltung. Band I: Konzeption und Gestaltung. Band III: Medienproduktion Print. Springer Vieweg, Berlin/Heidelberg 2014/6.

[3] verlagsherstellung.de/hochschulleben/studierende/unsere-projekte/fachwoerterbuch-druck-medien

Brigitte Witzer (Hrsg.): **Duden Satz und Korrektur.** Texte bearbeiten, verarbeiten, gestalten. Bibliografisches Institut & F. A. Brockhaus AG, Mannheim 2003. – *Enthält viel nützliches Wissen, das aber aufgrund des schlechten Registers kaum zu finden ist.*

MedienStandard Druck 2018. Technische Richtlinien für Daten, Prüfdruck und Auflagendruck. Bundesverband Druck und Medien e.V. (bvdm) 2016/2018. www.bvdm-online.de

Weitere Fachliteratur ist leider mehreren Umzügen zum Opfer gefallen.

Über den Autor

Henning Hraban Ramm, Jahrgang 1973, ist in Ravensburg zwischen Büchern aufgewachsen und hat nach dem Zivildienst eine Schriftsetzerlehre gemacht, weil er sich nicht für einen Studiengang entscheiden konnte: Germanistik, Kybernetik oder Informatik waren in der engeren Wahl, nachdem er einsehen musste, dass sein Talent für Grafik oder Buchkunst nicht ausreicht. In der Lehrzeit hatte er das Vergnügen mit QuarkXPress, LinoSetting und LinoPress, privat wurde mit PublishIt!Easy gearbeitet (und das Programm mit Hilfe von ResEdit komplett eingedeutscht und verschönert).
Nach den Erfahrungen von Tageszeitung, Haus- und Akzidenzdruckerei machte er die Fortbildung zum staatlich geprüften Drucktechniker in Nürnberg (Abschluss 2001). Mit InDesign 2.0 verabschiedete er sich von seiner alten XPress-Raubkopie. Schon als Jugendlicher hatte er angefangen zu programmieren und durch befreundete Studenten Kontakt zu Linux und LaTeX, doch erst mit der „Formelsammlung für Drucktechniker" fand er den Einstieg in TeX, direkt gefolgt vom ersten Buch mit ConTeXt, wozu der PPC-Mac mit Linux ausgestattet wurde, weil CMacTeX nicht mit ConTeXt zusammenarbeiten konnte und MacOS Classic keine Kommandozeile hatte.
Die folgenden Jahre verbrachte er als Admin der Druckvorstufe bei einer regionalen Tageszeitung, wo er u. a. in PostScript, VB.NET und Python programmieren lernte und die Umstellung von 3B2 auf InDesign begleitete. Nachdem er sich dort erfolgreich wegrationalisiert hatte, gestaltete er mehrere Jahre lang ein Stadtmagazin, wobei die monatliche Produktionszeit durch ein in PHP selbstgestricktes Redaktionssystem von zwei Wochen auf wenige Tage sank. Seit 2006 ist er unter dem Namen *fiëé visuëlle* selbstständig, unterbrochen von einem Jahr bei einer Softwarefirma, drei Jahren im Entwicklungsdienst in Zentralasien und der aktuellen Anstellung als technischer Redakteur für Maschinenhandbücher in LaTeX.
Nach dem ersten selbst mit-verfassten Buch[1] gründete er mit zwei Literaturwissenschaftlern den Kleinverlag Dreiviertelhaus, dessen Werke großenteils mit ConTeXt gestaltet werden. Parallel zu diesem Buch entstehen zwei Romane. Für den Notensatz schwört der Liedermacher und -sammler auf GNU LilyPond.

1 Ramm/Viertelhaus: Architekturführer Bischkek. Berlin 2016, DOM Publishers.

J Befehlsregister

J.1 ConTEXt

Die zahlreichen Mathe-Befehle und Makros für einzelne Zeichen sind hier nicht aufgeführt.

J.2 Lua

J.3 MetaPost

K Sachregister

Farbig hervorgehobene Seitenzahlen verweisen auf das Glossar.